English Grammar in Use

หนังสือเพื่อการฝึกฝนและเรียนรู้ด้วยตนเอง
สำหรับผู้เรียนภาษาอังกฤษระดับกลาง

ฉบับคำอธิบายภาษาไทย

พร้อมคำเฉลย

Raymond Murphy เขียน

รศ. ศรีภูมิ อัครมาส แปล

CAMBRIDGE
UNIVERSITY PRESS

CAMBRIDGE UNIVERSITY PRESS
Cambridge, New York, Melbourne, Madrid, Cape Town,
Singapore, São Paulo, Delhi, Mexico City

Cambridge University Press
79 Anson Road, #06-04/06, Singapore 079906

www.cambridge.org

This Thai bilingual edition is based on *English Grammar in Use* with Answers,
Fourth edition ISBN 978-0-521-18906-4 first published by Cambridge University Press in 2012.

First published 2012
Thai bilingual edition 2013
Reprinted 2013

Printed in Singapore by Markono Print Media Pte Ltd

ISBN 978-1-107-66079-3 Book with Answers Thai bilingual edition

Cambridge University Press thanks Surai Pongtongcharoen for her work on
English Grammar in Use with Answers Second Edition Thai edition (published in 2002).

สารบัญ

ถ้าไม่แน่ใจว่าควรจะศึกษาหน่วยใด ใช้**คู่มือการเรียน** หน้า 326

ถ้าไม่แน่ใจว่าควรจะศึกษาหน่วยใด ใช้**คู่มือการเรียน** หน้า 326

ถ้าไม่แน่ใจว่าควรจะศึกษาหน่วยใด ใช้**คู่มือการเรียน** หน้า 326

ถ้าไม่แน่ใจว่าควรจะศึกษาหน่วยใด ใช้**คู่มือการเรียน** หน้า 326

คำขอบคุณ

ขอขอบคุณ Raymond Murphy ผู้เขียน *English Grammar in Use*, Fourth Edition ในการอนุญาตให้เรียบเรียงหนังสือเล่มนั้นเป็นภาษาไทยเพื่อประโยชน์ของนักศึกษาไทย และเป็นผู้ให้คำแนะนำเกี่ยวกับรูปแบบของการอธิบาย เพื่อรักษาเนื้อหาหลักของหนังสือเล่มเดิมไว้

ขอบคุณ ศาสตราจารย์ สุไร พงษ์ทองเจริญ ผู้แปลหนังสือ *English Grammar in Use* ฉบับคำอธิบายภาษาไทย, First Edition ในการอนุญาตให้ใช้คำแปลภาษาไทยส่วนใหญ่จากหนังสือเล่มนั้น เพื่อเอื้ออำนวยต่อการจัดแปลหนังสือเล่มนี้และรักษาเนื้อหาหลักของหนังสือเล่มเดิมไว้

ขอบคุณ Richard Walker, ELT Senior Commissioning Editor, Cambridge University Press, Asia ผู้ดูแลโครงการจัดทำหนังสือเล่มนี้ ซึ่งเป็นผู้ให้คำปรึกษาและช่วยเหลือตลอดเวลาที่ทำโครงการจนพิมพ์หนังสือเล่มนี้เสร็จ

ขอบคุณ Katherine Wong, Senior Production Controller, Cambridge University Press, Asia ผู้ให้คำแนะนำในการจัดพิมพ์ต้นฉบับ และดูแลกระบวนการจัดพิมพ์หนังสือจนเสร็จเรียบร้อย

และขอบคุณ รองศาสตราจารย์ เฉลียวศรี พิบูลชล บรรณาธิการฉบับภาษาไทย ที่ให้ความเห็นเพื่อความสมบูรณ์ด้านเนื้อหาของหนังสือ

คำชี้แจงสำหรับผู้เรียน

หนังสือเล่มนี้เป็นหนังสือสำหรับผู้ที่ต้องการความช่วยเหลือทางด้านไวยากรณ์ภาษาอังกฤษ มีการเรียบเรียงในลักษณะที่ผู้เรียนสามารถเรียนด้วยตนเองโดยไม่ต้องอาศัยผู้สอน

หนังสือเล่มนี้จะเป็นประโยชน์ต่อผู้เรียน หากผู้เรียนมีข้อสงสัยหรือข้อคำถาม เช่น

- *I did* และ *I have done* ต่างกันอย่างไร
- เมื่อใดเราจึงจะใช้ *will* สำหรับอนาคตกาล
- โครงสร้างประโยคหลัง *I wish* เป็นเช่นไร
- เมื่อใดจะพูด *used to do* และเมื่อใดจะพูด *used to doing*
- เมื่อใดเราจึงจะใช้ *the*
- *Like* และ *as* ต่างกันอย่างไร

หัวข้อไวยากรณ์ในคำถามดังตัวอย่างข้างต้นและเนื้อหาไวยากรณ์ภาษาอังกฤษเรื่องอื่นๆ มีคำอธิบายอยู่ในหนังสือเล่มนี้ รวมทั้งแบบฝึกหัดสำหรับเนื้อหาแต่ละเรื่องด้วย

ระดับของผู้เรียน

หนังสือเล่มนี้มีจุดประสงค์เพื่อให้ผู้เรียนระดับกลาง (ผู้ที่เคยเรียนไวยากรณ์พื้นฐานมาแล้ว) ใช้ในการฝึกฝน ค้นคว้าและศึกษาด้วยตนเอง โดยเน้นโครงสร้างที่ผู้เรียนระดับนี้ต้องการใช้ แต่ยังใช้ไม่ถูกต้อง ทั้งอาจจะเป็นประโยชน์ต่อผู้เรียนระดับสูงบางคนที่ยังคงมีปัญหาในการใช้ไวยากรณ์ด้วย

หนังสือเล่มนี้ไม่เหมาะสำหรับผู้เรียนระดับต้น

การเรียบเรียงหนังสือ

หนังสือมี 145 unit แต่ละ unit จะเน้นเนื้อหาไวยากรณ์เรื่องใดเรื่องหนึ่งโดยเฉพาะ แต่บางเนื้อหา (เช่น เรื่อง present perfect หรือเรื่องการใช้ *the*) มีเนื้อหาเกิน 1 unit สำหรับรายการของ unit ต่างๆ โปรดดูที่*สารบัญ*ตอนต้นของหนังสือ

ในแต่ละ unit มี 2 หน้าคู่กัน หน้าซ้ายเป็นคำอธิบายเนื้อหาไวยากรณ์ และเสนอสถานการณ์ตัวอย่างพร้อมประโยค เพื่อช่วยให้ผู้เรียนเข้าใจความหมายและวิธีใช้ภาษาโดยใช้คำอธิบาย เป็นภาษาไทยอย่างง่ายๆ ส่วนหน้าขวาที่อยู่คู่กันเป็นแบบฝึกหัดสำหรับตรวจสอบความเข้าใจเนื้อหาในหน้าซ้าย ตอนท้ายเล่มมีเฉลยคำตอบ (หน้า 336) สำหรับให้ผู้เรียนตรวจคำตอบของแบบฝึกหัดได้ทันที

ตอนท้ายของหนังสืออีกเช่นกัน มีภาคผนวก 7 ตอน (หน้า 292–301) ประกอบด้วยคำกริยารูปไม่ปกติ การสรุปรูปของคำกริยา การสะกดคำ และภาษาอังกฤษแบบอเมริกัน ฯลฯ

ส่วนสุดท้ายของเล่มมีดรรชนีอย่างละเอียด (หน้า 373) เมื่อผู้เรียนดูสารบัญและดรรชนีก็สามารถหา unit ที่มีคำตอบเพื่อไขข้อข้องใจของตนได้โดยสะดวก

การใช้หนังสือ

unit ต่างๆ ในหนังสือมิได้จัดเรียงตามลำดับความยากง่าย และผู้เขียนก็มิได้มุ่งหมายที่จะให้ผู้เรียนศึกษาและทำแบบฝึกหัดเรียงไปตามลำดับ ตั้งแต่ต้นจนจบถึงท้ายเล่ม ผู้เรียนแต่ละคนมีปัญหาแตกต่างกันไป และควรจะใช้หนังสือเล่มนี้เพื่อเกิดความกระจ่างในเนื้อหาไวยากรณ์ที่ตนยังไม่สู้เข้าใจนัก

จึงขอเสนอแนะวิธีใช้หนังสือดังต่อไปนี้

- ใช้สารบัญ และ/หรือดรรชนี เพื่อค้นหา unit ที่มีเนื้อหาที่คุณสนใจ
- ถ้าคุณไม่แน่ใจว่าควรจะศึกษา unit ใดดี ให้ใช้คู่มือการเรียนหน้า 326
- ศึกษาคำอธิบายไวยากรณ์และตัวอย่างประโยคในหน้าซ้ายของ unit ที่คุณตัดสินใจเลือกอ่าน
- ทำแบบฝึกหัดในหน้าขวา
- ตรวจคำตอบของคุณจากเฉลยคำตอบ
- ถ้าคำตอบของคุณยังไม่ถูกต้อง ให้กลับไปอ่านหน้าซ้ายอีกครั้งหนึ่ง เพื่อจะได้ทราบสาเหตุของการผิดพลาด

คุณอาจใช้หนังสือเล่มนี้เพียงเพื่อการค้นคว้าและอ้างอิงโดยไม่ต้องทำแบบฝึกหัดก็ได้

แบบฝึกหัดเสริม

ในส่วนท้ายของหนังสือมีแบบฝึกหัดเสริม (หน้า 302–325) แบบฝึกหัดเหล่านี้เป็นที่รวมข้อปัญหาไวยากรณ์จาก unit ต่างๆ ตัวอย่างเช่น แบบฝึกหัดที่16 เป็นที่รวมของเนื้อหาไวยากรณ์จาก unit 26–36 คุณอาจจะใช้แบบฝึกหัดเหล่านี้เป็นการฝึกฝนเพิ่มเติม หลังจากที่ได้ศึกษาและฝึกไวยากรณ์ใน unit ที่เกี่ยวข้องแล้ว

คำชี้แจงสำหรับผู้สอน

หนังสือ *English Grammar in Use* เขียนขึ้นเพื่อผู้เรียนที่ต้องการศึกษาไวยากรณ์ภาษาอังกฤษด้วยตนเอง

แต่ผู้สอนอาจใช้เป็นสื่อเสริมการเรียนในกรณีที่จำเป็นจะต้องมีการฝึกไวยากรณ์เพิ่มเติมได้

หนังสือเล่มนี้น่าจะเป็นประโยชน์ที่สุดสำหรับผู้เรียนระดับกลางและระดับกลางชั้นสูง (ซึ่งเนื้อหาทั้งหมดหรือเกือบทั้งหมดเหมาะสมกับระดับดังกล่าว) และอาจใช้เป็นพื้นฐานในการทบทวนและฝึกโครงสร้างใหม่ รวมทั้งยังอาจจะเป็นประโยชน์สำหรับผู้เรียนระดับสูงที่ยังคงมีปัญหาในการใช้ไวยากรณ์ และต้องการหนังสือสักเล่มหนึ่งสำหรับศึกษา ค้นคว้า และใช้เป็นแบบฝึก หนังสือเล่มนี้มิได้มุ่งสำหรับผู้เรียนระดับต้น การจัดลำดับของหน่วยเนื้อหาในหนังสือเล่มนี้คำนึงถึงกลุ่มเนื้อหาทางไวยากรณ์ (เช่น present อยู่ใกล้กับ past หรือ articles อยู่ใกล้กับ nouns หรือ prepositions ทั้งหมดอยู่ต่อเนื่องกัน ฯลฯ) โดยมิได้จัดเรียงตามลำดับความยากง่าย ดังนั้นผู้สอนจึงไม่ควรสอนตามลำดับของ unit ตั้งแต่ต้นจนจบ แต่ควรจะเลือก unit ที่จะสอนยืดหยุ่นตามเนื้อหาในหลักสูตรและปัญหาที่ผู้เรียนกำลังประสบอยู่

ผู้สอนอาจจะใช้เนื้อหาในหนังสือเล่มนี้เป็นการเสริมความรู้ผู้เรียนให้เข้มขึ้น หรือใช้เป็นการทบทวนภายหลัง หรือซ่อมเสริมการเรียน อาจจะใช้ในชั้นเรียน หรือจะใช้เป็นรายบุคคลเฉพาะผู้ที่ต้องการความช่วยเหลือเป็นพิเศษก็ได้ หน้าซ้ายของหนังสือ (คำอธิบายไวยากรณ์และตัวอย่าง) เขียนสำหรับให้ผู้เรียนใช้เป็นรายบุคคล แต่ผู้สอนอาจจะใช้เป็นแนวทางหรือข้อมูลสำหรับการวางแผนการสอนก็ได้ และผู้เรียนอาจจะใช้หน้าซ้ายสำหรับบันทึกว่าเรื่องใดได้เรียนไปแล้ว และ ใช้สำหรับอ้างถึงต่อไปในภายหน้า ส่วนแบบฝึกหัดนั้นอาจให้ผู้เรียนทำเป็นรายบุคคล จะทำในห้องเรียน หรือทำเป็นการบ้านก็ได้ ข้อเสนอแนะเพิ่มเติมเกี่ยวกับการใช้หนังสือเล่มนี้จากที่กล่าวมาแล้วคือ ผู้สอนอาจจะระบุ ให้ผู้เรียนบางคนศึกษาบาง unit ในหนังสือของตนเอง ถ้าผู้นั้นมีปัญหาเฉพาะบางเรื่องที่ผู้เรียนคนอื่นในชั้นไม่มี และอย่าลืมใช้ประโยชน์จาก*แบบฝึกหัดเสริม*ท้ายเล่มด้วย (ดู**คำชี้แจงสำหรับผู้เรียน**)

หนังสือ *English Grammar in Use* ฉบับคำอธิบายภาษาไทย (Second Edition) นี้ ใช้เนื้อหาจากหนังสือ *English Grammar in Use*, Fourth Edition ในขณะที่หนังสือฉบับคำอธิบายภาษาไทยฉบับแรก (First Edition) นั้น ใช้เนื้อหาจากหนังสือ *English Grammar in Use*, Second Edition

หนังสือฉบับนี้นอกจากจะมีการปรับปรุงเนื้อหาให้ทันสมัยตลอดเล่มแล้ว ยังมีการออกแบบจัดวางหน้าใหม่ให้อ่านง่ายสบายตา พร้อมสีสันสวยสด และ unit ใหม่อีก 9 unit ด้วย

หนังสือ *English Grammar in Use* ฉบับภาษาอังกฤษล้วน ทั้งแบบที่มีและไม่มีคำเฉลยแบบฝึกหัด มีวางจำหน่ายตามร้านหนังสือชั้นนำทั่วไป

นอกจากนี้ *English Grammar in Use* ยังมีฉบับออนไลน์ด้วย

English Grammar in Use

Unit 1

Present continuous (I am doing)

A

พิจารณาสถานการณ์ตัวอย่างต่อไปนี้

Sarah อยู่ในรถยนต์ เธอกำลังเดินทางไปทำงาน
She **is driving** to work.

ประโยคนี้หมายความว่า *ในขณะนี้* Sarah กำลังขับรถอยู่ การขับรถยังไม่สิ้นสุดลง

am/is/are + -ing เป็น present continuous (ปัจจุบันกาลต่อเนื่อง)

I	**am**	(= I'm)	**driving**
he/she/it	**is**	(= he's ฯลฯ)	**working**
we/you/they	**are**	(= we're ฯลฯ)	**doing** ฯลฯ

B

I am doing something = ฉันกำลังทำบางสิ่งบางอย่างอยู่ นั่นคือ ฉันเริ่มทำแล้ว และขณะนี้ยังทำไม่เสร็จ ส่วนใหญ่ในขณะที่พูด การกระทำนั้นๆ กำลังดำเนินอยู่

- Please don't make so much noise. **I'm trying** to work. (*ไม่ใช่* I try)
- 'Where's Mark?' 'He**'s having** a shower.' (*ไม่ใช่* He has a shower)
- Let's go out now. It **isn't raining** any more. (*ไม่ใช่* It doesn't rain)
- (*ในงานปาร์ตี้*) Hi, Jane. **Are** you **enjoying** the party? (*ไม่ใช่* Do you enjoy)
- What's all that noise? What**'s going** on? (= What's happening?)

แต่การกระทำก็ไม่จำเป็นจะต้องเกิดขึ้นในขณะที่พูดเสมอไป ดังตัวอย่าง

Steve กำลังคุยโทรศัพท์กับเพื่อน เขาพูดว่า

ในขณะที่พูดนั้น Steve ไม่ได้อ่านหนังสือเล่มนั้นอยู่ เขาหมายความว่า เขาเริ่มอ่านแล้ว แต่ยังอ่านไม่จบ เขาอ่านค้างอยู่

ตัวอย่างเพิ่มเติม

- Kate wants to work in Italy, so she**'s learning** Italian. (แต่เธออาจจะไม่ได้เรียนภาษาอิตาเลียนอยู่ในขณะที่พูดก็ได้)
- Some friends of mine **are building** their own house. They hope to finish it next summer.

C

คุณอาจใช้ present continuous เมื่อพูดถึงสิ่งที่เกิดขึ้นในช่วงเวลาใกล้ๆ กับขณะนี้ เช่น **today / this week / this year** ฯลฯ

- A: You**'re working** hard **today**. (*ไม่ใช่* You work hard today)
  B: Yes, I have a lot to do.
- The company I work for **isn't doing** so well **this year**.

D

เราใช้ present continuous เมื่อพูดถึงสิ่งที่เปลี่ยนแปลงในช่วงเวลาใกล้ๆ กับขณะนี้ โดยเฉพาะกับคำกริยาต่อไปนี้

get change become increase rise fall grow improve begin start

- **Is** your English **getting** better? (*ไม่ใช่* Does your English get better)
- The population of the world **is increasing** very fast. (*ไม่ใช่* increases)
- At first I didn't like my job, but I**'m beginning** to enjoy it now. (*ไม่ใช่* I begin)

Present continuous และ present simple ➜ **Units 3–4**   Present tenses ในความหมายของอนาคตกาล ➜ **Unit 19**

Exercises

1.1 จับคู่ประโยคทางขวามือให้ได้ความที่ต่อเนื่องกับประโยคทางซ้ายมือ

1 Please don't make so much noise.	a It's getting late.	1 *f*
2 I need to eat something soon.	b They're lying.	2 ....
3 I don't have anywhere to live right now.	c It's starting to rain.	3 ....
4 We need to leave soon.	d They're trying to sell it.	4 ....
5 They don't need their car any more.	e I'm getting hungry.	5 ....
6 Things are not so good at work.	f ~~I'm trying to work.~~	6 ....
7 It isn't true what they said.	g I'm looking for an apartment.	7 ....
8 We're going to get wet.	h The company is losing money.	8 ....

1.2 เติมบทสนทนาให้สมบูรณ์

1 A: I saw Brian a few days ago.
B: Oh, did you? *What's he doing* these days? (what / he / do)
A: He's at university.
B: .... ? (what / he / study)
A: Psychology.
B: .... it? (he / enjoy)
A: Yes, he says it's a very good course.

2 A: Hi, Nicola. How .... ? (your new job / go)
B: Not bad. It wasn't so good at first, but .... better now. (it / get)
A: What about Daniel? Is he OK?
B: Yes, but .... his work right now. (he / not / enjoy)
He's been in the same job for a long time and .... to get bored with it. (he / begin)

1.3 เติมคำกริยาในรูปที่ถูกต้อง ใช้รูปบอกเล่า (เช่น **I'm doing** ฯลฯ) หรือรูปปฏิเสธ (เช่น **I'm not doing** ฯลฯ)

1 Please don't make so much noise. *I'm trying* (I / try) to work.
2 Let's go out now. *It isn't raining* (it / rain) any more.
3 You can turn off the radio. .... (I / listen) to it.
4 Kate phoned me last night. She's on holiday in France. .... (she / have) a great time and doesn't want to come back.
5 I want to lose weight, so this week .... (I / eat) lunch.
6 Andrew has just started evening classes. .... (he / learn) Japanese.
7 Paul and Sally have had an argument. .... (they / speak) to each other.
8 .... (I / get) tired. I need a rest.
9 Tim .... (work) today. He's taken the day off.
10 .... (I / look) for Sophie. Do you know where she is?

1.4 เติมประโยคให้สมบูรณ์ โดยใช้คำกริยาต่อไปนี้

start **get** ~~**increase**~~ **change** **rise**

1 The population of the world *is increasing* very fast.
2 The world .... Things never stay the same.
3 The situation is already bad and it .... worse.
4 The cost of living .... Every year things are more expensive.
5 The weather .... to improve. The rain has stopped, and the wind isn't as strong.

Unit 2

Present simple (I do)

A พิจารณาสถานการณ์ตัวอย่างต่อไปนี้

Alex เป็นคนขับรถโดยสาร แต่ขณะนี้เขานอนหลับอยู่บนเตียง เขาไม่ได้ขับรถ (เขานอนหลับอยู่)

แต่เราพูดได้ว่า He **drives** a bus. (เขาเป็นคนขับรถโดยสาร)

drive(s)/**work**(s)/**do**(es) ฯลฯ เป็น present simple (ปัจจุบันกาลธรรมดา)

I/we/you/they	**drive/work/do** ฯลฯ
he/she/it	**drives/works/does** ฯลฯ

B เราใช้ present simple เพื่อพูดถึงสิ่งต่างๆ โดยทั่วไป มิใช่เฉพาะสิ่งที่เกิดขึ้นในขณะนี้เท่านั้น เราใช้พูดถึงสิ่งที่เกิดขึ้นตลอดเวลา หรือเป็นประจำซ้ำๆ กัน หรือสิ่งที่พูดนั้นเป็นความจริง ดังตัวอย่าง

- Nurses **look** after patients in hospitals.
- I usually **go** away at weekends.
- The earth **goes** round the sun.
- The café **opens** at 7.30 in the morning.

โปรดจำว่า เมื่อใช้ **he/she/it** อย่าลืมเติม **-s** ท้ายคำกริยา

I **work** … *แต่* He **works** … They **teach** … *แต่* My sister **teaches** …

สำหรับวิธีสะกดคำ (**-s** หรือ **-es**) ดูภาคผนวก 6

C เราใช้ **do/does** เพื่อทำประโยคให้เป็นคำถามและปฏิเสธ

do **does**	I/we/you/they he/she/it	**work**? **drive**? **do**?

I/we/you/they he/she/it	**don't** **doesn't**	**work** **drive** **do**

- I come from Canada. Where **do** you **come** from?
- I **don't go** away very often.
- What **does** this word **mean**? (*ไม่ใช่* What means this word?)
- Rice **doesn't grow** in cold climates.

ในตัวอย่างต่อไปนี้ **do** เป็นกริยาหลักด้วย (**do** you **do** / **doesn't do** ฯลฯ)

- 'What **do** you **do**?' 'I work in a shop.'
- He's always so lazy. He **doesn't do** anything to help.

D เราใช้ present simple เมื่อพูดว่าเราทำบางสิ่งบางอย่างบ่อยเพียงใด เช่น

- I **get** up at 8 o'clock **every morning**.
- **How often** do you **go** to the dentist?
- Julie **doesn't drink** tea **very often**.
- Robert usually **goes** away **two or three times a year**.

E **I promise / I apologise** ฯลฯ

บางครั้งเราทำบางอย่างด้วยการพูด เช่น เมื่อ*สัญญา*ว่าจะทำอะไรบางอย่าง เราพูดว่า '**I promise** …' หรือเมื่อต้องการ*เสนอแนะ* เราพูดว่า '**I suggest** …' เช่น

- **I promise** I won't be late. (*ไม่ใช่* I'm promising)
- 'What do you **suggest** I do?' '**I suggest** that you …'

ในทำนองเดียวกัน เราพูดว่า **I apologise** (ขอโทษ) / **I advise** (แนะนำ) / **I insist** (ยืนกราน) / **I agree** (เห็นด้วย) / **I refuse** (ปฏิเสธ) ฯลฯ

Present simple และ present continuous ➜ **Units 3–4** Present tenses ในความหมายของอนาคตกาล ➜ **Unit 19**

Exercises

2.1 เติมประโยคให้สมบูรณ์ โดยใช้กริยาคำใดคำหนึ่งต่อไปนี้

cause(s) connect(s) drink(s) live(s) open(s) ~~speak(s)~~ take(s)

1 Tanya *speaks* German very well.
2 I don't often .... coffee.
3 The swimming pool .... at 7.30 every morning.
4 Bad driving .... many accidents.
5 My parents .... in a very small flat.
6 The Olympic Games .... place every four years.
7 The Panama Canal .... the Atlantic and Pacific oceans.

2.2 เติมคำกริยาที่กำหนดให้ในวงเล็บในรูปที่ถูกต้อง

1 Julie *doesn't drink* (not / drink) tea very often.
2 What time .... (the banks / close) here?
3 I've got a car, but I .... (not / use) it much.
4 'Where .... (Ricardo / come) from?' 'From Cuba.'
5 'What .... (you / do)?' 'I'm an electrician.'
6 It .... (take) me an hour to get to work. How long .... (it / take) you?
7 Look at this sentence. What .... (this word / mean)?
8 David isn't very fit. He .... (not / do) any sport.

2.3 ใช้กริยาคำใดคำหนึ่งต่อไปนี้เติมประโยคให้สมบูรณ์ บางประโยคต้องใช้รูปปฏิเสธ

believe eat flow ~~go~~ ~~grow~~ make rise tell translate

1 The earth *goes* round the sun.
2 Rice *doesn't grow* in Britain.
3 The sun .... in the east.
4 Bees .... honey.
5 Vegetarians .... meat.
6 A Buddhist .... in Buddha's teachings.
7 An interpreter .... from one language into another.
8 Liars are people who .... the truth.
9 The Chao Phraya River .... into the Gulf of Thailand.

2.4 ตั้งคำถามให้ **Lisa** ตอบเกี่ยวกับตัวเธอและครอบครัวของเธอ

1 You know that Lisa plays tennis. You want to know how often. Ask her.
How often *do you play tennis* ?
2 Perhaps Lisa's sister plays tennis too. You want to know. Ask Lisa.
.... your sister .... ?
3 You know that Lisa reads a newspaper every day. You want to know which one. Ask her.
.... ?
4 You know that Lisa's brother works. You want to know what he does. Ask Lisa.
.... ?
5 You know that Lisa goes to the cinema a lot. You want to know how often. Ask her.
.... ?
6 You don't know where Lisa's grandparents live. You want to know. Ask Lisa.
.... ?

2.5 เติมประโยคให้สมบูรณ์โดยใช้คำต่อไปนี้

I apologise I insist I promise I recommend ~~I suggest~~

1 Mr Evans is not in the office today. *I suggest* you try calling him tomorrow.
2 I won't tell anybody what you said. ....
3 *(ในร้านอาหาร)* You must let me pay for the meal. ....
4 .... for what I did. It won't happen again.
5 The new restaurant in Hill Street is very good. .... it.

Unit 3

Present continuous และ present simple 1 (I am doing และ I do)

A

อ่านคำอธิบายและเปรียบเทียบประโยคตัวอย่าง

Present continuous (ปัจจุบันกาลต่อเนื่อง) (**I am doing**)

เราใช้ present continuous สำหรับสิ่งที่เกิดขึ้นขณะที่พูด หรือในช่วงเวลาที่ใกล้กัน และการกระทำนั้นยังไม่สิ้นสุด

I am doing

past *now* *future*

- The water **is boiling**. Can you turn it off?
- Listen to those people. What language **are** they **speaking**?
- Let's go out. It **isn't raining** now.
- 'I'm busy.' 'What **are** you **doing**?'
- **I'm getting** hungry. Let's go and eat.
- Kate wants to work in Italy, so she**'s learning** Italian.
- The population of the world **is increasing** very fast.

เราใช้ present continuous สำหรับสถานการณ์ชั่วคราว

- **I'm living** with some friends until I find a place of my own.
- A: You**'re working** hard today.
  B: Yes, I have a lot to do.

ดู Unit 1 สำหรับคำอธิบายเพิ่มเติม

Present simple (ปัจจุบันกาลธรรมดา) (**I do**)

เราใช้ present simple สำหรับสิ่งที่เกิดขึ้นโดยทั่วไป หรือเกิดขึ้นเป็นประจำ

← I do →

past *now* *future*

- Water **boils** at 100 degrees Celsius.
- Excuse me, **do** you **speak** English?
- It **doesn't rain** very much in summer.
- What **do** you usually **do** at weekends?
- I always **get** hungry in the afternoon.
- Most people **learn** to swim when they are children.
- Every day the population of the world **increases** by about 200,000 people.

เราใช้ present simple สำหรับสถานการณ์ถาวร

- My parents **live** in London. They have lived there all their lives.
- Joe isn't lazy. He **works** hard most of the time.

ดู Unit 2 สำหรับคำอธิบายเพิ่มเติม

B

I always do และ **I'm always doing**

I always do (something) = ฉันทำสิ่งนั้นเป็นประจำหรือทำอยู่เสมอ

- I **always go** to work by car. (*ไม่ใช่* I'm always going)

'**I'm always doing** something' ประโยคนี้มีความหมายต่างออกไป ดังตัวอย่าง

I'm always losing things = ฉันทำของหายอยู่เรื่อย (อาจจะบ่อยเกินไป หรือบ่อยกว่าปกติ)

ตัวอย่างเพิ่มเติม

- You**'re always playing** computer games. You should do something more active. (= คุณเล่นเกมคอมพิวเตอร์อยู่เรื่อย)
- Tim is never satisfied. He**'s always complaining**. (= เขาบ่นอยู่เรื่อย)

Present continuous และ simple 2 → **Unit 4**   Present tenses ในความหมายของอนาคตกาล → **Unit 19**

Exercises

3.1 คำกริยาที่ขีดเส้นใต้ต่อไปนี้ถูกหรือผิด ถ้าผิด เขียนคำกริยานั้นให้ถูกต้อง

1. Water boils at 100 degrees Celsius. ......OK......
2. The water boils. Can you turn it off? ......is boiling......
3. Look! That man tries to open the door of your car. ....
4. Can you hear those people? What do they talk about? ....
5. The moon goes round the earth in about 27 days. ....
6. I must go now. It gets late. ....
7. I usually go to work by car. ....
8. 'Hurry up! It's time to leave.' 'OK, I come.' ....
9. I hear you've got a new job. How do you get on? ....
10. Paul is never late. He's always getting to work on time. ....
11. They don't get on well. They're always arguing. ....

3.2 เติมคำกริยาในรูปที่ถูกต้อง โดยใช้ **present continuous** หรือ **present simple**

1. Let's go out. ......It isn't raining...... (it / not / rain) now.
2. Julia is very good at languages. ......She speaks...... (she / speak) four languages very well.
3. Hurry up! .... (everybody / wait) for you.
4. '.................. (you / listen) to the radio?' 'No, you can turn it off.'
5. '.................. (you / listen) to the radio every day?' 'No, just occasionally.'
6. The Mekong River .... (flow) into the South China Sea.
7. The river .... (flow) very fast today – much faster than usual.
8. .... (we / usually / grow) vegetables in our garden, but this year .... (we / not / grow) any.
9. A: How's your English?
   B: Not bad. I think .... (it / improve) slowly.
10. Rachel is in New York right now. .... (she / stay) at the Park Hotel. .... (she / always / stay) there when she's in New York.
11. Can we stop walking soon? .... (I / start) to feel tired.
12. A: Can you drive?
    B: .... (I / learn). My father .... (teach) me.
13. Normally .... (I / finish) work at five, but this week .... (I / work) until six to earn a little more money.
14. My parents .... (live) in Manchester. They were born there and have never lived anywhere else. Where .... (your parents / live)?
15. Sonia .... (look) for a place to live. .... (she / stay) with her sister until she finds somewhere.
16. A: What .... (your brother / do)?
    B: He's an architect, but .... (he / not / work) at the moment.
17. *(ในงานปาร์ตี้)* .... (I / usually enjoy) parties, but .... (I /not / enjoy) this one very much.

3.3 เติมประโยคของ B ให้สมบูรณ์ โดยใช้ **always -ing** (ดูข้อ B หน้าซ้ายมือประกอบ)

1. A: I've lost my phone again.
   B: Not again! ......You're always losing your phone......
2. A: The car has broken down again.
   B: That car is useless. It ....
3. A: Look! You've made the same mistake again.
   B: Oh no, not again! I ....
4. A: Oh, I've forgotten my glasses again.
   B: Typical! ....

Unit 4

Present continuous และ present simple 2 (I am doing และ I do)

A

เราใช้ continuous tense (กาลต่อเนื่อง) สำหรับการกระทำหรือเหตุการณ์ที่ได้เริ่มขึ้นแล้ว แต่ยังไม่สิ้นสุดลง (they **are eating** / it **is raining** ฯลฯ) แต่คำกริยาบางคำ (เช่น **know** และ **like**) มักจะไม่ใช้ในลักษณะนี้ เราไม่พูดว่า 'I am knowing' หรือ 'they are liking' แต่ใช้ว่า 'I **know**', 'they **like**'

คำกริยาต่อไปนี้มักจะไม่ใช้ในรูป present continuous

like	want	need	prefer			
know	realise	suppose	mean	understand	believe	remember
belong	fit	contain	consist	seem		

- I'm hungry. I **want** something to eat. (*ไม่ใช่* I'm wanting)
- **Do** you **understand** what I **mean**?
- Anna **doesn't seem** very happy at the moment.

B

Think

เมื่อ **think** มีความหมายว่า 'believe' (เชื่อว่า เข้าใจว่า) หรือ 'have an opinion' (มีความคิดเห็นว่า) อย่าใช้รูป continuous

- I **think** Mary is Canadian, but I'm not sure. (*ไม่ใช่* I'm thinking)
- What **do** you **think** of my plan? (= คุณมีความเห็นว่าอย่างไร)

เมื่อ **think** มีความหมายว่า 'consider' (พิจารณา) ให้ใช้รูป continuous ได้

- **I'm thinking** about what happened. I often **think** about it.
- Nicky **is thinking** of giving up her job. (= เธอกำลังพิจารณาเรื่องนี้อยู่)

C

See hear smell taste

โดยปกติเราใช้ present simple (ปัจจุบันกาลธรรมดา) ไม่ใช่ present continuous (ปัจจุบันกาลต่อเนื่อง) กับกริยาเหล่านี้

- **Do** you **see** that man over there? (*ไม่ใช่* Are you seeing)
- This room **smells**. Let's open a window.

เรามักจะใช้ **can + see/hear/smell/taste** เช่น

- **I can hear** a strange noise. **Can** you **hear** it?

D

Look feel

คุณอาจใช้ present simple หรือ continuous ก็ได้ เมื่อพูดหรือถามถึงความรู้สึกของใครบางคนในขณะนั้น เช่น

- You **look** well today. *หรือ* You**'re looking** well today.
- How **do** you **feel** now? *หรือ* How **are** you **feeling** now?

แต่

- I usually **feel** tired in the morning. (*ไม่ใช่* I'm usually feeling)

E

He is selfish และ **He is being selfish**

he's **being** = he's behaving / he's acting (เขากำลังประพฤติตนอย่าง.../เขากำลังทำตัวเหมือน...) เปรียบเทียบประโยคต่อไปนี้

- I can't understand why he**'s being** so selfish. He isn't usually like that.
  (**being** selfish = กำลังประพฤติตนอย่างเห็นแก่ตัวในขณะนั้น)
- He never thinks about other people. He **is** very selfish. (*ไม่ใช่* He is being)
  (=โดยปกติเขาเป็นคนเห็นแก่ตัว ไม่ใช่เฉพาะในขณะนั้นเท่านั้น)

เราใช้ **am/is/are being** เมื่อพูดถึงคนบางคนว่า*กำลังประพฤติตน*เช่นไร จะใช้ลักษณะนี้ในความหมายอื่นไม่ได้ เช่น

- It's hot today. (*ไม่ใช่* It is being hot)
- Sarah **is** very tired. (*ไม่ใช่* is being tired)

Present continuous และ simple 1 → **Unit 3** **Have** → **Unit 17** Present tenses ในความหมายของอนาคตกาล → **Unit 19**

Exercises

4.1 เติมคำกริยาในรูปที่ถูกต้อง โดยใช้ **present continuous** หรือ **present simple**

1 Are you hungry? *Do you want* (you / want) something to eat?
2 Don't put the dictionary away. .... (I / use) it.
3 Don't put the dictionary away. .... (I / need) it.
4 Who is that man? What .... (he / want)?
5 Who is that man? Why .... (he / look) at us?
6 Alan says he's 80 years old, but nobody .... (believe) him.
7 She told me her name, but .... (I / not / remember) it now.
8 .... (I / think) of selling my car. Would you be interested in buying it?
9 .... (I / think) you should sell your car. .... (you / not / use) it very often.
10 Air .... (consist) mainly of nitrogen and oxygen.

4.2 ดูภาพแล้วใช้คำในวงเล็บเขียนประโยค (ควรจะศึกษา **Unit 3** ก่อนทำแบบฝึกหัดข้อนี้)

4.3 คำกริยาที่ขีดเส้นใต้ต่อไปนี้ถูกหรือผิด ถ้าผิด เขียนคำกริยานั้นให้ถูกต้อง

1 Nicky is thinking of giving up her job. *OK*
2 Are you believing in God? ....
3 I'm feeling hungry. Is there anything to eat? ....
4 This sauce is great. It's tasting really good. ....
5 I'm thinking this is your key. Am I right? ....

4.4 เติมประโยคให้สมบูรณ์โดยใช้รูปของ **be** ที่เหมาะสม บางประโยคต้องใช้ **present continuous (am/is/are being)** แต่บางประโยคใช้ **present simple (am/is/are)** จะเหมาะสมกว่า

1 I can't understand why *he's being* so selfish. He isn't usually like that.
2 Sarah .... very nice to me at the moment. I wonder why.
3 You'll like Sophie when you meet her. She .... very nice.
4 You're usually very patient, so why .... so unreasonable about waiting ten more minutes?
5 Why isn't Steve at work today? .... ill?

Unit 5

Past simple (I did)

A

พิจารณาตัวอย่างต่อไปนี้

Wolfgang Amadeus Mozart **was** an Austrian musician and composer. He **lived** from 1756 to 1791. He **started** composing at the age of five and **wrote** more than 600 pieces of music. He **was** only 35 years old when he **died**.

lived/started/wrote/was/died เป็น past simple (อดีตกาลธรรมดา) ทั้งหมด

B

คำกริยาส่วนใหญ่เมื่อเป็น past simple มีรูปที่ลงท้ายด้วย -**ed** (regular verb หรือคำกริยารูปปกติ) เช่น

- I work in a travel agency now. Before that I **worked** in a department store.
- We **invited** them to our party, but they **decided** not to come.
- The police **stopped** me on my way home last night.
- Laura **passed** her exam because she **studied** very hard.

สำหรับวิธีสะกดคำ (sto**pp**ed, stud**ied** ฯลฯ) ดูภาคผนวก 6

แต่มีคำกริยาหลายคำที่เรียกว่าเป็น irregular verb (คำกริยารูปไม่ปกติ) คำกริยาประเภทนี้*ไม่ใช่*รูปที่ลงท้ายคำด้วย -**ed** เมื่อเป็น past tense ดังตัวอย่าง

write → **wrote**	Mozart **wrote** more than 600 pieces of music.
see → **saw**	We **saw** Tanya in town a few days ago.
go → **went**	I **went** to the cinema three times last week.
shut → **shut**	It was cold, so I **shut** the window.

สำหรับรายการคำกริยารูปไม่ปกติ ดูภาคผนวก 1

C

ในประโยคคำถามและปฏิเสธ ใช้ **did/didn't** + infinitive (**enjoy/see/go** ฯลฯ) เช่น

I she they	**enjoyed** **saw** **went**

did	you she they	**enjoy**? **see**? **go**?

I she they	**didn't**	**enjoy** **see** **go**

- A: **Did** you **go** out last night?
  B: Yes, I **went** to the cinema, but I **didn't enjoy** the film much.
- 'When **did** Mr Thomas **die**?' 'About ten years ago.'
- They **didn't invite** us to the party, so we **didn't go**.
- '**Did** you **have** time to do the shopping?' 'No, I **didn't**.'

ในประโยคตัวอย่างต่อไปนี้ **do** เป็นกริยาหลักของประโยค (**did** … **do** / **didn't do**) เช่น

- What **did** you **do** at the weekend? (*ไม่ใช่* What did you at the weekend?)
- I **didn't do** anything. (*ไม่ใช่* I didn't anything)

D

รูป past tense ของ **be** (**am/is/are**) คือ **was/were** เช่น

I/he/she/it	**was/wasn't**
we/you/they	**were/weren't**

was	I/he/she/it?
were	we/you/they?

โปรดสังเกตว่า เราไม่ใช้ **did** ในประโยคปฏิเสธและคำถามพร้อมกับ **was/were** เช่น

- I **was** angry because they **were** late.
- **Was** the weather good when you **were** on holiday?
- They **weren't** able to come because they **were** so busy.
- Did you go out last night or **were** you too tired?

Past simple และ past continuous ➜ **Unit 6**   Past simple และ present perfect ➜ **Units 12–14**

Exercises

5.1 อ่านเรื่องที่ **Luara** เล่าให้ฟังเกี่ยวกับกิจวัตรประจำวันในวันทำงานของเธอ

I usually get up at 7 o'clock and have a big breakfast. I walk to work, which takes me about half an hour. I start work at 8.45. I never have lunch. I finish work at 5 o'clock. I'm always tired when I get home. I usually cook a meal in the evening. I don't usually go out. I go to bed at about 11 o'clock, and I always sleep well.

Laura

เมื่อวานนี้เป็นวันทำงานของ **Laura** เขียนประโยคเพื่อบอกว่าเธอทำหรือไม่ทำอะไรบ้างเมื่อวานนี้

1 *She got up* at 7 o'clock.
2 She .... a big breakfast.
3 She ....
4 It .... to get to work.
5 .... at 8.45.
6 .... lunch.
7 .... at 5 o'clock.
8 .... tired when .... home.
9 .... a meal yesterday evening.
10 .... out yesterday evening.
11 .... at 11 o'clock.
12 .... well last night.

5.2 เติมคำกริยาคำใดคำหนึ่งต่อไปนี้ในรูปที่ถูกต้อง

buy catch cost fall hurt sell spend teach throw ~~write~~

1 Mozart *wrote* more than 600 pieces of music.
2 'How did you learn to drive?' 'My father .... me.'
3 We couldn't afford to keep our car, so we .... it.
4 Dave .... down the stairs this morning and .... his leg.
5 Joe .... the ball to Sue, who .... it.
6 Ann .... a lot of money yesterday. She .... a dress which .... £100.

5.3 เขียนประโยคคำถามเพื่อถาม **James** เกี่ยวกับวันหยุดของเขา

Hi. How are things?
Fine, thanks. I've just had a great holiday.
1 Where *did you go?*
To the U.S. We went on a trip from San Francisco to Denver.
2 How .... ? By car?
Yes, we hired a car in San Francisco.
3 It's a long way to drive. How long .... to get to Denver?
Two weeks.
4 Where .... ? In hotels?
Yes, small hotels or motels.
5 .... good?
Yes, but it was very hot – sometimes too hot.
6 .... the Grand Canyon?
Of course. It was wonderful.

5.4 เติมประโยคให้สมบูรณ์ โดยใช้คำที่กำหนดให้ในวงเล็บในรูปที่ถูกต้อง บางประโยคเป็นบอกเล่า บางประโยคเป็นปฏิเสธ

1 It was warm, so I *took* off my coat. (take)
2 The film wasn't very good. I *didn't enjoy* it much. (enjoy)
3 I knew Sarah was busy, so I .... her. (disturb)
4 We were very tired, so we .... the party early. (leave)
5 The bed was very uncomfortable. I .... well. (sleep)
6 The window was open and a bird .... into the room. (fly)
7 The hotel wasn't very expensive. It .... much to stay there. (cost)
8 I was in a hurry, so I .... time to phone you. (have)
9 It was hard carrying the bags. They .... very heavy. (be)

Unit 6

Past continuous (I was doing)

A

พิจารณาสถานการณ์ตัวอย่างต่อไปนี้

Yesterday Karen and Jim played tennis. They started at 10 o'clock and finished at 11.30.
So, at 10.30 they **were playing** tennis.

they **were playing** = พวกเขากำลังเล่นกันอยู่ พวกเขายังไม่เลิกเล่น
was/were -ing เป็น past continuous (อดีตกาลต่อเนื่อง)

I/he/she/it **was** we/you/they **were**	**playing** **doing** **working** ฯลฯ

B

I **was doing** something = ฉันกำลังทำอะไรบางอย่างอยู่ในช่วงเวลาหนึ่งในอดีต การกระทำนั้นเริ่มแล้ว แต่ยังไม่เสร็จสิ้นในเวลาดังกล่าว

I started doing → *past* ... **I was doing** ... **I finished doing** → *past* ... *now*

- This time last year I **was living** in Brazil.
- What **were** you **doing** at 10 o'clock last night?
- I waved to Helen, but she **wasn't looking**.

C

เปรียบเทียบ past continuous (I **was doing**) และ past simple (I **did**)

Past continuous (การกระทำกำลังดำเนินอยู่)	Past simple (การกระทำสิ้นสุดแล้ว)
I **was walking** home when I met Dan. (= ขณะกำลังเดินกลับบ้าน)	I **walked** home after the party last night. (= เดินถึงบ้านแล้ว ขณะที่พูด ผู้พูดอาจจะไม่ได้อยู่ที่บ้าน เป็นการเล่าถึงเหตุการณ์ที่ผ่านมา)
Kate **was watching** TV when we arrived.	Kate **watched** TV a lot when she was ill last year.

D

เรามักใช้ past simple และ past continuous ด้วยกัน เพื่อบอกว่าการกระทำอย่างหนึ่งเกิดขึ้นในขณะที่การกระทำอีกอย่างหนึ่งกำลังดำเนินอยู่ เช่น

- Matt **phoned** while we **were having** dinner.
- It **was raining** when I **got** up.
- I **saw** you in the park yesterday. You **were sitting** on the grass and **reading** a book.
- I **hurt** my back while I **was working** in the garden.

แต่ เราใช้ past simple เพื่อบอกว่าการกระทำอย่างหนึ่งเกิดขึ้นหลังจากการกระทำอีกอย่างหนึ่ง เช่น

- I **was walking** along the road when I **saw** Dan. So I **stopped**, and we **had** a chat.

เปรียบเทียบประโยคต่อไปนี้

When Karen arrived, we **were having** dinner. (= เราเริ่มรับประทานอาหารแล้วก่อน Karen มาถึง)	When Karen arrived, we **had** dinner. (= Karen มาถึงก่อน ต่อจากนั้นเราจึงเริ่มรับประทานอาหาร)

E

คำกริยาบางคำ (เช่น **know** และ **want**) โดยปกติไม่ใช้ในรูป continuous (ดู Unit 4A)

- We were good friends. We **knew** each other well. (*ไม่ใช่* We were knowing)
- I was enjoying the party, but Chris **wanted** to go home. (*ไม่ใช่* was wanting)

Exercises

6.1 คุณกำลังทำอะไรอยู่ในเวลาที่กำหนดให้ต่อไปนี้ เขียนประโยคตามตัวอย่าง ไม่จำเป็นต้องใช้รูป **past continuous** เสมอไป (ดูตัวอย่างที่ 2 ข้างล่าง)

1 (at 8 o'clock yesterday evening) *I was having dinner.*
2 (at 5 o'clock last Monday) *I was on a bus on my way home.*
3 (at 10.15 yesterday morning) ...
4 (at 4.30 this morning) ...
5 (at 7.45 yesterday evening) ...
6 (half an hour ago) ...

6.2 เติมประโยคให้สมบูรณ์ตามความคิดของคุณเอง โดยใช้ **past continuous**

1 Matt phoned while we *were having dinner.*
2 The doorbell rang while I ... .
3 The car began to make a strange noise when we ... .
4 Jessica fell asleep while she ... .
5 The television was on, but nobody ... .

6.3 เติมคำกริยาในรูปที่ถูกต้อง โดยใช้ **past continuous** หรือ **past simple**

1

I *saw* (see) Sue in town yesterday, but she ... (not / see) me. She ... (look) the other way.

2

I ... (meet) Tom and Jane at the airport a few weeks ago. They ... (go) to Paris and I ... (go) to Rome. We ... (have) a chat while we ... (wait) for our flights.

3

I ... (cycle) home yesterday when a man ... (step) out into the road in front of me. I ... (go) quite fast, but luckily I ... (manage) to stop in time and ... (not / hit) him.

6.4 เติมคำกริยาในรูปที่ถูกต้อง โดยใช้ **past continuous** หรือ **past simple**

1 Jenny *was waiting* (wait) for me when I *arrived* (arrive).
2 'What ... (you / do) at this time yesterday?' 'I was asleep.'
3 '... (you / go) out last night?' 'No, I was too tired.'
4 How fast ... (you / drive) when the accident ... (happen)?
5 Sam ... (take) a picture of me while I ... (not / look).
6 We were in a very difficult position. We ... (not / know) what to do.
7 I haven't seen Alan for ages. When I last ... (see) him, he ... (try) to find a job.
8 I ... (walk) along the street when suddenly I ... (hear) footsteps behind me. Somebody ... (follow) me. I was scared and I ... (start) to run.
9 When I was young, I ... (want) to be a pilot.
10 Last night I ... (drop) a plate when I ... (do) the washing-up. Fortunately it ... (not / break).

→ แบบฝึกหัดเสริม 1 (หน้า 302)

Unit 7

Present perfect 1 (I have done)

A

พิจารณาสถานการณ์ตัวอย่างต่อไปนี้

Tom is looking for his key. He can't find it.
He **has lost** his key.

He **has lost** his key = เขาทำลูกกุญแจหายและยังหาไม่พบ

have/has lost เป็น present perfect simple (ปัจจุบันกาลสมบูรณ์)

I/we/they/you **have** (= I**'ve** ฯลฯ)	**finished** **lost** **done** **been** ฯลฯ
he/she/it **has** (= he**'s** ฯลฯ)	

รูป present perfect simple คือ **have/has** + past participle (กริยาช่องที่ 3) ซึ่งมักจะลงท้ายคำด้วย -**ed** (finish**ed**/decid**ed** ฯลฯ) แต่คำกริยาสำคัญๆ หลายคำเป็น irregular verb (กริยารูปไม่ปกติ) (**lost/done/written** ฯลฯ)

สำหรับรายการคำกริยารูปไม่ปกติ ดูภาคผนวก 1

B

เมื่อเราพูดว่า 'something **has happened**' ข้อมูลที่พูดมักจะเป็นข้อมูลใหม่

- Ow! **I've cut** my finger.
- The road is closed. There**'s been** (there **has been**) an accident.
- *(จากในข่าว)* Police **have arrested** two men in connection with the robbery.

เมื่อเราใช้ present perfect จะมีความหมายเกี่ยวเนื่องกับปัจจุบัน นั่นคือการกระทำในอดีตมีผลต่อปัจจุบัน เช่น

- 'Where's your key?' 'I don't know. **I've lost** it.' (= จนถึง*เวลานี้* ฉันก็ยังไม่ได้กุญแจคืนมา)
- He told me his name, but **I've forgotten** it. (= จนถึง*เวลานี้* ฉันก็ยังนึกไม่ออก)
- 'Is Sally here?' 'No, she**'s gone** out.' (= จนถึง*เวลานี้* เธอก็ยังไม่กลับมา)
- I can't find my bag. **Have** you **seen** it? (= คุณรู้ไหมว่า *เวลานี้*กระเป๋าของฉันอยู่ที่ไหน)

C

โปรดสังเกตความแตกต่างระหว่าง **gone** (**to**) และ **been** (**to**) เช่น

- James is on holiday. He **has gone to** Italy. (= ขณะนี้เขาอยู่ที่นั่นหรืออยู่ระหว่างการเดินทางไปที่นั่น)
- Jane is back home now. She **has been to** Italy. (= เธอกลับมาจากอิตาลีแล้ว)

D

คุณอาจใช้ present perfect กับ **just**, **already** และ **yet** ก็ได้

just = a short time ago (= เพิ่ง, เมื่อสักครู่นี้)

- 'Are you hungry?' 'No, **I've just had** lunch.'
- Hello. **Have** you **just arrived**?

เราใช้ **already** (= แล้ว) เพื่อบอกว่า บางสิ่งบางอย่างเกิดขึ้นเร็วกว่าที่คาดไว้

- 'Don't forget to pay your electricity bill.' '**I've already paid** it.'
- 'What time is Mark leaving?' 'He**'s already left**.'

yet = until now (= ยัง, หรือยัง) ซึ่งให้ความหมายว่า ผู้พูดคาดเดาว่า บางสิ่งบางอย่างกำลังจะเกิดขึ้น เราใช้ **yet** เฉพาะในประโยคคำถามหรือปฏิเสธเท่านั้น

- **Has** it **stopped** raining **yet**?
- I've written the email, but I **haven't sent** it **yet**.

E

คุณอาจใช้ past simple (**did**, **went**, **had** ฯลฯ) ก็ได้ ตามตัวอย่างต่อไปนี้

- 'Is Sally here?' 'No, she **went** out.' *หรือ* 'No, she**'s gone** out.'
- 'Are you hungry?' 'No, I **just had** lunch.' *หรือ* 'No, I**'ve just had** lunch.'

Present perfect ➜ **Units 8, 11** **Been to ➜ Units 8A, 126A** Present perfect continuous ➜ **Units 9–10**
Present perfect และ past ➜ **Units 12–14** **Yet** และ **already ➜ Unit 111** *ภาษาอังกฤษแบบอเมริกัน* ➜ **ภาคผนวก 7**

Exercises

7.1 อ่านสถานการณ์และเขียนประโยค เลือกใช้กริยาคำใดคำหนึ่งต่อไปนี้ในรูป **present perfect**

arrive **break** **fall** **go up** **grow** **improve** ~~**lose**~~

1 Tom is looking for his key. He can't find it. — Tom *has lost his key.*
2 Lisa can't walk and her leg is in plaster. — Lisa ……
3 Last week the bus fare was 8 baht. Now it is 10 baht. — The bus fare ……
4 Maria's English wasn't very good. Now it is better. — Her English ……
5 Dan didn't have a beard before. Now he has a beard. — Dan ……
6 This morning I was expecting a letter. Now I have it. — The letter ……
7 The temperature was 20 degrees. Now it is only 12. — The ……

7.2 เติม **been** หรือ **gone**

1 James is on holiday. He's *gone* to Italy.
2 Hello! I've just …… to the shops. I've bought lots of things.
3 Alice isn't here at the moment. She's …… to the shop to get a newspaper.
4 Tom has …… out. He'll be back in about an hour.
5 'Are you going to the bank?' 'No, I've already …… to the bank.'

7.3 เติมประโยคของ **B** ให้สมบูรณ์ โดยใช้คำในวงเล็บ

	A	B
1	Would you like something to eat?	No, thanks. *I've just had lunch.* (I / just / have / lunch)
2	Do you know where Julia is?	Yes, …… (I / just / see / her)
3	What time is David leaving?	…… (he / already / leave)
4	What's in the newspaper today?	I don't know. …… (I / not / read / it yet)
5	Is Sue coming to the cinema with us?	No, …… (she / already / see / the film)
6	Are your friends here yet?	Yes, …… (they / just / arrive)
7	What does Tim think about your plan?	…… (we / not / tell / him yet)

7.4 อ่านสถานการณ์และเขียนประโยคโดยใช้ **just**, **already** หรือ **yet**

1 After lunch you go to see a friend at her house. She says, 'Would you like something to eat?'
คุณพูดว่า No thank you. *I've just had lunch.* (have lunch)
2 Joe goes out. Five minutes later, the phone rings and the caller says, 'Can I speak to Joe?'
คุณพูดว่า I'm afraid …… . (go out)
3 You are eating in a restaurant. The waiter thinks you have finished and starts to take your plate away. คุณพูดว่า Wait a minute! …… . (not / finish)
4 You plan to eat at a restaurant tonight. You phoned to reserve a table. Later your friend says, 'Shall I phone to reserve a table?' คุณพูดว่า No, …… . (do it)
5 You know that a friend of yours is looking for a place to live. Perhaps she has been successful. Ask her. คุณพูดว่า …… ? (find)
6 You are still thinking about where to go for your holiday. A friend asks, 'Where are you going for your holiday?' คุณพูดว่า …… . (not / decide)
7 Linda went shopping, but a few minutes ago she returned. Somebody asks, 'Is Linda still out shopping?' คุณพูดว่า No, …… . (come back)

Present perfect 2 (I have done)

A

พิจารณาบทสนทนาตัวอย่างต่อไปนี้

DAVE: **Have** you **travelled** a lot, Jane?
JANE: Yes, I**'ve been** to lots of places.
DAVE: Really? **Have** you ever **been** to China?
JANE: Yes, I**'ve been** to China twice.
DAVE: What about India?
JANE: No, I **haven't been** to India.

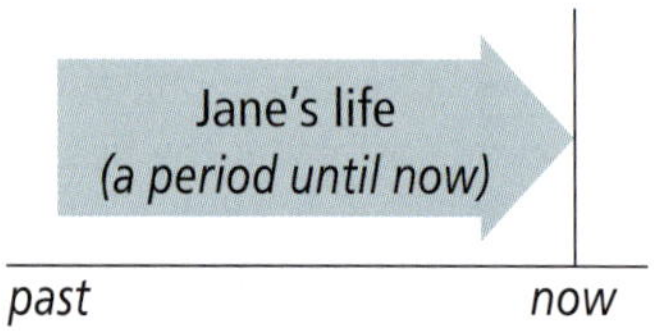

เมื่อกล่าวถึงการกระทำที่ต่อเนื่องกันเป็นระยะเวลาตั้งแต่อดีตจนถึงปัจจุบัน เราใช้ present perfect (ปัจจุบันกาลสมบูรณ์) เช่น (**have been / have travelled** ฯลฯ) ในบทสนทนาข้างต้น Dave และ Jane กำลังพูดถึงประเทศต่างๆ ที่ Jane ได้เคยไปมาแล้ว ซึ่งเป็นระยะเวลาที่ต่อเนื่องกันมาจนถึงปัจจุบัน

ตัวอย่างเพิ่มเติม

- **Have** you ever **eaten** caviar?
- We**'ve** never **had** a car.
- '**Have** you **read** *Hamlet*?' 'No, I **haven't read** any of Shakespeare's plays.'
- Susan really loves that film. She**'s seen** it eight times!
- What a boring film! It's the most boring film **I've ever seen**.

been (to) = visited (ไปมาแล้ว) เช่น

- **I've** never **been to** China. Have you **been** there?

B

ในทำนองเดียวกัน ในตัวอย่างต่อไปนี้ ผู้พูดกำลังกล่าวถึงเหตุการณ์ต่างๆ ซึ่งเกิดขึ้นในระยะเวลาที่ต่อเนื่องกันมาจนถึงปัจจุบัน (**recently / in the last few days / so far / since breakfast** ฯลฯ)

- **Have** you **heard** anything from Brian **recently**?
- **I've met** a lot of people **in the last few days**.
- Everything is going well. We **haven't had** any problems **so far**.
- I'm hungry. I **haven't eaten** anything **since breakfast**. (= ตั้งแต่เวลารับประทานอาหารเช้าจนถึงขณะนี้)
- It's good to see you again. We **haven't seen** each other **for a long time**.

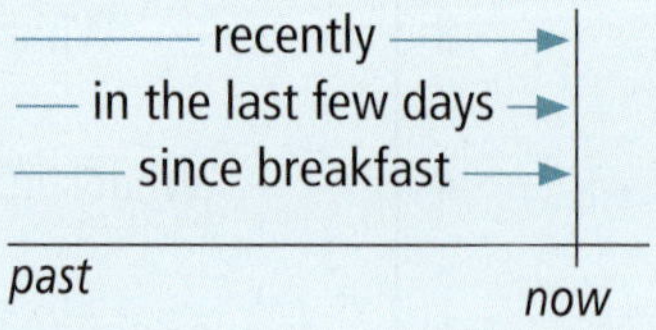

C

ในทำนองเดียวกัน เราใช้ present perfect กับ **today / this evening / this year** ฯลฯ เมื่อช่วงเวลาเหล่านั้นยังไม่สิ้นสุดลงในขณะที่พูด (ดู Unit 14B ประกอบ) เช่น

- **I've drunk** four cups of coffee today.
- **Have** you **had** a holiday **this year**?
- I **haven't seen** Tom **this morning**. **Have** you?
- Rob **hasn't worked** very hard **this term**.

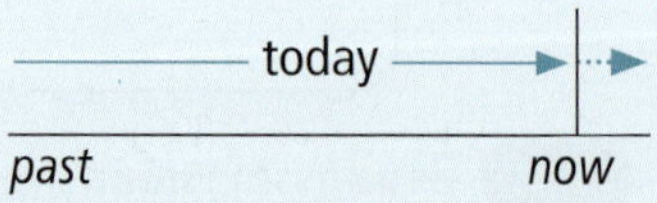

D

เราพูดว่า It's the (first) time something **has happened**. ดังตัวอย่าง

- Don is having a driving lesson. It's his first one.
  It's the first time he **has driven** a car. (*ไม่ใช่* drives)

หรือ He **has never driven** a car **before**.

- Sarah has lost her passport again. This is the second time this **has happened**. (*ไม่ใช่* happens)
- Bill is phoning his girlfriend again. That's the third time he**'s phoned** her **this evening**.

Present perfect 1 ➜ **Unit 7** Present perfect + **for/since** ➜ **Units 11–12**
Present perfect และ past ➜ **Units 12–14**

Exercises

8.1 คุณกำลังถามคน ๆ หนึ่งถึงสิ่งที่เขาทำมาแล้ว ตั้งคำถามโดยใช้คำว่า **ever** และคำในวงเล็บ

1 (ride / horse?) *Have you ever ridden a horse?*
2 (be / California?) Have ....
3 (run / marathon?) ....
4 (speak / famous person?) ....
5 (most beautiful place / visit?) What's ....

8.2 เติมคำตอบของ B ให้สมบูรณ์ บางประโยคเป็นบอกเล่า บางประโยคเป็นปฏิเสธ เลือกใช้คำกริยาที่กำหนดให้

be be eat happen ~~have~~ have ~~meet~~ play read see try

	A	B
1	What's Mark's sister like?	I've no idea. *I've never met* her.
2	Is everything going well?	Yes, we *haven't had* any problems so far.
3	Are you hungry?	Yes, I .... much today.
4	Can you play chess?	Yes, but .... for ages.
5	Are you enjoying your holiday?	Yes, it's the best holiday .... for a long time.
6	What's that book like?	I don't know. .... it.
7	Is Brussels an interesting place?	I've no idea. .... there.
8	I hear your car broke down again yesterday.	Yes, it's the second time .... this month.
9	Do you like caviar?	I don't know. .... it.
10	Mike was late for work again today.	Again? He .... late every day this week.
11	Who's that woman by the door?	I don't know. .... her before.

8.3 เขียนประโยค 4 ประโยคเกี่ยวกับตัวคุณเอง ใช้ **I haven't** ร่วมกับวลีที่ให้มา

used a computer | **travelled by bus** | **eaten any fruit**
been to the cinema | **read a book** | **lost anything**

today
this week
recently
for ages
since ...
this year

1 *I haven't used a computer today.*
2 ....
3 ....
4 ....
5 ....

8.4 อ่านสถานการณ์และเขียนประโยคตามที่แสดงไว้ในตัวอย่าง

1 Jack is driving a car, but he's very nervous and not sure what to do.
คุณถามว่า *Have you driven a car before?*
เขาตอบว่า *No, this is the first time I've driven a car.*

2 Ben is playing tennis. He's not good at it and he doesn't know the rules.
คุณถามว่า Have ....
เขาตอบว่า No, this is the first ....

3 Sue is riding a horse. She doesn't look very confident or comfortable.
คุณถามว่า ....
เธอตอบว่า ....

4 Maria is in Japan. She has just arrived and it's very new for her.
คุณถามว่า ....
เธอตอบว่า ....

Unit 9

Present perfect continuous (**I have been doing**)

A

It has been raining.

พิจารณาสถานการณ์ตัวอย่างต่อไปนี้

Is it raining?
No, but the ground is wet.

It has been raining.

have/has been -ing เป็น present perfect continuous (ปัจจุบันกาลสมบูรณ์ต่อเนื่อง)

I/we/they/you	**have**	(= I**'ve** ฯลฯ)	**been**	**doing**
he/she/it	**has**	(= he**'s** ฯลฯ)		**waiting**
				playing ฯลฯ

เราใช้ present perfect continuous (ปัจจุบันกาลสมบูรณ์ต่อเนื่อง) สำหรับกิจกรรมที่สิ้นสุดลงเมื่อไม่นานมานี้หรือเพิ่งสิ้นสุดลง มีความหมายเกี่ยวเนื่องกับเวลาใน*ขณะนี้*

- You're out of breath. **Have** you **been running**? (= *ขณะนี้* คุณก็ยังหายใจหอบอยู่)
- Paul is very tired. He**'s been working** very hard. (= *ขณะนี้* เขาก็ยังรู้สึกเพลียอยู่)
- Why are your clothes so dirty? What **have** you **been doing**?
- I**'ve been talking** to Amanda about the problem and she agrees with me.
- Where have you been? I**'ve been looking** for you everywhere.

B

It has been raining for two hours.

พิจารณาสถานการณ์ตัวอย่างต่อไปนี้

It began raining two hours ago and it is still raining.

How long **has** it **been raining**?

It **has been raining** for two hours.

เรามักจะใช้ present perfect continuous ในลักษณะนี้ โดยเฉพาะอย่างยิ่งเมื่อใช้กับ **how long**, **for** ... และ **since** ... กิจกรรมยังกำลังดำเนินอยู่ (ดังในตัวอย่างนี้) หรือเพิ่งสิ้นสุดลง

- **How long have** you **been learning** English? (= คุณยังกำลังเรียนภาษาอังกฤษอยู่)
- Tim is still watching TV. He**'s been watching** TV **all day**.
- Where have you been? I**'ve been looking** for you **for the last half hour**.
- Chris **hasn't been feeling** well **recently**.

คุณอาจใช้ present perfect continuous สำหรับการกระทำที่เกิดขึ้นเป็นประจำซ้ำๆ กันตลอดช่วงเวลาหนึ่ง เช่น

- Silvia is a very good tennis player. She**'s been playing since she was eight**.
- Every morning they meet in the same café. They**'ve been going** there **for years**.

C

เปรียบเทียบการใช้ **I am doing** (ดู Unit 1) และ **I have been doing** ต่อไปนี้

I am doing
present continuous
now

- Don't disturb me now. I**'m working**.
- We need an umbrella. It**'s raining**.
- Hurry up! We**'re waiting**.

I have been doing
present perfect continuous
now

- I**'ve been working** hard. Now I'm going to have a break.
- The ground is wet. It**'s been raining**.
- We**'ve been waiting** for an hour.

Present perfect continuous และ simple ➜ **Units 10–11** Present perfect + **for/since** ➜ **Units 11–12**

Exercises

9.1 บุคคลในภาพได้ทำอะไรมาแล้วบ้าง หรือมีอะไรเกิดขึ้นมาแล้วบ้าง

1 earlier

now

They *'ve been shopping.*

2 earlier

now

She ....

3 earlier

now

They ....

4 earlier

now

He ....

9.2 เขียนประโยคคำถามสำหรับแต่ละสถานการณ์ โดยใช้คำที่กำหนดให้ในวงเล็บ

1 You meet Paul as he is leaving the swimming pool.
คุณถามว่า (you / swim?) *Have you been swimming?*
2 You have just arrived to meet a friend who is waiting for you.
คุณถามว่า (you / wait / long?) ....
3 You meet a friend in the street. His face and hands are very dirty.
คุณถามว่า (what / you / do?) ....
4 A friend of yours is now working in a shop. You want to know how long.
คุณถามว่า (how long / you / work / there?) ....
5 A friend tells you about his job – he sells mobile phones. You want to know how long.
คุณถามว่า (how long / you / sell / mobile phones?) ....

9.3 อ่านสถานการณ์และเติมประโยคให้สมบูรณ์

1 It's raining. The rain started two hours ago.
It *'s been raining* for two hours.
2 We are waiting for the bus. We started waiting 20 minutes ago.
We .... for 20 minutes.
3 I'm learning Spanish. I started classes in December.
I .... since December.
4 Jessica is working in a supermarket. She started working there on 18 January.
.... since 18 January.
5 Our friends always spend their holidays in Italy. They started going there years ago.
.... for years.

9.4 เติมคำกริยาในรูป **present continuous (I am -ing)** หรือ **present perfect continuous (I have been -ing)**

1 *Maria has been learning* (Maria / learn) English for two years.
2 Hello, Tom. .... (I / look) for you. Where have you been?
3 Why .... (you / look) at me like that? Stop it!
4 Linda is a teacher. .... (she / teach) for ten years.
5 .... (I / think) about what you said, and I've decided to take your advice.
6 'Is Paul on holiday this week?' 'No, ... (he / work).'
7 Sarah is very tired. .... (she / work) very hard recently.

Unit 10 Present perfect continuous และ simple (I have been doing และ I have done)

A

พิจารณาสถานการณ์ตัวอย่างต่อไปนี้

There is paint on Kate's clothes.
She **has been painting** her bedroom.

has been painting เป็น present perfect continuous (ปัจจุบันกาลสมบูรณ์ต่อเนื่อง)

สิ่งที่เราสนใจในประโยคนี้คือ กิจกรรม (การทาสี) ไม่สำคัญว่ากิจกรรมนั้นจะทำเสร็จแล้วหรือไม่ ในตัวอย่าง กิจกรรม (การทาสีห้องนอน) ยังไม่เสร็จ

Her bedroom was green. Now it is yellow.
She **has painted** her bedroom.

has painted เป็น present perfect simple (ปัจจุบันกาลสมบูรณ์)

สิ่งที่สำคัญในที่นี้คือ งานที่ทำเสร็จแล้ว **has painted** เป็นการกระทำที่เสร็จสมบูรณ์แล้ว เราสนใจที่ผลของกิจกรรม (ห้องนอนที่ทาสีเสร็จแล้ว) ไม่ใช่กิจกรรม (การทาสี)

B

เปรียบเทียบตัวอย่างต่อไปนี้

- My hands are very dirty. **I've been repairing** my bike.
- Joe **has been eating** too much recently. He should eat less.
- It's nice to see you again. What **have** you **been doing** since we last met?
- Where have you been? **Have** you **been playing** tennis?

- My bike is OK again now. **I've repaired** it.
- Somebody **has eaten** all the chocolates. The box is empty.
- Where's the book I gave you? What **have** you **done** with it?
- **Have** you ever **played** tennis?

C

เราใช้ continuous เพื่อถามหรือบอกว่า *นานเท่าใดแล้ว* (สำหรับกิจกรรมที่กำลังดำเนินอยู่)

- How long **have** you **been reading** that book?
- Lisa is writing emails. She**'s been writing** emails all morning.
- They**'ve been playing** tennis since 2 o'clock.
- I'm learning Arabic, but **I haven't been learning** it very long.

เราใช้ simple เพื่อถามหรือบอกว่า การกระทำ (ที่เสร็จสมบูรณ์แล้ว) มี*ปริมาณหรือจำนวน* เท่าใดหรือ*ทำกี่ครั้ง*

- How much of that book **have** you **read**?
- Lisa is writing emails. She**'s sent** lots of emails this morning.
- They**'ve played** tennis three times this week.
- I'm learning Arabic, but I **haven't learnt** very much yet.

D

คำกริยาบางคำ (เช่น **know/like/believe**) มักจะไม่ใช้ในรูป continuous เช่น

- I**'ve known** about the problem for a long time. (*ไม่ใช่* I've been knowing)
- How long **have** you **had** that camera? (*ไม่ใช่* have you been having)

สำหรับรายการคำกริยาเหล่านี้ ดู Unit 4A สำหรับ **have** ดู Unit 17
โปรดจำว่าคุณอาจใช้ **want** และ **mean** ในประโยค present perfect continuous ได้ เช่น

- **I've been meaning** to phone Jane, but I keep forgetting.

Present perfect simple ➜ **Units 7–8** Present perfect continuous ➜ **Unit 9**
Present perfect + **for/since** ➜ **Units 11–12**

Exercises

10.1 อ่านสถานการณ์และเติมประโยคให้สมบูรณ์ โดยใช้คำกริยาที่กำหนดให้ในวงเล็บ

1 Tom started reading a book two hours ago. He is still reading it and now he is on page 53.
He has been reading for two hours. (read)
He has read 53 pages so far. (read)

2 Rachel is from Australia. She is travelling round Europe at the moment. She began her trip three months ago.
She .... for three months. (travel)
.... six countries so far. (visit)

3 Patrick is a tennis player. He began playing tennis when he was ten years old. This year he won the national championship again – for the fourth time.
.... the national championship four times. (win)
.... since he was ten. (play)

4 When they left college, Lisa and Sue started making films together. They still make films.
They .... films since they left college. (make)
.... five films since they left college. (make)

10.2 ตั้งคำถามโดยใช้คำที่กำหนดให้ในวงเล็บในแต่ละสถานการณ์ต่อไปนี้

1 You have a friend who is learning Arabic. คุณถามว่า
(how long / learn / Arabic?) *How long have you been learning Arabic?*
2 You have just arrived to meet a friend. She is waiting for you. คุณถามว่า
(wait / long?) Have ....
3 You see somebody fishing by the river. คุณถามว่า
(catch / any fish?) ....
4 Some friends of yours are having a party next week. คุณถามว่า
(how many people / invite?) ....
5 A friend of yours is a teacher. คุณถามว่า
(how long / teach?) ....
6 You meet somebody who is a writer. คุณถามว่า
(how many books / write?) ....
(how long / write / books?) ....
7 A friend of yours is saving money to go on a world trip. คุณถามว่า
(how long / save?) ....
(how much money / save?) ....

10.3 เติมคำกริยาในรูปที่เหมาะสมกับความหมาย โดยใช้ **present perfect simple (I have done)** หรือ **continuous (I have been doing)**

1 Where have you been? *Have you been playing* (you / play) tennis?
2 Look! .... (somebody / break) that window.
3 You look tired. .... (you / work) hard?
4 '.......... (you / ever / work) in a factory?' 'No, never.'
5 'Liz is away on holiday.' 'Is she? Where .... (she / go)?'
6 My brother is an actor. .... (he / appear) in several films.
7 'Sorry I'm late.' 'That's all right. .... (I / not / wait) long.'
8 'Is it still raining?' 'No, ... (it / stop).'
9 .... (I / lose) my phone. .... (you / see) it anywhere?
10 .... (I / read) the book you lent me, but .... (I / not / finish) it yet. It's very interesting.
11 .... (I / read) the book you lent me, so you can have it back now.
12 This is a very old book. .... (I / have) it since I was a child.

Unit 11

How long have you (been) ... ?

A

พิจารณาสถานการณ์ตัวอย่างต่อไปนี้

Dan and Jenny are married. They got married exactly 20 years ago, so today is their 20th wedding anniversary.

They **have been** married **for 20 years**.

เราพูดถึงความสัมพันธ์ระหว่าง Dan และ Jenny ได้หลายลักษณะ เช่น
They **are** married. *(present)* หมายความว่า พวกเขาแต่งงานแล้ว
แต่ **How long have** they **been** married? *(present perfect)*
(*ไม่ใช่* How long are they married?)
They **have been** married **for 20 years**.
(*ไม่ใช่* They are married for 20 years)

เราใช้รูป present perfect เพื่อพูดถึงเรื่องที่เกิดขึ้นในอดีต และต่อเนื่องมาจนถึงปัจจุบัน เปรียบเทียบประโยคที่ใช้รูป present และ present perfect ต่อไปนี้

- Paul is in hospital.

แต่ He's **been** in hospital **since Monday**. (= He **has** been ...)
(*ไม่ใช่* He's in hospital since Monday)

- **Do** you **know** each other well?

แต่ **Have** you **known** each other **for a long time**?
(*ไม่ใช่* Do you know)

- She's **waiting** for somebody.

แต่ She**'s been waiting all morning**.

- **Do** they **have** a car?

แต่ **How long have** they **had** their car?

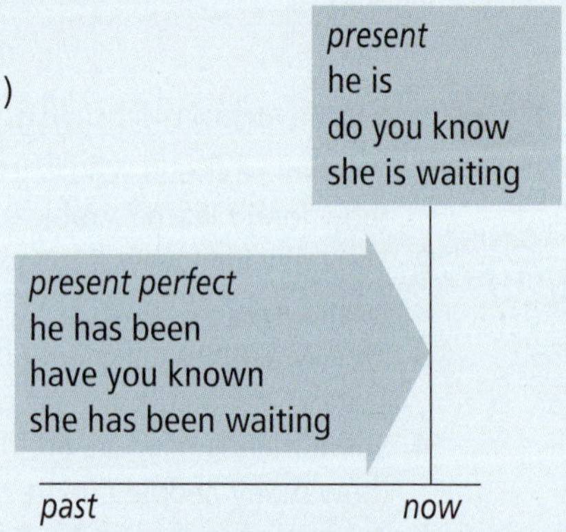

B

I have known/had/lived ฯลฯ เป็น present perfect simple (ปัจจุบันกาลสมบูรณ์)
I have been learning / been waiting / been doing ฯลฯ เป็น present perfect continuous (ปัจจุบันกาลสมบูรณ์ต่อเนื่อง)

เมื่อเราถามคำถามเกี่ยวกับระยะเวลา 'how long' เรามักจะใช้รูป continuous (ดู Unit 10) เช่น

- **I've been learning** English **for six months**.
- **It's been raining since lunchtime**.
- Richard **has been doing** the same job **for 20 years**.
- **'How long have** you **been driving**?' 'Since I was 17.'

คำกริยาบางคำ (เช่น **know/like/believe**) มักจะไม่ใช้ในรูป continuous เช่น

- How long **have** you **known** Jane? (*ไม่ใช่* have you been knowing)
- **I've had** a pain in my stomach all day. (*ไม่ใช่* I've been having)

สำหรับรายการคำกริยาประเภทนี้ ดู Unit 4A และ Unit 10C สำหรับ **have** ดู Unit 17

C

เราอาจใช้ present perfect continuous หรือ present perfect กับคำกริยา **live** และ **work** ก็ได้ เช่น

- Julia **has been living / has lived** here for a long time.
- How long **have** you **been working / have** you **worked** here?

แต่เราใช้ present perfect (**I've lived / I've done** ฯลฯ) กับ **always** เช่น

- **I've always lived** in the country. (*ไม่ใช่* always been living)

D

เราพูดว่า **'I haven't done** something **since/for** ...' *(present perfect simple)* ดังตัวอย่าง

- I **haven't seen** Tom since Monday. (= Monday was the last time I saw him)
- Sarah **hasn't phoned** for ages. (= the last time she phoned was ages ago)

I haven't ... since/for ➔ Unit 8B Present perfect continuous **➔ Units 9–10** **For** และ **since ➔ Unit 12A**

Exercises

11.1 ส่วนที่ขีดเส้นใต้ในประโยคต่อไปนี้ถูกหรือผิด ถ้าผิด แก้ให้ถูกต้อง

1 Ben is a friend of mine. I know him very well. *OK*
2 Ben is a friend of mine. I know him for a long time. *I've known him*
3 Sarah and Adam are married since July. ....
4 The weather is awful. It's raining again. ....
5 The weather is awful. It's raining all day. ....
6 I like your house. How long are you living there? ....
7 Gary is working in a shop for the last few months. ....
8 I don't know Tom well. We've only met a few times. ....
9 I gave up drinking coffee. I don't drink it for a year. ....
10 That's a very old bike. How long do you have it? ....

11.2 อ่านสถานการณ์และเขียนประโยคคำถามโดยใช้คำในวงเล็บ

1 A friend tells you that Paul is in hospital. คุณถามเขาว่า
(how long / be / in hospital?) *How long has Paul been in hospital?*
2 You meet a woman who tells you that she teaches English. คุณถามเธอว่า
(how long / teach / English?) ....
3 You know that Jane is a good friend of Katherine's. คุณถาม Jane ว่า
(how long / know / Katherine?) ....
4 Your friend's brother went to Australia some time ago and he's still there. คุณถามเพื่อนของคุณว่า
(how long / be / in Australia?) ....
5 Tom always wears the same jacket. It's a very old jacket. คุณถามเขาว่า
(how long / have / that jacket?) ....
6 You are talking to a friend about Joe. Joe now works at the airport. คุณถามเพื่อนของคุณว่า
(how long / work / at the airport?) ....
7 A friend of yours is having guitar lessons. คุณถามเขาว่า
(how long / have / guitar lessons?) ....
8 You meet somebody on a plane. She says that she lives in Chicago. คุณถามเธอว่า
(always / live / in Chicago?) ....

11.3 เติมคำตอบของ B สำหรับคำถามของ A ให้สมบูรณ์

	A	B
1	Paul is in hospital, isn't he?	Yes, he *has been* in hospital since Monday.
2	Do you see Ann very often?	No, I *haven't seen* her for three months.
3	Is Amy married?	Yes, she .... married for ten years.
4	Are you waiting for me?	Yes, I .... for the last half hour.
5	You know Mel, don't you?	Yes, we .... each other a long time.
6	Do you still play tennis?	No, I .... tennis for years.
7	Is Joe watching TV?	Yes, he .... TV all evening.
8	Do you watch TV a lot?	No, I .... TV for ages.
9	Do you have a headache?	Yes, I .... a headache all morning.
10	Adrian is never ill, is he?	No, he .... ill since I've known him.
11	Are you feeling ill?	Yes, I .... ill all day.
12	Sue lives in Berlin, doesn't she?	Yes, she .... in Berlin for the last few years.
13	Do you go to the cinema a lot?	No, I .... to the cinema for ages.
14	Would you like to go to New York one day?	Yes, I .... to go to New York. (ใช้ **always / want**)

Unit 12

For และ since When … ? และ How long … ?

A

เราใช้ **for** และ **since** เพื่อบอกว่า เหตุการณ์บางอย่างดำเนินมาเป็นเวลานานเท่าใด

ใช้ **for** เพื่อบอกช่วงระยะเวลา
(**two hours, six weeks** ฯลฯ) เช่น

- I've been waiting **for two hours.**

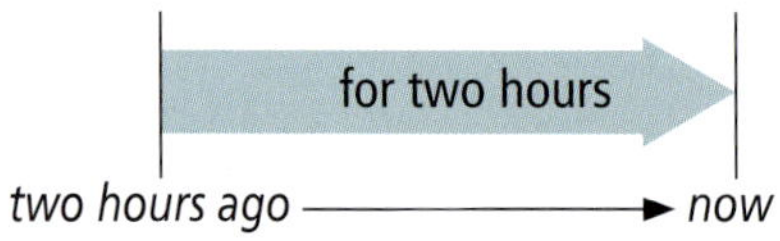

for		
two hours	20 minutes	five days
a long time	six months	50 years
a week	ages	years

- Sally has been working here **for six months.** (*ไม่ใช่* since six months)
- I haven't seen Tom **for three days.**

ใช้ **since** เพื่อบอกจุดเริ่มต้นของช่วงระยะเวลา
(**8 o'clock, Monday, 1999** ฯลฯ) เช่น

- I've been waiting **since 8 o'clock.**

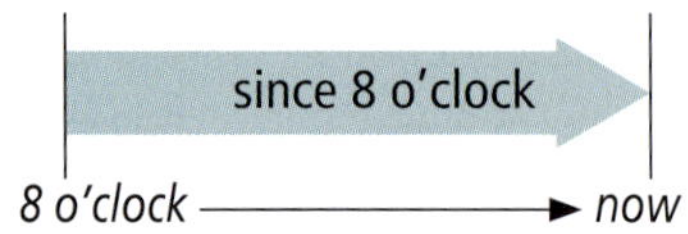

since		
8 o'clock	Monday	12 May
April	2001	Christmas
lunchtime	we arrived	I got up

- Sally has been working here **since April.** (= from April until now)
- I haven't seen Tom **since Monday.**

บางครั้งเราอาจจะละ **for** ในประโยคบอกเล่าได้ (แต่ถ้าเป็นประโยคปฏิเสธ จะต้องใช้ for) เช่น

- They've been married (for) **ten years.** (จะใช้ **for** หรือไม่ใช้ก็ได้)
- They **haven't had** a holiday **for** ten years. (ต้องใช้ **for**)

*อย่า*ใช้ **for** + **all** … (**all day / all my life** ฯลฯ) เช่น

- I've lived here **all my life.** (*ไม่ใช่* for all my life)

คุณอาจใช้ **in** แทน **for** ในประโยคปฏิเสธได้ (**I haven't** … ฯลฯ) เช่น

- They **haven't had** a holiday **in ten years.** (= for ten years)

B

เปรียบเทียบการใช้ **when** … ? (+ past simple) และ **how long** … ? (+ present perfect) ในประโยคต่อไปนี้

A: **When** did it start raining?
B: It started raining **an hour ago / at 1 o'clock.**

A: **How long** has it been raining?
B: It's been raining **for an hour / since 1 o'clock.**

A: **When** did Joe and Carol first meet?
B: They first met { **a long time ago.** / **when they were at school.** }

A: **How long** have they known each other?
B: They've known each other { **for a long time.** / **since they were at school.** }

C

เราพูดว่า

It's (= It **is**) *หรือ* **It's been** (= It **has been**)	a long time six months (ฯลฯ)	since something happened.

- **It's two years since** I last saw Joe. *หรือ* **It's been two years since** …
  (= I haven't seen Joe for two years)
- **It's ages since** we went to the cinema. *หรือ* **It's been ages since** …
  (= We haven't been to the cinema for ages)
- **How long is it since** Mrs Hill died? *หรือ* **How long has it been since** … ?
  (= When did Mrs Hill die?)

How long have you (been) … ? ➔ Unit 11

Exercises

12.1 เติม **for** หรือ **since**

1 It's been raining *since* lunchtime.
2 Sarah has lived in Paris .... 1995.
3 Paul has lived in Brazil .... ten years.
4 I'm tired of waiting. We've been sitting here .... an hour.
5 Kevin has been looking for a job .... he left school.
6 I haven't been to a party .... ages.
7 I wonder where Joe is. I haven't seen him .... last week.
8 Jane is away. She's been away .... Friday.
9 The weather is dry. It hasn't rained .... a few weeks.

12.2 เขียนประโยคคำถามโดยขึ้นต้นประโยคด้วย **how long** และ **when**

1 It's raining.
(how long?) *How long has it been raining?*
(when?) *When did it start raining?*
2 Kate is learning Japanese.
(how long / learn?) ....
(when / start?) ....
3 I know Simon.
(how long / you / know?) ....
(when / you / first / meet?) ....
4 Rebecca and David are married.
(how long?) ....
(when?) ....

12.3 อ่านสถานการณ์และเติมประโยคต่อจากที่ขึ้นต้นไว้ให้สมบูรณ์

1 It's raining. It's been raining since lunchtime. It *started raining* at lunchtime.
2 Ann and Jess are friends. They first met years ago. They've *known each other for* years.
3 Mark is ill. He became ill on Sunday. He has .... Sunday.
4 Mark is ill. He became ill a few days ago. He has .... a few days.
5 Sarah is married. She's been married for a year. She got ....
6 You have a headache. It started when you woke up.
I've .... I woke up.
7 Sue has been in Italy for the last three weeks.
She went ....
8 You're working in a hotel. You started six months ago.
I've ....

12.4 เขียนประโยคของ B โดยใช้คำในวงเล็บ

1 A: Do you often go on holiday?
B: No, *I haven't had a holiday for* five years.
2 A: Do you often see Laura?
B: No, I .... about a month.
3 A: Do you often go to the cinema?
B: No, ... a long time.
4 A: Do you often eat in restaurants?
B: No, ... ages.

เขียนคำตอบของ B ใหม่โดยใช้ **It's … since …**

5 (1) *No, it's five years since I had a holiday.*
6 (2) No, its ....
7 (3) No, ...
8 (4) ....

Unit 13

Present perfect และ past 1 (I have done และ I did)

A

พิจารณาสถานการณ์ตัวอย่างต่อไปนี้

Tom is looking for his key. He can't find it.

He **has lost** his key. *(present perfect)*

ประโยคนี้หมายความว่า *ขณะนี้* เขาก็ยังไม่มีลูกกุญแจ

สิบนาทีต่อมา

Now Tom **has found** his key. He has it now.

Has he **lost** his key? No, he **has found** it.

Did he **lose** his key? Yes, he **did**.

He **lost** his key *(past simple)*
but now he **has found** it. *(present perfect)*

present perfect (ปัจจุบันกาลสมบูรณ์) (something **has happened**) เป็น present tense ชนิดหนึ่ง เพราะมักจะให้ความหมายเกี่ยวเนื่องกับ*เวลาในปัจจุบัน* ดังนั้น ประโยค 'Tom **has lost** his key' จึงมีความหมายว่า he doesn't have his key *now* (ดู Unit 7)

past simple (something **happened**) บอกให้เราทราบถึง*เวลาในอดีต*เท่านั้น ในประโยค 'Tom **lost** his key' เราไม่ทราบว่า ขณะนี้เขามีลูกกุญแจหรือไม่ เราเพียงแต่ทราบว่า เขาทำลูกกุญแจหายในเวลาที่ผ่านมาแล้ว

*อย่า*ใช้ present perfect ถ้าสถานการณ์ในปัจจุบันเปลี่ยนไปแล้ว เปรียบเทียบประโยคต่อไปนี้

- They'**ve gone** away. They'll be back on Friday. (*ตอนนี้* พวกเขาไม่อยู่)
  They **went** away, but I think they're back at home now. (*ไม่ใช่* They've gone)
- It **has stopped** raining now, so we don't need the umbrella. (*ตอนนี้* ฝนไม่ได้ตก)
  It **stopped** raining for a while, but now it's raining again. (*ไม่ใช่* It has stopped)

B

คุณอาจใช้ present perfect สำหรับเหตุการณ์ที่เพิ่งเกิดขึ้นหรือเกิดขึ้นเมื่อไม่นานมานี้ เช่น

- 'I'**ve repaired** the washing machine. It's working OK now.' 'Oh, that's good.'
- 'Sally **has had** a baby! It's a boy.' 'That's great news.'

แต่โดยปกติแล้วจะใช้รูป past simple ก็ได้ เช่น

- I **repaired** the washing machine. It's working OK now.

ใช้ past simple (*ไม่ใช่* present perfect) สำหรับสิ่งที่เกิดขึ้นนานแล้ว เช่น

- Mozart **was** a composer. He **wrote** more than 600 pieces of music.
  (*ไม่ใช่* has been … has written)
- My mother **grew** up in Italy. (*ไม่ใช่* has grown)

เปรียบเทียบประโยคต่อไปนี้

- Did you know that somebody **has invented** a new type of washing machine?
- Who **invented** the telephone? (*ไม่ใช่* has invented)

C

เราใช้ present perfect เพื่อให้ข้อมูลใหม่ที่เพิ่งเกิดขึ้น (ดู Unit 7) แต่ถ้ายังคงพูดถึงเรื่องนั้นๆ ต่อ เรามักจะใช้รูป past simple เช่น

- A: Ow! **I've burnt** myself.
  B: How **did** you **do** that? (*ไม่ใช่* have you done)
  A: I **picked** up a hot dish. (*ไม่ใช่* have picked)
- A: Look! Somebody **has spilt** something on the sofa.
  B: Well, it **wasn't** me. I **didn't do** it. (*ไม่ใช่* hasn't been … haven't done)

Past simple ➜ **Unit 5** Present perfect ➜ **Units 7–8** Present perfect และ past 2 ➜ **Unit 14**
ภาษาอังกฤษแบบอเมริกัน ➜ ***ภาคผนวก 7***

Exercises

13.1 เติมประโยคให้สมบูรณ์โดยใช้คำกริยาในวงเล็บ ใช้ **present perfect** หรือ **past simple** ให้เหมาะสม

13.2 ส่วนที่ขีดเส้นใต้ในประโยคต่อไปนี้ถูกหรือผิด ถ้าผิด แก้ให้ถูกต้อง

1 Did you hear about Sue? She's given up her job. ...OK...
2 My mother has grown up in Italy. ...grew...
3 How many poems has William Shakespeare written? ....
4 Ow! I've cut my finger. It's bleeding. ....
5 Drugs have become a big problem everywhere. ....
6 Who has invented paper? ....
7 Where have you been born? ....
8 Ellie isn't at home. She's gone shopping. ....
9 Albert Einstein has been the scientist who has developed the theory of relativity. ....

13.3 เติมคำกริยาในรูปที่ถูกต้อง โดยใช้ **present perfect** หรือ **past simple**

1 ...It stopped... raining for a while, but now it's raining again. (it / stop)
2 The town where I live is very different now. ...It has changed... a lot. (it / change)
3 I studied German at school, but .... most of it now. (I / forget)
4 The police .... three people, but later they let them go. (arrest)
5 What do you think of my English? Do you think .... ? (it / improve)
6 A: Are you still reading the paper?
B: No, ... with it. You can have it. (I / finish)
7 .... for a job as a tourist guide, but I wasn't successful. (I / apply)
8 Where's my bike? .... outside the house, but it's not there now. (it / be)
9 Quick! We need to call an ambulance. .... an accident. (there / be)
10 A: Have you heard about Ben? .... his arm. (he / break)
B: Really? How .... ? (that / happen)
A: .... off a ladder. (he / fall)

Unit
14

Present perfect และ past 2 (I have done และ I did)

A

อย่าใช้ present perfect (ปัจจุบันกาลสมบูรณ์) (**I have done**) เมื่อพูดถึงเวลา*ที่ผ่านมาแล้ว* (เช่น **yesterday / ten minutes ago / in 2005 / when I was a child**) ให้ใช้ past tense (อดีตกาล)

- It **was** very cold **yesterday**. (*ไม่ใช่* has been)
- Paul and Lucy **arrived ten minutes ago**. (*ไม่ใช่* have arrived)
- **Did** you **eat** a lot of sweets **when you were a child**? (*ไม่ใช่* have you eaten)
- I **got** home late **last night**. I **was** very tired and **went** straight to bed.

ใช้ past tense เพื่อถาม **When** … ? หรือ **What time** … ? เช่น

- **When did** your friends **arrive**? (*ไม่ใช่* have … arrived)
- **What time did** you **finish** work?

เปรียบเทียบประโยคต่อไปนี้

Present perfect

- Tom **has lost** his key. He can't get into the house.
- Is Carla here or **has** she **left**?

Past simple

- Tom **lost** his key **yesterday**. He couldn't get into the house.
- **When did** Carla **leave**?

B

เปรียบเทียบประโยคในรูป present perfect และ past simple

Present perfect (**have done**)

- **I've done** a lot of work **today**.

เราใช้ present perfect สำหรับช่วงเวลาที่ต่อเนื่องจาก*อดีตถึงปัจจุบัน* เช่น
today / this week / since 2007

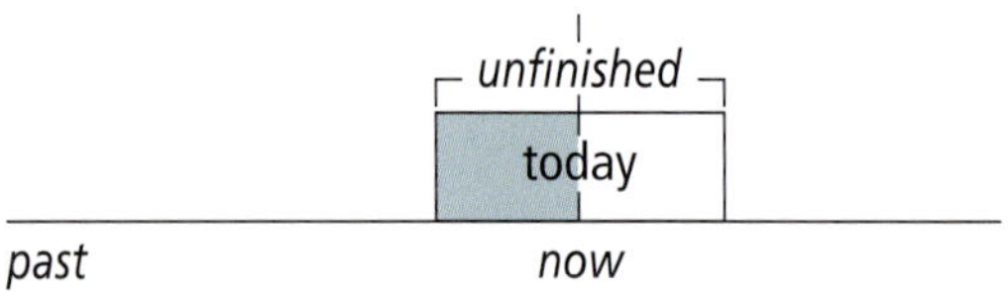

- It **hasn't rained this week**.
- **Have** you **seen** Anna **this morning**? (ขณะนี้ก็ยังเป็นเวลาเช้าอยู่)
- **Have** you **seen** Tim **recently**?
- I don't know where Lisa is. I **haven't seen** her. (= I haven't seen her recently)
- We**'ve been waiting** for an hour. (ขณะนี้เราก็ยังคงรออยู่)
- Jack lives in Los Angeles. He **has lived** there for seven years.
- I **have never played** golf. (ในชีวิตของฉัน)
- *วันนี้เป็นวันสุดท้ายในช่วงพักผ่อนของคุณ คุณพูดว่า*
  It**'s been** a really good holiday.
  I**'ve** really **enjoyed** it.

Past simple (**did**)

- **I did** a lot of work **yesterday**.

เราใช้ past simple สำหรับเวลาที่*สิ้นสุดลงแล้วในอดีต* เช่น
yesterday / last week / from 2007 to 2010

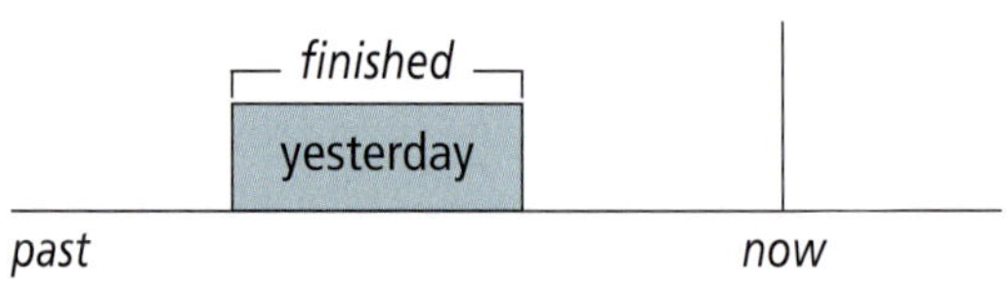

- It **didn't rain last week**.
- **Did** you **see** Anna **this morning**? (ขณะนี้เป็นเวลาบ่ายหรือเย็นแล้ว)
- **Did** you **see** Tim **on Sunday**?
- A: **Was** Lisa at the party **on Sunday**?
  B: I don't think so. I **didn't** see her.
- We **waited** (*หรือ* **were waiting**) for an hour. (ขณะนี้เราไม่ได้รออีกแล้ว)
- Jack **lived** in New York for ten years. Now he lives in Los Angeles.
- I **didn't play** golf **last summer**.
- *หลังกลับมาจากวันหยุดพักผ่อน คุณพูดว่า*
  It **was** a really good holiday.
  I really **enjoyed** it.

Past simple ➜ **Unit 5**   Present perfect ➜ **Units 7–8**   Present perfect และ past 1 ➜ **Unit 13**

Exercises

14.1 ส่วนที่ขีดเส้นใต้ในประโยคต่อไปนี้ถูกหรือผิด ถ้าผิด แก้ให้ถูกต้อง

1 I've lost my key. I can't find it anywhere. ...OK...
2 Have you eaten a lot of sweets when you were a child? ...Did you eat...
3 I've bought a new car. You must come and see it. ....
4 I've bought a new car last week. ....
5 Where have you been yesterday evening? ....
6 Lucy has left school in 1999. ....
7 I'm looking for Mike. Have you seen him? ....
8 'Have you been to Paris?' 'Yes, many times.' ....
9 I'm very hungry. I haven't eaten much today. ....
10 When has this book been published? ....

14.2 แต่งประโยคโดยใช้คำที่กำหนดให้ในวงเล็บ ใช้ **present perfect** หรือ **past simple** ให้ถูกต้องตามความหมาย

1 (it / not / rain / this week) ...It hasn't rained this week...
2 (the weather / be / cold / recently) The weather ....
3 (it / cold / last week) It ....
4 (I / not / read / a newspaper yesterday) I ....
5 (I / not / read / a newspaper today) ....
6 (Emily / earn / a lot of money / this year) ....
7 (she / not / earn / so much / last year) ....
8 (you / have / a holiday recently?) ....

14.3 เติมคำกริยาในรูปที่ถูกต้อง โดยใช้ **present perfect** หรือ **past simple**

1 'What's Madrid like?' 'I don't know. ...I haven't been... (I / not / be) there.'
2 When ...I got... (I / get) home last night, ...I was... (I / be) very tired and ...I went... (I / go) straight to bed.
3 A: .... (you / see) Lisa recently?
B: Yes, ... (I / saw) her a few days ago.
4 I'm tired. .... (I / not / sleep) well last night.
5 The bus drivers were on strike last week. .... (there / be) no buses.
6 Mr Lee .... (work) in a bank for 15 years. Then .... (he / give) it up. Now he works as a gardener.
7 Mary lives in Dublin. .... (she / live) there all her life.
8 A: .... (you / go) to the cinema last night?
B: Yes, but .... (it / be) a mistake. The film .... (be) awful.
9 My grandfather .... (die) before I was born. .... (I / never / meet) him.
10 I don't know Karen's husband. .... (I / never / meet) him.
11 It's nearly lunchtime, and .... (I / not / see) Martin all morning. I wonder where he is.
12 'Where do you live?' 'In Boston.'
'How long .... (you / live) there?' 'Five years.'
'Where .... (you / live) before that?' 'In Chicago.'
'And how long .... (you / live) in Chicago?' 'Two years.'

14.4 เขียนประโยคเกี่ยวกับตัวคุณเองโดยใช้ความคิดที่เสนอไว้ในวงเล็บ

1 (something you haven't done today) ...I haven't eaten any fruit today...
2 (something you haven't done today) ....
3 (something you didn't do yesterday) ....
4 (something you did yesterday evening) ....
5 (something you haven't done recently) ....
6 (something you've done a lot recently) ....

→ แบบฝึกหัดเสริม **2–4** (หน้า 303–04), **14–15** (หน้า 310–11)

Unit 15

Past perfect (I had done)

A

พิจารณาสถานการณ์ตัวอย่างต่อไปนี้

at 10.30 *at 11.00*

PAUL *SARAH*

Sarah went to a party last week. Paul went to the party too, but they didn't see each other. Paul left the party at 10.30 and Sarah arrived at 11 o'clock. So:

When Sarah arrived at the party, Paul wasn't there.
ในสถานการณ์ดังกล่าว เราอาจพูดได้ว่า

He **had gone** home.

had gone เป็น past perfect (simple)

I/we/they/you he/she/it	**had**	(= I'**d** ฯลฯ) (= he'**d** ฯลฯ)	**gone** **seen** **finished** ฯลฯ

รูป past perfect simple (อดีตกาลสมบูรณ์) คือ **had** + past participle (**gone/seen/finished** ฯลฯ)

บางครั้ง เราพูดถึงเหตุการณ์ที่เกิดขึ้นในอดีต (past) เช่น

- Sarah **arrived** at the party.

ประโยคนี้เป็นจุดเริ่มต้นของเรื่อง ต่อจากนั้น ถ้าต้องการจะเล่าเรื่องว่ามีเหตุการณ์อะไรเกิดขึ้น*ก่อนหน้านั้น* เราใช้ past perfect (**had** …) เช่น

- When Sarah arrived at the party, Paul **had** already **gone** home.

ตัวอย่างเพิ่มเติม

- When we got home last night, we found that somebody **had broken** into the flat.
- Karen didn't want to go to the cinema with us because she'**d** already **seen** the movie.
- At first I thought **I'd done** the right thing, but I soon realised that **I'd made** a big mistake.
- The man sitting next to me on the plane was very nervous. He **hadn't flown** before.
  หรือ … He **had** never **flown** before.

B

เปรียบเทียบ present perfect (**have seen** ฯลฯ) และ past perfect (**had seen** ฯลฯ)

Present perfect

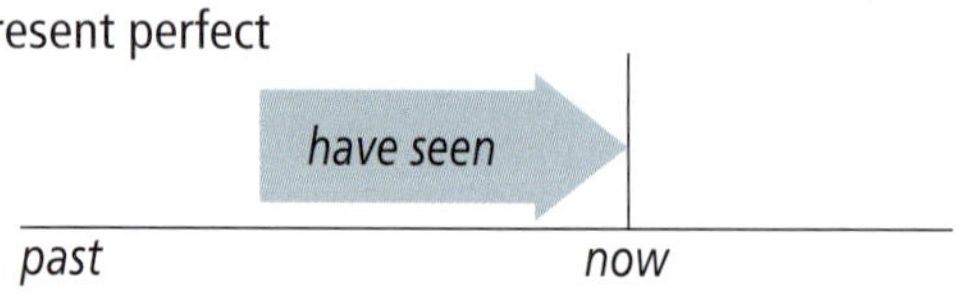

- Who is that woman? **I've seen** her before, but I can't remember where.
- We aren't hungry. We'**ve** just **had** lunch.
- The house is dirty. They **haven't cleaned** it for weeks.

Past perfect

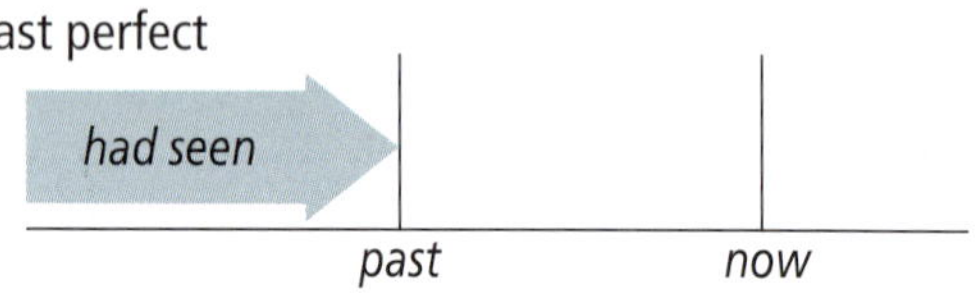

- I wasn't sure who she was. I'**d seen** her before, but I couldn't remember where.
- We weren't hungry. We'**d** just **had** lunch.
- The house was dirty. They **hadn't cleaned** it for weeks.

C

เปรียบเทียบ past simple (**left**, **was** ฯลฯ) และ past perfect (**had left**, **had been** ฯลฯ)

- A: Was Tom there when you arrived?
  B: Yes, but he **left** soon afterwards.
- Kate **wasn't** at home when I phoned.
  She **was** at her mother's house.

- A: Was Tom there when you arrived?
  B: No, he **had** already **left**.
- Kate **had** just **got** home when I phoned.
  She **had been** at her mother's house.

Past perfect continuous ➜ **Unit 16**   Irregular verbs (**gone/seen** ฯลฯ) ➜ **ภาคผนวก 1**

Exercises

15.1 อ่านสถานการณ์และเขียนประโยคโดยใช้คำในวงเล็บ

1 You went to Sue's house, but she wasn't there.
(she / go / out) *She had gone out.*
2 You went back to your home town after many years. It wasn't the same as before.
(it / change / a lot) ....
3 I invited Rachel to the party, but she couldn't come.
(she / arrange / to do something else) ....
4 You went to the cinema last night. You got to the cinema late.
(the film / already / start) ....
5 It was nice to see Daniel again after such a long time.
(I / not / see / him for five years) ....
6 I offered Sue something to eat, but she wasn't hungry.
(she / just / have / breakfast) ....

15.2 อ่านสถานการณ์และเขียนประโยคลงท้ายด้วย **never ... before** โดยใช้คำกริยาที่กำหนดให้ในวงเล็บ

1 The man sitting next to you on the plane was very nervous. It was his first flight.
(fly) *He'd never flown before.*
2 Somebody sang a song. I didn't know it.
(hear) I .... before.
3 Sam played tennis yesterday. He wasn't very good at it because it was his first game.
(play) He ....
4 Last year we went to Mexico. It was our first time there.
(be there) We ....

15.3 ประโยคในแต่ละข้อทางซ้ายมือต่อไปนี้เรียงตามลำดับเหตุการณ์ที่เกิดขึ้น คือ **(a)** เกิดขึ้นก่อน **(b)** และ **(b)** เกิดขึ้นก่อน **(c)** ฯลฯ ใช้ประโยคเหล่านี้เติมแต่ละย่อหน้าทางขวามือซึ่งขึ้นต้นด้วยประโยคที่ขีดเส้นใต้ทางซ้ายมือให้สมบูรณ์ บางประโยคต้องใช้รูป **past perfect**

1 (a) Somebody broke into the office during the night.
(b) <u>We arrived at work in the morning.</u>
(c) We called the police.

We arrived at work in the morning and found that *somebody had broken* into the office during the night. So .... the police.

2 (a) Laura went out this morning.
(b) <u>I rang her doorbell.</u>
(c) There was no answer.

I went to Laura's house this morning and rang her doorbell, but .... no answer. .... out.

3 (a) Jim came back from holiday a few days ago.
(b) <u>I met him the same day.</u>
(c) He looked very well.

I met Jim a few days ago. .... just .... holiday. .... very well.

4 (a) Kevin sent Sally lots of emails.
(b) She never replied to them.
(c) <u>Yesterday he got a phone call from her.</u>
(d) He was very surprised.

Yesterday Kevin .... from Sally. .... very surprised. .... lots of emails, but ....

15.4 เติมคำกริยาในรูปที่ถูกต้อง โดยใช้ **past perfect (I had done)** หรือ **past simple (I did)**

1 'Was Paul at the party when you arrived?' 'No, he *had gone* (go) home.'
2 I felt very tired when I got home, so I .... (go) straight to bed.
3 The house was very quiet when I got home. Everybody .... (go) to bed.
4 Sorry I'm late. The car .... (break) down on my way here.
5 We were driving along the road when we .... (see) a car which .... (break) down, so we .... (stop) to help.

→ แบบฝึกหัดเสริม 5–8 (หน้า 304–07)

Unit
16 Past perfect continuous (I had been doing)

A พิจารณาสถานการณ์ตัวอย่างต่อไปนี้

yesterday morning

Yesterday morning I got up and looked out of the window.
The sun was shining, but the ground was very wet.

It **had been raining**.

It was *not* raining when I looked out of the window;
the sun was shining. But it **had been** raining before.

had been -ing เป็นรูป past perfect continuous (อดีตกาลสมบูรณ์ต่อเนื่อง)

I/we/you/they he/she/it	**had**	(= I**'d** ฯลฯ) (= he**'d** ฯลฯ)	**been**	**doing** **working** **playing** ฯลฯ

ตัวอย่างเพิ่มเติม

- When the boys came into the house, their clothes were dirty, their hair was untidy and one of them had a black eye. They**'d been fighting**. (ก่อนเด็ก ๆ เข้ามาในบ้าน พวกเขาสู้กัน)
- I was very tired when I got home. I**'d been working** hard all day. (ก่อนฉันกลับบ้าน ฉันทำงานหนักตลอดวัน)
- When I went to Madrid a few years ago, I stayed with a friend of mine. She **hadn't been living** there very long, but she knew the city very well. (ก่อนฉันไปพักกับเธอ เธออยู่มาดริดมาได้ไม่นาน)

B คุณอาจใช้ past perfect continuous (something **had been happening**) เพื่อบอกว่ามีเหตุการณ์บางอย่างเกิดขึ้น และกำลังดำเนินอยู่ หลังจากนั้น จึงมีเหตุการณ์อีกอย่างหนึ่งเกิดขึ้นตามมา (something else happened) ดังตัวอย่าง

- We**'d been playing** tennis for about half an hour when it started to rain heavily.
- Paul went to the doctor last Friday. He **hadn't been feeling** well for some time.

C เปรียบเทียบ **have been -ing** (present perfect continuous) และ **had been -ing** (past perfect continuous) ต่อไปนี้

Present perfect continuous

- I hope the bus comes soon. I**'ve been waiting** for 20 minutes. *(รอมาแล้ว 20 นาที)*
- James is out of breath. He **has been running**.

Past perfect continuous

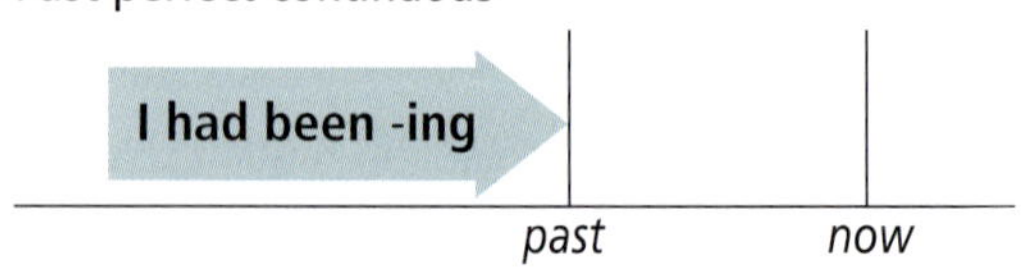

- At last the bus came. I**'d been waiting** for 20 minutes. *(รออยู่ 20 นาทีก่อนรถประจำทางมาถึง)*
- James was out of breath. He **had been running**.

D เปรียบเทียบการใช้ **was -ing** (past continuous) และ **had been -ing** ต่อไปนี้

- It **wasn't raining** when we went out. The sun **was shining**. But it **had been raining**, so the ground was wet.
- Katherine **was sitting** in an armchair resting. She was tired because she**'d been working** very hard.

E คำกริยาบางคำ (เช่น **know** และ **like**) มักจะไม่ใช้ในรูป continuous เช่น

- We were good friends. We **had known** each other for years. (*ไม่ใช่* had been knowing)
- I was surprised when Lisa cut her hair. She**'d had** long hair since I first met her. (*ไม่ใช่* she'd been having)

สำหรับรายการคำกริยาประเภทนี้ ดู Unit 4A สำหรับ **have** ดู Unit 17

Present perfect continuous ➜ **Unit 9–10** Past perfect simple ➜ **Unit 15**

Exercises

16.1 อ่านสถานการณ์และแต่งประโยคโดยใช้คำที่กำหนดให้ในวงเล็บ

1 I was very tired when I arrived home.
(I / work / hard all day) *I'd been working hard all day.*
2 The two boys came into the house. They had a football and they were both very tired.
(they / play / football) ……
3 I was disappointed when I had to cancel my holiday.
(I / look / forward to it) ……
4 Ann woke up in the middle of the night. She was frightened and didn't know where she was.
(she / dream) ……
5 When I got home, Mark was sitting in front of the TV. He had just turned it off.
(he / watch / a film) ……

16.2 อ่านสถานการณ์และเติมประโยคให้สมบูรณ์

1 We played tennis yesterday. Half an hour after we began playing, it started to rain.
We *had been playing for half an hour* when *it started to rain*.
2 I had arranged to meet Tom in a restaurant. I arrived and waited for him. After 20 minutes I realised that I was in the wrong restaurant.
I …… for 20 minutes when I …… the wrong restaurant.
3 Sarah got a job in a factory. Five years later the factory closed down.
At the time the factory ……, Sarah …… there for five years.
4 I went to a concert last week. The orchestra began playing. After about ten minutes a man in the audience suddenly started shouting.
The orchestra …… when …… .

เขียนประโยคของคุณเอง

5 I began walking along the road. I ……
when …… .

16.3 เติมคำกริยาในรูปที่เหมาะสมที่สุด โดยใช้ **past continuous (I was doing), past perfect (I had done)** หรือ **past perfect continuous (I had been doing)**

1 It was very noisy next door. Our neighbours *were having* (have) a party.
2 We were good friends. *We'd known* (we / know) each other for years.
3 John and I went for a walk. I had difficulty keeping up with him because …… (he / walk) so fast.
4 Sue was sitting on the ground. She was out of breath. …… (she / run).
5 When I arrived, everybody was sitting round the table with their mouths full. …… (they / eat).
6 When I arrived, everybody was sitting round the table and talking. Their mouths were empty, but their stomachs were full. …… (they / eat).
7 James was on his hands and knees on the floor. …… (he / look) for his contact lens.
8 When I arrived, Kate …… (wait) for me. She was annoyed because I was late and …… (she / wait) for a long time.
9 I was sad when I sold my car. …… (I / have) it for a very long time.
10 We were extremely tired at the end of the journey. …… (we / travel) for more than 24 hours.

→ แบบฝึกหัดเสริม 5–8 (หน้า 304–07)

Unit 17

Have และ have got

A

Have และ **have got** (ในความหมายของการมีไว้ในครอบครอง ความสัมพันธ์ ความเจ็บป่วย ฯลฯ)
คุณอาจใช้ **have** หรือ **have got** ก็ได้ ความหมายไม่ต่างกัน

- They **have** a new car. *หรือ* They**'ve got** a new car.
- Lisa **has** two brothers. *หรือ* Lisa**'s got** two brothers.
- I **have** a headache. *หรือ* **I've got** a headache.
- Our house **has** a small garden. *หรือ* Our house **has got** a small garden.
- He **has** a few problems. *หรือ* He**'s got** a few problems.

เมื่อใช้กับความหมายเหล่านี้ (เช่น การมีไว้ในครอบครอง ฯลฯ) จะไม่ใช้รูป continuous (**am having** ฯลฯ)

- We're enjoying our holiday. We **have** / We**'ve got** a nice room in the hotel. (*ไม่ใช่* We're having a nice room)

ใช้ **had** (โดยไม่มี **got**) สำหรับรูปที่เป็น past เช่น

- Lisa **had** long hair when she was a child. (*ไม่ใช่* Lisa had got)

B

ในประโยคคำถามหรือปฏิเสธ มีรูปที่ใช้ได้ 3 รูป ดังนี้

Do you have any questions?	I **don't have** any questions.
Have you got any questions?	I **haven't got** any questions.
Have you any questions? *(ไม่ค่อยนิยมใช้)*	I **haven't** any questions. *(ไม่ค่อยนิยมใช้)*
Does she have a car?	She **doesn't have** a car.
Has she got a car?	She **hasn't got** a car.
Has she a car? *(ไม่ค่อยนิยมใช้)*	She **hasn't** a car. *(ไม่ค่อยนิยมใช้)*

ในประโยคคำถามและปฏิเสธที่เป็น past ให้ใช้ **did/didn't** เช่น

- **Did** you **have** a car when you were living in Paris?
- I **didn't have** my phone, so I couldn't call you.
- Lisa **had** long hair, **didn't** she?

C

Have breakfast / have a shower / have a good time ฯลฯ

เราใช้ **have** (แต่ไม่ใช่ have got) ในความหมายเกี่ยวกับการกระทำและประสบการณ์หลายอย่าง ดังตัวอย่าง

have	**breakfast / dinner / a cup of coffee / something to eat** ฯลฯ **a bath / a shower / a swim / a break / a rest / a party / a holiday** **an accident / an experience / a dream** **a look** (at something) **a chat / a conversation / a discussion** (with somebody) **trouble / difficulty / fun / a good time** ฯลฯ **a baby** (= คลอดลูก)

เราไม่ใช้ **have got** กับสำนวนในกรอบข้างต้น เปรียบเทียบประโยคต่อไปนี้

- Sometimes I **have** (= *รับประทาน*) a sandwich for my lunch. (*ไม่ใช่* I've got)

แต่ **I've got / I have** some sandwiches. Would you like one?

คุณอาจใช้รูป continuous (**am having** ฯลฯ) กับสำนวนในกรอบข้างต้นได้ เช่น

- We're enjoying our holiday. We**'re having** a great time. (*ไม่ใช่* We have)
- Mark **is having** a shower at the moment. He has a shower every day.

ในประโยคคำถามและปฏิเสธ โดยทั่วไปใช้ **do/does/did** เช่น

- I **don't** usually **have** a big breakfast. (*ไม่ใช่* I usually haven't)
- What time **does** Chris **have** lunch? (*ไม่ใช่* has Chris lunch)
- **Did** you **have** trouble finding a place to live?

Have (got) to ... ➜ Unit 31 *ภาษาอังกฤษแบบอเมริกัน* **➜ ภาคผนวก 7**

Exercises

17.1 เขียนประโยคปฏิเสธโดยใช้ **have** หรือ **have got** ให้ถูกต้องตามความหมาย บางประโยคเป็น **present** และบางประโยคเป็น **past**

1 I can't get into the house. (a key) *I haven't got a key.*
2 I couldn't read the letter. (my glasses) *I didn't have my glasses.*
3 I can't get onto the roof. (a ladder) I ……
4 We couldn't visit the museum. (enough time) We ……
5 He couldn't find his way to our house. (a map) ……
6 She can't pay her bills. (any money) ……
7 I can't go swimming today. (enough energy) ……
8 They couldn't take any pictures. (a camera) ……

17.2 ตัวเลือกข้อไหนถูกต้อง บางประโยคมีข้อถูกสองข้อ บางประโยคมีข้อเดียว

1 Excuse me, …… a pen I could borrow?
(**A**) have you got **B** are you having (**C**) do you have (*ทั้ง A และ C ถูกต้อง*)
2 …… time to go to the bank yesterday?
A Had you got **B** Did you have **C** Had you
3 I need a stamp for this letter. …… one?
A Do you have **B** Are you having **C** Have you got
4 What does Jack do? …… a job?
A Does he have **B** Is he having **C** Has he got
5 …… a lot of friends when you were a child?
A Did you have **B** Were you having **C** Had you
6 When you worked in your last job, …… your own office?
A had you **B** have you got **C** did you have

17.3 ส่วนที่ขีดเส้นใต้ในประโยคต่อไปนี้ถูกหรือผิด ถ้าผิด แก้ให้ถูกต้อง

1 Is there anything you want to ask? Do you have any questions? *OK*
2 Lisa had got long hair when she was a child. *Lisa had long hair.*
3 Tom couldn't contact us because he hadn't our number. ……
4 'Are you feeling OK?' 'No, I'm having a toothache.' ……
5 Are you enjoying yourself? Are you having a good time? ……
6 It started to rain. I got wet because I hadn't an umbrella. ……
7 Will can't drive. He doesn't have a driving licence. ……
8 Did your trip go OK? Had you any problems? ……
9 My friend called me when I was having breakfast. ……

17.4 เติมประโยคให้สมบูรณ์ โดยใช้สำนวนที่กำหนดให้ และใช้คำกริยาในรูปที่ถูกต้องตามความหมาย

have a baby	**have a break**	**have a chat**	**have trouble**	**have a good flight**
have a look	~~**have lunch**~~	**have a party**	**have a nice time**	**have a shower**

1 I don't eat much during the day. I never *have lunch* .
2 David starts work at 8 o'clock and …… at 10.30.
3 We …… last week. It was great – we invited lots of people.
4 Excuse me, can I …… at your newspaper, please?
5 Jim is away on holiday at the moment. I hope he …… .
6 I met Ann in the supermarket yesterday. We stopped and …… .
7 A: …… finding the book you wanted?
B: No, I found it OK.
8 Suzanne …… a few weeks ago. It's her second child.
9 A: Why didn't you answer the phone?
B: I …… .
10 *คุณพบ Sally ที่สนามบิน เธอเพิ่งมาถึง คุณพูดว่า*
Hi, Sally. How are you? …… ?

Unit 18

Used to (do)

A

พิจารณาสถานการณ์ตัวอย่างต่อไปนี้

a few years ago

these days

Nicola doesn't travel much these days.
She prefers to stay at home.

But she **used to travel** a lot.
She **used to go** away two or three times a year.

She **used to travel** a lot = เธอเคยเดินทางบ่อยมากในอดีต แต่ปัจจุบันเธอไม่ได้เดินทางแล้ว

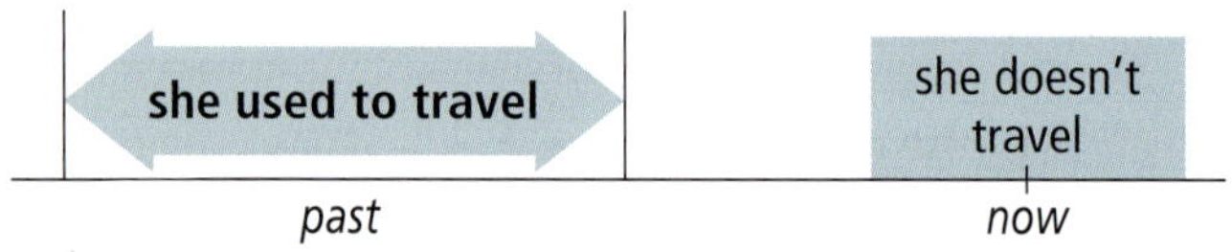

B

something **used to** happen = การกระทำหรือเหตุการณ์บางอย่างเคยเกิดขึ้นในอดีต แต่ปัจจุบันไม่เป็นเช่นนั้นแล้ว เช่น

- I **used to play** tennis a lot, but I don't play very much now. ฉัน**เคยเล่น**เทนนิสบ่อยมาก...
- David **used to spend** a lot of money on clothes. These days he can't afford it.
- 'Do you go to the cinema much?' 'Not now, but I **used to**.' (= I used to go)

เราใช้ **used to** ... ในความหมายที่ว่า สิ่งนั้นๆ เคยเป็นเช่นนั้นจริงในอดีต แต่ปัจจุบันไม่เป็นเช่นนั้นแล้ว เช่น

- This building is now a furniture shop. It **used to be** a cinema. ...มัน**เคยเป็น**โรงหนัง
- I **used to think** Mark was unfriendly, but now I realise he's a very nice person.
- I've started drinking tea recently. I never **used to like** it before.
- Lisa **used to have** very long hair when she was a child.

C

'I **used to** do something' เป็น past ไม่มีรูป present ดังนั้น คุณจะพูดว่า 'I use to do' ไม่ได้
ถ้าต้องการพูดถึงเรื่องในปัจจุบัน ให้ใช้ present simple (I **do**)

เปรียบเทียบรูป past และ present ต่อไปนี้

past	he **used to play**	we **used to live**	there **used to be**
present	he **plays**	we **live**	there **is**

- We **used to live** in a small village, but now we **live** in London.
- There **used to be** four cinemas in the town. Now there **is** only one.

D

ประโยคคำถามใช้รูป **did** (you) **use to** ... ? เช่น

- **Did** you **use to eat** a lot of sweets when you were a child?

ส่วนประโยคปฏิเสธใช้ **didn't use to** ... (**used not to** ... ก็ใช้ได้เหมือนกัน) เช่น

- I **didn't use to like** him. (*หรือ* I **used not to like** him.)

E

เปรียบเทียบการใช้ **I used to do** และ **I was doing** ต่อไปนี้

- I **used to watch** TV a lot. (= ฉันเคยดูโทรทัศน์เป็นประจำในอดีต แต่ปัจจุบันไม่ดูบ่อยแล้ว)
- I **was watching** TV when Rob called. (= ฉันกำลังดูโทรทัศน์อยู่เมื่อมีเสียงโทรศัพท์ดังขึ้น)

F

อย่าสับสนระหว่าง **I used to do** (ฉันเคยทำ) และ **I am used to doing** (ฉันชินต่อการกระทำ) (ดู Unit 61) ทั้ง 2 รูป มีโครงสร้างและความหมายแตกต่างกัน ดังตัวอย่าง

- I **used to live** alone. ฉันเคยอยู่คนเดียว
- I **am used** to **living** alone. ฉันชินกับการอยู่คนเดียว

Past continuous (**I was doing**) ➜ **Unit 6** **Would** (= **used to**) ➜ **Unit 36**
Be/get used to (doing) something ➜ **Unit 61**

Exercises

18.1 เติมประโยคต่อไปนี้ให้สมบูรณ์โดยใช้ **use(d) to** + คำกริยาที่เหมาะสม

1 Nicola doesn't travel much now. She *used to travel* a lot, but she prefers to stay at home these days.
2 Sophie .... a motorbike, but last year she sold it and bought a car.
3 We moved to Spain a few years ago. We .... in Paris.
4 I rarely eat ice cream now, but I .... it when I was a child.
5 Jackie .... my best friend, but we aren't good friends any more.
6 It only takes me about 40 minutes to get to work now that the new road is open. It .... more than an hour.
7 There .... a hotel near the airport, but it closed a long time ago.
8 When you lived in New York, ... to the theatre very often?

18.2 เปรียบเทียบสิ่งที่ **Karen** พูดเมื่อ **5** ปีก่อน และสิ่งที่เธอพูดวันนี้

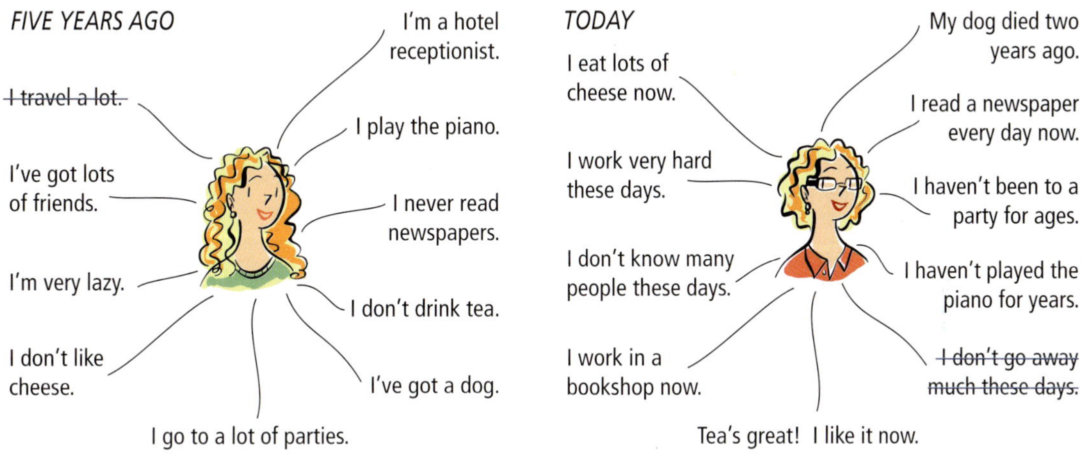

เขียนประโยคเกี่ยวกับการเปลี่ยนแปลงที่เกิดขึ้นกับ Karen โดยใช้ **used to / didn't use to / never used to** ในตอนต้นของประโยค

1 *She used to travel a lot,* but *she doesn't go away much these days.*
2 She used .... but ....
3 .... but ....
4 .... but ....
5 .... but ....
6 .... but ....
7 .... but ....
8 .... but ....
9 .... but ....
10 .... but ....

18.3 เขียนประโยคเกี่ยวกับตัวคุณเองเหมือนในตัวอย่าง เริ่มต้นด้วย **I used to … (I used to be/work/like/play/read** ฯลฯ**)**

1 *I used to live in a small village, but now I live in London.*
2 *I used to play tennis a lot, but I don't play any more.*
3 I used .... , but ....
4 I ....
5 ....

เขียนประโยค เริ่มต้นด้วย **I didn't use to …**

6 *I didn't use to read a lot, but I do now.*
7 I didn't ....
8 ....

→ แบบฝึกหัดเสริม **9** (หน้า 307)

Unit 19

Present tenses (I am doing / I do) ในความหมายของอนาคตกาล

A

การใช้ Present continuous (**I am doing**) ในความหมายของอนาคตกาล

นี่คือบันทึกของ Ben ว่า ในสัปดาห์หน้าเขาจะทำสิ่งต่อไปนี้

He **is playing** tennis on Monday afternoon.
He **is going** to the dentist on Tuesday morning.
He **is having** dinner with Kate on Friday.

จากตัวอย่าง แสดงว่า Ben ได้ตัดสินใจ และเตรียมการไว้แล้วว่าจะทำอะไรบ้าง

I'm doing something (tomorrow) = ฉันตัดสินใจและเตรียมการไว้แล้วว่าจะทำอะไร(พรุ่งนี้) เช่น

- A: What **are** you **doing** on Saturday evening? (*ไม่ใช่* What do you do)
  B: **I'm going** to the theatre. (*ไม่ใช่* I go)
- A: What time **is** Katherine **arriving** tomorrow? พรุ่งนี้ Katherine **จะมาถึง**กี่โมง
  B: Half past ten. **I'm meeting** her at the station. ...ฉัน**จะไปพบ**เธอที่สถานี
- **I'm not working** tomorrow, so we can go out somewhere.
- Steve **isn't playing** football next Saturday. He's hurt his leg.

เราอาจใช้ 'I'm **going to** (do)' ในประโยคเหล่านี้ได้ด้วย เช่น

- What **are** you **going to do** on Saturday evening?

แต่ในความหมายของการเตรียมการหรือวางแผน นิยมใช้รูป present continuous มากกว่า ดู Unit 20B ประกอบ

อย่าใช้ **will** เพื่อพูดถึงสิ่งที่คุณเตรียมการไว้แล้วว่าจะทำ เช่น

- What **are** you **doing** this evening? (*ไม่ใช่* What will you do)
- Alex **is getting** married next month. (*ไม่ใช่* will get)

คุณอาจใช้ present continuous กับการกระทำก็ได้ โดยเฉพาะกับกริยาที่มีการเคลื่อนไหว (**go/come/leave** ฯลฯ) โดยใช้ทันทีก่อนที่การกระทำจะเริ่ม เช่น

- I'm tired. **I'm going** to bed now. Goodnight. (*ไม่ใช่* I go to bed now)
- 'Jess, are you ready yet?' 'Yes, **I'm coming**.' (*ไม่ใช่* I come)

B

การใช้ present simple (**I do**) ในความหมายของอนาคตกาล

เราใช้ present simple เมื่อพูดถึงตารางเวลา โปรแกรม ฯลฯ (เช่น ตารางเดินรถโดยสาร รถไฟ เครื่องบิน หรือกำหนดเวลาฉายภาพยนตร์ ฯลฯ)

- My train **leaves** at 11.30, so I need to be at the station by 11.15.
- What time **does** the film **start** this evening? หนัง**เริ่มฉาย**กี่โมงเย็นนี้
- It's Wednesday tomorrow. / Tomorrow **is** Wednesday.

คุณอาจใช้ present simple กับคนก็ได้ ถ้าแผนงานหรือกำหนดการของเขาสามารถระบุเวลาที่แน่นอนเป็นตารางเวลาได้ เช่น

- I **start** my new job on Monday. ฉัน**เริ่ม**งานใหม่ของฉันวันจันทร์
- What time **do** you **finish** work tomorrow? พรุ่งนี้คุณ**เลิก**งานกี่โมง

แต่ในความหมายของการเตรียมงานหรือนัดหมายเป็นการส่วนตัว นิยมใช้รูป present continuous มากกว่า เช่น

- What time **are** you **meeting** Ann tomorrow? (*ไม่ใช่* do you meet)

เปรียบเทียบประโยคในรูป present continuous และ present simple ต่อไปนี้

Present continuous	Present simple
What time **are you arriving**?	What time **does the train arrive**?
I'm going to the cinema this evening.	**The film starts** at 8.15 (this evening).

I'm going to ➜ Units 20, 23 Will ➜ Units 21–22 Present simple หลัง when/if ฯลฯ ➜ Unit 25

Exercises

19.1 เพื่อนของคุณคนหนึ่งมีแผนจะไปท่องเที่ยวในเร็ว ๆ นี้ คุณถามเธอเกี่ยวกับแผนหรือกำหนดการการท่องเที่ยวของเธอ โดยใช้คำในวงเล็บตั้งคำถาม

1 (where / go?) *Where are you going?* — Scotland.
2 (how long / go for?) .... — Ten days.
3 (when / leave?) .... — Next Friday.
4 (go / alone?) .... — No, with a friend.
5 (travel / by car?) .... — No, by train.
6 (where / stay?) .... — In a hotel.

19.2 **Tom** อยากให้คุณไปเยี่ยมเขา แต่คุณไม่ค่อยว่าง ดูสมุดบันทึกของคุณในช่วง **2–3** วันข้างหน้านี้ และอธิบายให้เขาฟังว่า ทำไมคุณจึงไปหาเขาไม่ได้

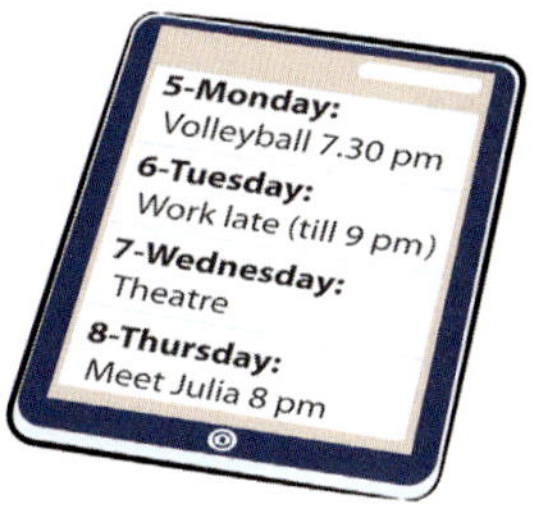

TOM: Can you come on Monday evening?
YOU: Sorry, but *I'm playing volleyball.* (1)
TOM: What about Tuesday evening then?
YOU: No, not Tuesday. I .... (2)
TOM: And Wednesday evening?
YOU: .... (3)
TOM: Well, are you free on Thursday?
YOU: I'm afraid not. .... (4)

19.3 คุณได้เตรียมการว่าจะทำอะไรบ้างตามเวลาที่ระบุไว้ในข้อต่าง ๆ ต่อไปนี้ เขียนเกี่ยวกับตัวคุณเองตามความเป็นจริง

1 (this evening) *I'm going out this evening.* หรือ *I'm not doing anything this evening.*
2 (tomorrow morning) I ....
3 (tomorrow evening) ....
4 (next Sunday) ....
5 *(เลือกวัน หรือเวลาอื่น)* ....

19.4 เติมคำกริยาในรูปที่ถูกต้อง โดยใช้รูป **present continuous** หรือ **present simple** ตามความเหมาะสมกับความหมายในแต่ละข้อ

1 *I'm going* (I / go) to the cinema this evening.
2 *Does the film start* (the film / start) at 3.30 or 4.30?
3 .... (we / have) a party next Saturday. Would you like to come?
4 The art exhibition .... (finish) on 3 May.
5 .... (I / not / go) out this evening. .... (I / stay) at home.
6 '........ (you / do) anything tomorrow morning?' 'No, I'm free. Why?'
7 .... (we / go) to a concert tonight. .... (it / start) at 7.30.
8 .... (I / leave) now. I've come to say goodbye.
9 A: Have you seen Liz recently?
B: No, but .... (we / meet) for lunch next week.
10 *คุณกำลังนั่งรถไฟไปลอนดอน คุณถามผู้โดยสารคนหนึ่งว่า*
Excuse me. What time .... (this train / get) to London?
11 *คุณกำลังคุยกับ Helen*
Helen, ... (I / go) to the supermarket. .... (you / come) with me?
12 *คุณและเพื่อนกำลังดูโทรทัศน์ คุณพูดว่า*
I'm bored with this programme. What time .... (it / end)?
13 .... (I / not / use) the car this evening, so you can have it.
14 Sue .... (come) to see us tomorrow. .... (she / travel) by train and her train .... (arrive) at 10.15.

→ แบบฝึกหัดเสริม 10–13 (หน้า 308–10)

(I'm) going to (do)

A

I **am going to do** something = ฉันตัดสินใจแล้วว่าจะทำบางสิ่งบางอย่าง ฉันตั้งใจจะทำบางสิ่งบางอย่าง

- 'Are you **going to eat** anything?' 'No, I'm not hungry.'
- A: I hear Sarah has won some money. What **is** she **going to do** with it?
  B: She**'s going to buy** a new car.
- I**'m** just **going to make** a quick phone call. Can you wait for me?
- This cheese smells horrible. I**'m not going to eat** it.

B

I am doing และ **I am going to do**

เราใช้ **I am doing** (present continuous) เพื่อพูดว่า เราได้เตรียมการไว้แล้วว่าจะทำอะไร เป็นต้นว่า เตรียมการจะพบใคร หรือเตรียมการจะไปที่ไหน

- What time **are** you **meeting** Ann this evening?
- I**'m leaving** tomorrow. I've got my plane ticket.

I **am going to do** something = ฉันตัดสินใจแล้วว่าจะทำบางสิ่งบางอย่าง (แต่บางทียังไม่ได้*เตรียม*ที่จะทำ)

- 'Your shoes are dirty.' 'Yes, I know. I**'m going to clean** them.' (= ฉันตั้งใจว่าจะเช็ดรองเท้า แต่ยังไม่ได้*เตรียม*ที่จะเช็ด)
- I've decided not to stay here any longer. Tomorrow I**'m going to look** for somewhere else to stay.

โดยปกติ ความแตกต่างของความหมายมีน้อยมาก อาจจะใช้รูปใดรูปหนึ่งก็ได้

C

คุณอาจพูดว่า 'something **is going to happen**' (บางสิ่งบางอย่างกำลังจะเกิดขึ้น) เมื่อหมายถึงเวลาในอนาคตก็ได้ ดังตัวอย่าง

The man isn't looking where he is going.

He **is going to walk** into the wall.

เมื่อพูดว่า 'something **is going to happen**' หมายความว่า สถานการณ์*ในขณะนี้*ทำให้เราคิดเช่นนั้น ขณะนี้ ผู้ชายคนนี้กำลังเดินไปยังกำแพง ดังนั้นคุณจึงคิดว่า he **is going to walk** into it

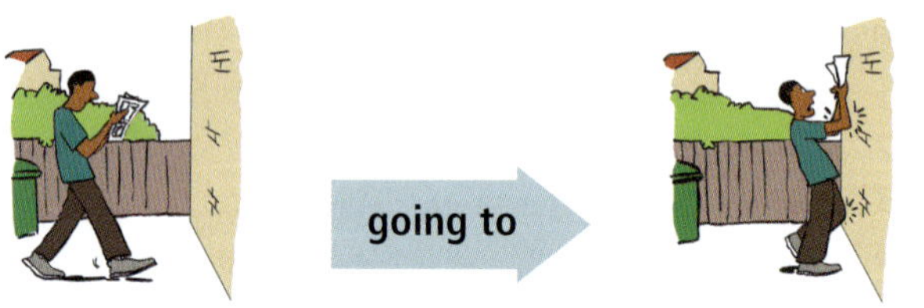

situation now — *future happening*

ตัวอย่างเพิ่มเติม

- Look at those black clouds! It**'s going to rain**. (มีเมฆครึ้มในขณะนี้)
- I feel terrible. I think I**'m going to be** sick. (ฉันรู้สึกแย่ในขณะนี้)
- The economic situation is bad now and things **are going to get** worse.

D

I **was going to** do something = ฉันตั้งใจจะทำบางสิ่งบางอย่าง แต่ไม่ได้ทำ

- We **were going to travel** by train, but then we decided to go by car instead.
- Peter **was going to do** the exam, but he changed his mind.
- I **was** just **going to cross** the road when somebody shouted 'Stop!'

คุณอาจพูดว่า 'something **was going to happen**' (แต่จริงๆ แล้วอาจไม่มีอะไรเกิดขึ้นก็ได้) เช่น

- I thought it **was going to rain**, but it didn't.

I am doing ในความหมายของอนาคตกาล → **Unit 19A**   **I will** และ **I'm going to** → **Unit 23**

Exercises

20.1 เขียนประโยคคำถามโดยใช้ **going to** ในแต่ละสถานการณ์

1 Your friend has won some money. คุณถามว่า
(what / do with it?) *What are you going to do with it?*
2 Your friend is going to a party tonight. คุณถามว่า
(what / wear?) ....
3 Your friend has just bought a new table. คุณถามว่า
(where / put it?) ....
4 Your friend has decided to have a party. คุณถามว่า
(who / invite?) ....

20.2 อ่านสถานการณ์และเติมบทสนทนาให้สมบูรณ์โดยใช้ **going to**

1 You have decided to clean your room this morning.
FRIEND: Are you going out this morning?
YOU: No, *I'm going to clean my room.*
2 You bought a sweater, but it doesn't fit you very well. You have decided to take it back to the shop.
FRIEND: That sweater is too big for you.
YOU: I know. ....
3 You have been offered a job, but you have decided not to accept it.
FRIEND: I hear you've been offered a job.
YOU: That's right, but ....
4 You have to phone Sarah. It's morning now, and you have decided to phone her tonight.
FRIEND: Have you phoned Sarah yet?
YOU: No, ...
5 You are in a restaurant. The food is awful and you've decided to complain.
FRIEND: This food is awful, isn't it?
YOU: Yes, it's disgusting. ....

20.3 กำลังจะเกิดอะไรขึ้นในสถานการณ์ต่อไปนี้ เขียนประโยคโดยใช้คำในวงเล็บ

1 There are a lot of black clouds in the sky.
(rain) *It's going to rain.*
2 It is 8.30. Tom is leaving his house. He has to be at work at 8.45, but the journey takes 30 minutes.
(late) He ....
3 There is a hole in the bottom of the boat. A lot of water is coming in through the hole.
(sink) The boat ....
4 Lucy and Chris are driving. There is very little petrol left in the tank. The nearest petrol station is a long way away.
(run out) They ....

20.4 เติมประโยคให้สมบูรณ์โดยใช้ **was/were going to** + กริยาคำใดคำหนึ่งต่อไปนี้

buy **give up** **phone** **play** **say** ~~**travel**~~

1 We *were going to travel* by train, but then we decided to go by car instead.
2 I .... some new clothes yesterday, but I was very busy and didn't have time to go to the shops.
3 Oliver and I .... tennis last week, but he had to cancel because he'd hurt his knee.
4 I .... Jane, but I decided to email her instead.
5 A: When I last saw Tim, he .... his job.
B: That's right, but in the end he decided to stay where he was.
6 I'm sorry I interrupted you. What .... you .... ?

Unit 21

Will/shall 1

A

เราใช้ **I'll** (= **I will**) เมื่อตัดสินใจว่าจะทำบางสิ่งบางอย่างในขณะที่พูด เช่น

- Oh, I've left the door open. **I'll go** and shut it.
- 'What would you like to drink?' '**I'll have** an orange juice, please.'
- 'Did you phone Lucy?' 'Oh no, I forgot. **I'll phone** her now.'

คุณจะใช้ present simple (**I do / I go** ฯลฯ) ในประโยคเหล่านี้ไม่ได้

- **I'll go** and shut the door. (*ไม่ใช่* I go and shut)

เรามักจะใช้ **I think I'll** … และ **I don't think I'll** … เช่น

- I feel a bit hungry. **I think I'll have** something to eat.
- **I don't think I'll go** out tonight. I'm too tired.

ในภาษาพูด รูปปฏิเสธของ **will** คือ **won't** (= **will not**) เช่น

- I can see you're busy, so **I won't stay** long.

B

อย่าใช้ **will** เพื่อพูดถึงสิ่งที่คุณได้ตัดสินใจหรือเตรียมการไว้แล้วว่าจะทำ (ดู Units 19–20) เช่น

- **I'm going** on holiday next Saturday. (*ไม่ใช่* I'll go)
- **Are** you **working** tomorrow? (*ไม่ใช่* Will you work)

C

เรามักจะใช้ **will** ในสถานการณ์ต่อไปนี้

Offering to do something (การเสนอตัวว่าจะทำบางสิ่งบางอย่าง)

- That bag looks heavy. **I'll help** you with it. (*ไม่ใช่* I help)

Agreeing to do something (การตกลง/ยินยอมว่าจะทำบางสิ่งบางอย่าง)

- A: Can you give Tim this book?
- B: Sure, **I'll give** it to him when I see him this afternoon.

Promising to do something (การสัญญาว่าจะทำบางสิ่งบางอย่าง)

- Thanks for lending me the money. **I'll pay** you back on Friday.
- **I won't tell** anyone what happened. I promise.

Asking somebody to do something (**Will you** … ?) (การขอร้องให้ใครบางคนทำบางสิ่งบางอย่าง)

- **Will you** please turn the music down? I'm trying to concentrate.

คุณอาจจะใช้ **won't** เพื่อบอกว่า ผู้ใดปฏิเสธหรือไม่ยอมทำบางสิ่งบางอย่าง เช่น

- I've tried to give her advice, but she **won't listen.**
  (= เธอไม่ยอมฟัง ปฏิเสธที่จะฟัง)
- The car **won't start**. (= เครื่องยนต์ 'ไม่ยอม' ติด)

D

Shall I … ? **Shall we** … ?

shall ส่วนมากใช้ในประโยคคำถาม **shall I** … ? / **shall we** … ?
เราใช้ **shall I** … ? / **shall we** … ? เพื่อขอความเห็นจากผู้อื่น (โดยเฉพาะอย่างยิ่งในการเสนอตัวให้ความช่วยเหลือหรือการให้คำแนะนำ) เช่น

- **Shall I** open the window? (= คุณต้องการให้ฉันเปิดหน้าต่างให้ไหม)
- I've got no money. What **shall I** do? (= คุณจะแนะนำอะไรได้บ้างไหม)
- '**Shall we** go?' 'Just a minute. I'm not ready yet.'
- 'Where **shall we** have lunch?' 'Let's go to Marino's.'

เปรียบเทียบการใช้ **shall I** … ? และ **will you** … ? ในประโยคต่อไปนี้

- **Shall I** shut the door? (= คุณต้องการให้ฉันปิดประตูให้ไหม)
- **Will you** shut the door? (= ฉันต้องการให้คุณปิดประตู)

Will/shall 2 ➜ Unit 22   I will และ I'm going to ➜ Unit 23   ภาษาอังกฤษแบบอเมริกัน ➜ ภาคผนวก 7

Exercises

21.1 เติมประโยคให้สมบูรณ์โดยใช้ **I'll** + คำกริยาที่เหมาะสม

1. I'm too tired to walk home. I think *I'll take* a taxi.
2. 'It's cold in this room.' 'Is it? .... on the heating then.'
3. 'Bye! Have a nice holiday!' 'Thanks. .... you a postcard.'
4. 'Shall I do the washing-up?' 'No, it's all right. .... it later.'
5. 'I don't know how to shut down this computer.' 'OK, ... you.'
6. 'Would you like tea or coffee?' '........ coffee, please.'
7. 'Are you coming with us?' 'No, I think .... here.'
8. Thanks for lending me the money. .... it back as soon as possible, OK?
9. A: I know you're busy, but can you finish this report this afternoon?
   B: Well, ... , but I can't promise.

21.2 อ่านสถานการณ์และเขียนประโยค โดยใช้ **I think I'll ...** หรือ **I don't think I'll ...**

1. It's a bit cold. The window is open and you decide to close it. คุณพูดว่า
   I think I'll close the window.
2. You are feeling tired and it's getting late. You decide to go to bed. คุณพูดว่า
   I think ....
3. A friend of yours offers you a lift in his car, but you decide to walk. คุณพูดว่า
   Thank you, but ....
4. You were going to have lunch. Now you decide that you don't want to eat anything. คุณพูดว่า
   I don't think ....
5. You planned to go swimming. Now you decide that you don't want to go. คุณพูดว่า
   ....

21.3 ส่วนที่ขีดเส้นใต้ใดถูกต้อง (ถ้าไม่แน่ใจ ควรจะศึกษา **Units 19–20** ก่อน)

1. 'Did you phone Lucy?' 'Oh no, I forgot. ~~I phone~~ / I'll phone her now.' (I'll phone *ถูกต้อง*)
2. I can't meet you tomorrow. I'm playing / ~~I'll play~~ tennis. (I'm playing *ถูกต้อง*)
3. 'I meet / I'll meet you outside the hotel in half an hour, OK?' 'Yes, that's fine.'
4. 'I need some money.' 'OK, I'm lending / I'll lend you some. How much do you need?'
5. I'm having / I'll have a party next Saturday. I hope you can come.
6. 'Remember to get a newspaper when you go out.' 'OK, I don't forget / I won't forget.'
7. What time does your train leave / will your train leave tomorrow?
8. I asked Sue what happened, but she doesn't tell / won't tell me.
9. 'Are you doing / Will you do anything tomorrow evening?' 'No, I'm free. Why?'
10. I don't want to go out alone. Do you come / Will you come with me?

21.4 คุณจะพูดอย่างไรในสถานการณ์ต่อไปนี้ เขียนประโยคโดยใช้ **shall I ... ?** หรือ **shall we ... ?**

1. You and a friend want to do something this evening, but you don't know what.
   คุณถามเพื่อนของคุณว่า *What shall we do this evening?*
2. You try on a jacket in a shop. You are not sure whether to buy it or not.
   คุณถามความเห็นจากเพื่อนว่า .... it?
3. It's Helen's birthday next week. You want to give her a present, but you don't know what.
   คุณถามความเห็นจากเพื่อนว่า
   What ....
4. You and a friend are going on holiday together, but you have to decide where.
   คุณถามเพื่อนว่า ....
5. You and a friend are going out. You have to decide whether to go by car or to walk.
   คุณถามเพื่อนว่า .... or ....
6. Your friend wants you to come and see her. You don't know what time to come.
   คุณถามเพื่อนว่า ....

→ แบบฝึกหัดเสริม 10–13 (หน้า 308–10)

Unit 22

Will/shall 2

A

เราไม่ใช้ **will** เพื่อบอกว่าใครได้วางแผนหรือตัดสินใจแล้วว่าจะทำอะไรในอนาคต เช่น

- Diane **is working** next week. (*ไม่ใช่* Diane will work)
- **Are** you **going to watch** anything on TV this evening? (*ไม่ใช่* Will you watch)

สำหรับ **'is working'** และ **'Are** you **going to** … ?' ดู Units 19–20

แต่โดยปกติ เมื่อพูดถึงเรื่องอนาคต เรามักจะพูดถึงสิ่งที่เราคาดว่าจะเกิดขึ้น ดังตัวอย่าง

Chris กับ Joe กำลังพูดถึงเรื่องที่ Kate กำลังจะสอบ อาทิตย์หน้า

She'll pass *ไม่ได้*หมายความว่า 'she has decided to pass' Joe พูดสิ่งที่เขารู้หรือคิดว่าจะเกิดขึ้น

เขากำลัง*คาดเดา*สิ่งที่จะเกิดขึ้นในอนาคต

เมื่อเราคาดเดาว่าจะมีเหตุการณ์หรือสถานการณ์บางอย่างเกิดขึ้นในอนาคต ให้ใช้ **will/won't**

ตัวอย่างเพิ่มเติม

- They've been away a long time. When they return, they**'ll find** a lot of changes here.
- 'Where **will** you **be** this time next year?' 'I**'ll be** in Japan.'
- That plate is hot. If you touch it, you**'ll burn** yourself.
- Tom **won't pass** the exam. He hasn't studied hard enough.
- Anna looks completely different now. You **won't recognise** her.
- When **will** you **get** your exam results?

B

เรามักใช้ **will** ('**ll**) กับคำต่างๆ ต่อไปนี้

probably	I**'ll probably** be home late tonight.
(I'm) sure	Don't worry about the exam. I'm **sure** you**'ll** pass.
(I) think	Do you **think** Sarah **will** like the present we bought her?
(I) don't think	I **don't think** the exam **will** be very difficult.
I wonder	**I wonder** what **will** happen.

หลัง **I hope** เรามักจะใช้ present (ใช้ **will** ก็ได้เช่นกัน) เช่น

- I hope Kate **passes** the exam. (*หรือ* I hope Kate **will pass** …)
- I hope it **doesn't rain** tomorrow.

C

โดยทั่วไป เราใช้ **will** เมื่อพูดถึง*อนาคต* แต่บางครั้ง เราก็ใช้ **will** เมื่อพูดถึงเหตุการณ์ในขณะนี้ ดังตัวอย่าง

- Don't phone Ann now. She**'ll be** busy. (= she'll be busy *now*)

D

I shall … / **we shall** …

โดยปกติเราใช้ **shall** กับ **I** และ **we** เท่านั้น คุณอาจพูดว่า

I shall *หรือ* **I will (I'll)** **we shall** *หรือ* **we will (we'll)**

- **I shall** be late this evening. (*หรือ* **I will** be)
- **We shall** probably go to France in June. (*หรือ* We **will** probably go)

ในภาษาพูด เรามักใช้ **I'll** และ **we'll** เช่น

- **We'll** probably go to France.

รูปปฏิเสธของ **shall** คือ **shall not** หรือ **shan't** เช่น

- I **shan't** be here tomorrow. (*หรือ* I **won't** be)

อย่าใช้ **shall** กับ **he/she/it/you/they** เช่น

- She **will** be very angry. (*ไม่ใช่* She shall be)

Will/shall 1 ➜ Unit 21 **I will** และ **I'm going to ➜ Unit 23** **Will be doing** และ **will have done ➜ Unit 24**
Will have to ➜ Unit 31A The future ➜ ภาคผนวก 3 ภาษาอังกฤษแบบอเมริกัน ➜ ภาคผนวก 7

Exercises

22.1 เลือกคำกริยาที่อยู่ในรูปที่ถูกต้อง (หรือมีผู้นิยมใช้มากกว่า) โดยขีดฆ่ารูปที่ไม่ถูกต้องออก

1 Diane isn't free on Saturday. ~~She'll work~~ / She's working. (She's working *ถูกต้อง*)
2 I'll go / I'm going to a party tomorrow night. Would you like to come too?
3 I think Amy will get / is getting the job. She has a lot of experience.
4 I can't meet you this evening. A friend of mine will come / is coming to see me.
5 A: Have you decided where to go for your holidays?
B: Yes, we'll go / we're going to Italy.
6 Don't be afraid of the dog. It won't hurt / It isn't hurting you.

22.2 เติม **will ('ll)** หรือ **won't**

1 Can you wait for me? I *won't* be long.
2 Don't ask Amanda for advice. She .... know what to do.
3 I'm glad you're coming to see us next week. It .... be good to see you again.
4 I'm sorry about what happened yesterday. It .... happen again.
5 You don't need to take an umbrella with you. I don't think it .... rain.
6 I've got some incredible news! You .... believe it.

22.3 เติมประโยคให้สมบูรณ์ โดยใช้ **will ('ll)** กับคำที่ให้ต่อไปนี้

it / be	**she / come**	**you / get**	**you / like**
people / live	**it / look**	**we / meet**	~~**you / pass**~~

1 Don't worry about your exam. I'm sure *you'll pass.*
2 Why don't you try on this jacket? .... nice on you.
3 You must meet Daniel sometime. I think .... him.
4 It's raining. Don't go out. .... wet.
5 Do you think .... longer in the future?
6 Bye! I'm sure .... again before long.
7 I've invited Anna to the party, but I don't think ....
8 It takes me an hour to get to work at the moment, but when the new road is finished, ... much quicker.

22.4 เขียนประโยคคำถามโดยใช้ **do you think ... will ... ?** + กริยาคำใดคำหนึ่งต่อไปนี้

be back	**cost**	**end**	**get married**	**happen**	~~**like**~~	**rain**

1 I've bought this picture for Karen. *Do you think she'll like it?*
2 The weather doesn't look very good. Do you .... ?
3 The meeting is still going on. When do you .... ?
4 My car needs to be repaired. How much .... ?
5 Sally and David are in love. Do .... ?
6 'I'm going out now.' 'OK. What time .... ?'
7 The future situation is uncertain. What .... ?

22.5 คุณจะอยู่ที่ใดในเวลาที่กำหนดให้ต่อไปนี้ เขียนประโยคตามความจริงเกี่ยวกับตัวคุณเอง โดยเลือกใช้ข้อความที่กำหนดให้

I'll be ... *หรือ* **I'll probably be ...** *หรือ* **I don't know where I'll be**

1 (next Monday evening at 7.45) *I'll be at home.*
หรือ *I'll probably be at home.*
หรือ *I don't know where I'll be.*
2 (at 5 o'clock tomorrow morning) ....
3 (at 10.30 tomorrow morning) ....
4 (next Saturday afternoon at 4.15) ....
5 (this time next year) ....

Unit 23 I will และ I'm going to

A

การกระทำในอนาคต

พิจารณาความแตกต่างระหว่าง **will** และ **(be) going to** ต่อไปนี้

Sarah กำลังคุยกับ Helen

will ('ll): เราใช้ **will** เมื่อตัดสินใจว่าจะทำอะไรบางอย่างในขณะที่พูดอยู่ ในตัวอย่างนี้ Helen ไม่ได้คิดมาก่อนว่าจะเชิญแขกหลายคน เพราะความคิดที่จะจัดงานปาร์ตี้เพิ่งเกิดขึ้นตอนนั้นเอง

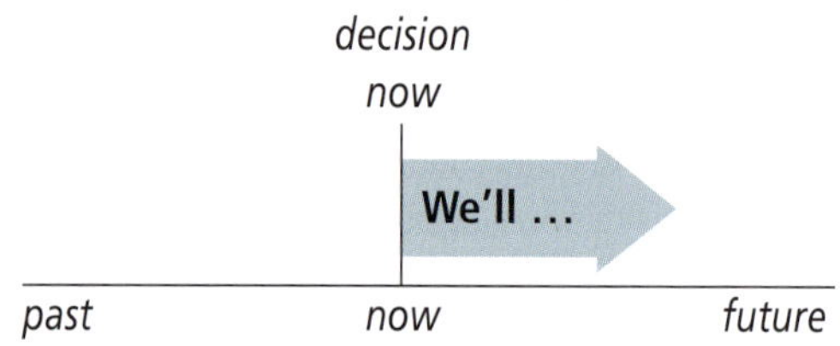

ต่อมาในวันเดียวกันนั้น Helen พบกับ Dan

(be) going to: เราใช้ **(be) going to** เมื่อเราได้ตัดสินใจหรือคิดไว้แล้วว่าจะทำบางสิ่งบางอย่าง ในตัวอย่างนี้ Helen ได้ตัดสินใจแล้วว่าจะเชิญแขกหลายคน ก่อนที่เธอจะพูดกับ Dan

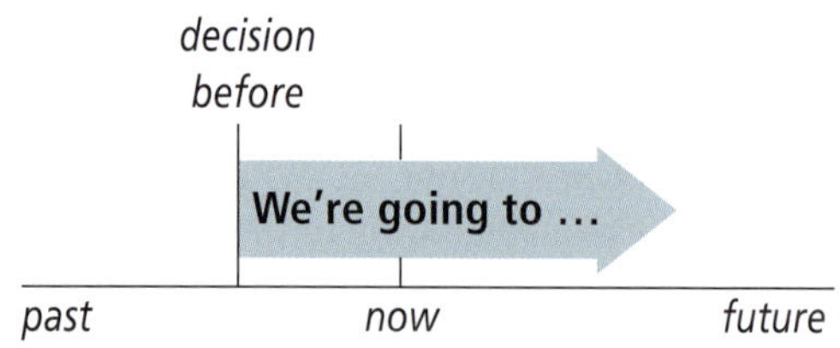

เปรียบเทียบการใช้ **will ('ll)** และ **(be) going to** ในประโยคต่อไปนี้

- 'Gary phoned while you were out.' 'OK. I**'ll call** him back.'
  'Gary **phoned** while you were out.' 'Yes, I know. I**'m going to call** him back.'
- 'Anna is in hospital.' 'Oh really? I didn't know. I**'ll go** and visit her.'
  'Anna is in hospital.' 'Yes, I know. I**'m going to visit** her this evening.'

B

เหตุการณ์หรือสถานการณ์ที่เกิดขึ้นในอนาคต (การเดาหรือคาดการณ์ล่วงหน้า)

บางครั้งก็ไม่มีความแตกต่างระหว่าง **will** และ **going to** มากนัก ดังนั้น คุณอาจพูดว่า

- I think **the weather will be** nice later. *หรือ*
  I think **the weather is going to be** nice later.
- Those shoes are well-made. **They'll last** a long time. *หรือ*
  Those shoes are well-made. **They're going to last** a long time.

เมื่อเราพูดว่า something **is going to** happen เราทราบ (หรือคิด) เช่นนี้จากสถานการณ์ที่ปรากฏในขณะนี้ สถานการณ์นั้นเป็นตัวบ่งชี้ว่าอะไรจะเกิดขึ้นในอนาคต เช่น

- Look at those black clouds. It**'s going to rain**. (*ไม่ใช่* It will rain)
  (เราสามารถมองเห็นว่า it **is going to rain** จากเมฆดำใน*ขณะนี้*)
- I feel terrible. I think I**'m going to be** sick. (*ไม่ใช่* I think I'll be sick)
  (ฉันคิดว่า I**'m going to be** เพราะฉันรู้สึกแย่ในขณะนี้)

อย่าใช้ **will** ในสถานการณ์ดังที่กล่าวมาแล้วข้างต้น

I'm going to ➜ Unit 20 **Will ➜ Units 21–22** The future ➜ **ภาคผนวก 3**

Exercises

23.1 เติมประโยคให้สมบูรณ์ โดยใช้ **will ('ll)** หรือ **going to**

1 A: Why are you turning on the TV?
B: *I'm going to watch* the news. (I / watch)

2 A: Oh, I've just realised. I haven't got any money.
B: Haven't you? Well, don't worry. .... you some. (I / lend)

3 A: I've got a headache.
B: Have you? Wait a second and .... an aspirin for you. (I / get)

4 A: Why are you filling that bucket with water?
B: .... the car. (I / wash)

5 A: I've decided to repaint this room.
B: Oh, have you? What colour .... it? (you / paint)

6 A: Where are you going? Are you going shopping?
B: Yes, ... some things for dinner. (I / buy)

7 A: I don't know how to use the washing machine.
B: It's easy. .... you. (I / show)

8 A: What would you like to eat?
B: .... a pizza, please. (I / have)

9 A: Did you call Lisa?
B: Oh, no. I completely forgot. .... her now. (I / call)

10 A: Has Dan decided what to do when he leaves school?
B: Yes. Everything is planned. .... a holiday for a few weeks. (he / have) Then .... a management training course. (he / do)

23.2 อ่านสถานการณ์และเติมประโยคให้สมบูรณ์ โดยใช้ **will ('ll)** หรือ **going to**

1 The phone rings and you answer. Somebody wants to speak to John.
CALLER: Hello. Can I speak to John, please?
YOU: Just a moment. *I'll get* him. (I / get)

2 It's a nice day, so you have decided to take a walk. Just before you go, you tell your friend.
YOU: The weather's too nice to stay in. .... a walk. (I / take)
FRIEND: Good idea! I think .... you. (I / join)

3 Your friend is worried because she has lost her driving licence.
YOU: Don't worry. I'm sure .... it. (you / find)
FRIEND: I hope so.

4 There was a job advertised in the paper recently. At first you were interested, but then you decided not to apply.
FRIEND: Have you decided what to do about that job you were interested in?
YOU: Yes, ... for it. (I / not / apply)

5 You and a friend are stuck in traffic. You have to be in a meeting in five minutes and you need at least another 20 minutes to get there.
YOU: The meeting begins in five minutes. .... (we / be late)

6 Ann and Sam are staying at a hotel. Their room is in very bad condition, especially the ceiling.
ANN: The ceiling doesn't look very safe, does it?
SAM: No, it looks as if .... (it / fall down)

7 Paul has to go to the airport to catch a plane tomorrow morning.
PAUL: Kate, I need somebody to take me to the airport tomorrow morning.
KATE: That's no problem. .... you. (I / take) What time is your flight?
PAUL: 10.30.
KATE: OK, ... you up at your house at about 8 o'clock then. (I / pick)
Later that day, Joe offers to take Paul to the airport.
JOE: Paul, do you want me to take you to the airport?
PAUL: No thanks, Joe. .... me. (Kate / take)

→ แบบฝึกหัดเสริม **10–13** (หน้า 308–10)

Unit 24

Will be doing และ will have done

A

พิจารณาสถานการณ์ตัวอย่างต่อไปนี้

These people are standing in a queue to get into the cinema.

now

Half an hour from now, the cinema will be full.
Everyone **will be watching** the film.

half an hour from now

Three hours from now, the cinema will be empty.
The film **will have finished**.
Everyone **will have gone** home.

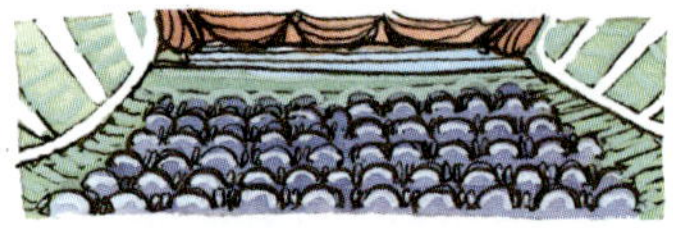
three hours from now

B

I **will be doing** something *(future continuous – อนาคตกาลต่อเนื่อง)* = ฉันจะกำลังทำบางสิ่งบางอย่างอยู่

- This time next week I'll be on holiday. **I'll be lying** on the beach or **swimming** in the sea.
- You have no chance of getting the job. You'**ll be wasting** your time if you apply for it.

เปรียบเทียบการใช้ **will be** (do)**ing** และ **will** (do) ต่อไปนี้

- Don't phone between 7 and 8. We'**ll be having** dinner.
- Let's wait for Liz to arrive and then we'**ll have** dinner.

เปรียบเทียบการใช้ **will be -ing** กับ continuous รูปอื่นๆ

- At 10 o'clock yesterday, Sally **was** in her office. She **was working**. *(past)*
  It's 10 o'clock now. She **is** in her office. She **is working**. *(present)*
  At 10 o'clock tomorrow, she **will be** in her office. She **will be working**.

C

เราใช้ **will be -ing** เพื่อพูดถึงการกระทำที่จะเสร็จสมบูรณ์ในเวลาข้างหน้า (อนาคต)
ดังตัวอย่าง

- The government **will be making** a statement about the crisis later today.
- **Will** you **be going** away this summer?
- Later in the programme, **I'll be talking** to the Minister of Education …
- Our best player is injured and **won't be playing** in the game on Saturday.

จากตัวอย่างข้างต้น **will be -ing** มีความหมายคล้ายกับ **(be) going to** …

D

เราใช้ **will have** (done) *(future perfect – อนาคตกาลสมบูรณ์)* เพื่อบอกว่าในเวลาใดเวลาหนึ่งในอนาคต การกระทำบางอย่างจะเสร็จสิ้นลง
ดังตัวอย่าง

- Sally always leaves for work at 8.30 in the morning. She won't be at home at 9 o'clock – she'**ll have gone** to work. …เธอ**คงจะออกไป**ทำงาน**แล้ว**
- We're late. The film **will** already **have started** by the time we get to the cinema.

เปรียบเทียบการใช้ **will have** (done) กับ perfect รูปอื่นๆ

- Ted and Amy **have been** married for 24 years. *(present perfect)*
  Next year they **will have been** married for 25 years.
  When their son was born, they **had been** married for three years. *(past perfect)*

Will → Units 21–22 **By then / by the time → Unit 120** The future → **ภาคผนวก 3**

Exercises

24.1 อ่านเรื่องของ **Andy** แล้วใส่เครื่องหมาย (✓) หลังประโยคที่เป็นความจริงตามเนื้อเรื่อง ในแต่ละข้อจะมีประโยคอย่างน้อย **1** ประโยคที่เป็นความจริง

Andy goes to work every day. He leaves home at 8 o'clock and arrives at work at about 8.45. He starts work immediately and continues until 12.30 when he has lunch (which takes about half an hour). He starts work again at 1.15 and goes home at exactly 4.30. Every day he follows the same routine and tomorrow will be no exception.

1 

At 7.45
a he'll be leaving the house
b he'll have left the house
c he'll be at home ✓
d he'll be having breakfast ✓

4 

At 12.45
a he'll have lunch
b he'll be having lunch
c he'll have finished his lunch
d he'll have started his lunch

2 

At 8.15
a he'll be leaving the house
b he'll have left the house
c he'll have arrived at work
d he'll be arriving at work

5 

At 4 o'clock
a he'll have finished work
b he'll finish work
c he'll be working
d he won't have finished work

3 

At 9.15
a he'll be working
b he'll start work
c he'll have started work
d he'll be arriving at work

6 

At 4.45
a he'll leave work
b he'll be leaving work
c he'll have left work
d he'll have arrived home

24.2 เติมคำกริยาในรูปที่ถูกต้อง โดยใช้ **will be (do)ing** หรือ **will have (done)**

1 Don't phone between 7 and 8. *We'll be having* dinner then. (we / have)
2 Phone me after 8 o'clock. .... dinner by then. (we / finish)
3 Tomorrow afternoon we're going to play tennis from 3 o'clock until 4.30. So at 4 o'clock, ... tennis. (we / play)
4 A: Can we meet tomorrow?
B: Yes, but not in the afternoon. .... (I / work)
5 *B has to go to a meeting which begins at 10 o'clock. It will last about an hour.*
A: Will you be free at 11.30?
B: Yes, ... by then. (the meeting / end)
6 Ben is on holiday and he is spending his money very quickly. If he continues like this, ... all his money before the end of his holiday. (he / spend)
7 Do you think .... the same job in ten years' time? (you / still / do)
8 Lisa is from New Zealand. She is travelling around Europe at the moment. So far she has travelled about 1,000 miles. By the end of the trip, ... more than 3,000 miles. (she / travel)
9 If you need to contact me, ... at the Lion Hotel until Friday. (I / stay)
10 A: .... Laura tomorrow? (you / see)
B: Yes, probably. Why?
A: I borrowed this DVD from her. Can you give it back to her?

Unit 25

When I do / When I've done When และ if

A

พิจารณาตัวอย่างต่อไปนี้

'I'll phone you when I get home' เป็นประโยค ซึ่งประกอบด้วย 2 ส่วน คือ

the main part: **I'll** phone you
และ *the* **when**-*part*: **when** I **get** home

ประโยคข้างต้นนั้นบอกเวลาเป็นอนาคตกาล (tomorrow) แต่ในส่วนของอนุประโยค when ใช้รูป present tense (**get**)

อย่าใช้ **will** ในส่วนของอนุประโยค **when**

ตัวอย่างเพิ่มเติม

- We'**ll go** out **when** it **stops** raining. (*ไม่ใช่* when it will stop)
- **When** you **are** in London again, come and see us. (*ไม่ใช่* When you will be)
- (*พูดกับเด็กเล็ก*) What do you want to be **when** you **grow** up? (*ไม่ใช่* will grow)

ลักษณะเดียวกันนี้ปรากฏในอนุประโยคที่ตามหลังคำต่อไปนี้ด้วย **while / before / after / as soon as / until** หรือ **till** เช่น

- What are you going to do **while I'm** away? (*ไม่ใช่* while I will be)
- I'll probably go back home on Sunday. **Before I go**, I'd like to visit the museum.
- Wait here **until** (*หรือ* **till**) **I come** back.

B

คุณอาจใช้ present perfect (**have done**) หลังคำต่อไปนี้ **when / after / until / as soon as** เช่น

- Can I borrow that book **when** you'**ve finished** with it?
- Don't say anything while Ian is here. Wait **until** he **has gone**.

ถ้าคุณใช้ present perfect เหตุการณ์หนึ่งจะต้องเสร็จสมบูรณ์ก่อนอีกเหตุการณ์หนึ่ง (สองเหตุการณ์จะเกิดขึ้นพร้อมกันไม่ได้)

- **When I've phoned** Kate, we can have dinner.
  (= First I'll phone Kate and *after that* we can have dinner.)

อย่าใช้ present perfect ถ้าสองเหตุการณ์เกิดขึ้นพร้อมกัน เช่น

- **When I phone** Kate, I'll ask her about the party. (*ไม่ใช่* When I've phoned)

ในหลายโอกาส เราอาจใช้ present simple หรือ present perfect ก็ได้ เช่น

- I'll come **as soon as I finish**. *หรือ* I'll come **as soon as I've finished**.
- You'll feel better **after you have** something to eat. *หรือ* You'll feel better **after you've had** something to eat.

C

หลัง **if** เรามักจะใช้ present simple (**if I do / if I see** ฯลฯ) สำหรับเงื่อนไขที่จะเกิดขึ้นในอนาคต เช่น

- It's raining hard. We'll get wet **if** we **go** out. (*ไม่ใช่* if we will go)
- I'll be angry **if** it **happens** again. (*ไม่ใช่* if it will happen)
- Hurry up! **If** we **don't hurry**, we'll be late.

D

When และ **if**

เราใช้ **when** สำหรับเหตุการณ์ที่เรา*แน่ใจ*ว่าจะต้องเกิดขึ้น เช่น

- I'm going out later. (อย่างแน่นอน) **When** I go out, I'll get some bread.

เราใช้ **if** (*ไม่ใช่* when) สำหรับเหตุการณ์ที่*อาจจะเกิดขึ้น* เช่น

- I might go out later. (อาจจะเป็นไปได้) **If** I go out, I'll get some bread.
- **If** it is raining this evening, I won't go out. (*ไม่ใช่* When it is raining)
- Don't worry **if** I'm late tonight. (*ไม่ใช่* when I'm late)
- **If** they don't come soon, I'm not going to wait. (*ไม่ใช่* When they don't come)

If → Units 38–40 **Even if / even when → Unit 112D** **Unless → Unit 115**

Exercises

25.1 เติมประโยคต่อไปนี้ให้สมบูรณ์โดยใช้คำกริยาในวงเล็บ ทุกประโยคเป็นเรื่องเกี่ยวกับอนาคต ใช้ **will/won't** หรือ **present simple (I see / he plays / it is** ฯลฯ**)**

1 When *you are* (you / be) in London again, come and see us.
2 I want to see Sophie before .... (she / go) out.
3 Call me when .... (you / know) what time you're going to get here.
4 I'm going out now. .... (you / be) here when .... (I / get) back?
5 I think everything will be fine, but if .... (there / be) any problems, ... (I / call) you, OK?
6 We must do something soon before .... (it / be) too late.
7 Anna looks very different now. When .... (you / see) her again, ... (you / not / recognise) her.
8 Steve has applied for the job, but he isn't really qualified for it. .... (I / be) surprised if .... (he / get) it.
9 I'm going to be away for a few days. If .... (you / need) to contact me while .... (I / be) away, here's my mobile number.
10 I don't want to go without you. .... (I / wait) for you until .... (you / be) ready.

25.2 รวมสองประโยคให้เป็นประโยคเดียว

1 It will stop raining soon. Then we'll go out.
We'll go out when *it stops raining.*
2 I'll find somewhere to live. Then I'll give you my address.
I .... when ....
3 I'll do the shopping. Then I'll come straight back home.
.... after ....
4 It's going to get dark. Let's go home before that.
.... before ....
5 She must apologise to me first. I won't speak to her until then.
.... until ....

25.3 อ่านสถานการณ์และเติมประโยคให้สมบูรณ์

1 A friend of yours is going on holiday. You want to know what she is going to do.
คุณถามว่า What are you going to do when *you are on holiday?*
2 A friend is visiting you. She has to go soon, but you'd like to show her some pictures.
คุณถามว่า Do you have time to look at some pictures before .... ?
3 You want to sell your car. Mark is interested in buying it, but he hasn't decided yet.
คุณถามว่า Can you let me know as soon as .... ?
4 Your friends are going to Hong Kong soon. You want to know where they're going to stay.
คุณถามว่า Where are you going to stay when .... ?
5 The traffic is very bad in your town, but they are going to build a new road.
คุณถามว่า I think things will be better when they ....

25.4 เติม **when** หรือ **if**

1 Don't worry *if* I'm late tonight.
2 Be careful. You'll hurt yourself .... you fall.
3 I'm going to Rome next week. .... I'm there, I hope to visit a friend of mine.
4 I'm going shopping. .... you want anything, I can get it for you.
5 .... I don't see you tomorrow, when will I see you again?
6 I'm going away for a few days. I'll call you .... I get back.
7 I hope Sarah can come to the party. It will be a shame .... she can't come.
8 We can eat at home or, ... you prefer, we can go to a restaurant.

→ แบบฝึกหัดเสริม **12–15** (หน้า 309–11), **32** (หน้า 321)

Unit 26

Can, could และ (be) able to

A

เราใช้ **can** เพื่อบอกว่า บางสิ่งบางอย่างอาจจะเป็นไปได้ หรือคนบางคนมีความสามารถที่จะทำบางสิ่งบางอย่างได้ เราใช้ **can** + infinitive (กริยาไม่ผันรูป) เช่น (**can do / can see** ฯลฯ) ดังตัวอย่าง

- We **can see** the lake from our hotel.
- 'I don't have a pen.' 'You **can use** mine.'
- **Can** you **speak** any foreign languages?
- I **can come** and see you tomorrow if you like.
- The word 'dream' **can be** a noun or a verb.

รูปปฏิเสธของ **can** คือ **can't** (= **cannot**) เช่น

- I'm afraid I **can't come** to the party on Friday.

B

คุณอาจพูดว่า somebody **is able to** ได้ แต่ส่วนใหญ่แล้วจะนิยมใช้ **can** มากกว่า เช่น

- We **are able to see** the lake from our hotel.

แต่ **can** มีเพียง 2 รูป คือ **can** (present) และ **could** (past) ดังนั้น บางครั้งจึงจำเป็นต้องใช้ **(be) able to** เปรียบเทียบประโยคต่อไปนี้

I **can't** sleep.	I **haven't been able to** sleep recently.
Tom **can** come tomorrow.	Tom **might be able to** come tomorrow.
Maria **can** speak French, Spanish and English.	Applicants for the job **must be able to** speak two foreign languages.

C

Could

บางครั้ง **could** คือ รูปอดีตกาลของ **can** เราใช้ **could** โดยเฉพาะอย่างยิ่งกับคำต่อไปนี้

see hear smell taste feel remember understand

- We had a lovely room in the hotel. We **could see** the lake.
- As soon as I walked into the room, I **could smell** gas.
- I was sitting at the back of the theatre and **couldn't hear** very well.

เราใช้ **could** เพื่อบอกว่า คนบางคนมีความสามารถที่จะทำบางสิ่งบางอย่าง หรือได้รับอนุญาตให้ทำบางสิ่งบางอย่างได้ด้วย เช่น

- My grandfather **could speak** five languages.
- We were totally free. We **could do** what we wanted. (= เราได้รับอนุญาตให้ทำอะไรก็ได้ตามต้องการ)

D

Could และ **was able to**

เราใช้ **could** สำหรับความสามารถโดย*ทั่วไป* แต่ถ้าพูดถึงความสามารถที่ใช้ในสถานการณ์หนึ่งโดยเฉพาะ เราใช้ **was / were able to** หรือ **managed to** (*ไม่ใช่* **could**) เช่น

- The fire spread through the building very quickly, but fortunately everybody **was able to escape / managed to escape**. (*ไม่ใช่* could escape)
- We didn't know where David was, but we **managed to find / were able to find** him in the end. (*ไม่ใช่* could find)

เปรียบเทียบประโยคต่อไปนี้

- Jack was an excellent tennis player when he was younger. He **could beat** anybody. (= เขามีความสามารถที่จะเอาชนะผู้อื่นได้ ซึ่งเป็นความสามารถ*ทั่วไป*ที่เขามีอยู่)

แต่ Jack and Andy played a match yesterday. Andy played well, but Jack **managed to beat** him. (= เขาใช้ความสามารถเพื่อเอาชนะเกมนี้โดยเฉพาะ)

couldn't (could not) เป็นรูปปฏิเสธที่ใช้ได้ในทุกสถานการณ์ เช่น

- My grandfather **couldn't swim**.
- We looked for David everywhere, but we **couldn't find** him.
- Andy played well, but he **couldn't beat** Jack.

Could (do) และ **could have (done)** ➜ **Unit 27** **Must** และ **can't** ➜ **Unit 28**
Can/could you … ? ➜ **Unit 37**

Exercises

26.1 เติมประโยคให้สมบูรณ์ โดยใช้ **can** หรือ **(be) able to** บางประโยคใช้ **can** ได้ แต่บางประโยคต้องใช้ **(be) able to**

1 Gary has travelled a lot. He *can* speak five languages.
2 I haven't *been able to* sleep very well recently.
3 Nicole .... drive, but she doesn't have a car.
4 I used to .... stand on my head, but I can't do it any more.
5 I can't understand Mark. I've never .... understand him.
6 I can't see you on Friday, but I .... meet you on Saturday morning.
7 Ask Katherine about your problem. She might .... help you.

26.2 เขียนประโยคเกี่ยวกับตัวคุณเอง โดยใช้ความคิดที่เสนอไว้ในวงเล็บ

1 (something you used to be able to do)
I used to be able to sing well.
2 (something you used to be able to do)
I used ....
3 (something you would like to be able to do)
I'd ....
4 (something you have never been able to do)
I've ....

26.3 เติมประโยคให้สมบูรณ์ โดยใช้ **can/can't/could/couldn't** + กริยาคำใดคำหนึ่งต่อไปนี้

~~come~~ eat hear run sleep wait

1 I'm afraid I *can't come* to your party next week.
2 When Dan was 16, he .... 100 metres in 11 seconds.
3 'Are you in a hurry?' 'No, I've got plenty of time. I ....'
4 I was feeling sick yesterday. I .... anything.
5 Can you speak a little louder? I .... you very well.
6 'You look tired.' 'Yes, I .... last night.'

26.4 ตอบคำถามในแต่ละข้อ โดยใช้ **was/were able to ...**

1 A: Did everybody escape from the fire?
B: Yes, although the fire spread quickly, everybody *was able to escape.*
2 A: Did you finish your work this afternoon?
B: Yes, there was nobody to disturb me, so I ....
3 A: Did you have problems finding our house?
B: Not really. Your directions were good and we ....
4 A: Did the thief get away?
B: Yes. No-one realised what was happening and the thief ....

26.5 เติมประโยคให้สมบูรณ์ โดยใช้ **could, couldn't** หรือ **managed to**

1 My grandfather travelled a lot. He *could* speak five languages.
2 I looked everywhere for the book, but I *couldn't* find it.
3 They didn't want to come with us at first, but we *managed to* persuade them.
4 Laura had hurt her leg and .... walk very well.
5 I ran my first marathon recently. It was very hard, but I .... finish.
6 I looked very carefully and I .... see somebody in the distance.
7 I wanted to buy some tomatoes. The first shop I went to didn't have any, but I .... get some in the next shop.
8 My grandmother loved music. She .... play the piano very well.
9 A girl fell into the river, but fortunately we .... pull her out.
10 I had forgotten to bring my camera, so I .... take any pictures.

Unit 27

Could (do) และ could have (done)

A

เราใช้ **could** ในหลายกรณี บางครั้ง **could** ก็เป็นรูปอดีตกาลของ **can** (ดู Unit 26) เช่น

- Listen. I **can hear** something. *(now)*
- I listened. I **could hear** something. *(past)*

แต่ **could** ก็ไม่ได้ใช้เป็นรูปอดีตกาลของ **can** เพียงอย่างเดียว เราใช้ could เมื่อกล่าวถึงการกระทำซึ่งอาจจะเกิดขึ้นในปัจจุบันหรืออนาคตด้วย (โดยเฉพาะอย่างยิ่งในความหมายของการให้ข้อเสนอแนะ) ดังตัวอย่าง

- A: What shall we do tonight?
  B: We **could go** to the cinema.
- A: When you go to Paris next month, you **could stay** with Sarah.
  B: Yes, I suppose I **could**.

ในตัวอย่างข้างต้นนั้นสามารถใช้ **can** แทนได้ (เช่น 'We **can** go to the cinema.' ฯลฯ) ส่วน **could** ให้ความหมายว่าผู้พูดมีความแน่ใจน้อยกว่า **can**

B

เราต้องใช้ **could** (*ไม่ใช่* **can**) เมื่อพูดเป็นเชิงเปรียบเทียบ ไม่ได้หมายความตามที่พูด ดังตัวอย่าง

- I'm so tired, I **could sleep** for a week. (*ไม่ใช่* I can sleep for a week)

เปรียบเทียบการใช้ **can** และ **could** ต่อไปนี้

- I **can stay** with Sarah when I go to Paris. (เป็นไปได้จริง)
- Maybe I **could stay** with Sarah when I go to Paris. (เป็นไปได้ แต่ยังไม่ค่อยแน่ใจ)
- This is a wonderful place. I **could stay** here forever. (เป็นไปไม่ได้จริง)

C

เราใช้ **could** (ไม่ใช่ **can**) ในความหมายของการคาดเดาว่าบางสิ่งบางอย่างอาจจะเกิดขึ้นขณะนี้หรือในอนาคต มีความหมายเหมือนกับ **might** หรือ **may** (ดู Unit 29) เช่น

- The story **could be** true, but I don't think it is. (*ไม่ใช่* can be true)
- I don't know what time Lisa is coming. She **could get** here at any time.

เปรียบเทียบการใช้ **can** และ **could** ต่อไปนี้

- The weather **can** change very quickly in the mountains. (โดยทั่วไป)
- The weather is nice now, but it **could** change. (สภาพอากาศขณะนี้ ไม่ใช่ทั่วไป)

D

เราใช้ **could have** (done) เพื่อพูดถึงอดีต เปรียบเทียบประโยคต่อไปนี้

- I'm so tired, I **could sleep** for a week. *(now)*
  I was so tired, I **could have slept** for a week. *(past)*
- The situation is bad, but it **could be** worse. *(now)*
  The situation was bad, but it **could have been** worse. *(past)*

ใช้ something **could have** happened กับเหตุการณ์ที่น่าจะเกิดขึ้นในอดีต แต่กลับ*ไม่ได้*เกิดขึ้น ดังตัวอย่าง

- Why did you stay at a hotel when you were in Paris? You **could have stayed** with Sarah.
  (คุณมีโอกาส/สามารถพักกับ Sarah ได้ แต่คุณก็ไม่ได้พักกับเธอ)
- David was lucky. He **could have hurt** himself when he fell, but he's OK. (แต่เขาก็ไม่ได้รับบาดเจ็บ)

E

เราใช้ **couldn't** เพื่อพูดว่าบางสิ่งบางอย่างไม่มีทางเป็นไปได้ เช่น

- I **couldn't live** in a big city. I'd hate it. (= มันไม่มีทางเกิดขึ้นกับฉัน)
- Everything is fine right now. Things **couldn't be** better.

เมื่อพูดถึงอดีต เราใช้ **couldn't have** (done) เช่น

- We had a really good holiday. It **couldn't have been** better.
- The trip was cancelled last week. Paul **couldn't have gone** anyway because he was ill.
  (= อาทิตย์ที่แล้วเขาก็ไปไม่ได้อยู่ดี)

Couldn't have (done) → Unit 28B **Could** และ **might → Unit 29C** **Could I/you ... ? → Unit 37**
Could กับ **if → Units 38C, 39E, 40D** Modal verbs (**can/could/will/would** ฯลฯ) **→ ภาคผนวก 4**

Exercises

27.1 ตอบคำถามด้วยการเสนอแนะโดยใช้ **could**

1 Where shall we go for our holidays? — (to Scotland) *We could go to Scotland.*
2 What shall we have for dinner tonight? — (fish) We ……
3 When shall I phone Vicky? — (now) You ……
4 What shall I give Ann for her birthday? — (a book) ……
5 Where shall we hang this picture? — (in the kitchen) ……

27.2 ในบางประโยคต้องใช้ **could** (ไม่ใช่ **can**) เปลี่ยนประโยคให้ถูกต้องตามความเหมาะสม

1 The story can be true, but I don't think it is. *could be true*
2 It's a nice day. We can go for a walk. *OK* (could go ก็ใช้ได้)
3 I'm so angry with him. I can kill him! ……
4 If you're hungry, we can have dinner now. ……
5 It's so nice here. I can stay here all day, but unfortunately I have to go. ……
6 A: Where's my bag? Have you seen it?
B: No, but it can be in the car. ……
7 Peter is a keen musician. He plays the flute and he can also play the piano. ……
8 A: I need to borrow a camera.
B: You can borrow mine. ……
9 Be careful climbing that tree. You can fall. ……

27.3 เติมประโยคให้สมบูรณ์โดยใช้ **could** หรือ **could have** + คำกริยาที่เหมาะสม

1 A: What shall we do this evening?
B: I don't mind. We *could go* to the cinema.
2 A: I spent a very boring evening at home yesterday.
B: Why did you stay at home? You …… out with us.
3 A: Have you seen this job advertised in the paper? You …… for it.
B: What sort of job? Show me the advertisement.
4 A: How was your exam? Was it difficult?
B: It wasn't so bad. It …… worse.
5 A: I got very wet walking home in the rain last night.
B: Why did you walk? You …… a taxi.
6 A: Where shall we meet tomorrow?
B: Well, I …… to your house if you like.

27.4 เติมประโยคให้สมบูรณ์โดยใช้ **couldn't** หรือ **couldn't have** + คำกริยาที่กำหนดให้ (ในรูปที่ถูกต้อง)

~~be~~	be	come	find	get	~~live~~	wear

1 I *couldn't live* in a big city. I'd hate it.
2 We had a really good holiday. It *couldn't have been* better.
3 I …… that hat. I'd look silly and people would laugh at me.
4 We managed to find the restaurant you recommended, but we …… it without the map that you drew for us.
5 Paul has to get up at 4 o'clock every morning. I don't know how he does it. I …… up at that time every day.
6 The staff at the hotel were really nice when we stayed there last summer. They …… more helpful.
7 A: I tried to phone you last week. We had a party and I wanted to invite you.
B: That was nice of you, but I …… anyway. I was away all last week.

→ แบบฝึกหัดเสริม 16–18 (หน้า 311–13)

Unit 28

Must และ can't

A

พิจารณาตัวอย่างต่อไปนี้

คุณอาจใช้ **must** เมื่อกล่าวถึงสิ่งที่คุณแน่ใจว่าเป็นเช่นนั้นจริง เช่น

- You've been travelling all day. You **must be** tired. (การเดินทางทำให้เหนื่อย คุณเดินทางทั้งวัน ดังนั้น คุณ**ต้อง**เหนื่อย**แน่ ๆ**)
- 'Joe is a hard worker.' 'Joe? You **must be joking**. He doesn't do anything.'
- Louise **must get** very bored in her job. She does the same thing every day.
- I'm sure Sally gave me her address. I **must have** it somewhere.

คุณอาจใช้ **can't** เมื่อเราแน่ใจว่าเหตุการณ์นั้นๆ เป็นไปไม่ได้ เช่น

- You've just had lunch. You **can't be** hungry already. (โดยปกติ คนเราไม่รู้สึกหิวหลังจากทานอาหารมาใหม่ ๆ คุณเพิ่งทานเสร็จ ดังนั้น คุณ**ต้องไม่**หิว**แน่ ๆ**)
- They haven't lived here for very long. They **can't know** many people. (**ต้องไม่รู้จัก**คนมาก**แน่ ๆ**)

พิจารณาโครงสร้างนี้

I/you/he (ฯลฯ)	**must** **can't**	**be** (tired / hungry / at work ฯลฯ) **be** (**doing** / **going** / **joking** ฯลฯ) **do** / **get** / **know** / **have** ฯลฯ

B

เราใช้ **must have** (**done**) และ **can't have** (**done**) สำหรับอดีตกาล
พิจารณาตัวอย่างต่อไปนี้

Martin and Lucy are standing at the door of their friends' house.
They have rung the doorbell twice, but nobody has answered. Lucy says:

They **must have gone** out. (พวกเขา**ต้องออกไปข้างนอกกันแล้วแน่ ๆ** มิฉะนั้น พวกเขาคงจะมาเปิดประตูแล้ว)

- 'We used to live very near the motorway.' 'Did you? It **must have been** noisy.' (มัน**ต้อง**เสียงดังมาก**แน่ ๆ**)
- 'I've lost one of my gloves.' 'You **must have dropped** it somewhere.' (คุณ**ต้องทำ**มัน**หล่น**ที่ไหน**แน่ ๆ**)
- Sarah hasn't contacted me. She **can't have got** my message. (เธอ**คงไม่ได้**ข้อความของฉัน**แน่ ๆ**)
- Tom walked into a wall. He **can't have been looking** where he was going. (เขา**คงไม่ได้มอง**ว่ากำลังเดินไปทางไหน**แน่ ๆ**)

พิจารณาโครงสร้างนี้

I/you/he (ฯลฯ)	**must** **can't**	**have**	**been** (asleep / at work ฯลฯ) **been** (**doing** / **looking** ฯลฯ) **gone** / **got** / **known** ฯลฯ

คุณอาจใช้ **couldn't have** แทน **can't have** ก็ได้ เช่น

- Sarah **couldn't have got** my message.
- Tom **couldn't have been looking** where he was going.

Can't ('I can't swim' ฯลฯ) ➜ **Unit 26** **Must** ('I must go' ฯลฯ) ➜ **Units 31–32**
Modal verbs (**can/could/will/would** ฯลฯ) ➜ **ภาคผนวก 4** ภาษาอังกฤษแบบอเมริกัน ➜ **ภาคผนวก 7**

Exercises

28.1 เติม **must** หรือ **can't**

1 You've been travelling all day. You *must* be tired.
2 That restaurant .... be very good. It's always full of people.
3 That restaurant .... be very good. It's always empty.
4 I'm sure I gave you the key. You .... have it. Have you looked in your bag?
5 I often see that woman walking along this street. She .... live near here.
6 It rained every day during their holiday, so they .... have had a very nice time.
7 Congratulations on passing your exam. You .... be very pleased.
8 You got here very quickly. You .... have walked very fast.
9 Bill and Sue always stay at luxury hotels, so they .... be short of money.

28.2 เติมประโยคให้สมบูรณ์ด้วยคำกริยาในรูปที่ถูกต้อง (หนึ่งหรือสองคำ)

1 I've lost one of my gloves. I must *have dropped* it somewhere.
2 Their house is very near the motorway. It must *be* very noisy.
3 Sarah knows a lot about films. She must .... to the cinema a lot.
4 I left my bike outside the house last night and now it's gone. Somebody must .... it.
5 'How old is Ted?' 'He's older than me. He must .... at least 40.'
6 I didn't hear the phone ring. I must .... asleep.
7 A: You're going on holiday soon. You must .... forward to it.
B: Yes, it will be really good to get away.
8 The police have closed the road, so we have to go a different way. There must .... an accident.
9 I'm sure you know this song. You must .... it before.
10 There is a man walking behind us. He has been walking behind us for the last 20 minutes. He must .... us.

28.3 อ่านสถานการณ์แล้วใช้คำในวงเล็บแต่งประโยค ด้วย **must have** หรือ **can't have**

1 We went to their house and rang the doorbell, but nobody answered. (they / go out)
They must have gone out.
2 Sarah hasn't contacted me. (she / get / my message)
She can't have got my message.
3 The jacket you bought is very good quality. (it / very expensive)
....
4 I haven't seen our neighbours for ages. (they / go away)
....
5 I can't find my umbrella. (I / leave / it in the restaurant last night)
....
6 Amy was in a very difficult situation when she lost her job. (it / easy for her)
....
7 There was a man standing outside the café. (he / wait / for somebody)
....
8 Rachel did the opposite of what I asked her to do. (she / understand / what I said)
....
9 When I got back to my car, the door was unlocked. (I / forget / to lock it)
....
10 I was woken up in the night by the noise next door. (my neighbours / have / a party)
....
11 The light was red, but the car didn't stop. (the driver / see / the red light)
....

→ แบบฝึกหัดเสริม **16–18** (หน้า 311–13)

Unit 29

May และ might 1

A

พิจารณาสถานการณ์ตัวอย่างต่อไปนี้

You are looking for Ben. Nobody is sure where he is, but you get some suggestions.

(= perhaps he is in his office เขาอาจจะอยู่ที่ห้องทำงานของเขา)

(= perhaps he is having lunch เขาอาจจะกำลังทานอาหารกลางวันอยู่)

(= perhaps she knows เธออาจจะทราบ)

เราใช้ **may** หรือ **might** เพื่อบอกว่า บางสิ่งบางอย่างอาจจะเป็นไปได้ โดยปกติในความหมายนี้ จะใช้ **may** หรือ **might** ก็ได้ ดังประโยคต่อไปนี้

- It **may** be true. *หรือ* It **might** be true. (= อาจจะจริง)
- She **might** know. *หรือ* She **may** know.

รูปปฏิเสธคือ **may not** และ **might not** (*หรือ* **mightn't**) เช่น

- It **may not** be true. (= อาจจะไม่จริง)
- She **might not** work here any more. (= เธออาจจะไม่ได้ทำงานที่นี่)

พิจารณาโครงสร้างนี้

I/you/he (ฯลฯ)	**may** **might**	**(not)**	**be** (true / in his office ฯลฯ) **be** (**doing** / **working** / **having** ฯลฯ) **know** / **work** / **want** ฯลฯ

B

ในการคาดเดาสิ่งที่อาจจะเป็นไปได้ในอดีต เราใช้ **may have** (**done**) หรือ **might have** (**done**) เช่น

- A: I wonder why Kate didn't answer her phone.
  B: She **may have been** asleep. (= เธออาจจะนอนหลับอยู่)
- A: I can't find my phone anywhere.
  B: You **might have left** it at work. (= คุณอาจจะลืมทิ้งไว้ที่ทำงาน)
- A: Why wasn't Amy at the meeting yesterday?
  B: She **might not have known** about it. (= เธออาจจะไม่ทราบ)
- A: I wonder why David was in such a bad mood yesterday.
  B: He **may not have been feeling** well. (= เขาอาจจะกำลังไม่สบาย)

พิจารณาโครงสร้างนี้

I/you/he (ฯลฯ)	**may** **might**	**(not) have**	**been** (asleep / at home ฯลฯ) **been** (**doing** / **working** / **feeling** ฯลฯ) **known** / **had** / **wanted** / **left** ฯลฯ

C

บางครั้ง **could** ก็มีความหมายคล้ายกับ **may** และ **might** เช่น

- It's a strange story, but it **could be** true. (= เป็นไปได้ว่ามันเป็นเรื่องจริง)
- You **could have left** your phone at work. (= เป็นไปได้ว่าคุณทิ้งมันไว้ที่นั่น)

แต่ **couldn't** (negative) มีความหมายต่างไปจาก **may not** และ **might not** เปรียบเทียบประโยคต่อไปนี้

- Sarah **couldn't have** got my message. Otherwise she would have replied.
  (= เธอไม่น่าจะได้ข้อความ)
- I wonder why Sarah hasn't replied to my message. I suppose she **might not have** got it.
  (= เธออาจจะได้หรือไม่ได้ข้อความ)

Could → Unit 27 May/might 2 → Unit 30 May I ... ? → Unit 37C
Might กับ if → Units 30B, 38C, 40D Modal verbs (can/could/will/would ฯลฯ) → ภาคผนวก 4

Exercises

29.1 เขียนประโยคต่อไปนี้ใหม่ โดยใช้ **might**

1 Perhaps Helen is in her office. *She might be in her office.*
2 Perhaps Helen is busy. ……………
3 Perhaps she is working. ……………
4 Perhaps she wants to be alone. ……………
5 Perhaps she was ill yesterday. ……………
6 Perhaps she went home early. ……………
7 Perhaps she had to go home early. ……………
8 Perhaps she was working yesterday. ……………

ประโยคที่ **9–11** ใช้ **might not**

9 Perhaps she doesn't want to see me. ……………
10 Perhaps she isn't working today. ……………
11 Perhaps she wasn't feeling well yesterday. ……………

29.2 เติมประโยคให้สมบูรณ์ โดยใช้คำกริยาในรูปที่ถูกต้อง

1 'Where's Ben?' 'I'm not sure. He might *be having* lunch.'
2 'Who is that man with Anna?' 'I'm not sure. It might …………… her brother.'
3 A: Who was the man we saw with Anna yesterday?
B: I'm not sure. It may …………… her brother.
4 A: What are those people doing by the side of the road?
B: I don't know. I suppose they might …………… for a bus.
5 'Is Sarah here?' 'I can't see her. She may not …………… yet.'

29.3 อ่านสถานการณ์และแต่งประโยคจากคำที่กำหนดให้ในวงเล็บ โดยใช้ **might**

1 I can't find Jeff anywhere. I wonder where he is.
a (he / go / shopping) *He might have gone shopping.*
b (he / play / tennis) *He might be playing tennis.*
2 I'm looking for Sophie. Do you know where she is?
a (she / watch / TV) ……………
b (she / go / out) ……………
3 I can't find my umbrella. Have you seen it?
a (it / be / in the car) ……………
b (you / leave / in the restaurant) ……………
4 Why didn't Dan answer the doorbell? I'm sure he was at home at the time.
a (he / go / to bed early) ……………
b (he / not / hear / the doorbell) ……………
c (he / be / in the shower) ……………

29.4 เติมประโยคให้สมบูรณ์ โดยใช้ **might not have …** หรือ **couldn't have …**

1 A: Do you think Sarah got the message I sent her?
B: No, she would have replied. *She couldn't have got it.*
2 A: I was surprised Amy wasn't at the meeting. Perhaps she didn't know about it.
B: That's possible. *She might not have known about it.*
3 A: I wonder why they haven't replied to the email I sent. Do you think they received it?
B: Maybe not. They …………….
4 A: I wonder how the fire started. Was it an accident?
B: No, the police say it …………….
5 A: Mike says he needs to see you. He tried to find you yesterday.
B: Well, he …………… very hard. I was in my office all day.
6 A: The man you spoke to – are you sure he was American?
B: No, I'm not sure. He …………….

→ แบบฝึกหัดเสริม 16–18 (หน้า 311–13)

Unit
30

May และ might 2

A

เราใช้ **may** และ **might** เพื่อพูดถึงการกระทำหรือเหตุการณ์ที่อาจจะเป็นไปได้ หรือเกิดขึ้นในอนาคต เช่น

- I haven't decided yet where to go on holiday. I **may go** to Ireland. ...ฉัน**อาจจะไป**ไอร์แลนด์
- Take an umbrella with you. It **might rain** later. ...ฝน**อาจจะตก**
- The bus isn't always on time. We **might have** to wait a few minutes. ...เรา**อาจจะต้อง**รอ

รูปปฏิเสธคือ **may not** และ **might not** (**mightn't**) เช่น

- Amy **may not go** out tonight. She isn't feeling well. Amy **อาจจะไม่ไป**ข้างนอก...
- There **might not be** enough time to discuss everything at the meeting. **อาจจะไม่มี**เวลาพอ...

เปรียบเทียบการใช้ **will** และ **may/might** ต่อไปนี้

- **I'll be** late this evening. (แน่นอน)
- I **may/might** be late this evening. (เป็นไปได้)

B

โดยปกติ จะใช้ **may** หรือ **might** ก็ได้ เช่น

- I **may go** to Ireland. *หรือ* I **might go** to Ireland.
- Jane **might be** able to help you. *หรือ* Jane **may be** able to help you.

แต่เราใช้ **might** เท่านั้น (*ไม่ใช่* **may**) เมื่อกล่าวถึงสถานการณ์ซึ่ง*ไม่จริง* เช่น

- If they paid me better, I **might** work harder. (*ไม่ใช่* I may work)

สถานการณ์นี้ไม่จริง เป็นเพียงการสมมุติ เพราะว่าพวกเขาจ่ายฉันน้อย ดังนั้น ฉันก็จะไม่ทำงานหนัก

C

รูป continuous (กาลต่อเนื่อง) คือ **may/might be -ing** เปรียบเทียบรูปนี้กับ **will be -ing** ในประโยคต่อไปนี้

- Don't phone at 8.30. **I'll be watching** the football on television. ...ฉัน**คง(กำลัง)ดู**ถ่ายทอดฟุตบอล**อยู่**
- Don't phone at 8.30. I **might be watching** (*หรือ* I **may be watching**) the football on TV.
  ...ฉัน**อาจ(กำลัง)ดู**ถ่ายทอดฟุตบอล**อยู่**

เราใช้ **may/might be -ing** ด้วย ในความหมายของการวางแผนหรือเตรียมการที่อาจจะเป็นไปได้ เปรียบเทียบประโยคต่อไปนี้

- **I'm going** to Ireland in July. (แน่ใจว่าไป = ฉันกำลังจะไป)
- I **might be going** (*หรือ* I **may be going**) to Ireland soon. (อาจจะไปในเร็ว ๆ นี้)

ในกรณีนี้ คุณอาจจะพูดว่า 'I **might go** หรือ I **may go** ...' ก็ได้ ความหมายแทบจะไม่แตกต่างกัน

D

Might as well

Helen and Clare have just missed the bus. The buses run every hour.

we **might as well** do something = เราควรจะทำอะไรสักอย่างหนึ่ง เพราะว่าไม่มีอะไรดีกว่านี้ และไม่มีเหตุผลอะไรที่จะไม่ทำเช่นนั้น

เราอาจพูดว่า **may as well** ก็ได้

- A: What time are you going out?
  B: Well, I'm ready, so I **might as well go** now. ...ไปเดี๋ยวนี้**ก็ดีเหมือนกัน**
- Buses are so expensive these days, you **might as well get** a taxi. (= ไปแท็กซี่ก็ดีเหมือนกัน ไม่ได้แพงกว่ากัน)

Will be -ing ➜ Unit 24 May/might 1 **➜ Unit 29** May I ... ? **➜ Unit 37C**
Might กับ **if ➜ Units 38C, 40D**

Exercises

30.1 เขียนประโยคโดยใช้ **might**

1 Where are you going for your holidays? (to Ireland???)
I haven't decided yet. *I might go to Ireland.*
2 What sort of car are you going to buy? (a Honda???)
I'm not sure yet. I ……
3 When is Tom coming to see us? (on Saturday???)
He hasn't said yet. ……
4 Where are you going to hang that picture? (in the dining room???)
I haven't made up my mind yet. ……
5 What is Tanya going to do when she leaves school? (go to university???)
She's still thinking about it. ……

30.2 เติมประโยคให้สมบูรณ์ โดยใช้ **might** + กริยาคำใดคำหนึ่งต่อไปนี้

bite **break** **need** ~~**rain**~~ **slip** **wake**

1 Take an umbrella with you when you go out. It *might rain* later.
2 Don't make too much noise. You …… the baby.
3 Be careful of that dog. It …… you.
4 Don't throw that letter away. We …… it later.
5 Be careful. The footpath is very icy. You …… .
6 Don't let the children play in this room. They …… something.

30.3 เติมประโยคให้สมบูรณ์ โดยใช้ **might be able to** หรือ **might have to** + คำกริยาที่เหมาะสม

fix ~~**help**~~ **leave** **meet** **sell** **work**

1 Tell me about your problem. I *might be able to help* you.
2 I'm not free this evening, but I …… you tomorrow.
3 I don't know if I'll be free on Sunday. I …… .
4 I can come to the meeting, but I …… before the end.
5 I'm short of money. I want to keep my car, but I …… it.
6 A: There's something wrong with my bike.
B: Let me have a look. I …… it.

30.4 เขียนประโยคโดยใช้ **might not**

1 I'm not sure that Liz will come to the party.
Liz might not come to the party.
2 I'm not sure that I'll go out this evening.
I ……
3 I'm not sure that we'll be able to get tickets for the game.
We ……
4 I'm not sure that Sam will be able to go out with us tonight.
……

30.5 อ่านสถานการณ์และแต่งประโยค โดยใช้ **might as well**

1 You and a friend have just missed the bus. The buses run every hour.
คุณพูดว่า We'll have to wait an hour for the next bus. *We might as well walk.*
2 You've been invited to a party. You're not very excited about it, but you decide to go.
คุณพูดว่า I'm not doing anything else, so I …… to the party.
3 You've just painted your kitchen. You still have a lot of paint, so why not paint the bathroom too?
คุณพูดว่า We …… . There's plenty of paint left.
4 You and a friend are at home. You're bored. There's a film on TV starting in a few minutes.
คุณพูดว่า …… . There's nothing else to do.

→ แบบฝึกหัดเสริม 16–18 (หน้า 311–13)

Unit 31

Have to และ must

A

I **have to** do something = เป็นความจำเป็นที่ต้องทำ หรือสถานการณ์บังคับ

- You can't turn right here. You **have to turn** left.
- I **have to wear** glasses for reading. ฉัน**(จำเป็น)ต้อง**ใส่แว่น...
- Robert can't come out with us this evening.
  He **has to work** late. เขา**(จำเป็น)ต้อง**เลิกงานช้า
- Last week Tina broke her arm and **had to go** to hospital.
- I haven't **had to go** to the doctor for ages.

เราใช้ **do/does/did** ในประโยคคำถามและปฏิเสธ (สำหรับ present และ past simple) เช่น

- What **do** I **have to do** to get a new driving licence? (*ไม่ใช่* What have I to do?)
- Karen **doesn't have to work** Saturdays. (*ไม่ใช่* Karen hasn't to)
- Why **did** you **have to leave** early?

คุณอาจใช้ **I'll have to** ... , **I'm going to have to** ... และ **I might / I may have to** ... ได้ดังนี้

- They can't fix my computer, so I'**ll have to buy** a new one. *หรือ*
  I'm going to have to buy a new one.
- Tom **might have to work** late tomorrow. *หรือ* Tom **may have to work** ...
  (= เป็นไปได้ว่าเขาอาจจะต้องเลิกงานช้า)

B

must ใช้ในความหมายคล้ายกับ **have to** เช่น

- It's later than I thought. I **must go**. *หรือ* I **have to go**.

คุณอาจใช้ **must** หรือ **have to** เพื่อพูดถึงความคิดเห็น (ยกตัวอย่างเช่น เพื่อพูดถึงสิ่งที่*คุณ*คิดว่าจำเป็นหรือแนะนำให้ใครทำบางสิ่งบางอย่าง) เช่น

- I haven't spoken to Sue for ages. I **must phone** her. / I **have to phone** her.
  ฉันไม่ได้พูดกับ Sue มาเป็นชาติแล้ว ฉัน**ต้องโทรหา**เธอ
- Mark is a really nice person. You **must meet** him. / You **have to meet** him.
  Mark เป็นคนดีจริงๆ คุณ**ควรต้องพบ**เขา

เราใช้ **have to** (*ไม่ใช่* **must**) เพื่อพูดว่าใครคนหนึ่ง (ผู้พูด) *โดนบังคับ*ให้ทำ ไม่ได้เป็นความคิดเห็นของเขาหรือเธอ เช่น

- I **have to work** from 8.30 to 5.30 every day. (เป็นเรื่องจริง ไม่ใช่ความคิดเห็น)
- Jane **has to travel** a lot for her work.

แต่ **must** จะใช้ในการเขียนกฎระเบียบและคำสั่งต่างๆ เช่น

- Applications for the job **must be received** by 18 May.
- *(คำสั่งในข้อสอบ)* Answer all the questions. You **must write** your answers in ink.

ห้ามใช้ **must** เพื่อพูดถึงอดีต เช่น

- We didn't have much time. We **had** to hurry. (*ไม่ใช่* we must hurry)

C

mustn't และ **don't have to** มีความหมายที่แตกต่างกันโดยสิ้นเชิง

You **mustn't** do something = คุณต้อง*ไม่*ทำ
(ดังนั้น จงอย่าทำ)

- You **must keep** this a secret. You **mustn't tell** anyone. (= อย่าบอกใครทั้งนั้น)
- I promised I would be on time. I **mustn't be** late. (= ฉันต้องไปให้ตรงเวลา)

You **don't have to** do something = คุณไม่ต้องทำ
(แต่จะทำก็ได้ถ้าต้องการ)

- You **don't have to tell** Tom what happened. I can tell him myself.
  (= คุณไม่ต้องบอก Tom ก็ได้)
- I **don't have to be** at the meeting, but I think I'll go anyway.
  (= ฉันไม่ต้องไปประชุมก็ได้)

D

คุณอาจใช้ **have got to** แทน **have to** ได้ ดังนั้น คุณจะพูดอย่างใดก็ได้ในประโยคต่อไปนี้

- **I've got to** work tomorrow. *หรือ* I **have to** work tomorrow.
- When **has** Helen **got to** go? *หรือ* When **does** Helen **have to** go?

Must ('You must be tired') ➜ **Unit 28**   **Must/mustn't/needn't** ➜ **Unit 32**

Exercises

31.1 เติมประโยคให้สมบูรณ์ โดยใช้ **have to / has to / had to**

1. Bill starts work at 5 a.m. *He has to get up* at four. (he / get up)
2. 'I broke my arm last week.' '*Did you have to go* to hospital?' (you / go)
3. There was a lot of noise from the street. .... the window. (we / close)
4. Karen can't stay for the whole meeting. .... early. (she / leave)
5. How old .... to drive in your country? (you / be)
6. I don't have much time. .... soon. (I / go)
7. How is Paul enjoying his new job? .... a lot? (he / travel)
8. 'I'm afraid I can't stay long.' 'What time ....?' (you / go)
9. 'The bus was late again.' 'How long ....?' (you / wait)
10. There was nobody to help me. I .... everything by myself. (I / do)

31.2 เติมประโยคให้สมบูรณ์ โดยใช้ **have to** + กริยาคำใดคำหนึ่งต่อไปนี้ บางประโยคเป็นประโยคบอกเล่า (**I have to …** ฯลฯ) แต่บางประโยคเป็นประโยคปฏิเสธ (**I don't have to …** ฯลฯ)

ask do drive ~~get up~~ go make make pay ~~show~~

1. I'm not working tomorrow, so I *don't have to get up* early.
2. Steve didn't know how to turn off the computer, so I *had to show* him.
3. Excuse me a moment – I .... a phone call. I won't be long.
4. I'm not too busy. I have a few things to do, but I .... them now.
5. I couldn't find the street I wanted. I .... somebody for directions.
6. The car park is free. You .... to park your car there.
7. A man was injured in the accident, but he .... to hospital because it wasn't serious.
8. Jane has a senior position in the company. She .... important decisions.
9. When Patrick starts his new job next month, he .... 50 miles to work every day.

31.3 บางประโยคต่อไปนี้ ใช้ **must** ไม่ถูกต้อง แก้ไขให้ถูกต้องตามความจำเป็น

1. It's later than I thought. I must go. — *OK* (have to ก็ถูกต้อง)
2. I must work every day from 8.30 to 5.30. — *I have to work*
3. You must come and see us again soon. ....
4. Tom can't meet us tomorrow. He must work. ....
5. I must work late yesterday evening. ....
6. I must get up early tomorrow. I have a lot to do. ....
7. Julia wears glasses. She must wear glasses since she was very young. ....

31.4 เติมประโยคให้สมบูรณ์ โดยใช้ **mustn't** หรือ **don't/doesn't have to**

1. I don't want anyone to know about our plan. You *mustn't* tell anyone.
2. Richard *doesn't have to* wear a suit to work, but he usually does.
3. I can sleep late tomorrow morning because I .... go to work.
4. Whatever you do, you .... touch that switch. It's very dangerous.
5. There's a lift in the building, so we .... climb the stairs.
6. You .... forget what I told you. It's very important.
7. Silvia .... get up early, but she usually does.
8. Don't make so much noise. We .... wake the children.
9. I .... eat too much. I'm supposed to be on a diet.
10. You .... be a good player to enjoy a game of tennis.

→ แบบฝึกหัดเสริม 16 (หน้า 311)

Unit 32

Must mustn't needn't

A Must และ mustn't

you **must** do something = คุณต้องทำสิ่งนั้น เช่น

- Don't tell anybody what I said. You **must** keep it a secret. ...คุณต้องเก็บมันเป็นความลับ
- We haven't got much time. We **must** hurry. ...เรา**ต้อง**รีบ

you **mustn't** do something = คุณต้อง*ไม่*ทำสิ่งนั้น (ดังนั้นอย่าทำสิ่งนั้น) เช่น

- You **must** keep it a secret. You **mustn't** tell anyone. ...คุณ**ต้องไม่**บอกคนอื่น/**อย่า**บอกคนอื่น
- We **must** be very quiet. We **mustn't** make any noise. ...เรา**ต้องไม่**ทำเสียงดัง

B Needn't และ don't need to

you **needn't** do something = คุณไม่จำเป็นต้องทำสิ่งนั้น (แต่จะทำก็ได้ถ้าต้องการ) เช่น

- We've got plenty of time. We **needn't hurry**. ...เรา**ไม่จำเป็นต้องรีบ**
- Joe can stay here. He **needn't come** with us. ...เขา**ไม่จำเป็นต้องมา**กับเรา

คุณอาจใช้ **don't/doesn't need to** ก็ได้ เช่น

- We **don't need to** hurry.

โปรดจำไว้ว่า เราใช้ **don't need to do / doesn't need to do** แต่ใช้ **needn't do** (*ไม่มี* **to**)

C Needn't have (done)

พิจารณาสถานการณ์ตัวอย่างต่อไปนี้

Paul and Sue decided to go to a restaurant. They reserved a table.

But the restaurant was almost empty. So they **needn't have reserved** a table.

They **needn't have reserved** a table. = พวกเขาจองโต๊ะไว้ แต่จริงๆ แล้วไม่จำเป็นต้องจองก็ได้ เพราะร้านอาหารคนไม่แน่น

เปรียบเทียบการใช้ **needn't** (do) และ **needn't have** (done) ต่อไปนี้

- Everything will be OK. You **needn't worry**. (ไม่จำเป็นต้องกังวล)
- Everything was OK. You **needn't have worried**. (คุณกังวลไปแล้ว ทั้งๆ ที่ไม่จำเป็นต้องกังวล)

D Needn't have (done) และ didn't need to (do)

he **needn't have done** something = เขาได้ทำบางสิ่งบางอย่าง แต่ขณะนี้เรารู้แล้วว่าเขาไม่จำเป็นต้องทำเลย

- Why did he get up at 5 o'clock? He **needn't have got** up so early. He could have stayed in bed longer. ทำไมเขาต้องตื่นตั้งแต่ตี 5 เขา**ไม่น่าต้องตื่น**เช้าขนาดนี้ เขาควรได้นอนต่อนานกว่านี้ (แต่เขาก็ตื่นแล้ว)

he **didn't need to** do something = เขาไม่จำเป็นต้องทำ (มันไม่มีผลอะไรไม่ว่าเขาจะทำหรือไม่ทำ)

- He **didn't need to** get up early, so he didn't. เขา**ไม่จำเป็นต้อง**ลุกขึ้นตั้งแต่เช้า ดังนั้น เขาก็เลยไม่ลุกขึ้น
- He **didn't need to** get up early, but it was a beautiful morning, so he did. เขา**ไม่จำเป็นต้อง**ลุกขึ้นแต่เช้า แต่อากาศสบายมาก เขาจึงลุกขึ้น

เราอาจใช้ **he didn't have to** ... แทนในประโยคเหล่านี้ก็ได้

Must ('You must be tired') ➜ **Unit 28** **Have to** และ **must** ➜ **Unit 31**
Modal verbs (**can/could/will/would** ฯลฯ) ➜ **ภาคผนวก 4** ภาษาอังกฤษแบบอเมริกัน ➜ **ภาคผนวก 7**

Exercises

32.1 คำที่ขีดเส้นใต้คำใดถูกต้อง

1 We haven't got much time. We must / ~~mustn't~~ hurry. (must *ถูกต้อง*)
2 We've got plenty of time. We mustn't / don't need to hurry.
3 I have to talk to Gary. I must / mustn't remember to call him.
4 I have to talk to Gary. I mustn't / needn't forget to call him.
5 There's plenty of time for you to make up your mind. You mustn't / don't need to decide now.
6 We needn't / mustn't wash these tomatoes. They've already been washed.
7 This is a valuable book. You must / needn't take good care of it and you mustn't / don't need to lose it.
8 A: What sort of house do you want to buy? Something big?
B: Well, it mustn't / needn't be big – that's not so important. But it must / mustn't have a nice garden – that's essential.

32.2 เติมประโยคให้สมบูรณ์ ใช้ **needn't** + คำกริยาคำใดคำหนึ่งต่อไปนี้

ask come explain ~~leave~~ walk

1 We've got plenty of time. We *needn't leave* yet.
2 I can manage the shopping alone. You .... with me.
3 We .... all the way home. We can get a taxi.
4 Just help yourself if you'd like more to eat. You .... first.
5 I understand the situation perfectly. You .... further.

32.3 เขียน 2 ประโยคในแต่ละสถานการณ์ ประโยคแรกใช้ **needn't have** และประโยคที่สองใช้ **could have** (ดังตัวอย่าง) สำหรับ **could have** ดู **Unit 27**

1 Why did you rush? Why didn't you take your time?
You needn't have rushed. You could have taken your time.
2 Why did you walk home? Why didn't you take a taxi?
....
3 Why did you stay at a hotel? Why didn't you stay with us?
....
4 Why did she phone me in the middle of the night? Why didn't she wait until the morning?
....
5 Why did you shout at me? Why weren't you more patient?
....
6 Why did you leave without saying anything? Why didn't you say goodbye to me?
....

32.4 แก้ไขประโยคให้ถูกต้องตามความเหมาะสม

1 We have plenty of time. We don't need hurry. *We don't need to hurry.*
2 You must keep it a secret. You mustn't tell anybody else. *OK*
3 I'll be all right. You needn't to worry about me. ....
4 You mustn't wait for me. You go on and I'll join you later. ....
5 You don't need to keep these emails. You can delete them. ....
6 I needn't have gone out, so I stayed at home. ....
7 I needn't have bought eggs. We had some already. ....

→ แบบฝึกหัดเสริม 16–17 (หน้า 311–12)

Unit 33

Should 1

A

you **should do** something = เป็นสิ่งดี/สิ่งที่ถูกต้องที่ควรจะทำ เราอาจใช้ **should** ในการให้คำแนะนำหรือให้ความคิดเห็นได้

- You look tired. You **should go** to bed. คุณดูง่วงนอน คุณ**ควรจะไปนอน**
- The government **should do** more to improve education. รัฐบาล**ควรจะทำ**อะไรมากกว่านี้...
- '**Should** we **invite** Stephanie to the party?' 'Yes, I think we **should**.'
  'เรา**ควรจะชวน** Stephanie ...'

เรามักจะใช้ **should** กับ **I think / I don't think / Do you think** ... ? เช่น

- **I think** the government **should do** more to improve education.
- **I don't think** you **should work** so hard.
- '**Do you think** I **should apply** for this job?' 'Yes, **I think you should**.'

you **shouldn't** do something = คุณ**ไม่ควรจะ**ทำ (ไม่ใช่สิ่งที่ดีที่ควรทำ)

- You **shouldn't believe** everything you read in the newspapers.

should ให้ความหมายที่มีน้ำหนักน้อยกว่า **must** หรือ **have to** เช่น

- You **should** apologise. คุณ**ควรจะ**ขอโทษ (= เป็นสิ่งที่ดีที่ควรทำ)
- You **must** apologise. / You **have to** apologise. คุณ**ต้อง**ขอโทษ (= คุณไม่มีทางเลือก)

B

เราใช้ **should** เมื่อให้ความเห็นว่าสิ่งนั้นไม่ถูกต้อง หรือไม่ใช่สิ่งที่เราคาดคะเนไว้ ดังตัวอย่าง

- Where's Tina? She **should be** here by now.
  ...เธอ**ควรจะมา**ถึงที่นี่แล้วในตอนนี้
- The price on this packet is wrong. It **should be** 20 baht, not 25 baht.
  ราคา**ควรจะเป็น** 20 บาท ไม่ใช่ 25 บาท
- That man on the motorbike **should be wearing** a helmet.

He **should be wearing** a helmet.

เราใช้ **should** เพื่อบอกว่า เราคาดการณ์ว่าบางสิ่งบางอย่างน่าจะเกิดขึ้น เช่น

- Helen has been studying hard for the exam, so she **should pass**.
  (= ฉันคาดว่าเธอน่าจะสอบได้)
- There are plenty of hotels in the town. It **shouldn't be** hard to find a place to stay.
  (= ฉันคาดว่าไม่น่าจะยากที่จะหาที่พักสักแห่ง)

C

you **should have done** something = คุณไม่ได้ทำสิ่งที่ควรจะทำ

- You missed a great party last night. You **should have come**. Why didn't you?
  (= คุณไม่ได้มา แต่จะเป็นเรื่องดีถ้าคุณได้มา)
- I wonder why they're so late. They **should have got** here long ago.

you **shouldn't have done** something = คุณทำสิ่งที่ไม่ควรจะทำ

- I'm feeling sick. I **shouldn't have eaten** so much. (= ฉันรับประทานมากเกินไป)
- She **shouldn't have been listening** to our conversation. It was private.
  (= เธอไม่ควรจะฟังการสนทนาของเรา แต่เธอก็ฟังไปแล้ว)

เปรียบเทียบการใช้ **should** (do) และ **should have** (done) ต่อไปนี้

- You look tired. You **should go** to bed now.
- You went to bed very late last night. You **should have gone** to bed earlier.

D

Ought to ...

คุณอาจใช้ **ought to** แทน **should** ในประโยคต่างๆ ที่แสดงในหน้านี้ และโปรดสังเกตด้วยว่า เราใช้ 'ought to do' (ต้องมี **to** ด้วย) เช่น

- Do you think I **ought to apply** for this job? (= Do you think I **should apply** ... ?)
- Jack **ought not to go** to bed so late. (= Jack **shouldn't go** ...)
- It was a great party last night. You **ought to have come**.
- Helen has been studying hard for the exam, so she **ought to pass**.

Should 2 → Unit 34 **Should** และ **had better → Unit 35B**
Modal verbs (**can/could/will/would** ฯลฯ) → **ภาคผนวก 4**

Exercises

33.1 ในแต่ละสถานการณ์ต่อไปนี้ เขียนประโยคโดยใช้ **should** หรือ **shouldn't** + กลุ่มคำต่อไปนี้

~~go away for a few days~~	go to bed so late	look for another job
put some pictures on the walls	take a photo	use her car so much

1 Anna needs a change. *She should go away for a few days.*
2 Your salary is very low. You ……
3 Jack always finds it hard to get up. He ……
4 What a beautiful view! You ……
5 Sue drives everywhere. She never walks. She ……
6 Dan's room isn't very interesting. ……

33.2 อ่านสถานการณ์และเขียนประโยค โดยใช้ **I think / I don't think … should …**

1 Joe and Catherine are planning to get married. You think it's a bad idea.
I don't think they should get married.
2 Jane has a bad cold, but plans to go out tonight. You don't think this is a good idea. คุณพูดกับเธอว่า
……
3 Peter needs a job. He's just seen an advert for a job which you think would be ideal for him, but he's not sure whether to apply or not. คุณพูดกับเขาว่า
……
4 The government wants to increase taxes, but you don't think this is a good idea.
……

33.3 เติมประโยคให้สมบูรณ์ โดยใช้ **should** (**have**) + คำกริยาในวงเล็บ

1 Helen *should pass* the exam. She's been studying very hard. (pass)
2 You missed a great party last night. *You should have come*. (come)
3 We don't see you enough. You …… and see us more often. (come)
4 I'm in a difficult position. What do you think I …… now? (do)
5 I'm sorry that I didn't take your advice. I …… what you said. (do)
6 We lost the game yesterday, but we …… . We were the better team. (win)
7 Tanya has a tennis match against Jane tomorrow. Jane …… – she's much better than Tanya. (win)
8 'Is Joe here yet?' 'Not yet, but he …… here soon.' (be)
9 We went the wrong way and got lost. We …… right, not left. (turn)

33.4 อ่านสถานการณ์และเขียนประโยค โดยใช้ **should/shouldn't** บางประโยคเป็น **past** บางประโยคเป็น **present**

1 I'm feeling sick. I ate too much. *I shouldn't have eaten so much.*
2 That man on the motorbike isn't wearing a helmet. That's dangerous.
He *should be wearing a helmet.*
3 When we got to the restaurant, there were no free tables. We hadn't reserved one.
We ……
4 The notice says that the shop is open every day from 8.30. It is 9 o'clock now, but the shop isn't open yet. ……
5 The speed limit is 30 miles an hour, but Kate is doing 50.
She ……
6 Laura told me her address, but I didn't write it down. Now I can't remember the house number.
I ……
7 I was driving behind another car. Suddenly, the driver in front stopped without warning and I drove into the back of his car. It wasn't my fault.
The driver in front ……
8 I walked into a wall. I was looking behind me. I wasn't looking where I was going.
……

→ แบบฝึกหัดเสริม 16–18 (หน้า 311–13)

Unit 34

Should 2

A คุณอาจใช้ **should** ในอนุประโยคหลังคำกริยาต่อไปนี้

insist **recommend** **suggest** **demand** **propose**

- I **insisted** that he **should apologise**. ฉันยืนกรานว่า เขาควรจะขอโทษ
- Doctors **recommend** that everyone **should eat** plenty of fruit. หมอแนะนำว่าทุกคนควรรับประทานผลไม้ให้มาก
- What do you **suggest** we **should do**? คุณช่วยแนะนำหน่อยว่า เราควรจะทำอะไร
- Many people are **demanding** that something **should be done** about the problem. หลายคนเรียกร้องว่าควรจะทำอะไรบางอย่างกับปัญหานี้

และที่ตามหลัง **it's important/vital/necessary/essential** that … **should** … ได้ด้วย เช่น

- **It's essential** that everyone **should be** here on time. เป็นความจำเป็นอย่างยิ่งที่ทุกคนควรจะมาถึงที่นี่ตรงเวลา

B เราอาจจะละ **should** จากทุกประโยคในข้อ A ได้ เช่น

- **It's essential** that everyone **be** here on time. (= … that everyone **should be** here)
- I **insisted** that he **apologise**. (= … that he **should apologise**)
- What do you **suggest** we **do**?
- Many people are **demanding** that something **be done** about the problem.

รูป (**be/do/apologise** ฯลฯ) ที่ปรากฏในประโยคข้างต้นซึ่งใช้คำกริยารูป infinitive (ไม่มี **to**) นั้นเรียกว่า subjunctive คุณอาจใช้คำกริยาในรูป present หรือ past ก็ได้

- **It's essential** that everyone **is** here on time.
- I **insisted** that he **apologised**.

C โปรดระวังการใช้ **suggest** คุณจะใช้ **to** … ('to do / to buy' ฯลฯ) หลัง **suggest** ไม่ได้ เช่น

- What do you **suggest we should do**?

หรือ What do you **suggest we do**? (*แต่ไม่ใช่* What do you suggest us to do?)

- Jane won the lottery.
  I **suggested** that she **should buy** a car with the money she'd won.

หรือ I **suggested** that she **buy** a car.

หรือ I **suggested** that she **bought** a car. (*แต่ไม่ใช่* I suggested her to buy)

คุณอาจใช้ **-ing** หลัง **suggest** ได้ (What do you **suggest doing**?) ดู Unit 53

D คุณอาจใช้ **should** หลังคำคุณศัพท์ (adjectives) หลาย ๆ คำ โดยเฉพาะอย่างยิ่งหลังคำต่อไปนี้

strange **odd** **funny** **typical** **natural** **interesting** **surprised** **surprising**

- It's **strange** that he **should be** late. He's usually on time. เป็นเรื่องน่าแปลกที่เขามาสาย…
- I was **surprised** that he **should say** such a thing. ฉันรู้สึกประหลาดใจที่เขาพูดเช่นนั้น

E คุณอาจใช้ '**If** something **should** happen …' ดังตัวอย่าง

- We have no jobs at present, but **if** the situation **should change**, we will contact you.

คุณอาจวาง **should** ในตำแหน่งต้นประโยค (**Should** something happen …) ได้ด้วย เช่น

- **Should** the situation **change**, we will contact you.

ประโยคนี้มีความหมายคล้ายกับ '**If** the situation **changes**, …' เมื่อใช้ **should** ผู้พูดรู้สึกว่า มีความเป็นไปได้ไม่มากนัก

F คุณอาจใช้ **I should** … / **I shouldn't** … ในการให้คำแนะนำแก่ผู้อื่น ดังตัวอย่าง

- 'Shall I leave now?' 'No, **I should wait** a bit.'

ในที่นี้ **I should wait** = ฉันจะรอถ้าฉันเป็นคุณ ฉันขอแนะนำให้คุณรอ
ตัวอย่างเพิ่มเติม

- 'I'm going out now. Is it cold out?' 'Yes, **I should wear** a coat.' …ฉันขอแนะนำให้ใส่เสื้อโค้ต
- **I shouldn't stay** up too late. You have to be up early tomorrow. ฉันไม่แนะนำให้อยู่ดึก…

Should 1 ➜ Unit 33 ภาษาอังกฤษแบบอเมริกัน ➜ **ภาคผนวก 7**

Exercises

34.1 เขียนประโยค (ขึ้นต้นตามที่กำหนดไว้ให้แล้ว) โดยให้มีความหมายเหมือนกับประโยคแรกในแต่ละข้อ

1 'I think it would be a good idea to see a specialist,' the doctor said to me.
The doctor recommended that *I should see a specialist.*
2 'You really must stay a little longer,' she said to me.
She insisted that I ....
3 'Why don't you visit the museum after lunch?' I said to them.
I suggested that ....
4 'You must pay the rent by Friday,' the landlord said to us.
The landlord demanded that ....
5 'Why don't we go away for a few days?' Jack said to me.
Jack suggested that ....

34.2 ประโยคต่อไปนี้ ถูกหรือผิด

1 a Tom suggested that I should look for another job. *OK*
b Tom suggested that I look for another job. ....
c Tom suggested that I looked for another job. ....
d Tom suggested me to look for another job. ....
2 a Where do you suggest I go for my holiday? ....
b Where do you suggest me to go for my holiday? ....
c Where do you suggest I should go for my holiday? ....

34.3 เติมประโยคให้สมบูรณ์ โดยใช้ **should** + กริยาคำใดคำหนึ่งต่อไปนี้

ask ~~be~~ leave listen say worry

1 It's strange that he *should be* late. He's usually on time.
2 It's funny that you .... that. I was going to say the same thing.
3 It's only natural that parents .... about their children.
4 Isn't it typical of Joe that he .... without saying goodbye to anybody?
5 I was surprised that they .... me for advice. What advice could I give them?
6 I'm going to give you all some essential information, so it's important that everybody .... very carefully.

34.4 เติมประโยคให้สมบูรณ์ โดยใช้ **If … should …** และคำในวงเล็บ

1 We have no jobs at present. (the situation / change)
If the situation should change, we will contact you.
2 I've hung the washing out to dry on the balcony. (it / rain)
............, can you bring the washing in, please?
3 I think everything will be OK. (there / be / any problems)
............, I'm sure we'll be able to solve them.
4 I don't want anyone to know where I'm going. (anyone / ask)
............, just say that you don't know.

เขียนประโยคที่ 3 และ 4 ใหม่ โดยใช้ **Should** ขึ้นต้นประโยค

5 (3) Should ...., I'm sure we'll be able to solve them.
6 (4) ...., just say that you don't know.

34.5 (ดูข้อ F หน้าซ้ายมือ) เติมประโยคให้สมบูรณ์ โดยใช้ **I should** + คำกริยาคำใดคำหนึ่งต่อไปนี้

get keep phone ~~wait~~

1 'Shall I leave now?' 'No, *I should wait* a bit.'
2 'Shall I throw these things away?' 'No, ... them. You may need them.'
3 'Shall I go and see Paul?' 'Yes, but .... him first.'
4 'Is it worth getting this TV repaired?' 'No, ... a new one.'

Unit 35

Had better It's time ...

A Had better (I'd better / you'd better ฯลฯ)

I'd better do something = ฉันน่าจะทำ/ควรจะทำ ถ้าไม่ทำอาจจะมีปัญหาหรืออันตรายเกิดขึ้น เช่น

- I have to meet Amy in ten minutes. **I'd better go** now or I'll be late. ...**ฉันควรไป**เดี๋ยวนี้...
- 'Shall I take an umbrella?' 'Yes, **you'd better**. It might rain.' ...**คุณควร**(เอาร่มไปด้วย)...
- **We'd better stop** for petrol soon. The tank is almost empty. **เราควรหยุด**เพื่อเติมน้ำมัน...

รูปปฏิเสธคือ **I'd better not** (= I **had** better not) เช่น

- 'The jacket looks good on you. Are you going to buy it?' **'I'd better not**. It's too expensive.'
- You don't look very well. **You'd better not go** out tonight.

โปรดจำไว้ว่า

รูป คือ '**had** better' (โดยปกติ ในภาษาพูดใช้ 'I'**d** better / you'**d** better' ฯลฯ)

- **I'd better** phone Chris, **hadn't** I?

โดยปกติ **had** เป็นรูป past แต่ในสำนวนนี้มีความหมายเป็น present หรือ future *ไม่ใช่* past เช่น

- **I'd better go** to the bank **now** / **tomorrow**.

เราพูด 'I'd better **do**' (*ไม่ใช่* to do) เช่น

- It might rain. We'd better **take** an umbrella. (*ไม่ใช่* We'd better to take)

B Had better และ should

had better มีความหมายคล้ายกับ **should** แต่ไม่เหมือนกันทีเดียวนัก เราใช้ **had better** กับสถานการณ์ที่เฉพาะเจาะจงเท่านั้น
(ไม่ใช่กับสถานการณ์ทั่วไป) แต่ใช้ should ในสถานการณ์ทุกแบบเพื่อเสนอความคิดเห็นหรือให้คำแนะนำ เช่น

- It's late. You**'d better go**. / You **should go**. (เป็นสถานการณ์เฉพาะ)
- You're always at home. You **should go** out more often. (เป็นสถานการณ์ทั่วไป – *ไม่ใช่* 'had better go')

อนึ่ง การใช้ **had better** มีความหมายว่า ถ้าคุณไม่ทำตามคำแนะนำแล้ว จะมีปัญหาหรืออันตรายเกิดขึ้น ส่วน **should** ให้ความหมายว่า 'เป็นสิ่งดีที่ควรจะทำ' เท่านั้น เปรียบเทียบความหมายของประโยคต่อไปนี้

- It's a great film. You **should** go and see it. (but no problem if you don't)
- The film starts at 8.30. You**'d better** go now or you'll be late.

C It's time ...

คุณอาจพูดว่า **it's time** (for somebody) **to** ... เช่น

- It's time **to go** home. / It's time for us **to go** home. ได้เวลา(ที่เราจะ)**กลับบ้าน**แล้ว

แต่คุณอาจพูดเช่นนี้ก็ได้

- It's late. It's time **we went** home.

เมื่อเราใช้ **it's time** + กริยารูปอดีต เช่น (we **went** / I **did** / they **were** ฯลฯ), ความหมายจะเป็น present *ไม่ใช่* past เช่น

- **It's time** they **were** here. Why are they so late? (*ไม่ใช่* It's time they are here)

it's time somebody **did** something = พวกเขาควรจะได้ทำสิ่งนั้นแล้ว หรือเริ่มทำแล้ว เรามักจะใช้รูปประโยคแบบนี้เพื่อวิจารณ์หรือตำหนิ เช่น

- This situation can't continue. **It's time** you **did** something about it. สถานการณ์แบบนี้ไม่ควรที่จะดำเนินต่อไป **ถึงเวลา**ที่คุณ**ควรจะทำ**อะไรบางอย่างได้แล้ว
- He's very selfish. **It's time** he **realised** that he isn't the most important person in the world. เขาเป็นคนเห็นแก่ตัวมาก **ถึงเวลา**ที่เขา**ควรจะรู้ตัว**ได้แล้วว่าเขาไม่ใช่คนที่สำคัญที่สุดในโลก

คุณอาจพูดว่า **it's about time** ... ก็ได้ ซึ่งทำให้การวิจารณ์หรือตำหนิมีความหมายรุนแรงมากขึ้น

- Jack is a great talker. But **it's about time** he **did** something instead of just talking. ...**ถึงเวลา**ที่เขา**ต้องลงมือทำ**อะไรสักอย่างหนึ่งแล้ว แทนที่จะเอาแต่พูดเพียงอย่างเดียว

Should 1 ➜ Unit 33

Exercises

35.1 อ่านสถานการณ์และเขียนประโยค โดยใช้ **had better** หรือ **had better not** และคำที่กำหนดให้ในวงเล็บ

1 You're going out for a walk with Tom. It looks as if it might rain. คุณพูดกับ Tom ว่า
(an umbrella) *We'd better take an umbrella.*

2 Oliver has just cut himself. It's a bad cut. คุณพูดกับเขาว่า
(a plaster) ....

3 You and Kate plan to go to a restaurant this evening. It's a popular restaurant. คุณพูดกับ Kate ว่า
(reserve) We ....

4 Rebecca doesn't look very well this morning – not well enough to go to work. คุณพูดกับเธอว่า
(work) ....

5 You received your phone bill four weeks ago, but you haven't paid it yet. If you don't pay soon, you could be in trouble. คุณพูดกับตัวเองว่า
(pay) ....

6 You want to ask your boss something, but he's very busy and you know he doesn't like to be disturbed. คุณพูดกับเพื่อนร่วมงานของคุณว่า
(disturb) I ....

35.2 เติม **had better** หรือ **should** ให้เหมาะสม

1 I have an appointment in ten minutes. I *'d better* go now or I'll be late.
2 It's a great film. You *should* go and see it. You'll really like it.
3 You .... set your alarm. You'll never wake up on time if you don't.
4 When people are driving, they .... keep their eyes on the road.
5 I'm glad you came to see us. You .... come more often.
6 She'll be upset if we don't invite her to the party, so we .... invite her.
7 These biscuits are delicious. You .... try one.
8 I think everybody .... learn a foreign language.

35.3 เติมประโยคให้สมบูรณ์ บางประโยคใช้เพียงคำเดียว แต่บางประโยคต้องเติม 2 คำ

1 a I have a toothache. I'd better *go* to the dentist.
  b John is expecting you to phone him. You .... better phone him now.
  c 'Shall I leave the window open?' 'No, you'd better .... it.'
  d We'd better leave as soon as possible, ... we?

2 a It's time the government .... something about the problem.
  b It's time something .... about the problem.
  c I think it's about time you .... about other people instead of only thinking about yourself.

35.4 อ่านสถานการณ์และเขียนประโยค โดยใช้ **It's time** (somebody **did** something)

1 You think the oil in the car needs to be changed. It hasn't been changed for a long time.
It's time we changed the oil in the car.

2 You haven't had a holiday for a very long time. You need one now.
It's time I ....

3 You're sitting on a train waiting for it to leave the station. It's already five minutes late.
....

4 You enjoy having parties. You haven't had one for a long time.
....

5 The company you work for has been badly managed for a long time. You think some changes should be made.
....

6 Andrew has been doing the same job for the last ten years. He should try something else.
....

→ แบบฝึกหัดเสริม 16 (หน้า 311)

Unit 36

Would

A

เราใช้ **would ('d) / wouldn't** เมื่อเราจิน*ตนาการ*ถึงสถานการณ์หรือการกระทำ (= เราคิดถึงบางสิ่งบางอย่างที่ไม่เป็นจริง) เช่น

- It **would be** nice to buy a new car, but we can't afford it.
- **I'd love** to live by the sea.
- A: Shall I tell Chris what happened?
  B: No, I **wouldn't say** anything.
  (= ฉันจะไม่พูดอะไรถ้าอยู่ในสถานการณ์เดียวกับคุณ)

เราใช้ **would have (done)** เมื่อจินตนาการถึงสถานการณ์หรือการกระทำในอดีต (= สิ่งที่ไม่ได้เกิดขึ้น)

- They helped us a lot. I don't know what we**'d have done** (= we **would have done**) without their help.
- I didn't tell Sam what happened. He **wouldn't have been** pleased.

เปรียบเทียบ **would (do)** และ **would have (done)** ต่อไปนี้

- I **would call** Lisa, but I don't have her number. *(now)*
  I **would have called** Lisa, but I didn't have her number. *(past)*
- I'm not going to invite them to the party. They **wouldn't come** anyway.
  I didn't invite them to the party. They **wouldn't have come** anyway.

เรามักใช้ **would** ในประโยคที่มี **if** (ดู Units 38–40) เช่น

- I **would call** Lisa **if** I had her number.
- I **would have called** Lisa **if** I'd had her number.

B

เปรียบเทียบ **will ('ll)** และ **would ('d)** ต่อไปนี้

- **I'll stay** a little longer. I've got plenty of time.
  I'd stay a little longer, but I really have to go now. (ดังนั้น ฉันจึงไม่สามารถอยู่ต่อได้)
- **I'll call** Lisa. I have her number.
  I'd call Lisa, but I don't have her number. (ดังนั้น ฉันจึงโทรหาเธอไม่ได้)

บางครั้ง **would/wouldn't** ก็เป็นรูปอดีตของ **will/won't** เปรียบเทียบประโยคต่อไปนี้

present		past
TOM: I**'ll call** you on Sunday.	→	Tom said he**'d call** me on Sunday.
AMY: I promise I **won't be** late.	→	Amy promised that she **wouldn't be** late.
LISA: Damn! The car **won't start**.	→	Lisa was annoyed because her car **wouldn't start**.

somebody **wouldn't do** something = เขา/เธอปฏิเสธที่จะทำ

- I tried to warn him, but he **wouldn't listen** to me. (= เขาปฏิเสธที่จะฟัง)
- The car **wouldn't start**. (= เครื่องยนต์'ไม่ยอม' ติด)

C

คุณอาจใช้ **would** เพื่อพูดถึงสิ่งที่เกิดขึ้นบ่อยๆ ในอดีต เช่น

- When we were children, we lived by the sea. In summer, if the weather was fine, we **would** all get up early and go for a swim. (= เราทำเช่นนี้บ่อยๆ)
- Whenever Richard was angry, he **would** walk out of the room.

ในความหมายนี้ **would** จะมีความหมายคล้ายกับ **used to** (ดู Unit 18) เช่น

- Whenever Richard was angry, he **used to walk** out of the room.

Will ➜ Units 21–22 **Would you … ? ➜ Unit 37A** **Would … if ➜ Units 38–40**
Wish … would ➜ Unit 41 **Would like ➜ Units 37E, 58** **Would prefer / would rather ➜ Unit 59**
Modal verbs ➜ ภาคผนวก 4

Exercises

36.1 เขียนประโยคเกี่ยวกับตัวคุณเอง จินตนาการถึงสิ่งที่คุณชอบและไม่ชอบ

1 (a place you'd love to live) *I'd love to live by the sea.*
2 (a job you wouldn't like to do) ....
3 (something you would love to do) ....
4 (something that would be nice to have) ....
5 (a place you'd like to go to) ....

36.2 เติมประโยคให้สมบูรณ์ โดยใช้ **would** + คำกริยาคำใดคำหนึ่งต่อไปนี้ (ในรูปที่ถูกต้อง)

be **be** ~~**do**~~ **do** **enjoy** **enjoy** **have** **pass** **stop**

1 They helped us a lot. I don't know what we *would have done* without their help.
2 You should go and see the film. You .... it.
3 It's a pity you couldn't come to the party last night. You .... it.
4 Shall I apply for the job or not? What .... you .... in my position?
5 I was in a hurry when I saw you. Otherwise I .... to talk.
6 We took a taxi home last night, but got stuck in the traffic. It .... quicker to walk.
7 Why don't you go and see Clare? She .... very pleased to see you.
8 Why didn't you do the exam? I'm sure you .... it.
9 In an ideal world, everybody .... enough to eat.

36.3 จับคู่ประโยคทางขวามือให้ได้ความที่ต่อเนื่องกับประโยคทางซ้ายมือ

1 ~~I'd like to go to Australia one day.~~	a It wouldn't have been very nice.	1 *c*
2 I wouldn't like to live on a busy road.	b It would have been fun.	2 ....
3 I'm sorry the trip was cancelled.	c ~~It would be nice.~~	3 ....
4 I'm looking forward to going out tonight.	d It won't be much fun.	4 ....
5 I'm glad we didn't go out in the rain.	e It wouldn't be very nice.	5 ....
6 I'm not looking forward to the trip.	f It will be fun.	6 ....

36.4 เขียนประโยค โดยใช้ **promised** + **would/wouldn't**

1 I wonder why Laura is late. *She promised she wouldn't be late.*
2 I wonder why Steve hasn't called me. He promised ....
3 Why did you tell Jane what I said? You ....
4 I'm surprised they didn't wait for us. They ....

36.5 เติมประโยคให้สมบูรณ์ โดยใช้ **wouldn't** + คำกริยาที่เหมาะสม

1 I tried to warn him, but he *wouldn't listen* to me.
2 I asked Amanda what had happened, but she .... me.
3 Paul was very angry about what I'd said and .... to me for two weeks.
4 Martina insisted on carrying all her luggage. She .... me help her.

36.6 ประโยคเหล่านี้เป็นประโยคเกี่ยวกับสิ่งที่เกิดขึ้นบ่อย ๆ ในอดีต เติมประโยคให้สมบูณ์ โดยใช้ **would** + กริยาคำใดคำหนึ่งต่อไปนี้

forget **help** **shake** **share** ~~**walk**~~

1 Whenever Richard was angry, he *would walk* out of the room.
2 We used to live next to a railway line. Every time a train went past, the house ....
3 Alan was a very kind man. He .... always .... you if you had a problem.
4 Katherine was always very generous. She didn't have much, but she .... what she had with everyone else.
5 You could never rely on Joe. It didn't matter how many times you reminded him to do something, he .... always ....

➔ แบบฝึกหัดเสริม **16–18** (หน้า 311–13)

Unit 37

Can/Could/Would you ... ? ฯลฯ (Requests, offers, permission และ invitations)

A

Asking people to do things (การขอร้อง)

เรามักจะใช้ **can** หรือ **could** เพื่อขอร้องให้ผู้อื่นทำบางสิ่งบางอย่างให้ เช่น

- **Can you** wait a moment, please?

หรือ **Could you** wait a moment, please? **กรุณา**รอสักครู่

- Helen, **can you** do me a favour? Helen **ช่วย**ฉันหน่อยได้ไหม
- Excuse me, **could you** tell me how to get to the airport?

โปรดสังเกตว่า เราใช้ **Do you think** you **could** ... ? (*ไม่ใช่* can) เช่น

- **Do you think you could** take me to the station?

เราอาจใช้ **will** และ **would** เพื่อขอร้องให้ผู้อื่นทำบางสิ่งบางอย่างให้ได้เช่นเดียวกัน (แต่นิยมใช้ **can/could** มากกว่า) เช่น

- Helen, **will you** do me a favour?
- **Would you** please be quiet? I'm trying to concentrate.

B

Asking for things (การขอ)

ในการขอสิ่งของจากผู้อื่น เราใช้ **Can I have** ... ? / **Could I have** ... ? หรือ **Can I get** ... ? เช่น

- *(ในร้านขายของ)* **Can I have** these postcards, please? *หรือ* **Can I get** these postcards, please?
  ขอซื้อโปสการ์ดเหล่านี้หน่อย
- *(ระหว่างรับประทานอาหาร)* **Could I have** the salt, please? **ขอ**เกลือหน่อย (**ช่วย**ส่งเกลือให้หน่อย)

May I have ... ? ก็ใช้ได้เหมือนกัน (แต่ไม่ค่อยนิยมใช้นัก) เช่น

- **May I have** these postcards, please?

C

Asking to do things (การขออนุญาต)

ในการขออนุญาตทำบางสิ่งบางอย่าง เราใช้ **can**, **could** หรือ **may** เช่น

- *(พูดโทรศัพท์)* Hello, **can I** speak to Steve, please?
  ขอ (อนุญาต) พูดกับ Steve
- '**Could I** use your phone?' 'Sure.'
- **Do you think I could** borrow your bike?
- '**May I** come in?' 'Yes, please do.' '**ขออนุญาต**เข้ามาได้ไหม'...

may เป็นภาษาแบบทางการมากกว่า **can** หรือ **could**

ในการขออนุญาตทำบางสิ่งบางอย่าง เราอาจพูดว่า **Do you mind if I** ... ? หรือ **Is it all right / Is it OK if I** ... ? ก็ได้ เช่น

- '**Do you mind if I** use your phone?' 'Sure. Go ahead.'
- '**Is it all right if I** come in?' 'Yes, of course.'

D

Offering to do things (การเสนอให้ความช่วยเหลือ)

ในการเสนอตัวที่จะทำบางสิ่งบางอย่างให้กับผู้อื่นนั้น บางครั้งใช้ **Can I** ... ? เช่น

- '**Can I** get you a cup of coffee?' 'That would be nice.' '**ฉันเอา**กาแฟมาให้ดีไหม'...
- '**Can I** help you?' 'No, it's all right. I can manage.' '**ให้ฉัน**ช่วยคุณไหม'...

E

Offering and inviting (การเสนอและการเชื้อเชิญ)

ในการเสนอหรือการเชื้อเชิญ เราใช้ **Would you like** ... ? (*ไม่ใช่* Do you like) เช่น

- '**Would you like** a cup of coffee?' 'Yes, please.' 'คุณ**ต้องการ**กาแฟสักถ้วย**ไหม**'...
- '**Would you like** to eat with us tonight?' 'I'd love to.'

I'd like ... เป็นการพูดอย่างสุภาพในการบอกว่า คุณต้องการบางสิ่งบางอย่าง เช่น

- *(ที่ศูนย์บริการนักท่องเที่ยว)* **I'd like** some information about hotels, please.
- *(ในห้างสรรพสินค้า)* **I'd like** to try on this jacket, please.

Can และ **could** ➜ **Units 26–27** **Mind -ing** ➜ **Unit 53** **Would like** ➜ **Units 55A, 58B**
Modal verbs (**can/could/will/would** ฯลฯ) ➜ ภาคผนวก 4

Exercises

37.1 อ่านสถานการณ์และเขียนประโยคคำถาม โดยขึ้นต้นด้วย **Can ...** หรือ **Could ...**

1 You're carrying a lot of things. You can't open the door yourself. There's a man standing near the door. คุณพูดกับเขาว่า *Could you open the door, please?*

2 You phone Kate's office, but somebody else answers. Kate isn't there. You want to leave a message for her. คุณพูดว่า ....

3 You're a tourist. You want to go to the station, but you don't know how to get there. คุณถามเจ้าหน้าที่โรงแรมว่า ....

4 You are in a clothes shop. You see some trousers you like and you want to try them on. คุณพูดกับพนักงานขายของว่า ....

5 You have a car. You have to go the same way as Steve, who is on foot. You offer him a lift. คุณพูดกับเขาว่า ....

37.2 อ่านสถานการณ์และเขียนประโยคคำถาม โดยใช้คำที่ให้ในวงเล็บ

1 You want to borrow your friend's bike. What do you say to him?
(think) *Do you think I could borrow your bike?*

2 You are staying at a friend's house and you would like to make some coffee. What do you say?
(all right) *Is it all right if I make some coffee?*

3 You've filled in some forms in English. You want your friend to check them for you. What do you ask?
(think) ....

4 You want to leave work early. What do you ask your boss?
(mind) ....

5 The woman in the next room is playing music. It's very loud. You want her to turn it down. What do you say to her?
(think) ....

6 You're on a train. The window is open and you're feeling cold. You'd like to close it, but first you ask the woman next to you.
(OK) ....

7 You're still on the train. The woman next to you has finished reading her paper, and you'd like to have a look at it. You ask her.
(think) ....

37.3 คุณจะพูดอย่างไรในสถานการณ์ต่อไปนี้

1 Paul has come to see you in your flat. You offer him something to eat.
YOU: *Would you like something to eat?*
PAUL: No, thank you. I've just eaten.

2 You need help to charge the battery in your camera. You ask Kate.
YOU: I don't know how to charge the battery. .... ?
KATE: Sure. It's easy. All you have to do is this.

3 You're on a bus. You have a seat, but an elderly man is standing. You offer him your seat.
YOU: .... ?
MAN: Oh, that's very kind of you. Thank you very much.

4 You're the passenger in a car. Your friend is driving very fast. You ask her to slow down.
YOU: You're making me very nervous. .... ?
DRIVER: Oh, I'm sorry. I didn't realise I was going so fast.

5 You've finished your meal in a restaurant and now you want the bill. You ask the waiter:
YOU: .... ?
WAITER: Sure. I'll get it for you now.

6 A friend of yours is interested in one of your books. You invite him to borrow it.
FRIEND: This looks very interesting.
YOU: Yes, it's a good book. .... ?

Unit 38

If I do … และ If I did …

A

เปรียบเทียบตัวอย่างต่อไปนี้

(1) LISA: Shall we go by bus or by train?
JESS: **If we go** by bus, it **will** be cheaper.

สำหรับ Jess มีความเป็นไปได้ว่า พวกเขาจะนั่งรถประจำทาง ดังนั้น เธอจึงพูดว่า
If we **go** by bus, it **will** be …

(2) Lisa and Jess decide to go by train.
Later, Jess talks to Joe.

JOE: How are you going to travel?
JESS: We're going by train. **If we went** by bus, it **would** be cheaper, but the train is quicker.

ในขณะนี้ Jess รู้แล้วว่า พวกเขาจะไม่นั่งรถประจำทาง ดังนั้น เธอจึงพูดว่า
If we **went** by bus, it **would** be … (*ไม่ใช่* If we go …)

เมื่อใดที่เราใช้จินตนาการสร้างสถานการณ์ที่ไม่น่าจะเป็นไปได้ขึ้นมา ให้ใช้ **if** + past
(**if** we **went** / **if** there **was** / **if** you **found** ฯลฯ)
แต่ความหมายของเวลา*ไม่ได้*เป็นอดีต เช่น

- What would you do **if** you **won** a lot of money?
(เราไม่ได้คาดว่า เหตุการณ์เช่นนี้จะเกิดขึ้นจริง ๆ)
- **If** there **was** (*หรือ* **were**) an election tomorrow, who would you vote for?

สำหรับ **if** … **was/were** ดู Unit 39C

เปรียบเทียบ **if I find** และ **if I found** ดังต่อไปนี้

- I think I left my watch at your house. **If you find** it, can you call me?

แต่ **If you found** a wallet in the street, what would you do with it?

B

โดยปกติ เราไม่ใช้ **would** ในส่วนของอนุประโยค **if** เช่น

- I'd be very scared **if** somebody **pointed** a gun at me. (*ไม่ใช่* if somebody would point)
- **If** we **went** by bus, it would be cheaper. (*ไม่ใช่* If we would go)

แต่เราอาจใช้ **if** … **would** เมื่อต้องการขอร้องให้ใครทำบางสิ่งบางอย่างให้ เช่น

- (*ในจดหมายแบบทางการ*) I would be grateful **if** you **would let** me know your decision as soon as possible.

C

ในอีกส่วนของประโยค (ที่ไม่ใช่ในส่วนของ **if**) เราใช้ **would** (**'d**) / **wouldn't** เช่น

- What **would** you **do** if you were bitten by a snake?
- I'm not going to bed yet. I'm not tired. If I went to bed now, I **wouldn't sleep**.
- **Would** you **mind** if I used your phone?

could และ **might** ก็ใช้ได้เหมือนกัน เช่น

- If I won a lot of money, I **might buy** a house. (= เป็นไปได้ว่าฉันจะซื้อบ้าน)
- If it stopped raining, we **could go** out. (= เราคงจะออกไปข้างนอกได้)

Will ➜ Units 21–22 **If** และ **when ➜ Unit 25D** **Would ➜ Unit 36** **If I knew ➜ Unit 39**
If I had known ➜ Unit 40

Exercises

38.1 คุณจะพูดอย่างไรในสถานการณ์ต่อไปนี้

1 Of course you don't expect to win the lottery. Which do you say?
 a If I win the lottery, I'll buy a big house. ☐
 b If I won the lottery, I'd buy a big house. ☑ (b *ถูกต้อง*)
2 You're not going to sell your car because it's old and not worth much. Which do you say?
 a If I sell my car, I won't get much money for it. ☐
 b If I sold my car, I wouldn't get much money for it. ☐
3 You often see Sarah. A friend of yours wants to contact her. Which do you say?
 a If I see Sarah, I'll tell her to call you. ☐
 b If I saw Sarah, I'd tell her to call you. ☐
4 You don't expect that there will be a fire in the building. Which do you say?
 a What will you do if there is a fire in the building? ☐
 b What would you do if there was a fire in the building? ☐
5 You've never lost your passport. You can only imagine it.
 a I don't know what I'll do if I lose my passport. ☐
 b I don't know what I'd do if I lost my passport. ☐
6 Somebody stops you and asks the way to a bank. Which do you say?
 a If you go right at the end of this street, you'll see a bank on your left. ☐
 b If you went right at the end of this street, you'd see a bank on your left. ☐
7 You're in a lift. There is an emergency button. Nobody is going to press it. Which do you say?
 a What will happen if somebody presses that button? ☐
 b What would happen if somebody pressed that button? ☐

38.2 เติมกริยาในรูปที่ถูกต้อง

1 I'd be very scared if somebody *pointed* (point) a gun at me.
2 I can't afford to buy a car. If I .... (buy) a car, I'd have to borrow the money.
3 Don't lend Amy your car. If she .... (ask) me, I wouldn't lend her mine.
4 If the computer factory closed down, many people .... (lose) their jobs.
5 I don't think Gary and Emma will get married. I .... (be) amazed if they did.
6 What would you do if you .... (be) in a lift and it .... (stop) between floors?
7 If somebody .... (give) me £10,000, I .... (have) a very long holiday.

38.3 เขียนประโยคที่ขึ้นต้นด้วย **If ...**

1 We've decided not to catch the 10.30 train. (arrive too early)
 If we caught the 10.30 train, we'd arrive too early.
2 Kevin is not going to do his driving test now. (fail)
 If he ....
3 We've decided not to stay at a hotel. (cost too much)
 If ....
4 Sally isn't going to leave her job. (not / get another one)
 ....
5 We've decided not to invite Ben to the party. (have to invite his friends too)
 ....
6 I'm not going to tell him what happened. (not / believe me)
 ....

38.4 เติมประโยคให้สมบูรณ์ด้วยคำพูดของคุณเอง

1 If I won a lot of money, *I'd buy a house.*
2 I'd be very angry if ....
3 If you bought a car, ...
4 I'd be surprised if ....
5 Would you mind if ....

Unit 39

If I knew … I wish I knew …

A

พิจารณาสถานการณ์ตัวอย่างต่อไปนี้

Sarah wants to phone Paul, but she can't do this because she doesn't know his number. She says:

If I knew his number, I **would phone** him.

การที่ Sarah พูดว่า **If I knew** his number … แสดงว่าเธอ*ไม่รู้*หมายเลขโทรศัพท์ของเขา เธอเพียงแต่จินตนาการขึ้นมาว่า 'ถ้าเธอรู้' แต่*ความเป็น*จริงนั้น เธอไม่รู้หมายเลขโทรศัพท์ของเขา

เมื่อเราใช้จินตนาการสร้างสถานการณ์ขึ้นมาดังในตัวอย่างข้างต้น เราใช้ **if** + past (**if** I **knew** / **if** you **were** / **if** we **didn't** ฯลฯ) แต่ความหมายของเวลาคือปัจจุบัน *ไม่ใช่* อดีต เช่น

- There are many things I'd like to do **if I had** more time. (but I don't have time)
- **If** I **didn't** want to go to the party, I wouldn't go. (but I want to go)
- We wouldn't have any money **if** we **didn't** work. (but we work)
- **If** you **were** in my position, what would you do?
- It's a pity he can't drive. It would be useful **if** he **could**.

B

ในทำนองเดียวกัน เราใช้กริยารูปอดีตหลัง **wish** (I **wish** I **knew** / I **wish** you **were** ฯลฯ) เราใช้ **wish** เพื่อสื่อความหมายว่า ผู้พูดรู้สึกเสียดายว่าสิ่งที่เกิดขึ้นนั้นไม่ได้เป็นไปตามที่ปรารถนาหรืออยากให้เป็น ดังตัวอย่าง

- I **wish** I **knew** Paul's phone number.
  (ฉันไม่รู้เบอร์โทรศัพท์ของ Paul และเสียดายที่ไม่รู้)
- Do you ever **wish** you **could** fly?
  (คุณบินไม่ได้)
- It rains a lot here. I **wish** it **didn't** rain so much.
- It's very crowded here. I **wish** there **weren't** so many people. (มีคนจำนวนมาก)
- I **wish** I **didn't** have to work tomorrow, but unfortunately I do.

C

If I **were** / if I **was**

หลัง **if** และ **wish** อาจใช้ **were** แทน **was** (**if I were** / I **wish it were** ฯลฯ) ก็ได้ จะใช้ **If I was** / **I wish it was** ก็ได้ ดังนั้น คุณอาจพูดว่า

If I were you, I wouldn't buy that coat.	*หรือ*	**If I was** you, …
I'd go for a walk **if it weren't** so cold.	*หรือ*	… **if it wasn't** so cold.
I **wish she were** here.	*หรือ*	I **wish she was** here.

D

โดยปกติ เราไม่ใช้ **would** ในส่วนของอนุประโยค **if** หรือหลัง **wish** เช่น

- **If** I **were** rich, I **would** travel a lot. (*ไม่ใช่* If I would be rich)
- Who **would** you ask **if** you **needed** help? (*ไม่ใช่* if you would need)
- I **wish** I **had** something to read. (*ไม่ใช่* I wish I would have)

แต่บางครั้ง **wish … would** ก็ใช้ได้ เช่น **I wish you would listen.** ดู Unit 41

E

บางครั้ง **could** มีความหมายว่า 'would be able to' (= น่าจะได้) บางครั้งมีความหมายว่า 'was/were able to' (= สามารถทำได้) เช่น

She **could** get a better job if she **could** speak English.	(she **could** get = she would be able to get) (if she **could** speak = if she was/were able to speak)
I wish I **could** help you.	(I wish I could = I wish I was able)

Could → Units 26–27 **If I do / if I did → Unit 38**
If I had known / I wish I had known → Unit 40 **Wish → Unit 41**

Exercises

39.1 เติมคำกริยาในรูปที่ถูกต้อง

1 If *I knew* (I / know) his number, I would phone him.
2 *I wouldn't buy* (I / not / buy) that coat if I were you.
3 .... (I / help) you if I could, but I'm afraid I can't.
4 We don't need a car at present, but we would need a car if .... (we / live) in the country.
5 If we had the choice, ... (we / live) in the country.
6 This soup isn't very good. .... (it / taste) better if it wasn't so salty.
7 I wouldn't mind living in England if the weather .... (be) better.
8 If I were you, ... (I / not / wait). .... (I / go) now.
9 You're always tired. If .... (you / not / go) to bed so late every night, you wouldn't be tired all the time.
10 I think there are too many cars. If .... (there / not / be) so many cars, ... (there / not / be) so much pollution.

39.2 เขียนประโยคโดยใช้ **if ...** ในแต่ละสถานการณ์

1 We don't see you very often because you live so far away.
If you didn't live so far away, we'd see you more often.
2 It's a nice book but it's too expensive, so I'm not going to buy it.
I .... it if .... so ....
3 We don't go out very often – we can't afford it.
We .... more often ....
4 I can't meet you tomorrow – I have to work late.
If ....
5 It would be nice to have lunch outside but it's raining, so we can't.
We ....
6 I don't want his advice, and that's why I'm not going to ask for it.
If ....

39.3 เขียนประโยคโดยขึ้นต้นด้วย **I wish ...**

1 I don't know many people (and I'm lonely). *I wish I knew more people.*
2 I don't have a computer (and I need one). I wish ....
3 Helen isn't here (and I need to see her). ....
4 It's cold (and I hate cold weather). ....
5 I live in a big city (and I don't like it). ....
6 I can't go to the party (and I'd like to). ....
7 I have to get up early tomorrow (but I'd like to sleep late).
....
8 I don't know anything about cars (and my car has just broken down).
....
9 I'm not feeling well (and it's not nice).
....

39.4 เขียนประโยคของคุณเองโดยขึ้นต้นด้วย **I wish ...**

1 (somewhere you'd like to be now – on the beach, in New York, in bed etc.)
I wish I ....
2 (something you'd like to have – a motorbike, more friends, lots of money etc.)
....
3 (something you'd like to be able to do – sing, travel more, cook etc.)
....
4 (something you'd like to be – beautiful, strong, younger etc.)
....

→ แบบฝึกหัดเสริม **19–21** (หน้า 313–14)

Unit 40

If I had known … I wish I had known …

A

พิจารณาสถานการณ์ตัวอย่างต่อไปนี้

เดือนที่แล้ว Gary ต้องเข้าโรงพยาบาล 2–3 วัน Rachel ไม่ทราบว่าเขาป่วย เธอจึงไม่ได้ไปเยี่ยมเขา ต่อมาทั้งสองได้พบกัน

Rachel พูดว่า

If I'd known you were in hospital, I **would have gone** to see you. (ถ้า Rachel ทราบ เธอก็คงไปเยี่ยมเขาแล้ว)

Rachel พูดว่า **If I'd known** (= If I **had** known) you were in hospital ข้อความนี้บอกให้เราทราบว่าเธอ*ไม่*ทราบ

เราใช้ **if + had ('d)** … เพื่อพูดถึงเหตุการณ์ในอดีต (**if I had known/been/done** ฯลฯ) เช่น

- I didn't see you when you passed me in the street. **If I'd seen** you, of course I would have said hello. (แต่ฉันไม่เห็นคุณ)
- I didn't go out last night. I would have gone out **if I hadn't been** so tired. (แต่ฉันเหนื่อย)
- **If** he **had been looking** where he was going, he wouldn't have walked into the wall. (แต่เขาไม่ได้มอง)
- The view was wonderful. **If I'd had** a camera with me, I would have taken some pictures. (แต่ฉันไม่มีกล้องถ่ายรูป)

เปรียบเทียบประโยคต่อไปนี้

- I'm not hungry. **If I was** hungry, I would eat something. *(now)*
- I wasn't hungry. **If I had been** hungry, I would have eaten something. *(past)*

B

อย่าใช้ **would** ในส่วนของอนุประโยค **If** เราใช้ **would** ในอีกส่วนของประโยค เช่น

- **If I had seen** you, I **would have said** hello. (*ไม่ใช่* If I would have seen you)

โปรดสังเกตว่า **'d** อาจจะย่อมาจาก **would** หรือ **had** ก็ได้ เช่น

- If **I'd seen** you, (**I'd** seen = I **had** seen)
- **I'd have said** hello. (**I'd** have said = I **would** have said)

C

ในทำนองเดียวกัน เราใช้ **had (done)** หลัง **wish** เช่น I **wish** something **had happened** = I am sorry that it didn't happen ดังนี้

- I **wish I'd known** that Gary was ill. I would have gone to see him. (แต่ฉันไม่ทราบ)
- I feel sick. I **wish** I **hadn't eaten** so much cake. (ฉันรับประทานเค้กมากไป)
- Do you **wish** you**'d studied** science instead of languages? (คุณไม่ได้เรียนวิทยาศาสตร์)

อย่าใช้ **would have** … หลัง **wish** ในประโยคเหล่านี้ เช่น

- The weather was cold when we were on holiday. I wish it **had been** warmer. (*ไม่ใช่* I wish it would have been)

D

เปรียบเทียบการใช้ **would (do)** และ **would have (done)** ในประโยคต่อไปนี้

- If I'd gone to the party last night, I **would be** tired now. (I am not tired now – *present*)
- If I'd gone to the party last night, I **would have met** lots of people. (I didn't meet lots of people – *past*)

เปรียบเทียบการใช้ **would have, could have** และ **might have** ต่อไปนี้

- If the weather hadn't been so bad,
  - we **would have gone** out. เราคงจะออกไปข้างนอกแล้ว
  - we **could have gone** out. เราน่าจะออกไปข้างนอกได้แล้ว (= we would have been able to go out)
  - we **might have gone** out. เราอาจจะออกไปข้างนอกแล้ว (= perhaps we would have gone out)

Had done → Unit 15 **If I do / if I did → Unit 38** **If I knew / I wish I knew → Unit 39**
Wish → Unit 41

Exercises

Unit 40

40.1 เติมคำกริยาในรูปที่ถูกต้อง

1 I didn't see you when you passed me in the street. If *I'd seen* (I / see) you, *I would have said* (I / say) hello.
2 Sam got to the station just in time to catch the train to the airport. If .... (he / miss) the train, ... (he / miss) his flight too.
3 I'm glad that you reminded me about Rachel's birthday. .... (I / forget) if .... (you / not / remind) me.
4 I wanted to send you an email, but I didn't have your email address. If .... (I / have) your address, ... (I / send) you an email.
5 A: How was your trip? Was it good?
B: It was OK, but .... (we / enjoy) it more if the weather .... (be) better.
6 I took a taxi to the hotel, but the traffic was bad. .... (it / be) quicker if .... (I / walk).
7 I'm not tired. If .... (I / be) tired, I'd go home now.
8 I wasn't tired last night. If .... (I / be) tired, I would have gone home earlier.

40.2 ในแต่ละสถานการณ์ เขียนประโยคโดยเริ่มต้นด้วย **If**

1 I wasn't hungry, so I didn't eat anything.
If I'd been hungry, I would have eaten something.
2 The accident happened because the road was icy.
If the road .... , the accident ....
3 I didn't know that Joe had to get up early, so I didn't wake him up.
If I .... that he had to get up early, ...
4 Unfortunately I lost my phone, so I couldn't call you.
If ....
5 Karen wasn't injured in the crash because she was wearing a seat belt.
....
6 You didn't have breakfast – that's why you're hungry now.
....
7 I didn't get a taxi because I didn't have enough money.
....

40.3 ลองจินตนาการว่า คุณอยู่ในสถานการณ์ต่อไปนี้ เขียนประโยคโดยใช้ **I wish** ... ในแต่ละสถานการณ์

1 You've eaten too much and now you feel sick.
คุณพูดว่า *I wish I hadn't eaten so much.*
2 There was a job advertised in the paper. You decided not to apply for it. Now you think that your decision was wrong.
คุณพูดว่า I wish I ....
3 When you were younger, you never learned to play a musical instrument. Now you regret this.
คุณพูดว่า ....
4 You've painted the gate red. Now you think that red was the wrong colour.
คุณพูดว่า ....
5 You are walking in the country. You'd like to take some pictures, but you didn't bring your camera.
คุณพูดว่า ....
6 You have some unexpected guests. They didn't phone you first to say they were coming. You are very busy and you are not prepared for them.
คุณพูด(กับตัวเอง)ว่า ....

→ แบบฝึกหัดเสริม 19–21 (หน้า 313–14)

Unit 41

Wish

A

คุณอาจพูดว่า '**I wish you luck / all the best / a happy birthday**' ฯลฯ เช่น

- **I wish you all the best** in the future.
- I saw Mark before the exam and **he wished me luck**.

เราพูดว่า 'wish somebody *something*' (**luck / a happy birthday** ฯลฯ) แต่จะไม่พูดว่า 'I wish that something *happens*'. ในสถานการณ์นี้ เราใช้ **hope** แทน ดังตัวอย่างเช่น

- I'm sorry you're not well. I **hope** you **feel** better soon. (*ไม่ใช่* I wish you feel)

เปรียบเทียบการใช้ **I wish** และ **I hope** ในประโยคต่อไปนี้

- **I wish** you a **pleasant stay** here.
- **I hope** you **have** a pleasant stay here. (*ไม่ใช่* I wish you have)

B

เรายังใช้ **wish** เพื่อพูดว่าเรารู้สึกเสียใจกับบางสิ่งบางอย่างที่ไม่เป็นไปตามที่คาดหวังไว้ เมื่อเราใช้ **wish** ในสถานการณ์เช่นนี้ เราใช้รูป*อดีต* (**knew/lived** ฯลฯ) แต่ความหมายเป็น*ปัจจุบัน*

- I **wish** I **knew** what to do about the problem. (ฉันไม่รู้และเสียใจที่ไม่รู้)
- I **wish** you **didn't** have to go so soon. (คุณต้องไป)
- Do you **wish** you **lived** near the sea? (คุณไม่ได้อยู่ใกล้ทะเล)
- Jack's going on a trip to Mexico soon. I **wish** I **was** going too. (ฉันไม่ได้ไป)

เมื่อพูดว่าเราเสียใจกับสิ่งที่เกิดขึ้นในอดีต เราใช้ **wish** + **had** ... (**had known / had said**) ฯลฯ เช่น

- I **wish** I**'d known** about the party. I would have gone if I'd known. (ฉันไม่รู้มาก่อน)
- It was a stupid thing to say. I **wish** I **hadn't said** it. (ฉันพูดไปแล้ว)

สำหรับตัวอย่างเพิ่มเติม ดู Units 39 และ 40

C

I wish I could (**do** something) = ฉันเสียใจที่ฉันทำมันไม่ได้

- I'm sorry I have to go. I **wish** I **could stay** longer. (แต่ฉันอยู่ต่อไม่ได้)
- I've met that man before. I **wish** I **could remember** his name. (แต่ฉันจำไม่ได้)

I wish I could have (**done** something) = ฉันเสียใจที่ฉันทำมันไม่ได้ (ในอดีต)

- I hear the party was great. I **wish** I **could have gone**. (แต่ฉันไปไม่ได้)

D

คุณอาจพูดว่า '**I wish** (somebody) **would** (do something)' ดังตัวอย่างต่อไปนี้

ฝนตกมาตลอดวัน Tanya ไม่ชอบเลย เธอจึงพูดว่า
I wish it **would stop** raining.

ประโยคนี้หมายความว่า Tanya อยากจะให้ฝนหยุดตกเสียที แต่ก็คงจะเป็นไปไม่ได้

เราใช้ **I wish** ... **would** เมื่อต้องการให้บางสิ่งบางอย่างเกิดขึ้น หรือเปลี่ยนไป แต่โดยปกติ ผู้พูดก็ไม่คาดหวังว่าสิ่งนั้นจะเกิดได้จริง

เรามักใช้ **I wish** ... **would** เพื่อแสดงความไม่พอใจกับสถานการณ์บางอย่าง เช่น

- The phone has been ringing for five minutes. **I wish** somebody **would answer** it.
- **I wish** you**'d do** (= you **would** do) something instead of just sitting and doing nothing.

เราใช้ **I wish** ... **wouldn't** ... เพื่อแสดงความไม่พอใจที่มีคนทำสิ่งที่เราไม่ชอบซ้ำๆ กันหลายครั้ง เช่น

- **I wish** you **wouldn't keep** interrupting me. (= กรุณาอย่าขัดจังหวะฉัน)

เราใช้ **I wish** ... **would** ... เพื่อพูดว่าเราอยากให้บางสิ่งบางอย่างเกิดขึ้น แต่เราไม่ใช้ **I wish** ... **would** ... เพื่อพูดถึงสิ่งที่อยาก*ให้เป็น* เปรียบเทียบประโยคต่อไปนี้

- I **wish** Sarah **would** come. (= ฉันอยากให้เธอมา)

แต่ I **wish** Sarah **was** (*หรือ* **were**) here now. (*ไม่ใช่* I wish Sarah would be)

- I **wish** somebody **would buy** me a car.

แต่ I **wish** I **had** a car. (*ไม่ใช่* I wish I would have)

Would → Unit 36 **I wish I knew → Unit 39** **I wish I was / I wish I were → Unit 39C**
I wish I had known → Unit 40

Exercises

41.1 เติม **wish(ed)** หรือ **hope(d)**

1 I *wish* you a pleasant stay here.
2 Enjoy your holiday. I .... you have a great time.
3 Goodbye. I .... you all the best.
4 We said goodbye to each other and .... each other luck.
5 We're going to have a picnic tomorrow, so I .... the weather is nice.
6 I .... you luck in your new job. I .... it works out well for you.

41.2 คุณจะพูดอย่างไรในสถานการณ์ต่อไปนี้ เขียนประโยคโดยใช้ **I wish … would …**

1 It's raining. You want to go out, but not in the rain.
คุณพูดว่า *I wish it would stop raining.*
2 You're waiting for Jane. She's late and you're getting impatient.
คุณพูดกับตัวเองว่า I wish ....
3 You're looking for a job – so far without success. Nobody will give you a job.
คุณพูดว่า I wish somebody ....
4 You can hear a baby crying. It's been crying for a long time and you're trying to study.
คุณพูดว่า ....
5 Brian has been wearing the same clothes for years. You think he needs some new clothes.
คุณพูดกับ Brian ว่า ....

สำหรับสถานการณ์ต่อไปนี้ เขียนประโยคโดยใช้ **I wish … wouldn't …**

6 Your friend drives very fast. You don't like this.
คุณพูดกับเพื่อนว่า I wish you ....
7 Joe leaves the door open all the time. This annoys you.
คุณพูดกับ Joe ว่า ....
8 A lot of people drop litter in the street. You don't like this.
คุณพูดว่า I wish people ....

41.3 ประโยคต่อไปนี้ถูกหรือผิด ถ้าผิด แก้ให้ถูกต้อง

1 I wish Sarah would be here now. *I wish Sarah were here now.*
2 I wish you would listen to me. ....
3 I wish I would have more free time. ....
4 I wish our flat would be a bit bigger. ....
5 I wish the weather would change. ....
6 I wish you wouldn't complain all the time. ....
7 I wish everything wouldn't be so expensive. ....

41.4 เติมคำกริยาในรูปที่ถูกต้อง

1 It was a stupid thing to say. I wish I *hadn't said* it. (I / not / say)
2 I'm fed up with this rain. I wish *it would stop*. (it / stop)
3 It's a difficult question. I wish .... the answer. (I / know)
4 I should have listened to you. I wish .... your advice. (I / take)
5 You're lucky to be going away. I wish .... with you. (I / can / come)
6 I have no energy at the moment. I wish .... so tired. (I / not / be)
7 Aren't they ready yet? I wish .... (they / hurry up)
8 It would be nice to stay here longer. I wish .... to go now. (we / not / have)
9 When we were in London last year, we didn't have time to see all the things we wanted to see. I wish .... longer. (we / can / stay)
10 It's freezing today. I wish .... so cold. I hate cold weather. (it / not / be)
11 Joe still doesn't know what he wants to do. I wish .... (he / decide)
12 I really didn't enjoy the party. I wish .... (we / not / go)

Unit 42

Passive 1 (is done / was done)

A

พิจารณาตัวอย่างต่อไปนี้

This house **was built** in 1961.

was built เป็น passive

เปรียบเทียบประโยคในรูป active และ passive ต่อไปนี้

Somebody **built** this house (*object*) in 1961. *(active)*
(*subject*: Somebody)

This house (*subject*) **was built** in 1961. *(passive)*

เราใช้กริยาในรูป active เพื่อบอกว่า *ประธานเป็นผู้กระทำ* เช่น

- My grandfather was a builder. **He built** this house in 1961.
- It's a big company. **It employs** two hundred people.

เราใช้กริยาในรูป passive เพื่อบอกว่า *ประธานเป็นผู้รับการกระทำ* เช่น

- 'How old is this house?' '**It was built** in 1961.'
- **Two hundred people are employed** by the company.

B

เมื่อเราใช้ประโยคในรูป passive ใครหรืออะไรเป็นผู้กระทำ มักจะไม่เป็นที่รู้กันหรือไม่มีความสำคัญ จึงไม่มีการกล่าวถึงในประโยค เช่น

- A lot of money **was stolen** in the robbery. (ใครคนหนึ่งขโมยเงิน แต่เราไม่ทราบว่าเป็นใคร)
- **Is** this room **cleaned** every day? (มีคนทำความสะอาดห้องนี้หรือไม่ – ไม่สำคัญว่าจะเป็นใคร)

ถ้าเราต้องการระบุว่า ใครเป็นคนทำ หรืออะไรเป็นต้นเหตุของการกระทำ เราใช้ **by** เช่น

- This house was built **by my grandfather**.
- Two hundred people are employed **by the company**.

C

กริยาในรูป passive ประกอบด้วย **be (is/was** ฯลฯ) + past participle (**done/cleaned/seen** ฯลฯ) เช่น

(be) done **(be) cleaned** **(be) damaged** **(be) built** **(be) seen** ฯลฯ

สำหรับ irregular past participles (กริยาช่อง 3 ที่ผันรูปไม่ปกติ) (**done/seen/known** ฯลฯ) ดูภาคผนวก 1

พิจารณารูป active และ passive ของ present simple และ past simple ในประโยคต่อไปนี้

Present simple

active **clean(s) / see(s)** ฯลฯ — Somebody **cleans** this room every day.

passive **am/is/are + cleaned/seen** ฯลฯ — This room **is cleaned** every day.

- Many accidents **are caused** by careless driving.
- **I'm not invited** to parties very often.
- How **is** this word **pronounced**?

Past simple

active **cleaned/saw** ฯลฯ — Somebody **cleaned** this room yesterday.

passive **was/were + cleaned/seen** ฯลฯ — This room **was cleaned** yesterday.

- We **were woken** up by a loud noise during the night.
- 'Did you go to the party?' 'No, I **wasn't invited**.'
- How much money **was stolen** in the robbery?

Passive 2–3 ➜ **Units 43–44** **By ➜ Unit 128**

Exercises

42.1 เติมประโยคให้สมบูรณ์ โดยใช้คำกริยาคำใดคำหนึ่งต่อไปนี้ในรูป **present** หรือ **past** ให้ถูกต้อง

~~cause~~	damage	hold	invite	make
overtake	show	surround	translate	write

1 Many accidents *are caused* by dangerous driving.
2 Cheese .... from milk.
3 The roof of the building .... in a storm a few days ago.
4 You .... to the wedding. Why didn't you go?
5 A cinema is a place where films ....
6 In the United States, elections for president .... every four years.
7 Originally the book .... in Spanish, and a few years ago it .... into English.
8 Although we were driving fast, we .... by a lot of other cars.
9 You can't see the house from the road. It .... by trees.

42.2 เขียนประโยคคำถามในรูป **passive** บางประโยคเป็น **present** และบางประโยคเป็น **past**

1 Ask about glass. (how / make?) *How is glass made?*
2 Ask about television. (when / invent?) ....
3 Ask about mountains. (how / form?) ....
4 Ask about antibiotics. (when / discover?) ....
5 Ask about silver. (what / use for?) ....

42.3 เติมคำกริยาในรูปที่ถูกต้อง เลือกใช้รูป **present simple** หรือ **past simple, active** หรือ **passive**

1 It's a big factory. Five hundred people *are employed* (employ) there.
2 *Did somebody clean* (somebody / clean) this room yesterday?
3 Water .... (cover) most of the earth's surface.
4 How much of the earth's surface .... (cover) by water?
5 The park gates .... (lock) at 6.30 p.m. every evening.
6 The letter .... (send) a week ago and it (arrive) .... yesterday.
7 The boat hit a rock and .... (sink) quickly. Fortunately everybody .... (rescue).
8 Robert's parents .... (die) when he was very young. He and his sister .... (bring up) by their grandparents.
9 I was born in London, but I .... (grow up) in Canada.
10 While I was on holiday, my camera .... (steal) from my hotel room.
11 While I was on holiday, my camera .... (disappear) from my hotel room.
12 Why .... (Sue / resign) from her job? Didn't she enjoy it?
13 Why .... (Ben / fire) from his job? Did he do something wrong?
14 The company is not independent. It .... (own) by a much larger company.
15 I saw an accident last night. Somebody .... (call) an ambulance but nobody .... (injure), so the ambulance .... (not / need).
16 Where .... (these pictures / take)? In London? .... (you / take) them, or somebody else?
17 Sometimes it's quite noisy living here, but it's not a problem for me – I .... (not / bother) by it.

42.4 เขียนประโยคต่อไปนี้ใหม่ โดยใช้รูป **passive** แทนการใช้ **somebody, they, people** ฯลฯ

1 Somebody cleans the room every day. *The room is cleaned every day.*
2 They cancelled all flights because of fog. All ....
3 People don't use this road much. ....
4 Somebody accused me of stealing money. I ....
5 How do people learn languages? How ....
6 People warned us not to go out alone. ....

Unit 43

Passive 2 (be done / been done / being done)

A

พิจารณาประโยคในรูป active และ passive ต่อไปนี้

Infinitive

active (to) **do/clean/see** ฯลฯ — Somebody **will clean** this room later.

passive (to) **be** + **done/cleaned/seen** ฯลฯ — This room **will be cleaned** later.

- The situation is serious. Something must **be done** before it's too late.
- A mystery is something that can't **be explained**.
- The music was very loud and could **be heard** from a long way away.
- A new supermarket is going **to be built** next year.
- Please go away. I want **to be left** alone.

B

Perfect infinitive

active (to) **have** + **done/cleaned/seen** ฯลฯ — Somebody **should have cleaned** the room.

passive (to) **have been** + **done/cleaned/seen** ฯลฯ — The room **should have been cleaned**.

- I should have received the letter by now. It might **have been sent** to the wrong address.
- If you had locked the car, it wouldn't **have been stolen**.
- There were some problems at first, but they seem **to have been solved**.

C

Present perfect

active **have/has** + **done** ฯลฯ — The room looks nice. Somebody **has cleaned** it.

passive **have/has been** + **done** ฯลฯ — The room looks nice. It **has been cleaned**.

- Have you heard? The trip **has been cancelled**.
- **Have** you ever **been bitten** by a dog?
- 'Are you going to the party?' 'No, I **haven't been invited**.'

Past perfect

active **had** + **done** ฯลฯ — The room looked nice. Somebody **had cleaned** it.

passive **had been** + **done** ฯลฯ — The room looked nice. It **had been cleaned**.

- The vegetables didn't taste good. They **had been cooked** too long.
- The car was three years old, but **hadn't been used** very much.

D

Present continuous

active **am/is/are** + (**do**)**ing** — Somebody **is cleaning** the room at the moment.

passive **am/is/are** + **being** (**done**) — The room **is being cleaned** at the moment.

- There's somebody walking behind us. I think we **are being followed**.
- *(ในร้านขายของ)* 'Can I help you?' 'No, thanks. I'**m being served**.'

Past continuous

active **was/were** + (**do**)**ing** — Somebody **was cleaning** the room when I arrived.

passive **was/were** + **being** (**done**) — The room **was being cleaned** when I arrived.

- There was somebody walking behind us. I think we **were being followed**.

Passive 1, 3 → **Units 42, 44**

Exercises

43.1 คำต่อไปนี้มีความหมายว่าอะไร ตอบคำถามโดยใช้ **it can** ... หรือ **it can't** ... ใช้พจนานุกรมช่วยถ้าต้องการ

If something is

1 **washable,** *it can be washed.*
2 **unbreakable,** it ....
3 **edible,** ....
4 **unusable,** ....
5 **invisible,** ....
6 **portable,** ....

43.2 เติมประโยคให้สมบูรณ์ โดยใช้คำกริยาคำใดคำหนึ่งต่อไปนี้ในรูปที่ถูกต้อง

arrest	**carry**	**cause**	~~**do**~~	**make**	**repair**	~~**send**~~	**spend**	**wake up**

บางครั้ง คุณต้องใช้ **have (might have, should have** ฯลฯ**)**

1 The situation is serious. Something must *be done* before it's too late.
2 I should have received the letter by now. It might *have been sent* to the wrong address.
3 A decision will not .... until the next meeting.
4 Do you think that more money should .... on education?
5 This road is in very bad condition. It should .... a long time ago.
6 The injured man couldn't walk and had to ....
7 I told the hotel receptionist I wanted to .... at 6.30 the next morning.
8 If you hadn't pushed the policeman, you wouldn't ....
9 It's not certain how the fire started, but it might .... by an electrical fault.

43.3 เขียนประโยคต่อไปนี้ใหม่ โดยใช้รูป **passive** แทนการใช้ **somebody** หรือ **they** ฯลฯ

1 Somebody has cleaned the room.
The room has been cleaned.
2 Somebody is using the computer right now.
The computer ....
3 I didn't realise that somebody was recording our conversation.
I didn't realise that ....
4 When we got to the stadium, we found that they had cancelled the game.
When we got to the stadium, we found that ....
5 They are building a new ring road round the city.
....
6 They have built a new hospital near the airport.
....

43.4 แต่งประโยคจากคำที่กำหนดให้ในวงเล็บ บางประโยคคำกริยาจะอยู่ในรูป **active** และบางประโยคจะอยู่ในรูป **passive**

1 There's somebody behind us. (I think / we / follow) *I think we're being followed.*
2 This room looks different. (you / paint / the walls?) *Have you painted the walls?*
3 My car has disappeared. (it / steal!) It ....
4 My umbrella has disappeared. (somebody / take) Somebody ....
5 Sam gets a higher salary now. (he / promote) He ....
6 Ann can't use her office this week. (it / redecorate) It ....
7 There was a problem with the photocopier yesterday, but now it's OK.
(it / work) It .... again. (it / repair) It ....
8 When I went into the room, I saw that the table and chairs were not in the same place.
(the furniture / move) The ....
9 A neighbour of mine disappeared six months ago. (he / not / see / since then)
He ....
10 I wonder how Jane is these days. (I / not / see / for ages)
I ....
11 A friend of mine was mugged on his way home a few nights ago. (you / ever / mug?)
....

→ แบบฝึกหัดเสริม 22–24 (หน้า 314–15)

Passive 3

A I was offered … / we were given … ฯลฯ

คำกริยาบางคำมีกรรม 2 คำมารองรับ ตัวอย่างคำว่า **give** เช่น

- Somebody gave **the police** (*object 1*) **the information** (*object 2*). (= somebody gave the information to the police)

ดังนั้น จึงเป็นไปได้ที่จะมีประโยค passive 2 ประโยค คือ

- **The police** were given the information. *หรือ*
  The information was given to the police.

คำกริยาอื่นที่มีกรรม 2 คำมารองรับ คือ

ask **offer** **pay** **show** **teach** **tell**

เมื่อเราใช้คำกริยาเหล่านี้ในรูป passive บ่อยครั้งทีเดียวที่เราจะขึ้นต้นประโยคด้วย*ตัวบุคคล* เช่น

- **I've been offered** the job, but I don't think I'll accept it. (= they have offered me the job)
- **You will be given** plenty of time to decide. (= we will give you plenty of time)
- I didn't see the original document but **I was shown** a copy. (= somebody showed me)
- Tim has an easy job – **he's paid** a lot of money to do very little. (= they pay him a lot)

B I don't like being …

รูป passive ของ **doing/seeing** ฯลฯ คือ **being done** / **being seen** ฯลฯ เปรียบเทียบประโยคต่อไปนี้

active I don't like **people telling me** what to do.
passive I don't like **being told** what to do.

- I remember **being taken** to the zoo when I was a child.
  (= I remember somebody taking me to the zoo)
- Steve hates **being kept** waiting. (= he hates people keeping him waiting)
- We managed to climb over the wall without **being seen**. (= without anybody seeing us)

C I was born …

เราพูดว่า '**I was** born …' (*ไม่ใช่* I am born) เช่น

- I **was born** in Chicago. } *past*
- Where **were** you **born**? (*ไม่ใช่* Where are you born?) } *past*

แต่

- How many babies **are born** every day? *present*

D Get

บางครั้งคุณอาจใช้ **get** แทนคำกริยา **be** ในประโยค passive ก็ได้ เช่น

- There was a fight at the party, but nobody **got hurt**. (= nobody **was** hurt)
- I don't **get invited** to many parties. (= **I'm** not invited)
- I'm surprised Liz **didn't get offered** the job. (= Liz **wasn't offered** the job)

เราใช้ **get** เพื่อบอกว่าเหตุการณ์อะไร*เกิดขึ้น*เท่านั้น คุณจะใช้ **get** ในประโยคต่อไปนี้ไม่ได้

- Jessica **is liked** by everybody. (*ไม่ใช่* gets liked – เพราะไม่มีเหตุการณ์อะไร 'เกิดขึ้น')
- Peter was a mystery man. Very little **was known** about him. (*ไม่ใช่* got known)

ส่วนใหญ่เรามักจะใช้ **get** ในภาษาแบบไม่เป็นทางการ แต่เราสามารถใช้คำกริยา **be** ได้ในทุกสถานการณ์

เราใช้ **get** ในสำนวนต่อไปนี้ (ซึ่งไม่ได้มีความหมายเป็น passive)

get married, **get divorced** (= แต่งงาน, หย่า) **get dressed** (= สวมใส่เสื้อผ้า แต่งตัว)
get lost (= หลงทาง) **get changed** (= เปลี่ยนเสื้อผ้า)

Passive 1–2 ➜ **Units 42–43**

Exercises

44.1 เขียนประโยคต่อไปนี้ใหม่ โดยขึ้นต้นตามแบบที่แสดงไว้ในแต่ละข้อ

1 They didn't give me the information I needed.
I *wasn't given the information I needed.*
2 They asked me some difficult questions at the interview.
I ....
3 Amy's colleagues gave her a present when she retired.
Amy ....
4 Nobody told me about the meeting.
I wasn't ....
5 How much will they pay you for your work?
How much will you ....
6 I think they should have offered Tom the job.
I think Tom ....
7 Has anybody shown you what to do?
Have you ....

44.2 เติมประโยคให้สมบูรณ์ โดยใช้ **being** + กริยาคำใดคำหนึ่งต่อไปนี้ (ในรูปที่ถูกต้อง)

give **invite** ~~**keep**~~ **knock down** **stick** **treat**

1 Steve hates *being kept* waiting.
2 We went to the party without ....
3 I like giving presents and I also like .... them.
4 It's a busy road and I don't like crossing it. I'm afraid of ....
5 I'm an adult. I don't like .... like a child.
6 You can't do anything about .... in a traffic jam.

44.3 บุคคลต่อไปนี้เกิดเมื่อไหร่ เลือกมา **5** ชื่อ และแต่งประโยคว่าแต่ละคนเกิดปีใด (มี **2** คนเกิดปีเดียวกัน)

Ludwig van Beethoven	Mahatma Gandhi	Elvis Presley	1452	1869	1935
~~Walt Disney~~	Michael Jackson	William Shakespeare	1564	~~1901~~	1958
Galileo	Martin Luther King	Leonardo da Vinci	1770	1929	

1 *Walt Disney was born in 1901.*
2 ....
3 ....
4 ....
5 ....
6 ....
7 And you? I ....

44.4 เติมประโยคให้สมบูรณ์ โดยใช้ **get/got** + กริยาคำใดคำหนึ่งต่อไปนี้ (ในรูปที่ถูกต้อง)

ask **damage** ~~**hurt**~~ **pay** **steal** **sting** **stop** **use**

1 There was a fight at the party, but nobody *got hurt.*
2 Alex .... by a bee while he was sitting in the garden.
3 These tennis courts don't .... very often. Not many people want to play.
4 I used to have a bicycle, but it .... a few months ago.
5 Rachel works hard but doesn't .... very much.
6 Last night I .... by the police as I was driving home. One of the lights on my car wasn't working.
7 Please pack these things very carefully. I don't want them to ....
8 People often want to know what my job is. I .... that question a lot.

→ แบบฝึกหัดเสริม 22–24 (หน้า 314–15)

Unit 45

It is said that … He is said to … He is supposed to …

A

พิจารณาสถานการณ์ตัวอย่างต่อไปนี้

George อายุมากแล้ว แต่ไม่มีใครทราบแน่ชัดว่า จริงๆ แล้วเขาอายุเท่าไหร่ ในกรณีนี้อาจพูดได้ว่า

It is said that he is 108 years old.

หรือ He **is said to be** 108 years old.

ทั้งสองประโยคนี้มีความหมายว่า 'คนทั้งหลายพูดกันว่า เขาอายุ 108 ปี'

คุณสามารถใช้โครงสร้างประโยคในลักษณะนี้กับคำกริยาอื่นๆ ดังต่อไปนี้

alleged believed considered expected known reported thought understood

เปรียบเทียบโครงสร้าง 2 แบบต่อไปนี้

- Cathy loves running.
  It is said that she runs ten miles a day. *หรือ* She **is said to run** ten miles a day.
- The police are looking for a missing boy.
  It is believed that the boy is wearing a white sweater and blue jeans. *หรือ* The boy **is believed to be wearing** a white sweater and blue jeans.
- The strike started three weeks ago.
  It is expected that the strike will end soon. *หรือ* The strike **is expected to end** soon.
- A friend of mine has been arrested.
  It is alleged that he hit a policeman. *หรือ* He **is alleged to have hit** a policeman.
- The two houses belong to the same family.
  It is said that there is a secret tunnel between them. *หรือ* There **is said to be** a secret tunnel between them.

โครงสร้างทั้ง 2 รูปแบบข้างต้นนี้ นิยมใช้ในการรายงานข่าว เป็นต้นว่า ข่าวเกี่ยวกับอุบัติเหตุ เช่น

- **It is reported that** two people were injured in the explosion. *หรือ* Two people **are reported to have been injured** in the explosion.
  ตามรายงานมีผู้**ได้รับบาดเจ็บ**จากการระเบิดครั้งนี้ 2 ราย

B

(Be) supposed to

บางครั้ง **(it is) supposed to** … มีความหมายเหมือนกับ (it is) said to … (= พูดกันว่า…) เช่น

- I want to see that film. It's **supposed to be** good. (= พูดกันว่า หนังเรื่องนั้นสนุกมาก)
- Fireworks **are supposed to have been invented** in China. Is it true?

แต่บางครั้ง **supposed to** ก็มีความหมายต่างออกไป เราใช้ **supposed to** เพื่อพูดว่ามีการวางแผน / จัดการ / เตรียมการ / คาดคะเนบางสิ่งบางอย่างไว้แล้ว ส่วนมากความหมายมักจะต่างไปจากสิ่งที่เกิดขึ้นจริง เช่น

- The plan **is supposed to be** a secret, but everybody seems to know about it.
  (= แผนการนี้ตั้งใจจะให้เป็นความลับ)
- What are you doing at work? You**'re supposed to be** on holiday.
  (= คุณวางแผนไว้ว่าจะหยุดพักผ่อน)
- Our guests **were supposed to come** at 7.30, but they were late.
- Jane **was supposed to phone** me last night, but she didn't.
- I'd better hurry. **I'm supposed to be meeting** Chris in ten minutes.

you're **not supposed to** do something = คุณไม่ได้รับอนุญาตให้ทำอย่างนั้น / ไม่แนะนำให้คุณทำเช่นนั้น เช่น

- You**'re not supposed to park** your car here. It's private parking only. **ไม่อนุญาตให้จอดรถที่นี่**…
- Jeff is much better after his illness, but he**'s** still **not supposed to do** any heavy work.
  …(หมอ)**ไม่แนะนำให้เขาทำงานหนัก**

Exercises

45.1 เขียนประโยคต่อไปนี้ใหม่ โดยขึ้นต้นตามแบบที่แสดงไว้ในแต่ละข้อ และใช้คำที่ขีดเส้นใต้ไว้ในประโยคด้วย

1 It is expected that the strike will end soon. The strike *is expected to end soon.*
2 It is expected that the weather will be good tomorrow.
The weather is ……
3 It is believed that the thieves got in through a window in the roof.
The thieves ……
4 It is reported that many people are homeless after the floods.
Many people ……
5 It is thought that the prisoner escaped by climbing over a wall.
The prisoner ……
6 It is alleged that the man was driving at 110 miles an hour.
The man ……
7 It is reported that the building has been badly damaged by the fire.
The building ……
8 a It is said that the company is losing a lot of money.
The company ……
b It is believed that the company lost a lot of money last year.
The company ……
c It is expected that the company will make a loss this year.
The company ……

45.2 มีคนพูดเกี่ยวกับ **Alan** หลายเรื่อง เป็นต้นว่า

1 Alan speaks ten languages.
2 He knows a lot of famous people.
3 He is very rich.
4 He has twelve children.
5 He was an actor when he was younger.

Alan

ไม่มีใครทราบแน่ชัดว่า สิ่งที่พูดกันนั้นจริงหรือไม่ เขียนประโยคเกี่ยวกับ **Alan** โดยใช้ **supposed to**

1 *Alan is supposed to speak ten languages.*
2 He ……
3 ……
4 ……
5 ……

45.3 เติมประโยคให้สมบูรณ์ โดยใช้ **supposed to be** + ข้อความที่ให้ต่อไปนี้

on a diet **a flower** **my friend** **a joke** ~~**a secret**~~ **working**

1 How is it that everybody seems to know about the plan? It *is supposed to be a secret.*
2 You shouldn't criticise me all the time. You ……
3 I shouldn't be eating this cake really. I ……
4 I'm sorry for what I said. I was trying to be funny. It ……
5 What's this drawing? Is it a tree? Or maybe it ……
6 You shouldn't be reading the paper now. You ……

45.4 เขียนประโยคโดยใช้ **supposed to** + กริยาคำใดคำหนึ่งต่อไปนี้

block **depart** ~~**park**~~ **phone** **start**

บางประโยคต้องใช้รูปปฏิเสธ **(not supposed to)**

1 You *'re not supposed to park* here. It's private parking only.
2 We …… work at 8.15, but we rarely do anything before 8.30.
3 Oh, I …… Helen last night, but I completely forgot.
4 This door is a fire exit. You …… it.
5 My flight …… at 11.30, but it was an hour late.

→ แบบฝึกหัดเสริม 22–24 (หน้า 314–15)

Unit 46

Have something done

A

พิจารณาสถานการณ์ตัวอย่างต่อไปนี้

LISA

The roof of Lisa's house was damaged in a storm. So she called a builder, and yesterday a man came and repaired it.

Lisa **had** the roof **repaired** yesterday.

ประโยคนี้หมายความว่า Lisa จัดการให้คนอื่นมาซ่อมหลังคาให้ เธอไม่ได้ซ่อมด้วยตัวเธอเอง

เราใช้ **have something done** เพื่อบอกว่า เราจัดการให้คนอื่นทำบางสิ่งบางอย่างให้เรา
เปรียบเทียบประโยคต่อไปนี้

- Lisa **repaired** the roof. (เธอซ่อมหลังคาด้วยตัวเธอเอง)
  Lisa **had** the roof **repaired**. (เธอจัดการให้คนอื่นมาช่วยซ่อมหลังคาให้เธอ)
- 'Did you **make** those curtains yourself?' 'Yes, I enjoy making things.'
  'Did you **have** those curtains **made**?' 'No, I made them myself.'

B

โปรดระวังการเรียงลำดับคำในประโยค past participle (**repaired/cut** ฯลฯ) จะต้องอยู่ข้างหลัง*กรรม* ดังตัวอย่าง

have	*object*	*past participle*
Lisa **had**	the roof	**repaired** yesterday.
Where did you **have**	your hair	**cut**?
Your hair looks nice. Have you **had**	it	**cut**?
Our neighbour has just **had**	a garage	**built**.
We are **having**	the house	**painted** this week.
How often do you **have**	your car	**serviced**?
I think you should **have**	that coat	**cleaned**.
I don't like **having**	my picture	**taken**.

C

Get something done

คุณอาจใช้ '**get** something done' แทน '**have** something done' ก็ได้ เช่น

- When are you going to **get the roof repaired**? (= have the roof repaired)
- I think you should **get your hair cut** really short.

D

บางครั้ง **have something done** มีความหมายแตกต่างออกไป ดังตัวอย่าง

- Paul and Karen **had their bags stolen** while they were travelling.

ประโยคนี้ไม่ได้หมายความว่า Paul และ Karen ได้จัดการให้คนอื่นมาขโมยกระเป๋าของพวกเขา 'They **had their bags stolen**' หมายความเพียงว่า 'กระเป๋าของพวกเขาถูกขโมย'

ในความหมายนี้ เราใช้ **have something done** เพื่อบอกว่ามีบางสิ่งบางอย่างเกิดขึ้นกับคนบางคนหรือทรัพย์สมบัติของเขา โดยปกติ สิ่งที่เกิดขึ้นนั้นไม่ใช่เรื่องดี เช่น

- Gary **had** his nose **broken** in a fight. (= his nose was broken)
- Have you ever **had** your bike **stolen**?

Exercises

46.1 ทำเครื่องหมาย (✓) ข้างหน้า (a) หรือ (b) ที่มีความหมายตรงกับภาพในแต่ละข้อ

1

SARAH
(a) Sarah is cutting her hair.
(b) Sarah is having her hair cut.

2

BILL
(a) Bill is cutting his hair.
(b) Bill is having his hair cut.

3

JOHN
(a) John is cleaning his shoes.
(b) John is having his shoes cleaned.

4

SUE
(a) Sue is taking a picture.
(b) Sue is having her picture taken.

46.2 เรียงคำให้เป็นประโยคที่ถูกต้อง

1 had / a few weeks ago / the house / we / painted
We had the house painted a few weeks ago.
2 serviced / her car / Sarah / once a year / has
Sarah ……
3 twelve pounds / have / cleaned / it / my suit / cost / to
……
4 my eyes / I / two years ago / had / tested / the last time / was
……
5 had / in the kitchen / fitted / some new cupboards / we've
……
6 as soon as possible / need / translated / we / to get / this document
……

46.3 เขียนประโยคใหม่ตามแบบที่แสดงไว้

1 Lisa didn't repair the roof herself. She *had it repaired.*
2 I didn't cut my hair myself. I ……
3 We didn't clean the carpets ourselves. We ……
4 John didn't build that wall himself. ……
5 I didn't deliver the flowers myself. ……

46.4 ใช้คำในวงเล็บเติมประโยคให้สมบูรณ์ โดยใช้โครงสร้าง **have something done**

1 *We're having the house painted* (we / the house / paint) this week.
2 I lost my key. I'll have to …… (another key / make).
3 When was the last time …… (you / your hair / cut)?
4 …… (you / a newspaper / deliver) to your house every day, or do you go out and buy one?
5 A: What's happening in your garden?
B: Oh, …… (we / a garage / build).
6 A: …… (you / the washing machine / fix)?
B: Not yet. There's someone coming to look at it next week.
7 If you want to wear earrings, why don't you …… (you / your ears / pierce)?

ใช้โครงสร้าง **'have something done'** ในความหมายที่สองในประโยคต่อไปนี้ (ดูข้อ D หน้าซ้ายมือ)

8 Gary was in a fight last night. He *had his nose broken* (he / his nose / break).
9 Did I tell you about Jane? …… (she / her credit cards / steal).
10 Security was very strict at the airport. …… (we all / our bags / search).

Unit 47

Reported speech 1 (He said that ...)

A

พิจารณาสถานการณ์ตัวอย่างต่อไปนี้

เมื่อคุณต้องการจะบอกคนอื่นว่า Paul พูดอะไร มี 2 วิธีที่จะทำได้ คือ

ใช้คำพูดโดยตรงตามที่ Paul พูด หรือที่เรียกว่า direct speech (คำพูดตรง) ดังนี้
Paul said '**I'm feeling ill.**'

หรือใช้วิธีถอดคำพูดของ Paul ออกมาเป็น reported speech (คำพูดทวน) ดังนี้
Paul said **that he was feeling ill.**

เปรียบเทียบประโยคต่อไปนี้

direct	Paul said ' I am feeling ill.'
reported	Paul said that **he was** feeling ill.

ในภาษาเขียน เราใช้เครื่องหมายอัญประกาศเพื่อแสดงว่าเป็น direct speech

B

เมื่อเราใช้ reported speech โดยปกติ คำกริยาหลักของประโยคจะใช้รูป past (Paul **said** that ... / I **told** her that ... ฯลฯ) และคำกริยาในส่วนที่เป็นคำพูดทวนก็มักจะเป็นรูป past ด้วย เช่น

- Paul **said** that he **was feeling** ill.
- I **told** Lisa that I **didn't have** any money.

คุณอาจละ **that** ออกไปก็ได้ เช่น

- Paul **said that** he was feeling ill. *หรือ* Paul **said** he was feeling ill.

โดยทั่วไป คำกริยารูป present ใน direct speech เปลี่ยนเป็นรูป past ใน reported speech ดังนี้

am/is → **was**	do/does → **did**	will → **would**
are → **were**	have/has → **had**	can → **could**

want/like/know/go ฯลฯ → **wanted/liked/knew/went** ฯลฯ

เปรียบเทียบการใช้รูปของคำกริยาใน direct speech และ reported speech ต่อไปนี้

คุณพบ Anna เธอเล่าเรื่องต่างๆ ให้คุณฟังเป็น direct speech ดังนี้

My parents **are** fine.
I'**m** going to learn to drive.

I **want** to buy a car.
John **has** a new job.
I **can't** come to the party on Friday.
I **don't** have much free time.
I'**m** going away for a few days.
I'**ll** phone you when I **get** back.

ต่อมา คุณเล่าให้คนอื่นฟังว่า Anna พูดอะไรบ้าง โดยใช้ reported speech ดังนี้

- Anna said that her parents **were** fine.
- She said that she **was** going to learn to drive.
- She said that she **wanted** to buy a car.
- She said that John **had** a new job.
- She said that she **couldn't** come to the party on Friday.
- She said she **didn't** have much free time.
- She said that she **was** going away for a few days and **would** phone me when she **got** back.

C

คำกริยาใน reported speech อาจใช้รูป past simple (**did/saw/knew** ฯลฯ) เช่นเดียวกับคำกริยาหลักที่ปรากฏใน direct speech หรืออาจเปลี่ยนเป็น past perfect (**had done / had seen / had known** ฯลฯ) ก็ได้ เพื่อสื่อความหมายว่ากริยาในคำพูดทวนนั้นเกิดขึ้นก่อนกริยาหลัก เช่น

- *direct* Paul said 'I **woke** up feeling ill, so I **didn't go** to work.'
  reported Paul said (that) he **woke** up feeling ill, so he **didn't go** to work. *หรือ*
  Paul said (that) he **had woken** up feeling ill, so he **hadn't gone** to work.

Reported speech 2 → **Unit 48** Reported questions → **Unit 50B**

Exercises

47.1 เมื่อวานนี้ คุณพบเพื่อนคนหนึ่งชื่อ **Steve** คุณไม่ได้พบเขามานานแล้ว ประโยคข้างล่างนี้ คือสิ่งที่เขาพูดกับคุณ

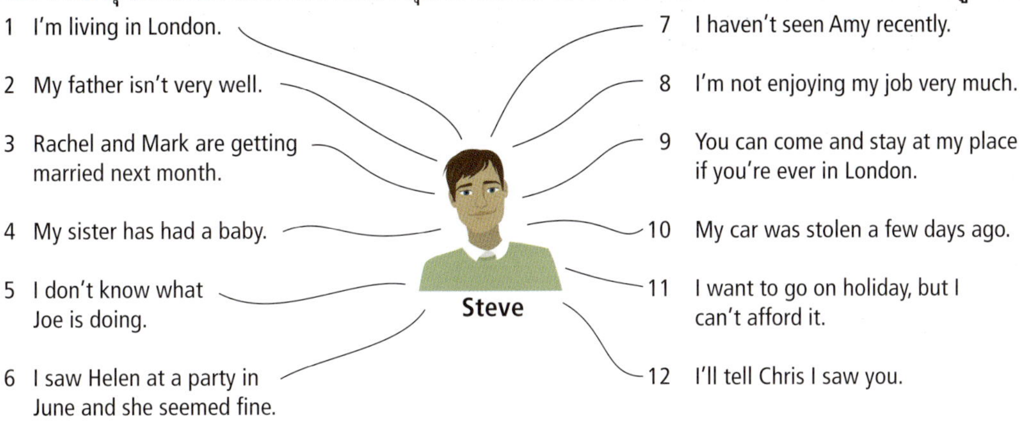

หลังจากนั้น คุณเล่าให้เพื่อนอีกคนหนึ่งฟังถึงเรื่องที่ **Steve** พูดกับคุณ โดยใช้ **reported speech**

1 *Steve said that he was living in London.*
2 He said that ......
3 He ......
4 ......
5 ......
6 ......
7 ......
8 ......
9 ......
10 ......
11 ......
12 ......

47.2 มีใครบางคนพูดบางสิ่งบางอย่างที่คุณคาดไม่ถึงกับคุณ เติมคำตอบให้สมบูรณ์จากความคิดของคุณเอง

1 A: It's quite a long way from the hotel to the station.
B: Is it? The man on the reception desk said *it was only five minutes' walk.*

2 A: Sue is coming to the party tonight.
B: Is she? I saw her a few days ago and she said she ....

3 A: Sarah gets on fine with Paul.
B: Does she? Last week you said ...... each other.

4 A: Joe knows lots of people.
B: That's not what he told me. He said ...... anyone.

5 A: Jane will be here next week.
B: Oh, really? When I spoke to her, she said ...... away.

6 A: I'm going out tonight.
B: Are you? I thought you said ...... home.

7 A: John speaks French quite well.
B: Does he? He told me ...... any other languages.

8 A: I haven't seen Ben recently.
B: That's strange. He told me ...... last weekend.

→ แบบฝึกหัดเสริม 25 (หน้า 316)

Unit 48

Reported speech 2

A

คุณไม่จำเป็นที่จะต้องเปลี่ยนคำกริยาเป็นรูป past ใน reported speech (คำพูดทวน) ถ้าคุณรายงานหรือเล่าเรื่องที่*ยังคงเป็นจริง*ในขณะนั้น ดังตัวอย่าง

- *direct* Paul said 'My new job **is** boring.'
  reported Paul said that his new job **is** boring.
  (ขณะนี้ งานของเขาก็ยังน่าเบื่ออยู่)
- *direct* Helen said '**I want** to go to Canada next year.'
  reported Helen told me that **she wants** to go to Canada next year.
  (Helen ยังคงอยากไปแคนาดาในปีหน้า)

คุณอาจเปลี่ยนคำกริยาให้เป็นรูปอดีตก็ได้ เช่น

- Paul said that his new job **was** boring.
- Helen told me that she **wanted** to go to Canada next year.

แต่ถ้าสถานการณ์เปลี่ยนไปแล้วหรือเสร็จสิ้นลงแล้ว คุณจะ*ต้อง*ใช้คำกริยาในรูปอดีตเท่านั้น เช่น

- Paul left the room suddenly. He said **he had** to go. (*ไม่ใช่* has to go)

B

คุณจะต้องใช้คำกริยารูปอดีต เมื่อเรื่องที่พูดถึงในอดีตที่ผ่านมาซึ่งแตกต่างจากเรื่องที่เป็นจริงในปัจจุบัน
ในสถานการณ์ตัวอย่างต่อไปนี้ จะใช้คำกริยาใน reported speech เป็นรูป present ไม่ได้ เพราะไม่ใช่เรื่องจริง

You met Sonia a few days ago.
She said: **Joe is in hospital**.

Later that day you meet Joe in the street. You say:
Hi, Joe. I didn't expect to see you. Sonia said you **were** in hospital.
(*ไม่ใช่* 'Sonia said you are in hospital' เพราะเห็นได้ชัดว่า Joe ไม่ได้อยู่โรงพยาบาลในขณะนั้น)

C

Say และ **tell**

ถ้าคุณต้องการระบุว่า ใครพูดกับใคร ใช้ **tell** (บอก) เช่น

- Sonia **told me** that you were in hospital. (*ไม่ใช่* Sonia said me)
- What did you **tell the police**? (*ไม่ใช่* say the police)

หรือมิฉะนั้นก็ใช้ **say** (พูด) โดยไม่บอกว่า พูดกับใคร เช่น

- Sonia **said** that you were in hospital. (*ไม่ใช่* Sonia told that …)
- What did you **say**?

แต่คุณจะใช้ '**say** something **to** somebody' ก็ได้ เช่น

- Ann **said** goodbye **to** me and left. (*ไม่ใช่* Ann said me goodbye)
- What did you **say to** the police?

D

Tell/ask somebody **to** do something

เราใช้ infinitive (**to do** / **to be** ฯลฯ) ใน reported speech ด้วย โดยเฉพาะอย่างยิ่งเมื่อใช้คำว่า **tell** (บอก) หรือ **ask** (ขอร้อง) ในการออกคำสั่งหรือขอร้อง เช่น

- *direct* '**Drink** plenty of water,' the doctor said to me.
  reported The doctor **told me to drink** plenty of water.
- *direct* '**Don't be** late,' I said to Joe.
  reported I **told Joe not to be** late.
- *direct* '**Can you help** me, please,' Jackie said to me.
  reported Jackie **asked me to help** her.

คุณอาจใช้ 'Somebody **said** (**not**) **to** do something' ก็ได้ เช่น

- Paul **said not to worry** about him. (*แต่ไม่ใช่* Paul said me)

Reported speech 1 ➜ **Unit 47** Reported questions ➜ **Unit 50B**

Exercises

48.1 **Sarah** เคยพูดกับคุณเช่นนี้

I've never been to the United States.

I don't have any brothers or sisters.

I can't drive.

I don't like fish.

Jane has a very well-paid job.

I'm working tomorrow evening.

Jane is a friend of mine.

~~Dave is lazy.~~

แต่ต่อมาภายหลัง **Sarah** กลับพูดต่างไปจากครั้งแรก คุณจะพูดแย้ง **Sarah** อย่างไร

	Sarah	**You**
1	Dave works very hard.	*But you said he was lazy.*
2	Let's have fish for dinner.	But ....
3	I'm going to buy a car.	....
4	Jane is always short of money.	....
5	My sister lives in Paris.	....
6	I think New York is a great place.	....
7	Let's go out tomorrow evening.	....
8	I've never spoken to Jane.	....

48.2 เติมประโยคให้สมบูรณ์ด้วย **say** หรือ **tell** (ในรูปที่ถูกต้อง) แต่ละประโยคใช้คำเพียงคำเดียว

1 Ann *said* goodbye to me and left.
2 .... us about your holiday. Did you have a nice time?
3 Don't just stand there! .... something!
4 I wonder where Sue is. She .... she would be here at 8 o'clock.
5 Dan .... me that he was bored with his job.
6 The doctor .... that I should rest for at least a week.
7 Don't .... anybody what I .... It's a secret just between us.
8 'Did she .... you what happened?' 'No, she didn't .... anything to me.'
9 Gary couldn't help me. He .... me to ask Chris.
10 Gary couldn't help me. He .... to ask Chris.

48.3 ประโยคต่อไปนี้เป็น **direct speech**

Don't wait for me if I'm late.

Mind your own business.

Don't worry, Sue.

Please slow down!

Can you open your bag, please?

Could you get me a paper?

~~Hurry up!~~

Will you marry me?

Do you think you could give me a hand, Tom?

เลือกคำพูดข้างบนมาเติมแต่ละประโยคต่อไปนี้ให้สมบูรณ์ โดยใช้รูป **reported speech**

1 Will was taking a long time to get ready, so I *told him to hurry up.*
2 Sarah was driving too fast, so I asked ....
3 Sue was nervous about the situation. I told ....
4 I couldn't move the piano alone, so I ....
5 The security guard looked at me suspiciously and ....
6 Tom was going to the shop, so I ....
7 The man started asking me personal questions, so I ....
8 John was in love with Marianne, so he ....
9 I didn't want to delay Helen, so I ....

→ แบบฝึกหัดเสริม 25 (หน้า 316)

Unit 49

Questions 1

A

ในประโยคคำถาม เรามักจะวางประธานไว้หลังคำกริยาคำแรก เช่น

subject +	*verb*		*verb* +	*subject*
Tom	will	→	will	Tom?
you	have	→	have	you?
the house	was	→	was	the house?

- **Will Tom** be here tomorrow?
- **Have you** been working hard?
- When **was the house** built?

โปรดจำไว้ว่า ประธานมาทีหลังคำกริยาคำ*แรก*

- **Is Katherine** working today? (*ไม่ใช่* Is working Katherine)

B

ในประโยคคำถามที่เป็น present simple เราใช้ **do/does** เช่น

you	live	→	**do**	you **live**?
the film	starts	→	**does**	the film **start**?

- **Do** you **live** near here?
- What time **does** the film **start**?

ในประโยคคำถามที่เป็น past simple เราใช้ **did** เช่น

you	sold	→	**did**	you **sell**?
the train	stopped	→	**did**	the train **stop**?

- **Did** you **sell** your car?
- Why **did** the train **stop**?

แต่อย่าใช้ **do/does/did** ในประโยคคำถามที่มี **who/what** ฯลฯ เป็นประธานของประโยค เปรียบเทียบประโยคคำถามเมื่อ **who** เป็นกรรม (object) และเป็นประธาน (subject) ต่อไปนี้

who *object*	**who** *subject*
Emma phoned somebody.	somebody phoned Emma.
(*object*: somebody → Who)	(*subject*: somebody → Who)
Who **did** Emma **phone**?	Who **phoned** Emma?

ในตัวอย่างต่อไปนี้ **who/what** ฯลฯ เป็นประธาน

- **Who wants** something to eat? (*ไม่ใช่* Who does want)
- **What happened** to you last night? (*ไม่ใช่* What did happen)
- **How many people came** to the meeting? (*ไม่ใช่* did come)
- **Which bus goes** to the centre? (*ไม่ใช่* does go)

C

โปรดสังเกตตำแหน่งของ preposition (บุพบท) ในประโยคคำถามที่ขึ้นต้นด้วย **Who/What/Which/Where** ... ? ดังตัวอย่าง

- **Who** do you want to speak **to**?
- **Which** job has Tina applied **for**?
- **What** was the weather **like** yesterday?
- **Where** are you **from**?

คุณอาจใช้ preposition + **whom** ในการพูดแบบทางการ

- **To whom** do you wish to speak?

D

Isn't it ... ? / **Didn't you** ... ? ฯลฯ (ประโยคคำถามปฏิเสธ)

เราใช้ประโยคคำถามปฏิเสธ โดยเฉพาะอย่างยิ่งเพื่อต้องการแสดงความประหลาดใจ เช่น

- **Didn't you** hear the doorbell? I rang it three times.

หรือเมื่อคาดว่า ผู้ฟังจะเห็นด้วยกับเรา เช่น

- '**Haven't we** met before?' 'Yes, I think we have.'

โปรดสังเกตความหมายของ **yes** และ **no** ในการตอบประโยคคำถามปฏิเสธ ดังตัวอย่าง

- **Don't you** want to go? { **Yes.** (= Yes, I want to go) / **No.** (= No, I don't want to go) }

โปรดสังเกตการเรียงลำดับคำในประโยคคำถามปฏิเสธที่ขึ้นต้นด้วย **Why** ... ? ดังตัวอย่าง

- **Why don't we** eat out tonight? (*ไม่ใช่* Why we don't eat)
- **Why wasn't Emma** at work yesterday? (*ไม่ใช่* Why Emma wasn't)

Questions 2 ➜ **Unit 50** Question tags (**do you? isn't it?** ฯลฯ) ➜ **Unit 52**

Exercises

49.1 ตั้งคำถามถาม **Joe** (ดูคำตอบของ **Joe** ก่อนที่คุณจะเขียนประโยคคำถาม)

1 (where / live?) *Where do you live?*
2 (born there?) ....
3 (married?) ....
4 (how long / married?) ....
5 (children?) ....
6 (how old / they?) ....
7 (what / do?) ....
8 (what / wife / do?) ....

In Manchester.
No, I was born in London.
Yes.
17 years.
Yes, two boys.
12 and 15.
I'm a journalist.
She's a doctor.

49.2 ตั้งคำถามโดยใช้ **who** หรือ **what**

1 Somebody hit me. — *Who hit you?*
2 I hit somebody. — *Who did you hit?*
3 Somebody paid the bill. — Who ....
4 Something happened. — What ....
5 Diane said something. — ....
6 This book belongs to somebody. — ....
7 Somebody lives in that house. — ....
8 I fell over something. — ....
9 Something fell off the shelf. — ....
10 This word means something. — ....
11 I borrowed the money from somebody. — ....
12 I'm worried about something. — ....

49.3 เรียงลำดับคำในวงเล็บให้เป็นประโยคคำถามที่ถูกต้อง

1 (when / was / built / this house) *When was this house built?*
2 (how / cheese / is / made) ....
3 (when / invented / the computer / was) ....
4 (why / Sue / working / isn't / today) ....
5 (what time / coming / your friends / are) ....
6 (why / was / cancelled / the trip) ....
7 (where / your mother / was / born) ....
8 (why / you / to the party / didn't / come) ....
9 (how / the accident / did / happen) ....
10 (why / this machine / doesn't / work) ....

49.4 ใช้คำในวงเล็บเขียนประโยคคำถามปฏิเสธเพื่อแสดงความประหลาดใจ

1 A: We won't see Lisa this evening.
B: Why not? (she / not / come / out with us?) *Isn't she coming out with us?*
2 A: I hope we don't meet Luke tonight.
B: Why? (you / not / like / him?) ....
3 A: Don't go and see that film.
B: Why not? (it / not / good?) ....
4 A: I'll have to borrow some money.
B: Why? (you / not / have / any?) ....

Unit 50

Questions 2 (Do you know where ... ? / He asked me where ...)

A

Do you **know where** ... ? / **I don't know why** ... / **Could you tell me what** ... ? ฯลฯ

เราพูดว่า Where **has Tom** gone?

แต่ Do you know where **Tom has** gone? (*ไม่ใช่* Do you know where has Tom gone?)

เมื่อคำถาม (**Where has Tom gone?**) เป็นส่วนหนึ่งของประโยคยาว (**Do you know** ... ? / **I don't know** ... / **Can you tell me** ... ? ฯลฯ) เราไม่ใช้การเรียงลำดับคำแบบประโยคคำถามธรรมดา เราจะพูดว่า

What time **is it**?	*แต่*	**Do you know** what time **it is**?
Who **are those people**?		**I don't know** who **those people are**.
Where **can I** find Louise?		**Can you tell me** where **I can** find Louise?
How much **will it** cost?		**Do you have any idea** how much **it will** cost?

โปรดระวังการใช้ประโยคคำถามที่ใช้ **do/does/did** เช่น

What time **does the film start**?	*แต่*	**Do you know** what time **the film starts**? (*ไม่ใช่* does the film start)
What **do you mean**?		**Please explain** what **you mean**.
Why **did she leave** early?		**I wonder** why **she left** early.

ใช้ **if** หรือ **whether** เมื่อไม่มี question word (**what, why** ฯลฯ) ในประโยค เช่น

Did anybody see you?	*แต่*	Do you know **if** anybody saw you? *หรือ* ... **whether** anybody saw you?

B

He asked me where ... (reported questions)

การเปลี่ยนแปลงการเรียงลำดับคำในลักษณะนี้เกิดขึ้นใน reported question (คำพูดทวนที่เป็นคำถาม) ด้วย เปรียบเทียบประโยคต่อไปนี้

direct	The police officer said to us 'Where **are you going**?'
reported	The police officer asked us where **we were going**.
direct	Clare said 'What time **do the banks close**?'
reported	Clare wanted to know what time **the banks closed**.

ใน reported speech นั้น ส่วนมากคำกริยาจะเปลี่ยนเป็นรูปอดีต (**were, closed** ฯลฯ) ดู Unit 47

ศึกษาตัวอย่างต่อไปนี้ สมมติว่าคุณไปสอบสัมภาษณ์ในการสมัครเข้าทำงาน และข้างล่างนี้คือคำถามส่วนหนึ่งที่ผู้สัมภาษณ์ถามคุณ

ต่อมาภายหลังคุณเล่าให้เพื่อนของคุณฟังว่า ผู้สัมภาษณ์ถามอะไรคุณบ้าง โดยใช้ reported speech ดังนี้

- She asked if (*หรือ* whether) **I was** willing to travel.
- She wanted to know what **I did** in my spare time.
- She asked how long **I had** been working in my present job.
- She asked why **I had** applied for the job. (*หรือ* ... why I **applied**)
- She wanted to know if (*หรือ* whether) **I could** speak any other languages.
- She asked if (*หรือ* whether) **I had** a driving licence.

Reported speech → **Units 47–48**

Exercises

50.1 ข้อไหนถูก ใส่เครื่องหมาย (✓) หลังคำตอบที่ถูกต้อง

1 a Do you know what time the film starts? ✓
  b Do you know what time does the film start?
  c Do you know what time starts the film?

2 a Why Amy does get up so early every day?
  b Why Amy gets up so early every day?
  c Why does Amy get up so early every day?

3 a I want to know what this word means.
  b I want to know what does this word mean.
  c I want to know what means this word.

4 a I can't remember where did I park the car.
  b I can't remember where I parked the car.
  c I can't remember where I did park the car.

5 a Why you didn't phone me yesterday?
  b Why didn't you phone me yesterday?
  c Why you not phoned me yesterday?

6 a Do you know where does Helen work?
  b Do you know where Helen does work?
  c Do you know where Helen works?

7 a How much it costs to park here?
  b How much does it cost to park here?
  c How much it does cost to park here?

8 a Tell me what you want.
  b Tell me what you do want.
  c Tell me what do you want.

50.2 เรียงลำดับคำให้เป็นประโยคที่ถูกต้อง

1 (don't / Tom / where / know / gone / has) I *don't know where Tom has gone.*
2 (is / to the airport / far / it) How ……………………………… ?
3 (wonder / is / how / old / Tom) I ……………………………… .
4 (Lisa / on holiday / going / is) When ……………………………… ?
5 (tell / the post office / you / me / is / where)
Could ……………………………… ?
6 (in the accident / injured / anyone / don't / whether / know / was)
I ……………………………… .
7 (what / tomorrow / know / time / will / arrive / you / you)
Do ……………………………… ?

50.3 คุณไปอยู่ที่อื่นระยะหนึ่ง และเพิ่งกลับมาเยี่ยมบ้าน คุณพบ **Tony** เพื่อนเก่าของคุณ เขาซักถามคุณเป็นการใหญ่ด้วยคำถามเหล่านี้

1 How are you?
2 Where have you been?
3 How long have you been back?
4 What are you doing now?
5 Why did you come back?
6 Where are you living?
7 Are you glad to be back?
8 Do you have any plans to go away again?
9 Can you help me find a job?

Tony

คุณเล่าให้เพื่อนอีกคนหนึ่งฟังว่า **Tony** ถามอะไรคุณบ้าง โดยใช้ **reported speech**

1 *He asked me how I was.*
2 He asked me ………………………………
3 He ………………………………
4 ………………………………
5 ………………………………
6 ………………………………
7 ………………………………
8 ………………………………
9 ………………………………

→ แบบฝึกหัดเสริม 25 (หน้า 316)

Unit 51

Auxiliary verbs (have/do/can ฯลฯ) I think so / I hope so ฯลฯ

A

ในแต่ละประโยคต่อไปนี้มี auxiliary verb (กริยาช่วย) และ main verb (กริยาหลัก)

I	**have**	**lost**	my keys.
She	**can't**	**come**	to the party.
The hotel	**was**	**built**	ten years ago.
Where	**do** you	**live**?	

ในตัวอย่างข้างบนนี้ **have/can't/was/do** เป็น auxiliary (กริยาช่วย)

คุณอาจใช้ auxiliary verb เพียงคำเดียว (ตัดส่วนที่อยู่ข้างหลังออกทั้งหมด) เมื่อไม่ต้องการกล่าวข้อความซ้ำ เช่น

- 'Have you locked the door?' 'Yes, I **have**.' (= I have *locked the door*)
- Gary wasn't working, but Laura **was**. (= Laura was *working*)
- Jessica could lend me the money, but she **won't**. (= she won't *lend me the money*)

ใช้ **do/does/did** สำหรับประโยค present และ past simple เช่น

- 'Do you like onions?' 'Yes, I **do**.' (= I *like onions*)
- 'Does Simon live in London?' 'He **did**, but he **doesn't** any more.'

คุณอาจใช้ auxiliary verbs ในการพูดปฏิเสธสิ่งที่คนอื่นพูด (ว่ามันไม่เป็นความจริง) เช่น

- 'You're sitting in my place.' 'No, **I'm not**.' (= I'm not *sitting in your place*)
- 'You didn't lock the door before you left.' 'Yes, I **did**.' (= I *locked the door*)

B

เราใช้ **have you**? / **isn't she**? / **do they**? ฯลฯ เพื่อแสดงความสนใจหรือตื่นเต้นในสิ่งที่ผู้อื่นพูดถึง เช่น

- 'I've just seen Stephen.' 'Oh, **have you**? How is he?'
- 'Lisa isn't very well today.' 'Oh, **isn't she**? What's wrong with her?'
- 'It rained every day during our holiday.' '**Did it**? What a shame!'
- 'James and Tanya are getting married.' '**Are they**? Really?'

C

เราใช้ auxiliary verbs กับ **so** และ **neither** เช่น

- 'I'm tired.' '**So am I**.' (= I'm tired too)
- 'I never read newspapers.' '**Neither do I**.' (= I never read newspapers either)
- Sarah hasn't got a car and **neither has Mark**.

โปรดสังเกตการเรียงลำดับคำหลัง **so** และ **neither** (verb อยู่ข้างหน้า subject)

- I passed the exam and **so did Paul**. (*ไม่ใช่* so Paul did)

คุณอาจใช้ **nor** แทน **neither** ได้ และอาจใช้ **not** … **either** ด้วยก็ได้ เช่น

- 'I don't know.' '**Neither** do I.' *หรือ* '**Nor** do I.' *หรือ* 'I do**n't either**.'

D

I think so / I hope so ฯลฯ

หลังคำกริยาบางคำ เราอาจใช้ **so** เมื่อไม่ต้องการกล่าวข้อความซ้ำ เช่น

- 'Are those people Korean?' '**I think so**.' (= I think *they are Korean*)
- 'Will you be at home this evening?' '**I expect so**. (= I expect *I'll be at home* …)
- 'Do you think Kate has been invited to the party?' '**I suppose so**.'

เราสามารถพูดว่า **I hope so**, **I guess so** และ **I'm afraid so** ได้ด้วย

รูปปฏิเสธของสำนวนข้างบนคือ

I think so / I expect so	→	**I don't think so / I don't expect so**
I hope so / I'm afraid so / I guess so	→	**I hope not / I'm afraid not / I guess not**
I suppose so	→	**I don't suppose so** *หรือ* **I suppose not**

- 'Is that woman American?' '**I think so. / I don't think so.**'
- 'Do you think it will rain?' '**I hope so. / I hope not.**' (*ไม่ใช่* I don't hope so)

ภาษาอังกฤษแบบอเมริกัน ➜ **ภาคผนวก 7**

Exercises

51.1 เติมประโยคให้สมบูรณ์ โดยใช้ **auxiliary verb (do/was/could** ฯลฯ) บางประโยคต้องใช้คำกริยาในรูปปฏิเสธ **(don't/wasn't** ฯลฯ)

1 I wasn't tired, but my friends *were.*
2 I like hot weather, but Ann ....
3 'Is Andy here?' 'He .... five minutes ago, but I think he's gone home now.'
4 Liz said she might call me later this evening, but I don't think she ....
5 'Are you and Chris coming to the party?' 'I ...., but Chris ....'
6 I don't know whether to apply for the job or not. Do you think I .... ?
7 'Please don't tell anybody what I said.' 'Don't worry. I ....'
8 'You never listen to me.' 'Yes, I .... !'
9 I thought it was going to rain, but it ....
10 'Please help me.' 'I'm sorry. I .... if I ...., but I ....'

51.2 คุณไม่เคยเห็นด้วยกับ **Sue** เลย ตอบคำถามของ **Sue** ตามแบบที่แสดงไว้

Sue

	Sue	You
1	I'm hungry.	*Are you? I'm not.*
2	I'm not tired.	*Aren't you? I am.*
3	I like football.	....
4	I didn't enjoy the film.	....
5	I've never been to Australia.	....
6	I thought the exam was easy.	....

51.3 คุณกำลังคุยกับ **Tina** เขียนประโยคเกี่ยวกับตัวคุณเองตามความเป็นจริง ตอบคำถามโดยใช้ **So ...** หรือ **Neither ...** ตามความเหมาะสม หรือใช้วิธีตอบในตัวอย่างที่ **2** ข้างล่างนี้

Tina

	Tina	You
1	I'm tired.	*So am I.*
2	I work hard.	*Do you? What do you do?*
3	I watched television last night.	....
4	I won't be at home tomorrow.	....
5	I like reading. I read a lot.	....
6	I'd like to live somewhere else.	....
7	I can't go out tonight.	....

51.4 ในบทสนทนาต่อไปนี้ คุณคือ **B** อ่านข้อมูลในวงเล็บแล้วตอบคำถามของ **A** โดยใช้ **I think so, I hope not** ฯลฯ ตามที่กำหนดให้ในแต่ละข้อ

1 (You don't like rain.)
A: Is it going to rain? B: (hope) *I hope not.*
2 (You need more money quickly.)
A: Do you think you'll get a pay rise soon? B: (hope) ....
3 (You think Katherine will probably get the job that she applied for.)
A: Do you think Katherine will get the job? B: (expect) ....
4 (You're not sure whether Amy is married – probably not.)
A: Is Amy married? B: (think) ....
5 (You are the receptionist at a hotel. The hotel is full.)
A: Have you got a room for tonight? B: (afraid) ....
6 (You're at a party. You have to leave early.)
A: Do you have to leave already? B: (afraid) ....
7 (Ann normally works every day, Monday to Friday. Tomorrow is Wednesday.)
A: Is Ann working tomorrow? B: (suppose) ....
8 (You are going to a party. You can't stand John.)
A: Do you think John will be at the party? B: (hope) ....
9 (You're not sure what time the concert is – probably 7.30.)
A: Is the concert at 7.30? B: (think) ....

Question tags (do you? isn't it? ฯลฯ)

A

พิจารณาตัวอย่างต่อไปนี้

have you? และ **wasn't it**? เป็น question tags (= คำถามต่อท้ายข้อความซึ่งเป็นคำถามสั้นๆ ที่ใส่ไว้ข้างท้ายประโยคในภาษาพูดของภาษาอังกฤษ) ในคำถามประเภทนี้ เราใช้ auxiliary verb 1 คำ (**have/was/will** ฯลฯ)

เราใช้ **do/does/did** สำหรับ present และ past simple (ดู Unit 51 ประกอบ) ดังตัวอย่าง

- 'Karen plays the piano, **does**n't she?' 'Well, yes, but not very well.'
- 'You didn't lock the door, **did** you?' 'No, I forgot.'

B

โดยทั่วไป เราใช้ negative question tag (คำถามต่อท้ายในรูปปฏิเสธ) เมื่อประโยคหลักเป็น positive sentence (ประโยคบอกเล่า) เช่น

positive sentence +	*negative tag*
Kate **will** be here soon,	**won't she**?
There **was** a lot of traffic,	**wasn't there**?
Joe **should** pass the exam,	**shouldn't he**?

...และใช้ positive question tag (คำถามต่อท้ายในรูปบอกเล่า) เมื่อประโยคหลักเป็น negative sentence (ประโยคปฏิเสธ) เช่น

negative sentence +	*positive tag*
Kate **won't** be late,	**will she**?
They **don't** like us,	**do they**?
You **haven't** eaten yet,	**have you**?

โปรดสังเกตความหมายของ **yes** และ **no** ในการตอบคำถามเมื่อประโยคหลักเป็นปฏิเสธ ดังตัวอย่าง

- You're **not** going out today, **are you**? { **Yes.** (= Yes, I am going out) / **No.** (= No, I am not going out) }

C

ความหมายของ question tag ขึ้นอยู่กับวิธีที่คุณพูด ถ้าคุณใช้เสียงลงต่ำในตอนท้ายของ question tag แสดงว่าคุณไม่ได้ต้องการจะถามจริงจัง แต่คุณเชิญชวนให้ผู้ฟังเห็นด้วยกับสิ่งที่คุณพูด เช่น

- 'It's a nice day, **isn't it**?' 'Yes, beautiful.'
- 'Paul doesn't look well today, **does he**?' 'No, he looks very tired.'
- 'Lisa's very funny. She's got a great sense of humour, **hasn't she**?' 'Yes, she has.'

แต่ถ้าคุณใช้เสียงขึ้นสูงในตอนท้ายของ question tag จะเป็นการตั้งคำถามให้ผู้ฟังตอบ เช่น

- 'You haven't seen Lisa today, **have you**?' 'No, I haven't.'
  (= วันนี้ คุณเห็น Lisa บ้างไหม)

คุณอาจใช้ negative sentence + positive tag เพื่อขอหรือขอยืมสิ่งของ หรือเพื่อถามข้อมูล หรือเพื่อขอร้องให้ผู้ใดผู้หนึ่งทำบางสิ่งบางอย่างให้ โดยยกระดับเสียงขึ้นสูงในตอนท้ายของ question tag ดังนี้

- 'You haven't got a pen, **have you**?' 'Yes, here you are.'
- 'You couldn't do me a favour, **could you**?' 'It depends what it is.'
- 'You don't know where Karen is, **do you**?' 'Sorry, I have no idea.'

D

หลังสำนวน **Let's** ... ใช้ question tag เป็น **shall we** เช่น

- **Let's** go for a walk, **shall we**? (เสียงขึ้นสูง)

หลังคำสั่ง **Don't** ... มักจะเป็น **will you** เช่น

- **Don't** be late, **will you**? (เสียงลงต่ำ)

หลังประโยค **I'm** ... ใช้ negative question tag เป็น **aren't I** (= am I not) เช่น

- I'm right, **aren't I**?' 'Yes, you are.'

Auxiliary verbs (**have/do/can** ฯลฯ) ➜ **Unit 51**

Exercises

52.1 เติม **question tag** ข้างท้ายประโยคต่อไปนี้

1	Kate won't be late,	*will she?*	No, she's never late.
2	You're tired,	*aren't you?*	Yes, a little.
3	You travel a lot,	.... ?	Yes, I love travelling.
4	You weren't listening,	.... ?	Yes, I was!
5	Sarah doesn't know Ann,	.... ?	No, they've never met.
6	Jack's on holiday,	.... ?	Yes, he's in Australia.
7	Kate's been to China before,	.... ?	Yes, two or three times.
8	You can speak German,	.... ?	Yes, but not fluently.
9	They won't mind if I take a photo,	.... ?	No, of course they won't.
10	There are a lot of people here,	.... ?	Yes, more than I expected.
11	Let's go out tonight,	.... ?	Yes, that would be great.
12	This isn't very interesting,	.... ?	No, not really.
13	I'm too impatient,	.... ?	Yes, you are sometimes.
14	You wouldn't tell anyone,	.... ?	No, of course not.
15	Ann has lived here a long time,	.... ?	Yes, 20 years.
16	I shouldn't have lost my temper,	.... ?	No, but that's all right.
17	He'd never met her before,	.... ?	No, that was the first time.
18	Don't drop that vase,	.... ?	Don't worry. I won't.

52.2 อ่านสถานการณ์และเขียนประโยคโดยใช้คำที่กำหนดให้ในวงเล็บพร้อมด้วย **question tag** ในแต่ละสถานการณ์ คุณมีความประสงค์ที่จะให้เพื่อนเห็นด้วยกับคุณ

1. You look out of the window. The sky is blue and the sun is shining. What do you say to your friend? (beautiful day) *It's a beautiful day, isn't it?*
2. You're with a friend outside a restaurant. You're looking at the prices, which are very high. What do you say? (expensive) It ....
3. You and a colleague have just finished a training course. You really enjoyed it. What do you say to your colleague? (great) The course ....
4. Your friend's hair is much shorter than when you last met. What do you say to her/him? (have / your hair / cut) You ....
5. You and a friend are listening to a woman singing. You like her voice very much. What do you say to your friend? (a good voice) She ....
6. You are trying on a jacket in a shop. You look in the mirror and you don't like what you see. What do you say to your friend? (not / look / very good)
It ....
7. You and a friend are walking over a small wooden bridge. The bridge is very old and some parts are broken. What do you say? (not / very safe)
This bridge ....

52.3 ในสถานการณ์ต่อไปนี้ คุณกำลังขอข้อมูลหรือขอร้องให้ใครทำอะไรให้คุณ

1. You need a pen. Perhaps Jane has got one. Ask her.
Jane, you haven't got a pen, have you?
2. You have to move a heavy table. You want Joe to give you a hand with it. Ask him.
Joe, you ....
3. You're looking for Sarah. Perhaps Kate knows where she is. Ask her.
Kate, you ....
4. You need a bicycle pump. Perhaps Helen has got one. Ask her.
Helen, ...
5. Ann has a car and you need a lift to the station. Perhaps she'll take you. Ask her.
Ann, ...
6. You're looking for your keys. Perhaps Robert has seen them. Ask him.
Robert, ...

Unit 53

Verb + -ing (enjoy doing / stop doing ฯลฯ)

A

ดูตัวอย่างต่อไปนี้

- I **enjoy reading**. (*ไม่ใช่* I enjoy to read)
- Would you **mind closing** the door? (*ไม่ใช่* mind to close)
- Chris **suggested going** to the cinema. (*ไม่ใช่* suggested to go)

หลังคำกริยา **enjoy, mind** และ **suggest** เราใช้ -ing (*ไม่ใช่* **to** …)

คำกริยาที่ตามหลังคำกริยาต่อไปนี้ จะอยู่ในรูป **-ing**

stop	postpone	admit	avoid	imagine
finish	consider	deny	risk	fancy

- Suddenly everybody **stopped talking**. There was silence. ทันใดนั้น ทุกคน**หยุดพูด**…
- I'll do the shopping when I've **finished cleaning** the flat. …เมื่อฉัน**ทำความสะอาด**แฟลตเสร็จ
- He tried to **avoid answering** my question. เขาพยายาม**เลี่ยงการตอบ**คำถามของฉัน
- I don't **fancy going** out this evening. (= ฉันไม่นึกอยากออกไปข้างนอกเย็นนี้)
- Have you ever **considered going** to live in another country? คุณเคย**คิดจะไปอาศัย**อยู่ในประเทศอื่นไหม
- They said they were innocent. They **denied doing** anything wrong. …พวกเขา**ไม่ยอมรับว่า**ทำอะไรผิด

รูปปฏิเสธ คือ **not -ing** เช่น

- When I'm on holiday, I enjoy **not having** to get up early. …ฉันมีความสุขกับ**การที่ไม่ต้อง**ตื่นแต่เช้า

B

สำนวนต่อไปนี้ มีคำกริยาตามหลังในรูป **-ing** ด้วย

give up (= stop) เลิก ยุติ
put off (= postpone) เลื่อนออกไป
go on *หรือ* **carry on** (= continue) ทำสิ่งที่ทำอยู่ต่อไป
keep *หรือ* **keep on** (= do something continuously or repeatedly) ทำต่อไปหรือทำซ้ำ ๆ

- I've **given up reading** newspapers. I think it's a waste of time.
- Catherine doesn't want to retire. She wants to **go on working**. (*หรือ* … to **carry on working**.)
- You **keep interrupting** when I'm talking! *หรือ* You **keep on interrupting** …

C

คำกริยาบางคำ คุณสามารถใช้โครงสร้าง verb + somebody + **-ing** เช่น

- I can't **imagine George riding** a motorbike. ฉัน**นึกภาพ George ขี่**มอเตอร์ไซค์ไม่ออกเลย
- You can't **stop me doing** what I want.
- Did you really say that? I don't **remember you saying** that.
- 'Sorry to **keep you waiting** so long.' 'That's all right.'

โปรดสังเกตการใช้ passive form (**being done/seen/kept** ฯลฯ) เช่น

- I don't **mind being kept** waiting. (= I don't mind **people keeping** me …)

D

เมื่อคุณพูดถึงการกระทำที่เสร็จสิ้นลงแล้ว คุณสามารถใช้ **having done/stolen/said** ฯลฯ เช่น

- They admitted **having stolen** the money. พวกเขายอมรับว่า**ได้ขโมย**เงินไป

แต่ไม่จำเป็นที่จะใช้ **having** (done) เสมอไป คุณอาจพูดว่า

- They admitted **stealing** the money.
- I now regret **saying** (*หรือ* **having said**) what I said. ฉันเสียใจที่**ได้พูด**เช่นนั้นออกไป

E

หลังคำกริยาบางคำที่อยู่ในหน้านี้ (โดยเฉพาะอย่างยิ่ง **admit/deny/suggest**) คุณอาจใช้ **that** … เช่น

- They **denied that** they had stolen the money. (*หรือ* They **denied stealing** …)
- Chris **suggested that** we went to the cinema. (*หรือ* Chris **suggested going** …)

Suggest ➜ Unit 34 **Being done** (passive) **➜ Unit 44B** Verb + **to** … **➜ Unit 54** Verb + **to** … and **-ing ➜ Units 55C, 56–58** **Remember / regret / go on ➜ Unit 56B** **Go on / carry on / keep on ➜ Unit 141A**

Exercises

53.1 เติมประโยคให้สมบูรณ์สำหรับแต่ละสถานการณ์ โดยใช้รูป -ing

1 

She suggested *going to the zoo.*

2 

He didn't fancy ....

3 

She admitted ....

4 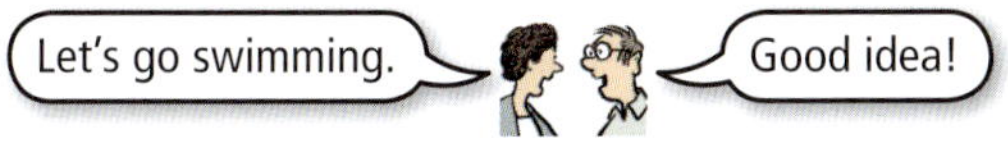

She suggested ....

5 

He denied ....

6 

They didn't mind ....

53.2 เติมประโยคให้สมบูรณ์โดยใช้กริยาคำใดคำหนึ่งต่อไปนี้ (ในรูปที่ถูกต้อง)

~~answer~~	apply	be	forget	listen	live
lose	make	pay	read	try	use

1 He tried to avoid *answering* my question.
2 Could you please stop .... so much noise?
3 I enjoy .... to music.
4 I considered .... for the job, but in the end I decided against it.
5 Have you finished .... the newspaper yet?
6 We need to change our routine. We can't go on .... like this.
7 I don't mind you .... my phone, but please ask me first.
8 My memory is getting worse. I keep .... things.
9 I've put off .... this bill so many times. I really must do it today.
10 What a stupid thing to do! Can you imagine anybody .... so stupid?
11 I've given up .... to lose weight – it's impossible.
12 If you gamble, you risk .... your money.

53.3 เติมประโยคให้สมบูรณ์ โดยให้มีความหมายเหมือนกับประโยคแรก

1 I can do what I want and you can't stop me.
You *can't stop me doing* what I want.
2 It's not a good idea to travel during the rush hour.
It's better to avoid .... during the rush hour.
3 Shall we paint the kitchen next weekend instead of this weekend?
Shall we postpone .... until next weekend?
4 Could you turn the music down, please?
Would you mind .... , please?
5 Please don't interrupt all the time.
Would you mind .... all the time?

53.4 เติมประโยคให้สมบูรณ์ด้วยคำพูดของคุณเองโดยใช้รูป -ing

1 She's a very interesting person. I always enjoy *talking to her.*
2 I'm not feeling very well. I don't fancy ....
3 I'm afraid there aren't any chairs. I hope you don't mind ....
4 It was a beautiful day, so I suggested ....
5 It was very funny. I couldn't stop ....
6 My car isn't very reliable. It keeps ....

Unit 54

Verb + to … (decide to … / forget to … ฯลฯ)

A

offer	decide	hope	deserve	promise
agree	plan	manage	afford	threaten
refuse	arrange	fail	forget	learn

หลังคำกริยาเหล่านี้ คุณใช้ **to** … (infinitive) เช่น

- It was late, so we **decided to take** a taxi home.
- Simon was in a difficult situation, so I **agreed to help** him.
- How old were you when you **learnt to drive**? (*หรือ* learnt **how** to drive)
- I waved to Karen, but **failed to attract** her attention.

รูปปฏิเสธ คือ **not to** … เช่น

- We **decided not to go** out because of the weather.
- I **promised not to be** late.

หลังคำกริยาเหล่านี้จะใช้ **to** … ไม่ได้ เช่น **enjoy/think/suggest** ดังตัวอย่าง

- I **enjoy reading**. (*ไม่ใช่* enjoy to read)
- Andy **suggested meeting** for coffee. (*ไม่ใช่* suggested to meet)
- Are you **thinking of buying** a car? (*ไม่ใช่* thinking to buy)

สำหรับ verb + **-ing** ดู Unit 53 สำหรับ verb + preposition + **-ing** ดู Unit 62

B

หลังคำกริยา **dare** จะใช้ infinitive ที่มี **to** หรือไม่มี **to** ก็ได้ เช่น

- I wouldn't **dare to tell** him. *หรือ* I wouldn't **dare tell** him.

แต่ข้างหลัง **dare not** (*หรือ* **daren't**) ต้องใช้ infinitive โดยไม่มี **to** เช่น

- I **daren't tell** him what happened. (*ไม่ใช่* I daren't to tell him)

C

เราใช้ **to** … หลังคำกริยาต่อไปนี้

seem **appear** **tend** **pretend** **claim**

ดังตัวอย่าง

- They **seem to have** plenty of money. ดู**ท่าทาง**พวกเขา**คงมี**เงินมาก
- I like Dan, but I think he **tends to talk** too much. …เขา**มักจะพูด**มาก
- Ann **pretended not to see** me when she passed me in the street. Ann **แกล้งทำเป็นไม่เห็น**ฉัน…

มีการใช้ continuous infinitive (**to be doing**) และ perfect infinitive (**to have** done) ด้วย เช่น

- I **pretended to be reading** the paper. (= I pretended that I **was reading**)
- You **seem to have lost** weight. (= it seems that you **have lost** weight)
- Joe **seems to be enjoying** his new job. (= it seems that he **is enjoying** it)

D

คุณอาจใช้ question word (**what/whether/how** ฯลฯ) + **to** … หลังคำกริยาต่อไปนี้

ask **decide** **know** **remember** **forget** **explain** **learn** **understand** **wonder**

We **asked**	**how**	**to get**	to the station.
Have you **decided**	**where**	**to go**	for your holidays?
I don't **know**	**whether**	**to apply**	for the job or not.
Do you **understand**	**what**	**to do**?	

รวมทั้ง

show/tell/ask/advise/teach somebody **what/how/where** to do something เช่น

- Can somebody **show me how to use** this camera?
- Ask Jack. He'll **tell you what to do**.

Verb + **-ing** ➔ **Unit 53** Verb + object + **to** … (**want** ฯลฯ) ➔ **Unit 55**
Verb + **to** … และ **-ing** ➔ **Units 55C, 56–58**

Exercises

54.1 เติมประโยคให้สมบูรณ์สำหรับแต่ละสถานการณ์

1

They decided *to get married.*

2

She agreed ....

3

He offered ....

4

They arranged ....

5

She refused ....

6

She promised ....

54.2 เติมแต่ละประโยคให้สมบูรณ์ด้วยคำกริยาที่เหมาะสม

1 Don't forget *to lock* the door when you go out.
2 There was a lot of traffic, but we managed .... to the airport in time.
3 We couldn't afford .... in London. It's too expensive.
4 We've got new computer software in our office. I haven't learnt .... it yet.
5 Mark doesn't know what happened. I decided not .... him.
6 We were all afraid to speak. Nobody dared .... anything.

54.3 เติมคำกริยาที่กำหนดในรูป **to …** หรือ **-ing** ที่ถูกต้อง (ดู **Unit 53** สำหรับ **verbs + -ing**)

1 When I'm tired, I enjoy *watching* television. It's relaxing. (watch)
2 I've decided .... for another job. I need a change. (look)
3 Let's get a taxi. I don't fancy .... home. (walk)
4 I'm not in a hurry. I don't mind .... (wait)
5 Tina ran in a marathon last week, but she failed .... (finish)
6 I wish that dog would stop .... It's driving me crazy. (bark)
7 Our neighbour threatened .... the police if we didn't stop the noise. (call)
8 We were hungry, so I suggested .... dinner early. (have)
9 Hurry up! I don't want to risk .... the train. (miss)
10 They didn't know I was listening to them. I pretended .... asleep. (be)

54.4 เขียนประโยคใหม่โดยใช้คำกริยาที่กำหนดให้ในวงเล็บ

1 You've lost weight. (seem) *You seem to have lost weight.*
2 Tom is worried about something. (appear) Tom appears ....
3 You know a lot of people. (seem) You ....
4 My English is getting better. (seem) ....
5 That car has broken down. (appear) ....
6 David forgets things. (tend) ....
7 They have solved the problem. (claim) ....

54.5 เติมแต่ละประโยคให้สมบูรณ์ โดยใช้ **what/how/where/whether** + กริยาคำใดคำหนึ่งต่อไปนี้

do ~~**get**~~ **go** **put** **ride** **use**

1 Do you know *how to get* to John's house?
2 Would you know .... if there was a fire in the building?
3 You'll never forget .... a bicycle once you've learnt.
4 I've been invited to the party, but I haven't decided .... or not.
5 My room is very untidy. I've got so many things and I don't know .... them.
6 I have some clothes to wash. Can you show me .... the washing machine?

→ แบบฝึกหัดเสริม 26–28 (หน้า 317–19)

Unit 55

Verb (+ object) + to ... (I want you to ... ฯลฯ)

A

want	ask	help	would like
expect	beg	mean (= intend)	would prefer

คำกริยาข้างบนนี้ใช้คู่กับ **to** ... (infinitive) โครงสร้างประโยคอาจเป็นได้ 2 แบบ คือ

verb + **to** ...	*หรือ* verb + object + **to** ...
▢ We **expected to be** late.	▢ We expected **Dan to be** late.
▢ **Would** you **like to go** now?	▢ Would you like **me to go** now?
▢ He doesn't **want to know**.	▢ He doesn't want **anybody to know**.

อย่าพูดว่า 'want that' เช่น

▢ Do you **want me to come** with you? (*ไม่ใช่* Do you want that I come)

หลังคำกริยา **help** จะใช้ infinitive ที่มี **to** หรือไม่มี **to** ก็ได้ ดังนั้น ประโยคต่อไปนี้จึงใช้ได้ทั้งคู่

▢ Can you help me **to move** this table? *หรือ* Can you help me **move** this table?

B

tell	remind	force	encourage	teach	enable
order	warn	invite	persuade	get (= persuade)	

คำกริยาข้างบนนี้มีโครงสร้าง verb + object + **to** ... เช่น

▢ Can you **remind me to call** Sam tomorrow?
▢ Who **taught you to drive**?
▢ I didn't move the piano by myself. I **got somebody to help** me.
▢ Joe said the switch was dangerous and **warned me not to touch** it.

ในตัวอย่างต่อไป คำกริยาอยู่ในรูป passive (**I was warned** / **we were told** ฯลฯ) เช่น

▢ **I was warned not to touch** the switch.

อย่าใช้ **suggest** ในโครงสร้าง verb + object + **to** ... เช่น

▢ Jane **suggested that I ask** your advice. (*ไม่ใช่* Jane suggested me to ask)

C

หลังคำกริยา **advise** และ **allow** ใช้โครงสร้างได้ 2 แบบ เปรียบเทียบโครงสร้างทั้ง 2 แบบในตัวอย่างต่อไปนี้

verb + **-ing** (ไม่ต้องมี object)	verb + object + **to** ...
▢ I wouldn't **advise staying** in that hotel. ฉันไม่อยากจะ**แนะนำให้พัก**ที่โรงแรมนั้น	▢ I wouldn't **advise anybody to stay** in that hotel. ฉันไม่อยากจะ**แนะนำให้ใครพัก**ที่โรงแรมนั้น
▢ They don't **allow parking** in front of the building. พวกเขาไม่**อนุญาตให้จอดรถ**หน้าตึก	▢ They don't **allow people to park** in front of the building. พวกเขาไม่**อนุญาตให้ใครจอดรถ**หน้าตึก

พิจารณาตัวอย่างที่ใช้ **(be) allowed** (passive) ต่อไปนี้

▢ Parking **isn't allowed** in front of the building. **ไม่อนุญาต**ให้จอดรถหน้าตึก	▢ You **aren't allowed to park** in front of the building. คุณ**ไม่ได้รับอนุญาต**ให้จอดรถหน้าตึก

D

Make และ **let**

คำกริยาทั้ง 2 คำนี้ มีโครงสร้าง verb + object + infinitive (ไม่มี **to**) เช่น

▢ I **made him promise** that he wouldn't tell anybody what happened. (*ไม่ใช่* to promise)
▢ Hot weather **makes me feel** tired. (= causes me to feel tired)
▢ Her parents wouldn't **let her go** out alone. (= wouldn't allow her to go out)
▢ **Let me carry** your bag for you.

เราใช้ '**make** somebody **do**' (*ไม่ใช่* to do) แต่รูปที่เป็น passive ใช้ '**made to** do' (ที่มี **to**) เช่น

▢ **We were made to wait** for two hours. (= They **made us wait** ...)
เราถูกให้รอถึงสองชั่วโมง (= พวกเขา**ทำให้เราต้องรอ**...)

Suggest ➔ Units 34, 53 Tell/ask somebody to ... ➔ Unit 48D Verb + -ing ➔ Unit 53
Verb + to ... ➔ Unit 54 Verb + to ... และ -ing ➔ Units 56–58 Help ➔ Unit 57C

Exercises

55.1 เติมประโยคคำถามให้สมบูรณ์ โดยใช้ **do you want me to … ?** หรือ **would you like me to … ?** และกริยาคำใดคำหนึ่งต่อไปนี้ (ถ้าจำเป็นอาจเติมคำอื่นอีกก็ได้)

~~come~~ lend repeat show shut wait

1 Do you want to go alone, or *do you want me to come with you?*
2 Do you have enough money, or do you want .... ?
3 Shall I leave the window open, or would you .... ?
4 Do you know how to use the machine, or would .... ?
5 Did you hear what I said, or do .... ?
6 Can I go now, or do .... ?

55.2 เติมประโยคให้สมบูรณ์ในแต่ละสถานการณ์

1

She told *him to meet her at the station.*

2

They invited him ....

3

He reminded her ....

4

She warned ....

5

He asked ....

55.3 เติมประโยคต่อไปนี้ให้สมบูรณ์ โดยให้มีความหมายคล้ายกับประโยคแรก

1 My father said I could use his car. — My father allowed *me to use his car.*
2 I was surprised that it rained. — I didn't expect ....
3 Don't stop him doing what he wants. — Let ....
4 Tim looks older when he wears glasses. — Tim's glasses make ....
5 I think you should know the truth. — I want ....
6 At first I didn't want to apply for the job, but Sarah persuaded me. — Sarah persuaded ....
7 My lawyer said I shouldn't say anything to the police. — My lawyer advised ....
8 I was told that I shouldn't believe everything he says. — I was warned ....
9 If you've got a car, you are able to get around more easily. — Having a car enables ....

55.4 เติมคำกริยาที่กำหนดให้ในรูป **infinitive (do/make/eat** ฯลฯ**) to + infinitive** หรือ **-ing** ที่ถูกต้อง

1 They don't allow people *to park* in front of the building. (park)
2 I've never been to Hong Kong, but I'd like .... there. (go)
3 I'm in a difficult position. What do you advise me .... ? (do)
4 The film was very sad. It made me .... (cry)
5 Lisa's parents always encouraged her .... hard at school. (study)
6 If you want to get a cheap flight, I'd advise .... early. (book)
7 Sarah wouldn't let me .... her car. She doesn't trust me. (borrow)
8 If you enter a country with a tourist visa, you are normally not allowed .... there. (work)
9 'I don't think Alex likes me.' 'What makes you .... that?' (think)

➜ แบบฝึกหัดเสริม 26–28 (หน้า 317–19)

Unit 56

Verb + -ing หรือ to ... 1 (remember/regret ฯลฯ)

A

คำกริยาบางคำตามหลังด้วย **-ing** และคำกริยาบางคำตามหลังด้วย **to** ... ดังต่อไปนี้

คำกริยาที่มักตามหลังด้วย **-ing**

admit	fancy	postpone
avoid	finish	risk
consider	imagine	stop
deny	keep (on)	suggest
enjoy	mind	

สำหรับตัวอย่างเพิ่มเติม ดู Unit 53

คำกริยาที่มักตามหลังด้วย **to** ...

afford	fail	offer
agree	forget	plan
arrange	hope	promise
decide	learn	refuse
deserve	manage	threaten

สำหรับตัวอย่างเพิ่มเติม ดู Unit 54

B

คำกริยาบางคำสามารถตามหลังด้วย **-ing** หรือ **to** ... ก็ได้ โดยให้ความหมายต่างกัน เช่น

remember

I **remember doing** something = ฉันจำการกระทำนั้นๆ ได้ (ฉันจำได้ว่าฉันทำอะไร)
ใช้ **remember doing** something *หลัง*จากที่คุณทำสิ่งนั้นๆ แล้ว เช่น

- I know I locked the door. I clearly **remember locking** it.
(= I locked it, and now I remember this)
- He could **remember driving** along the road just before the accident, but he couldn't remember the accident itself.

I **remembered to do** something = ฉันจำได้ว่าจะต้องทำอะไร และฉันก็ทำ (ฉันไม่ลืมทำ)
ใช้ **remember to do** something *ก่อน*ที่คุณจะทำสิ่งนั้นๆ เช่น

- I **remembered to lock** the door, but I forgot to shut the windows.
(= I remembered that I had to lock it, and so I locked it)
- I must **remember to pay** the electricity bill. (= I must not forget to pay it)

regret

I **regret doing** something = ฉันเสียใจที่ได้ทำสิ่งนั้น เช่น

- I now **regret saying** what I said.
I shouldn't have said it.
- Do you **regret not going** to college?

I **regret to say** / **to tell** you / **to inform** you = ฉันเสียใจที่จะต้องพูด / บอกคุณ / แจ้งคุณ เช่น

- *(ในจดหมายแบบทางการ)* We **regret to inform** you that your application has been unsuccessful.

go on

go on doing something = ทำสิ่งที่ทำอยู่ต่อไป เช่น

- The president paused for a moment and then **went on talking**.
- We need to change. We can't **go on living** like this.

go on to do something = ทำหรือพูดอย่างอื่นต่อไป เช่น

- After discussing the economy, the president then **went on to talk** about foreign policy.

C

คำกริยาต่อไปนี้สามารถตามหลังด้วย **-ing** หรือ **to** ... ก็ได้ โดยที่ความหมายไม่แตกต่างกัน ดังต่อไปนี้

begin **start** **continue** **intend** **bother**

คุณอาจพูดว่า

- It **started raining**. *หรือ* It **started to rain**.
- Andy **intends buying** a house. *หรือ* Andy **intends to buy** ...
- Don't **bother locking** the door. *หรือ* Don't **bother to lock** ...

แต่โดยทั่วไป เราไม่ใช้ **-ing** ตามหลัง **-ing** (ไม่ใช้ **-ing** ซ้อนกันสองคำ) เช่น

- It's **starting to rain**. (*ไม่ใช่* It's starting raining)

Verb + -ing ➜ **Unit 53** Verb + **to** ... ➜ **Units 54–55** Verb อื่นๆ + **-ing** หรือ **to** ... ➜ **Units 57–58**

Exercises

56.1 เติมคำกริยาที่กำหนดให้ในรูป **-ing** หรือ **to** ... ที่ถูกต้อง

1 They denied *stealing* the money. (steal)
2 I don't enjoy .... very much. (drive)
3 I can't afford .... out tonight. I don't have enough money. (go)
4 Has it stopped .... yet? (rain)
5 We were unlucky to lose the game. We deserved .... (win)
6 Why do you keep .... me questions? Can't you leave me alone? (ask)
7 Please stop .... me questions! (ask)
8 I refuse .... any more questions. (answer)
9 The driver of one of the cars admitted .... the accident. (cause)
10 Mark needed our help, and we promised .... what we could. (do)
11 I don't mind .... alone, but it's better to be with other people. (be)
12 The wall was quite high, but I managed .... over it. (climb)
13 'Does Sarah know about the meeting?' 'No, I forgot .... her.' (tell)
14 I've enjoyed .... to you. I hope .... you again soon. (talk, see)

56.2 **Tom** จำเรื่องราวเมื่อเขายังเด็กได้เป็นบางอย่าง เติมประโยคให้สมบูรณ์

1 He was in hospital when he was a small child. He can still remember this.
He can remember being in hospital when he was a small child.
2 He went to Paris with his parents when he was eight. He remembers this.
He remembers .... with his parents when he was eight.
3 He cried on his first day at school. He doesn't remember this.
He doesn't .... on his first day at school.
4 Once he fell into the river. He can remember this.
He ....
5 He said he wanted to be a doctor. He can't remember this.
.... to be a doctor.
6 Once he was bitten by a dog. He doesn't remember this.
.... a dog.

56.3 เติมประโยคต่อไปนี้ให้สมบูรณ์ โดยใช้คำกริยาที่เหมาะสมในรูป **-ing** หรือ **to** ... ให้ถูกต้อง บางประโยคใช้ได้ทั้งสองรูป

1 a Please remember *to lock* the door when you go out.
b A: You lent me some money a few months ago.
B: Did I? Are you sure? I don't remember .... you any money.
c A: Did you remember .... your sister?
B: Oh no, I completely forgot. I'll phone her tomorrow.
d When you see Steve, remember .... hello to him from me.
e Someone must have taken my bag. I clearly remember .... it by the window and now it has gone.
2 a I believe that what I said was right. I don't regret .... it.
b I knew they were in trouble, but I regret .... I did nothing to help them.
c It started to get cold, and he regretted not .... his coat.
3 a Ben joined the company nine years ago. He became assistant manager after two years, and a few years later he went on .... manager of the company.
b I can't go on .... here any more. I want a different job.
c When I came into the room, Lisa was reading a newspaper. She looked up and said hello, and then went on .... her newspaper.
4 a If the company continues .... money, the factory may be closed.
b Julia has been ill, but now she's beginning .... better.
c The baby started .... in the middle of the night.

→ แบบฝึกหัดเสริม 26–28 (หน้า 317–19)

Unit 57 Verb + -ing หรือ to ... 2 (try/need/help)

A Try to ... และ try -ing

try to do = พยายามทำ ทำด้วยความอุตสาหะ

- I was very tired. I **tried to keep** my eyes open, but I couldn't.
- Please **try to be** quiet when you come home. Everyone will be asleep.

try มีอีกความหมายหนึ่งคือ ลองทำ ทดสอบ ทดลอง เช่น

- These cakes are delicious. You should **try** one.
  (= คุณต้องลองชิมสักชิ้น เพื่อจะได้ทราบว่าอร่อยไหม)
- We couldn't find anywhere to stay. We **tried** every hotel in the town, but they were all full.
  (= เราไปทุกโรงแรมเพื่อดูว่ามีห้องว่างบ้างไหม แต่ก็เต็มหมด)

ถ้า **try** (ในความหมายนี้) มีคำกริยาอีกคำหนึ่งตามหลัง ต้องใช้รูป **try -ing** เช่น

- A: The photocopier doesn't seem to be working.
  B: **Try pressing** the green button.
  (= ลองกดปุ่มสีเขียว – บางทีอาจจะช่วยแก้ปัญหาได้)

เปรียบเทียบประโยคต่อไปนี้

- I **tried to move** the table, but it was too heavy. (ดังนั้น ฉันจึงเคลื่อนย้ายมันไม่ได้)
- I didn't like the way the furniture was arranged, so I **tried moving** the table to the other side of the room. But it didn't look right, so I moved it back again.

B Need to ... และ need -ing

I need to do something = ฉันจำเป็นต้องทำบางสิ่งบางอย่าง

- I **need to get** more exercise.
- He **needs to work** harder if he wants to make progress.
- I don't **need to come** to the meeting, do I?

something **needs doing** = บางสิ่งบางอย่างจำเป็นต้องได้รับการกระทำ

- My phone **needs charging**.
  (= it needs to be charged)
- Do you think this jacket **needs cleaning**?
  (= ... needs to be cleaned)
- It's a difficult problem. It **needs thinking** about very carefully. (= it needs to be thought about)

C Help และ can't help

คุณอาจพูดว่า **help to do** หรือ **help do** (infinitive ที่มี **to** หรือไม่มี **to**) ก็ได้ เช่น

- Everybody **helped to clean** up after the party. *หรือ*
  Everybody **helped clean** up ...
- Can you **help** me **to move** this table? *หรือ*
  Can you **help** me **move** ...

I **can't help doing** something = ฉันอดทำบางสิ่งบางอย่างไม่ได้

- I don't like him, but he has a lot of problems. I **can't help feeling** sorry for him.
- She tried to be serious, but she **couldn't help laughing**.
  (= she couldn't stop herself laughing) ...เธอ**อดหัวเราะไม่ได้**
- I'm sorry I'm so nervous. I **can't help it**.
  (= I can't help **being** nervous) (= ฉันอดวิตก / ประหม่าไม่ได้)

She **couldn't help laughing**.

Verb + -ing ➜ **Unit 53** Verb + **to** ... ➜ **Units 54–55** Verb อื่นๆ + -ing หรือ **to** ... ➜ **Units 56, 58**

Exercises

57.1 เขียนคำแนะนำในแต่ละข้อ โดยใช้ **try** + ข้อความต่อไปนี้

phone his office	**restart it**	~~**change the batteries**~~
turn it the other way	**take an aspirin**	

1 The radio isn't working. — Have you *tried changing the batteries?*
2 I can't open the door. The key won't turn. — Try ……
3 The computer isn't working properly. — Have you tried ……
4 Fred isn't answering his phone. What shall I do? — You could ……
5 I've got a terrible headache. I wish it would go. — Have you ……

57.2 ดูภาพและเขียนประโยคโดยใช้ **need(s)** + กริยาคำใดคำหนึ่งต่อไปนี้

~~**clean**~~ **cut** **empty** **paint** **tighten**

1 This jacket is dirty. *It needs cleaning.*
2 The room isn't very nice. It ……
3 The grass is very long. ……
4 The screws are loose. ……
5 The bin is full. ……

57.3 เติมคำกริยาที่กำหนดให้ในรูปที่ถูกต้อง

1 a I was very tired. I tried *to keep* (keep) my eyes open, but I couldn't.
b I rang the doorbell, but there was no answer. Then I tried …… (knock) on the door, but there was still no answer.
c We tried …… (put) the fire out but without success. We had to call the fire brigade.
d Sue needed to borrow some money. She tried …… (ask) Gary, but he was short of money too.
e I tried …… (reach) the shelf, but I wasn't tall enough.
f Please leave me alone. I'm trying …… (concentrate).

2 a I need a change. I need …… (go) away for a while.
b My grandmother isn't able to look after herself any more. She needs …… (look) after.
c The windows are dirty. They need …… (clean).
d Your hair is getting very long. It needs …… (cut).
e You don't need …… (iron) that shirt. It doesn't need …… (iron).

3 a They were talking very loudly. I couldn't help …… (overhear) what they said.
b Can you help me …… (get) the dinner ready?
c He looks so funny. Whenever I see him, I can't help …… (smile).
d The fine weather helped …… (make) it a really nice holiday.

Unit 58

Verb + -ing หรือ to ... 3 (like / would like ฯลฯ)

A

Like / love / hate

เมื่อพูดถึงการกระทำที่ทำซ้ำๆ คุณสามารถใช้ **-ing** หรือ **to** ... หลังคำกริยาเหล่านี้ได้ คุณอาจพูดว่า

- Do you **like getting** up early? *หรือ* Do you **like to get** up early?
- Stephanie **hates flying**. *หรือ* Stephanie **hates to fly**.
- I **love meeting** people. *หรือ* I **love to meet** people.
- I don't **like being** kept waiting. *หรือ* ... **like to be** kept waiting.
- I don't **like** friends **calling** me at work. *หรือ* ... friends **to call** me at work.

แต่

(1) เราใช้ **-ing** (*ไม่ใช่* **to** ...) เมื่อเราพูดถึงสถานการณ์ที่เป็นอยู่ (หรือเกิดขึ้นไปแล้ว) ดังตัวอย่าง

- Paul lives in Berlin now. He **likes living** there. (He **likes living** in Berlin = He lives there and he likes it)
- Do you **like being** a student? (You are a student – do you like it?)
- The office I worked in was horrible. I **hated working** there. (I worked there and I hated it)

(2) บางครั้งความหมายระหว่าง **I like to do** และ **I like doing** ก็แตกต่างกัน เช่น

I like doing something = ฉันชอบทำสิ่งนั้น

- I **like cleaning** the kitchen. (= I enjoy it)

I like to do something = ฉันคิดว่า สิ่งนั้นดีหรือถูกต้องที่จะทำ แต่ไม่จำเป็นว่าฉันต้องชอบมัน

- It's not my favourite job, but I **like to clean** the kitchen as often as possible.

โปรดสังเกตว่า**enjoy** และ **mind** ต้องใช้คำกริยาที่ตามมาในรูป **-ing** (*ไม่ใช่* **to** ...) เช่น

- I **enjoy cleaning** the kitchen. (*ไม่ใช่* I enjoy to clean)
- I **don't mind cleaning** the kitchen. (*ไม่ใช่* I don't mind to clean)

B

Would like / would love / would hate / would prefer

would like / would love ฯลฯ มักจะใช้คำกริยาที่ตามมาในรูป **to** ... เช่น

- **I'd like** (= I **would** like) to go away for a few days.
- **Would** you **like to come** to dinner on Friday?
- I **wouldn't like to go** on holiday alone.
- **I'd love to meet** your family.
- **Would** you **prefer to have** dinner now or later?

เปรียบเทียบการใช้ **I like** (ฉันชอบ) และ **I would like** (**I'd** like) (ฉันอยากจะ)

- I **like playing** tennis. / I **like to play** tennis. (= I like it in general)
- **I'd like to play** tennis today. (= I want to play today)

would mind ต้องใช้คำกริยาที่ตามมาในรูป **-ing** (*ไม่ใช่* **to** ...)

- **Would** you **mind closing** the door, please?

C

I would like **to have done** something = ตอนนี้ฉันเสียดายที่ฉันไม่ได้ทำ / ทำอย่างนั้นไม่ได้

- It's a shame we didn't see Anna when we were in London. I **would like to have seen** her again.
- We**'d like to have gone** away, but we were too busy at home.

คุณอาจใช้โครงสร้างเดียวกันหลังสำนวน **would love / would hate / would prefer** เช่น

- Poor David! I **would hate to have been** in his position.
  น่าสงสาร David ฉัน**ไม่อยากเป็น**เขาในสภาพนั้น
- **I'd love to have gone** to the party, but it was impossible.
  ฉัน**อยากไป**งานปาร์ตี้นั้น**มาก** แต่ก็ไปไม่ได้

Enjoy/mind → Unit 53   Would like → Units 37E, 55A   Prefer → Unit 59

Exercises

58.1 เขียนประโยคเกี่ยวกับตัวคุณเอง โดยบอกว่าคุณชอบหรือไม่ชอบกิจกรรมเหล่านี้ เลือกกริยาคำใดคำหนึ่งต่อไปนี้

like / don't like **love** **hate** **enjoy** **don't mind**

1 (fly) *I don't like flying.* **or** *I don't like to fly.*
2 (play cards) ....
3 (be alone) ....
4 (go to museums) ....
5 (cook) ....

58.2 สร้างประโยคจากคำที่ให้มาในวงเล็บ โดยใช้ **-ing** หรือ **to** บางประโยคใช้ได้ทั้งสองรูป

1 Paul lives in Berlin now. It's nice. He likes it.
(he / like / live / there) *He likes living there.*
2 Jane is a biology teacher. She likes her job.
(she / like / teach / biology) She ....
3 Joe always has his camera with him and takes a lot of pictures.
(he / like / take / pictures) ....
4 I used to work in a supermarket. I didn't like it much.
(I / not / like / work / there) ....
5 Rachel is studying medicine. She likes it.
(she / like / study / medicine) ....
6 Dan is famous, but he doesn't like it.
(he / not / like / be / famous) ....
7 Jennifer is a very careful person. She doesn't take many risks.
(she / not / like / take / risks) ....
8 I don't like surprises.
(I / like / know / things / in advance) ....

58.3 เติมคำกริยาที่เหมาะสมในรูป **-ing** หรือ **to** ที่ถูกต้อง มีประโยคหนึ่งใช้ได้ทั้งสองรูป

1 It's good to visit other places – I enjoy *travelling.*
2 'Would you like .... down?' 'No, thanks. I'll stand.'
3 I'm not quite ready yet. Would you mind .... a little longer?
4 When I was a child, I hated .... to bed early.
5 When I have to catch a train, I'm always worried that I'll miss it. So I like .... to the station in plenty of time.
6 I enjoy .... busy. I don't like it when there's nothing to do.
7 I would love .... to your wedding, but I'm afraid it isn't possible.
8 I don't like .... in this part of town. I want to move somewhere else.
9 Do you have a minute? I'd like .... to you about something.
10 If there's bad news and good news, I like .... the bad news first.

58.4 เขียนประโยคโดยใช้ **would … to have (done)** และคำกริยาที่ให้มาในวงเล็บ

1 It's a shame I couldn't go to the party. (like) *I would like to have gone to the party.*
2 It's a shame I didn't see the programme. (like) ....
3 I'm glad I didn't lose my watch. (hate) ....
4 It's too bad I didn't meet your parents. (love) ....
5 I'm glad I wasn't alone. (not / like) ....
6 It's a shame I couldn't travel by train. (prefer) ....

→ แบบฝึกหัดเสริม 26–28 (หน้า 317–19)

Unit 59

Prefer และ would rather

A Prefer to do และ prefer doing

คุณอาจใช้ '**prefer to** (do)' หรือ '**prefer -ing**' เพื่อบอกว่า โดยปกติแล้ว คุณชอบอะไรมากกว่าอะไร เช่น

- I don't like cities. I **prefer to live** in the country. *หรือ* I **prefer living** in the country.

พิจารณาความแตกต่างของโครงสร้างหลัง **prefer** ในประโยคต่อไปนี้

I prefer	something	to something else.
I prefer	**doing** something	**to doing** something else.
แต่ I prefer	**to do** something	**rather than** (**do**) something else.

- I **prefer** this coat to the coat you were wearing yesterday.
- I **prefer driving to travelling** by train.
- *แต่* I **prefer to drive rather than travel** by train.
- Sarah **prefers to live** in the country **rather than** (**live**) in a city.

B Would prefer (I'd prefer ...)

เราใช้ **would prefer** เพื่อบอกว่า ใครชอบอะไรมากกว่าในขณะนั้น หรือในสถานการณ์เฉพาะ (ไม่ใช่ความรู้สึกโดยทั่วไป)

- '**Would** you **prefer** tea or coffee?' 'Coffee, please.'

เราใช้ 'would prefer **to do** something' (*มักไม่ใช้* would prefer doing) *เช่น*

- 'Shall we go by train?' '**I'd prefer to drive.**' (*ไม่ใช่* I'd prefer driving)
- **I'd prefer to stay** at home tonight **rather than go** to the cinema.

C Would rather (I'd rather ...)

would rather (do) = **would prefer** (to do) หลัง **would rather** ใช้ infinitive (ที่ไม่มี **to**)
เปรียบเทียบประโยคต่อไปนี้

- 'Shall we go by train?' { 'I'd **prefer to drive**.' / 'I'd **rather drive**.' (*ไม่ใช่* to drive) }
- '**Would** you **rather have** tea or coffee?' 'Coffee, please.'

รูปปฏิเสธคือ '**I'd rather not** (do something)' เช่น

- I'm tired. **I'd rather not go** out this evening, if you don't mind.
- 'Do you want to go out this evening?' '**I'd rather not.**'

เราใช้ '**would rather do** something **than do** something else' เช่น

- **I'd rather stay** at home tonight **than go** to the cinema.

D I'd rather somebody did something เมื่อเราต้องการให้ใครทำอะไรบางอย่าง

เราใช้คำพูดว่า '**I'd rather** you **did** something' (*ไม่ใช่* I'd rather you do) ดังตัวอย่าง

- 'Who's going to drive, you or me?' '**I'd rather** you **drove**.' ...'**ฉันอยากให้คุณเป็นคนขับมากกว่า**'
- 'Jack says he'll repair your bike tomorrow, OK?' '**I'd rather** he **did** it today.' ...'**ฉันอยากให้เขาทำวันนี้มากกว่า**'
- Are you going to tell Anna what happened, or **would** you **rather** I **told** her? ...**หรือคุณอยากให้ฉันเป็นคนบอกมากกว่า**

ในโครงสร้างประโยคแบบนี้ เราใช้รูป past (**drove, did** ฯลฯ) แต่มีความหมายเป็นปัจจุบันหรืออนาคต *ไม่ใช่*อดีต
เปรียบเทียบประโยคต่อไปนี้

- I'd rather **make** dinner now. ฉันอยาก**ทำอาหารเย็น**เดี๋ยวนี้มากกว่า
  I'd rather **you made** dinner now. ฉันอยาก**ให้คุณทำอาหารเย็น**เดี๋ยวนี้มากกว่า (*ไม่ใช่* I'd rather you make)

I'd rather you **didn't** (do something) = ฉันอยากให้คุณไม่ทำสิ่งนั้น

- **I'd rather you didn't tell** anyone what I said. **ฉันอยากให้คุณไม่บอก**ใครๆ ว่าฉันพูดอะไร
- 'Are you going to tell Anna what happened?' 'No. **I'd rather** she **didn't** know.' ...'**ฉันอยากให้เธอไม่รู้มากกว่า**'
- 'Shall I tell Anna what happened?' '**I'd rather you didn't.**' ...'**ฉันคิดว่าคุณอย่าบอกดีกว่า**'

Would prefer → Unit 58B **Prefer** (one thing) **to** (another) **→ Unit 136D**

Exercises

59.1 คุณชอบอย่างไหนมากกว่า เขียนประโยคโดยใช้ **'I prefer** (something) **to** (something else)' และเติมคำกริยาในรูปที่ถูกต้อง

1 (drive / travel by train)
I prefer driving to travelling by train.
2 (basketball / football)
I prefer ....
3 (go to the cinema / watch DVDs at home)
I .... to .... at home.
4 (be very busy / have nothing to do)
I ....

เขียนประโยคที่ 3 และ 4 ใหม่ โดยใช้โครงสร้าง 'I prefer to (do something)'

5 (1) *I prefer to drive rather than travel by train.*
6 (3) I prefer to ....
7 (4) ....

59.2 เติมประโยคให้สมบูรณ์ บางประโยคใช้เพียงหนึ่งคำ บางประโยคใช้มากกว่านั้น

	A	B
1	Shall we walk home?	*I'd rather* get a taxi.
2	Do you want to eat now?	I'd prefer *to wait* till later.
3	Would you like to watch TV?	I'd .... to listen to some music.
4	Do you want to go to a restaurant?	I'd rather .... at home.
5	Let's leave now.	.... wait a few minutes.
6	What about a game of tennis?	I'd prefer .... for a swim.
7	I think we should decide now.	I'd .... think about it for a while.
8	Would you like to sit down?	.... to stand.
9	Do you want me to come with you?	I'd rather .... alone.

เติมประโยคให้สมบูรณ์โดยใช้ than และ rather than

10 I'd rather *get* a taxi *than walk home.*
11 I'd prefer .... for a swim ....
12 I'd rather .... at home ....
13 I'd prefer .... about it for a while ....
14 I'd rather .... some music ....

59.3 เติมประโยคให้สมบูรณ์ โดยใช้ **would you rather I** ...

1 Are you going to make dinner or *would you rather I made it?*
2 Are you going to tell Anna what happened or would you rather .... ?
3 Are you going to do the shopping or .... ?
4 Are you going to phone Tanya or .... ?

59.4 เติมประโยคให้สมบูรณ์ด้วยคำพูดของคุณเอง

1 'Shall I tell Anna what happened?' 'No, I'd rather she *didn't* know.'
2 Do you want me to go now or would you rather I .... here?
3 Do you want to go out this evening or would you rather .... at home?
4 This is a private matter. I'd rather you .... tell anybody else.
5 I don't want to make a decision without Jack and Sue. I'd rather they .... here.
6 A: Do you mind if I put some music on?
B: I'd rather you .... I'm trying to study.

→ แบบฝึกหัดเสริม 27–28 (หน้า 318–19)

Unit 60

Preposition (in/for/about ฯลฯ) + -ing

A

ถ้า preposition (บุพบท) เช่น (**in/for/about** ฯลฯ) มีคำกริยาตามมา คำกริยานั้นจะต้องลงท้ายด้วย **-ing** ดังตัวอย่าง

	preposition	*verb* (**-ing**)	
Are you interested	**in**	**working**	for us?
I'm not good	**at**	**learning**	languages.
Sue must be fed up	**with**	**studying**.	
What are the advantages	**of**	**having**	a car?
Thanks very much	**for**	**inviting**	me to your party.
How	**about**	**meeting**	for lunch tomorrow?
Why don't you go out	**instead of**	**sitting**	at home all the time?
Amy went to work	**in spite of**	**feeling**	ill.

นอกจากนี้ คุณยังพูดว่า 'instead of **somebody** doing something', 'fed up with **people** doing something' ฯลฯ ได้ด้วย เช่น

- I'm fed up with **people** telling me what to do.

B

โปรดสังเกตการใช้ preposition + **-ing** ต่อไปนี้

before -ing และ **after -ing**

- **Before going** out, I phoned Sarah. (*ไม่ใช่* Before to go out)
- What did you do **after finishing** school?

คุณจะพูดว่า '**Before I went** out …' และ '… **after you finished** school' ก็ได้

by -ing (เพื่อบอกว่าสิ่งนั้น / เหตุการณ์นั้นเกิดขึ้นได้อย่างไร)

- The burglars got into the house **by breaking** a window and **climbing** in.
- You can improve your English **by reading** more.
- She made herself ill **by** not **eating** properly.
- Many accidents are caused **by** people **driving** too fast.

without -ing

- We ran ten kilometres **without stopping**.
- It was a stupid thing to say. I said it **without thinking**.
- She needs to work **without** people **disturbing** her. (*หรือ* … **without being** disturbed.)
- I have enough problems of my own **without having** to worry about yours.

C

To -ing (look forward **to doing** something ฯลฯ)

to มักจะใช้เป็นส่วนหนึ่งของ infinitive (**to** do / **to** see ฯลฯ) เช่น

- We decided **to travel** by train.
- Would you like **to meet** for lunch tomorrow?

แต่ **to** ก็เป็น preposition ด้วย (เช่นเดียวกับ **in/for/about/with** ฯลฯ) ดังตัวอย่าง

- We went from Paris **to Geneva**.
- I prefer tea **to coffee**.
- Are you looking forward **to the weekend**?

ถ้า preposition มีคำกริยาตามมา คำกริยานั้นจะต้องลงท้ายด้วย **-ing** เช่น

- I'm fed up **with travelling** by train.
- How **about going** away this weekend?

ดังนั้น เมื่อ **to** เป็น preposition และมีคำกริยาตามมา คุณต้องใช้ **to -ing** เช่น

- I prefer driving **to travelling** by train. (*ไม่ใช่* to travel)
- Are you looking forward **to going** on holiday? (*ไม่ใช่* looking forward to go)

Be/get used to -ing → Unit 61 Verb + preposition + -ing → **Unit 62**
While/when -ing → Unit 68B **In spite of → Unit 113** Prepositions → **Units 121–136**

Exercises

60.1 เติมประโยคที่สองให้สมบูรณ์ โดยให้มีความหมายเหมือนกับประโยคแรก

1 Why is it useful to have a car?
What are the advantages of *having a car?*
2 I don't intend to apply for the job.
I have no intention of ....
3 Helen has a good memory for names.
Helen is good at ....
4 You probably won't win the lottery. You have little chance.
You have little chance of ....
5 Did you get into trouble because you were late?
Did you get into trouble for .... ?
6 We didn't eat at home. We went to a restaurant instead.
Instead of ....
7 We got into the exhibition. We didn't have to queue.
We got into the exhibition without ....
8 We played very well, but we lost the game.
We lost the game despite ....

60.2 เติมประโยคให้สมบูรณ์ โดยใช้ **by -ing** และเลือกใช้วลีที่กำหนดให้ต่อไปนี้ (ใช้คำกริยาในรูปที่ถูกต้อง)

borrow too much money ~~**break a window**~~ **drive too fast**
put some pictures on the walls **stand on a chair** **turn a key**

1 The burglars got into the house *by breaking a window.*
2 I was able to reach the top shelf ....
3 You start the engine of a car ....
4 Kevin got himself into financial trouble ....
5 You can put people's lives in danger ....
6 We made the room look nicer ....

60.3 เติมประโยคให้สมบูรณ์ด้วยคำกริยาที่เหมาะสม ในแต่ละประโยคใช้คำกริยาเพียงคำเดียว

1 We ran ten kilometres without *stopping.*
2 He left the hotel without .... his bill.
3 It's a nice morning. How about .... for a walk?
4 We were able to translate the letter into English without .... a dictionary.
5 Before .... to bed, I like to have a hot drink.
6 It was a long trip. I was very tired after .... on a train for 36 hours.
7 I was annoyed because the decision was made without anybody .... me.
8 After .... the same job for ten years, I felt I needed a change.
9 We got lost because we went straight on instead of .... left.
10 I like these pictures you took. You're good at .... pictures.

60.4 เขียนประโยคโดยใช้ **I'm (not) looking forward to** ให้เหมาะสมกับสถานการณ์ในแต่ละข้อ

1 You are going on holiday next week. How do you feel?
I'm looking forward to going on holiday.
2 Kate is a good friend of yours and she is coming to visit you soon. So you will see her again soon. How do you feel? I'm ....
3 You are going to the dentist tomorrow. You don't enjoy going to the dentist. How do you feel?
I'm not ....
4 Rachel hates school, but she's leaving next summer. How does she feel?
....
5 You've arranged to play tennis tomorrow. You haven't played for a while and you like tennis a lot. How do you feel?
....

➜ แบบฝึกหัดเสริม 26–28 (หน้า 317–19)

Unit 61

Be/get used to something (I'm used to ...)

A

พิจารณาสถานการณ์ตัวอย่างต่อไปนี้

Lisa is American, but she lives in Britain. When she first drove a car in Britain, she found it very difficult because she had to drive on the left, not on the right. Driving on the left was strange and difficult for her because:

She **wasn't used to it**.
She **wasn't used to driving** on the left. เธอ**ไม่ชินกับการขับรถ**ทางซ้าย

But after a lot of practice, driving on the left became less strange. So:
She **got used to driving** on the left. เธอ**เริ่มชินกับการขับรถ**ทางซ้าย

Now it's no problem for Lisa:
She **is used to driving** on the left. เธอ**ชินกับการขับรถ**ทางซ้าย

B

I'm used to something = ฉัน**ชินกับ**บางสิ่งบางอย่าง / การกระทำบางประการ (= มันไม่ใช่สิ่งใหม่หรือแปลกสำหรับฉัน)

- Paul lives alone. He doesn't mind this because he has lived alone for 15 years. It is not strange for him. He **is used to it**. He **is used to living** alone. ...เขา**ชินกับการอยู่คนเดียว**
- I bought some new shoes. They felt a bit strange at first because I **wasn't used to them**. ...**ฉันยังไม่ชินกับรองเท้าคู่ใหม่**
- Our new apartment is on a very busy street. I expect we'll **get used to the noise**, but at the moment it's very disturbing. ...ฉันหวังว่าเราจะ**ชินกับเสียง**อย่างนั้น...
- Helen has a new job. She has to get up much earlier now than before – at 6.30. She finds this difficult because she **isn't used to getting** up so early. ...เธอ**ไม่ชินกับการลุกขึ้น**แต่เช้า
- Katherine's husband is often away from home. She doesn't mind this. She **is used to him being** away. ...เธอ**ชินกับการที่เขาไม่อยู่**บ้าน

C

หลัง **be/get used** อย่าใช้รูป infinitive (**to do / to drive** ฯลฯ) แต่ให้ใช้ **to -ing** เช่น

- She is used **to driving** on the left. (*ไม่ใช่* She is used to drive)

เมื่อเราพูดว่า **'I am used to** something' **to** เป็น preposition ไม่ใช่ส่วนของ infinitive
ดังนั้น เราจึงพูดว่า

- We're not used **to the noise**. / We're not used **to it**.
- Paul is used **to living** alone. (*ไม่ใช่* Paul is used to live)
- Lisa had to get used **to driving** on the left. (*ไม่ใช่* get used to drive)

D

อย่าสับสนระหว่าง **I am used to doing** และ **I used to do** ทั้ง 2 ประโยคมีโครงสร้างและความหมายแตกต่างกัน ดังนี้

I **am** used **to** (**doing**) something = ฉันชินกับ (การกระทำ) บางสิ่งบางอย่าง

- I **am** used **to the weather** in this country. ฉัน**ชินกับอากาศ**ในประเทศนี้
- I **am** used **to driving** on the left because I've lived in Britain a long time.
  ฉัน**ชินกับการขับรถ**ทางซ้ายมือ...

I used **to do** something = ฉันเคยทำบางอย่างเป็นประจำในอดีต แต่ปัจจุบันไม่ได้ทำแล้ว เราใช้โครงสร้างแบบนี้สำหรับเหตุการณ์ในอดีต (past) เท่านั้น จะใช้กับปัจจุบัน (present) ไม่ได้ (ดู Unit 18)

รูปแบบโครงสร้าง คือ 'I **used** to do' (*ไม่ใช่* I **am** used to do) เช่น

- I **used to drive** to work every day, but these days I usually go by bike.
  ฉัน**เคยขับรถ**ไปทำงานทุกวัน แต่ในปัจจุบัน ฉันขี่จักรยานไปเป็นประจำ
- We **used to live** just outside the town, but now we live near the centre.
  เรา**เคยอาศัย**อยู่นอกเมือง แต่เดี๋ยวนี้ เราอาศัยอยู่ในเมือง

Used to (do) ➜ Unit 18   To + -ing ➜ Unit 60C

Exercises

61.1 ดูสถานการณ์ในข้อ A หน้าซ้ายมืออีกครั้ง ('Lisa is American …')
สถานการณ์ต่อไปนี้ใกล้เคียงกัน เติมประโยคให้สมบูรณ์ โดยใช้ **used to**

1 Jack has to drive two hours to his work every morning. Many years ago, when he first had to do this, it was difficult for him. But now it's OK.
When Jack started working in this job, he wasn't .... driving two hours to work every morning, but after some time he .... it. Now it's no problem for him. He .... two hours every morning.

2 Julia is a nurse. A year ago she started working nights. At first she found it hard and didn't like it.
She .... nights and it took her a few months to .... it. Now, after a year, it's OK for her.
She .... nights.

61.2 คุณจะพูดอย่างไรในสถานการณ์ต่อไปนี้ ใช้ **I'm (not) used to …**

1 You live alone. You don't mind this. You have always lived alone.
FRIEND: Do you get lonely sometimes?
YOU: No, *I'm used to living alone.*
2 You sleep on the floor. You don't mind this. You have always slept on the floor.
FRIEND: Wouldn't you prefer to sleep in a bed?
YOU: No, I ....
3 You have to work long hours in your job. This is not a problem for you. You have always worked long hours.
FRIEND: You have to work very long hours in your job, don't you?
YOU: Yes, but I don't mind that. I ....
4 You usually go to bed early. Last night you went to bed very late (for you), and as a result you are very tired this morning.
FRIEND: You look tired this morning.
YOU: Yes, ...

61.3 อ่านสถานการณ์ต่อไปนี้ และเติมประโยคให้สมบูรณ์ โดยใช้ **get/got used to**

1 Some friends of yours have just moved into an apartment on a busy street. It is very noisy.
They'll have to *get used to the noise.*
2 The children at school got a new teacher. She was different from the teacher before her, but this wasn't a problem for the children. They soon ....
3 Sue moved from a big house to a much smaller one. She found it strange at first. She had to .... in a much smaller house.
4 Some people you know from Britain are going to live in your country. What will they have to get used to?
They'll have to ....

61.4 เติมประโยคให้สมบูรณ์ โดยใช้คำเพียงคำเดียวในแต่ละประโยค (ดูข้อ C)

1 Lisa had to get used to *driving* on the left.
2 Dan used to .... a lot of coffee. Now he prefers tea.
3 I feel very full after that meal. I'm not used to .... so much.
4 I wouldn't like to share an office. I'm used to .... my own office.
5 I used to .... a car, but I sold it a few months ago.
6 When we were children, we used to .... swimming very often.
7 There used to .... a school here, but it was knocked down a few years ago.
8 I'm the boss here! I'm not used to .... told what to do.
9 We used to .... in a village. We moved to London a few years ago and had to get used to .... in a big city.

→ แบบฝึกหัดเสริม **26–28** (หน้า 317–19)

Unit 62

Verb + preposition + -ing (succeed in -ing / accuse somebody of -ing ฯลฯ)

A

คำกริยาหลายคำมีโครงสร้างแบบ verb + preposition (**in/for/about** ฯลฯ) + object ดังตัวอย่าง

verb +	*preposition*	*+ object*
We **talked**	**about**	the problem.
You must **apologise**	**for**	what you said.

ถ้า object เป็นคำกริยาอีกคำหนึ่ง ต้องใช้รูปที่ลงท้ายด้วย **-ing** เช่น

verb +	*preposition*	*+ object*
We **talked**	**about**	**going** to South America.
You must **apologise**	**for**	not **telling** the truth.

ตัวอย่างเพิ่มเติมสำหรับคำกริยาอื่นๆ ที่ใช้โครงสร้างนี้

approve (of) เห็นด้วย (กับ)	He doesn't **approve**	**of**	**swearing**.
decide (against) ตัดสินใจ (ไม่)	We have **decided**	**against**	**moving** to London.
dream (of) ฝัน (อยากจะ)	I wouldn't **dream**	**of**	**asking** them for money.
feel (like) รู้สึก (อยากจะ)	Do you **feel**	**like**	**going** out tonight?
insist (on) ยืนกราน (จะ)	They **insisted**	**on**	**paying** for the meal.
look forward (to) ตั้งตารอ (ที่จะ)	I'm **looking forward**	**to**	**meeting** her.
succeed (in) ประสบความสำเร็จ (ใน)	Have you **succeeded**	**in**	**finding** a job yet?
think (of/about) คิดถึง (เรื่อง)	I'm **thinking**	**of/about**	**buying** a house.

คุณอาจพูดว่า 'approve of **somebody** doing something', 'look forward to **somebody** doing something' ฯลฯ ก็ได้ เช่น

- I don't approve **of people killing** animals for fun.
- We are all looking forward **to Andy coming** home.

B

คำกริยาต่อไปนี้ สามารถใช้โครงสร้าง verb + object + preposition + **-ing** เช่น

	verb	*+ object +*	*preposition*	*+ **-ing** (object)*
accuse (of) กล่าวหา... (ว่า)	They **accused**	us	**of**	**telling** lies.
congratulate (on) ยินดีกับ... (ที่)	We all **congratulated**	Lisa	**on**	**winning** the first prize.
excuse (for) ...ขอโทษ (ที่)	**Excuse**	me	**for**	**phoning** you so late.
prevent (from) กีดกัน... (ไม่ให้)	What **prevented**	you	**from**	**coming** to see us?
stop (from) ยับยั้ง... (จาก)	The rain didn't **stop**	us	**from**	**enjoying** our holiday.
suspect (of) สงสัย... (ว่า)	Nobody **suspected**	the general	**of**	**being** a spy.
thank (for) ขอบคุณ... (สำหรับ)	I forgot to **thank**	them	**for**	**helping** me.

คุณอาจพูดว่า '**stop** somebody **doing**' หรือ '**stop** somebody **from doing**' ก็ได้ เช่น

- You can't **stop** me **doing** what I want. *หรือ* You can't **stop** me **from doing** what I want.

ตัวอย่างต่อไปนี้คือรูปที่มี **not** ข้างหน้า -ing เช่น

- They accused us of **not telling** the truth.
- Excuse me for **not replying** to your email until now.

คำกริยาเหล่านี้มักจะใช้ในรูป passive ดังตัวอย่าง

- We **were accused of telling** lies.
- The general **was suspected of being** a spy.

โปรดสังเกตว่าเราใช้ 'apologise **to somebody** for ...' เช่น

- I apologised **to them** for keeping them waiting. (*ไม่ใช่* I apologised them)

Decide to ... → Unit 54A Preposition + -ing → **Unit 60** Verb + preposition → **Units 132–136**

Exercises

62.1 เติมแต่ละประโยคให้สมบูรณ์โดยใช้คำเพียงคำเดียว

1 Our neighbours apologised for *making* so much noise.
2 I feel lazy. I don't feel like .... any work.
3 I wanted to go out alone, but Joe insisted on .... with me.
4 Where are you thinking of .... your holiday this year?
5 We have decided against .... a car because we can't really afford it.
6 It's good Dan and Amy are coming to stay with us. I'm looking forward to .... them again.
7 Some parents don't approve of their children .... a lot of TV.
8 It took us a long time, but we finally succeeded in .... the problem.
9 I've always dreamed of .... a small house by the sea.

62.2 เติมประโยคให้สมบูรณ์ โดยใช้ **preposition** + คำกริยาคำใดคำหนึ่งต่อไปนี้ (ในรูปที่ถูกต้อง)

be	**cause**	**do**	**eat**	**escape**	~~**go**~~
interrupt	**invite**	**tell**	**use**	**walk**	**wear**

1 Do you feel *like going* out this evening?
2 The driver of the other car accused me .... the accident.
3 There's a fence around the lawn to stop people .... on the grass.
4 Excuse me .... you, but may I ask you something?
5 The man who has been arrested is suspected .... a false passport.
6 I'm fed up with my job. I'm thinking .... something else.
7 The guards weren't able to prevent the prisoner ....
8 I didn't want to hear the story, but Dan insisted .... me.
9 I'm getting hungry. I'm really looking forward .... something.
10 I think you should apologise to Sue .... so rude to her.
11 I'm sorry I can't come to your party, but thank you very much .... me.
12 The police stopped the car because they suspected the driver .... not .... a seat belt.

62.3 เติมประโยคทางขวามือให้ถูกต้อง

1
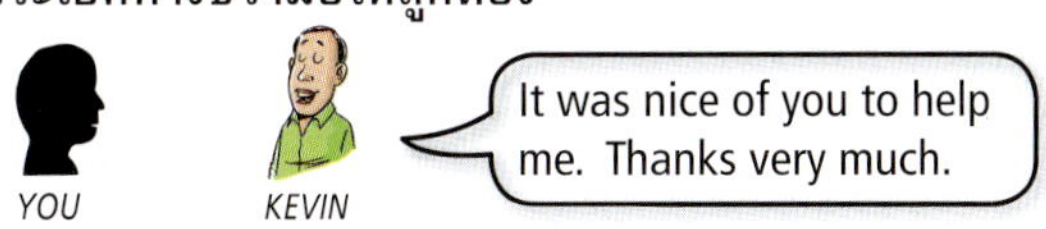

Kevin thanked *me for helping him.*

2

Tom insisted .... Ann ....

3

Dan congratulated me ....

4
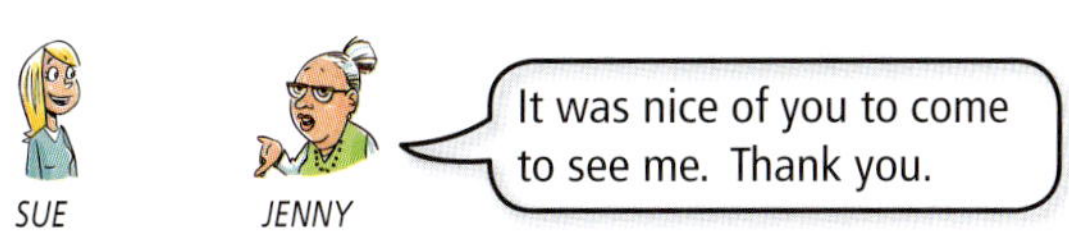

Jenny thanked ....

5

Kate apologised ....

6

Jane accused ....

→ แบบฝึกหัดเสริม 27–28 (หน้า 318–19)

Unit 63

Expressions + -ing

A

เมื่อสำนวนต่อไปนี้มีคำกริยาอยู่ข้างหลัง ให้ใช้คำกริยานั้นในรูปที่ลงท้ายด้วย **-ing** เช่น

It's no use / It's no good … ไม่มีประโยชน์...
- There's nothing you can do about the situation, so **it's no use worrying** about it.
- **It's no good trying** to persuade me. You won't succeed.

There's no point in … ไม่มีข้อดี...
- **There's no point in having** a car if you never use it.
- **There was no point in waiting** any longer, so we left.

แต่เรามักพูดว่า '**the** point **of doing** something' เช่น
- **What's the point of having** a car if you never use it?

B

It's (not) **worth** … (ไม่) คุ้ม...
- I live only a short walk from here, so **it's not worth taking** a taxi.
- Our flight was very early in the morning, so **it wasn't worth going** to bed.

คุณอาจพูดว่า a film is **worth seeing**, a book is **worth reading** ฯลฯ เช่น
- What was the film like? Was it **worth seeing**?
- Thieves broke into the house, but didn't take anything. There was nothing **worth stealing**.

C

Have trouble -ing, have difficulty -ing ฯลฯ ลำบากในการ...

เราพูดว่า have **trouble** / **difficulty** / **a problem** **doing** something เช่น
- I had no **trouble finding** a place to stay. (*ไม่ใช่* trouble to find)
- Did you have any **difficulty getting** a visa?
- People sometimes have **problems reading** my writing.

D

Spend time / waste time / be busy ใช้เวลา / เสียเวลา / ธุระยุ่ง (วุ่น)

spend/waste (time) **doing** something ใช้เวลา / เสียเวลากับการทำบางสิ่งบางอย่าง
- He **spent** hours **trying** to repair the clock.
- I **waste** a lot of time **doing** nothing.

(be) **busy doing** something ธุระยุ่ง (วุ่น) กับการทำบางสิ่งบางอย่าง
- She said she couldn't see me. She was too **busy doing** other things.

E

Go swimming / go fishing ฯลฯ

เราใช้ **go -ing** กับกิจกรรมหลายๆ อย่าง (โดยเฉพาะอย่างยิ่งเกี่ยวกับกีฬา) เช่น

go sailing	**go swimming**	**go fishing**	**go skiing**
go camping	**go surfing**	**go scuba diving**	**go jogging**
go riding	**go hiking**	**go sightseeing**	**go shopping**

- How often do you **go swimming**?
- I'd like to **go skiing**.
- When was the last time you **went shopping**?
- I've never **been sailing**. (สำหรับการใช้ **gone** และ **been** ดู Unit 7D)

Exercises

63.1 แต่งประโยคขึ้นต้นด้วย **There's no point ...**

1 Why have a car if you never use it?
There's no point in having a car if you never use it.

2 Why work if you don't need money?

....

3 Don't try to study if you feel tired.

....

4 Why hurry if you've got plenty of time?

....

63.2 เติมประโยคทางขวามือให้สมบูรณ์

1	Shall we get a taxi home?	No, it isn't far. It's not worth *getting a taxi.*
2	If you need help, why don't you ask David?	It's no use .... He won't be able to do anything.
3	I don't really want to go out tonight.	Well, stay at home! There's no point .... if you don't want to.
4	Shall I phone Lisa now?	No, it's no good .... now. She won't be at home.
5	Are you going to complain about what happened?	No, it's not worth .... Nobody will do anything about it.
6	Do you want to keep these old clothes?	No, let's throw them away. They're not worth ....

63.3 เติมประโยคให้สมบูรณ์

1 I managed to get a visa, but it was difficult.
I had difficulty *getting a visa.*

2 I find it hard to remember people's names.
I have a problem ....

3 Lucy managed to get a job. It wasn't a problem.
She had no trouble ....

4 It won't be difficult to get a ticket for the game.
You won't have any problem ....

5 Do you find it difficult to understand him?
Do you have difficulty .... ?

63.4 เติมประโยคให้สมบูรณ์ โดยใช้คำเพียงคำเดียวในแต่ละข้อ

1 I waste a lot of time *doing* nothing.
2 Every morning I spend about an hour .... the newspaper.
3 'What's Karen doing?' 'She's going away tomorrow, so she's busy ....'
4 I think you waste too much time .... TV.
5 There's a beautiful view from that hill. It's worth .... to the top.
6 Just stay calm. There's no point in .... angry.

63.5 เติมประโยคให้สมบูรณ์ โดยใช้สำนวนต่อไปนี้ (ในรูปที่ถูกต้อง)

go riding ~~**go sailing**~~ **go shopping** **go skiing** **go swimming**

1 Ben lives by the sea and he's got a boat, so he often *goes sailing.*
2 It was a very hot day, so we .... in the lake.
3 There's plenty of snow in the mountains, so we'll be able to ....
4 Helen has got two horses. She .... regularly.
5 'Where's Dan?' 'He's .... There were a few things he needed to buy.'

→ แบบฝึกหัดเสริม 27–28 (หน้า 318–19)

Unit 64

To … , for … และ so that …

A

พิจารณาตัวอย่างต่อไปนี้

- I phoned the restaurant **to reserve** a table.
- What do you need **to make** bread?
- We shouted **to warn** everybody of the danger.
- This letter is **to confirm** the decisions we made at our meeting last week.
- The president has a team of bodyguards **to protect** him.

ในตัวอย่างเหล่านี้ **to** … (**to reserve** … / **to make** … ฯลฯ) บอกจุด*ประสงค์*ของบางสิ่งบางอย่าง คือ ทำไมบางคนถึงทำเช่นนั้น หรือมีบางสิ่งบางอย่าง หรือต้องการบางสิ่งบางอย่าง ฯลฯ หรือ ทำไมสิ่งนั้น / เหตุการณ์เช่นนั้นจึงเกิดขึ้น

B

เราพูดว่า 'a place **to park**', 'something **to eat**', 'work **to do**' ฯลฯ เช่น

- It's difficult to find **a place to park** in the centre. ยากที่จะหา**ที่จอดรถ**ในเมือง
- Would you like **something to eat**? คุณต้องการจะ**รับประทานอะไร**บ้างไหม
- Do you have **much work to do**? คุณมี**งานที่จะต้องทำมาก**ไหม
- I get lonely if there's **nobody to talk to**.
- I need **something to open** this bottle **with**.

รวมทั้งคำต่อไปนี้ **money/time/chance/opportunity/energy/courage** (ฯลฯ) **to** do something เช่น

- They gave us **money to buy** food.
- Do you have **much opportunity to practise** your English?
- I need **a few days to think** about your proposal.

C

เปรียบเทียบการใช้ **for** … และ **to** … ต่อไปนี้

for + noun	**to** + verb
We stopped **for petrol**.	We stopped **to get** petrol.
I had to run **for the bus**.	I had to run **to catch the bus**.

เราใช้โครงสร้าง '**for** somebody **to do** something' ได้ด้วย เช่น

- There weren't any chairs **for us to sit on**, so we sat on the floor.

คุณอาจใช้ **for -ing** หรือ **to** … เพื่อบอกว่า ของสิ่งนั้นสิ่งนี้ใช้สำหรับทำอะไร เช่น

- I use this brush **for washing** the dishes. *หรือ* … **to wash** the dishes.

แต่เราไม่ใช้ **for -ing** ในการบอกว่าทำไมใครบางคนถึงทำสิ่งนั้นสิ่งนี้ เช่น

- I went into the kitchen **to wash** the dishes. (*ไม่ใช่* for washing)

คุณอาจใช้ **What** … **for**? เพื่อถามถึงจุดประสงค์ ว่าใช้ / ทำสิ่งนั้นเพื่ออะไร เช่น

- **What** is this switch **for**?
- **What** did you do that **for**?

D

So that

เราใช้ **so that** (*ไม่ใช่* **to** …) ในกรณีต่อไปนี้

i) เพื่อแสดงจุดประสงค์ในความหมาย*ปฏิเสธ* ใช้ (**so that** … **won't/wouldn't**) เช่น

- I hurried **so that** I **wouldn't** be late. (= เพราะฉันไม่อยากไปสาย)
- Eat something now **so that** you **won't** (*หรือ* **don't**) **get** hungry later.

ii) ใช้กับ **can** และ **could** ในโครงสร้าง (so **that** … **can/could**) เช่น

- She's learning English **so that** she **can** study in Canada.
  …**เพื่อให้**เธอเรียนในประเทศแคนาดา**ได้**
- We moved to London **so that** we **could** see our friends more often.
  …**เพื่อให้**เราเจอเพื่อน**ได้**บ่อยขึ้น

คุณสามารถละ **that** ได้ เช่น

- I hurried **so that** I wouldn't be late. *หรือ* I hurried **so** I wouldn't be late.

Exercises

64.1 แต่งประโยคใหม่จากประโยคในกรอบ A และ B โดยใช้ **to** ...

A	B
1 ~~I shouted.~~	I want to keep warm.
2 I opened the box.	I want to go to Canada.
3 I'm saving money.	I wanted to report the accident.
4 I need a knife.	~~I wanted to warn people of the danger.~~
5 I'm wearing two sweaters.	I want to chop these onions.
6 I phoned the police.	I wanted to see what was in it.

1 *I shouted to warn people of the danger.*
2 I opened the box ....
3 I ....
4 ....
5 ....
6 ....

64.2 เติมประโยคให้สมบูรณ์ โดยใช้ **to** + คำกริยาที่เหมาะสม

1 The president has a team of bodyguards *to protect* him.
2 I didn't have enough time .... the newspaper today.
3 I came home by taxi. I didn't have the energy ....
4 'Would you like something ....?' 'Yes, please. A cup of coffee.'
5 We need a bag .... these things in.
6 There will be a meeting next week .... the problem.
7 Do you need a visa .... to the United States?
8 I saw Helen at the party, but we didn't have a chance .... to each other.
9 I need some new clothes. I don't have anything nice ....
10 They've just passed their exams. They're having a party ....
11 I can't do all this work alone. I need somebody .... me.

64.3 เติม **to** หรือ **for**

1 We stopped *for* petrol.
2 You need a lot of experience .... this job.
3 You need a lot of experience .... do this job.
4 We'll need more time .... make a decision.
5 I went to the dentist .... a checkup.
6 I had to put on my glasses .... read the paper.
7 Do you have to wear glasses .... reading?
8 I wish we had a garden .... the children .... play in.

64.4 เขียนประโยคใหม่ โดยใช้ **so that**

1 I hurried. I didn't want to be late. I hurried *so that I wouldn't be late.*
2 I wore warm clothes. I didn't want to be cold.
I wore warm clothes ....
3 I gave Dan my phone number. I wanted him to be able to contact me.
I gave Dan my phone number ....
4 We whispered. We didn't want anybody else to hear our conversation.
We whispered .... nobody ....
5 Please arrive early. We want to be able to start the meeting on time.
Please arrive early ....
6 We made a list of things to do. We didn't want to forget anything.
We made a list of things to do ....
7 I slowed down. I wanted the car behind me to be able to overtake.
I slowed down ....

Unit 65

Adjective + to …

A Difficult to understand ฯลฯ

เปรียบเทียบประโยค (a) และ (b) ต่อไปนี้

- James doesn't speak very clearly. { (a) **It** is difficult to understand **him**. / (b) **He** is **difficult to understand**. }

ประโยค (a) และ (b) มีความหมายเหมือนกัน แต่โปรดสังเกตว่า ในประโยค (b) เราพูดว่า

- He is difficult **to understand**. (*ไม่ใช่* He is difficult to understand him.)

คุณสามารถใช้โครงสร้างในกรอบข้างบนกับ adjective (คุณศัพท์) ต่อไปนี้

easy	**nice**	**safe**	**cheap**	**exciting**	**impossible**
hard	**good**	**dangerous**	**expensive**	**interesting**	

- Do you think it is **safe** (for us) **to drink this water**?
  Do you think this water is **safe** (for us) **to drink**? (*ไม่ใช่* to drink it)
- The questions in the exam were very difficult. It was **impossible to answer them**.
  The questions in the exam were very difficult. They were **impossible to answer**.
  (*ไม่ใช่* to answer them)
- Nicola has lots of interesting ideas. It's **interesting to talk** to her.
  Nicola is **interesting to talk to**. (*ไม่ใช่* to talk to her.)

คุณสามารถใช้โครงสร้างนี้กับ adjective + noun ได้ด้วย เช่น

- This is a **difficult question** (for me) **to answer**. (*ไม่ใช่* to answer it)

B Nice of (you) to …

คุณอาจพูดว่า 'It's **nice of** somebody **to** do something' เช่น

- It was **nice of you to take** me to the airport. Thank you very much.

คุณอาจใช้ adjectives อื่นๆ อีกหลายคำในโครงสร้างเดียวกันนี้ เช่น

kind **(in)considerate** **generous** **mean** **careless** **silly** **stupid** **unfair**

- It's **silly of Ruth to give up** her job when she needs the money. **Ruth โง่จังเลยที่เลิก**ทำงาน...
- I think it was **unfair of him to criticise** me. ...**เขาไม่ยุติธรรมเลยที่มาวิพากษ์วิจารณ์ฉัน**

C Sorry to … / surprised to … ฯลฯ

คุณอาจใช้โครงสร้าง adjective + **to** … เพื่อบอกว่า คนบางคนมีความรู้สึกหรือปฏิกิริยาอย่างไรกับสิ่งที่เกิดขึ้น เช่น

- I'm **sorry to hear** that your mother isn't well. ฉัน**เสียใจที่ได้ยิน**ว่าคุณแม่ของคุณป่วย

คุณอาจใช้ adjectives อื่นๆ อีกหลายคำในโครงสร้างเดียวกันนี้ เช่น

glad **pleased** **relieved** **surprised** **amazed** **sad** **disappointed**

- Was Julia **surprised to see** you? Julia **แปลกใจไหมที่พบ**คุณ
- It was a long and tiring journey. We were **glad to get** home. ...เรา**ดีใจที่ได้กลับบ้าน**

D The first / the next (ฯลฯ) + to …

คุณอาจใช้ **to** … ข้างหลัง **the first/second/third** ฯลฯ และข้างหลัง **the last / the next / the only** … ได้ด้วย เช่น

- If I have any more news, you will be **the first** (person) **to know**. ...คุณจะเป็น**คนแรกที่รู้**
- **The next** train **to arrive** at Platform 4 will be the 10.50 to Liverpool. รถไฟ**เที่ยวต่อไปที่จะมาถึง**...
- Everybody was late except me. I was **the only** one **to arrive** on time. ...ฉันเป็น**คนเดียวที่มาถึง**...

E

คุณอาจพูดว่า something is **sure/certain/likely/bound to** happen เช่น

- Carla is a very good student. She's **bound to pass** the exam. (= เธอต้องสอบผ่านแน่ๆ)
- I'm **likely to get** home late tonight. (= เป็นไปได้ว่าฉันจะกลับบ้านดึกคืนนี้)

Afraid/interested/sorry ➜ Unit 66 **It … ➜ Unit 84C** **Enough** และ **too** + adjective **➜ Unit 103**

Exercises

65.1 (ดูข้อ A หน้าซ้ายมือ) เขียนประโยคต่อไปนี้เป็นอีกรูปแบบหนึ่ง โดยขึ้นต้นประโยคตามที่กำหนดให้

1 It's difficult to understand him. He *is difficult to understand.*
2 It's easy to use this machine. This machine is ……
3 It was very difficult to open the window. The window ……
4 It's impossible to translate some words. Some words ……
5 It's expensive to maintain a car. A ……
6 It's not safe to stand on that chair. That ……

65.2 (ดูข้อ A หน้าซ้ายมือ) เติมประโยคที่สองให้สมบูรณ์โดยใช้ **adjective** ในวงเล็บ และ **to …** ตามตัวอย่างที่ให้มา

1 I couldn't answer the question. (difficult) It was a *difficult question to answer.*
2 Everybody makes that mistake. (easy) It's an ……
3 I like living in this place. (nice) It's a ……
4 We enjoyed watching the game. (good) It was a ……

65.3 (ดูข้อ B หน้าซ้ายมือ) แต่งประโยคใหม่โดยใช้ **It …** ขึ้นต้นประโยค และใช้ **adjective** คำใดคำหนึ่งต่อไปนี้

careless **inconsiderate** ~~**kind**~~ **nice**

1 Sue has offered to help me. *It's kind of Sue to offer to help me.*
2 You make the same mistake again and again.
It ……
3 Dan and Jenny invited me to stay with them.
……
4 The neighbours make so much noise.
……

65.4 (ดูข้อ C หน้าซ้ายมือ) ใช้คำต่อไปนี้เติมประโยคให้สมบูรณ์

~~**I / sorry / hear**~~ **I / glad / hear** **pleased / meet** **we / surprised / see**

1 *I'm sorry to hear* that your mother isn't well. I hope she gets better soon.
2 I got your message. …… that you're keeping well.
3 …… Paula at the party last night. We didn't expect her to come.
4 'Tom, this is Chris.' 'Hi Chris. …… you.'

65.5 (ดูข้อ D หน้าซ้ายมือ) เติมประโยคที่สองให้สมบูรณ์ โดยใช้คำในวงเล็บ + **to …**

1 Nobody spoke before me. (the first) I was *the first person to speak.*
2 Everybody else arrived before Paul.
(the last) Paul was the ……
3 Emily passed the exam. All the other students failed.
(the only) Emily was ……
4 I complained to the restaurant manager about the service. Another customer had already complained.
(the second) I was ……
5 Neil Armstrong walked on the moon in 1969. Nobody had done this before him.
(the first) Neil Armstrong was ……

65.6 (ดูข้อ E หน้าซ้ายมือ) เติมประโยคต่อไปนี้ให้สมบูรณ์ โดยใช้คำในวงเล็บกับคำกริยาที่เหมาะสม

1 Carla is a very good student. She *is bound to pass* the exam. (bound)
2 I'm not surprised you're tired. After such a long journey you …… tired. (bound)
3 Andy has a very bad memory. He …… what you tell him. (sure)
4 I don't think you need to take an umbrella. It …… . (not likely)
5 The holidays begin this weekend. There …… a lot of traffic on the roads. (likely)

Unit 66

To … (afraid **to do**) และ preposition + **-ing** (afraid **of -ing**)

A Afraid to (do) และ afraid of (do)ing

I am **afraid to do** something = ฉันไม่อยากจะทำสิ่งนั้น เพราะกลัว / เกรงว่าจะเกิดอันตรายหรือผลลัพธ์ที่ตามมาอาจจะไม่ดีนัก
เราใช้ **afraid to do** สำหรับสิ่งที่ทำโดยเจตนา ซึ่งเราจะเลือกทำหรือไม่ทำก็ได้ เช่น

- This part of town is dangerous. People are **afraid to walk** here at night.
  (= พวกเขาไม่อยากเดินแถวนี้ เพราะมันอันตราย ดังนั้นพวกเขาจึงไม่เดิน)
- James was **afraid to tell** his parents what had happened.
  (= เขาไม่บอกพ่อแม่ เพราะเขารู้ว่าพ่อแม่คงจะโกรธหรือเป็นห่วง)

I am **afraid of** something **happening** = ฉันกลัวว่าจะมีสิ่งร้ายเกิดขึ้น (เป็นต้นว่าอุบัติเหตุ)
เราใช้ **afraid of -ing** สำหรับสิ่งที่เกิดขึ้นโดยบังเอิญ ไม่ใช่สิ่งที่เราทำโดยเจตนา เช่น

- The path was icy, so we walked very carefully. We were **afraid of falling**.
  (= เป็นไปได้ที่เราจะหกล้ม – *ไม่ใช่* we were afraid to fall)
- I don't like dogs. I'm always **afraid of being** bitten. (*ไม่ใช่* afraid to be bitten)

สรุปวิธีใช้ได้ดังนี้ you are **afraid to do** something because you are **afraid of something happening** เช่น

- I was **afraid to go** near the dog because I **was afraid of being** bitten.

B Interested in (do)ing และ interested to (do)

I'm **interested in doing** something = ฉันสนใจที่จะทำ / คิดจะทำ / ต้องการทำ บางสิ่งบางอย่าง เช่น

- Let me know if you're **interested in joining** the club. (*ไม่ใช่* to join)
- I tried to sell my car, but nobody was **interested in buying** it. (*ไม่ใช่* to buy)

เราใช้ **interested to** … โดยเฉพาะอย่างยิ่งกับคำกริยา **hear/see/read/learn/know/find**
เช่น ประโยค 'I was **interested to hear** it' = ฉันสนใจที่ได้ยิน / ทราบว่า... เช่น

- I was **interested to hear** that Tanya left her job. **ฉันสนใจที่ได้ยินว่า** Tanya ลาออก
- Ask Mike for his opinion. I would be **interested to know** what he thinks.
  (= ฉันสนใจอยากจะรู้ว่าเขาคิดอะไร)

โครงสร้างนี้เหมือนกับ **surprised to** … / **glad to** … ฯลฯ (ดู Unit 65C)

- I was **surprised to hear** that Tanya left her job.

C Sorry to (do) และ sorry for/about (do)ing

เราใช้ **sorry to** … เพื่อแสดงความเห็นใจผู้อื่น (ดู Unit 65C) เช่น

- I was **sorry to hear** that Nicky lost her job. (= ฉันเสียใจที่ได้ยินอย่างนั้น)
- I've enjoyed my stay here. I'll be **sorry to leave**.

เราใช้ **sorry to** … เพื่อขอโทษในการกระทำบางสิ่งบางอย่าง ณ ขณะนั้น เช่น

- I'm **sorry to phone** you so late, but I need to ask you something. **ฉันขอโทษที่โทรมา**ดึก...

คุณอาจใช้ **sorry for** หรือ **sorry about** (doing something) เพื่อขอโทษที่ได้ทำบางสิ่งบางอย่างก่อนหน้านี้ เช่น

- I'm **sorry for** (*หรือ* **about**) **shouting** at you yesterday. (*ไม่ใช่* sorry to shout)

คุณอาจพูดแบบนี้ก็ได้ เช่น

- I'm **sorry I shouted** at you yesterday.

D

โปรดจำสำนวนต่อไปนี้

I want to (do) / **I'd like to** (do)	*แต่*	I'm **thinking of** (do)**ing** / I **dream of** (do)**ing**
I failed to (do)	*แต่*	I **succeeded in** (do)ing
I allowed them to (do)	*แต่*	I **prevented** them **from** (do)**ing**
		I **stopped** them **from** (do)**ing**

สำหรับประโยคตัวอย่าง ดู Units 54–55 และ 62

Verb + preposition + -ing ➔ **Unit 62** Adjective + preposition ➔ **Units 130–131**
Sorry about/for ➔ **Unit 130**

Exercises

66.1 เขียนประโยคโดยใช้คำในวงเล็บและ **afraid to** … หรือ **afraid of -ing**

1 The streets are unsafe at night.
(a lot of people / afraid / go / out) *A lot of people are afraid to go out.*
2 We walked very carefully along the icy path.
(we / afraid / fall) *We were afraid of falling.*
3 I don't usually carry my passport with me.
(I / afraid / lose / it) ....
4 I thought she would be angry if I told her what had happened.
(I / afraid / tell / her) ....
5 We rushed to the station.
(we / afraid / miss / our train) ....
6 In the middle of the film there was an especially horrifying scene.
(we / afraid / look) ....
7 The vase was very valuable, so I held it carefully.
(I / afraid / drop / it) ....
8 I thought the food on my plate didn't look fresh.
a (I / afraid / eat / it) ....
b (I / afraid / get / sick) ....

66.2 เติมประโยคให้สมบูรณ์ โดยใช้ **in** … หรือ **to** … และกริยาคำใดคำหนึ่งต่อไปนี้

~~buy~~ get know look read start

1 I'm trying to sell my car, but nobody is interested *in buying* it.
2 Julia is interested .... her own business.
3 I was interested .... your article in the newspaper last week. It was very well written.
4 Ben wants to stay single. He's not interested .... married.
5 I heard from Mark recently. You'll be interested .... that he's now working in Paris.
6 I don't enjoy sightseeing. I'm not interested .... at old buildings.

66.3 เติมประโยคให้สมบูรณ์ โดยใช้ **sorry for/about** … หรือ **sorry to** … และคำกริยาที่ให้มาในวงเล็บ

1 I'm *sorry to phone* you so late, but I need to ask you something. (phone)
2 I was .... that you didn't get the job you applied for. (hear)
3 I'm .... all those bad things about you. I didn't mean them. (say)
4 I'm .... you, but do you have a pen I could borrow? (disturb)
5 I'm .... the book you lent me. I'll buy you another one. (lose)

66.4 เติมประโยคให้สมบูรณ์ โดยใช้คำกริยาในวงเล็บ

1 a We wanted *to leave* the building. (leave)
b We weren't allowed .... the building. (leave)
c We were prevented .... the building. (leave)
2 a Peter failed .... the problem. (solve)
b Chris succeeded .... the problem. (solve)
3 a I'm thinking .... away next week. (go)
b I'm hoping .... away next week. (go)
c I'd like .... away next week. (go)
d I'm looking forward .... away next week. (go)
4 a Helen wanted .... me lunch. (buy)
b Helen insisted .... me lunch. (buy)
c Helen promised .... me lunch. (buy)
d Helen wouldn't dream .... me lunch. (buy)

→ แบบฝึกหัดเสริม 27 (หน้า 318)

See somebody do และ see somebody doing

A

พิจารณาสถานการณ์ตัวอย่างต่อไปนี้

Tom got into his car and drove away. You saw this.
คุณอาจจะเล่าถึงสิ่งที่คุณเห็นว่า

- I saw Tom **get** into his car and **drive** away.
  ฉันเห็น Tom **ขึ้น**รถและ**ขับ**ออกไป

ในโครงสร้างนี้ เราใช้ **get/drive/do** ฯลฯ ในรูป infinitive ไม่มี to (*ไม่ใช่* to get / to drive / to do)

TOM

Somebody **did** something + I saw this
→ I **saw** somebody **do** something

แต่หลังคำกริยาในรูป passive ('he **was seen**' ฯลฯ) เราใช้ **to** เช่น

- He was seen **to** get in the car.

B

พิจารณาสถานการณ์ตัวอย่างต่อไปนี้

Yesterday you saw Kate. She was waiting for a bus.
คุณอาจเล่าถึงสิ่งที่คุณเห็นว่า

- I saw Kate **waiting** for a bus. ฉันเห็น Kate **รอ**รถประจำทาง**อยู่**

ในโครงสร้างนี้ เราใช้ **-ing** (**waiting**/**doing** ฯลฯ) เช่น

Somebody **was doing** something + I saw this
→ I **saw** somebody **doing** something

KATE

C

ศึกษาความแตกต่างของความหมายระหว่างโครงสร้างทั้งสองต่อไปนี้

I saw him **do** something = he **did** something *(past simple)* and I saw this. ประโยคนี้หมายความว่า ฉันเห็นการกระทำของเขาตั้งแต่ต้นจนจบ ดังตัวอย่าง

- He **fell** off the wall. I saw this. → I saw him **fall** off the wall.
- The accident **happened**. Did you see it? → Did you see the accident **happen**?

I saw him **doing** something = he **was doing** something *(past continuous)* and I saw this. ประโยคนี้หมายความว่า ฉันเห็นตอนที่เขากำลังทำ แต่ไม่ได้เห็นตั้งแต่ต้นจนจบ ดังตัวอย่าง

- He **was walking** along the street.
  I saw this when I drove past in my car. } I saw him **walking** along the street.

บางครั้งความแตกต่างก็ไม่มีความสำคัญ และคุณจะใช้โครงสร้างประโยคในรูปใดก็ได้ ดังตัวอย่าง

- I've never seen her **dance**. *หรือ* I've never seen her **dancing**.

D

เราใช้โครงสร้างเหล่านี้กับคำกริยา **see** และ **hear** และคำกริยาอื่นๆ อีกหลายคำ เช่น

- I didn't **hear** you **come** in. (you came in – I didn't hear this)
- Lisa suddenly **felt** somebody **touch** her on the shoulder.
- Did you **notice** anyone **go** out?

- I could **hear** it **raining**. (it was raining – I could hear it)
- A man was **seen running** away a short time after the break-in.
- **Listen to** the birds **singing**!
- Can you **smell** something **burning**?
- We looked everywhere for Paul, and finally we **found** him **sitting** under a tree in the garden and **eating** an apple.

Exercises

67.1 เติมประโยคคำตอบในกรอบทางขวามือให้สมบูรณ์

1	Did anybody go out?	I don't think so. I didn't see *anybody go out.*
2	Has Sarah arrived yet?	Yes, I think I heard her ....
3	How do you know I took the money?	I know because I saw you ....
4	Did the doorbell ring?	I don't think so. I didn't hear ....
5	Can Tom play the piano?	I've never heard ....
6	Did I lock the door when I went out?	Yes, I saw ....
7	How did the woman fall?	I don't know. I didn't see ....

67.2 ในแต่ละสถานการณ์ข้างล่างนี้ คุณและเพื่อนคนหนึ่งเห็น ได้ยิน และได้กลิ่นอะไรบางอย่าง ดูภาพและเติมประโยคให้สมบูรณ์ตามสถานการณ์

1 *We saw Kate waiting for a bus.*
2 We saw David and Helen ....
3 We saw .... in a restaurant.
4 We heard ....
5 We could ....
6 ....

67.3 เติมประโยคต่อไปนี้ให้สมบูรณ์ โดยใช้คำกริยาคำใดคำหนึ่งต่อไปนี้ในรูปที่ถูกต้อง

climb	~~**come**~~	**crawl**	**cry**	**explode**	**ride**
run	**say**	~~**sing**~~	**slam**	**sleep**	**tell**

1 Listen to the birds *singing!*
2 I didn't hear you *come* in.
3 We listened to the old man .... his story from beginning to end.
4 Listen! Can you hear a baby .... ?
5 I looked out of the window and saw Dan .... his bike along the road.
6 I thought I heard somebody .... 'Hi', so I looked round.
7 We watched two men .... across the garden and .... through an open window into the house.
8 Everybody heard the bomb .... It was a tremendous noise.
9 Oh! I can feel something .... up my leg! It must be an insect.
10 I heard somebody .... the door in the middle of the night. It woke me up.
11 When we got home, we found a cat .... on the kitchen table.

Unit 68

-ing clauses (Feeling tired, I went to bed early.)

A

พิจารณาสถานการณ์ต่อไปนี้

Joe was playing football. He hurt his knee.
คุณอาจพูดว่า
- Joe hurt his knee **playing football**.

You were feeling tired. So you went to bed early.
คุณอาจพูดว่า
- **Feeling tired**, I went to bed early.

'**playing football**' และ '**feeling tired**' เป็น **-ing** clauses
ถ้า **-ing** clause ปรากฏในตำแหน่งต้นประโยค (ดังตัวอย่างที่สองข้างบน) เวลาเขียนจะต้องใส่เครื่องหมาย comma (,) ระหว่าง clause ทั้งสอง ด้วย

B

เมื่อมี 2 เหตุการณ์เกิดขึ้นในเวลาเดียวกัน คุณอาจใช้ **-ing** clause ได้ เช่น
- Kate is in the kitchen **making coffee**.
  (= she is in the kitchen *and* she is making coffee)
- A man ran out of the house **shouting**.
  (= he ran out of the house *and* he was shouting)
- Do something! Don't just stand there **doing nothing**!

เราใช้ **-ing** เมื่อมีการกระทำอย่างหนึ่งเกิดขึ้นระหว่างการกระทำอีกอย่างหนึ่ง เราใช้ **-ing** สำหรับการกระทำที่ใช้เวลานานกว่า เช่น
- Joe hurt his knee **playing football**. (= while he was playing)
- Did you cut yourself **shaving**? (= while you were shaving)

คุณอาจใช้ **-ing** หลัง **while** หรือ **when** ก็ได้ด้วย เช่น
- Joe hurt his knee **while playing** football.
- Be careful **when crossing** the road. (= when you are crossing)

C

เมื่อการกระทำอย่างหนึ่งเกิดขึ้นก่อนการกระทำอีกอย่างหนึ่ง เราใช้รูป **having (done)** สำหรับการกระทำที่เกิดขึ้นก่อน เช่น
- **Having found** a hotel, we looked for somewhere to have dinner.
- **Having finished** her work, she went home.

หรืออาจใช้ **after -ing** ก็ได้ เช่น
- **After finishing** her work, she went home.

ถ้ามีการกระทำที่ใช้เวลาสั้นๆ 2 อย่างเกิดขึ้นในเวลาที่ต่อเนื่องกัน อาจใช้รูป **-ing** ธรรมดา (**doing** แทนการใช้ **having done**) สำหรับการกระทำที่เกิดขึ้นก่อนก็ได้ เช่น
- **Taking** a key out of his pocket, he opened the door.

โครงสร้างที่ใช้ในประโยคตัวอย่างเหล่านี้มักจะใช้ในภาษาเขียนมากกว่าภาษาพูด

D

คุณอาจใช้ **-ing** เพื่ออธิบายบางสิ่งบางอย่าง หรือเพื่อบอกว่า ทำไมคนๆ นั้นจึงทำสิ่งนั้น

โดยปกติ **-ing** มักจะอยู่ในตำแหน่งต้นประโยค เช่น
- **Feeling** tired, I went to bed early. (= because I felt tired)
- **Being** unemployed, he doesn't have much money. (= because he is unemployed)
- **Not having** a car, she finds it difficult to get around.
  (= because she doesn't have a car)

ใช้ **having (done)** สำหรับการกระทำที่เกิดขึ้นก่อน เช่น
- **Having** already **seen** the film twice, I didn't want to see it again.
  (= because I had already seen it twice)

โครงสร้างที่ใช้ในประโยคตัวอย่างเหล่านี้มักจะใช้ในภาษาเขียนมากกว่าภาษาพูด

-ing และ **-ed clauses** ➜ **Unit 97**

Exercises

68.1 เชื่อมประโยคในกรอบ A และกรอบ B ให้เป็นประโยคเดียวกัน โดยใช้ **-ing**

A	B
1 ~~Kate was in the kitchen.~~	She was trying not to make a noise.
2 Amy was sitting in an armchair.	She looked at the sights and took pictures.
3 Sue opened the door carefully.	She said she would be back in an hour.
4 Sarah went out.	She was reading a book.
5 Lisa was in London for two years.	~~She was making coffee.~~
6 Anna walked around the town.	She worked in a bookshop.

1 *Kate was in the kitchen making coffee.*
2 Amy was sitting ....
3 Sue ....
4 ....
5 ....
6 ....

68.2 แต่งประโยคใหม่โดยใช้ **-ing clause** ให้มีความหมายเหมือนกับ **2** ประโยคเดิมในแต่ละข้อ

1 Joe was playing football. He hurt his knee. *Joe hurt his knee playing football.*
2 I was watching TV. I fell asleep. I ....
3 A friend of mine slipped and fell. He was getting off a bus.
A friend of mine ....
4 I was walking home in the rain. I got very wet.
I ....
5 Laura was driving to work yesterday. She had an accident.
....
6 Two people were overcome by smoke. They were trying to put out the fire.
....

68.3 แต่งประโยคใหม่โดยขึ้นต้นด้วย **Having** ... เรียงลำดับคำให้ถูกต้อง

1 (went / she / work / her / home / finished)
Having *finished her work, she went home.*
2 (tickets / the theatre / bought / into / our / went / we)
Having ...., ...
3 (journey / their / had / they / lunch / continued)
Having ...., ...
4 (the / coffee / shopping / I / a cup / went / done / for / of)
Having ...., ...

68.4 แต่งประโยคใหม่โดยขึ้นต้นด้วย **-ing** หรือ **Not -ing** (เหมือนกับในข้อ **D** หน้าซ้ายมือ) บางครั้งอาจต้องขึ้นต้นประโยคด้วย **Having (done something)**

1 I felt tired. So I went to bed early.
Feeling tired, I went to bed early.
2 I thought they might be hungry. So I offered them something to eat.
.........., I offered them something to eat.
3 Robert is a vegetarian. So he doesn't eat any kind of meat.
.........., Robert doesn't eat any kind of meat.
4 I didn't know his email address. So I wasn't able to contact him.
.........., I wasn't able to contact him.
5 Sarah has travelled a lot. So she knows a lot about other countries.
.........., Sarah knows a lot about other countries.
6 I wasn't able to speak the local language. So I had trouble communicating.
.........., I had trouble communicating.
7 We had spent nearly all our money. So we couldn't afford to stay at a hotel.
.........., we couldn't afford to stay at a hotel.

Unit 69

Countable และ uncountable 1

A

คำนาม (noun) อาจจะเป็น countable (นามนับได้) หรือ uncountable (นามนับไม่ได้) ก็ได้ เปรียบเทียบประโยคต่อไปนี้

Countable

- I eat **a banana** every day.
- I like **bananas**.

banana เป็น countable noun

countable noun อาจจะเป็น singular (เอกพจน์) (เช่น **banana**) หรือ plural (พหูพจน์) (เช่น **bananas**)

countable nouns คือ สิ่งที่เรานับได้
ดังนั้น เราจึงพูดว่า 'one banana', 'two bananas' ฯลฯ

ตัวอย่างคำนามซึ่งปกติจะนับได้

- Kate was singing **a song**.
- There's **a** nice **beach** near here.
- Do you have **a** ten-pound **note**?
- It wasn't your fault. It was **an accident**.
- There are no **batteries** in the radio.
- We don't have enough **cups**.

Uncountable

- I eat **rice** every day.
- I like **rice**.

rice เป็น uncountable noun

uncountable noun มีรูปเดียว (เช่น **rice**)

uncountable noun คือ สิ่งที่เรานับไม่ได้
เราไม่สามารถพูดว่า 'one rice', 'two rices' ฯลฯ

ตัวอย่างคำนามซึ่งโดยปกติจะนับไม่ได้

- Kate was listening to (some) **music**.
- There's **sand** in my shoes.
- Do you have any **money**?
- It wasn't your fault. It was bad **luck**.
- There is no **electricity** in this house.
- We don't have enough **water**.

B

เราใช้ **a/an** นำหน้าคำนามนับได้รูปเอกพจน์ เช่น

a beach **a student** **an umbrella**

เราใช้คำนามนับได้รูปเอกพจน์โดยไม่มีคำนำหน้า (เป็นต้นว่า **a/the/my** ฯลฯ) ไม่ได้ เช่น

- I want **a banana**. (*ไม่ใช่* I want banana)
- There's been **an accident**.
  (*ไม่ใช่* There's been accident)

เราใช้คำนามนับได้รูปพหูพจน์เดี่ยว ๆ ได้ เช่น

- I like **bananas**. (= bananas in general)
- **Accidents** can be prevented.

โดยทั่วไป เราไม่สามารถใช้ **a/an** นำหน้าคำนามนับไม่ได้ เราไม่พูดว่า 'a sand', 'a music' หรือ 'a rice' แต่ใช้ **a** ... **of** ได้ เช่น

a bowl / a packet / a grain of rice

เราใช้คำนามนับไม่ได้โดยไม่ต้องมีคำนำหน้านาม (เป็นต้นว่า **the/my/some** ฯลฯ) ก็ได้ เช่น

- I eat **rice** every day.
- There's **blood** on your shirt.
- Can you hear **music**?

C

เราใช้ **some** และ **any** กับคำนามนับได้รูปพหูพจน์ เช่น

- We sang **some songs**.
- Did you buy **any apples**?

เราใช้ **many** และ **few** กับคำนามนับได้รูปพหูพจน์ เช่น

- We didn't take **many pictures**.
- I have a **few things** to do.

เราใช้ **some** และ **any** กับคำนามนับไม่ได้ เช่น

- We listened to **some music**.
- Did you buy **any** apple **juice**?

เราใช้ **much** และ **little** กับคำนามนับไม่ได้ เช่น

- We didn't do **much shopping**.
- I have a **little work** to do.

Countable และ uncountable 2 ➜ **Unit 70** **Some** และ **any** ➜ **Unit 85**
Many/much/few/little ➜ **Unit 87** **Children / the children** ➜ **Unit 75**

Exercises

69.1 บางประโยคต่อไปนี้ต้องเติม **a/an** แก้ประโยคที่ผิดให้ถูกต้อง

1 Joe goes everywhere by bike. He hasn't got car. ......*He hasn't got a car.*......
2 Helen was listening to music when I arrived. ......*OK*......
3 We went to very nice restaurant last weekend. ....
4 I brush my teeth with toothpaste. ....
5 I use toothbrush to brush my teeth. ....
6 Can you tell me if there's bank near here? ....
7 My brother works for insurance company in Frankfurt. ....
8 I don't like violence. ....
9 Can you smell paint? ....
10 When we were in Rome, we stayed in big hotel. ....
11 We need petrol. I hope we come to petrol station soon. ....
12 I wonder if you can help me. I have problem. ....
13 I like your suggestion. It's very interesting idea. ....
14 John has interview for job tomorrow. ....
15 I like volleyball. It's good game. ....
16 Lisa doesn't usually wear jewellery. ....
17 Jane was wearing beautiful necklace. ....

69.2 เติมประโยคให้สมบูรณ์ โดยใช้คำใดคำหนึ่งต่อไปนี้และใช้ **a/an** ในที่ที่จำเป็น

~~accident~~	biscuit	blood	coat	decision	electricity
interview	key	moment	~~music~~	question	sugar

1 It wasn't your fault. It was ......*an accident.*......
2 Listen! Can you hear ......*music?*......
3 I couldn't get into the house because I didn't have ....
4 It's very warm today. Why are you wearing .... ?
5 Do you take .... in your coffee?
6 Are you hungry? Would you like .... with your coffee?
7 Our lives would be very difficult without ....
8 'I had .... for a job yesterday.' 'Did you? How did it go?'
9 The heart pumps .... through the body.
10 Excuse me, but can I ask you .... ?
11 I'm not ready yet. Can you wait .... , please?
12 We can't delay much longer. We have to make .... soon.

69.3 เติมประโยคให้สมบูรณ์ โดยใช้คำใดคำหนึ่งต่อไปนี้ บางครั้งต้องใช้รูป **plural (-s)** และบางครั้งต้องใช้ **a/an**

air	day	friend	joke	language	meat
patience	people	~~picture~~	queue	space	umbrella

1 I had my camera, but I didn't take any ......*pictures.*......
2 There are seven .... in a week.
3 A vegetarian is a person who doesn't eat ....
4 Outside the cinema there was .... of people waiting to see the film.
5 I'm not very good at telling ....
6 Last night I went out with some .... of mine.
7 There were very few .... in town today. The streets were almost empty.
8 I'm going out for a walk. I need some fresh ....
9 Gary always wants things quickly. He doesn't have much ....
10 I think it's going to rain. Do you have .... I could borrow?
11 Do you speak any foreign .... ?
12 Our flat is very small. We don't have much ....

Unit 70

Countable และ uncountable 2

A

คำนามหลายคำใช้ได้ในลักษณะที่เป็น countable (นับได้) และ uncountable (นับไม่ได้) ซึ่งโดยปกติมักจะมีความหมายแตกต่างกัน เปรียบเทียบคำและความหมายต่อไปนี้

Countable	Uncountable
Did you hear **a noise** just now? (= เสียงใดเสียงหนึ่ง)	I can't work here. There's too much **noise**. (= เสียงเอะอะ / หนวกหู)
I bought **a paper** to read. (= หนังสือพิมพ์ฉบับหนึ่ง)	I need **some paper** to write on. (= กระดาษสำหรับเขียน)
There's **a hair** in my soup! (= ผมเส้นหนึ่ง)	You've got very long **hair**. (*ไม่ใช่* hairs) (= ผมทั้งหมดบนศีรษะ)
You can stay with us. There's **a** spare **room**. (= ห้องๆ หนึ่งในบ้าน)	You can't sit here. There isn't **room**. (= เนื้อที่ / ที่ว่าง)
I had some interesting **experiences** while I was travelling. (= ประสบการณ์หลายอย่าง)	They offered me the job because I had a lot of **experience**. (= ประสบการณ์) (*ไม่ใช่* experiences)
Enjoy your trip. Have **a** good **time**! (= ช่วงเวลาที่สนุกสนาน)	I can't wait. I don't have **time**. (= เวลา)

coffee/tea/juice/beer ฯลฯ (เครื่องดื่มชนิดต่างๆ) โดยปกติเป็น uncountable noun เช่น

- I don't like **coffee** very much. ฉันไม่ชอบ**กาแฟ**เท่าไหร่

แต่คำเหล่านี้จะใช้เป็น countable ได้ในความหมายของเครื่องดื่ม 1 ถ้วย / 1 แก้ว ฯลฯ เช่น

- **Two coffees** and **an orange juice**, please. ขอ**กาแฟ 2 ถ้วย** และ**น้ำส้มคั้น 1 แก้ว**

B

คำนามต่อไปนี้โดยปกติเป็น uncountable noun

accommodation	**behaviour**	**damage**	**luck**	**permission**	**traffic**
advice	**bread**	**furniture**	**luggage**	**progress**	**weather**
baggage	**chaos**	**information**	**news**	**scenery**	**work**

คุณจะใช้คำนำหน้านาม **a/an** กับคำนามเหล่านี้ไม่ได้ โปรดสังเกตประโยคต่อไปนี้

- I'm going to buy **some bread**. *หรือ* ... **a loaf of bread**. (*ไม่ใช่* a bread)
- Enjoy your holiday! I hope you have good **weather**. (*ไม่ใช่* a good weather)

โดยปกติคำเหล่านี้ใช้ในรูปพหูพจน์ไม่ได้ (เราจึงไม่ใช้ 'breads', 'furnitures' ฯลฯ) เช่น

- Where are you going to put all your **furniture**? (*ไม่ใช่* furnitures)
- Let me know if you need more **information**. (*ไม่ใช่* informations)

คำว่า **news** (= ข่าว) เป็น uncountable noun ไม่ใช่ plural เช่น

- The **news was** very depressing. (*ไม่ใช่* The news were)

คำว่า **travel** (noun) หมายถึงการท่องเที่ยว หรือทัศนาจรโดยทั่วไป (เป็นนามนับไม่ได้) จะใช้ 'a travel' เพื่อหมายถึง **a trip** หรือ **a journey** (= การเดินทาง) ไม่ได้ เช่น

- They spend a lot of money on **travel**.
- We had a very good **trip/journey**. (*ไม่ใช่* a good travel)

เปรียบเทียบ countable และ uncountable nouns ต่อไปนี้

Countable	Uncountable
I'm looking for **a job**. ...งาน ๆ หนึ่ง	I'm looking for **work**. (*ไม่ใช่* a work) ...งาน / การทำงาน
What **a** beautiful **view**! ...ภาพ ทิวทัศน์	What beautiful **scenery**! ...ภูมิประเทศ
It's **a** nice **day** today. ...วัน	It's nice **weather** today. ...อากาศ
We had a lot of **bags** and **cases**. ...กระเป๋า...หีบห่อ	We had a lot of **baggage/luggage**. ...สัมภาระ
These chairs are mine. เก้าอี้หลายตัว...	**This furniture** is mine. เครื่องแต่งบ้าน...
That's **a** good **suggestion**. ...ข้อแนะนำ	That's good **advice**. ...คำแนะนำ

Countable และ uncountable 1 ➜ **Unit 69** ภาษาอังกฤษแบบอเมริกัน ➜ **ภาคผนวก 7**

Exercises

70.1 ส่วนใดที่ขีดเส้นใต้ในประโยคต่อไปนี้ถูกต้อง

1 'Did you hear ~~noise~~ / a noise just now?' 'No, I didn't hear anything.' (a noise *ถูกต้อง*)
2 a If you want to know the news, you can read paper / a paper.
  b I want to print some documents, but the printer is out of paper / papers.
3 a Light / A light comes from the sun.
  b I thought there was somebody in the house because there was light / a light on inside.
4 a I was in a hurry this morning. I didn't have time / a time for breakfast.
  b 'Did you have a good holiday?' 'Yes, we had wonderful time / a wonderful time.'
5 This is nice room / a nice room. Did you decorate it yourself?
6 Sue was very helpful. She gave us some very useful advice / advices.
7 Did you have nice weather / a nice weather when you were away?
8 We were very unfortunate. We had bad luck / a bad luck.
9 Is it difficult to find a work / job at the moment?
10 Our travel / journey from Paris to Moscow by train was very tiring.
11 When the fire alarm rang, there was total chaos / a total chaos.
12 I had to buy a bread / some bread because I wanted to make some sandwiches.
13 Bad news don't / doesn't make people happy.
14 Your hair is / Your hairs are too long. You should have it / them cut.
15 The damage / The damages caused by the storm will cost a lot to repair.

70.2 เติมประโยคให้สมบูรณ์ โดยใช้คำนามต่อไปนี้ บางครั้งต้องใช้รูป **plural (-s)**

advice	**chair**	**experiences**	**experience**	**furniture**	**hair**
information	**job**	~~**luggage**~~	**permission**	**progress**	**work**

1 I didn't have much *luggage* – just two small bags.
2 They'll tell you all you want to know. They'll give you plenty of ....
3 There is room for everybody to sit down. There are plenty of ....
4 We have no ...., not even a bed or a table.
5 'What does Alan look like?' 'He's got a long beard and very short ....'
6 Carla's English is better than it was. She's made ....
7 Mike is unemployed. He can't get a ....
8 Mike is unemployed. He can't get ....
9 If you want to leave early, you have to ask for ....
10 I didn't know what to do. So I asked Chris for ....
11 I don't think Dan should get the job. He doesn't have enough ....
12 Nicola has done many interesting things. She could write a book about her ....

70.3 คุณจะพูดอย่างไรในสถานการณ์ต่อไปนี้ เติมประโยคให้สมบูรณ์ โดยใช้คำใดคำหนึ่งจากข้อ B (**luggage, weather** ฯลฯ) ในหน้าซ้ายมือ

1 Your friends have just arrived at the station. You can't see any cases or bags.
  คุณถามเพื่อนๆ ว่า *Do you have any luggage?*
2 You go into the tourist office. You want to know about places to see in the town.
  คุณพูดว่า I'd like ....
3 You are a student. You want your teacher to advise you about which courses to do.
  คุณพูดว่า Can you give me ....?
4 You want to watch the news on TV, but you don't know when it is on.
  คุณถามเพื่อนว่า What time ....?
5 You are at the top of a mountain. You can see a very long way. It's beautiful.
  คุณพูดว่า It ...., isn't it?
6 You look out of the window. The weather is horrible – cold, wet and windy.
  คุณพูดว่า What ....!

Unit 71

Countable nouns กับ a/an และ some

A

countable noun (นามนับได้) อาจจะเป็น*เอกพจน์*หรือ*พหูพจน์*ก็ได้ เช่น

a **dog**	a **child**	the **evening**	this **party**	an **umbrella**
dogs	some **children**	the **evenings**	these **parties**	two **umbrellas**

คุณสามารถใช้ **a/an** นำหน้า singular countable noun (นามนับได้รูปเอกพจน์) เช่น

- Bye! Have **a** nice **evening**.
- Do you need **an umbrella**?

คุณจะใช้คำนามนับได้รูปเอกพจน์โดยไม่มีคำนำหน้านาม (**a/the/my** ฯลฯ) ไม่ได้ เช่น

- She never wears **a** hat. (*ไม่ใช่* She never wears hat)
- Be careful of **the** dog. (*ไม่ใช่* Be careful of dog)
- What **a** beautiful day!
- I've got **a** headache.

B

เราใช้ **a/an** ... เพื่อบอกว่า บุคคลหรือสิ่งของเป็นชนิดใด หรือประเภทใด หรือมีลักษณะเช่นใด เช่น

- That's **a nice table**.

ในรูปพหูพจน์ เราใช้คำนามเดี่ยวๆ (*ไม่ต้องมี* some นำหน้า) เช่น

- Those are **nice chairs**. (*ไม่ใช่* some nice chairs)

เปรียบเทียบประโยครูป singular และ plural ต่อไปนี้

A dog is **an animal**.	Dogs are **animals**.
I'm **an optimist**.	We're **optimists**.
Tom's father is **a doctor**.	Most of my friends are **students**.
Are you **a good driver**?	Are they **good students**?
Jane is **a really nice person**.	Jane's parents are **really nice people**.
What **a lovely dress**!	What **awful shoes**!

เราพูดว่า somebody has **a long nose** / **a nice face** / **blue eyes** / **small hands** ฯลฯ เช่น

Jack has **a** long **nose**. (*ไม่ใช่* the long nose)	Jack has **blue eyes**. (*ไม่ใช่* the blue eyes)

โปรดจำว่า เราใช้ **a/an** เมื่อเราพูดว่า ใครมีอาชีพอะไร เช่น

- Sandra is **a nurse**. (*ไม่ใช่* Sandra is nurse)
- Would you like to be **an English teacher**?

C

คุณอาจใช้ **some** กับคำนามพหูพจน์ได้ใน 2 กรณี ดังต่อไปนี้

(1) **some** = จำนวนหนึ่ง / บางคน (สิ่ง / อย่าง) / คู่หนึ่ง เช่น

- I've seen **some** good **movies** recently. (*ไม่ใช่* I've seen good movies)
- **Some friends** of mine are coming to stay at the weekend.
- I need **some** new **sunglasses**. (= แว่นกันแดดใหม่หนึ่งอัน)

อย่าใช้ **some** เมื่อคุณพูดถึงสิ่งต่างๆ โดยทั่วไป (ดู Unit 75)

- I love **bananas**. (*ไม่ใช่* some bananas)
- My aunt is a writer. She writes **books**. (*ไม่ใช่* some books)

(2) **some** = บางส่วน ไม่ใช่ทั้งหมด

- **Some children** learn very quickly. (แต่ไม่ใช่เด็กทุกคน)
- Tomorrow there will be rain in **some places**, but most of the country will be dry. (**บางพื้นที่** ไม่ใช่ทั้งหมด)

Countable และ uncountable ➜ **Units 69–70** **A/an** และ **the** ➜ **Unit 72** **Some** และ **any** ➜ **Unit 85**

Exercises

71.1 สิ่งต่าง ๆ ต่อไปนี้คืออะไร ถ้าคุณไม่ทราบลองเปิดพจนานุกรมดู

1 an ant? *It's an insect.*
2 ants and bees? *They're insects.*
3 a cauliflower? ....
4 chess? ....
5 a pigeon, an eagle and a crow? ....
6 a skyscraper? ....
7 Earth, Mars, Venus and Jupiter? ....
8 a tulip? ....
9 the Nile, the Rhine and the Mekong? ....
10 a violin, a trumpet and a flute? ....

บุคคลเหล่านี้เป็นใคร มีอาชีพอะไร

11 Beethoven? *He was a composer.*
12 Shakespeare? ....
13 Albert Einstein? ....
14 Washington, Lincoln and Kennedy? ....
15 Marilyn Monroe? ....
16 Michael Jackson and John Lennon? ....
17 Van Gogh, Renoir and Picasso? ....

71.2 อ่านข้อความเกี่ยวกับสิ่งที่แต่ละคนทำ และบอกว่าเขามีอาชีพอะไร โดยเลือกจากอาชีพต่อไปนี้

chef	**interpreter**	**journalist**	~~**nurse**~~
plumber	**surgeon**	**tour guide**	**waiter**

1 Sarah looks after patients in hospital. *She's a nurse.*
2 Gary works in a restaurant. He brings the food to the tables. He ....
3 Jane writes articles for a newspaper. ....
4 Kevin works in a hospital. He operates on people. ....
5 Jonathan cooks in a restaurant. ....
6 Dave installs and repairs water pipes. ....
7 Martina takes visitors round her city and tells them about it. She ....
8 Lisa translates what people are saying from one language into another so that they can understand each other. ....

71.3 เติม **a/an** หรือ **some** ตามความเหมาะสม ถ้าไม่จำเป็นต้องเติม ให้ใส่เครื่องหมาย – ในช่องว่าง

1 I've seen *some* good films recently.
2 What's wrong with you? Have you got *a* headache?
3 I know a lot of people. Most of them are *–* students.
4 When I was .... child, I used to be very shy.
5 Would you like to be .... actor?
6 Questions, questions, questions! You're always asking .... questions!
7 What .... beautiful garden!
8 .... birds, for example penguins, cannot fly.
9 Do you like staying in .... hotels?
10 I've been walking for three hours. I've got .... sore feet.
11 I don't feel very well this morning. I've got .... sore throat.
12 Maria speaks .... English, but not very much.
13 It's a shame we don't have .... camera. I'd like to take .... picture of that house.
14 Those are .... nice shoes. Where did you get them?
15 I'm going shopping. I want to buy .... new shoes.
16 You need .... visa to visit .... countries, but not all of them.
17 Jane is .... teacher. Her parents were .... teachers too.
18 I don't believe him. He's .... liar. He's always telling .... lies.

Unit 72

A/an และ the

A

พิจารณาตัวอย่างต่อไปนี้

Joe พูดว่า '**a** sandwich', '**an** apple' เพราะเป็นครั้งแรกที่เขาพูดถึงสองสิ่งนี้

ขณะนี้ Joe พูดว่า '**the** sandwich', '**the** apple' เพราะ Karen ทราบแล้วว่า Joe หมายถึง แซนวิช และแอปเปิ้ลที่เขารับประทานในตอนกลางวัน

เปรียบเทียบการใช้ **a** และ **the** ในตัวอย่างต่อไปนี้

- **A man** and **a woman** were sitting opposite me. **The man** was American, but I think **the woman** was British.
- When we were on holiday, we stayed at **a hotel**. Sometimes we ate at **the hotel** and sometimes we went to **a restaurant**.

B

เราใช้ **the** เมื่อคิดถึงสิ่งที่เราสามารถชี้เฉพาะเจาะจงได้ เปรียบเทียบ **a/an** และ **the** ในตัวอย่างต่อไปนี้

- Tim sat down on **a chair**. (ในห้องนั้นคงจะมีเก้าอี้หลายตัว เขานั่งลงบนเก้าอี้ตัวหนึ่ง)
  Tim sat down on **the chair nearest the door**. (เก้าอี้ตัวนั้นโดยเฉพาะ)
- Paula is looking for **a job**. (ไม่ระบุว่าเป็นงานใดโดยเฉพาะ)
  Did Paula get **the job she applied for**? (ระบุว่าเป็นงานที่เธอสมัครไว้โดยเฉพาะ)
- Do you have **a car**? (ไม่ระบุว่าเป็นรถยนต์คันใดโดยเฉพาะ)
  I cleaned **the car** yesterday. (= รถของฉัน)

C

เราใช้ **the** ในสถานการณ์ที่ประจักษ์ชัดว่า เราหมายถึงบุคคลใดหรือสิ่งของอันไหน เป็นต้นว่า เมื่อพูดถึงห้องๆ หนึ่ง เราพูดว่า **the light / the floor / the ceiling / the door / the carpet** ฯลฯ เพราะเราทราบว่า เราหมายถึงสิ่งไหน เช่น

- Can you turn off **the light**, please? (= ดวงไฟในห้องนั้น)
- I took a taxi to **the station**. (= สถานีรถไฟในเมืองนั้น)
- *(ในร้านค้า)* I'd like to speak to **the manager**, please. (= ผู้จัดการของร้านนั้น)

ในทำนองเดียวกัน เราพูดว่า (go to) **the bank / the post office** เช่น

- I have to go to **the bank** and then I'm going to **the post office**.
  (ผู้พูดกำลังกล่าวถึงธนาคารหรือที่ทำการไปรษณีย์ที่ตนไปเป็นประจำ)

เราพูดว่า (go to) **the doctor / the dentist** เมื่อหมายถึงผู้ที่เราไปหาอยู่เป็นประจำ เช่น

- Clare isn't very well. She's gone to **the doctor**. (= แพทย์ที่เธอไปหาเป็นประจำ)
- I don't like going to **the dentist**.

เปรียบเทียบการใช้ **the** และ **a** ในประโยคต่อไปนี้

- I have to go to **the bank** today. (ธนาคารที่ไปเป็นประจำ)
  Is there **a bank** near here? (ธนาคารไหนก็ได้)
- I don't like going to **the dentist**. (ทันตแพทย์ที่ไปหาเป็นประจำ)
  My sister is **a dentist**. (ทันตแพทย์คนหนึ่ง)

D

เราบอกจำนวนครั้งหรือมูลค่าด้วยสำนวนเหล่านี้ 'once **a week** / three times **a day** / 50 baht **a kilo**' ฯลฯ เช่น

- 'How often do you go to the cinema?' 'About once **a month**.' 'ประมาณ**เดือนละ**ครั้ง'
- 'How much are those potatoes?' '50 baht **a kilo**.' '**กิโลละ** 50 บาท'
- Helen works eight hours **a day**, six days **a week**. ...**วันละ** 8 ชั่วโมง **สัปดาห์ละ** 6 วัน

A/an ➜ Unit 71 The ➜ Units 73–78

Exercises

72.1 เติม **a/an** หรือ **the**

1 This morning I bought *a* newspaper and .... magazine. .... newspaper is in my bag, but I can't remember where I put .... magazine.
2 I saw .... accident this morning. .... car crashed into .... tree. .... driver of .... car wasn't hurt, but .... car was badly damaged.
3 There are two cars parked outside: .... blue one and .... grey one. .... blue one belongs to my neighbours; I don't know who .... owner of .... grey one is.
4 My friends live in .... old house in .... small village. There is .... beautiful garden behind .... house. I would like to have .... garden like that.

72.2 เติม **a/an** หรือ **the**

1 a This house is very nice. Has it got .... garden?
  b It's a beautiful day. Let's sit in .... garden.
  c I like living in this house, but it's a shame that .... garden is so small.
2 a Can you recommend .... good restaurant?
  b We had dinner in .... very nice restaurant.
  c We had dinner in .... best restaurant in town.
3 a She has .... French name, but in fact she's English, not French.
  b What's .... name of that man we met yesterday?
  c We stayed at a very nice hotel. I can't remember .... name now.
4 a There isn't .... airport near where I live. .... nearest airport is 70 miles away.
  b Our flight was delayed. We had to wait at .... airport for three hours.
  c Excuse me, please. Can you tell me how to get to .... airport?
5 a 'Are you going away next week?' 'No, ... week after next.'
  b I'm going away for .... week in September.
  c Gary has a part-time job. He works three mornings .... week.

72.3 เติม **a/an** หรือ **the** ในที่ที่จำเป็น

1 Would you like apple? — *Would you like an apple?*
2 How often do you go to dentist? ....
3 Could you close door, please? ....
4 I'm sorry. I didn't mean to do that. It was mistake. ....
5 Excuse me, where is bus station, please? ....
6 I have problem. Can you help me? ....
7 I'm just going to post office. I won't be long. ....
8 There were no chairs, so we sat on floor. ....
9 Have you finished with book I lent you? ....
10 My sister has just got job in bank in Zurich. ....
11 We live in small apartment in city centre. ....
12 There's supermarket at end of street I live in. ....

72.4 ตอบคำถามต่อไปนี้เกี่ยวกับตัวคุณเอง พยายามใช้โครงสร้างในข้อ D หน้าซ้ายมือ (เช่น **once a week** / **three times a day** ฯลฯ)

1 How often do you go to the cinema? *Three or four times a year.*
2 How often do you go to the dentist? ....
3 How often do you go away on holiday? ....
4 What's the usual speed limit in towns in your country? ....
5 How much sleep do you need? ....
6 How often do you go out in the evening? ....
7 How much television do you watch (on average)? ....
8 How much does it cost to rent a small car in your country? ....

→ แบบฝึกหัดเสริม 29 (หน้า 319)

Unit 73

The 1

A

เราใช้ **the** นำหน้าคำนามเมื่อสิ่งนั้นมีจำนวนอยู่เพียงหนึ่งเดียวเท่านั้น เช่น

- Have you ever crossed **the equator**?
  (เส้นศูนย์สูตรมีเพียงเส้นเดียวเท่านั้น)
- What's **the longest river in Europe**?
- Our apartment is on **the tenth floor**.
- Buenos Aires is **the capital of Argentina**.
- I'm going away at **the end of this month**.

เราใช้ **the** นำหน้า **same (the same)** เช่น

- Your sweater is **the same** colour as mine. (*ไม่ใช่* is same colour)
- 'Are these keys **the same**?' 'No, they're different.'

B

เราพูดว่า

the sun	**the moon**	**the earth**	**the world**	**the universe**
the sky	**the sea**	**the ground**	**the environment**	**the internet**

- I love to look at the stars in **the sky**. (*ไม่ใช่* in sky)
- **The internet** has changed the way we live.
- We need to do more to protect **the environment**. (= สิ่งแวดล้อมที่อยู่รอบตัวเรา)
- **The earth** goes round **the sun**, and **the moon** goes round **the earth**.

เราใช้ **'Earth'** (โดยไม่มี **the**) เมื่อเราหมายถึง ดาวเคราะห์ในอวกาศ (เช่น **Mars**, **Jupiter** ฯลฯ)

- Which planet is nearest **Earth**?

เราใช้ **space** (โดยไม่มี **the**) เมื่อเราหมายถึง 'space in the universe' (อวกาศในจักรวาล) เปรียบเทียบประโยคต่อไปนี้

- There are millions of stars **in space**. (*ไม่ใช่* in the space)
- I tried to park my car, but **the space** was too small.

เราใช้ **a/an** เพื่อบอกชนิด / ประเภทของสิ่งของ (ดู Unit 71B) เปรียบเทียบการใช้ **the** และ **a** ในประโยคต่อไปนี้

- **The** sun is **a** star. (= ดาวดวงหนึ่งในจำนวนหลายๆ ดวง)
- **The** hotel we stayed at was **a** very nice hotel.

C

เราพูดว่า (go to) **the cinema**, **the theatre** (= ไปดูภาพยนตร์ / ละคร) เช่น

- I go to **the cinema** a lot, but I haven't been to **the theatre** for ages.

เมื่อเราพูดถึง **the cinema / the theatre** เราไม่ได้หมายถึงโรงภาพยนตร์หรือโรงละครโรงใดโรงหนึ่งโดยเฉพาะ

เรามักจะใช้ **the radio** แต่ใช้ **television/TV** (โดยไม่มี **the**) เปรียบเทียบประโยคต่อไปนี้

- I listen to **the radio** a lot. *แต่* I watch **television** a lot.
- We heard it on **the radio**. *แต่* We watched it on **TV**.

The television / **the** TV = เครื่องรับโทรทัศน์

- Can you turn off **the television**, please?

D

เรามักจะไม่ใช้ **the** กับมื้ออาหาร **breakfast/lunch/dinner** เช่น

- What did you have for **breakfast**?
- We had **lunch** in a very nice restaurant.

แต่เราใช้ **a/an** เมื่อเราพูดว่า 'a **big** lunch', 'a **wonderful** dinner', 'an **early** breakfast' ฯลฯ เช่น

- We had **a** very **nice lunch**. (*ไม่ใช่* We had very nice lunch)

E

อย่าใช้ **the** ข้างหน้า noun + number ตัวอย่างเช่น เราพูดว่า

- Our train leaves from **Platform 5**. (*ไม่ใช่* the Platform 5)
- (*ในร้านค้า*) Do you have these shoes in **size 43**? (*ไม่ใช่* the size 43)

ในทำนองเดียวกัน เราพูดว่า **Room 126** (in a hotel), **page 29** (of a book), **question 3** (in an exam), **Gate 10** (at an airport) ฯลฯ

A/an และ **the** ➜ **Unit 72** **The 2–4** ➜ **Units 74–76** การใช้และไม่ใช้ **the** นำหน้าชื่อ ➜ **Units 77–78**

Exercises

73.1 เติม **the** หรือ **a** ในที่ที่จำเป็น ถ้าไม่จำเป็นต้องเติม ให้ใส่เครื่องหมาย – ในช่องว่าง

1 A: Our apartment is on ..the.. tenth floor.
B: Is it? I hope there's ..a.. lift.
2 A: Did you have .... nice holiday?
B: Yes, it was .... best holiday I've ever had.
3 A: Where's .... nearest shop?
B: There's one at .... end of this street.
4 A: It's .... lovely day, isn't it?
B: Yes, there isn't .... cloud in .... sky.
5 A: I've got a problem with my computer. It isn't connecting to .... internet.
B: That's interesting. I've got .... same problem with mine.
6 A: We spent all our money because we stayed at .... most expensive hotel in town.
B: Why didn't you stay at .... cheaper hotel?
7 A: Would you like to travel in .... space?
B: Yes, I'd love to go to .... moon.
8 A: What's Jupiter? Is it .... star?
B: No, it's .... planet. It's .... largest planet in .... solar system.

73.2 เติม **the** ในที่ที่จำเป็น ถ้าไม่จำเป็นต้องเติม ให้ใส่เครื่องหมาย – ในช่องว่าง

1 I haven't been to ..the.. cinema for ages.
2 Sarah spends most of her free time watching .... TV.
3 Do you ever listen to .... radio?
4 .... television was on, but nobody was watching it.
5 Have you had .... dinner yet?
6 Lisa and I arrived at .... same time.
7 What's .... capital city of Canada?
8 What do you want for .... breakfast?
9 I lay down on .... ground and looked up at .... sky.

73.3 เติม **the** หรือ **a** ในที่ที่จำเป็น (ดู **Unit 72** สำหรับข้อมูลเกี่ยวกับ **a** และ **the** ถ้าจำเป็น)

1 Sun is star. ..The sun is a star...........
2 I'm fed up with doing same thing every day. ....
3 Room 25 is on second floor. ....
4 Moon goes round earth every 27 days. ....
5 It was very hot day. It was hottest day of year. ....
6 We had lunch in nice restaurant by sea. ....
7 What's on at cinema this week? ....
8 I like to eat good breakfast before I go to work. ....
9 We missed our train because we were waiting on wrong platform. ....
10 Next train to London leaves from Platform 3. ....
11 You'll find information you need at top of page 15. ....

73.4 เติมประโยคให้สมบูรณ์โดยใช้คำใดคำหนึ่งต่อไปนี้ และใช้ **the** ในที่ที่จำเป็น

breakfast **cinema** ~~**dinner**~~ **gate** **Gate 21** **question 8** **sea**

1 Are you going out this evening?' 'Yes, after ..dinner..'
2 There was no wind, so .... was very calm.
3 The test wasn't too difficult, but I couldn't answer ....
4 'I'm going to .... tonight.' 'Are you? What film are you going to see?'
5 I didn't have time for .... this morning because I was in a hurry.
6 Oh, ... is open. I must have forgotten to shut it.
7 *(เสียงประกาศที่สนามบิน)* Flight AB123 to Rome is now boarding at ....

→ แบบฝึกหัดเสริม 29 (หน้า 319)

Unit 74

The 2 (school / the school ฯลฯ)

A

เปรียบเทียบการใช้ **school** และ **the school** ในตัวอย่างต่อไปนี้

Ellie is ten years old. Every day she goes **to school**. She's **at school** now. **School** starts at 9 and finishes at 3.

เราพูดว่า a child goes **to school** หรือ is **at school** (as a student) หมายความว่า เด็กไปโรงเรียนเพื่อเรียนหนังสือ school ในที่นี้ไม่ได้ชี้เฉพาะว่า เป็นโรงเรียนใดโรงเรียนหนึ่ง แต่หมายถึงโรงเรียนโดยทั่วไป

Today Ellie's mother wants to speak to her daughter's teacher. So she has gone to **the school** to see her. She's at **the school** now.

แม่ของ Ellie ไม่ได้เป็นนักเรียน ถ้าเธอไปโรงเรียนเพื่อพบครูของ Ellie จะพูดว่า
she goes to **the school**
(= ชี้เฉพาะว่าเป็นโรงเรียนของ Ellie)

B

เราใช้ **prison** (หรือ **jail**), **hospital**, **university**, **college** และ **church** ในลักษณะเดียวกัน คือ ไม่ใช้ **the** เมื่อกล่าวถึงสถานที่เหล่านั้นในความหมายทั่วไปและวัตถุประสงค์ของสถานที่นั้นๆ
เปรียบเทียบการใช้ **the** และไม่ใช้ **the** นำหน้าคำเรียกชื่อสถานที่ต่อไปนี้

- Ken's brother is **in prison** for robbery. (เขาเป็นนักโทษถูกจองจำอยู่ในคุก)
- Joe had an accident last week. He was taken **to hospital**. He's still **in hospital** now. (Joe เป็นคนไข้)
- When I leave school, I plan to go **to university** / go **to college**. (ฉันต้องการเรียนต่อในระดับมหาวิทยาลัย)
- Sally's father goes **to church** every Sunday. (ไปร่วมพิธีทางศาสนา)

- Ken went to **the prison** to visit his brother. (Ken ไม่ใช่นักโทษ เขาไปที่เรือนจำเพื่อเยี่ยมนักโทษ)
- Jane has gone to **the hospital** to visit Joe. She's at **the hospital** now. (Jane เป็นผู้ไปเยี่ยมคนไข้)
- I went to **the university** to meet Professor Thomas. (ไปที่มหาวิทยาลัยเพื่อพบอาจารย์ ไม่ได้เป็นนักศึกษา)
- Some workmen went to **the church** to repair the roof. (ไม่ได้ไปร่วมพิธีทางศาสนา)

สำหรับสถานที่อื่นๆ ส่วนมากมักจะต้องใช้ **the** นำหน้า เช่น **the station, the cinema** (ดู Units 72C และ 73C ประกอบ)

C

เราใช้สำนวน **go to bed** / **be in bed** ฯลฯ (*ไม่ใช่* the bed) เช่น
- I'm going **to bed** now. Goodnight. ฉันจะไป**นอน**แล้ว
- Do you ever have breakfast **in bed**? คุณเคยทานอาหารเช้า**บนเตียงนอน**ไหม

แต่ - I sat down on **the bed**. (เตียงเป็นเครื่องเรือนชนิดหนึ่ง)

เราใช้สำนวน **go to work** / **be at work** / **start work** / **finish work** ฯลฯ (*ไม่ใช่* the work) เช่น
- Chris didn't go to **work** yesterday. Chris ไม่ได้ไป**ทำงาน**เมื่อวานนี้
- What time do you usually finish **work**? ปกติคุณเลิก**งาน**เวลากี่โมง

เราใช้สำนวน **go home** / **come home** / **arrive home** / **get home** / **be at home** ฯลฯ เช่น
- It's late. Let's go **home**. ดึกแล้ว กลับ**บ้าน**กันเถอะ
- Will you be at **home** tomorrow afternoon? คุณจะอยู่ที่**บ้าน**พรุ่งนี้ตอนบ่ายไหม

D

เราใช้สำนวน **go to sea** / **be at sea** (โดยไม่มี **the**) เมื่อหมายถึง 'go/be on a voyage' (= เดินทางทางทะเล) เช่น
- Keith works on ships. He's **at sea** most of the time. ...เขาใช้ชีวิตอยู่**กลางทะเล**เป็นส่วนใหญ่

แต่ - I'd like to live near **the sea**. ฉันอยากอาศัยอยู่ใกล้**ทะเล**
- It can be dangerous to swim in **the sea**. การว่ายน้ำใน**ทะเล**อาจเป็นอันตรายได้

The → Units 72–73, 75–78 Prepositions (**at school** / **in hospital** ฯลฯ) **→ Units 123–125**
Home → Unit 126C *ภาษาอังกฤษแบบอเมริกัน* **→ ภาคผนวก 7**

Exercises

74.1 เติมประโยคให้สมบูรณ์ โดยใช้ **preposition (to/at/in ฯลฯ)** + คำใดคำหนึ่งต่อไปนี้

bed	home	~~hospital~~	hospital	prison	school	university	work

1 Two people were injured in the accident and were taken *to hospital.*
2 In Britain, children from the age of five have to go ....
3 Mark didn't go out last night. He stayed ....
4 There is a lot of traffic in the morning when everybody is going ....
5 Kate's mother has just had an operation. She is still ....
6 When Sophie leaves school, she wants to study economics ....
7 Ben never gets up before 9 o'clock. It's 8.30 now, so he is still ....
8 If people commit crimes, they may be sent ....

74.2 เติมประโยคให้สมบูรณ์ โดยใช้ **school** หรือ **the school**

1 Why aren't your children at *school* today? Are they ill?
2 When he was younger, Tim hated ....
3 There were some parents waiting outside .... to meet their children.
4 .... usually starts at 8.30 in the morning.
5 A: How do your children get to and from .... ? By bus?
B: No, they walk. .... isn't very far.
6 What sort of job does Emily want to do when she leaves .... ?

74.3 บางประโยคต่อไปนี้ต้องใช้ **the** แก้ไขให้ถูกต้อง

1 a 'How old is university?' 'About 200 years.' *the university*
b In your country do many people go to university? *OK*
c If you want to get a degree, you normally have to study at university. ....
d This is a small town, but university is the biggest in the country. ....

2 a My brother has always been healthy. He's never been in hospital. ....
b When Ann was ill, I went to hospital to visit her. When I was there, I met Lisa who is a nurse at hospital. ....
c A woman was injured in the accident and was taken to hospital. ....

3 a John's mother is a regular churchgoer. She goes to church every Sunday. ....
b John himself doesn't go to church. ....
c John went to church to take some pictures of the building. ....

4 a Why is she in prison? What did she do? ....
b A few days ago firefighters were called to prison to put out a fire. ....
c Do you think too many people are sent to prison? ....

74.4 วลีที่ขีดเส้นใต้ต่อไปนี้ วลีใดถูกต้อง

1 How did you get home / ~~get to home~~ after the party? (get home *ถูกต้อง*)
2 I like to read in bed / in the bed before I go to sleep.
3 Shall we meet after work / after the work tomorrow evening?
4 I love swimming in sea / in the sea.
5 It's nice to travel around, but there's no place like home / like the home!
6 Sam likes to go to bed / go to the bed early and get up early.
7 I didn't sleep well in the hotel. Bed / The bed was uncomfortable.
8 How long did it take to cross the ocean? How long were you at sea / at the sea?
9 What time do you usually start work / the work in the morning?

→ แบบฝึกหัดเสริม 29 (หน้า 319)

The 3 (children / the children)

A

เมื่อพูดถึงคนหรือสิ่งของโดยทั่วไป เรา*ไม่ใช้* **the** เช่น

- I'm afraid of **dogs**. (*ไม่ใช่* the dogs)
  (**dogs** = สุนัขทั่วไป ไม่ได้หมายถึงตัวใดตัวหนึ่งโดยเฉพาะ)
- **Doctors** are usually paid more than **teachers**.
- Do you know anybody who collects **stamps**?
- **Crime** is a problem in most big cities. (*ไม่ใช่* The crime)
- **Life** has changed a lot in the last thirty years. (*ไม่ใช่* The life)
- Do you like **classical music / Chinese food / fast cars**?
- My favourite sport is **football/skiing/athletics**.
- My favourite subject at school was **history/physics/English**.

เราใช้ '**most** people / **most** books / **most** cars' ฯลฯ ในความหมายของคน**ส่วนมาก** / หนังสือ**ส่วนมาก** / รถยนต์**ส่วนมาก** (*ไม่ใช่* the most ...)

- **Most shops** accept credit cards. (*ไม่ใช่* The most shops)

B

เราใช้ **the** เมื่อหมายถึงคนหรือสิ่งของที่ชี้เฉพาะว่า เป็นคนนั้นๆ / สิ่งนั้นๆ
เปรียบเทียบประโยคต่อไปนี้

คนหรือสิ่งของโดยทั่วไป (ไม่ใช้ **the**)	คนหรือสิ่งของที่ชี้เฉพาะ (ใช้ **the**)
Children learn from playing. (= เด็กทั่วไป)	We took **the children** to the zoo. (= เด็กกลุ่มหนึ่งโดยเฉพาะ อาจเป็นลูกๆ ของผู้พูดก็ได้)
I couldn't live without **music**.	The film wasn't very good, but I liked **the music**. (= ดนตรีในภาพยนตร์เรื่องนั้น)
All **cars** have wheels.	All **the cars in this car park** belong to people who work here.
Sugar isn't very good for you.	Can you pass **the sugar**, please? (= น้ำตาลที่อยู่บนโต๊ะนั้น)
English people drink a lot of tea. (= คนอังกฤษทั่วไป)	**The English people I know** drink a lot of tea. (= คนอังกฤษที่คุณรู้จักเท่านั้น ไม่ใช่คนอังกฤษทั่วไป)

C

ความแตกต่างระหว่าง 'คำนามที่ใช้ในความหมายทั่วไป' และ 'คำนามที่ใช้ในความหมายชี้เฉพาะ' บางครั้งก็ไม่ชัดเจนนัก
เปรียบเทียบประโยคต่อไปนี้

คนหรือสิ่งของโดยทั่วไป (ไม่ใช้ **the**)	คนหรือสิ่งของที่ชี้เฉพาะ (ใช้ **the**)
I like working with **people**. (= คนทั่วไป)	
I like working with **people who say what they think**. (ไม่ใช่คนทั้งหมด แต่เป็น 'คนที่แสดงความคิดเห็น' โดยทั่วไป ไม่ได้ชี้เฉพาะว่าเป็นผู้ใด)	I like **the people I work with**. (= คนที่ฉันทำงานด้วย)
Do you like **coffee**? (= กาแฟทั่วไป)	
Do you like **strong black coffee**? (ไม่ใช่กาแฟทั้งหมด แต่เป็น 'กาแฟดำรสเข้ม' โดยทั่วไป ไม่ได้ชี้เฉพาะว่าเป็นถ้วยใด)	I didn't like **the coffee we had after dinner**. (= กาแฟที่ดื่มหลังอาหารเย็น)

The 1–2 ➜ Units 73–74 The + adjective (the young / the English ฯลฯ) ➜ Unit 76

Exercises

75.1 เลือก 4 อย่างต่อไปนี้ และเขียนว่าคุณชอบหรือไม่ชอบสิ่งเหล่านั้น

bananas	boxing	cats	crowds	fast food	horror movies
~~hot weather~~	maths	opera	snow	supermarkets	zoos

เริ่มต้นประโยคด้วยกลุ่มคำเหล่านี้

I like … / I don't like … **I don't mind …**
I love … / I hate … **I'm interested in … / I'm not interested in …**

1 *I don't like hot weather very much.*
2 ……
3 ……
4 ……
5 ……

75.2 เติมประโยคให้สมบูรณ์โดยใช้คำใดคำหนึ่งต่อไปนี้ และใช้ **the** ในที่ที่จำเป็น

~~(the) basketball~~	(the) grass	(the) patience	(the) people
(the) questions	(the) meat	~~(the) information~~	(the) hotels
(the) history	(the) water	(the) spiders	(the) lies

1 My favourite sport is *basketball.*
2 *The information* we were given wasn't correct.
3 Some people are afraid of …… .
4 A vegetarian is somebody who doesn't eat …… .
5 The test wasn't very difficult. I answered …… without difficulty.
6 Do you know …… who live next door?
7 …… is the study of the past.
8 It's better to tell the truth. Telling …… usually causes problems.
9 We couldn't find anywhere to stay in the town. …… were full.
10 …… in the pool didn't look very clean, so we didn't go for a swim.
11 Don't sit on …… . It's wet after the rain.
12 You need …… to teach young children.

75.3 เลือกรูปที่ถูกต้อง มี หรือไม่มี **the**

1 I'm afraid of dogs / ~~the dogs~~. (dogs *ถูกต้อง*)
2 Apples / The apples are good for you.
3 Look at apples / the apples on that tree! They're very big.
4 Women / The women live longer than men / the men.
5 I don't drink tea / the tea. I don't like it.
6 We had a very good meal. Vegetables / The vegetables were especially good.
7 Life / The life is strange sometimes. Some very strange things happen.
8 I enjoy holidays / the holidays by the sea.
9 How much money does the government spend on education / the education?
10 Who are people / the people in this picture?
11 What makes people / the people violent? What causes aggression / the aggression?
12 All books / All the books on the top shelf belong to me.
13 Don't stay in that hotel. It's very noisy and rooms / the rooms are very small.
14 A pacifist is somebody who is against war / the war.
15 First World War / The First World War lasted from 1914 until 1918.
16 I don't like films / the films that don't have happy endings.
17 Someone gave me a book about history / the history of modern art / the modern art.
18 Rob and Louise got married, but marriage / the marriage didn't last very long.
19 Most people / The most people believe that marriage / the marriage and family life / the family life are the basis of society / the society.

→ แบบฝึกหัดเสริม 29 (หน้า 319)

Unit 76 The 4 (the giraffe / the telephone / the piano ฯลฯ, the + adjective)

A

พิจารณาประโยคต่อไปนี้

- **The giraffe** is the tallest of all animals.
- **The bicycle** is an excellent means of transport.
- When was **the telephone** invented?
- **The dollar** is the currency of the United States.

ในตัวอย่างเหล่านี้ **the** … ไม่ได้หมายถึงสิ่งใดสิ่งหนึ่งโดยเฉพาะ เช่น **the giraffe** คือ สัตว์ชนิดหนึ่ง ไม่ได้หมายถึง ยีราฟ ตัวใดตัวหนึ่งโดยเฉพาะ เราใช้ **the** ในลักษณะนี้ เมื่อพูดถึงชนิดของสัตว์ เครื่องจักร ฯลฯ

ในทำนองเดียวกัน เราใช้ **the** กับเครื่องดนตรี เช่น

- Can you play **the** guitar? คุณเล่นกีต้าร์เป็นไหม
- **The** piano is my favourite instrument. เปียโนเป็นเครื่องดนตรีโปรดของฉัน

เปรียบเทียบการใช้ **a** และ **the** ในประโยคต่อไปนี้

- I'd like to have **a piano**. ฉันอยากจะมี**เปียโนสักหลังหนึ่ง** *แต่* I can't play **the piano**. ฉันเล่น**เปียโน**ไม่เป็น
- We saw **a giraffe** at the zoo. เราเห็น**ยีราฟตัวหนึ่ง**ที่สวนสัตว์ *แต่* **The giraffe** is my favourite animal. **ยีราฟ**เป็นสัตว์ที่ฉันชอบ

โปรดสังเกตว่า เราใช้ **man** (= มนุษย์โดยทั่วไป / มนุษยชาติ) เพียงคำเดียว โดยไม่ต้องมี **the** เช่น

- What do you know about the origins of **man**? (*ไม่ใช่* the man)

B

The + adjective

เราใช้ **the** + adjective (ไม่มี noun ตามหลัง) เมื่อกล่าวถึงกลุ่มของคนที่มีลักษณะเช่นเดียวกัน โดยเฉพาะอย่างยิ่งคำต่อไปนี้

the young	**the rich**	**the sick**	**the injured**
the old	**the poor**	**the disabled**	**the dead**
the elderly	**the homeless**	**the unemployed**	

the young = ผู้เยาว์วัย, **the rich** = คนรวย ฯลฯ เช่น

- Do you think **the rich** should pay higher taxes? …**คนรวย**…
- We need to do more to help **the homeless**. …**คนไร้ที่อยู่อาศัย**

สำนวน **the young / the rich / the injured** ฯลฯ มีความหมายเป็นพหูพจน์เสมอ คุณจะพูดว่า 'a young' หรือ 'the injured' เพื่อหมายถึงคนคนเดียวไม่ได้ แต่ต้องพูดว่า '**a** young **person**', '**the** injured **woman**' ฯลฯ

โปรดสังเกตด้วยว่า เราใช้ 'the **poor**' (*ไม่ใช่* the poors), 'the **young**' (*ไม่ใช่* the youngs) ฯลฯ

C

The + nationality

คุณสามารถใช้ **the** กับ adjective ที่บอกสัญชาติ ซึ่งลงท้ายด้วย **-ch** หรือ **-sh** (เช่น **the French / the English / the Spanish** ฯลฯ) เพื่อหมายถึง 'ประชาชนของประเทศนั้น' เช่น

- **The French** are famous for their food. (= คนฝรั่งเศส)

โปรดสังเกตว่า **the French / the English** ฯลฯ มีความหมายเป็นพหูพจน์ เมื่อคุณจะกล่าวถึงคนฝรั่งเศส / คนอังกฤษหนึ่งคน คุณจะใช้ 'a French / an English' ไม่ได้ ต้องใช้ **a Frenchman / an Englishwoman** ฯลฯ
คุณสามารถใช้ **the** + คำเรียกสัญชาติที่ลงท้ายคำด้วย **-ese** (เช่น **the Chinese / the Sudanese / the Japanese** ฯลฯ) ได้ด้วย เช่น

- **The Chinese** invented printing.

แต่คำเหล่านี้สามารถใช้เป็นเอกพจน์ได้ (a Chinese, a Japanese ฯลฯ)
รวมทั้งคำว่า **a Swiss** (เอกพจน์) และ **the Swiss** (= คนสวิส)

สำหรับคนสัญชาติอื่นๆ คำพหูพจน์ใช้รูปลงท้ายด้วย **-s** ดังตัวอย่าง

an Italian → Italians **a Mexican → Mexicans** **a Turk → Turks**

กับคำเหล่านี้ (เช่น **Italians** ฯลฯ) เรามักจะไม่ใช้ **the** ในการพูดถึงผู้คนโดยทั่วไป (ดู Unit 75)

A/an และ the → Unit 72 The 1–3 → Units 73–75 การใช้และไม่ใช้ the นำหน้าชื่อ → Units 77–78

Exercises

76.1 ตอบคำถามในแต่ละข้อ เลือกคำตอบที่ถูกต้องจากกรอบข้างล่างนี้ อย่าลืมใช้ **the** ใช้พจนานุกรมถ้าจำเป็น

1		2		3		4	
animals		*birds*		*inventions*		*currencies*	
tiger	elephant	eagle	penguin	telephone	wheel	dollar	peso
rabbit	cheetah	swan	owl	telescope	laser	euro	rupee
giraffe	kangaroo	parrot	pigeon	helicopter	typewriter	baht	yen

1 a Which of the animals is tallest? *the giraffe*
  b Which animal can run fastest? ....
  c Which of these animals is found in Australia? ....
2 a Which of these birds has a long neck? ....
  b Which of these birds cannot fly? ....
  c Which bird flies at night? ....
3 a Which of these inventions is oldest? ....
  b Which one is most recent? ....
  c Which one was especially important for astronomy? ....
4 a What is the currency of India? ....
  b What is the currency of Canada? ....
  c What is the currency of your country? ....

76.2 เติม **the** หรือ **a**

1. When was *the* telephone invented?
2. Can you play .... musical instrument?
3. Jessica plays .... violin in an orchestra.
4. There was .... piano in the corner of the room.
5. Can you play .... piano?
6. Our society is based on .... family.
7. Martin comes from .... large family.
8. .... computer has changed the way we live.

76.3 เติมประโยคให้สมบูรณ์โดยใช้ **the + adjective** คำใดคำหนึ่งต่อไปนี้

injured **poor** **rich** **sick** **unemployed** ~~**young**~~

1. *The young* have the future in their hands.
2. Ambulances arrived at the scene of the accident and took .... to hospital.
3. Life is all right if you have a job, but things are not so easy for ....
4. Helen has been a nurse all her life. She has spent her life caring for ....
5. In England there is an old story about a man called Robin Hood. It is said that he robbed .... and gave the money to ....

76.4 คุณเรียกประชาชนของประเทศต่อไปนี้ว่าอะไร

	one person (**a/an** ...)	*the people in general*
1 Canada	*a Canadian*	*Canadians*
2 Germany		
3 France		
4 Russia		
5 China		
6 Brazil		
7 England		
8 Your country		

Unit 77

การใช้และไม่ใช้ the นำหน้าชื่อ 1

A

เราไม่ใช้ **the** กับชื่อคน ('Helen', 'Helen Taylor' ฯลฯ) ในทำนองเดียวกัน เราไม่ใช้ **the** กับชื่อสถานที่ส่วนใหญ่ ดังตัวอย่างต่อไปนี้

continents ทวีป	Africa (*ไม่ใช่* the Africa), Europe, South America
countries, states etc. ประเทศ รัฐ ฯลฯ	France (*ไม่ใช่* the France), Japan, Brazil, Texas
islands เกาะ	Sicily, Bermuda, Tasmania
cities, towns etc. นคร เมือง ฯลฯ	Cairo, New York, Bangkok
mountains ภูเขา	Everest, Etna, Kilimanjaro

แต่เราใช้ **the** กับชื่อประเทศหรือรัฐที่มีคำว่า **Republic**, **Kingdom**, **States** ฯลฯ เช่น

the Czech **Republic** — **the** United **Kingdom** (**the** UK)
the Dominican **Republic** — **the** United **States** of America (**the** USA)

เปรียบเทียบชื่อประเทศที่มี **the** และไม่มี **the** นำหน้า

- Have you been to **Canada** or **the United States**?

B

เมื่อใช้ **Mr/Mrs/Captain/Doctor** ฯลฯ + ชื่อ ไม่ต้องใช้ **the** ดังนั้น เราจึงพูดว่า

Mr Johnson / **Doctor** Johnson / **Captain** Johnson / **President** Johnson ฯลฯ (*ไม่ใช่* the ...)
Uncle Robert / **Saint** Catherine / **Princess** Maria ฯลฯ (*ไม่ใช่* the ...)

เปรียบเทียบประโยคคู่นี้

- We called **the doctor**.
  We called **Doctor** Johnson. (*ไม่ใช่* the Doctor Johnson)

เราใช้ **Mount** (= mountain) และ **Lake** ในทำนองเดียวกัน (ไม่ต้องมี **the**) เช่น

Mount Everest (*ไม่ใช่* the ...) — **Mount** Etna — **Lake** Superior — **Lake** Victoria

- They live near **the lake**.
  They live near **Lake Superior**. (*ไม่ใช่* the Lake Superior)

C

เราใช้ **the** กับชื่อมหาสมุทร ทะเล แม่น้ำ และคลอง เช่น

the Atlantic (Ocean)	**the** Red Sea	**the** Amazon
the Indian Ocean	**the** Channel (between France and Britain)	**the** Nile
the Mediterranean (Sea)		**the** Suez Canal

เราใช้ **the** กับชื่อทะเลทราย เช่น

the Sahara (Desert) — **the** Gobi Desert

D

เราใช้ **the** กับชื่อคนหรือสถานที่ในรูปพหูพจน์ เช่น

people คน	**the** Taylors (= the Taylor family), **the** Johnsons
countries ประเทศ	**the** Netherlands, **the** Philippines, **the** United States
groups of islands หมู่เกาะ	**the** Canaries / **the** Canary Islands, **the** Bahamas
mountain ranges เทือกเขา	**the** Rocky Mountains / **the** Rockies, **the** Andes, **the** Alps

- The highest mountain in **the Andes** is (**Mount**) **Aconcagua**.

E

เราพูดว่า

the north (of Brazil) *แต่* **northern** Brazil (*ไม่ต้องมี* the)
the southeast (of Spain) *แต่* **southeastern** Spain

เปรียบเทียบการใช้ **the** และไม่ใช้ **the**

- Sweden is in **northern Europe**; Spain is in **the south**.

รวมทั้ง **the** Middle East, **the** Far East

เราอาจใช้ **north/south** ฯลฯ (ไม่ต้องมี **the**) ในชื่อของภูมิภาคและประเทศต่างๆ เช่น

North America — **South Africa**

โปรดสังเกตว่า บนแผนที่มักจะไม่ใช้ **the** นำหน้าชื่อต่างๆ

การใช้และไม่ใช้ **the** นำหน้าชื่อ 2 ➜ **Unit 78**

Exercises

77.1 เติม **the** ในที่ที่จำเป็น ถ้าประโยคสมบูรณ์ดีแล้ว ให้ใส่เครื่องหมาย – ในช่องว่าง

1 Who is ..–.. Doctor Johnson? (*ประโยคสมบูรณ์แล้ว โดยไม่ต้องมี* the)
2 I was ill, so I went to see .... doctor.
3 The most powerful person in .... United States is .... president.
4 .... President Kennedy was assassinated in 1963.
5 Do you know .... Wilsons? They're a very nice couple.
6 I'm looking for .... Professor Brown. Do you know where she is?

77.2 บางประโยคต่อไปนี้ถูกต้องแล้ว แต่บางประโยคก็ต้องเติม **the** (บางครั้งมากกว่า **1** แห่ง) แก้ประโยคตามความเหมาะสม

1 Everest was first climbed in 1953. OK
2 Milan is in north of Italy. in the north of Italy
3 Africa is much larger than Europe. ....
4 Last year I visited Mexico and United States. ....
5 South of England is warmer than north. ....
6 Portugal is in western Europe. ....
7 France and Britain are separated by Channel. ....
8 James has travelled a lot in Middle East. ....
9 Chicago is on Lake Michigan. ....
10 Next year we're going skiing in Swiss Alps. ....
11 UK consists of Great Britain and Northern Ireland. ....
12 Seychelles are a group of islands in Indian Ocean. ....
13 The highest mountain in Africa is Kilimanjaro. ....
14 Chao Phraya River flows into Gulf of Thailand. ....

77.3 ต่อไปนี้เป็นคำถามเกี่ยวกับภูมิศาสตร์ เลือกคำตอบที่ถูกต้องจากกรอบข้างล่าง และใช้ **the** ในที่ที่จำเป็น คุณไม่จำเป็นต้องใช้ชื่อทั้งหมดที่ให้ไว้ ถ้าไม่รู้จักชื่อเหล่านี้ ให้ดูแผนที่โลกประกอบ

continents	*countries*	*oceans and seas*	*mountains*	*rivers and canals*	
Africa	Canada	~~Atlantic~~	Alps	Amazon	Rhine
Asia	Denmark	Indian Ocean	Andes	Danube	Thames
Australia	Indonesia	Pacific	Himalayas	Nile	Volga
Europe	Sweden	Black Sea	Rockies	Suez Canal	
North America	Thailand	Mediterranean	Urals	Panama Canal	
South America	United States	Red Sea			

1 What do you have to cross to travel from Europe to America? the Atlantic
2 Where is Argentina? ....
3 Which is the longest river in Africa? ....
4 Of which country is Stockholm the capital? ....
5 Of which country is Washington the capital? ....
6 What is the name of the mountain range in the west of North America? ....
7 What is the name of the sea between Africa and Europe? ....
8 Which is the smallest continent in the world? ....
9 What is the name of the ocean between North America and Asia? ....
10 What is the name of the ocean between Africa and Australia? ....
11 Which river flows through London? ....
12 Which river flows through Vienna, Budapest and Belgrade? ....
13 Of which country is Bangkok the capital? ....
14 What joins the Atlantic and Pacific oceans? ....
15 Which is the longest river in South America? ....

Unit 78

การใช้และไม่ใช้ **the** นำหน้าชื่อ 2

A

ชื่อที่ไม่ต้องมี **the**

เราไม่ใช้ **the** กับชื่อถนน / วงเวียน / จัตุรัส / สวนสาธารณะ ฯลฯ เช่น

Union **Street** (*ไม่ใช่* the ...)	Fifth **Avenue**	Hyde **Park**
Queens **Road**	**Broadway**	Times **Square**

ชื่อตึก หรือสถาบันสำคัญๆ (เช่น สนามบิน สถานี และ มหาวิทยาลัย) มักจะประกอบด้วยคำ 2 คำ เช่น

Manchester Airport　**Harvard University**

คำแรกมักจะเป็นชื่อสถานที่ ('Manchester') หรือชื่อคน ('Harvard') โดยปกติเราไม่ใช้ **the** กับชื่อเหล่านี้ ในทำนองเดียวกัน เราพูดว่า

Victoria Station (*ไม่ใช่* the ...)	**Canterbury Cathedral**	**Edinburgh Castle**
Buckingham Palace	**Cambridge University**	**Sydney Harbour**

เปรียบเทียบประโยคต่อไปนี้

Buckingham Palace (*ไม่ใช่* the ...) *แต่* **the Royal Palace**
('Royal' เป็น adjective – ไม่ใช่ชื่อเหมือนคำว่า 'Buckingham')

B

ชื่อของสถานที่อื่นๆ ส่วนใหญ่มักจะมี **the** เช่น

hotels โรงแรม	**the** Sheraton Hotel, **the** Holiday Inn
theatres/cinemas โรงละคร / โรงภาพยนตร์	**the** Palace Theatre, **the** Odeon (cinema)
museums/galleries พิพิธภัณฑ์ / หอศิลป์	**the** Guggenheim Museum, **the** National Gallery
other buildings อาคารอื่นๆ	**the** Empire State (Building), **the** White House, **the** Eiffel Tower

เรามักจะละคำนาม เช่น

the Sheraton (Hotel)　**the Palace** (Theatre)　**the Guggenheim** (Museum)

ชื่อสถานที่บางชื่ออยู่ในรูป **the** + noun เท่านั้น เช่น

the Acropolis　**the Kremlin**　**the Pentagon**

C

ชื่อที่มี **of** มักจะมี **the** ดังตัวอย่าง

the Bank **of** England	**the** Museum **of** Modern Art
the Great Wall **of** China	**the** Tower **of** London

โปรดสังเกตว่า เราพูดว่า

the University **of** Cambridge *แต่* **Cambridge University** (โดยไม่มี the)

D

บรรดาห้าง ร้าน ภัตตาคาร โรงแรม ธนาคาร ฯลฯ มักจะตั้งชื่อตามผู้ก่อตั้ง ชื่อเหล่านี้ลงท้ายด้วย **-'s** หรือ **-s** อย่าใช้ **the** กับชื่อเหล่านี้ เช่น

McDonald's (*ไม่ใช่* the ...)	**Barclays** (ธนาคาร)
Joe's Diner (ภัตตาคาร)	**Macy's** (ห้างสรรพสินค้า)

โบสถ์ต่างๆ มักจะตั้งชื่อตามนักบุญ (St = Saint) เช่น

St John's Church (*ไม่ใช่* the St Johns Church)　**St Patrick's Cathedral**

E

หนังสือพิมพ์และองค์กรส่วนใหญ่ มักใช้ **the** นำหน้าชื่อ เช่น

newspapers หนังสือพิมพ์	**the** Washington Post, **the** Financial Times, **the** Sun
organisations องค์กร	**the** European Union, **the** United Nations, **the** Red Cross

ชื่อบริษัท สายการบิน ฯลฯ โดยปกติไม่มี **the** เช่น

Fiat (*ไม่ใช่* the Fiat)	**Sony**	**Singapore Airlines**
Kodak	**IBM**	**Yale University Press**

การใช้และไม่ใช้ **the** นำหน้าชื่อ 1 ➜ **Unit 77**

Exercises

78.1 ดูแผนที่แล้วตอบคำถามตามตัวอย่าง เขียนชื่อของสถานที่และถนนในคำตอบ โดยปกติเราไม่ใช้ **the** บนแผนที่ แต่ในประโยคของคุณให้ใส่ **the** ในที่ที่จำเป็น

1	Is there a cinema near here?	Yes, *the Odeon in Market Street.*
2	Is there a supermarket near here?	Yes, ... in ....
3	Is there a hotel near here?	Yes, ... in ....
4	Is there a church near here?	Yes, ... in ....
5	Is there a museum near here?	Yes, ... in ....
6	Is there a bookshop near here?	Yes, ... in ....
7	Is there a restaurant near here?	Yes, ... in ....
8	Is there a park near here?	Yes, ... at the end of ....

78.2 สถานที่เหล่านี้อยู่ที่ไหน เลือกชื่อของสถานที่จากกรอบข้างล่าง และใช้ **the** ตามความเหมาะสม

Acropolis	**Broadway**	**Buckingham Palace**	**Eiffel Tower**
Kremlin	**White House**	**Gatwick Airport**	~~**Times Square**~~

1 *Times Square* is in New York.
2 .... is in Paris.
3 .... is in London.
4 .... is in Washington.
5 .... is in Moscow.
6 .... is in New York.
7 .... is in Athens.
8 .... is near London.

78.3 เลือกรูปที่ถูกต้อง มี **the** หรือไม่มี **the**

1 Have you ever been to ~~British Museum~~ / the British Museum? (the British Museum *ถูกต้อง*)
2 The biggest park in New York is Central Park / the Central Park.
3 My favourite park in London is St James's Park / the St James's Park.
4 Imperial Hotel / The Imperial Hotel is in Baker Street / the Baker Street.
5 Dublin Airport / The Dublin Airport is situated about 12 kilometres from the city centre.
6 Jack is a student at Liverpool University / the Liverpool University.
7 If you're looking for a department store, I would recommend Harrison's / the Harrison's.
8 If you're looking for a hotel, I would recommend Park Plaza / the Park Plaza.
9 Statue of Liberty / The Statue of Liberty is at the entrance to New York Harbour / the New York Harbour.
10 You should go to Science Museum / the Science Museum. It's very interesting.
11 Andy works for IBM / the IBM now. He used to work for British Telecom / the British Telecom.
12 'Which cinema are you going to this evening?' 'Classic / The Classic.'
13 I'd like to go to China and see Great Wall / the Great Wall.
14 'Which newspaper do you want?' 'Times / The Times.'
15 This book is published by Cambridge University Press / the Cambridge University Press.
16 'What's that building?' 'It's College of Art / the College of Art.'

➜ แบบฝึกหัดเสริม 29 (หน้า 319)

Unit 79

Singular และ plural

A

บางครั้งเราใช้คำนามรูปพหูพจน์สำหรับสิ่งของที่มีส่วนประกอบสองส่วน ดังตัวอย่าง

trousers *(two legs)* รวมทั้ง jeans/tights/shorts/pants	pyjamas *(top และ bottom)*	glasses	binoculars	scissors

คำนามเหล่านี้เป็นพหูพจน์ ดังนั้น จึงใช้คำกริยาในรูปพหูพจน์ เช่น

- My trousers **are** too long. (*ไม่ใช่* my trousers is)

คุณอาจใช้ **a pair of** + คำเหล่านี้ก็ได้ เช่น

- **Those are** nice **jeans.** *หรือ* That**'s** a nice **pair of** jeans. (*ไม่ใช่* a nice jeans)
- I need **some** new **glasses**. *หรือ* I need **a** new **pair of** glasses.

B

คำนามบางคำลงท้ายด้วย **-ics** แต่ไม่ใช่พหูพจน์เสมอไป ดังตัวอย่าง

athletics **economics** **electronics** **gymnastics**
maths (= mathematics) **physics** **politics**

- **Gymnastics is** my favourite sport. (*ไม่ใช่* Gymnastics are)

คำว่า **news** ไม่ใช่พหูพจน์ (ดู Unit 70B) เช่น

- What time **is the news** on TV? (*ไม่ใช่* are the news)

คำบางคำลงท้ายด้วย **-s** อาจเป็นได้ทั้งเอกพจน์และพหูพจน์ ดังตัวอย่าง

means	**a means** of transport	**many means** of transport
series	a television **series**	**two** television **series**
species	**a species** of bird	**200 species** of bird

C

คำนามบางคำมีรูปเอกพจน์ แต่มักใช้กับคำกริยารูปพหูพจน์ ดังตัวอย่าง

audience **committee** **company** **family** **firm** **government** **staff** **team**

คำนามเหล่านี้ประกอบด้วยคนเป็นกลุ่ม / คณะ เราจึงมักจะคิดถึงความหมายของคำเหล่านี้ในฐานะเป็นคนจำนวนหนึ่ง (= they) ไม่ใช่สิ่งเดียว (= it) ด้วยเหตุนี้ จึงใช้คำกริยาในรูปพหูพจน์ เช่น

- **The government** (= they) **have decided** to increase taxes.
- **The staff** at the company (= they) **are** not happy with **their** working conditions.

ในทำนองเดียวกัน เรามักจะใช้คำกริยารูปพหูพจน์ข้างหลังชื่อของทีมกีฬาหรือบริษัท เช่น

- **Italy are** playing Brazil next Sunday (ในการแข่งขันฟุตบอล).
- **Shell have** increased the price of petrol.

คำเหล่านี้ใช้ในความหมายเป็นเอกพจน์ได้ด้วย เช่น (The government **wants** … / Shell **has** … ฯลฯ)

คำว่า **police** ใช้ในความหมายพหูพจน์เสมอ เช่น

- **The police are** investigating the crime but **haven't** arrested anyone yet.
  (*ไม่ใช่* The police is … hasn't)

โปรดสังเกตว่า ในความหมายของ 'ตำรวจหนึ่งคน' จะต้องใช้ **a police officer / a policeman / a policewoman** (*ไม่ใช่* a police)

D

โดยปกติ เราไม่ใช้รูปพหูพจน์ของ **person** (เป็น 'persons') แต่จะใช้ **people** และมีความหมายเป็นพหูพจน์เสมอ เช่น

- He's **a** nice **person.** *แต่* They are nice **people.** (*ไม่ใช่* nice persons)
- **Many people don't** have enough to eat. (*ไม่ใช่* Many people doesn't)

E

คำที่บอกจำนวนเงิน ระยะเวลา ระยะทาง ฯลฯ ให้ความหมายเป็น*เอกพจน์* และใช้คำกริยารูปเอกพจน์ เช่น

- **Fifty thousand pounds** (= it) **was** stolen in the robbery. (*ไม่ใช่* were stolen)
- **Three years** (= it) **is** a long time to be without a job. (*ไม่ใช่* Three years are)
- **Two miles isn't** very far to walk.

ภาษาอังกฤษแบบอเมริกัน ➜ **ภาคผนวก 7**

Exercises

79.1 เติมประโยคให้สมบูรณ์โดยใช้คำจากข้อ A หรือ B ในหน้าซ้ายมือ บางประโยคคุณต้องใช้ **a** หรือ **some**

1 My eyesight isn't very good. I need *glasses.*
2 *A species* is a group of animals or plants that have the same characteristics.
3 Footballers don't wear trousers when they play. They wear ………………… .
4 The bicycle is ………………… of transport.
5 The bicycle and the car are ………………… of transport.
6 I want to cut this piece of material. I need ………………… .
7 A friend of mine is writing ………………… of articles for the local newspaper.
8 There are a lot of American TV ………………… shown on TV in Britain.
9 While we were out walking, we saw many different ………………… of bird.

79.2 คำทางซ้ายมือในแต่ละข้อเกี่ยวข้องกับกิจกรรมอย่างหนึ่ง (เป็นต้นว่า กีฬาหรือสาขาวิชา) เขียนชื่อของกิจกรรมนั้น ๆ ในแต่ละข้อ โดยได้ให้อักษรต้นของคำนั้นไว้แล้ว

1 calculate algebra equation — *mathematics*
2 government election minister — p…………
3 finance trade employment — e…………
4 running jumping throwing — a…………
5 light heat gravity — ph…………
6 exercises somersault parallel bars — gy…………
7 processor silicon chip gigabyte — el…………

79.3 เลือกรูปที่ถูกต้องของคำกริยา (รูปเอกพจน์หรือพหูพจน์) มี 2 ประโยคที่ใช้ได้ทั้งสองรูป

1 Gymnastics is / ~~are~~ my favourite sport. (is *ถูกต้อง*)
2 The trousers you bought for me doesn't / don't fit me.
3 The police want / wants to interview two men about the robbery last week.
4 Physics was / were my best subject at school.
5 Can I borrow your scissors? Mine isn't / aren't sharp enough.
6 It's a nice place to visit. The people is / are very friendly.
7 Fortunately the news wasn't / weren't as bad as we expected.
8 Where does / do your family live?
9 I can't find my binoculars. Do you know where it is / they are?
10 Does / Do the police know how the accident happened?
11 Germany is / are playing Spain tomorrow night, but it's not on TV.
12 Most people enjoy / enjoys music.

79.4 ประโยคส่วนใหญ่ต่อไปนี้ผิด แก้ให้ถูกต้อง

1 Three years are a long time to be without a job. — *Three years is a long time*
2 The government have decided to increase taxes. — *OK* (has decided *ก็ถูกต้องเช่นกัน*)
3 Susan was wearing a black jeans. — …………
4 I don't like hot weather. Thirty degrees is too hot for me. — …………
5 I like Martin and Jane. They're very nice persons. — …………
6 Ten pounds aren't enough. I need more money than that. — …………
7 I'm going to buy a new pyjama. — …………
8 The committee haven't made a decision yet. — …………
9 There was a police directing traffic in the street. — …………
10 What is the police going to do? — …………
11 This scissors isn't very sharp. — …………
12 Four days isn't enough for a good holiday. — …………

Unit 80

Noun + noun (a **tennis ball** / a **headache**)

A

เรามักจะใช้คำนามประสม โดยนำคำนาม 2 คำมารวมกัน (noun + noun) เพื่อเรียกชื่อสิ่งของ / คน / ความคิด / ฯลฯ โดยนับเป็นสิ่งเดียว เช่น

a **tennis ball** **income tax** the **city centre**

คำนามคำแรกเป็นเสมือน adjective บอกให้เราทราบว่า สิ่งของ / คน / ความคิด ฯลฯ ซึ่งเป็นคำนามที่อยู่ในตำแหน่งหลังนั้นเป็นประเภทใด คำนามคำแรกช่วยให้ความหมายของคำนามคำหลังชัดเจนขึ้น เช่น

a **tennis ball** = a **ball** used to play **tennis** **ลูกเทนนิส**
a **bus driver** = the **driver** of a **bus** **พนักงานขับรถ**
a **road accident** = an **accident** that happens on the **road** **อุบัติเหตุบนท้องถนน**
income tax = **tax** that you pay on your **income** **ภาษีรายได้**
the **city centre** = the **centre** of the **city** **ใจกลางเมือง**
a **Paris hotel** = a **hotel** in **Paris** **โรงแรมในปารีส**
my **life story** = the **story** of my **life** **เรื่องราวชีวิตของฉัน**

เราอาจพูดว่า

a **television** camera a **television** programme a **television** studio a **television** producer
(สิ่งต่างๆ หรือคนต่างๆ ที่เกี่ยวข้องกับโทรทัศน์)

language **problems** marriage **problems** health **problems** work **problems**
(ปัญหาด้านต่างๆ)

เปรียบเทียบความหมาย เมื่อคำนามประสมมีการเรียงลำดับคำที่แตกต่างกัน

garden vegetables (= **vegetables** that are grown in a garden) **ผักสวนครัว**
a **vegetable garden** (= a **garden** where vegetables are grown) **สวนผัก**

บ่อยครั้งทีเดียว ที่เราพบว่าคำแรกใช้รูปที่ลงท้ายคำด้วย **-ing** ซึ่งให้ความหมายว่าสิ่งนั้นใช้สำหรับทำอะไร เช่น

a **frying** pan (= กะทะที่เอาไว้ทอด) a **washing** machine a **swimming** pool

บางครั้งก็มีคำนามมากกว่า 2 คำประสมกัน เช่น

- I waited at the **hotel reception desk**. ...**โต๊ะประชาสัมพันธ์ของโรงแรม**
- We watched the **World Swimming Championships** on television. ...**การชิงชนะเลิศว่ายน้ำโลก**...
- If you want to play **table tennis**, you need a **table tennis table** ...**ปิงปอง**...**โต๊ะเล่นปิงปอง**

B

เมื่อมีคำนาม 2 คำประสมกันเช่นนี้ บางครั้งเราเขียนติดกันเหมือนเป็นคำเดียว และบางครั้งเราเขียนแยกกันเป็น 2 คำ ดังตัวอย่าง

a **headache** **toothpaste** a **weekend** a **car park** a **road sign**

ไม่มีกฎที่แน่นอนตายตัวสำหรับวิธีเขียนคำนามประสม ถ้าคุณไม่แน่ใจ ทางที่ดีคือ เขียนแยกกันเป็น 2 คำ

C

โปรดสังเกตความแตกต่างระหว่างความหมายของแต่ละคู่ ต่อไปนี้

a **sugar bowl** (ถ้วยน้ำตาล อาจจะเป็นถ้วยเปล่าก็ได้) and a **bowl of sugar** (= ถ้วยที่มีน้ำตาลอยู่ในนั้น)
a **shopping bag** (ถุงจ่ายตลาด ซึ่งอาจจะเป็นถุงเปล่าก็ได้) and a **bag of shopping** (= ของที่จับจ่ายมาหนึ่งถุง)

D

เมื่อเราใช้คำนาม 2 คำประสมกัน (noun + noun) คำนามคำแรกเป็นเสมือน adjective มีรูปเป็นเอกพจน์ แต่ความหมายมักจะเป็นพหูพจน์ ตัวอย่างเช่น a **book** shop หมายถึง ร้านหนังสือที่มี**หนังสือมากมาย** และ an **apple** tree หมายถึง ต้นแอปเปิ้ลที่มี**ลูกแอปเปิ้ลมากมาย**

ในทำนองเดียวกัน เรามีคำประสมในลักษณะต่อไปนี้ด้วย

a **three-hour** journey การเดินทาง**สามชั่วโมง** (*ไม่ใช่* hours)
a **ten-pound** note ธนบัตรใบละ**สิบปอนด์**หนึ่งใบ (*ไม่ใช่* pounds)
a **four-week** course หลักสูตร **4 สัปดาห์** (*ไม่ใช่* weeks)
a **six-mile** walk การเดิน **6 ไมล์** (*ไม่ใช่* miles)
two **14-year**-old girls เด็กหญิง**อายุ 14 ปี** สองคน (*ไม่ใช่* years)

เปรียบเทียบประโยคต่อไปนี้

- It was **a four-week** course.

แต่ The course lasted four **weeks**.

-'s และ of ... ➜ Unit 81 A week's holiday / three weeks' holiday ฯลฯ ➜ Unit 81E

Exercises

80.1 เราเรียกสิ่งต่าง ๆ หรือคนต่าง ๆ ต่อไปนี้ว่าอะไร

1 A ticket for a concert is *a concert ticket.*
2 Problems concerning health are *health problems.*
3 An interview for a job is ....
4 Pictures taken on your holiday are your ....
5 Chocolate made with milk is ....
6 Somebody whose job is to inspect factories is ....
7 A horse that runs in races is ....
8 A race for horses is ....
9 Shoes for running are ....
10 A student studying at university is ....
11 The results of your exams are your ....
12 The carpet in the living room is ....
13 A scandal involving an oil company is ....
14 Workers at a car factory are ....
15 A scheme for the improvement of a road is ....
16 A department store in New York is ....
17 A course that lasts five days is ....
18 A question that has two parts is ....
19 A man who is thirty years old is ....

80.2 ตอบคำถาม โดยใช้คำสองคำจากกรอบต่อไปนี้ในการตอบแต่ละข้อ

~~accident~~	**belt**	**birthday**	**card**	**credit**	**driver**
editor	**forecast**	**newspaper**	**number**	**party**	**~~road~~**
room	**seat**	**shop**	**truck**	**weather**	**window**

1 This can be caused by bad driving. *a road accident*
2 You should wear this when you're in a car. a ....
3 You can use this to pay for things instead of cash. a ....
4 If you want to know if it's going to rain, this is what you need. the ....
5 This person is a top journalist. a ....
6 You might stop to look in this when you're walking along a street. a ....
7 If you're staying at a hotel, you need to remember this. your ....
8 This is a way to celebrate getting older. a ....
9 This person transports things by road. a ....

80.3 คำที่ขีดเส้นใต้ต่อไปนี้ คำใดถูกต้อง

1 It's quite a long book. There are ~~450 page~~ / 450 pages. (450 pages *ถูกต้อง*)
2 I didn't have any change. I only had a twenty-pound / twenty pounds note.
3 I looked down and there were two ten-pound / ten pounds notes on the ground.
4 At work in the morning I usually have a 15-minute / 15 minutes break for coffee.
5 There are 60-minute / 60 minutes in an hour.
6 It's only a two-hour / two hours flight from London to Madrid.
7 My office is on the tenth floor of a twelve-storey / twelve storeys building.
8 I work five-day / five days a week. Saturday and Sunday are free.
9 Five-star / Five stars hotels are the most expensive.
10 Sam's daughter is six-year-old / six years old.
11 The oldest building in the city is the 500-year-old / 500 years old castle.
12 Do you use the twelve-hour / twelve hours clock or the 24-hour / 24 hours clock?

Unit 81 -'s (your sister's name) และ of ... (the name of the book)

A

โดยปกติเราใช้ -'s (apostrophe + s) กับคนหรือสัตว์ เพื่อแสดงความเป็นเจ้าของ เช่น

- **Tom's** computer isn't working. (*ไม่ใช่* the computer of Tom)
- How old are **Chris's** children? (*ไม่ใช่* the children of Chris)
- What's (= What is) **your sister's** name?
- What's **Tom's sister's** name?
- Be careful. Don't step on **the cat's** tail.

คุณอาจใช้ **-'s** โดยไม่มีคำนามตามหลังก็ได้ เช่น

- This isn't my book. It's **my sister's**. (= my sister's book)

เราใช้ -**'s** กับคำนาม (เช่น **Tom/friend/teacher** ฯลฯ) เราไม่ใช้ -**'s** กับกลุ่มคำยาวๆ ดังนั้น เราจึงใช้

your friend's name
แต่ the name **of the woman sitting by the door**

โปรดสังเกตว่า เราใช้ **a woman's hat** (= หมวกสำหรับผู้หญิง), **a boy's name** (= ชื่อสำหรับเด็กผู้ชาย), **a bird's egg** (= ไข่นก) ฯลฯ

B

หลังคำนาม*เอกพจน์*เราใช้ -**'s** เช่น

my sister's room (= **her** room – one sister) ห้องของพี่สาว/น้องสาวคนหนึ่ง
Mr Carter's house (= **his** house) บ้านของนาย **Carter**

ส่วนคำนาม*พหูพจน์* (sisters, friends ฯลฯ) ให้ใส่ apostrophe (') ท้ายคำ เช่น

my sisters' room (= **their** room – *two or more* sisters) ห้องของพี่สาว/น้องสาวอยู่ด้วยกันหลายคน
the Carters' house (= **their** house – Mr and Mrs Carter) บ้านของครอบครัว **Carter**

ถ้าคำนามพหูพจน์ไม่ใช่รูปที่ลงท้ายคำด้วย **-s** (เช่น **men/women/children/people**) เราใช้ **-'s** เติมท้ายคำดังกล่าวได้ เช่น

the men's changing room a **children's** book (= a book for children)

ถ้ามีคนหลายคนร่วมกันเป็นเจ้าของ ให้เติม **-'s** หลังคำนามตัวสุดท้าย เช่น

Jack and Karen's wedding **Mr and Mrs Carter's** house

C

โดยปกติเราใช้ **of** สำหรับสิ่งของ/ความคิด ฯลฯ (... **of the water** / ... **of the book** ฯลฯ) เช่น

the temperature **of the water** (*ไม่ใช่* the water's temperature)
the name **of the book** the owner **of the restaurant**

บางครั้งคุณอาจใช้โครงสร้าง noun + noun ได้ด้วย (ดู Unit 80) เช่น

the **water temperature** the **restaurant owner**

เราพูดว่า **the beginning/end/middle of** ... / **the top/bottom of** ... / **the front/back/side of** ...

the beginning of the month (*ไม่ใช่* the month's beginning)
the top of the hill **the back of** the car

D

คุณอาจใช้ -**'s** หรือ **of** ... ก็ได้ เมื่อหมายถึงหมู่/คณะที่ทำงานร่วมกัน เช่น

the government's decision *หรือ* the decision **of the government**
the company's success *หรือ* the success **of the company**

คุณอาจใช้ -**'s** กับคำบอกสถานที่ได้ด้วย เช่น

the city's streets **the world's** population **Italy's** prime minister

E

คุณอาจใช้ -**'s** กับคำบอกเวลา (**yesterday** / **next week** ฯลฯ) เช่น

- Do you still have **yesterday's** newspaper?
- **Next week's** meeting has been cancelled.

ในทำนองเดียวกัน คุณอาจใช้ **today's** / **tomorrow's** / **this evening's** / **Monday's** ฯลฯ

เราใช้ -**'s** (หรือ -**s'** กับคำนามพหูพจน์) กับคำบอกเวลาด้วย เช่น

- I've got **a week's** holiday starting on Monday.
- Julia has got **three weeks'** holiday.
- I live near the station – it's only about **ten minutes'** walk.

Noun + noun (a **tennis ball**) ➜ **Unit 80** A **three-hour** journey, a **ten-pound** note ➜ **Unit 80D**

Exercises

81.1 ในบางประโยคต่อไปนี้ใช้ -**'s** หรือ -**'** จะเหมาะสมกว่า แก้ประโยคที่<u>ขีดเส้นใต้</u>เมื่อจำเป็น

1. Who is <u>the owner of this restaurant</u>? *OK*
2. How old are <u>the children of Chris</u>? *Chris's children*
3. Is this <u>the umbrella of your friend</u>? ……
4. Write your name at <u>the top of the page</u>. ……
5. I've never met <u>the daughter of Charles</u>. ……
6. Have you met <u>the son of Helen and Dan</u>? ……
7. We don't know <u>the cause of the problem</u>. ……
8. Do we still have <u>the newspaper of last Monday</u>? ……
9. I don't know <u>the words of this song</u>. ……
10. What is <u>the cost of a new computer</u>? ……
11. <u>The friends of your children</u> are here. ……
12. <u>The garden of our neighbours</u> is very nice. ……
13. I work on <u>the ground floor of the building</u>. ……
14. <u>The hair of David</u> is very long. ……
15. I couldn't go to <u>the party of Katherine</u>. ……
16. Do you know <u>the number of the man I need to speak to</u>? ……
17. Have you seen <u>the car of the parents of Mike</u>? ……
18. What's <u>the meaning of this expression</u>? ……
19. Do you agree with <u>the economic policy of the government</u>? ……

81.2 เขียนวิธีเรียกสิ่งต่อไปนี้ใหม่ โดยใช้รูป -**'s** หรือ -**s'**

1. a hat for a woman *a woman's hat*
2. a name for a boy ……
3. clothes for children ……
4. a school for girls ……
5. a nest for a bird ……
6. a magazine for women ……

81.3 อ่านแต่ละประโยค และเขียนประโยคใหม่ขึ้นต้นด้วยคำที่<u>ขีดเส้นใต้</u>

1. The meeting <u>tomorrow</u> has been cancelled.
   Tomorrow's meeting has been cancelled.
2. The storm <u>last week</u> caused a lot of damage.
   Last ……
3. The only cinema in <u>the town</u> has closed down.
   The ……
4. The weather in <u>Britain</u> is very changeable.
   ……
5. Tourism is the main industry in <u>the region</u>.
   ……

81.4 ใช้ข้อมูลที่ให้ไว้ในแต่ละข้อเติมประโยคให้สมบูรณ์

1. If I leave my house at 9 o'clock and drive to the airport, I arrive at about 11.
   So it's about *two hours' drive* from my house to the airport. (drive)
2. If I leave my house at 8.40 and walk to the centre, I get there at 9 o'clock.
   So it's …… from my house to the centre. (walk)
3. I'm going on holiday on the 12th. I have to be back at work on the 26th.
   So I've got …… . (holiday)
4. I went to sleep at 3 o'clock this morning and woke up an hour later. After that I couldn't sleep. So last night I only had …… . (sleep)

Unit 82

Myselt/yourself/themselves ฯลฯ

A

พิจารณาตัวอย่างต่อไปนี้

Steve **introduced himself** to the other guests.

เราใช้ **myself/yourself/himself** ฯลฯ ซึ่งเป็น reflexive pronoun (*สรรพนามสะท้อน*) เมื่อ*ประธาน*และ*กรรม*ของประโยค คือ บุคคลเดียวกัน ดังตัวอย่าง

Steve	introduced	himself
ประธาน		*กรรม*

สรรพนามสะท้อน ได้แก่

singular:	my**self**	your**self** (*one person*)	him**self**/her**self**/it**self**
plural:	our**selves**	your**selves** (*more than one person*)	them**selves**

- I don't want you to pay for me. **I**'ll pay for **myself**. (*ไม่ใช่* I'll pay for me)
- Amy had a great holiday. **She** really enjoyed **herself**.
- Do **you** talk to **yourself** sometimes? ...พูดกับ**ตัวเอง**... (*พูดกับคนหนึ่งคน*)
- If **you** want more to eat, help **yourselves**. ...โปรดช่วย**ตัวเอง** (*พูดกับคนหลายคน*)

เปรียบเทียบประโยคคู่นี้

- It's not our fault. **You** can't blame **us**. ...**คุณ**ตำหนิ**เรา**ไม่ได้
- It's our own fault. **We** should blame **ourselves**. ...**เรา**ควรตำหนิ**ตัวเราเอง**

B

อย่าใช้ **myself** ฯลฯ ข้างหลัง **feel/relax/concentrate/meet** เช่น

- I **feel** nervous. I can't **relax**. ฉัน**รู้สึก**ประหม่า ฉัน**ทำใจให้สบาย**ไม่ได้
- You must try and **concentrate**. คุณต้องพยายามและ**ตั้งใจ**ให้ดี (*ไม่ใช่* concentrate yourself)
- What time shall we **meet**? เราจะ**พบกัน**กี่โมง (*ไม่ใช่* meet ourselves, *ไม่ใช่* meet us)

โดยปกติเราไม่ใช้ **myself** กับ **wash/shave/dress** ฯลฯ เช่น

- He got up, **washed**, **shaved** and **dressed**. (*ไม่ใช่* washed himself ฯลฯ)

คุณอาจพูดว่า **get dressed** (He **got dressed**) ก็ได้

C

เปรียบเทียบความแตกต่างระหว่าง **-selves** และ **each other** ต่อไปนี้

themselves

each other

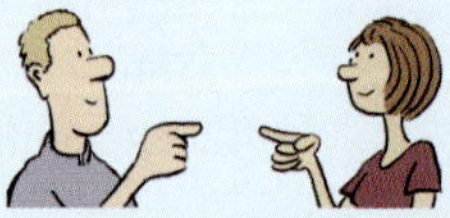

- Kate and Joe stood in front of the mirror and looked at **themselves**. (= Kate และ Joe ยืนหน้ากระจกและมองดูตัวเอง)
- Kate looked at Joe; Joe looked at Kate. They looked at **each other**. ทั้ง Kate และ Joe **ต่างก็มองกัน**

คุณอาจใช้ **one another** แทน **each other** ก็ได้ เช่น

- How long have you and Ben known **each other**? *หรือ* ... known **one another**? ...รู้จัก**กัน**...
- Sue and Alice don't like **each other**. *หรือ* ... don't like **one another**. ...ต่างก็ไม่ชอบ**กัน**
- Do you and Sarah live near **each other**? *หรือ* ... near **one another**? ...ใกล้**กัน**

D

เราใช้ **myself/yourself** ฯลฯ ในลักษณะอื่นด้วย ดังตัวอย่าง

- 'Who repaired your bike for you?' '**I** repaired it **myself**.'

I repaired it myself = ฉันซ่อมรถจักรยานเอง ไม่ได้ให้คนอื่นทำให้ ในที่นี้เราใช้ **myself** เป็นการเน้น 'I' เพื่อให้มีความหมายหนักแน่นขึ้น ดังตัวอย่างเพิ่มเติม

- I'm not going to do your work for you. **You** can do it **yourself**. ...**คุณ**ทำเองได้ (= ไม่ต้องให้ฉันทำให้)
- **Let's** paint the house **ourselves**. It will be much cheaper. **เรา**ทาสีบ้านเองเถอะ...
- **The film itself** wasn't very good, but I loved the music. ตัว**ภาพยนตร์เอง**ไม่ค่อยดีนัก แต่ฉันชอบเพลง
- I don't think Lisa will get the job. **Lisa herself** doesn't think so. (*หรือ* **Lisa** doesn't think so **herself**.) ... **Lisa** เองก็ไม่คิดว่าเธอจะได้งาน

Get dressed / get married ฯลฯ ➜ Unit 44D By myself / by yourself ฯลฯ ➜ Unit 83D

Exercises

82.1 เติมแต่ละประโยคให้สมบูรณ์ โดยใช้ **myself/yourself** ฯลฯ + กริยาคำใดคำหนึ่งต่อไปนี้ (ในรูปที่ถูกต้อง)

blame burn enjoy express hurt ~~introduce~~ put

1 Steve *introduced himself* to the other guests at the party.
2 Ben fell down some steps, but fortunately he didn't ....
3 It isn't Sue's fault. She really shouldn't ....
4 Please try and understand how I feel. .... in my position.
5 The children had a great time at the beach. They really ....
6 Be careful! That pan is very hot. Don't ....
7 Sometimes I can't say exactly what I mean. I wish I could .... better.

82.2 เติม **myself/yourself/ourselves** ฯลฯ หรือ **me/you/us** ฯลฯ

1 Amy had a great holiday. She enjoyed *herself.*
2 It's not my fault. You can't blame ....
3 What I did was really bad. I'm ashamed of ....
4 We've got a problem. I hope you can help ....
5 'Can I take another biscuit?' 'Of course. Help .... !'
6 You must meet Sarah. I'll introduce .... to her.
7 Don't worry about us. We can take care of ....
8 Don't worry about the children. I'll take care of ....
9 I gave them a key to our house so that they could let .... in.

82.3 เติมประโยคให้สมบูรณ์ โดยใช้ **myself/yourself** ฯลฯ เฉพาะในที่ที่จำเป็น และใช้กริยาคำใดคำหนึ่งต่อไปนี้ (ในรูปที่ถูกต้อง)

concentrate defend dry feel meet relax ~~shave~~

1 Martin decided to grow a beard because he was fed up with *shaving.*
2 I wasn't very well yesterday, but I .... much better today.
3 I climbed out of the swimming pool and .... with a towel.
4 I tried to study, but I couldn't ....
5 If somebody attacks you, you need to be able to ....
6 I'm going out with Chris this evening. We're .... at 7.30.
7 You're always rushing around. Why don't you sit down and .... ?

82.4 เติมประโยคให้สมบูรณ์ โดยใช้ **ourselves/themselves** หรือ **each other**

1 How long have you and Ben known *each other?*
2 If people work too hard, they can make .... ill.
3 I need you and you need me. We need ....
4 In Britain friends often give .... presents at Christmas.
5 Some people are very selfish. They only think of ....
6 Tracy and I don't see .... very often these days.
7 We couldn't get back into the house. We had locked .... out.
8 They've had an argument. They're not speaking to .... at the moment.
9 We'd never met before, so we introduced .... to ....

82.5 ตอบคำถามทางซ้ายมือให้สมบูรณ์ โดยใช้ **myself/yourself/itself** ฯลฯ

1	Who repaired the bike for you?	Nobody. I *repaired it myself.*
2	Who cuts Brian's hair for him?	Nobody. He cuts ....
3	Do you want me to tell Amy about your idea?	No, I'll ....
4	Who told you that Linda was going away?	Linda ....
5	Can you phone John for me?	Why can't you .... ?

→ แบบฝึกหัดเสริม 30 (หน้า 320)

Unit 83

A friend of mine My own house On my own / by myself

A

A friend of mine / a friend of yours ฯลฯ

เราพูดว่า '(a friend) **of mine/yours/his/hers/ours/theirs**'
a friend of mine = เพื่อนของฉัน

- I'm going to a wedding on Saturday. **A friend of mine** is getting married. ...**เพื่อนคนหนึ่งของฉัน**... (*ไม่ใช่* a friend of me)
- We went on holiday with **some friends of ours**. ...**เพื่อนบางคนของเรา** (*ไม่ใช่* some friends of us)
- Mike had an argument with **a neighbour of his**. ...**เพื่อนบ้านคนหนึ่งของเขา**
- It was **a good idea of yours** to go to the cinema. ...**ความคิด/ข้อเสนอที่ดีของคุณ**...

ในทำนองเดียวกัน เราพูดว่า '(a friend) **of my sister's** / (a friend) **of Tom's**' ฯลฯ เช่น

- That woman over there is **a friend of my sister's**. ...**เพื่อนคนหนึ่งของพี่สาว / น้องสาวของฉัน**
- It was **a good idea of Tom's** to go to the cinema.

B

My own ... / your own ... ฯลฯ

เราใช้ **my/your/his/her/its/our/their** ข้างหน้า **own** เช่น

my own house   **your own** car   **her own** room
(*ไม่ใช่* an own house, an own car ฯลฯ)

my own ... / **your own** ... ฯลฯ = สิ่งนั้นเป็นของฉัน / ของคุณเอง ฯลฯ ไม่ได้แบ่งกับคนอื่นหรือขอยืมคนอื่นมา เช่น

- I don't want to share a room with anybody. I want **my own room**.
- Vicky and Gary would like to have **their own house**.
- It's a shame that the apartment hasn't got **its own parking space**.
- It's **my own fault** that I've got no money. I buy too many things I don't need.
- Why do you want to borrow my car? Why don't you use **your own**? (= your own car)

คุณอาจพูดว่า 'a room **of my own**', 'a house **of your own**', 'problems **of his own**' ฯลฯ ด้วยก็ได้ เช่น

- I'd like to have a room **of my own**.
- He won't be able to help you with your problems. He has too many problems **of his own**.

C

คุณอาจใช้ **own** เพื่อบอกว่า คุณทำบางสิ่งบางอย่างด้วยตัวคุณเอง แทนที่จะให้คนอื่นทำให้คุณ ดังตัวอย่าง

- Brian usually cuts **his own hair**.
  (= เขาตัดผมเอง เขาไม่ได้ไปร้านตัดผม)
- I'd like to have a garden so that I could grow **my own vegetables**.
  (= ฉันอยากปลูกผักเอง แทนที่จะซื้อผักจากร้าน)

D

On my own / by myself

สำนวน **on my own** และ **by myself** ทั้งคู่มีความหมายว่า 'ตามลำพัง / คนเดียว'

on	my / your his / her / its our / their	**own**	=	**by**	myself / yourself (*singular*) himself / herself / itself ourselves / yourselves (*plural*) / themselves

- I like living **on my own / by myself**.
- 'Did you go on holiday **on your own / by yourself**?' 'No, with a friend.'
- Jack was sitting **on his own / by himself** in a corner of the café.
- Learner drivers are not allowed to drive **on their own / by themselves**.

Myself/yourself/themselves ฯลฯ ➜ **Unit 82**

Exercises

83.1 เขียนประโยคใหม่ให้มีความหมายเหมือนประโยคเดิม โดยใช้โครงสร้างแบบข้อ A หน้าซ้ายมือ (**a friend of mine** ฯลฯ)

1 I am meeting one of my friends tonight. — *I'm meeting a friend of mine tonight.*
2 We met one of your relatives. — We met a ……
3 Jason borrowed one of my books. — Jason ……
4 Lisa invited some of her friends to her flat. — Lisa …… to her flat.
5 We had dinner with one of our neighbours. — ……
6 I went on holiday with two of my friends. — ……
7 Is that man one of your friends? — ……
8 I met one of Jane's friends at the party. — …… at the party.
9 It's always been one of my ambitions to travel round the world. — …… to travel round the world.

83.2 เติมประโยคให้สมบูรณ์ โดยใช้ **my own** / **our own** ฯลฯ + คำใดคำหนึ่งต่อไปนี้

~~bedroom~~	business	opinions	private beach	words

1 I share a kitchen and bathroom, but I have *my own bedroom.*
2 Gary doesn't think the same as me. He's got …… .
3 Julia is fed up with working for other people. She wants to start …… .
4 In the test we had to read a story, and then write it in …… .
5 We stayed at a luxury hotel by the sea. The hotel had …… .

83.3 เติมประโยคให้สมบูรณ์ โดยใช้ **my own** / **your own** ฯลฯ

1 Why do you want to borrow my car? Why don't you *use your own car?*
2 How can you blame me? It's not my fault. It's …… .
3 She's always using my ideas. Why can't she use …… ?
4 Please don't worry about my problems. You've got …… .
5 I can't make his decisions for him. He must make …… .

83.4 เติมประโยคให้สมบูรณ์ โดยใช้ **my own** / **your own** ฯลฯ และเลือกใช้คำกริยาต่อไปนี้

bake	clean	~~cut~~	make	write

1 Brian never goes to a barber.
He *cuts his own hair.*
2 Helen doesn't often buy clothes.
She usually …… .
3 We don't often buy bread.
We usually …… .
4 I'm not going to clean your shoes.
You can …… .
5 Paul and Joe are singers.
They sing songs written by other people, but they also …… .

83.5 เติมประโยคให้สมบูรณ์ โดยใช้ **my own** / **myself** ฯลฯ

1 Did you go on holiday on *your own?*
2 I'm glad I live with other people. I wouldn't like to live on …… .
3 The box was too heavy for me to lift by …… .
4 'Who was Tom with when you saw him?' 'Nobody. He was by …… .'
5 Very young children should not go swimming by …… .
6 I don't think she knows many people. When I see her, she is always by …… .
7 I don't like strawberries with cream. I like them on …… .
8 Do you like working with other people or do you prefer working by …… ?
9 We had no help decorating the flat. We did it completely on …… .
10 I went out with Sally because she didn't want to go out on …… .

Unit 84

There ... และ it ...

A

พิจารณาตัวอย่างต่อไปนี้

เราใช้ **there** ... เมื่อพูดถึงบางสิ่งบางอย่างเป็นครั้งแรก เพื่อบอกว่ามีสิ่งนั้นๆ อยู่ เช่น

- **There's** a new restaurant in Hill Street. (*ไม่ใช่* A new restaurant is in Hill Street)
- I'm sorry I'm late. **There was** a lot of traffic. (*ไม่ใช่* It was a lot of traffic)
- Things are more expensive now. **There has been** a big rise in the cost of living.

it = ใช้สำหรับระบุชี้ชัดถึงสิ่งของ สถานที่ ความเป็นจริง สถานการณ์ ฯลฯ (ดูข้อ C ข้างล่างด้วย)

- We went to the new restaurant. **It**'s very good. (**It** = the restaurant)
- I wasn't expecting them to come. **It** was a complete surprise. (**It** = that they came)

เปรียบเทียบการใช้ **there** และ **it** ในประโยคต่อไปนี้

- I don't like this town. **There**'s nothing to do here. **It**'s a boring place.

โปรดสังเกตว่า **there** มีความหมายว่า 'ที่นั่น / ในที่นั้น' ด้วย เช่น

- When we got to the party, there were already a lot of people **there** (= at the party).

B

คุณอาจพูดว่า **there will be / there must be / there might be / there used to be** ฯลฯ เช่น

- Will you be busy tomorrow? **Will there be** much to do?
- '**Is there** a flight to Rome tonight?' '**There might be**. I'll check the website.'
- If people drove more carefully, **there wouldn't be** so many accidents.
  ถ้าคนขับรถอย่างระวังกว่านี้ **คงจะไม่มี**อุบัติเหตุมากอย่างนี้

อาจใช้ **there must have been, there should have been** ฯลฯ ได้ด้วย เช่น

- I could hear music coming from the house. **There must have been** somebody at home.

เปรียบเทียบการใช้ **there** และ **it** ในประโยคต่อไปนี้

- They live on a busy road. **There must be** a lot of noise from the traffic. ...**จะต้องมี**เสียงดังจากการจราจรแน่ๆ / มีเสียงรถหนวกหูแน่ๆ
- They live on a busy road. **It must be** very noisy. ...**ถนนนั้นต้อง**เสียงดังแน่ๆ
- **There used to be** a cinema here, but it closed a few years ago. **เคยมี**โรงภาพยนตร์ที่ตรงนี้...
- That building is now a supermarket. **It used to be** a cinema. ...**ตึกนั้นเคยเป็น**โรงภาพยนตร์

คุณอาจพูดว่า **there is sure / bound** (= sure) **/ likely** to be ... ก็ได้ เปรียบเทียบ **there** และ **it** ในประโยคต่อไปนี้

- **There's sure to be** a flight to Rome tonight. (*หรือ* **There's bound to be** ...)
- There's a flight to Rome tonight, but **it's sure to be** full. (**it** = the flight)

C

เราใช้ **it** ในประโยคดังต่อไปนี้ด้วย

- **It**'s dangerous **to walk in the road**.

โดยทั่วไป เราไม่พูดว่า 'To walk in the road is dangerous' แต่เราขึ้นต้นประโยคด้วย **It** ... เช่น

- **It** didn't take us long **to get here**. (เรา) ไม่ได้ใช้เวลานานที่จะ**มาถึงที่นี่**
- **It**'s a shame **(that) you can't come to the party**. น่าเสียดาย(ที่)**คุณมางานปาร์ตี้ไม่ได้**
- Let's go. **It**'s not worth **waiting any longer**. ...ไม่คุ้มที่จะ**รอต่อไป**

เราใช้ **it** เมื่อพูดถึงระยะทาง เวลา และอากาศด้วย เช่น

- How far is **it** from here to the airport?
- What day is **it** today?
- **It**'s a long time since we saw you last.
- **It** was windy yesterday. (*แต่* **There** was **a cold wind**.)

It's worth / it's no use / there's no point ➜ Unit 63 **Sure to / bound to ... ฯลฯ ➜ Unit 65E**
There is + -ing/-ed ➜ Unit 97

Exercises

84.1 เติม **there is/was** หรือ **it is/was** บางประโยคเป็นรูปคำถาม (**is there ... ? / is it ... ?** ฯลฯ) บางประโยคเป็นรูปปฏิเสธ (**isn't/wasn't**)

1 The journey took a long time. *There was* a lot of traffic.
2 What's this restaurant like? *Is it* good?
3 .... something wrong with the computer. Can you check it for me?
4 I wanted to visit the museum, but .... enough time.
5 'What's that building? .... a hotel?' 'No, ... a theatre.'
6 How do we get across the river? .... a bridge?
7 A few days ago .... a big storm, which caused a lot of damage.
8 I can't find my phone. .... in my bag – I just looked.
9 It's often cold here, but .... much snow.
10 'How was your trip?' '.......... a disaster. Everything went wrong.'
11 .... anything on television, so I turned it off.
12 '.......... a bookshop near here?' 'Yes, ... one in Hudson Street.'
13 When we got to the cinema, ... a queue outside. .... a very long queue, so we decided not to wait.
14 I couldn't see anything. .... completely dark.
15 .... difficult to get a job right now. .... a lot of unemployment.

84.2 อ่านประโยคแรก แล้วเขียนประโยคที่สองโดยขึ้นต้นด้วย **There ...**

1 The roads were busy yesterday. *There was a lot of traffic.*
2 This soup is very salty. There .... in the soup.
3 The box was empty. .... in the box.
4 The film is very violent. ....
5 The shopping mall was crowded. ....
6 I like this town – it's lively. ....

84.3 เติมประโยคให้สมบูรณ์ ใช้ **there will be, there would be** ฯลฯ โดยเลือกจากคำที่กำหนดให้

will **may** ~~**would**~~ **wouldn't** **should** **used to** **(be) going to**

1 If people drove more carefully, *there would be* fewer accidents.
2 'Do we have any eggs?' 'I'm not sure. .... some in the fridge.'
3 I think everything will be OK. I don't think .... any problems.
4 Look at the sky. .... a storm.
5 'Is there a school in the village?' 'Not now. .... one, but it closed.'
6 People drive too fast on this road. I think .... a speed limit.
7 If people weren't aggressive, ... any wars.

84.4 ประโยคต่อไปนี้ถูกหรือผิด แก้ข้อที่ผิด เปลี่ยน **it** เป็น **there** ถ้าจำเป็น

1 They live on a busy road. It must be a lot of noise. *There must be a lot of noise.*
2 It's a long way from my house to the nearest shop. ....
3 After the lecture it will be an opportunity to ask questions. ....
4 I like where I live, but it would be nicer to live by the sea. ....
5 Why was she so unfriendly? It must have been a reason. ....
6 It's three years since I last went to the theatre. ....
7 A: Where can we park the car?
B: Don't worry. It's sure to be a car park somewhere. ....
8 It was Ken's birthday yesterday. We had a party. ....
9 The situation is still the same. It has been no change. ....
10 It used to be a church here, but it was knocked down. ....
11 I was told that it would be somebody to meet me at the station, but it wasn't anybody. ....
12 I don't know who'll win, but it's sure to be a good game. ....

Unit 85

Some และ any

A

โดยทั่วไป เราใช้ **some** (*รวมทั้ง* **somebody/someone/something**) ในประโยคบอกเล่า และใช้ **any** (*รวมทั้ง* **anybody** ฯลฯ) ในประโยคปฏิเสธ

some	any
We bought **some** flowers.	We did**n't** buy **any** flowers.
He's busy. He's got **some** work to do.	He's lazy. He **never** does **any** work.
There's **somebody** at the door.	There is**n't anybody** at the door.
I want **something** to eat.	I do**n't** want **anything** to eat.

เราใช้ **any** ในประโยคต่อไปนี้ เพราะความหมายเป็นปฏิเสธ เช่น

- She went out **without any** money. (she **didn't** take **any** money with her)
- He **refused** to eat **anything**. (he **didn't** eat **anything**)
- It's a very easy exam. **Hardly anybody** fails. (= **แทบไม่มีใคร**ตกเลย)

B

เราใช้ทั้ง **some** และ **any** ในประโยคคำถาม เราใช้ **some/somebody/something** เพื่อพูดถึงบุคคลหรือสิ่งที่เรารู้ว่ามีอยู่แล้วหรือเราคิดว่ามี เช่น

- Are you waiting for **somebody**? (ฉันคิดว่าคุณรอ**ใครบางคน**อยู่)

เราใช้ **some** ในประโยคคำถาม เมื่อเราเสนอหรือขอบางสิ่งบางอย่าง เช่น

- Would you like **something** to eat? (มีอะไร**บางอย่าง**ให้รับประทาน)
- Can I have **some** sugar, please? (คงจะมีน้ำตาลแบ่งให้ฉันได้**บ้าง**)

แต่ในประโยคคำถามส่วนใหญ่ เราใช้ **any** เพราะเราไม่รู้ว่าสิ่งนั้น หรือ บุคคลนั้นมีอยู่จริงหรือไม่ เช่น

- 'Do you have **any** luggage?' 'No, I don't.'
- I can't find my bag. Has **anybody** seen it?

C

เรามักจะใช้ **any** หลัง **if** เช่น

- **If anyone** has **any** questions, I'll be pleased to answer them.
- Let me know **if** you need **anything**.

ประโยคต่อไปนี้มีความหมายของ **if** แฝงอยู่ โปรดสังเกตวิธีใช้ด้วย

- I'm sorry for **any** trouble I've caused. (= ถ้าฉันได้ทำความลำบากให้คุณ)
- **Anyone** who wants to do the exam should tell me by Friday. (= ถ้ามีคนต้องการจะสอบ)

D

เราใช้ **any** ในความหมาย 'it doesn't matter which' = 'อันไหน/สิ่งไหน ก็ได้' ดังตัวอย่าง

- You can take **any** bus. They all go to the centre. (= คุณจะขึ้นรถประจำทางคันไหนก็ได้)
- 'Sing a song.' 'Which song shall I sing?' '**Any** song. I don't mind.' (= คุณจะร้องเพลงไหนก็ได้)
- Come and see me **any** time you want.

เราใช้ **anybody/anyone/anything/anywhere** ในลักษณะเดียวกัน เช่น

- We forgot to lock the door. **Anybody** could have come in.
- 'Let's go out somewhere.' 'Where shall we go?' '**Anywhere**. I just want to go out.'

เปรียบเทียบการใช้ **something** และ **anything** ต่อไปนี้

- A: I'm hungry. I want **something** to eat. ...ฉันอยากทาน**อะไรสักหน่อย**
  B: What would you like?
  A: I don't mind. **Anything**. ...**อะไรก็ได้**

E

somebody/someone/anybody/anyone เป็นคำเอกพจน์ทั้งหมด เช่น

- **Someone** is here to see you.

แต่เราใช้ **they/them/their** ตามหลังคำเหล่านี้ เช่น

- **Someone** has forgotten **their** umbrella. (= his or her umbrella)
- If **anybody** wants to leave early, **they** can. (= he or she can)

Not ... any → Unit 86 Some of / any of ... → Unit 88 Hardly any → Unit 101D

Exercises

85.1 เติม **some** หรือ **any**

1 We didn't buy *any* flowers.
2 Tonight I'm going out with .... friends of mine.
3 A: Have you seen .... good movies recently?
B: No, I haven't been to the cinema for ages.
4 I didn't have .... money, so I had to borrow ....
5 Can I have .... milk in my coffee, please?
6 We wanted to buy .... grapes, but they didn't have .... in the shop.
7 He did everything himself – without .... help.
8 You can use this card to withdraw money at .... cash machine.
9 I'd like .... information about places of interest in the town.
10 With the special tourist train ticket, you can travel on .... train you like.
11 Those apples look nice. Shall we buy .... ?

85.2 เติมประโยคให้สมบูรณ์ด้วย **some-** หรือ **any-** + **-body/-thing/-where**

1 I was too surprised to say *anything*.
2 There's .... at the door. Can you go and see who it is?
3 Does .... mind if I open the window?
4 I wasn't feeling hungry, so I didn't eat ....
5 You must be hungry. Why don't I get you .... to eat?
6 Quick, let's go! There's .... coming and I don't want .... to see us.
7 Sarah was upset about .... and refused to talk to ....
8 This machine is very easy to use. .... can learn to use it very quickly.
9 There was hardly .... on the beach. It was almost deserted.
10 'Do you live .... near Joe?' 'No, he lives in another part of town.'
11 'Where shall we go on holiday?' 'Let's go .... warm and sunny.'
12 They stay at home all the time. They never seem to go ....
13 I'm going to a meeting now. If .... needs me, tell them I'll be back at 11.30.
14 Why are you looking under the bed? Have you lost .... ?
15 This is a no-parking area. .... who parks here will have to pay a fine.
16 Jonathan stood up and left the room without saying ....
17 'Can I ask you .... ?' 'Sure. What do you want to ask?'
18 Sue is very secretive. She never tells .... (*2 words*)

85.3 เติมประโยคคำตอบให้สมบูรณ์ โดยใช้ **any** (+ **noun**) หรือ **anybody/anything/anywhere**

1	Which bus do I have to catch?	*Any bus*. They all go to the centre.
2	Which day shall I come?	I don't mind. ....
3	What do you want to eat?	.... I don't mind. Whatever you have.
4	Where shall I sit?	It's up to you. You can sit .... you like.
5	What sort of job are you looking for?	.... It doesn't matter.
6	What time shall I call you tomorrow?	.... Leave a message if I don't answer and I'll get back to you.
7	Who shall I invite to the party?	I don't mind. .... you like.
8	Which newspaper shall I buy?	.... See what they have in the shop.

Unit 86

No/none/any Nothing/nobody ฯลฯ

A

No และ none

เราใช้ **no** + noun ในที่นี้ **no** = **not a** หรือ **not any** เช่น

- We had to walk home because there was **no bus**. (= there **wasn't a** bus) (= **ไม่มี**รถประจำทางสักคัน)
- Sue will have **no trouble** finding a job. (= Sue **won't** have **any** trouble ...) (= Sue จะ**ไม่มี**ปัญหาเลย)
- There were **no shops** open. (= There **weren't any** shops open.) (= **ไม่มี**ร้านเปิด**สักร้านเลย**)

คุณอาจใช้ **no** + noun เริ่มต้นประโยคได้ เช่น

- **No reason** was given for the change of plan.

เมื่อใช้ **none** *ต้องไม่มี*คำนามตามหลัง เช่น

- 'How much money do you have?' **'None.'** ...'**ไม่มี** (เงิน) **เลย**'
- All the tickets have been sold. There are **none** left. ...**ไม่มี** (ตั๋ว) เหลือ**เลย**

หรือใช้ **none of** ... เช่น

- This money is all yours. **None of it** is mine.

เปรียบเทียบ **none** และ **any** ในประโยคต่อไปนี้

- 'How much luggage do you have?' **'None.'** / 'I **don't** have **any**.'

หลัง **none of** + *คำนามพหูพจน์* (none of **the students**, none of **them** ฯลฯ) อาจใช้คำกริยารูปเอกพจน์หรือพหูพจน์ก็ได้ แต่นิยมใช้รูปพหูพจน์มากกว่า เช่น

- None of the shops **were** (*หรือ* **was**) open.

B

Nothing **nobody/no-one** **nowhere**

คุณอาจใช้คำเหล่านี้ขึ้นต้นประโยค หรือใช้เป็นคำเดี่ยวๆ (เมื่อตอบคำถาม) ก็ได้ เช่น

- 'What's going to happen?' '**Nobody** (*หรือ* **No-one**) knows.'
- 'What happened?' '**Nothing**.'
- 'Where are you going?' '**Nowhere**. I'm staying here.'

คุณอาจใช้คำเหล่านี้หลังคำกริยาก็ได้ โดยเฉพาะอย่างยิ่งหลัง **be** และ **have** เช่น

- The house is empty. There'**s nobody** living there.
- We **had nothing** to eat.

nothing/nobody ฯลฯ = **not** + **anything/anybody** ฯลฯ เช่น

- I said **nothing**. = I **didn't** say **anything**.
- Jane told **nobody** about her plans. = Jane **didn't** tell **anybody** about her plans.
- They have **nowhere** to live. = They **don't** have **anywhere** to live.

เมื่อคุณใช้ **nothing/nobody** ฯลฯ *อย่าใช้*คำกริยาในรูปปฏิเสธ (**isn't**, **didn't** ฯลฯ) เช่น

- I **said** nothing. (*ไม่ใช่* I didn't say nothing)

C

หลัง **nobody/no-one** คุณอาจใช้ **they/them/their** ได้ (ดู Unit 85E) เช่น

- **Nobody** is perfect, are **they**? (= is he or she perfect)
- **No-one** did what I asked **them** to do. (= him or her)
- **Nobody** in the class did **their** homework. (= his or her homework)

D

บางครั้งเราใช้ **any/anything/anybody** ฯลฯ ในความหมาย 'it doesn't matter which/what/who' (อันไหน/อะไร/ใครก็ได้) (ดู Unit 85D) เปรียบเทียบการใช้ **no**- และ **any**- ต่อไปนี้

- There was **no** bus, so we walked home.
  You can take **any** bus. They all go to the centre. (= รถประจำทางคันไหนก็ได้)
- 'What do you want to eat?' '**Nothing**. I'm not hungry.'
  I'm so hungry. I could eat **anything**. (= ฉันรับประทานอะไรก็ได้ทั้งนั้น)
- The exam was extremely difficult. **Nobody** passed. (= ทุกคนสอบตก)
  The exam was very easy. **Anybody** could have passed. (= ใครๆ ก็สอบได้)

Some และ **any** ➜ **Unit 85** **None of** ... ➜ **Unit 88** **Any bigger** / **no better** ฯลฯ ➜ **Unit 106B**

Exercises

86.1 เติมประโยคต่อไปนี้ให้สมบูรณ์ด้วย **no, none** หรือ **any**

1. It was a public holiday, so there were *no* shops open.
2. I haven't got *any* money. Can you lend me some?
3. We had to walk home because there were .... taxis.
4. We had to walk home because there weren't .... taxis.
5. 'How many eggs have we got?' '.................... . Do you want me to get some?'
6. We took a few pictures, but .... of them were very good.
7. 'Did you take lots of pictures?' 'No, I didn't take ....'
8. What a stupid thing to do! .... intelligent person would do such a thing.
9. There's nowhere to cross the river. There's .... bridge.
10. I haven't read .... of the books you lent me.
11. We cancelled the party because .... of the people we invited were able to come.
12. 'Do you know when Chris will be back?' 'I'm sorry. I have .... idea.'

86.2 ตอบคำถามต่อไปนี้ โดยใช้ **none/nobody/nothing/nowhere**

1. What did you do? — *Nothing.*
2. Who were you talking to? — ....
3. How much sugar do you want? — ....
4. Where are you going? — ....
5. How many emails did you get? — ....
6. How much did you pay? — ....

เขียนประโยคแบบเต็มรูป โดยใช้ **any/anybody/anything/anywhere**

7. (1) *I didn't do anything.*
8. (2) I ....
9. (3) ....
10. (4) ....
11. (5) ....
12. (6) ....

86.3 เติมประโยคต่อไปนี้ให้สมบูรณ์ด้วย **no-** หรือ **any-** + **-body/-thing/-where**

1. I don't want *anything* to drink. I'm not thirsty.
2. The bus was completely empty. There was .... on it.
3. 'Where did you go for your holidays?' '.................... . I stayed at home.'
4. I went to the shops, but I didn't buy ....
5. 'What did you buy?' '.................... . I couldn't find .... I wanted.'
6. The town is still the same as it was years ago. .... has changed.
7. Have you seen my watch? I can't find it ....
8. There was complete silence in the room. .... said ....

86.4 เลือกคำที่ถูกต้อง

1. She didn't tell ~~nobody~~ / anybody about her plans. (anybody *คือคำที่ถูกต้อง*)
2. The accident looked bad, but fortunately nobody / anybody was badly injured.
3. I looked out of the window, but I couldn't see no-one / anyone.
4. My job is very easy. Nobody / Anybody could do it.
5. 'What's in that box?' 'Nothing / Anything. It's empty.'
6. The situation is uncertain. Nothing / Anything could happen.
7. I don't know nothing / anything about economics.
8. I'll try and answer no / any questions you ask me.
9. 'Who were you talking to just now?' 'No-one / Anyone. I wasn't talking to no-one / anyone.'

→แบบฝึกหัดเสริม 30 (หน้า 320)

Unit 87

Much, many, little, few, a lot, plenty

A เราใช้ **much** (= มาก) และ **little** (= น้อย) กับ uncountable (คำนามนับ*ไม่ได้*) เช่น

much time **much luck** **little energy** **little money**

เราใช้ **many** (= หลาย) และ **few** (= น้อย) กับ plural noun (คำนามพหูพจน์) เช่น

many friends **many people** **few cars** **few countries**

เราใช้ **a lot of / lots of / plenty of** (= มากมาย) กับ uncountable noun และ plural noun เช่น

a lot of luck **lots of time** **plenty of money**
a lot of friends **lots of people** **plenty of ideas**

plenty = มากเกินพอ เช่น

- There's no need to hurry. We've got **plenty of time**.

B **much** มักจะไม่ใช้ในประโยคบอกเล่า (โดยเฉพาะในภาษาพูด) เปรียบเทียบประโยค ต่อไปนี้

- We **didn't** spend **much** money.

แต่ We **spent a lot of** money. (*ไม่ใช่* We spent much money)

- **Do** you **see** David **much**?

แต่ I **see** David **a lot**. (*ไม่ใช่* I see David much)

เราใช้ **many** และ **a lot of** ได้กับประโยคทุกประเภท เช่น

- **Many** people drive too fast. *หรือ* **A lot of** people drive too fast.
- Do you know **many** people? *หรือ* Do you know **a lot of** people?
- There aren't **many** tourists here. *หรือ* There aren't **a lot of** tourists here.

โปรดสังเกตว่าเราใช้ **many years / many weeks / many days** (*ไม่ใช่* a lot of …) เช่น

- We've lived here for **many years**. (*ไม่ใช่* a lot of years)

C **little** = ไม่มาก, **few** = ไม่มาก

- Gary is very busy with his job. He has **little time** for other things. (= มีเวลาไม่มาก มีเวลาน้อยกว่าที่เขาต้องการ)
- Vicky doesn't like living in London. She has **few** friends there. (= มีเพื่อนไม่มาก ไม่มากเท่าที่เธอต้องการ)

คุณอาจพูดว่า **very little** และ **very few** ก็ได้ เช่น

- Gary has **very little** time for other things. …มีเวลา**น้อยมาก**…
- Vicky has **very few** friends in London. …มีเพื่อน**น้อยมาก**…

D **a little** = some, a small amount (มีบ้าง จำนวนน้อย)

- Let's go and have a coffee. We have **a little** time before the train leaves.
  (a little time = มีเวลานิดหน่อย พอที่จะดื่มกาแฟได้)
- 'Do you speak English?' **'A little.'** …'**นิดหน่อย**' (ดังนั้น เราจึงพูดคุยกันได้บ้างเล็กน้อย)

a few = some, a small number (มีบ้าง จำนวนน้อย)

- I enjoy my life here. I have **a few** friends and we meet quite often.
  (a few friends = มีเพื่อนบ้าง พอที่จะสนุกกันได้)
- 'When was the last time you saw Clare?' **'A few** days ago.' …**สองสาม**วันมาแล้ว

เปรียบเทียบการใช้ **little** และ **a little** กับ **few** และ **a few** ต่อไปนี้

- He spoke **little** English, so it was difficult to communicate with him.
  He spoke **a little** English, so we were able to communicate with him.
- She's lucky. She has **few** problems. (= not many problems) (= ปัญหาไม่มาก)
  Things are not going so well for her. She has **a few** problems. (= some problems) (= ปัญหาบ้างเล็กน้อย)

คุณอาจพูดว่า **only a little** และ **only a few** ก็ได้ เช่น

- Hurry! We **only** have **a little** time. (*ไม่ใช่* only little time)
- The village was very small. There were **only a few** houses. (*ไม่ใช่* only few houses)

Countable และ uncountable ➜ **Units 69–70**

Exercises

87.1 บางประโยคต่อไปนี้ใช้ **much** ไม่ถูกต้องหรือไม่นิยมใช้ เปลี่ยน **much** เป็น **many** หรือ **a lot (of)** ตามความเหมาะสม ถ้าประโยคถูกต้องดีแล้ว ให้เขียน **'OK'**

1 We didn't spend much money. ... *OK*
2 Sue drinks much tea. ... *a lot of tea*
3 Joe always puts much salt on his food. ...
4 We'll have to hurry. We don't have much time. ...
5 It cost much to repair the car. ...
6 Did it cost much to repair the car? ...
7 I don't know much people in this town. ...
8 Mike travels much. ...
9 There wasn't much traffic this morning. ...
10 You need much money to travel round the world. ...

87.2 เติมประโยคให้สมบูรณ์ โดยใช้ **plenty** หรือ **plenty of** + คำใดคำหนึ่งต่อไปนี้

hotels	money	room	~~time~~	to learn	to see

1 There's no need to hurry. There's *plenty of time.*
2 He doesn't have any financial problems. He has ...
3 Come and sit with us. There's ...
4 She knows a lot, but she still has ...
5 It's an interesting town to visit. There ...
6 I'm sure we'll find somewhere to stay. ...

87.3 เติม **much/many/little/few** (คำเดียวเท่านั้น)

1 She isn't very popular. She has *few* friends.
2 Ann is very busy these days. She has ... free time.
3 Did you take ... pictures when you were on holiday?
4 I'm not very busy today. I don't have ... to do.
5 This is a very modern city. There are ... old buildings.
6 The weather has been very dry recently. We've had ... rain.
7 'Do you know Rome?' 'No, I haven't been there for ... years.'

87.4 เติม **a (a few, a little)** เมื่อจำเป็น ถ้าประโยคถูกต้องดีแล้ว ให้เขียน **'OK'**

1 She's lucky. She has few problems. ... *OK*
2 Things are not going so well for her. She has few problems. ... *a few problems*
3 Can you lend me few dollars? ...
4 There was little traffic, so the journey didn't take very long. ...
5 I can't give you a decision yet. I need little time to think. ...
6 It was a surprise that he won the match. Few people expected him to win. ...
7 I don't know much Spanish – only few words. ...
8 I wonder how Sam is. I haven't seen him for few months. ...

87.5 เติม **little / a little / few / a few**

1 Gary is very busy with his job. He has *little* time for other things.
2 Listen carefully. I'm going to give you ... advice.
3 Do you mind if I ask you ... questions?
4 It's not a very interesting place to visit, so ... tourists come here.
5 I don't think Amy would be a good teacher. She has ... patience.
6 'Would you like milk in your coffee?' 'Yes, ...'
7 This is a very boring place to live. There's ... to do.
8 'Have you ever been to Paris?' 'Yes, I've been there ... times.'

All / all of Most / most of No / none of ฯลฯ

A

all	some	any	most	much/many	little/few	no

คุณสามารถใช้คำในกรอบข้างบน กับคำนาม (**some food / few books** ฯลฯ) เช่น

- **All cars** have wheels. **รถยนต์ทุกคัน**มีล้อ
- **Some cars** can go faster than others. **รถยนต์บางคัน**แล่นเร็วกว่าคันอื่น
- *(บนป้ายประกาศ)* **NO CARS**. (= no cars allowed) (= **ห้ามรถยนต์เข้า**)
- **Many people** drive too fast. **คนจำนวนมาก**ขับรถเร็วเกินไป
- I don't go out very often. I'm at home **most days**. ...ฉันอยู่บ้าน**เป็นส่วนใหญ่**

อย่าใช้ 'all of cars', 'some of people' ฯลฯ (ดูข้อ B ข้างล่างด้วย)

- **Some people** learn languages more easily than others. **คนบางคน**เรียนภาษาได้ง่ายกว่าคนอื่นๆ (*ไม่ใช่* Some of people)

โปรดสังเกตว่า เราใช้ **most** (*ไม่ใช่* the most) เช่น

- **Most tourists** don't visit this part of the town. **นักท่องเที่ยวส่วนใหญ่**ไม่มาเยี่ยมชมส่วนนี้ของเมือง (*ไม่ใช่* The most tourists)

B

all	some	any	most	much/many	little/few	half	none

คุณสามารถใช้คำในกรอบข้างบนกับ **of** (**some of / most of** ฯลฯ) เช่น

เราใช้				
	some of	+	**the ...**	**my ...**
	most of		**this ...**	**these ...**
	none of ฯลฯ		**those ...**	**those ...** ฯลฯ

ดังนั้น คุณจะพูดว่า

some **of the people**, some **of those people** (*แต่ไม่ใช่* some of people)
most **of my time**, most **of the time** (*แต่ไม่ใช่* most of time)

- **Some of the people I work with** are not very friendly.
- **None of this money** is mine.
- Have you read **any of these books**?
- I was sick yesterday. I spent **most of the day** in bed.

ไม่จำเป็นต้องใช้ **of** หลัง **all** หรือ **half** ดังนั้น คุณอาจพูดว่า

- **All my friends** live in Los Angeles. *หรือ* All **of** my friends ...
- **Half this money** is mine. *หรือ* Half **of** this money ...

เปรียบเทียบประโยคต่อไปนี้

- **All flowers** are beautiful. (= ดอกไม้ทั้งหลายโดยทั่วไป)
  All (of) **the flowers in this garden** are beautiful. (= เฉพาะดอกไม้ในสวนนี้)
- **Most problems** have a solution. (= ปัญหาโดยทั่วไป)
  We were able to solve **most of the problems we had**. (= เฉพาะปัญหาที่มีอยู่)

C

คุณสามารถใช้ **all of / some of / none of** ฯลฯ + **it/us/you/them** เช่น

- 'How many of these people do you know?' '**None of them**. / **A few of them**.'
- Do **any of you** want to come to a party tonight?
- 'Do you like this music?' '**Some of it**. Not **all of it**.'

เราพูดว่า **all of us / all of you / half of it / half of them** ฯลฯ โดยต้องใช้ **of** ข้างหน้า **it/us/you/them**

- **All of us** were late. (*ไม่ใช่* all us)
- I haven't finished the book yet. I've only read **half of it**. (*ไม่ใช่* half it)

D

คุณสามารถใช้ **some/most** ฯลฯ เพียงคำเดียวโดย*ไม่มี*คำนามก็ได้ เช่น

- Some cars have four doors and **some** have two.
- A few of the shops were open, but **most** (of them) were closed.
- Half this money is mine, and **half** (of it) is yours. (*ไม่ใช่* the half)

All ➜ **Units 75B, 90, 110D** **Some** และ **any** ➜ **Unit 85** **No** และ **none** ➜ **Unit 86**
Much/many/little/few ➜ **Unit 87** **All of whom / most of which** ฯลฯ ➜ **Unit 96B**

Exercises

88.1 เติม **of** ในที่ที่จำเป็น ถ้าประโยคถูกต้องดีแล้ว ให้ใส่เครื่องหมาย – ในช่องว่าง

1 All ...–... cars have wheels. *(ประโยคถูกต้องดีแล้ว)*
2 None ...of... this money is mine.
3 Some .... films are very violent.
4 Some .... the films I've seen recently have been very violent.
5 Joe never goes to museums. He says that all .... museums are boring.
6 I think some .... people watch too much TV.
7 'Do you want any .... these magazines?' 'No, I've finished with them.'
8 Kate has lived in London most .... her life.
9 Joe has lived in Chicago all .... his life.
10 Most .... days I get up before 7 o'clock.

88.2 เลือกคำจากที่กำหนดให้เติมประโยคให้สมบูรณ์ และใช้ **of (some of / most of** ฯลฯ) ในที่ที่จำเป็น

accidents	**European countries**	**my dinner**	**the players**
birds	**her friends**	**my spare time**	**the population**
~~**cars**~~	**her opinions**	**the buildings**	~~**these books**~~

1 I haven't read many ...of these books....
2 All ...cars... have wheels.
3 I spend much .... gardening.
4 Many .... are caused by bad driving.
5 It's a historic town. Many .... are over 400 years old.
6 When she got married, she kept it a secret. She didn't tell any ....
7 Not many people live in the north of the country. Most .... live in the south.
8 Not all .... can fly. For example, penguins can't fly.
9 Our team played badly and lost the game. None .... played well.
10 Emma and I have very different ideas. I don't agree with many ....
11 Sarah travels a lot in Europe. She has been to most ....
12 I had no appetite. I could only eat half ....

88.3 เติมประโยคให้สมบูรณ์โดยใช้ความคิดของคุณเอง

1 The building was damaged in the explosion. All ...the windows... were broken.
2 We argue sometimes, but get on well most of ....
3 I went to the cinema by myself. None of .... wanted to come.
4 The test was difficult. I could only answer half ....
5 Some of .... you took at the wedding were very good.
6 'Did you spend all .... I gave you?' 'No, there's still some left.'

88.4 เติมประโยคให้สมบูรณ์ โดยใช้

all of / some of / none of + it/them/us (all of it / some of them ฯลฯ)

1 These books are all Jane's. ...None of them... belong to me.
2 How many of these books have you read?' '............ . Every one.'
3 We all got wet in the rain because .... had an umbrella.
4 Some of this money is yours and .... is mine.
5 I asked some people for directions, but .... was able to help me.
6 She invented the whole story from beginning to end. .... was true.
7 Not all the tourists in the group were Spanish. .... were French.
8 I watched most of the film, but not ....

Unit 89

Both / both of   Neither / neither of   Either / either of

A

เราใช้ **both/neither/either** เมื่อพูดถึงคน 2 คนหรือของ 2 สิ่ง และอาจใช้คำเหล่านี้คู่กับ*คำนาม*ได้ (**both books, neither book** ฯลฯ)

ตัวอย่างเช่น คุณกำลังพูดกันถึงเรื่องที่จะออกไปรับประทานอาหารตอนเย็นวันนี้ มีภัตตาคารสองแห่งที่น่าจะไปได้ คุณจึงให้คำแนะนำดังนี้

- **Both restaurants** are very good. **ภัตตาคารทั้งสองแห่ง**ดีมาก (*ไม่ใช่* The both restaurants)
- **Neither restaurant** is expensive. **ไม่มีภัตตาคารใด** (ในสองแห่งนี้) ราคาแพง
- We can go to **either restaurant**. I don't mind.
  (**either** = ภัตตาคาร**ใดก็ได้**ในสองแห่งนี้)

คุณสามารถใช้ **both/neither/either** เพียงคำเดียวโดย*ไม่มี*คำนามก็ได้ เช่น

- I couldn't decide which of the two shirts to buy. I liked **both**. (*หรือ* I liked **both** of them.)
- 'Is your friend British or American?' '**Neither**. She's Australian.' ...'**ไม่ใช่สักอย่าง**...'
- 'Do you want tea or coffee?' '**Either**. I don't mind.' ...'**อะไรก็ได้**...'

B

Both of ... / neither of ... / either of ...

เมื่อใช้ **both of / neither of / either of** มักจะต้องใช้ **the/these/my/Tom's** ... ฯลฯ ดังนั้น เราจะพูดว่า 'both of **the** restaurants', 'both of **those** restaurants' ฯลฯ (*ไม่ใช่* both of restaurants) เช่น

- **Both of these** restaurants are very good.
- **Neither of the** restaurants we went to was (*หรือ* were) expensive.
- I haven't been to **either of those** restaurants. (= ฉันไม่เคยไปภัตตาคารไหนสักแห่ง ในสองแห่งนั้น)

ไม่จำเป็นต้องใช้ **of** หลัง **both** ดังนั้น คุณอาจพูดว่า

- **Both my parents** are from Egypt. *หรือ* Both **of** my parents ...

คุณสามารถใช้ **both of / neither of / either of + us/you/them** เช่น

- (*พูดกับคนสองคน*) Can **either of you** speak Russian?
- I asked two people the way to the station, but **neither of them** could help me.

คุณจะต้องใช้ '**both of**' ข้างหน้า **us/you/them** เช่น

- **Both of us** were very tired. (*ไม่ใช่* Both us were ...)

ข้างหลัง **neither of** ... จะใช้คำกริยาในรูป*เอกพจน์*หรือ*พหูพจน์*ก็ได้ เช่น

- Neither of the children **wants** (*หรือ* **want**) to go to bed.

C

ศึกษาตัวอย่างประโยคต่อไปนี้

both ... and ...	**Both** Chris **and** Paul were late. **ทั้ง** Chris **และ** Paul มาสาย I was **both** tired **and** hungry when I arrived home. ฉัน**ทั้ง**เพลีย**และ**หิว...
neither ... nor ...	**Neither** Chris **nor** Paul came to the party. **ทั้ง** Chris **และ** Paul **ต่างก็ไม่**มางานปาร์ตี้ There was an accident in the street where we live, but we **neither** saw **nor** heard anything. ...เรา**ทั้งไม่**เห็น**หรือ**ได้ยินอะไรเลย
either ... or ...	I'm not sure where Maria's from. She's **either** Spanish **or** Italian. ...เธออาจจะเป็นคนสเปนหรือคนอิตาเลียน**อย่างใดอย่างหนึ่ง** **Either** you apologise, **or** I'll never speak to you again. คุณต้องขอโทษฉัน **มิฉะนั้น**ฉันจะไม่พูดกับคุณอีกเลย (**ให้เลือกอย่างใดอย่างหนึ่ง**)

D

เปรียบเทียบการใช้ **either/neither/both** (ระหว่างของ 2 สิ่ง) และ **any/none/all** (มากกว่า 2 สิ่ง) ต่อไปนี้

There are **two** good hotels here. You could stay at **either** of them.	There are **many** good hotels here. You could stay at **any** of them.
We tried **two** hotels. **Neither** of them had any rooms. **Both** of them were full.	We tried **a lot of** hotels. **None** of them had any rooms. **All** of them were full.

Neither do I / I don't either ➜ Unit 51C   Both of whom / neither of which ➜ Unit 96B
Both ➜ Unit 110D

Exercises

89.1 เติมประโยคให้สมบูรณ์ด้วย **both/neither/either**

1 'Do you want tea or coffee?' '*Either.* I really don't mind.'
2 'What day is it today – the 18th or the 19th?' '.................... . It's the 20th.'
3 A: Where did you go on your trip – Korea or Japan?
B: We went to .... – a week in Korea and a week in Japan.
4 'Shall we sit in the corner or by the window?' '.................... . I don't mind.'
5 'Where's Lisa? Is she at work or at home?' '.................... . She's away on holiday.'

89.2 เติมประโยคให้สมบูรณ์ด้วย **both/neither/either** และใช้ **of** ในที่ที่จำเป็น

1 *Both* my parents are from London.
2 To get to the town centre, you can go along the footpath by the river or you can go along the road. You can go .... way.
3 I tried twice to phone Carl, but .... times he was out.
4 .... Tom's parents is English. His father is Polish and his mother is Italian.
5 I saw an accident this morning. One car drove into the back of another. Fortunately .... driver was injured, but .... cars were badly damaged.
6 I've got two sisters and a brother. My brother is working, but .... my sisters are still at school.

89.3 เติมประโยคให้สมบูรณ์ด้วย **both/neither/either + of us / of them**

1 I asked two people the way to the station, but *neither of them* could help me.
2 I was invited to two parties last week, but I couldn't go to ....
3 There were two windows in the room. It was very warm, so I opened ....
4 Sarah and I play tennis together regularly, but we're not very good. .... can play very well.
5 I tried two bookshops for the book I wanted, but .... had it.

89.4 เขียนประโยคโดยใช้ **both … and … / neither … nor … / either … or …**

1 Chris was late. So was Pat. *Both Chris and Pat were late.*
2 He didn't say hello, and he didn't smile. *He neither said hello nor smiled.*
3 Joe is on holiday and so is Sam.
....
4 Joe doesn't have a car. Sam doesn't have one either.
....
5 Brian doesn't watch TV and he doesn't read newspapers.
....
6 It was a boring movie. It was long too.
The movie ....
7 Is that man's name Richard? Or is it Robert? It's one of the two.
That man's name ....
8 I haven't got time to go on holiday. And I don't have the money.
I have ....
9 We can leave today or we can leave tomorrow – whichever you prefer.
We ....

89.5 เติมประโยคให้สมบูรณ์ด้วย **neither/either/none/any**

1 We tried a lot of hotels, but *none* of them had any rooms.
2 I took two books with me on holiday, but I didn't read .... of them.
3 I took five books with me on holiday, but I didn't read .... of them.
4 There are a few shops at the end of the street, but .... of them sells newspapers.
5 You can phone me at .... time during the evening. I'm always at home.
6 I can meet you next Monday or Friday. Would .... of those days suit you?
7 John and I couldn't get into the house because .... of us had a key.

Unit 90 All, every และ whole

A All และ everybody/everyone

โดยปกติเราไม่ใช้ **all** ในความหมายของ **everybody/everyone** เช่น

- **Everybody** had a great time at the party. (*ไม่ใช่* All had a great time)

แต่โปรดสังเกตว่าเราใช้ **all of us / all of you / all of them** เช่น

- **All of us** had a great time at the party. (*ไม่ใช่* Everybody of us)

B All และ everything

บางครั้งคุณอาจใช้ **all** หรือ **everything** ก็ได้ เช่น

- I'll do **all I can** to help. *หรือ* I'll do **everything I can** to help.

คุณอาจพูดว่า 'all **I can**' หรือ 'all **you need**' ฯลฯ ก็ได้ แต่จะใช้ **all** เพียงคำเดียวไม่ได้ เช่น

- He thinks he knows **everything**. (*ไม่ใช่* he knows all)
- Our holiday was a disaster. **Everything** went wrong. (*ไม่ใช่* All went wrong)

เราใช้ **all** ในสำนวน **all about** เช่น

- He knows **all about** computers. เขารู้**เรื่องที่เกี่ยวกับ**คอมพิวเตอร์**ทั้งหมด**

เราจะใช้ **all** (*ไม่ใช่* everything) ในความหมายของ 'the only thing(s)' ก็ได้ เช่น

- **All** I've eaten today is a sandwich. (= สิ่งเดียวเท่านั้นที่ฉันทานในวันนี้)

C

every / everybody / everyone / everything เป็นคำที่ให้ความหมายเป็น*เอกพจน์* จึงต้องใช้คำกริยารูป*เอกพจน์* เช่น

- **Every seat** in the theatre **was** taken.
- **Everybody has** arrived. (*ไม่ใช่* have arrived)

แต่เราใช้ **they/them/their** หลัง **everybody/everyone** เช่น

- **Everybody** said **they** enjoyed **themselves**. (= everybody enjoyed himself or herself)

D Whole และ all

whole = ทั้งหมด ทั้งสิ้น เรามักจะใช้ **whole** กับคำนาม*เอกพจน์* เช่น

- Did you read **the whole book**? (= อ่านหนังสือทั้งเล่ม ไม่ใช่เพียงบางส่วน)
- Emily has lived **her whole life** in the same town.
- I was so hungry, I ate **a whole packet** of biscuits. (= รับประทานหมดทั้งกล่อง)

เรามักจะใช้ **the/my/her** ฯลฯ ข้างหน้า **whole** เปรียบเทียบการใช้ **whole** และ **all** ต่อไปนี้

her whole life *แต่* **all her life**

โดยปกติเราจะไม่ใช้ **whole** กับ uncountable noun (คำนาม*นับไม่ได้*) แต่ใช้ **all** ดังตัวอย่าง

- I've spent **all the money** you gave me. (*ไม่ใช่* the whole money)

E every/all/whole เมื่อใช้กับ time word (คำบอกเวลา)

เราใช้ **every** เพื่อบอกว่ามีอะไรเกิดขึ้นบ่อยเพียงใด (**every day / every Monday / every ten minutes / every three weeks** ฯลฯ) เช่น

- When we were on holiday, we went to the beach **every day**. (*ไม่ใช่* all days)
- The bus service is excellent. There's a bus **every ten minutes**. ...**ทุก ๆ 10 นาที** (= 10 นาทีต่อ 1 คัน)
- We don't see each other very often – about **every six months**. ...**ทุก ๆ 6 เดือน** (= 6 เดือนต่อ 1 ครั้ง)

all day / the whole day = ทั้งวัน ตลอดวัน เช่น

- We spent **all day / the whole day** on the beach.
- Dan was very quiet. He didn't say a word **all evening / the whole evening**.

โปรดสังเกตด้วยว่า เราใช้ **all day** (*ไม่ใช่* all the day) **all week** (*ไม่ใช่* all the week) ฯลฯ

เปรียบเทียบการใช้ **all the time** และ **every time** ต่อไปนี้

- They never go out. They are at home **all the time**. (= เสมอ ตลอดเวลา)
- **Every time** I see you, you look different. (= ทุกครั้ง แต่ละโอกาส)

Countable และ uncountable ➜ **Units 69–70** **All / all of ➜ Unit 88** **Each** และ **every ➜ Unit 91**
Every one ➜ Unit 91D **All** (word order) **➜ Unit 110D**

Exercises

90.1 เติมประโยคให้สมบูรณ์ด้วย **all, everything** หรือ **everybody/everyone**

1 It was a good party. *Everybody* had a great time.
2 *All* I've eaten today is a sandwich.
3 .... has their faults. Nobody is perfect.
4 Nothing has changed. .... is the same as it was.
5 Kate told me .... about her new job. It sounds quite interesting.
6 Can .... write their names on a piece of paper, please?
7 Why are you always thinking about money? Money isn't ....
8 I didn't have much money with me. .... I had was ten pounds.
9 When the fire alarm rang, ... left the building immediately.
10 Sarah didn't say where she was going. .... she said was that she was going away.
11 We have completely different opinions. I disagree with .... she says.
12 We all did well in the exam. .... in our class passed.
13 We all did well in the exam. .... of us passed.
14 Why are you so lazy? Why do you expect me to do .... for you?

90.2 เขียนประโยคใหม่ให้มีความหมายสอดคล้องกับประโยคต้น ๆ โดยใช้ **whole**

1 I read the book from beginning to end. *I read the whole book.*
2 Everyone in the team played well.
The ....
3 Paul opened a box of chocolates. When he finished eating, there were no chocolates left in the box. He ate ....
4 The police came to the house. They were looking for something. They searched everywhere, every room. They ....
5 Everyone in Ed and Jane's family plays tennis. Ed and Jane play, and so do all their children. The ....
6 Ann worked from early in the morning until late in the evening.
....
7 Jack and Lisa had a week's holiday by the sea. It rained from the beginning of the week to the end. It ....

เขียนประโยคที่ **6** และ **7** อีกครั้งหนึ่ง โดยใช้ **all** แทน **whole**

8 (6) Ann ....
9 (7) ....

90.3 เติมประโยคให้สมบูรณ์ โดยใช้ **every** และกลุ่มคำกลุ่มใดกลุ่มหนึ่งต่อไปนี้

five minutes ~~**ten minutes**~~ **four hours** **six months** **four years**

1 The bus service is very good. There's a bus *every ten minutes.*
2 Tom is ill. He has some medicine. He has to take it ....
3 The Olympic Games take place ....
4 We live near a busy airport. A plane flies over our house ....
5 Martin goes to the dentist for a checkup ....

90.4 ตัวเลือกที่ขีดเส้นใต้ต่อไปนี้ ตัวเลือกใดถูกต้อง

1 I've spent ~~the whole money~~ / all the money you gave me. (all the money *ถูกต้อง*)
2 Sue works every day / all days except Sunday.
3 I'm tired. I've been working hard all the day / all day.
4 It was a terrible fire. Whole building / The whole building was destroyed.
5 I've been trying to contact her, but every time / all the time I phone there's no answer.
6 I don't like the weather here. It rains every time / all the time.
7 When I was on holiday, all my luggage / my whole luggage was stolen.

→ แบบฝึกหัดเสริม 30 (หน้า 320)

Each และ every

A

each และ **every** มีความหมายคล้ายกัน จะพบว่า บ่อยครั้งทีเดียวที่ใช้ได้ทั้ง **each** (แต่ละ...) และ **every** (ทุกๆ...) เช่น

- **Each** time (*หรือ* **Every** time) I see you, you look different.
- There are computers in **each** classroom (*หรือ* **every** classroom) in the school.

แต่ **each** และ **every** ก็ไม่ได้มีความหมายเหมือนกันทุกอย่าง พิจารณาความแตกต่างต่อไปนี้

เราใช้ **each** เมื่อพูดถึงของหลายๆ อย่าง/ชิ้น แยกกันแต่ละอย่าง/ชิ้น

- Study **each sentence** carefully.
  (= ประโยคแต่ละประโยค)

each = X + X + X + X

เรานิยมใช้ **each** กับของจำนวนน้อย เช่น

- There were four books on the table. **Each book** was a different colour.
  (= **หนังสือแต่ละเล่ม**)
- *(ในการเล่นไพ่)* At the beginning of the game, **each player** has three cards.
  (= **ผู้เล่นแต่ละคน**)

เราใช้ **every** เมื่อพูดถึงของรวมกันเป็นกลุ่ม ความหมายคล้ายกับ **all**

- **Every sentence** must have a verb.
  (= ทุกประโยคโดยทั่วไป)

every = 

เรานิยมใช้ **every** กับของจำนวนมาก

- Kate loves reading. She has read **every book** in the library. (= **หนังสือทุกเล่ม**)
- I'd like to visit **every country** in the world. (= **ทุกประเทศ**)

เราใช้ **each** (แต่ไม่ใช้ **every**) กับของ 2 สิ่ง เช่น

- In football, **each team** has eleven players. (= แต่ละทีมในจำนวน 2 ทีม ที่แข่งกัน) (*ไม่ใช่* every team)

เราใช้ **every** (ไม่ใช่ **each**) เพื่อบอกว่ามีอะไรเกิดขึ้นบ่อยเพียงใด เช่น

- 'How often do you use your car?' '**Every day**.' ...'**ทุกวัน**' (*ไม่ใช่* Each day)
- There's a bus **every ten minutes**. ...**ทุกสิบนาที** (*ไม่ใช่* each ten minutes)

B

เปรียบเทียบโครงสร้างที่ใช้ **each** และ **every** ต่อไปนี้

ใช้ **each** กับคำนาม

each book	**each student**
(หนังสือแต่ละเล่ม)	**(นักเรียนแต่ละคน)**

ใช้ **each** เดี่ยวๆ โดยไม่มีคำนามได้ เช่น

- None of the rooms was the same. **Each** (= each room) was different.

หรือจะใช้ **each one** ก็ได้

- **Each one** was different.

คุณอาจใช้ **each of (the .../these .../them** ฯลฯ) เช่น

- Read **each of these** sentences carefully.
- **Each of the** books is a different colour.
- **Each of them** is a different colour.

ใช้ **every** กับคำนาม เช่น

every book	**every student**
(หนังสือทุกเล่ม)	**(นักเรียนทุกคน)**

ใช้ **every one** (แต่ไม่ใช้ **every** เดี่ยวๆ) ได้ เช่น

- A: Have you read all these books?
  B: Yes, **every one**.

คุณอาจใช้ **every one of** ... (แต่ไม่ใช้ 'every of') เช่น

- I've read **every one of those** books. (*ไม่ใช่* every of those books)
- I've read **every one of them**.

C

คุณจะใช้ **each** ตรงกลางหรือท้ายประโยคก็ได้ ดังตัวอย่าง

- The students were **each** given a book. (= Each student was given a book.)
  (= นักเรียนแต่ละคน ได้รับหนังสือ 1 เล่ม)
- These oranges cost 10 baht **each**. ส้มราคา**ลูกละ** 10 บาท

D

Everyone และ **every one**

everyone ที่เขียนติดกันเป็นคำเดียวใช้ได้กับคนเท่านั้น (= everybody – ทุกคน)

ส่วน **every one** ที่เขียนแยกกันเป็น 2 คำ ใช้ได้กับทั้งคนและสิ่งของ และมีความหมายเหมือนกับ **each one** (ดูข้อ B ข้างบน) เช่น

- **Everyone** enjoyed the party. (= **Everybody** ...)
- Sarah is invited to lots of parties and she goes to **every one**. (= to **every party**)

Each other → Unit 82C **All** และ **every → Unit 90**

Exercises

91.1 ดูภาพและเติม **each** หรือ **every**

1 ....*Each*.... player has three cards.
2 Kate has read ....*every*.... book in the library.
3 .... side of a square is the same length.
4 .... seat in the theatre was taken.
5 There are six apartments in the building. .... one has a balcony.
6 There's a train to London .... hour.
7 She was wearing four rings – one on .... finger.
8 Our football team is playing well. We've won .... game this season.

91.2 เติม **each** หรือ **every**

1 There were four books on the table. ....*Each*.... book was a different colour.
2 The Olympic Games are held ....*every*.... four years.
3 .... parent worries about their children.
4 In a game of tennis there are two or four players. .... player has a racket.
5 Nicola plays volleyball .... Thursday evening.
6 I understood most of what they said but not .... word.
7 The book is divided into five parts and .... of these has three sections.
8 I get paid .... four weeks.
9 I called the office two or three times, but .... time it was closed.
10 Car seat belts save lives. .... driver should wear one.
11 A friend of mine has three children. I always give .... of them a present at Christmas.
12 *(ในกระดาษข้อสอบ)* Answer all five questions. Write your answer to .... question on a separate sheet of paper.

91.3 เติมประโยคให้สมบูรณ์โดยใช้ **each**

1 The price of one of those oranges is 10 baht. ....*Those oranges are 10 baht each.*....
2 I had 100 baht and so did Sunee. Sunee and I ....
3 One of those postcards costs 20 baht. Those ....
4 The hotel was expensive. I paid 5,000 baht and so did you. We ....

91.4 เติม **everyone** (คำเดียว) หรือ **every one** (สองคำ)

1 Sarah is invited to a lot of parties and she goes to ....*every one.*....
2 As soon as .... had arrived, we began the meeting.
3 I asked her lots of questions and she answered .... correctly.
4 Amy is very popular. .... likes her.
5 I dropped a tray of glasses. Unfortunately .... broke.

Unit 92

Relative clauses 1: clauses with **who/that/which**

A

ดูประโยคตัวอย่างต่อไปนี้

The woman **who lives next door** is a doctor.
(who lives next door = *relative clause*)

clause (อนุประโยค) เป็นส่วนหนึ่งของประโยค relative clause (คุณานุประโยค) คือ อนุประโยคที่บอกให้เราทราบว่า บุคคลใดหรือสิ่งใด (หรือลักษณะใดหรือประเภทไหน) ที่ผู้พูดหมายถึงหรือกล่าวถึง เช่น

- The woman **who lives next door** … ('who lives next door' บอกให้เราทราบว่าเป็นผู้หญิงคนไหน)
- People **who live in the country** … ('who live in the country' บอกให้เราทราบว่าเป็นคนกลุ่มไหน / ประเภทไหน)

เราใช้ **who** ใน relative clause เมื่อกล่าวถึง*บุคคล* (ไม่ใช่สิ่งของ) เช่น

> the woman – she lives next door – is a doctor
> → The woman **who lives next door** is a doctor.
>
> we know a lot of people – they live in the country
> → We know a lot of people **who live in the country**.

- An architect is someone **who designs buildings**.
- What was the name of the person **who phoned**?
- Anyone **who wants to apply for the job** must do so by Friday.

คุณอาจใช้ **that** (แทนการใช้ **who**) ได้ด้วย แต่ใช้ **which** เมื่อกล่าวถึงบุคคลไม่ได้ เช่น

- The woman **that lives next door** is a doctor. (*ไม่ใช่* the woman which)

บางครั้ง คุณต้องใช้ **who** (*ไม่ใช่* that) เมื่อกล่าวถึงบุคคล – ดู Unit 95

B

เมื่อเรากล่าวถึงสิ่งของ เราใช้ **that** หรือ **which** (*ไม่ใช่* who) ใน relative clause เช่น

> where is the cheese? – it was in the fridge
> → Where is the cheese { **that** / **which** } **was in the fridge?**

- I don't like stories **that have unhappy endings**. (*หรือ* stories **which** have …)
- Grace works for a company **that makes furniture**. (*หรือ* a company **which** makes furniture)
- The machine **that broke down** is working again now. (*หรือ* The machine **which** broke down)

that ใช้ได้กว้างกว่า **which** แต่บางครั้งก็ต้องใช้ **which** – ดู Unit 95

C

โปรดจำด้วยว่า ใน relative clause นั้น เราใช้ **who/that/which** ไม่ใช่ **he/she/they/it**
เปรียบเทียบประโยคต่อไปนี้

- 'Who's that woman?' '**She** lives next door to me.'
  I've never spoken to the woman **who** lives next door. (*ไม่ใช่* the woman she lives)
- Where is the cheese? **It** was in the fridge.
  Where is the cheese **that** was in the fridge? (*ไม่ใช่* the cheese it was)

D

what = 'the thing(s) that' (= สิ่งที่...) เปรียบเทียบ **what** และ **that** ต่อไปนี้

- **What happened** was my fault. (= the thing that happened) **สิ่งที่เกิดขึ้น**เป็นความผิดของฉัน

แต่

- Everything **that happened** was my fault. (*ไม่ใช่* Everything what happened)
- The machine **that broke down** is now working again. (*ไม่ใช่* The machine what broke down)

Relative clauses 2–5 ➜ **Units 93–96**

Exercises

92.1 ในแบบฝึกหัดนี้ คุณต้องอธิบายความหมายของคำศัพท์ เลือกความหมายที่ถูกต้องจากกรอบข้างล่าง แล้วเขียนประโยคโดยใช้ **who** ถ้าไม่เข้าใจความหมายให้ดูในพจนานุกรม

he/she	steals from a shop ~~designs buildings~~ doesn't believe in God is not brave	he/she	buys something from a shop pays rent to live in a house or apartment breaks into a house to steal things expects the worst to happen

1 (an architect) *An architect is someone who designs buildings.*
2 (a burglar) A burglar is someone ....
3 (a customer) ....
4 (a shoplifter) ....
5 (a coward) ....
6 (an atheist) ....
7 (a pessimist) ....
8 (a tenant) ....

92.2 ในแต่ละข้อ รวมสองประโยคให้เป็นประโยคเดียวโดยใช้ **who/that/which**

1 A girl was injured in the accident. She is now in hospital.
The girl who was injured in the accident is now in hospital.
2 A waitress served us. She was impolite and impatient.
The ....
3 A building was destroyed in the fire. It has now been rebuilt.
The ....
4 Some people were arrested. They have now been released.
The ....
5 A bus goes to the airport. It runs every half hour.
The ....

92.3 เติมประโยคให้สมบูรณ์ เลือกข้อความที่เหมาะสมจากกรอบมาเติมท้ายประโยค โดยทำให้เป็น relative clause

invented the telephone	~~**makes furniture**~~
runs away from home	**gives you the meaning of words**
stole my wallet	**can support life**
were hanging on the wall	**cannot be explained**

1 Helen works for a company *that makes furniture.*
2 The book is about a girl ....
3 What happened to the pictures .... ?
4 A mystery is something ....
5 The police have arrested the man ....
6 A dictionary is a book ....
7 Alexander Bell was the man ....
8 It seems that Earth is the only planet ....

92.4 ประโยคต่อไปนี้ถูกหรือผิด แก้ประโยคที่ผิดให้ถูกต้อง

1 I don't like stories who have unhappy endings. *stories that have*
2 What was the name of the person who phoned? *OK*
3 Where's the nearest shop who sells bread? ....
4 The driver which caused the accident was fined 10,000 baht. ....
5 Do you know the person that took these pictures? ....
6 We live in a world what is changing all the time. ....
7 Dan said some things about me that were not true. ....
8 What was the name of the horse it won the race? ....

Unit 93

Relative clauses 2: clauses with และ without **who/that/which**

A

ดูตัวอย่างจาก Unit 92 อีกครั้งหนึ่ง

- The woman **who** lives next door is a doctor. (*หรือ* The woman **that** lives …)

  The woman lives next door. — **who** (= the woman) เป็น *subject* (*ประธาน*) ของคำกริยา 'live'

- Where is the cheese **that** was in the fridge? (*หรือ* the cheese **which** was …)

  The cheese was in the fridge. — **that** (= the cheese) เป็น *subject* (*ประธาน*) ของคำกริยา 'was'

คุณต้องใช้ **who/that/which** เมื่อคำเหล่านี้เป็น*ประธาน*ของคำกริยาใน relative clause (คุณานุประโยค) ดังนั้น คุณจะพูดว่า 'The woman lives next door is a doctor.' หรือ 'Where is the cheese was in the fridge?' ไม่ได้

B

บางครั้ง **who/that/which** ก็เป็น object (*กรรม*) ของคำกริยา ดังตัวอย่าง

- The woman **who I wanted to see** was away on holiday.

  I wanted to see the woman — **who** (= the woman) เป็น object (*กรรม*) ของคำกริยา 'see'; **I** เป็น subject (*ประธาน*) ของคำกริยา 'wanted'

- Have you found the keys **that you lost**?

  You lost the keys. — **that** (= the keys) เป็น object (*กรรม*) ของคำกริยา 'found'; **you** เป็น subject (*ประธาน*) ของคำกริยา 'lost'

เมื่อ **who/that/which** เป็น object ของคำกริยาใน relative clause คุณอาจละคำเหล่านั้นได้ ดังตัวอย่าง

- **The woman I wanted to see** was away. *หรือ* The woman **who** I wanted to see …
- Have you found **the keys you lost**? *หรือ* … the keys **that** you lost?
- **The dress Lisa bought** doesn't fit her very well. *หรือ* The dress **that** Lisa bought …
- Is there **anything I can do**? *หรือ* … anything **that** I can do?

โปรดสังเกตว่า เราพูดว่า

the keys you lost (*ไม่ใช่* the keys you lost them)
the dress Lisa bought (*ไม่ใช่* the dress Lisa bought it)

C

ขอให้สังเกตตำแหน่งของ preposition (คำบุพบท) เช่น **in/to/for** ฯลฯ ใน relative clause ต่อไปนี้

Tom is **talking to** a woman – do you know her?
→ Do you know the woman (who/that) Tom is **talking to** ?

I **slept in** a bed last night – it wasn't very comfortable
→ The bed (that/which) I **slept in** last night wasn't very comfortable.

- Are these the books **you were looking for**? *หรือ* … the books **that/which** you were …
- The woman **he fell in love with** left him after a month. *หรือ* The woman **who/that** he …
- The man **I was sitting next to on the plane** talked all the time. *หรือ* The man **who/that** I was sitting next to …

โปรดสังเกตว่า เราพูดว่า

the books you were looking for (*ไม่ใช่* the books you were looking for them)

D

อย่าใช้ **what** ในประโยคลักษณะต่อไปนี้ (ดู Unit 92D) ด้วย

- Everything (**that**) **they said** was true. (*ไม่ใช่* Everything what they said)
- I gave her all the money (**that**) **I had**. (*ไม่ใช่* all the money what I had)

what = the thing(s) that (= สิ่งที่…) เช่น

- Did you hear **what they said**? (= the things that they said) คุณได้ยิน**สิ่งที่พวกเขาพูด**ไหม

Relative clauses 1 ➜ **Unit 92** Relative clauses 3–5 ➜ **Units 94–96** **Whom ➜ Unit 94B**

Exercises

93.1 ในบางประโยคต่อไปนี้ คุณจำเป็นต้องใส่ **who** หรือ **that** แก้ประโยคเมื่อจำเป็น

1 The woman lives next door is a doctor. *The woman who lives next door*
2 Have you found the keys you lost? *OK*
3 The people we met last night were very nice. ……
4 The people work in the office are very nice. ……
5 The people I work with are very nice. ……
6 What have you done with the money I gave you? ……
7 What happened to the money was on the table? ……
8 What's the worst film you've ever seen? ……
9 What's the best thing it has ever happened to you? ……

93.2 คุณจะพูดอย่างไรในสถานการณ์ต่อไปนี้ เติมแต่ละประโยคให้สมบูรณ์โดยใช้ **relative clause**

1 Your friend lost some keys. You want to know if he has found them. คุณพูดว่า
Have you found *the keys you lost?*
2 A friend is wearing a dress. You like it. คุณบอกกับเธอว่า
I like the dress …… .
3 A friend is going to see a film. You want to know the name of the film. คุณพูดว่า
What's the name of the film …… ?
4 You wanted to visit a museum. It was shut when you got there. คุณบอกเพื่อนว่า
The museum …… was shut when we got there.
5 You invited some people to your party. Some of them couldn't come. คุณบอกกับแขกบางคนว่า
Some of the people …… couldn't come.
6 Your friend had to do some work. You want to know if she has finished. คุณพูดว่า
Have you finished the work …… ?
7 You rented a car. It broke down after a few miles. คุณบอกเพื่อนว่า
The car …… broke down after a few miles.

93.3 ประโยคเหล่านี้มี **relative clause** กับ **preposition** อยู่ทั้งสิ้น เรียงคำให้เป็นประโยคที่ถูกต้อง

1 Did you find (looking / for / you / the books / were)?
Did you find *the books you were looking for?*
2 We couldn't go to (we / invited / to / were / the wedding).
We couldn't go to …… .
3 What's the name of (the hotel / about / me / told / you)?
What's the name of …… ?
4 Unfortunately I didn't get (applied / I / the job / for).
Unfortunately I didn't get …… .
5 Did you enjoy (you / the concert / to / went)?
Did you enjoy …… ?
6 Gary is a good person to know. He's (on / rely / can / somebody / you).
Gary is a good person to know. He's …… .
7 Who was (the man / were / with / you) in the restaurant last night?
Who was …… in the restaurant last night?

93.4 เติม **that** หรือ **what** ในที่ที่จำเป็น ถ้าประโยคสมบูรณ์อยู่แล้วให้ใส่เครื่องหมาย – ในช่องว่าง

1 I gave her all the money *–* I had. (all the money **that** I had *ก็ถูกเช่นกัน*)
2 Did you hear *what* they said?
3 They give their children everything …… they want.
4 Tell me …… you want and I'll try to get it for you.
5 Why do you blame me for everything …… goes wrong?
6 I won't be able to do much, but I'll do …… I can.
7 I won't be able to do much, but I'll do the best …… I can.
8 I don't agree with …… you've just said.
9 I don't trust him. I don't believe anything …… he says.

Unit 94

Relative clauses 3: whose/whom/where

A Whose

เราใช้ **whose** ใน relative clause (คุณานุประโยค) แทน **his/her/their** เช่น

we helped some people – their car had broken down

→ We helped some people **whose car had broken down**.

ส่วนใหญ่เราใช้ **whose** สำหรับคน เช่น

- A widow is a woman **whose husband is dead**. (**her** husband is dead)
- What's the name of the man **whose car you borrowed**? (you borrowed **his** car)
- I met someone **whose brother I went to school with**. (I went to school with **his/her** brother)

เปรียบเทียบการใช้ **who** และ **whose** ในประโยคต่อไปนี้

- I met a man **who** knows you. (**he** knows you)
- I met a man **whose sister** knows you. (**his sister** knows you)

B Whom

คุณอาจใช้ **whom** แทน **who** เมื่อทำหน้าที่เป็น object (กรรม) ของคำกริยาใน relative clause (เช่นเดียวกับประโยคใน Unit 93B) เช่น

- George is a person **whom I admire** very much. (I admire **him**)

คุณอาจใช้ **whom** กับ preposition (คำบุพบท) (เช่น **to whom / from whom / with whom** ฯลฯ) ดังตัวอย่าง

- I like the people **with whom I work**. (I work **with them**)

แต่เรามักจะไม่ใช้ **whom** ในภาษาพูด เรานิยมใช้ **who** หรือ **that** มากกว่า หรือไม่ใช้คำใดเลย (ดู Unit 93) โดยปกติเราจะพูดดังนี้

- … a person **who/that** I admire a lot *หรือ* … a person **I admire** a lot
- … the people **who/that** I work with *หรือ* … the people **I work with**

C Where

คุณอาจใช้ **where** ใน relative clause เมื่อพูดถึงสถานที่ เช่น

the restaurant – we had lunch there – it was near the airport

→ The restaurant **where we had lunch** was near the airport.

- I recently went back to **the town where I grew up**.
  (*หรือ* … the town I grew up in *หรือ* … the town **that** I grew up in)
- I would like to live in **a place where there is plenty of sunshine**.

D

เราพูดว่า

the day / the year / the time ฯลฯ { something happens *หรือ* / **that** something happens }

- I can't meet you on Friday. That's **the day** (**that**) **I'm going away**.
- **The last time** (**that**) **I saw Anna**, she looked great.
- I haven't seen Jack and Helen since **the year** (**that**) **they got married**.

E

เราพูดว่า

the reason { something happens *หรือ* / **that/why** something happens }

- **The reason I'm phoning** is to ask your advice.
  (*หรือ* The reason that I'm phoning / The reason **why** I'm phoning)

Relative clauses 1–2 ➜ **Units 92–93** Relative clauses 4–5 ➜ **Units 95–96** **Whom ➜ Unit 96**

Exercises

94.1 คุณไปงานปาร์ตี้มาและพบคนหลายคนที่คุณคุยด้วยดังปรากฏในภาพ

ต่อมาคุณเล่าให้เพื่อนฟังเกี่ยวกับคนที่คุณพบในงานปาร์ตี้ เติมประโยคให้สมบูรณ์ โดยใช้ **who** หรือ **whose**

1 I met somebody *whose mother writes detective stories.*
2 I met a man ....
3 I met a woman ....
4 I met somebody ....
5 I met a couple ....
6 I met somebody ....

94.2 อ่านสถานการณ์ต่อไปนี้ และเติมประโยคให้สมบูรณ์โดยใช้ **where**

1 You grew up in a small town. You went back there recently. คุณเล่าให้บางคนฟังว่า
I recently went back to *the small town where I grew up.*
2 You're thirsty and you want a drink. You ask a friend where you can get some water. คุณพูดว่า
Is there a shop near here .... ?
3 You work in a factory. The factory is going to close down next month. คุณบอกเพื่อนว่า
The .... is going to close down next month.
4 Sue is staying at a hotel. You want to know the name of the hotel. คุณถามเพื่อนว่า
Do you know the name of .... ?
5 You play football in a park on Sundays. You show a friend the park. คุณพูดว่า
This is the .... on Sundays.

94.3 เติมแต่ละประโยคให้สมบูรณ์โดยใช้ **who/whom/whose/where**

1 What's the name of the man *whose* car you borrowed?
2 A cemetery is a place .... people are buried.
3 A pacifist is a person .... believes that all wars are wrong.
4 An orphan is a child .... parents are dead.
5 What was the name of the person to .... you spoke on the phone?
6 The place .... we spent our holidays was really beautiful.
7 This school is only for children .... first language is not English.
8 The woman with .... he fell in love left him after a month.

94.4 เติมประโยคต่อไปนี้ให้สมบูรณ์ตามความคิดของคุณเอง รูปประโยคคล้ายกับในข้อ D และ E หน้าซ้ายมือ

1 I can't meet you on Friday. That's the day *I'm going away.*
2 The reason .... was that the salary was too low.
3 I'll never forget the time ....
4 Do you remember the day .... ?
5 The reason .... is that they don't need one.
6 .... was the year ....

Unit 95

Relative clauses 4: extra information clauses (1)

A

relative clause (คุณานุประโยค) มี 2 แบบ ในตัวอย่างต่อไปนี้ ส่วนที่ขีดเส้นใต้ คือ relative clause
เปรียบเทียบความแตกต่างของ relative clause ทั้ง 2 แบบ ต่อไปนี้

แบบที่ 1

- The woman who lives next door is a doctor.
- Grace works for a company that makes furniture.
- We stayed at the hotel (that) you recommended.

ในตัวอย่างของแบบที่ 1 นี้ relative clause เป็นตัวบอกให้เราทราบว่าคนไหนหรือสิ่งไหน (หรือคนหรือสิ่งของลักษณะใด) ที่ผู้พูดกล่าวถึง

'The woman **who lives next door**' บอกให้เราทราบว่า ผู้หญิง*คนไหน*
'A company **that makes furniture**' บอกให้เราทราบว่า บริษัท*ประเภทใด*
'The hotel (**that**) **you recommended**' บอกให้เราทราบว่า โรงแรม*ไหน*

เราไม่ใช้เครื่องหมาย comma (,) ใน clause แบบนี้ เช่น

- We know a lot of people who live in London. (ข้อมูลจำเพาะว่า คน*ประเภทใด*)

แบบที่ 2

- My brother Ben, who lives in Hong Kong, is an architect.
- Anna told me about her new job, which she's enjoying a lot.
- We stayed at the Park Hotel, which a friend of ours recommended.

ในตัวอย่างของแบบที่ 2 นี้ relative clause ไม่ได้เป็นตัวบอกให้เราทราบว่า คนไหนหรือสิ่งไหน ที่ผู้พูดกล่าวถึง เราทราบมาก่อนแล้วว่า 'My brother Ben', 'Anna's new job' และ 'the Park Hotel' คือคนไหนหรือสิ่งใด relative clause ในประโยคข้างต้นนี้ให้*ข้อมูลเพิ่มเติม*เกี่ยวกับบุคคลหรือสิ่งของ

เราใช้เครื่องหมาย comma (,) ใน clause แบบนี้ เช่น

- My brother Ben, who lives in Hong Kong, is an architect. (*ข้อมูลเพิ่มเติม*เกี่ยวกับ Ben)

B

ใน relative clause ทั้ง 2 แบบนี้ เราใช้ **who** สำหรับคน และ **which** สำหรับสิ่งของ แต่พิจารณาประโยคต่อไปนี้

แบบที่ 1

อาจใช้ **that** ได้ในประโยคต่อไปนี้

- Do you know anyone **who/that** speaks French and Italian?
- Grace works for a company **which/that** makes furniture.

คุณอาจละคำ **who/which/that** ได้ เมื่อคำๆ นั้นทำหน้าที่เป็นกรรมของคำกริยาใน relative clause (ดู Unit 93) เช่น

- We stayed at the hotel (that/which) you recommended.
- This morning I met somebody (who/that) I hadn't seen for ages.

เรามักจะไม่ใช้ **whom** ใน relative clause แบบนี้ (ดู Unit 94B)

แบบที่ 2

อย่าใช้ **that** ในประโยคต่อไปนี้

- John, **who** (*ไม่ใช่* that) speaks French and Italian, works as a tour guide.
- Anna told me about her new job, **which** (*ไม่ใช่* that) she's enjoying a lot.

อย่าละคำ **who** หรือ **which** เช่น

- We stayed at the Park Hotel, **which** a friend of ours recommended.
- This morning I met Chris, **who** I hadn't seen for ages.

อาจใช้ **whom** กล่าวถึงคนได้ (เมื่อเป็นกรรมของคำกริยาใน relative clause) เช่น

- This morning I met Chris, **whom** I hadn't seen for ages.

C

ใน relative clause ทั้ง 2 แบบ คุณสามารถใช้ **whose** และ **where** ได้ เช่น

- We met some people **whose** car had broken down.
- What's the name of the place **where** you went on holiday?

- Lisa, **whose** car had broken down, was in a very bad mood.
- Kate has just been to Sweden, **where** her daughter lives.

Relative clauses (Type 1) ➜ **Units 92–94** Relative clauses (Type 2) ➜ **Unit 96**

Exercises

95.1 รวมสองประโยคเข้าด้วยกัน โดยให้ประโยคในวงเล็บเป็น **relative clause** (แบบที่ 2) เลือกใช้ **who(m)/whose/which/where** ให้เหมาะสม

1. Catherine is very friendly. (She lives next door.)
   Catherine, who lives next door, is very friendly.
2. We stayed at the Park Hotel. (A friend of ours recommended it.)
   We stayed at the Park Hotel, which a friend of ours recommended.
3. We often go to visit our friends in Cambridge. (It is not far from London.)
   We often go to visit our friends in Cambridge ……
4. I went to see the doctor. (She told me I needed to change my diet.)
   I went to see ……
5. Steven is one of my closest friends. (I have known him for a very long time.)
   Steven ……
6. Lisa is away from home a lot. (Her job involves a lot of travelling.)
   Lisa ……
7. The new stadium will be finished next month. (It can hold 90,000 people.)
   ……
8. Alaska is the largest state in the USA. (My brother lives there.)
   ……
9. Our teacher was very kind. (I have forgotten her name.)
   ……

95.2 อ่านข้อมูลและเติมประโยคให้สมบูรณ์ด้วย **relative clause** แบบที่ **1** หรือ แบบที่ **2** ใช้ **comma** ในที่ที่จำเป็น

1. There's a woman living next door to me. She's a doctor.
   The woman *who lives next door to me is a doctor.*
2. I've got a brother called Ben. He lives in Hong Kong. He's an architect.
   My brother *Ben, who lives in Hong Kong, is an architect.*
3. There was a strike at the factory. It began ten days ago. It is now over.
   The strike at the factory ……
4. I was looking for a book this morning. I've found it now.
   I've found ……
5. I've had my car for 15 years. It has never broken down.
   My car ……
6. A job was advertised. A lot of people applied for it. Few of them had the necessary qualifications.
   Few of ……
7. Amy has a son. She showed me a picture of him. He's a police officer.
   Amy showed me ……

95.3 บางประโยคต่อไปนี้ผิด แก้ให้ถูกต้องและใส่เครื่องหมาย **comma** ในที่ที่จำเป็น ถ้าประโยคถูกต้องอยู่แล้ว ให้เขียนคำว่า **'OK'**

1. Anna told me about her new job that she's enjoying very much.
   Anna told me about her new job, ***which*** *she's enjoying very much.*
2. My office that is on the second floor is very small.
   ……
3. The office I'm using at the moment is very small.
   ……
4. Mark's father that used to be in the army now works for a TV company.
   ……
5. The doctor that examined me couldn't find anything wrong.
   ……
6. The sun that is one of millions of stars in the universe provides us with heat and light.
   ……

Unit 96

Relative clauses 5: extra information clauses (2)

A

Preposition + **whom/which**

คุณอาจใช้ preposition ข้างหน้า **whom** (สำหรับคน) และ **which** (สำหรับสิ่งของ) ได้ ดังนั้น คุณอาจพูดว่า **to whom / with whom / about which / without which** ฯลฯ

- Mr Lee, **to whom** I spoke at the meeting, is very interested in our proposal.
- Fortunately we had a good map, **without which** we would have got lost.

ในภาษาพูด เรามักจะวาง preposition ไว้หลังคำกริยาใน relative clause และโดยปกติ เราใช้ **who** (*ไม่ใช่* whom) เมื่อกล่าวถึงคน เช่น

- This is my friend from Canada, **who** I was telling you **about**.
- Yesterday we visited the City Museum, **which** I'd never been **to** before.

B

All of / most of ฯลฯ + **whom/which**

พิจารณาตัวอย่างต่อไปนี้

Helen has three brothers. All of them are married. *(2 ประโยค)*

→ Helen has three brothers, **all of whom** are married. *(1 ประโยค)*

They asked me a lot of questions. I couldn't answer most of them. *(2 ประโยค)*

→ They asked me a lot of questions, **most of which** I couldn't answer. *(1 ประโยค)*

ในทำนองเดียวกัน คุณสามารถพูดเช่นนี้ได้

none of / neither of / any of / either of
some of / many of / much of / (a) few of
both of / half of / each of / one of / two of ฯลฯ
+ **whom** (คน)
+ **which** (สิ่งของ)

- Martin tried on three jackets, **none of which** fitted him.
- Two men, **neither of whom** I had seen before, came into the office.
- They have three cars, **two of which** they rarely use.
- Sue has a lot of friends, **many of whom** she was at school with.

คุณอาจพูดว่า **the cause of which / the name of which** ฯลฯ ก็ได้ เช่น

- The building was destroyed in a fire, **the cause of which** was never established.
- We stayed at a beautiful hotel, **the name of which** I can't remember now.

C

Which (*ไม่ใช่* what)

พิจารณาตัวอย่างต่อไปนี้

Joe got the job. This surprised everybody. *(2 ประโยค)*

Joe got the job, **which** surprised everybody. *(1 ประโยค)*

relative clause

ในตัวอย่างนี้ **which** = 'the fact that he got the job' คุณต้องใช้ **which** (*ไม่ใช่* what) ในประโยคลักษณะต่อไปนี้

- Sarah couldn't meet us, **which** was a shame. (*ไม่ใช่* what was a shame)
- The weather was good, **which** we hadn't expected. (*ไม่ใช่* what we hadn't expected)

สำหรับ **what** ดู Unit 92D และ 93D

All of / most of ฯลฯ → **Unit 88** Both of ฯลฯ → **Unit 89** Relative clauses 1–4 → **Units 92–95**

Exercises

96.1 เขียนประโยคในรูป **relative clause** ให้เป็นทางการขึ้น โดยใช้ **preposition + whom/which**

1 Yesterday we visited the City Museum, which I'd never been to before.
Yesterday we visited the City Museum, *to which I'd never been before.*

2 My brother showed us his new car, which he's very proud of.
My brother showed us his new car, ...

3 This is a picture of our friends Chris and Sam, who we went on holiday with.
This is a picture of our friends Chris and Sam, ...

4 The wedding, which only members of the family were invited to, took place on Friday.
The wedding, ... ,
took place on Friday.

96.2 ใช้ข้อมูลในประโยคแรกเติมประโยคที่สองให้สมบูรณ์ โดยใช้ **all of / most of** ฯลฯ หรือ **the … of + whom/which**

1 All of Helen's brothers are married.
Helen has three brothers, *all of whom are married.*

2 Most of the information we were given was useless.
We were given a lot of information, ...

3 None of the ten people who applied for the job was suitable.
Ten people applied for the job, ...

4 Kate hardly ever uses one of her computers.
Kate has got two computers, ...

5 Mike won £100,000. He gave half of it to his parents.
Mike won £100,000, ...

6 Both of Julia's sisters are lawyers.
Julia has two sisters, ...

7 Jane replied to neither of the emails I sent her.
I sent Jane two emails, ...

8 I went to a party. I knew only a few of the people there.
There were a lot of people at the party, ...

9 The sides of the road we drove along were lined with trees.
We drove along the road, the ....

10 The aim of the company's new business plan is to save money.
The company has a new business plan, ...

96.3 เชื่อมประโยคในกรอบด้านซ้ายและกรอบด้านขวาเข้าด้วยกันเพื่อเขียนเป็นประโยคใหม่ โดยใช้ **which**

1 ~~Laura couldn't come to the party.~~ 2 Jane doesn't have a phone. 3 Alex has passed his exams. 4 Our flight was delayed. 5 Kate offered to let me stay at her house. 6 The street I live in is very noisy at night. 7 Our car has broken down.	This was very kind of her. This means we can't go away tomorrow. This makes it difficult to contact her. This makes it difficult to sleep sometimes. ~~This was a shame.~~ This is good news. This meant we had to wait three hours at the airport.

1 Laura couldn't come to the party, *which was a shame.*
2 Jane ....
3 ....
4 ....
5 ....
6 ....
7 ....

Unit 97

-ing และ -ed clauses (the woman **talking to Tom**, the boy **injured in the accident**)

A

clause (อนุประโยค) เป็นส่วนหนึ่งของประโยค บาง clause ขึ้นต้นด้วย **-ing** แต่บาง clause ก็ขึ้นต้นด้วย **-ed** ดังตัวอย่าง

Do you know the woman **talking to Tom** ?
(-ing *clause*: talking to Tom)

คุณรู้จักผู้หญิง**ที่กำลังพูดกับ Tom** ไหม

the woman talking to Tom

The boy **injured in the accident** was taken to hospital.
(-ed *clause*: injured in the accident)

เด็กผู้ชาย**ที่(ถูกทำให้)บาดเจ็บจากอุบัติเหตุ**
ถูกนำส่งโรงพยาบาล

the boy injured in the accident

B

เราใช้ -**ing** clause เพื่อบอกว่าใคร (หรืออะไร) กำลังทำอะไรอยู่ในช่วงเวลานั้นๆ เช่น

- Do you know the woman **talking to Tom**? (the woman **is talking** to Tom)
- Police **investigating the crime** are looking for three men. (police **are investigating** the crime)
- Who were those people **waiting outside**? (they **were waiting**)
- I was woken up by a bell **ringing**. (a bell **was ringing**)

เมื่อคุณพูดถึงสิ่งของ คุณอาจใช้ -**ing** clause เพื่อบอกว่า สิ่งนั้นมีลักษณะเช่นนั้นตลอดเวลา มิใช่เพียงช่วงเวลาที่ระบุไว้เท่านั้น ดังตัวอย่าง

- The road **connecting the two villages** is very narrow. (the road **connects** the two villages)
- I have a large room **overlooking the garden**. (the room **overlooks** the garden)
- Can you think of the name of a flower **beginning with T**? (the name **begins** with T)

C

-**ed** clause มีความหมายเป็น passive เช่น

- The boy **injured in the accident** was taken to hospital.
  (he **was injured** in the accident)
- George showed me some pictures **painted by his father**.
  (they **had been painted** by his father)

injured และ **invited** เป็น past participle โปรดสังเกตว่า คำกริยาหลายคำมีรูป past participle ที่ไม่ได้ลงท้ายคำด้วย -**ed** (**stolen**/**made**/**written** ฯลฯ) เช่น

- The police never found the money **stolen in the robbery**.
- Most of the goods **made in this factory** are exported.

คุณอาจใช้คำว่า **left** ด้วยวิธีเดียวกันนี้ในความหมาย 'มีเหลืออยู่ ยังคงอยู่' เช่น

- We've eaten nearly all the chocolates. There are only a few **left**.

D

เรามักจะใช้ -**ing** และ -**ed** clause หลัง **there is / there was** ฯลฯ เช่น

- **There were** some children **swimming** in the river.
- **Is there** anybody **waiting**?
- **There was** a big red car **parked** outside the house.

See/hear somebody **doing** something ➜ **Unit 67**   -**ing** clauses ➜ **Unit 68**   **There (is)** ➜ **Unit 84**
Irregular past participles (**made**/**stolen** ฯลฯ) ➜ **ภาคผนวก 1**

Exercises

97.1 รวมสองประโยคเข้าด้วยกัน เติมประโยคให้สมบูรณ์โดยใช้ **-ing clause**

1 A bell was ringing. I was woken up by it.
I was woken up by *a bell ringing.*
2 A man was sitting next to me on the plane. I didn't talk much to him.
I didn't talk much to the ....
3 A taxi was taking us to the airport. It broke down.
The .... broke down.
4 There's a path at the end of this street. The path leads to the river.
At the end of the street there's a ....
5 A factory has just opened in the town. It employs 500 people.
A .... has just opened in the town.
6 The company sent me a brochure. It contained the information I needed.
The company sent me ....

97.2 รวมสองประโยคเข้าด้วยกัน ขึ้นต้นประโยคตามที่กำหนดไว้ในแต่ละข้อ และทำส่วนหนึ่งเป็น **-ed clause**

1 A boy was injured in the accident. He was taken to hospital.
The boy *injured in the accident* was taken to hospital.
2 A gate was damaged in the storm. It has now been repaired.
The gate .... has now been repaired.
3 A number of suggestions were made at the meeting. Most of them were not very practical.
Most of the .... were not very practical.
4 Some paintings were stolen from the museum. They haven't been found yet.
The .... haven't been found yet.
5 A man was arrested by the police. What's his name?
What's the name of .... ?

97.3 เติมประโยคให้สมบูรณ์ โดยใช้กริยาคำใดคำหนึ่งที่กำหนดให้ในรูปที่ถูกต้อง

blow call ~~invite~~ live offer read ~~ring~~ sit study work

1 I was woken up by a bell *ringing.*
2 Some of the people *invited* to the party can't come.
3 Life must be very unpleasant for people .... near busy airports.
4 A few days after the interview, I received an email .... me the job.
5 Somebody .... Jack phoned while you were out.
6 There was a tree .... down in the storm last night.
7 The waiting room was empty except for a young man .... by the window .... a magazine.
8 Ian has a brother .... in a bank in London and a sister .... economics at university in Manchester.

97.4 ใช้คำที่กำหนดให้ในวงเล็บแต่งประโยค โดยใช้ **There is / There was** ฯลฯ

1 That house is empty. (nobody / live / in it) *There's nobody living in it.*
2 The accident wasn't serious. (nobody / injure) *There was nobody injured.*
3 I can hear footsteps. (somebody / come)
There ....
4 The train was full. (a lot of people / travel)
....
5 We were the only guests at the hotel. (nobody else / stay there)
....
6 The piece of paper was blank. (nothing / write / on it)
....
7 The college offers English courses in the evening. (a course / begin / next Monday)
....

Unit 98

Adjectives ending in -ing และ -ed (boring/bored ฯลฯ)

A

มี adjective (คำคุณศัพท์) จำนวนหนึ่งที่ลงท้ายคำด้วย **-ing** และ **-ed** เช่น **boring** และ **bored** พิจารณาสถานการณ์ตัวอย่างต่อไปนี้

Jane has been doing the same job for a very long time. Every day she does exactly the same thing again and again. She doesn't enjoy her job any more and would like to do something different.

Jane's job is **boring**. งานของ Jane **น่าเบื่อ**

Jane is **bored** (with her job). Jane **เบื่อ**(งานของเธอ)

คนเรารู้สึก**เบื่อ** (**bored**) ถ้าบางสิ่ง (หรือคนอื่นๆ) **น่าเบื่อ** (**boring**) หรือถ้าบางสิ่ง**น่าเบื่อ** (**boring**) ก็จะทำให้คุณรู้สึก**เบื่อ** (**bored**) ดังนั้น จึงอธิบายสถานการณ์ข้างบนได้ว่า

- Jane is **bored** because her job is **boring**. Jane (รู้สึก) **เบื่อ** เพราะงานของเธอ**น่าเบื่อ**
- Jane's job is **boring**, so Jane is **bored**. (*ไม่ใช่* Jane is boring) งานของ Jane **น่าเบื่อ** ดังนั้น เธอจึง (รู้สึก) **เบื่อ**

ถ้าคนๆ หนึ่ง**น่าเบื่อ** (**boring**) หมายความว่า เขาทำให้คนอื่น (รู้สึก) **เบื่อ** (**bored**)

- George always talks about the same things. He's really **boring**. ...เขา**น่าเบื่อ**จริงๆ

B

เปรียบเทียบ adjective ที่ลงท้ายคำด้วย **-ing** และ **-ed** ต่อไปนี้

My job is **boring.** / **interesting.** / **tiring.** / **satisfying.** / **depressing.** (ฯลฯ)	I'm **bored** with my job. I'm not **interested** in my job any more. I get very **tired** doing my job. I'm not **satisfied** with my job. My job makes me **depressed**. (ฯลฯ)
adjective ที่ลงท้ายด้วย **-ing** อธิบายลักษณะของงาน	adjective ที่ลงท้ายด้วย **-ed** อธิบายความรู้สึกของคน (ที่มีต่องาน)

เปรียบเทียบตัวอย่างต่อไปนี้

interesting น่าสนใจ Julia thinks politics is **interesting**. Did you meet anyone **interesting** at the party?	**interested** (รู้สึก) สนใจ Julia is **interested** in politics. (*ไม่ใช่* interesting in politics) Are you **interested** in buying a car? I'm trying to sell mine.
surprising น่าประหลาดใจ It was **surprising** that he passed the exam.	**surprised** (รู้สึก) ประหลาดใจ Everybody was **surprised** that he passed the exam.
disappointing น่าผิดหวัง The movie was **disappointing**. We expected it to be much better.	**disappointed** (รู้สึก) ผิดหวัง We were **disappointed** with the movie. We expected it to be much better.
shocking น่าตกใจ The news was **shocking**.	**shocked** (รู้สึก) ตกใจ I was **shocked** when I heard the news.

Exercises

98.1 เติมประโยคให้สมบูรณ์และมีความหมายตรงตามสถานการณ์ โดยใช้คำที่กำหนดให้ในวงเล็บ + **-ing** หรือ **-ed**

1 The movie wasn't as good as we had expected. (**disappoint**…)
  a The movie was *disappointing*.
  b We were *disappointed* with the movie.

2 Donna teaches young children. It's a very hard job, but she enjoys it. (**exhaust**…)
  a She enjoys her job, but it's often ………… .
  b At the end of a day's work, she is often ………… .

3 It's been raining all day. I hate this weather. (**depress**…)
  a This weather is ………… .
  b This weather makes me ………… .
  c It's silly to get ………… because of the weather.

4 Clare is going to Mexico next month. She has never been there before. (**excit**…)
  a It will be an ………… experience for her.
  b Going to new places is always ………… .
  c She is really ………… about going to Mexico.

98.2 เลือกคำที่ถูกต้องตามความหมายในประโยค

1 I was ~~disappointing~~ / disappointed with the film. I had expected it to be better. (disappointed *ถูกต้อง*)
2 Are you interesting / interested in football?
3 The new project sounds exciting / excited. I'm looking forward to working on it.
4 It's embarrassing / embarrassed when you have to ask people for money.
5 Do you easily get embarrassing / embarrassed?
6 I had never expected to get the job. I was really amazing / amazed when I was offered it.
7 She has really learnt very fast. She has made amazing / amazed progress.
8 I didn't find the situation funny. I was not amusing / amused.
9 It was a really terrifying / terrified experience. Everybody was very shocking / shocked.
10 Why do you always look so boring / bored? Is your life really so boring / bored?
11 He's one of the most boring / bored people I've ever met. He never stops talking and he never says anything interesting / interested.

98.3 เติมประโยคให้สมบูรณ์โดยเลือกใช้คำใดคำหนึ่งที่กำหนดให้ในกรอบ

amusing/amused	**annoying/annoyed**	**boring/bored**
confusing/confused	**disgusting/disgusted**	**exciting/excited**
exhausting/exhausted	**interesting/interested**	**~~surprising~~/surprised**

1 He works very hard. It's not *surprising* that he's always tired.
2 I've got nothing to do. I'm ………… .
3 The teacher's explanation was ………… . Most of the students didn't understand it.
4 The kitchen hadn't been cleaned for ages. It was really ………… .
5 I don't visit art galleries very often. I'm not particularly ………… in art.
6 There's no need to get ………… just because I'm a few minutes late.
7 The lecture was ………… . I fell asleep.
8 I've been working very hard all day and now I'm ………… .
9 I'm starting a new job next week. I'm very ………… about it.
10 Steve is good at telling funny stories. He can be very ………… .
11 Helen is a very ………… person. She knows a lot, she's travelled a lot and she's done lots of different things.

Unit 99

Adjectives: a **nice new** house, you look **tired**

A

บางครั้งคุณจะพบว่า มี adjective (คำคุณศัพท์) 2 คำหรือมากกว่าเรียงกันอยู่ เช่น

- My brother lives in a **nice new** house.
- In the kitchen there was a **beautiful large round wooden** table.

adjective เช่น **new/large/round/wooden** เป็น fact adjective (คำคุณศัพท์ที่ให้ความหมายเกี่ยวกับความเป็นจริง) ให้ข้อมูลเกี่ยวกับอายุ ขนาด สี ฯลฯ ตามความเป็นจริง

adjective เช่น **nice/beautiful** เป็น opinion adjective (คำคุณศัพท์ที่ให้ความหมายเกี่ยวกับความคิดเห็น) ใช้อธิบายว่า คนๆ หนึ่งมีความคิดเห็นเกี่ยวกับผู้ใดผู้หนึ่งหรือสิ่งใดสิ่งหนึ่งอย่างไร
opinion adjective มักจะอยู่หน้า fact adjective เช่น

	opinion	*fact*	
a	**nice**	**long**	summer holiday
an	**interesting**	**young**	man
	delicious	**hot**	vegetable soup
a	**beautiful**	**large round wooden**	table

B

บางครั้งเราใช้ fact adjective 2 ตัวหรือมากกว่า และมักจะเรียงคำเหล่านั้นตามลำดับที่ปรากฏในตารางข้างล่าง (แต่ลำดับเช่นนี้บางครั้งก็สามารถเปลี่ยนแปลงได้)

1 how big?	→	2 how old?	→	3 what colour?	→	4 where from?	→	5 what is it made of?	NOUN

a **tall young** man (1 → 2)
big blue eyes (1 → 3)
a **small black plastic** bag (1 → 3 → 5)

a **large wooden** table (1 → 5)
an **old Russian** song (2 → 4)
an **old white cotton** shirt (2 → 3 → 5)

adjective ที่บอกขนาด (size) และความยาว (length) เช่น **big/small/tall/short/long** ฯลฯ โดยปกติจะอยู่หน้าคำที่บอกรูปร่าง (shape) และความกว้าง (width) เช่น **round/fat/thin/slim/wide** ฯลฯ ดังตัวอย่าง

a **large round** table a **tall thin** girl a **long narrow** street

เมื่อมี adjective ที่บอกสี 2 คำขึ้นไป ให้ใส่ **and** ระหว่างคำ เช่น

a **black and white** dress a **red, white and green** flag

กรณีนี้มักไม่เกิดขึ้นกับ adjective ตัวอื่น ที่มาก่อนคำนาม เช่น

a **long black** dress (*ไม่ใช่* a long and black dress)

C

เราใช้ adjective หลังคำกริยา **be/get/become/seem** เช่น

- **Be careful**!
- **I'm tired** and **I'm getting hungry**.
- As the film went on, it **became** more and more **boring**.
- Your friend **seems** very **nice**.

นอกจากนี้ ยังใช้ adjective เพื่อบอกว่า คนบางคน / ของบางสิ่งมีกิริยาอาการ (look) มีความรู้สึก (feel) มีเสียง (sound) มีรส (taste) หรือมีกลิ่น (smell) อย่างไร เช่น

- You **look tired**. / I **feel tired**. / She **sounds tired**.
- The dinner **smells good**.
- This tea **tastes** a bit **strange**.

แต่ถ้าจะบอกว่าคนๆ หนึ่ง*ทำอะไรอย่างไร* คุณต้องใช้ adverb (กริยาวิเศษณ์) (ดู Units 100–101) เช่น

- Drive **carefully**! (*ไม่ใช่* Drive careful)
- Susan plays the piano very **well**. (*ไม่ใช่* plays … very good)

D

เราพูดว่า 'the **first two** days / the **next few** weeks / the **last ten** minutes' ฯลฯ เช่น

- I didn't enjoy the **first two** days of the course. (*ไม่ใช่* the two first days)
- They'll be away for the **next few** weeks. (*ไม่ใช่* the few next weeks)

Adverbs ➜ **Units 100–101** Comparison (**cheaper** ฯลฯ) ➜ **Units 105–107**
Superlatives (**cheapest** ฯลฯ) ➜ **Unit 108**

Exercises

99.1 เติม **adjective** ที่กำหนดให้ในวงเล็บในตำแหน่งที่เหมาะสม

1 a beautiful table (wooden / round) *a beautiful round wooden table*
2 an unusual ring (gold) ……
3 an old house (beautiful) ……
4 black gloves (leather) ……
5 an American film (old) ……
6 a long face (thin) ……
7 big clouds (black) ……
8 a sunny day (lovely) ……
9 an ugly dress (yellow) ……
10 a wide avenue (long) ……
11 a lovely restaurant (little) ……
12 a red car (old / little) ……
13 a new sweater (green / nice) ……
14 a metal box (black / small) ……
15 a big cat (fat / black) ……
16 long hair (black / beautiful) ……
17 an old painting (interesting / French) ……
18 an enormous umbrella (red / yellow) ……

99.2 เติมประโยคให้สมบูรณ์โดยใช้คำกริยา (ในรูปที่ถูกต้อง) และ **adjective** จากกรอบ

feel	**look**	~~**seem**~~
smell	**sound**	**taste**

awful	**fine**	**interesting**
nice	~~**upset**~~	**wet**

1 Helen *seemed upset* this morning. Do you know what was wrong?
2 I can't eat this. I've just tried it and it …… .
3 I wasn't very well yesterday, but I …… today.
4 What beautiful flowers! They …… too.
5 You …… . Have you been out in the rain?
6 James was telling me about his new job. It …… – much better than his old job.

99.3 เลือกคำที่ถูกต้องในวงเล็บมาเติมประโยคให้สมบูรณ์

1 This tea tastes a bit *strange.* (strange / strangely)
2 I always feel …… when the sun is shining. (happy / happily)
3 The children were playing …… in the garden. (happy / happily)
4 The man became …… when the manager of the restaurant asked him to leave. (violent / violently)
5 You look ……! Are you all right? (terrible / terribly)
6 There's no point in doing a job if you don't do it …… . (proper / properly)
7 The soup tastes …… . (good / well)
8 Hurry up! You're always so …… . (slow / slowly)

99.4 เขียนข้อความต่อไปนี้ด้วยวิธีอื่น โดยใช้ **the first … / the next … / the last …**

1 the first day and the second day of the course *the first two days of the course*
2 next week and the week after *the next two weeks*
3 yesterday and the day before yesterday ……
4 the first week and the second week of May ……
5 tomorrow and a few days after that ……
6 questions 1, 2 and 3 in the exam ……
7 next year and the year after ……
8 the last day of our holiday and the two days before that ……

→ แบบฝึกหัดเสริม 31 (หน้า 320)

Unit 100

Adjectives และ adverbs 1 (quick/quickly)

A

ดูประโยคตัวอย่างต่อไปนี้

- Our holiday was too short – the time passed very **quickly**.
- Two people were **seriously** injured in the accident.

quickly และ **seriously** เป็น adverb (กริยาวิเศษณ์) ซึ่งหลายคำมาจาก adjective + **-ly** เช่น

adjective:	quick	serious	careful	quiet	heavy	bad
adverb:	quick**ly**	serious**ly**	careful**ly**	quiet**ly**	heavi**ly**	bad**ly**

สำหรับการสะกดคำ ดูภาคผนวก 6

แต่มิใช่ว่า คำที่ลงท้ายด้วย **-ly** ทุกคำเป็น adverb มี adjective บางคำลงท้ายด้วย **-ly** เช่น

friendly **lively** **elderly** **lonely** **silly** **lovely**

B

เปรียบเทียบ adjective และ adverb

adjective (**quick**/**careful** ฯลฯ) ใช้ขยาย noun (*คำนาม* - คนหรือสิ่งของ) โดยวาง adjective ไว้หน้า noun เช่น

- Sam is a **careful driver**. (*ไม่ใช่* a carefully driver)
- We didn't go out because of the **heavy rain**.

adverb (**quickly**/**carefully** ฯลฯ) ใช้ขยาย verb (*คำกริยา*) เราใช้ adverb เพื่อบอกว่าใครทำอะไร*อย่างไร* หรืออะไรเกิดขึ้น*อย่างไร* เช่น

- Sam **drove carefully** along the narrow road. (*ไม่ใช่* drove careful)
- We didn't go out because it was **raining heavily**. (*ไม่ใช่* raining heavy)

เปรียบเทียบ 2 ประโยคต่อไปนี้

- She speaks **perfect English**. (*adjective + noun*)
- She **speaks English perfectly**. (*verb + noun + adverb*)

เราใช้ adjective หลังคำกริยาบางคำด้วย โดยเฉพาะ **be** และรวมถึง **look**/**feel**/**sound** ฯลฯ
เปรียบเทียบประโยคต่อไปนี้

- Please **be quiet**.
- I was disappointed that my exam results **were** so **bad**.
- Why do you always **look** so **serious**?
- I **feel happy**.

- Please **speak quietly**.
- I was unhappy that I **did** so **badly** in the exam. (*ไม่ใช่* did so bad)
- Why do you never **take** me **seriously**?
- The children were **playing happily**.

C

เราใช้ adverb นำหน้า adjective และ adverb อื่นๆ ได้ด้วย ดังตัวอย่าง

reasonably cheap (ราคา) **ค่อนข้าง**ถูก (*adverb + adjective*)
terribly sorry เสียใจ**อย่างยิ่ง** (*adverb + adjective*)
incredibly quickly เร็ว**อย่างไม่น่าเชื่อ** (*adverb + adverb*)

- It's a **reasonably cheap** restaurant and the food is **extremely good**.
- I'm **terribly sorry**. I didn't mean to push you. (*ไม่ใช่* terrible sorry)
- Maria learns languages **incredibly quickly**.
- The exam was **surprisingly easy**.

คุณอาจใช้ adverb นำหน้า past participle (**injured**/**organised**/**written** ฯลฯ) ก็ได้ เช่น

- Two people were **seriously injured** in the accident. คน 2 คนได้รับ**บาดเจ็บสาหัส**จากอุบัติเหตุ (*ไม่ใช่* serious injured)
- The meeting was **badly organised**. การประชุมมี**การจัดการที่แย่มาก**

Adjectives หลัง **be**/**look**/**feel** ฯลฯ ➜ **Unit 99C** Adjectives และ adverbs 2 ➜ **Unit 101**

Exercises

100.1 เติมประโยคให้สมบูรณ์ด้วย **adverb** ได้ให้อักษรตัวแรก ๆ ของแต่ละคำไว้แล้ว

1 We didn't go out because it was raining he*avily*.
2 Our team lost the game because we played very ba............ .
3 I didn't have any problems finding a place to live. I found a flat quite ea............ .
4 We had to wait for a long time, but we didn't complain. We waited pat............ .
5 Nobody knew Steve was coming to see us. He arrived unex............ .
6 Mike keeps fit by playing tennis reg............ .
7 I don't speak French very well, but I can understand per............ if people speak sl............ and cl............ .

100.2 เลือกคำที่ถูกต้องในวงเล็บเติมประโยคให้สมบูรณ์

1 Two people were *seriously* injured in the accident. (serious / seriously)
2 The driver of the car had *serious* injuries. (serious / seriously)
3 I think you behaved very .... (selfish / selfishly)
4 Tanya is .... upset about losing her job. (terrible / terribly)
5 There was a .... change in the weather. (sudden / suddenly)
6 Everybody at the carnival was .... dressed. (colourful / colourfully)
7 Linda usually wears .... clothes. (colourful / colourfully)
8 Liz fell and hurt herself really .... (bad / badly)
9 Joe says he didn't do well at school because he was .... taught. (bad / badly)
10 Don't go up that ladder. It doesn't look .... (safe / safely)

100.3 เติมแต่ละประโยคให้สมบูรณ์ด้วยคำที่กำหนดให้ในกรอบ โดยเลือกใช้ **adjective (careful** ฯลฯ**)** หรือ **adverb (carefully** ฯลฯ**)**

careful(ly)	**complete(ly)**	**continuous(ly)**	**financial(ly)**	**fluent(ly)**
happy/happily	**nervous(ly)**	**perfect(ly)**	~~**quick(ly)**~~	**special(ly)**

1 Our holiday was too short. The time passed very *quickly*.
2 Steve doesn't take risks when he's driving. He's always ....
3 Sue works .... She never seems to stop.
4 Rachel and Patrick are very .... married.
5 Maria's English is very .... although she makes quite a lot of mistakes.
6 I cooked this meal .... for you, so I hope you like it.
7 Everything was very quiet. There was .... silence.
8 I tried on the shoes and they fitted me ....
9 Do you usually feel .... before exams?
10 I'd like to buy a car, but it's .... impossible for me at the moment.

100.4 เลือกคำสองคำ (1 คำจากแต่ละกรอบ) เติมแต่ละประโยคให้สมบูรณ์

absolutely	**badly**	**completely**
~~**reasonably**~~	**seriously**	**slightly**
unnecessarily	**unusually**	

changed	~~**cheap**~~	**damaged**
enormous	**ill**	**long**
planned	**quiet**	

1 I thought the restaurant would be expensive, but it was *reasonably cheap*.
2 Will's mother is .... in hospital.
3 What a big house! It's ....
4 It wasn't a serious accident. The car was only ....
5 The children are normally very lively, but they're .... today.
6 When I returned home after 20 years, everything had ....
7 The movie was .... It could have been much shorter.
8 A lot went wrong during our holiday because it was ....

→ แบบฝึกหัดเสริม 31 (หน้า 320)

Unit 101

Adjectives และ adverbs 2 (well/fast/late, hard/hardly)

A Good/well

good เป็น adjective ส่วน **well** เป็น adverb

- Your English is **good**. *แต่* You **speak** English **well**.
- Susan is a **good** pianist. *แต่* Susan **plays** the piano **well**.

เราใช้ **well** (*ไม่ใช่* good) กับ past participles (กริยาช่องที่ 3 **-dressed/known** ฯลฯ) เช่น

well-dressed **well-known** **well-educated** **well-paid**

- Gary's father is a **well-known** writer.

แต่ **well** เป็น adjective ด้วยในความหมายของ 'in good health' = สบายดี / สุขภาพดี เช่น

- 'How are you today?' 'I'm very **well**, thanks.'

B Fast/hard/late

คำต่อไปนี้เป็นได้ทั้ง adjective และ adverb

adjective	*adverb*
Darren is a very **fast runner**.	Darren can **run** very **fast**. fast = เร็ว
Kate is a **hard worker**.	Kate **works hard**. (*ไม่ใช่* works hardly) hard = (ทำงาน / เรียน) หนัก
I was **late**.	I **got up late** this morning. late = สาย

lately = recently (เมื่อเร็ว ๆ นี้ เมื่อไม่นานมานี้)

- Have you seen Tom **lately**?

C Hardly

hardly = very little 'น้อยมาก' 'เกือบจะไม่/แทบจะไม่' พิจารณาตัวอย่างต่อไปนี้

- Sarah wasn't very friendly at the party. She **hardly** spoke to me. ...เธอ**แทบจะไม่ได้**พูดกับฉันเลย (= she spoke to me very little, almost not at all)
- We've only met once or twice. We **hardly** know each other. ...เรา**แทบจะไม่**รู้จักกันเลย

hard และ **hardly** มีความหมายแตกต่างกันโดยสิ้นเชิง เปรียบเทียบประโยคต่อไปนี้

- He tried **hard** to find a job, but he had no luck. (= he tried a lot, with a lot of effort) เขาพยายาม**อย่างหนัก**...
- I'm not surprised he didn't find a job. He **hardly** tried. (= he tried very little) ...เขา**แทบจะไม่**พยายามหางานเลย

I **can hardly** do something = it's very difficult for me, almost impossible (มันยากมากสำหรับฉัน / แทบจะเป็นไปไม่ได้เลย)

- Your writing is terrible. I **can hardly** read it. ...ฉัน**แทบจะ**อ่าน**ไม่ออก**เลย
- My leg was hurting. I **could hardly** walk. ...ฉัน**แทบจะ**เดิน**ไม่ได้**เลย

D

คุณสามารถใช้ **hardly** + **any/anybody/anyone/anything/anywhere** เช่น

- A: How much money have we got?
  B: **Hardly any**. **เกือบจะไม่มีเลย**
- These two cameras are very similar. There's **hardly any** difference between them.
- The exam results were very bad. **Hardly anybody** in our class passed. ...**เกือบจะไม่มีใคร**ในชั้นของเราสอบผ่านเลย

โปรดสังเกตตำแหน่งของ hardly ในประโยคต่อไปนี้ คุณสามารถใช้ได้ทั้งสองแบบ

- She said **hardly anything**. *หรือ* She **hardly** said **anything**.
- We've got **hardly any** money. *หรือ* We've **hardly** got **any** money.

hardly ever = almost never (เกือบจะไม่เคย...เลย / แทบจะไม่เคย...เลย)

- I'm nearly always at home in the evenings. I **hardly ever** go out.

hardly ยังมีความหมายว่า 'certainly not' ('ไม่ใช่...แน่นอน / ไม่...เลย') เช่น

- It's **hardly surprising** that you're tired. You haven't slept for three days. **ไม่น่าแปลกใจเลย**ที่คุณเหนื่อย...
- The situation is serious, but it's **hardly a crisis**. เหตุการณ์ตึงเครียด แต่มัน**ไม่ใช่**วิกฤต**แน่นอน**

Adjectives หลัง verbs (**'You look tired'** ฯลฯ) ➜ **Unit 99C** Adjectives และ adverbs 1 ➜ **Unit 100**

Exercises

101.1 เติม **good** หรือ **well**

1 I play tennis but I'm not very *good.*
2 Your exam results were very ……… .
3 You did ……… in your exams.
4 The weather was ……… while we were away.
5 I didn't sleep ……… last night.
6 Lucy speaks German ……… . She's ……… at languages.
7 Our new business isn't doing very ……… at the moment.
8 I like your hat. It looks ……… on you.
9 I've met her a few times, but I don't know her ……… .

101.2 เติมประโยคให้สมบูรณ์โดยใช้ **well** + คำใดคำหนึ่งต่อไปนี้

~~behaved~~ dressed informed kept known paid written

1 The children were very good. They were *well behaved.*
2 I'm surprised you haven't heard of her. She is quite ……… .
3 Our neighbours' garden is neat and tidy. It is very ……… .
4 I enjoyed the book you lent me. It's a great story and it's very ……… .
5 Tanya knows a lot about many things. She is very ……… .
6 Mark's clothes are always smart. He is always ……… .
7 Jane has a lot of responsibility in her job, but she isn't very ……… .

101.3 คำที่ขีดเส้นใต้ต่อไปนี้ถูกหรือผิด แก้ให้ถูกต้องเมื่อจำเป็น

1 I'm tired because I've been working hard. *OK*
2 I tried hard to remember her name, but I couldn't. ………
3 This coat is practically unused. I've hardly worn it. ………
4 Laura is a good tennis player. She hits the ball hardly. ………
5 Don't walk so fast! I can't keep up with you. ………
6 I had plenty of time, so I was walking slow. ………

101.4 เติมประโยคให้สมบูรณ์โดยใช้ **hardly** + กริยาคำใดคำหนึ่งต่อไปนี้ (ในรูปที่ถูกต้อง)

change hear ~~know~~ recognise say sleep speak

1 Scott and Tracy have only met once before. They *hardly know* each other.
2 You're speaking very quietly. I can ……… you.
3 I'm very tired this morning. I ……… last night.
4 We were so shocked when we heard the news, we could ……… .
5 Kate was very quiet this evening. She ……… a word.
6 You look the same now as you looked 15 years ago. You've ……… .
7 I met David a few days ago. I hadn't seen him for a long time and he looks very different now.
I ……… him.

101.5 เติมประโยคต่อไปนี้ให้สมบูรณ์โดยใช้ **hardly** + **any/anybody/anything/anywhere/ever**

1 I'll have to go shopping. There's *hardly anything* to eat.
2 It was a very warm day and there was ……… wind.
3 'Do you know much about computers?' 'No, ……… .'
4 The hotel was almost empty. There was ……… staying there.
5 I listen to the radio a lot, but I ……… watch television.
6 Our new boss is not very popular. ……… likes her.
7 It was very crowded in the room. There was ……… to sit.
8 We used to be good friends, but we ……… see each other now.
9 It was nice driving this morning. There was ……… traffic.
10 I hate this town. There's ……… to do and ……… to go.

→ แบบฝึกหัดเสริม 31 (หน้า 320)

Unit 102

So และ such

A

เปรียบเทียบ **so** และ **such** ในประโยคต่อไปนี้

เราใช้ **so** + adjective/adverb เช่น **so stupid** **so quick** **so nice** **so quickly** ○ I didn't like the book. The story was **so stupid**. ○ I like Liz and Joe. They are **so nice**.	เราใช้ **such** + noun เช่น **such a story** **such people** เราใช้ **such** + adjective + noun ด้วย เช่น **such** a stupid **story** **such** nice **people** ○ I didn't like the book. It was **such** a stupid **story**. (*ไม่ใช่* a so stupid story) ○ I like Liz and Joe. They are **such nice people**. (*ไม่ใช่* so nice people) เราพูดว่า **such a** … (*ไม่ใช่* a such) เช่น **such a** big **dog** (*ไม่ใช่* a such big dog)

B

so และ **such** เป็นคำที่เน้นความหมายของ adjective (หรือ adverb) ให้หนักแน่นยิ่งขึ้น เช่น

○ It's a beautiful day, isn't it? It's **so warm**. (= really warm) ○ It's difficult to understand him because he talks **so quietly**. คุณอาจใช้ **so … that** ในประโยคต่อไปนี้ ○ The book was **so good that** I couldn't put it down. ○ I was **so tired that** I fell asleep in the armchair. คุณอาจจะละ **that** ในประโยคลักษณะต่อไปนี้ ○ I was **so tired** I fell asleep.	○ It was a great holiday. We had **such a good time**. (= a really good time) ○ You always think good things are going to happen. You're **such an optimist**. คุณอาจใช้ **such … that** ในประโยคต่อไปนี้ ○ It was **such a good book that** I couldn't put it down. ○ It was **such nice weather that** we spent the whole day on the beach. เรามักจะละ **that** ในประโยคลักษณะต่อไปนี้ ○ It was **such nice weather** we spent …

C

เราใช้ **so** และ **such** ในความหมายว่า 'like this' = (มาก) เช่นนี้ / อย่างนี้ ด้วย เช่น

○ Somebody told me the house was built 100 years ago. I didn't realise it was **so old**. ...**เก่ามากอย่างนี้** ○ I'm tired because I got up at six. I don't usually get up **so early**. ○ I expected the weather to be cooler. I'm surprised it is **so warm**.	○ I didn't realise it was **such an old house**. ○ You know it's not true. How can you say **such a thing**? ...คุณพูด**อย่างนี้**ได้อย่างไร โปรดสังเกตการใช้สำนวน **no such** … เช่น ○ You won't find the word 'blid' in the dictionary. There's **no such word**. ...**ไม่มีคำเช่นนี้** (อยู่ในภาษาอังกฤษ)

D

เปรียบเทียบประโยคต่อไปนี้

so long ○ I haven't seen her for **so long** I've forgotten what she looks like.	**such a long time** ○ I haven't seen her for **such a long time**. (*ไม่ใช่* so long time)
so far ○ I didn't know it was **so far**.	**such a long way** ○ I didn't know it was **such a long way**.
so much, so many ○ I'm sorry I'm late – there was **so much** traffic.	**such a lot (of)** ○ I'm sorry I'm late – there was **such a lot of** traffic.

Not so … as ➜ Unit 107A Such as ➜ Unit 117A

Exercises

102.1 เติม **so, such** หรือ **such a**

1 It's difficult to understand him because he speaks ...*so*... quietly.
2 I like Liz and Joe. They're ...*such*... nice people.
3 It was a great holiday. We had ...*such a*... good time.
4 I was surprised that he looked .... well after his recent illness.
5 Everything is .... expensive these days, isn't it?
6 The weather is beautiful, isn't it? I didn't expect it to be .... nice day.
7 I think she works too hard. She looks .... tired all the time.
8 He always looks good. He wears .... nice clothes.
9 It was .... boring movie that I fell asleep while I was watching it.
10 I couldn't believe the news. It was .... shock.
11 I have to go. I didn't realise it was .... late.
12 The food at the hotel was .... awful. I've never eaten .... awful food.
13 They've got .... much money they don't know what to do with it.
14 I didn't realise you lived .... long way from the city centre.
15 The party was really great. It was .... shame you couldn't come.

102.2 จับคู่ประโยคที่มีความหมายเกี่ยวข้องกัน และเขียนประโยคใหม่โดยใช้ **so** หรือ **such**

1 ~~She worked hard.~~	You could hear it from miles away.
2 ~~It was a beautiful day.~~	You would think it was her native language.
3 I was tired.	We spent the whole day indoors.
4 We had a good time on holiday.	~~She made herself ill.~~
5 She speaks English well.	I couldn't keep my eyes open.
6 I've got a lot to do.	I didn't eat anything else for the rest of the day.
7 The music was loud.	~~We decided to go to the beach.~~
8 I had a big breakfast.	I didn't know what to say.
9 It was horrible weather.	I don't know where to begin.
10 I was surprised.	We didn't want to come home.

1 *She worked so hard she made herself ill.*
2 *It was such a beautiful day we decided to go to the beach.*
3 I was ....
4 ....
5 ....
6 ....
7 ....
8 ....
9 ....
10 ....

102.3 เติมประโยคต่อไปนี้เป็นคู่ ๆ ให้สมบูรณ์ตามความคิดของคุณเอง

1 a We enjoyed our holiday. It was so *relaxing.*
  b We enjoyed our holiday. We had such *a good time.*
2 a I like Catherine. She's so ....
  b I like Catherine. She's such ....
3 a I like New York. It's so ....
  b I like New York. It's such ....
4 a I wouldn't like to be a teacher. It's so ....
  b I wouldn't like to be a teacher. It's such ....
5 a It's great to see you again! I haven't seen you for so ....
  b It's great to see you again! I haven't seen you for such ....

Unit
103 Enough และ too

A

enough (= พอ / เพียงพอ) อยู่หลัง adjective (คำคุณศัพท์) และ adverb (กริยาวิเศษณ์)

- I can't run very far. I'm not **fit enough**. (*ไม่ใช่* enough fit)
- Let's go. We've waited **long enough**. ...เรารอมา**นานพอ**แล้ว
- I can let you know tomorrow. Is that **soon enough**?

เปรียบเทียบ **too** ... และ **not** ... **enough** ในประโยคต่อไปนี้

- You never stop working. You work **too hard**.
  คุณไม่เคยหยุดทำงานเลย คุณทำงาน**หนักเกินไป**
- You're lazy. You **don't** work **hard enough**.
  คุณขี้เกียจ คุณทำงาน**ไม่หนักพอ**

B

enough มักจะอยู่หน้า noun เช่น

- I can't run very far. I don't have **enough energy**. ...ฉันไม่มี**แรงพอ** (*ไม่ใช่* energy enough)
- Do we have **enough petrol**, or should we stop and get some? เรามี**น้ำมันพอ**ไหม...
- We've got **enough money**. We don't need any more. เรามี**เงินพอ**...
- Some of us had to sit on the floor because there weren't **enough chairs**. ...**มีเก้าอี้ไม่พอ**

เราอาจใช้ **enough** คำเดียว (โดยไม่ต้องมีคำนาม) ก็ได้ เช่น

- We don't need to stop for petrol. We've got **enough**.

เปรียบเทียบ **too much/many** และ **enough** ในประโยคต่อไปนี้

- There's **too much furniture** in this room. There's not **enough space**.
- There were **too many people** and not **enough chairs**.

C

เราพูดว่า **enough/too** ... **for** somebody/something เช่น

- Does Joe have enough experience **for the job**?
- This bag isn't big enough **for all my clothes**.
- That shirt is too small **for you**. You need a larger size.

แต่เรามักจะพูดว่า **enough/too** ... **to** do something. ดังตัวอย่าง

- Does Joe have enough experience **to do the job**? (*ไม่ใช่* for doing)
- We don't have enough money **to go on holiday right now**.
- She's not old enough **to have a driving licence**.
  She's too young **to have a driving licence**.
- Let's get a taxi. It's too far **to walk home from here**.

ตัวอย่างต่อไปนี้ใช้ทั้ง **for** ... และ **to** ... เช่น

- The bridge is just wide enough **for two cars to pass each other**.

D

เราพูดว่า

	The food was very hot. We couldn't eat **it**.
และ	The food was so hot that we couldn't eat **it**.
แต่	The food was **too** hot **to eat**. (*โดยไม่มี* it)

ตัวอย่างเพิ่มเติม

- These boxes are **too heavy to carry**.
  (*ไม่ใช่* to carry them)
- The wallet was **too big to put** in my pocket.
  (*ไม่ใช่* to put it)
- This chair isn't **strong enough to stand on**.
  (*ไม่ใช่* to stand on it)

To ... และ **for** ... (purpose) ➜ **Unit 64**   Adjective + **to** ... (**difficult to understand** ฯลฯ) ➜ **Unit 65**

Exercises

103.1 เติมประโยคต่อไปนี้ให้สมบูรณ์โดยใช้ **enough** + คำใดคำหนึ่งต่อไปนี้

big ~~**chairs**~~ **cool** **cups** ~~**fit**~~ **milk** **money** **room** **time** **well**

1 I can't run very far. I'm not *fit enough.*
2 Some of us had to sit on the floor because there weren't *enough chairs.*
3 I'd like to buy a car, but I don't have .... at the moment.
4 Do you have .... in your coffee or would you like some more?
5 Are you .... ? Or shall I switch on the air conditioner?
6 It's only a small car. There isn't .... for all of us.
7 Steve didn't feel .... to go to work this morning.
8 I enjoyed my trip to Paris, but there wasn't .... to do everything I wanted.
9 Try this jacket on and see if it's .... for you.
10 There weren't .... for everybody to have coffee at the same time.

103.2 เติมคำตอบสำหรับคำถามทางซ้ายมือให้สมบูรณ์ โดยใช้ **too** หรือ **enough** + คำในวงเล็บ

1	Does she have a driving licence?	(old)	*No, she's not old enough to have a driving licence.*
2	I need to talk to you about something.	(busy)	Well, I'm afraid I'm .... to you now.
3	Let's go to the cinema.	(late)	No, it's .... to the cinema.
4	Why don't we sit outside?	(cool)	It's not .... outside.
5	Would you like to be a politician?	(shy)	No, I'm .... a politician.
6	Would you like to be a teacher?	(patience)	No, I don't have .... a teacher.
7	Did you hear what he was saying?	(far away)	No, we were .... what he was saying.
8	Can he read a newspaper in English?	(English)	No, he doesn't know .... a newspaper.

103.3 รวมสองประโยคให้เป็นประโยคเดียวกัน เติมประโยคใหม่ให้สมบูรณ์โดยใช้ **too** หรือ **enough**

1 We couldn't carry the boxes. They were too heavy.
The boxes were too heavy to carry.
2 I can't drink this coffee. It's too hot.
This coffee is ....
3 Nobody could move the piano. It was too heavy.
The piano ....
4 Don't eat these apples. They're not ripe enough.
These apples ....
5 I can't explain the situation. It is too complicated.
The situation ....
6 We couldn't climb over the wall. It was too high.
The wall ....
7 Three people can't sit on this sofa. It isn't big enough.
This sofa ....
8 You can't see some things without a microscope. They are too small.
Some ....

Unit 104

Quite, pretty, rather และ fairly

A

เราใช้ **quite/pretty/rather/fairly** + adjective (คำคุณศัพท์) หรือ adverb (กริยาวิเศษณ์) ดังนั้น เราจะพูดว่า

- It's **quite cold**. It's **pretty cold**. It's **rather cold**. It's **fairly cold**.

quite/pretty/rather/fairly = น้อยกว่า 'very' แต่มากกว่า 'a little' = **ค่อนข้าง**

B

quite และ **pretty** มีความหมายใกล้เคียงกัน ดังตัวอย่าง

- I'm surprised you haven't heard of her. She's **quite famous / pretty famous**. ...เธอ**ค่อนข้าง**มีชื่อเสียง
- Anna lives **quite near** me, so we see each other **pretty often**. Anna อยู่**ค่อนข้างใกล้**ฉัน เราเลยพบกัน**ค่อนข้างบ่อย**

pretty เป็นคำแบบไม่เป็นทางการและมักใช้ในภาษาพูดเท่านั้น

quite อยู่ในตำแหน่งหน้า **a/an** เช่น

- We live in **quite an old house**. (*ไม่ใช่* a quite old house)

เปรียบเทียบประโยคต่อไปนี้

- Sarah has **quite a** good job.
  Sarah has **a pretty** good job.

บางครั้งเราก็ใช้ **quite** (แต่ไม่ใช้ **pretty**) ในรูปแบบต่อไปนี้

quite a/an + noun (โดยไม่มี adjective) เช่น

- I didn't expect to see them. It was **quite a surprise**. ...เป็นเรื่อง**ประหลาดจริง ๆ**

quite a lot (**of** ...) เช่น

- There were **quite a lot of** people at the meeting. มีคน**ค่อนข้างมาก**ในที่ประชุม

ใช้ **quite** + verb โดยเฉพาะอย่างยิ่งกับ **like** และ **enjoy** เช่น

- I **quite like** tennis, but it's not my favourite sport. ฉัน**ค่อนข้างชอบ**เทนนิส แต่มันก็ไม่ใช่กีฬาโปรดของฉัน

C

rather มีความหมายใกล้เคียงกับ **quite** และ **pretty** เรามักใช้ **rather** สำหรับความคิดเชิงลบ (สิ่งที่เราคิดว่าไม่ดี) เช่น

- The weather isn't so good. It's **rather cloudy**. อากาศไม่ค่อยจะดี **ค่อนข้างมีเมฆครึ้ม**
- Paul is **rather shy**. He doesn't talk very much. Paul **ค่อนข้างขี้อาย** เขาไม่ค่อยพูด

quite และ **pretty** ก็ใช้ได้ในประโยคเหล่านี้

เมื่อใช้ **rather** กับคำที่มีความหมายเชิงบวก (**good/nice** ฯลฯ) จะให้ความหมายว่า 'ผิดปกติ' หรือ 'อย่างประหลาด' เช่น

- These oranges are **rather good**. Where did you get them? ส้มพวกนี้**อร่อยเกินคาด**...

D

fairly มีความหมายที่เบากว่า **quite/rather/pretty** ตัวอย่างเช่น ถ้าบางสิ่งบางอย่าง **fairly good** แปลว่าสิ่งนั้นไม่ค่อยดีเท่าไหร่ และน่าจะดีกว่านี้ได้ เช่น

- My room is **fairly big**, but I'd prefer a bigger one. ห้องฉัน**ค่อนข้างใหญ่** แต่ฉันอยากได้ที่ใหญ่กว่านี้
- We see each other **fairly often**, but not as often as we used to. เราพบกัน**ค่อนข้างบ่อย** แต่ไม่บ่อยเท่าเดิม

E

quite แปลว่า 'completely' (มากทีเดียว / เต็มที่) ด้วย เช่น

- 'Are you sure?' 'Yes, **quite sure**.' ...'ใช่ **มั่นใจมากทีเดียว / เต็มที่**'

ใช้ **quite** ในความหมายของ 'มากทีเดียว / เต็มที่' นำหน้า adjective ได้หลายคำ โดยเฉพาะอย่างยิ่งกับคำต่อไปนี้

sure	**right**	**true**	**clear**	**different**	**incredible**	**amazing**
certain	**wrong**	**safe**	**obvious**	**unnecessary**	**extraordinary**	**impossible**

- She was **quite different** from what I expected. เธอ**ต่าง**ไปจากที่ฉันคิดไว้**มากทีเดียว**
- Everything they said was **quite true**. ทุกสิ่งที่พวกเขาพูดเป็น**จริงมากทีเดียว**

เราอาจใช้ **quite** ในความหมายของ 'มากทีเดียว / เต็มที่' นำหน้า verb บางคำได้ เช่น

- I **quite agree** with you. ฉัน**เห็นด้วย**กับคุณ**เต็มที่**

not quite = not completely (= ไม่เต็มที่ / ไม่...นัก) เช่น

- They **haven't quite finished** eating yet. พวกเขายังรับประทานอาหาร**ไม่เสร็จดีนัก**
- I **don't quite understand** what you mean. ฉัน**ยังไม่ค่อยเข้าใจดีนัก**ว่าคุณหมายถึงอะไร
- 'Are you ready yet?' '**Not quite**.' ...'**ยังไม่เสร็จดีนัก**'

Exercises

104.1 เติมประโยคให้สมบูรณ์ โดยใช้ **quite** + คำที่กำหนดให้ในกรอบ

~~famous~~	good	hungry	late	noisy	often	old	surprised

1 I'm surprised you haven't heard of her. She's *quite famous.*
2 I'm .... Is there anything to eat?
3 'How were the pictures you took?' '.......... . Better than usual.'
4 I go to the cinema .... – maybe once a month.
5 We live near a very busy road, so it's often ....
6 I didn't expect Laura to contact me. I was .... when she phoned.
7 I went to bed .... last night, so I'm a bit tired this morning.
8 I don't know exactly when these houses were built, but they're ....

104.2 เรียงลำดับคำในวงเล็บให้ถูกต้องเป็นประโยคที่สมบูรณ์

1 The weather was better than we had expected.
It was *quite a nice day* (a / nice / quite / day).
2 Tom likes to sing.
He has .... (voice / quite / good /a).
3 The bus stop wasn't very near the hotel.
We had to walk .... (quite / way / a / long).
4 It's not so warm today.
There's .... (a / wind / cold / pretty).
5 The journey took longer than I expected.
There was .... (lot / traffic / a / of / quite).
6 I'm tired.
I've had .... (pretty / day / a / busy).

104.3 เติมประโยคให้สมบูรณ์จากความคิดของคุณเอง โดยใช้ **rather** + **adjective**

1 The weather isn't so good. It's *rather cloudy.*
2 I enjoyed the film, but it was ....
3 The hotel we stayed at wasn't very good. I was ....
4 I think it's .... that Chris went away without telling anybody.
5 Lucy doesn't like having to wait. Sometimes she's ....

104.4 ในประโยคต่อไปนี้ **quite** หมายความว่าอะไร ใส่เครื่องหมาย (✓) เพื่อแสดงความหมายที่ถูกต้องในประโยคนั้น ๆ

	มากกว่า a little แต่ น้อยกว่า very (ข้อ B)	*completely (ข้อ E)*
1 It's <u>quite cold</u>. You'd better wear your coat.	✓	
2 'Are you sure?' 'Yes, <u>quite sure</u>.'		✓
3 Anna's English is <u>quite good</u>.		
4 I couldn't believe it. It was <u>quite incredible</u>.		
5 My bedroom is <u>quite big</u>.		
6 I'm <u>quite tired</u>. I think I'll go to bed.		
7 I <u>quite agree</u> with you.		

104.5 เติมประโยคให้สมบูรณ์ โดยใช้ **quite** + คำใดคำหนึ่งต่อไปนี้

different	impossible	right	safe	sure	~~true~~	unnecessary

1 I didn't believe her at first, but in fact what she said was *quite true.*
2 You won't fall. The ladder is ....
3 I'm afraid I can't do what you ask. It's ....
4 I couldn't agree with you more. You are ....
5 You can't compare the two things. They are ....
6 You needn't have done that. It was ....
7 I think I saw them go out, but I'm not ....

Unit 105

Comparison 1 (cheaper, more expensive ฯลฯ)

A

ดูตัวอย่างต่อไปนี้

How shall we travel? Shall we drive or go by train?

Let's drive. It's **cheaper**. ขับรถไปกันเถอะ มันถูกกว่า
Don't go by train. It's **more expensive**. ...มันแพงกว่า

Cheaper และ **more expensive** เป็นรูป comparative (การเปรียบเทียบขั้นกว่า)

เราใช้คำในรูป comparative คู่กับ **than** (ดู Unit 107) ดังนี้

- It's **cheaper** to drive **than** go by train.
- Going by train is **more expensive than** driving.

B

คำ adjective หรือ adverb ในรูป comparative คือ คำที่ลงท้ายด้วย **-er** หรือใช้ **more** ... นำหน้า ดังตัวอย่างต่อไปนี้

เติม **-er** ท้ายคำที่เป็นคำสั้นๆ (1 พยางค์) เช่น

cheap → cheaper **fast** → faster
large → larger **thin** → thinner

เติม **-er** สำหรับคำ 2 พยางค์ที่ลงท้ายคำด้วย **-y** (เปลี่ยน **-y** เป็น **ier**) เช่น

lucky → luck**ier** early → earl**ier**
easy → eas**ier** pretty → prett**ier**

สำหรับการสะกดคำ ดูภาคผนวก 6

ใช้ **more** ... นำหน้าคำที่ยาวกว่า (2 พยางค์หรือมากกว่านั้น) เช่น

more serious **more often**
more expensive **more comfortable**

ใช้ **more** ... นำหน้า adverb ที่ลงท้ายด้วย **-ly** เช่น

more slowly **more seriously**
more easily **more quietly**

เปรียบเทียบตัวอย่างต่อไปนี้

- You're **older** than me.
- The exam was quite easy – **easier** than I expected.
- Can you walk a bit **faster**?
- I'd like to have a **bigger** car.
- Last night I went to bed **earlier** than usual.

- You're **more patient** than me.
- The exam was quite difficult – **more difficult** than I expected.
- Can you walk a bit **more slowly**?
- I'd like to have a **more reliable** car.
- I don't play tennis much these days. I used to play **more often**.

คุณจะใช้ -**er** หรือ **more** ... ก็ได้กับ adjective 2 พยางค์บางคำ โดยเฉพาะอย่างยิ่งกับคำต่อไปนี้

clever **narrow** **quiet** **shallow** **simple**

- It's too noisy here. Can we go somewhere **quieter / more quiet**? ...เราไปที่ไหนที่**เงียบกว่า**นี้ได้ไหม

C

adjective และ adverb ต่อไปนี้ใช้รูปที่ไม่ได้ผันคำในความหมายขั้นกว่าตามปกติ (irregular comparative) เช่น

good/well → **better**

- The garden looks **better** since you tidied it up. สวนดู**ดีขึ้น**ตั้งแต่คุณปรับแต่งมัน
- I know him **well** – probably **better** than anybody else knows him. ฉันรู้จักเขา**ดี** - อาจจะ**ดีกว่า**ที่คนอื่นๆ รู้จักเขา

bad/badly → **worse**

- 'How's your headache? Better?' 'No, it's **worse**.' ...'ไม่ มัน**แย่ลง**'
- He did very badly in the exam – **worse** than expected. เขาทำข้อสอบไม่ได้ดี - **แย่กว่า**ที่คิดไว้

far → **further** (*หรือ* **farther**)

- It's a long walk from here to the park – **further** than I thought. (*หรือ* **farther** than)

further (*แต่ไม่ใช่* farther) อาจมีความหมายว่า 'more' (= มากขึ้น) หรือ 'additional' (= เพิ่มขึ้น) ก็ได้ เช่น

- Let me know if you hear any **further** news. (= ได้รับข่าวเพิ่มขึ้น / มากขึ้น)

Comparison 2–3 ➜ **Units 106–107** Superlatives (**cheapest / most expensive** ฯลฯ) ➜ **Unit 108**

Exercises

105.1 เติมประโยคให้สมบูรณ์โดยใช้คำในรูป **comparative** (เช่น **older** / **more important** ฯลฯ)

1 It's too noisy here. Can we go somewhere *quieter?*
2 This coffee is very weak. I like it ....
3 The hotel was surprisingly big. I expected it to be ....
4 The hotel was surprisingly cheap. I expected it to be ....
5 The weather is too cold here. I'd like to live somewhere ....
6 My job is a bit boring sometimes. I'd like to do something ....
7 It's a shame you live so far away. I wish you lived ....
8 I was surprised how easy it was to get a job. I thought it would be ....
9 Your work isn't very good. I'm sure you can do ....
10 Don't worry. The situation isn't so bad. It could be ....
11 I was surprised we got here so quickly. I expected the trip to take ....
12 You're talking very loudly. Can you speak .... ?
13 You hardly ever call me. Why don't you call me .... ?
14 You're standing too near the camera. Can you move a bit .... away?
15 You were a little depressed yesterday, but you look .... today.

105.2 เติมประโยคให้สมบูรณ์ ในแต่ละข้อใช้คำใดคำหนึ่งจากกรอบในรูป **comparative** และใช้ **than** ในที่ที่จำเป็น

big	**crowded**	~~**early**~~	**easily**	**high**	**important**
interested	**peaceful**	~~**reliable**~~	**serious**	**simple**	**thin**

1 I was feeling tired last night, so I went to bed *earlier than* usual.
2 I'd like to have a *more reliable* car. The one I have keeps breaking down.
3 Unfortunately her illness was .... we thought at first.
4 You look .... Have you lost weight?
5 I want a .... apartment. We don't have enough space here.
6 He doesn't study very hard. He's .... in having a good time.
7 Health and happiness are .... money.
8 The instructions were very complicated. They could have been ....
9 There were a lot of people on the bus. It was .... usual.
10 I like living in the country. It's .... living in a town.
11 You'll find your way around the town .... if you have a good map.
12 In some parts of the country, prices are .... in others.

105.3 อ่านสถานการณ์และเติมประโยคให้สมบูรณ์โดยใช้คำในรูป **comparative** (**-er** หรือ **more** …)

1 Yesterday the temperature was six degrees. Today it's only three degrees.
It's *colder today than* it was yesterday.

2 The journey takes four hours by car and five hours by train.
It takes .... by car.

3 Dan and I went for a run. I ran ten kilometres. Dan stopped after eight kilometres.
I ran .... Dan.

4 Chris and Joe both did badly in the test. Chris got 30%, but Joe only got 25%.
Joe did .... Chris in the test.

5 I expected my friends to arrive at about 4 o'clock. In fact they arrived at 2.30.
My friends .... I expected.

6 You can go by bus or by train. The buses run every 30 minutes. The trains run every hour.
The buses .... the trains.

7 We were very busy in the office today. We're not usually so busy.
We .... usual in the office today.

Unit 106

Comparison 2 (much better / any better / better and better / the sooner the better)

A

หน้าคำในรูป comparative (การเปรียบเทียบขั้นกว่า) คุณอาจเติมคำต่อไปนี้เพื่อเพิ่มความหมายให้กับคำนั้นๆ ในด้านปริมาณ เช่น

much **a lot** **far** (= a lot) **a bit** **a little** **slightly** (= a little)

- Let's go by car. It's **much cheaper**. (*หรือ* **a lot cheaper**) ...ถูกกว่ามาก
- 'How do you feel now?' '**Much better**, thanks.' ...**ดีขึ้นมาก**...
- Don't go by train. It's **a lot more expensive**. (*หรือ* **much more expensive**) ...**แพงกว่ามาก**
- Could you speak **a bit more slowly**? (*หรือ* **a little more slowly**) ...พูด**ช้าลงกว่านี้สักหน่อย**ได้ไหม
- This bag is **slightly heavier** than the other one. ...**หนักกว่า**อีกใบหนึ่ง**นิดหน่อย**
- Her illness was **far more serious** than we thought at first. (*หรือ* **much more serious** / **a lot more serious**) ...อาการ**หนักกว่า**ที่เราคิดไว้ตอนแรก**มาก**

B

อาจใช้ **any** และ **no** + *comparative* ได้ (**any longer** / **no bigger** ฯลฯ) เช่น

- I've waited long enough. I'm not waiting **any longer**. ...จะไม่รอ**นานกว่านี้อีกต่อไป**
- We expected their apartment to be very big, but it's **no bigger** than ours. *หรือ* ... it is**n't any bigger** than ours. ...**ไม่ใหญ่กว่า**ของเรา**แม้แต่น้อย**
- How do you feel now? Do you feel **any better**? ...รู้สึก / อาการ**ดีขึ้นบ้าง**ไหม
- This hotel is better than the other one, and it's **no more expensive**. ...ราคา**ไม่แพงกว่าเลย**

C

Better and better / more and more ฯลฯ

เราใช้คำ comparative ซ้ำ 2 ครั้ง (**better and better** ฯลฯ) เพื่อบอกว่า บางสิ่งบางอย่างเกิดการเปลี่ยนแปลงอย่างต่อเนื่อง เช่น

- Your English is improving. It's getting **better and better**. ...**ดีขึ้นเรื่อย ๆ**
- The city has grown fast in recent years. It's got **bigger and bigger**. ...**ใหญ่ขึ้นเรื่อย ๆ**
- As I listened to his story, I became **more and more convinced** that he was lying. ...**เชื่อมากขึ้นเรื่อย ๆ**...
- These days **more and more people** are learning English. ...**คนจำนวนมากขึ้นเรื่อย ๆ** ...

D

The ... the ...

คุณอาจพูดว่า **the** (sooner/bigger/more ฯลฯ) **the better** เช่น

- 'What time shall we leave?' '**The sooner the better**.' ...'**ยิ่งเร็วยิ่งดี**'
- A: What sort of box do you want? A big one?
  B: Yes, **the bigger the better**. ...**ยิ่งใหญ่ยิ่งดี**
- When you're travelling, **the less luggage** you have **the better**. ...**ยิ่งมีสัมภาระน้อยเท่าใด ก็ยิ่งดีเท่านั้น**

เราใช้ **the** ... **the** ... เพื่อบอกว่าสิ่งหนึ่งส่งผลต่ออีกสิ่งหนึ่ง เช่น

- **The warmer** the weather, **the better** I feel. (= if the weather is warmer, I feel better) อากาศ**อุ่นขึ้น** (เท่าใด) ฉันก็**สบายขึ้น** (เท่านั้น)
- **The sooner** we leave, **the earlier** we will arrive. เรายิ่งออก**เร็วขึ้น** (เท่าใด) เราก็ไปถึง**เร็วขึ้น** (เท่านั้น)
- **The younger** you are, **the easier** it is to learn. คุณยิ่ง**อายุน้อย** (เท่าใด) คุณก็เรียน**ง่ายขึ้น** (เท่านั้น)
- **The more expensive** the hotel, **the better** the service. โรงแรมยิ่ง**แพงขึ้น** (เท่าใด) บริการก็**ดีขึ้น** (เท่านั้น)
- **The more** electricity you use, **the higher** your bill will be. คุณยิ่งใช้ไฟฟ้า**มากขึ้น** (เท่าใด) คุณก็จ่ายเงิน**มากขึ้น** (เท่านั้น)
- **The more** I thought about the plan, **the less** I liked it. ฉันยิ่งคิดถึงแผนงาน**มากขึ้น** (เท่าใด) ฉันก็ชอบ**น้อยลง** (เท่านั้น)

E

Older และ **elder**

รูป comparative ของ **old** คือ **older** เช่น

- David looks **older** than he really is. David ดู**แก่กว่า**อายุจริง

คุณอาจใช้ **elder** (*หรือ* **older**) เมื่อพูดถึงคนในครอบครัว คุณอาจพูดว่า **(my/your** ฯลฯ**) elder sister/brother/daughter/son** พี่สาว / พี่ชาย / ลูกสาวคนโต / ลูกชายคนโต เช่น

- **My elder sister** is a TV producer. (*หรือ* My **older** sister ...)

เราพูดว่า 'my **elder sister**' แต่จะไม่พูดว่า 'somebody is elder' เช่น

- My sister is **older** than me. (*ไม่ใช่* elder than me)

Any/no ➔ Unit 86 Comparison 1, 3 ➔ **Units 105, 107** **Eldest ➔ Unit 108C**
Even + comparative ➔ **Unit 112 C**

Exercises

106.1 ใช้คำในวงเล็บเติมประโยคให้สมบูรณ์ ใช้ **much / a bit** ฯลฯ + คำในรูป **comparative** และใช้ **than** ในที่ที่จำเป็น

1 Her illness was *much more serious than* we thought at first. (much / serious)
2 This bag is too small. I need something .... (much / big)
3 I liked the museum. It was .... I expected. (much / interesting)
4 It was very hot yesterday. Today it's .... (a bit / cool)
5 I'm afraid the problem is .... it seems. (far / complicated)
6 You're driving too fast. Can you drive .... ? (a bit / slowly)
7 It's .... to learn a language in a country where it is spoken. (a lot / easy)
8 I thought she was younger than me, but in fact she's .... (slightly / old)

106.2 เติมประโยคให้สมบูรณ์โดยใช้ **any/no** + คำในรูป **comparative** และใช้ **than** ในที่ที่จำเป็น

1 I've waited long enough. I'm not waiting *any longer.*
2 I'm sorry I'm a bit late, but I couldn't get here ....
3 This shop isn't expensive. The prices are .... anywhere else.
4 I need to stop for a rest. I can't walk ....
5 The traffic isn't particularly bad today. It's .... usual.

106.3 เติมประโยคให้สมบูรณ์ด้วยคำในวงเล็บ โดยใช้โครงสร้างในข้อ C หน้าซ้ายมือ (**... and ...**)

1 It's getting *more and more difficult* to find a job. (difficult)
2 That hole in your sweater is getting .... (big)
3 My bags seemed to get .... as I carried them. (heavy)
4 As I waited for my interview, I became .... (nervous)
5 As the day went on, the weather got .... (bad)
6 Healthcare is becoming .... (expensive)
7 Since Anna went to Canada, her English has got .... (good)
8 As the conversation went on, Paul became .... (talkative)

106.4 เติมประโยคให้สมบูรณ์ด้วยคำในวงเล็บ โดยใช้โครงสร้างในข้อ D หน้าซ้ายมือ (**the ... the ...**)

1 I like warm weather.
The warmer the weather, *the better I feel.* (feel)
2 I didn't really like him when we first met.
But the more I got to know him, ... (like)
3 If you're in business, you want to make a profit.
The more goods you sell, ... (profit)
4 It's hard to concentrate when you're tired.
The more tired you are, ... (hard)
5 Kate had to wait a very long time.
The longer she had to wait, ... (impatient / become)

106.5 เลือกคำจากกรอบทางขวามือมาเติมประโยคให้สมบูรณ์

1 I like to travel light. The *less* luggage, the better.
2 The problem is getting .... and more serious.
3 The more time I have, the .... it takes me to do things.
4 I'm walking as fast as I can. I can't walk .... faster.
5 The higher your income, ... more tax you have to pay.
6 I'm surprised Anna is only 25. I thought she was ....
7 Jane's .... sister is a nurse.
8 I was a little late. The journey took .... longer than I expected.
9 We have a lot to discuss. We need to start the meeting .... later than 9.30.
10 Don't tell him anything. The .... he knows, the ....

any
better
elder
~~less~~
less
longer
more
no
older
slightly
the

Unit 107

Comparison 3 (as ... as / than)

A

พิจารณาสถานการณ์ตัวอย่างต่อไปนี้

Sarah, Joe and David are all very rich.
Sarah has $20 million, Joe has $15 million and David has $10 million. ดังนั้น เราพูดได้ว่า

Joe is rich. Joe รวย

He is **richer than** David. เขา**รวยกว่า** David

But he **isn't as rich as** Sarah.
(= Sarah is **richer than** he is)
แต่เขา**ไม่รวยเท่า** Sarah

ตัวอย่างเพิ่มเติมสำหรับ **not as ... (as)** (= ไม่...เท่ากับ หรือ ไม่...เหมือนกับ) เช่น

- Jack **isn't as old as** he looks. (= he looks **older than** he is) Jack **ไม่แก่**อย่างที่เห็น
- The town centre **wasn't as crowded as** usual. (= it is usually **more crowded**)
- Lisa **didn't** do **as well** in the exam **as** she had hoped. (= she had hoped to do **better**)
- The weather is better today. It's **not as cold**. (= yesterday was **colder than** today)
- I **don't** know **as many** people **as** you do. (= you know **more** people **than** me)
- 'How much did it cost? 500 baht?' 'No, **not as much as** that.' (= **less than** 500 baht)

คุณอาจใช้ **not so ... (as)** ก็ได้ เช่น

- It's not warm, but it is**n't so** cold **as** yesterday. (= it isn't **as** cold **as** ...)

less ... than มีความหมายคล้ายกับ **not as ... as** เช่น

- I spent **less** money **than** you. (= I **didn't** spend **as** much money **as** you)
- The city centre was **less** crowded **than** usual. (= it **wasn't as** crowded **as** usual)
- I play tennis **less than** I used to. (= I **don't** play **as** much **as** I used to)

B

เราใช้ **as ... as** (*แต่ไม่ใช่* so ... as) ในประโยคบอกเล่าและคำถามที่มีความหมายเชิงบวก เช่น

- I'm sorry I'm late. I got here **as fast as** I could. ...ฉันมาถึงที่นี่**เร็วเท่าที่**ฉันจะทำได้
- There's plenty of food. You can have **as much as** you want. ...คุณรับประทานได้**มากเท่าที่**คุณต้องการ
- Let's walk. It's **just as quick as** taking the bus. ...**เร็วเท่ากับ**ขึ้นรถประจำทาง
- Can you send me the information **as soon as possible**, please? ...**เร็วเท่าที่จะเป็นได้**...

เราใช้โครงสร้าง **twice as ... as, three times as ... as** ฯลฯ ด้วย ดังตัวอย่าง

- Petrol is **twice as expensive as** it was a few years ago. (เดี๋ยวนี้) น้ำมัน**แพง**เป็น**สองเท่า**ของเมื่อ 2–3 ปีก่อน
- Their house is about **three times as big as** ours. บ้านของพวกเขา**ใหญ่**ประมาณ**สามเท่า**ของบ้านของเรา

C

เราใช้ **the same as** (*ไม่ใช่* the same like) เช่น

- Laura's salary is **the same as** mine. *หรือ* Laura gets **the same** salary **as** me. Laura ได้เงินเดือน**เท่ากับ**ฉัน
- David is **the same** age **as** James. David อายุ**เท่ากับ** James
- Sarah hasn't changed. She still looks **the same as** she did ten years ago. ...เธอยังดู**เหมือนเมื่อ**สิบปีก่อน

D

Than me / than I am ฯลฯ

คุณอาจพูดว่า

- You're taller **than me**. *หรือ* You're taller **than I am**.
  (*มักจะไม่ใช้* You're taller than I)
- He's not as clever **as her**. *หรือ* He's not as clever **as she is**.
- They have more money **than us**. *หรือ* They have more money **than we have**.
- I can't run as fast **as him**. *หรือ* I can't run as fast **as he can**.

Comparison 1–2 ➜ **Units 105–106** **As long as ➜ Unit 115B** **As** และ **like ➜ Unit 117**

Exercises

107.1 เติมประโยคให้สมบูรณ์โดยใช้ **as ... as**

1 I'm tall, but you are taller. I'm not *as tall as you.*
2 My salary is high, but yours is higher. My salary isn't ....
3 You know a bit about cars, but I know more.
You don't ....
4 We are busy today, but we were busier yesterday.
We aren't ....
5 I still feel bad, but I felt a lot worse earlier.
I don't ....
6 Our neighbours have lived here for quite a long time, but we've lived here longer.
Our neighbours haven't ....
7 I was a little nervous before the interview, but usually I'm a lot more nervous.
I wasn't ....

107.2 เขียนประโยคต่อไปนี้ใหม่ โดยให้มีความหมายเหมือนเดิม

1 Jack is younger than he looks. Jack isn't *as old as he looks.*
2 I didn't spend as much money as you. You *spent more money than me.*
3 The station was nearer than I thought. The station wasn't ....
4 The meal didn't cost as much as I expected. The meal cost ....
5 I go out less than I used to. I don't ....
6 Karen's hair isn't as long as it used to be. Karen used to ....
7 I know them better than you do. You don't ....
8 There are fewer people at this meeting than at the last one.
There aren't ....

107.3 เติมประโยคให้สมบูรณ์โดยใช้ **as ... as** + คำใดคำหนึ่งต่อไปนี้

bad **comfortable** ~~**fast**~~ **hard** **long** **often** **quietly** **soon** **well**

1 I'm sorry I'm late. I got here *as fast as* I could.
2 It was a difficult question. I answered it .... I could.
3 'How long can I stay with you?' 'You can stay .... you like.'
4 I need the information quickly, so let me know .... possible.
5 I like to keep fit, so I go swimming .... I can.
6 I didn't want to wake anybody, so I came in .... I could.

ในประโยคต่อไปนี้ ใช้ **just as ... as**

7 I'm going to sleep on the floor. It's .... the bed.
8 You always say how tiring your job is, but I work .... you.
9 At first I thought he was nice, but really he's .... everybody else.

107.4 เขียนประโยคโดยใช้ **the same as**

1 David and James are both 22 years old. David *is the same age as* James.
2 You and I both have dark brown hair. Your hair .... mine.
3 I arrived at 10.25 and so did you. I arrived .... you.
4 My birthday is 5 April. It's Tom's birthday too. My birthday .... Tom's.

107.5 เติมประโยคให้สมบูรณ์ด้วย **than ...** หรือ **as ...**

1 I can't reach as high as you. You are taller *than me.*
2 He doesn't know much. I know more ....
3 I don't work particularly hard. Most people work as hard ....
4 We were very surprised. Nobody was more surprised ....
5 She's not a very good player. I'm a better player ....
6 They've been very lucky. I wish we were as lucky ....

Unit 108 Superlatives (the longest / the most enjoyable ฯลฯ)

A

พิจารณาประโยคตัวอย่างต่อไปนี้

What is **the longest** river in the world?
What was **the most enjoyable** holiday you've ever had?

longest และ **most enjoyable** เป็นรูป superlative (การเปรียบเทียบขั้นสูงสุด)

รูป superlative (การเปรียบเทียบขั้นสูงสุด) คือ **-est** หรือ **most** ... โดยทั่วไป เราใช้ **-est** ลงท้าย adjective ที่เป็นคำสั้นๆ และเติม **most** ... ข้างหน้า adjective ที่มีหลายพยางค์ (2 หรือ 3 พยางค์ขึ้นไป) ใช้กฎเดียวกันกับ comparative (การเปรียบเทียบขั้นกว่า) – ดู Unit 105 ดังตัวอย่าง

	long → longest	**hot** → hottest	**easy** → easiest	**hard** → hardest
แต่	**most** famous	**most** boring	**most** difficult	**most** expensive

คำ adjective ต่อไปนี้ไม่ใช้การผันรูปตามปกติ คือ ไม่ใช้วิธีเติม **-est** ท้ายคำเมื่อมีความหมายเป็นการเปรียบเทียบขั้นสูงสุด แต่เปลี่ยนรูปเป็นคำใหม่ ดังตัวอย่าง

good → **best**   bad → **worst**   far → **furthest/farthest**

สำหรับการสะกดคำ ดูภาคผนวก 6

B

โดยปกติ เราใช้ **the** นำหน้าคำ superlative (**the** longest / **the** most famous ฯลฯ) เช่น

- Yesterday was **the hottest** day of the year.
- The movie was really boring. It's **the most boring** movie I've ever seen.
- She is a really nice person – one of **the nicest** people I know.
- Why does he always come to see me at **the worst** possible time?

เปรียบเทียบประโยคต่อไปนี้

- This hotel is **the cheapest** in town. *(superlative)*
  It's **cheaper** than all the others in town. *(comparative)*
- He's **the most patient** person I've ever met. เขาเป็นคน**อดทนที่สุด**ที่ฉันเคยพบ
  He's much **more patient** than I am. เขา**อดทนกว่า**ฉันมาก

C

Oldest และ **eldest**

รูป superlative ของ **old** คือ **oldest** เช่น

- That church is **the oldest** building in the town. (*ไม่ใช่* the eldest)

เราใช้ **eldest** (*หรือ* **oldest**) เมื่อพูดถึงคนในครอบครัว เช่น

- **My eldest son** is 13 years old. (*หรือ* My **oldest** son)
- Are you **the eldest** in your family? (*หรือ* the **oldest**)

D

หลังคำในรูป superlative เรามักใช้ **in** กับสถานที่ (เมือง อาคาร ฯลฯ) เช่น

- What's the longest river **in the world**? (*ไม่ใช่* of the world)
- We had a nice room. It was one of the best **in the hotel**. (*ไม่ใช่* of the hotel)

เราใช้ **in** กับองค์กรหรือกลุ่มของคน (a class / a company ฯลฯ) ด้วย เช่น

- Who is the youngest student **in the class**? (*ไม่ใช่* of the class)

โดยปกติเราใช้ **of** กับการระบุช่วงระยะเวลา เช่น

- Yesterday was the hottest day **of the year**. ...วันที่ร้อนที่สุด**ในรอบปี**
- What was the happiest day **of your life**? ...วันที่มีความสุขที่สุด**ในชีวิตของคุณ**

E

เรามักจะใช้ present perfect (I **have done**) หลังคำในรูป superlative (ดู Unit 8A ด้วย) เช่น

- What's **the most important** decision **you've ever had** to make? ...การตัดสินใจครั้ง**สำคัญที่สุดที่คุณเคยทำมา**
- That was **the best** holiday **I've had** for a long time. ...วันหยุด**ที่ดีที่สุดที่ฉันเคยมีมา**

Comparison (**cheaper / more expensive** ฯลฯ) ➔ **Units 105–107**   **Elder ➔ Unit 106E**

Exercises

108.1 เติมประโยคให้สมบูรณ์ โดยใช้คำในรูป **superlative (-est** หรือ **most** ...) + **preposition (of** หรือ **in)**

1 It's a very good room. It's *the best room in* the hotel.
2 It's a very cheap restaurant. It's .... the town.
3 It was a very happy day. It was .... my life.
4 She's a very intelligent student. She's .... the class.
5 It's a very valuable painting. It's .... the gallery.
6 Spring is a very busy time for me. It's .... the year.

ในประโยคต่อไปนี้ใช้ **one of + superlative + preposition**

7 It's a very good room. It's *one of the best rooms in* the hotel.
8 He's a very rich man. He's one .... the country.
9 It's a very big castle. It's .... Europe.
10 She's a very good player. She's .... the team.
11 It was a very bad experience. It was .... my life.
12 It's a very famous university. It's .... the world.

108.2 เติมประโยคให้สมบูรณ์ โดยใช้คำในรูป **superlative (-est** หรือ **most** ...) หรือ **comparative (-er** หรือ **more** ...)

1 We stayed at *the cheapest* hotel in the town. (cheap)
2 Our hotel was *cheaper* than all the others in the town. (cheap)
3 The United States is very large, but Canada is .... (large)
4 What's .... country in the world? (small)
5 I wasn't feeling well yesterday, but I feel a bit .... today. (good)
6 It was an awful day. It was .... day of my life. (bad)
7 What is .... sport in your country? (popular)
8 Everest is .... mountain in the world. It is .... than any other mountain. (high)
9 This building is over 250 metres high, but it's not .... in the city. (tall)
10 I prefer this chair to the other one. It's .... (comfortable)
11 What's .... way to get to the station? (quick)
12 Which is .... – the bus or the train? (quick)
13 What's .... thing you've ever bought? (expensive)
14 Sue and Kevin have got three daughters. .... is 14 years old. (old)

108.3 คุณจะพูดอย่างไรในสถานการณ์ต่อไปนี้ ใช้คำในรูป **superlative + ever** และใช้คำที่กำหนดให้ในวงเล็บ (ในรูปที่ถูกต้อง)

1 You've just been to the cinema. The movie was extremely boring. คุณบอกเพื่อนของคุณว่า
(boring / movie / see) That's *the most boring movie I've ever seen.*

2 Your friend has just told you a joke, which you think is very funny. คุณพูดว่า
(funny / joke / hear) That's ....

3 You're drinking coffee with a friend. It's really good coffee. คุณพูดว่า
(good / coffee / taste) This ....

4 You are talking to a friend about Sarah. Sarah is very generous. คุณบอกเพื่อนเกี่ยวกับเธอว่า
(generous / person / meet) She ....

5 You have just run ten kilometres. You've never run further than this. คุณพูดกับเพื่อนว่า
(far / run) That ....

6 You decided to give up your job. Now you think this was a bad mistake. คุณพูดกับเพื่อนว่า
(bad / mistake / make) It ....

7 Your friend meets a lot of people, some of them famous. คุณถามเพื่อนของคุณว่า
(famous / person / meet?) Who .... ?

Unit 109

Word order 1: verb + object; สถานที่ และ เวลา

A

Verb + object (คำกริยา + กรรม)

โดยปกติ *คำกริยา*และ*กรรม*ของคำกริยานั้น มักจะอยู่ติดกันโดยไม่มีคำอื่นมาคั่นกลาง เช่น

	verb +	*object*	
I	**like**	**my job**	very much. (*ไม่ใช่* I like very much my job)
Did you	**see**	**your friends**	yesterday?
Helen never	**drinks**	**coffee**.	

พิจารณาตัวอย่างต่อไปนี้และสังเกตว่าในแต่ละประโยค คำกริยาและกรรมเรียงอยู่ติดกัน

- Do you **eat meat** every day? (*ไม่ใช่* Do you eat every day meat?)
- Everybody **enjoyed the party** very much. (*ไม่ใช่* enjoyed very much the party)
- Our guide **spoke English** fluently. (*ไม่ใช่* spoke fluently English)
- I lost all my money and I also **lost my passport**.
  (*ไม่ใช่* I lost also my passport)
- At the end of the street you'll **see a supermarket** on your left.
  (*ไม่ใช่* see on your left a supermarket)

B

สถานที่ และ เวลา

โดยปกติ *คำกริยา*และ*คำบอกสถานที่* (where?) จะอยู่ติดกัน (ในกรณีที่ไม่มี object) เช่น

go home **live in a city** **walk to work** ฯลฯ

ถ้าคำกริยามี object *คำบอกสถานที่*จะอยู่ข้างหลัง verb + object เช่น

take somebody home **meet a friend in the street**

คำบอกเวลา (when? / how often? / how long?) โดยปกติจะอยู่ข้างหลัง*คำบอกสถานที่* เช่น

	คำบอกสถานที่ +	*คำบอกเวลา*
Ben walks	**to work**	**every morning**. (*ไม่ใช่* every morning to work)
Sam has been	**in Canada**	**since April**.
We arrived	**at the airport**	**early**.

พิจารณาตัวอย่างต่อไปนี้และสังเกตว่าในแต่ละประโยคมี*คำบอกเวลา*อยู่หลัง*คำบอกสถานที่*

- I'm going **to Paris on Monday**. (*ไม่ใช่* I'm going on Monday to Paris)
- They have lived **in the same house for a long time**.
- Don't be late. Make sure you're **here by 8 o'clock**.
- Sarah gave me a lift **home after the party**.
- You really shouldn't go **to bed so late**.

เราอาจจะใช้*คำบอกเวลา*ในตำแหน่งต้นประโยคก็ได้ เช่น

- **On Monday** I'm going to Paris.
- **Every morning** Ben walks to work.

คำบอกเวลาบางคำ (เช่น **always/never/usually**) บางครั้งจะใช้คู่กับคำกริยาในตำแหน่งกลางประโยค ดู Unit 110

Word order ใน questions ➔ **Units 49–50** Adjective order ➔ **Unit 99** Word order 2 ➔ **Unit 110**

Exercises

109.1 การเรียงลำดับคำในประโยคต่อไปนี้ถูกหรือผิด ถ้าผิด แก้ให้ถูกต้อง

1. Everybody enjoyed the party very much. .... *OK*
2. Ben walks every morning to work. .... *Ben walks to work every morning.*
3. Joe doesn't like very much football. ....
4. I drink three or four cups of coffee every morning. ....
5. I ate quickly my breakfast and went out. ....
6. Are you going to invite to the party a lot of people? ....
7. I phoned Tom immediately after hearing the news. ....
8. Did you go late to bed last night? ....
9. Did you learn a lot of things at school today? ....
10. I met on my way home a friend of mine. ....

109.2 เรียงส่วนต่าง ๆ ของประโยคในลำดับที่ถูกต้อง

1. (the party / very much / everybody enjoyed) .... *Everybody enjoyed the party very much.*
2. (we won / easily / the game) ....
3. (quietly / the door / I closed) ....
4. (Tanya / quite well / speaks / German)
   ....
5. (Sam / all the time / TV / watches)
   ....
6. (again / please don't ask / that question)
   ....
7. (football / every weekend / does Kevin play?)
   ....
8. (some money / I borrowed / from a friend of mine)
   ....

109.3 เติมประโยคให้สมบูรณ์ เรียงส่วนต่าง ๆ ของประโยคในลำดับที่ถูกต้อง

1. (for a long time / have lived / in the same house)
   They *have lived in the same house for a long time.*
2. (to the supermarket / every Friday / go)
   I ....
3. (home / did you come / so late)
   Why .... ?
4. (her children / takes / every day / to school)
   Sarah ....
5. (been / recently / to the cinema)
   I haven't ....
6. (at the top of the page / your name / write)
   Please ....
7. (her name / after a few minutes / remembered)
   I ....
8. (around the town / all morning / walked)
   We ....
9. (on Saturday night / didn't see you / at the party)
   I ....
10. (some interesting books / found / in the library)
    We ....
11. (her umbrella / last night / in a restaurant / left)
    Laura ....
12. (opposite the park / a new hotel / are building)
    They ....

Unit 110

Word order 2: adverbs กับ verb

A

adverb บางคำ (เป็นต้นว่า **always, also, probably**) อยู่ติดกับคำกริยาในตำแหน่งกลางประโยค เช่น

- Helen **always drives** to work.
- We were feeling very tired and we **were also** hungry.
- The concert **will probably be cancelled.** คอนเสิร์ต**อาจจะถูกยกเลิก**

B

ถ้า verb เป็นคำเดียว (**drives/fell/cooked** ฯลฯ) โดยปกติ adverb จะอยู่หน้า verb เช่น

	adverb	*verb*	
Helen	always	**drives**	to work.
I	almost	**fell**	as I was going down the stairs.

- I cleaned the house and **also cooked** the dinner. (*ไม่ใช่* cooked also)
- Lucy **hardly ever watches** television and **rarely reads** newspapers. Lucy **แทบจะไม่ได้ดู** TV และ**ไม่ค่อยจะได้อ่าน**หนังสือพิมพ์
- 'Shall I give you my address?' 'No, I **already have** it.'

โปรดสังเกตด้วยว่า adverb เหล่านี้ (**always/often/also** ฯลฯ) อยู่ข้างหน้า **have to** ... เช่น

- Joe never phones me. I **always have** to phone him. (*ไม่ใช่* I have always to phone)

แต่ต้องวาง adverb หลังคำกริยา **am/is/are/was/were** เช่น

- We were feeling very tired and we **were also** hungry. ...และเราก็หิว**ด้วย**
- Why are you always late? You**'re never** on time. ...คุณ**ไม่เคย**มาตรงเวลา
- The traffic **isn't usually** as bad as it was this morning. การจราจร**ปกติไม่**แย่เท่าเมื่อเช้านี้

C

ถ้ามี verb ตั้งแต่ 2 คำขึ้นไป (เช่น **can remember / doesn't eat / will be cancelled**) ให้วาง adverb ไว้หลัง verb ตัวที่ 1 (**can/doesn't/will** ฯลฯ) เช่น

	verb 1	*adverb*	*verb 2*	
I	**can**	**never**	**remember**	her name.
Clare	**doesn't**	**often**	**eat**	meat.
	Are you	**definitely**	**going**	away next week?
The concert	**will**	**probably**	**be**	cancelled.

- You**'ve always been** very kind to me. คุณดีกับฉันมาก**มาตลอด**
- Jack can't cook. He **can't even boil** an egg. ...เขา**ทำไม่เป็นแม้แต่ต้ม**ไข่
- **Do** you **still work** for the same company? คุณ**ยังคงทำงาน**ให้บริษัทเดิมอยู่หรือเปล่า
- The house **was only built** a year ago and it**'s already falling** down.

โปรดสังเกตว่า **probably** จะอยู่หน้าคำปฏิเสธ (**isn't/won't** ฯลฯ) ดังนั้น เราจึงพูดว่า

- I **probably won't see** you. *หรือ* I will **probably not** see you. (*ไม่ใช่* I won't probably)

D

เราใช้ **all** และ **both** ในตำแหน่งต่อไปนี้

- We **all felt** ill after the meal. (*ไม่ใช่* we felt all ill)
- My parents **are both** teachers. (*ไม่ใช่* my parents both are teachers)
- Sarah and Jane **have both applied** for the job.
- We **are all going** out tonight.

E

บางครั้งเราใช้ **is/will/did** ฯลฯ แทนการใช้คำซ้ำๆ กันในประโยค (ดู Unit 51) เช่น

- Tom says he isn't clever, but I think he **is**. (= he **is** clever)

โดยปกติ เราวาง **always/never** ฯลฯ หน้า verb ในประโยคลักษณะต่อไปนี้

- He always says he won't be late, but he **always is**. (= he **is always** late)
- I've never done it and I **never will**. (= I **will never** do it)

Word order 1 ➔ **Unit 109**

Exercises

110.1 คำที่ขีดเส้นใต้ในประโยคอยู่ในตำแหน่งที่ถูกต้องหรือไม่ ถ้าผิด แก้ให้ถูกต้อง

1 Helen drives always to work. ... *Helen always drives to work.*
2 I cleaned the house and also cooked the dinner. ... *OK*
3 I have usually a shower in the morning. ...
4 We soon found the solution to the problem. ...
5 Steve gets hardly ever angry. ...
6 I did some shopping and I went also to the bank. ...
7 Jane has always to hurry in the morning. ...
8 I never have worked in a factory. ...
9 I never have enough time. I always am busy. ...

110.2 เขียนประโยคต่อไปนี้ใหม่โดยใช้คำที่อยู่ในวงเล็บด้วย

1 Clare doesn't eat meat. (often) *Clare doesn't often eat meat.*
2 Katherine is very generous. (always) ...
3 I don't have to work on Saturdays. (usually) ...
4 Do you watch TV in the evenings? (always) ...
5 Martin is learning Spanish and he is learning Japanese. (also)
Martin is learning Spanish and he ...
6 a We were on holiday in Spain. (all) ...
b We were staying at the same hotel. (all) ...
c We enjoyed ourselves. (all) ...
7 a The new hotel is very expensive. (probably) ...
b It costs a lot to stay there. (probably) ...
8 a I can help you. (probably) ...
b I can't help you. (probably) ...

110.3 เติมประโยคให้สมบูรณ์ โดยใช้คำในวงเล็บในตำแหน่งที่ถูกต้อง

1 *I can never remember* (remember / I / never / can) her name.
2 ... (take / I / usually) sugar in coffee.
3 ... (am / usually / I) hungry when I get home from work.
4 Mark and Amy ... (both / were / born) in Manchester.
5 Lisa is a good pianist. ... (sing / she / also / can) very well.
6 Our cat ... (usually / sleeps) under the bed.
7 They live in the same building as me, but ...
(never / I / have / spoken) to them.
8 This shop is always very busy. ...
(have / you / always / to wait) a long time to be served.
9 My eyesight isn't very good. ...
(I / read / can / only) with glasses.
10 ... (all / were / we) tired, so ...
(all / we / fell) asleep.
11 A: Are you tired?
B: Yes, ... (am / I / always) at this time of day.
12 ... (I / probably / leaving / will / be) early tomorrow.
13 I'm afraid ... (probably / I / be / won't) able to come to the party.
14 Helen is away a lot. ... (is / hardly ever / she) at home.
15 ... (we / still / are / living) in the same place. We haven't moved.
16 If we hadn't taken the same train, ...
(never / met / we / would / have) each other.
17 Tanya ... (says / always) that she'll phone me, but
... (does / she / never).

Unit 111

Still, yet และ already
Any more / any longer / no longer

A Still

เราใช้ **still** (= **ยังคง**) ในกรณีที่สถานการณ์หรือการกระทำยังคงดำเนินอยู่อย่างต่อเนื่อง ไม่มีการเปลี่ยนแปลงหรือหยุดชะงัก เช่น

- It's 10 o'clock and Joe is **still** in bed. ... Joe **ยังคง**นอนอยู่บนเตียง
- When I went to bed, Chris was **still** working. ... Chris **ยังคง**ทำงานอยู่
- Do you **still** want to go away or have you changed your mind? คุณ**ยังคง**อยากที่จะไปที่อื่นอยู่หรือ...

โดยปกติ **still** จะอยู่ในตำแหน่งกลางประโยคคู่กับคำกริยา (ดู Unit 110)

B Any more / any longer / no longer

ใช้ **not ... any more** หรือ **not ... any longer** เพื่อบอกว่า สถานการณ์ได้เปลี่ยนแปลงไปแล้ว ทั้ง **any more** และ **any longer** อยู่ในตำแหน่งท้ายประโยค เช่น

- Lucy **doesn't** work here **any more** (*หรือ* **any longer**). She left last month. Lucy **ไม่ได้**ทำงานที่นี่**อีกต่อไปแล้ว**... (*ไม่ใช่* Lucy doesn't still work here.)
- We used to be good friends, but we **aren't any more** (*หรือ* **any longer**) ...เรา**ไม่ใช่**เพื่อนรักกัน**อีกต่อไปแล้ว**

ในความหมายเดียวกันนี้ อาจจะใช้ **no longer** ก็ได้ แต่ **no longer** จะปรากฏในตำแหน่งกลางประโยค เช่น

- Lucy **no longer** works here.

โปรดระวังว่า เราไม่ใช้ **no more** ในความหมายนี้ เช่น

- We are **no longer** friends. (*ไม่ใช่* We are no more friends.)

เปรียบเทียบการใช้ **still** และ **not ... any more** ในประโยคต่อไปนี้

- Sally **still** works here, but Lucy **doesn't** work here **any more**. Sally **ยังคง**ทำงานที่นี่ แต่ Lucy **ไม่ได้**ทำงานที่นี่**อีกต่อไปแล้ว**

C Yet

yet = until now (= ยัง) ส่วนใหญ่เราใช้ **yet** ในประโยคปฏิเสธ (**He isn't** here **yet**) และในประโยคคำถาม (**Is he** here **yet**?) การใช้ **yet** แสดงว่า ผู้พูดคาดคะเนว่า คงจะมีอะไรบางอย่างเกิดขึ้น
โดยปกติ **yet** มักจะปรากฏในตำแหน่งท้ายประโยค เช่น

- It's 10 o'clock and Joe **isn't** here **yet**. ... Joe **ยังไม่**มาเลย
- **Have** you **met** your new neighbours **yet**? คุณ**พบ**เพื่อนบ้านใหม่แล้ว**หรือยัง**
- 'Where are you going on holiday?' 'We **don't** know **yet**.' ...'เรา**ยังไม่**ทราบเลย'

เรามักจะใช้ **yet** กับ present perfect (**Have you met ... yet?**') ดู Unit 7D

เปรียบเทียบการใช้ **yet** และ **still** ต่อไปนี้

- Mike lost his job six months ago and **is still** unemployed. ...และ**ยังคง**ไม่มีงานทำ
  Mike lost his job six months ago and **hasn't found** another job **yet**. ...และ**ยังหา**งานใหม่**ไม่ได้**
- **Is** it **still** raining? ฝน**ยังคง**ตกอยู่หรือ
  Has it **stopped** raining **yet**? ฝน**หยุด**ตก**หรือยัง**

เราอาจจะใช้ **still** ในประโยค*ปฏิเสธ*ได้เหมือนกัน (ปรากฏหน้าคำปฏิเสธ) เช่น

- She said she would be here an hour ago and she **still hasn't** come. ...เธอ**ยังคง**มา**ไม่**ถึง

ประโยคนี้มีความหมายเหมือนกับ 'she hasn't come **yet**' แต่ **still ... not** แสดงถึงความรู้สึกประหลาดใจหรือหมดความอดทนมากกว่า เปรียบเทียบประโยคต่อไปนี้

- I sent him an invitation last week. He **hasn't** replied **yet**. (แต่ฉันคาดว่าเขาจะตอบเร็ว ๆ นี้)
- I sent him an invitation weeks ago and he **still hasn't** replied. (เขาควรจะตอบมาแล้ว)

D Already

เราใช้ **already** เพื่อบอกว่ามีอะไรบางอย่างเกิดขึ้นเร็วเกินคาด **already** มักจะอยู่ในตำแหน่งกลางประโยค (ดู Unit 110) เช่น

- 'What time is Sue leaving?' 'She has **already** left.' ...'เธอไป**แล้ว**' (= เร็วกว่าที่คาดไว้)
- Shall I tell Joe what happened or does he **already** know? ...หรือว่าเขารู้**แล้ว**
- I've just had lunch and I'm **already** hungry. ...ฉันหิว**แล้ว**

Present perfect + **already/yet** ➜ **Unit 7D** Word order ➜ **Unit 110**

Exercises

111.1 เปรียบเทียบสิ่งที่ **Paul** พูดเมื่อ **2–3** ปีก่อนกับสิ่งที่เขาพูดขณะนี้ บางอย่างยังคงเหมือนเดิม แต่บางอย่างก็เปลี่ยนไปแล้ว เขียนประโยคเกี่ยวกับ **Paul** โดยใช้ **still** และ **any more**

Paul a few years ago

I travel a lot.
I work in a shop.
I write poems.
I want to be a teacher.
I'm interested in politics.
I'm single.
I go fishing a lot.

Paul now

I travel a lot.
I work in a hospital.
I gave up writing poems.
I want to be a teacher.
I'm not interested in politics.
I'm single.
I haven't been fishing for years.

1 (travel) *He still travels a lot.*
2 (shop) *He doesn't work in a shop any more.*
3 (poems) He ....
4 (teacher) ....
5 (politics) ....
6 (single) ....
7 (fishing) ....
8 (beard) ....

เขียนอีก 3 ประโยคเกี่ยวกับ **Paul** โดยใช้ **no longer**

9 *He no longer works in a shop.*
10 ....
11 ....
12 ....

111.2 ทุกประโยคต่อไปนี้มีคำว่า **still** เขียนประโยคใหม่ให้มีความหมายคล้ายกับประโยคเดิม โดยใช้ **not … yet** + กริยาคำใดคำหนึ่งต่อไปนี้

decide find finish go ~~stop~~ take off wake up

1 It's still raining. *It hasn't stopped raining yet.*
2 Gary is still here. He ....
3 They're still repairing the road. They ....
4 The children are still asleep. ....
5 Is Ann still looking for a place to live? ....?
6 I'm still wondering what to do. ....
7 The plane is still waiting on the runway. ....

111.3 ในแต่ละข้อต่อไปนี้ ให้เติม **still, yet, already** หรือ **any more** ในส่วนที่ขีดเส้นใต้ (หรือในส่วนอื่นของประโยค) ดูตัวอย่าง

1 Mike lost his job a year ago and he is unemployed. *he is still unemployed.*
2 Shall I tell Joe what happened or does he know? *does he already know?*
3 I'm hungry. Is dinner ready? *Is dinner ready yet?*
4 I was hungry earlier, but I'm not hungry. *I'm not hungry any more.*
5 Can we wait a few minutes? I don't want to go out. ....
6 Amy used to work at the airport, but she doesn't work there. ....
7 I used to live in Amsterdam. I have a lot of friends there. ....
8 'Shall I introduce you to Joe?' 'There's no need. We've met.' ....
9 Do you live in the same place or have you moved? ....
10 Would you like to eat with us or have you eaten? ....
11 'Where's John?' 'He's not here. He'll be here soon.' ....
12 Tim said he'd be here at 8.30. It's 9 o'clock now and he isn't here. ....
13 Do you want to join the club or are you a member? ....
14 It happened a long time ago, but I can remember it very clearly. ....
15 I've put on weight. These trousers don't fit me. ....
16 'Have you finished with the paper?' 'No, I'm reading it.' ....

Unit 112

Even

A

พิจารณาสถานการณ์ตัวอย่างต่อไปนี้

Tina loves watching television.

She has a TV in every room of the house, **even** the bathroom.

เราใช้ **even** (= แม้แต่) เพื่อบอกว่าบางสิ่งบางอย่างผิดปกติหรือน่าแปลกใจ ในกรณีนี้ ไม่ใช่เรื่องปกติที่จะมีโทรทัศน์ติดตั้งไว้ในห้องน้ำ

ตัวอย่างเพิ่มเติม

- These pictures are really awful. **Even I** take better pictures than these. ...**แม้แต่ฉัน**ยังถ่ายรูปได้ดีกว่านี้ (ทั้งๆ ที่ฉันไม่ใช่คนถ่ายรูปเก่ง)
- He always wears a coat, **even in hot weather**. ...**แม้แต่เวลาอากาศร้อน**
- The print was very small. I couldn't read it, **even with glasses**. ...**แม้แต่ใส่แว่นตา**
- Nobody would help her, **not even her best friend**.

หรือ **Not even** her best friend would help her. **แม้แต่**เพื่อนสนิทของเธอก็**ไม่**ช่วยเธอ

B

คุณสามารถใช้ **even** กับคำกริยาในตำแหน่งกลางประโยค (ดู Unit 110) เช่น

- Sue has travelled all over the world. She has **even** been to the Antarctic. ...**แม้แต่**ทวีปแอนตาร์กติกเธอก็เคยไป (การไปทวีปแอนตาร์กติกเป็นเรื่องไม่ธรรมดา ฉะนั้น เธอต้องเป็นคนที่เดินทางเยอะมาก)
- They are very rich. They **even** have their own private jet. ...**แม้แต่**เครื่องบินไอพ่นส่วนตัวพวกเขาก็มี

ศึกษาตัวอย่างประโยคซึ่งใช้ **even** หลังคำปฏิเสธ (**not/can't/don't** ฯลฯ) ต่อไปนี้

- I can't cook. I **can't even** boil an egg. ...ฉันทำ**ไม่ได้แม้แต่**ต้มไข่ (ซึ่งแสนจะง่าย)
- They weren't very friendly to us. They **didn't even** say hello. ...พวกเขา**ไม่**พูด**แม้แต่**ทักทาย
- Jessica is very fit. She's just run five miles and she's **not even** out of breath. ...เธอ**ไม่**มี**แม้แต่**อาการหอบ

C

คุณสามารถใช้ **even** + คำในรูป comparative (**cheaper / more expensive** ฯลฯ) เป็นการเน้นความหมายในการเปรียบเทียบ เช่น

- I got up very early, but Jack got up **even earlier**. ... Jack **ยิ่งตื่นเช้ากว่า**
- I knew I didn't have much money, but I've got **even less** than I thought. ...ฉัน**ยิ่ง**มีเงิน**น้อยกว่า**ที่คิด
- We were surprised to get an email from her. We were **even more surprised** when she came to see us a few days later. ...เรา**ยิ่งประหลาดใจมากกว่า**...

D

Even though / even when / even if

คุณสามารถใช้ **even though / even when / even if** + subject + verb เพื่อเชื่อมประโยค การเติม even ข้างหน้าทำให้ความหมายหนักแน่นขึ้น เช่น

- **Even though she can't** drive, she bought a car. **ถึงแม้ว่า**เธอขับรถ**ไม่เป็น**...
  (she can't = *subject + verb*)
- He never shouts, **even when he's** angry. ...**แม้แต่เวลาที่**เขาโกรธ
- This river is dangerous. It's dangerous to swim in it, **even if you're** a strong swimmer. ...**ถึงแม้คุณ**จะว่ายน้ำเก่ง

คุณไม่สามารถใช้ **even** ในลักษณะแบบนี้ (+ subject + verb) ได้ เราพูดว่า

- **Even though she can't** drive, she bought a car. (*ไม่ใช่* Even she can't drive)
- I can't reach the shelf, **even** ... **if I stand** on a chair. (*ไม่ใช่* even I stand)

เปรียบเทียบการใช้ **even if** และ **if** ต่อไปนี้

- We're going to the beach tomorrow. It doesn't matter what the weather is like. We're going **even if** it's raining. ...เราจะไป**ถึงแม้ว่า**ฝนจะตก (เราก็จะไป)
- We want to go to the beach tomorrow, but we won't go **if** it's raining. ...แต่เราจะไม่ไป**ถ้า**ฝนตก

If และ **when** ➜ **Unit 25D** **Though / even though** ➜ **Unit 113E**

Exercises

112.1 Amy, Kate และ Lisa ไปเที่ยวพักผ่อนด้วยกัน ใช้ข้อมูลที่ให้ไว้เติมประโยคให้สมบูรณ์ โดยใช้ **even** หรือ **not even**

Amy 	*Kate* 	*Lisa* 
is usually happy.	isn't very keen on art.	is almost always late.
is usually on time.	is usually miserable.	is a keen photographer.
likes getting up early.	usually hates hotels.	loves staying in hotels.
is very interested in art.	hasn't got a camera.	isn't very good at getting up.

1 They stayed at a hotel. Everybody liked it, *even Kate.*
2 They arranged to meet. They all arrived on time, …………… .
3 They went to an art gallery. Nobody enjoyed it, …………… .
4 Yesterday they had to get up early. They all managed to do this, …………… .
5 They were together yesterday. They were all in a good mood, …………… .
6 None of them took any pictures, …………… .

112.2 แต่งประโยคโดยใช้ **even** และคำในวงเล็บ

1 Sue has been all over the world. (the Antarctic) *She has even been to the Antarctic.*
2 We painted the whole room. (the floor) We ……………
3 Rachel has met lots of famous people. (the prime minister)
She ……………
4 You could hear the noise from a long way away. (from the next street)
You ……………

ในประโยคต่อไปนี้ คุณต้องใช้ **not … even**

5 They didn't say anything to us. (hello) *They didn't even say hello.*
6 I can't remember anything about her. (her name)
I ……………
7 There isn't anything to do in this town. (a cinema)
……………
8 He didn't tell anybody where he was going. (his wife)
……………
9 I don't know anyone in our street. (the people next door)
……………

112.3 เติมประโยคให้สมบูรณ์โดยใช้ **even** + คำในรูป **comparative**

1 It was very hot yesterday, but today it's *even hotter.*
2 The church is 500 years old, but the house next to it is …………… .
3 That's a very good idea, but I've got an …………… one.
4 The first question was very difficult to answer. The second one was …………… .
5 I did very badly in the exam, but most of my friends did …………… .
6 Neither of us was hungry. I ate very little and my friend ate …………… .

112.4 เติม **if, even, even if** หรือ **even though**

1 *Even though* she can't drive, she has bought a car.
2 The bus leaves in five minutes, but we can still catch it …………… we run.
3 The bus leaves in two minutes. We won't catch it now …………… we run.
4 His Spanish isn't very good, …………… after three years in Spain.
5 His Spanish isn't very good, …………… he lived in Spain for three years.
6 …………… with the heating on, it was cold in the house.
7 I couldn't sleep …………… I was very tired.
8 I won't forgive them for what they did, …………… they apologise.
9 …………… I hadn't eaten anything for 24 hours, I wasn't hungry.

→ แบบฝึกหัดเสริม 32 (หน้า 321)

Unit 113

Although / though / even though In spite of / despite

A

พิจารณาสถานการณ์ตัวอย่างต่อไปนี้

Last year Paul and Sarah had a holiday by the sea. It rained a lot, but they enjoyed it.

คุณอาจพูดถึงสถานการณ์เช่นนี้ได้หลายแบบ เช่น

Although it rained a lot, they enjoyed it.
(= It rained a lot, *but* they ...)

หรือ

In spite of / **Despite** } **the rain**, they enjoyed it.

B

although ให้ความหมายเชิงแย้งกับประโยคหลัก หลัง **although** ใช้โครงสร้าง subject + verb เช่น

- **Although it rained** a lot, we enjoyed our holiday. **แม้ว่า / ทั้ง ๆ ที่**ฝนตกหนัก...
- I didn't get the job **although I had** the necessary qualifications. ...**แม้ว่า / ทั้ง ๆ ที่**ฉันมีคุณสมบัติที่จำเป็นครบถ้วน

เปรียบเทียบความหมายของ **although** และ **because**

- We went out **although** it was raining heavily. เราออกไปข้างนอก**แม้ว่า**ฝนกำลังตกหนัก
- We didn't go out **because** it was raining heavily. เราไม่ได้ออกไปข้างนอก**เพราะว่า**ฝนกำลังตกหนัก

C

หลัง **in spite of** หรือ **despite** เราใช้ noun หรือ pronoun (**this/that/what** ฯลฯ) หรือ **-ing** เช่น

- **In spite of the rain**, we enjoyed our holiday.
- I didn't get the job **in spite of having** the necessary qualifications.
- She wasn't well, but **in spite of this** she continued working.
- **In spite of what** I said yesterday, I still love you.

despite ใช้เหมือนกับ **in spite of** โปรดสังเกตด้วยว่า เราพูดว่า **in spite of** แต่ **despite** (*ไม่มี* of) เช่น

- She wasn't well, but **despite this** she continued working. (*ไม่ใช่* despite of this)

คุณอาจใช้ **in spite of the fact (that)** ... และ **despite the fact (that)** ... ได้ เช่น

- I didn't get the job { **in spite of the fact (that)** / **despite the fact (that)** } I had the necessary qualifications.

เปรียบเทียบการใช้ **in spite of** และ **because of** ต่อไปนี้

- We went out **in spite of the rain**. (*หรือ* ... **despite the rain**) ...**ถึงแม้ว่าฝนตก**
- We didn't go out **because of the rain**. ...**เพราะ / เป็นเพราะ / ด้วยเหตุที่ฝนตก**

D

เปรียบเทียบการใช้ **although** และ **in spite of / despite** ในประโยคต่อไปนี้

- **Although the traffic was** bad, / **In spite of the traffic**, } we arrived on time. (*ไม่ใช่* In spite of the traffic was bad)
- I couldn't sleep { **although I was** very tired. (*ไม่ใช่* despite I was tired) / **despite being** very tired.

E

บางครั้งเราใช้ **though** แทน **although** เช่น

- I didn't get the job **though** I had the necessary qualifications.

ในภาษาพูด เรามักจะวาง **though** ไว้ท้ายประโยค เช่น

- The house isn't so nice. I like the garden **though**. (= but I like the garden)
- I see them every day. I've never spoken to them **though**. (= but I've never spoken to them)

even though (*แต่ไม่ใช่* 'even' คำเดียว) ให้ความหมายเหมือนกับ **although** แต่หนักแน่นกว่า เช่น

- **Even though** I was really tired, I couldn't sleep. (*ไม่ใช่* Even I was really tired ...)

Even ➜ Unit 112

Exercises

113.1 เติมประโยคให้สมบูรณ์ โดยใช้ **although** + ประโยคใดประโยคหนึ่งจากกรอบข้างล่างนี้

I didn't speak the language well	~~he has a very important job~~
I had never seen her before	we don't like them very much
it was quite cold	the heating was on
I'd met her twice before	we've known each other a long time

1 *Although he has a very important job*, he isn't particularly well paid.
2 ...., I recognised her from a photograph.
3 She wasn't wearing a coat ....
4 We thought we'd better invite them to the party ....
5 ...., I managed to make myself understood.
6 ...., the room wasn't warm.
7 I didn't recognise her ....
8 We're not very good friends ....

113.2 เติมประโยคให้สมบูรณ์ด้วย **although / in spite of / because / because of**

1 *Although* it rained a lot, we enjoyed our holiday.
2 a .... all our careful plans, a lot of things went wrong.
  b .... we'd planned everything carefully, a lot of things went wrong.
3 a I went home early .... I was feeling unwell.
  b I went to work the next day .... I was still feeling unwell.
4 a She only accepted the job .... the salary, which was very high.
  b She accepted the job .... the salary, which was rather low.
5 a I managed to get to sleep .... there was a lot of noise.
  b I couldn't get to sleep .... the noise.

เติมประโยคต่อไปนี้ให้สมบูรณ์ตามความคิดของคุณ

6 a He passed the exam although ....
  b He passed the exam because ....
7 a I didn't eat anything although ....
  b I didn't eat anything in spite of ....

113.3 รวมสองประโยคเข้าด้วยกัน ใช้คำที่กำหนดให้ในวงเล็บในประโยคใหม่ของคุณ

1 I couldn't sleep. I was very tired. (despite)
  I couldn't sleep despite being very tired.
2 They have very little money. They are happy. (in spite of)
  In spite ....
3 My foot was injured. I managed to walk home. (although)
  ....
4 I enjoyed the film. The story was silly. (in spite of)
  ....
5 We live in the same street. We hardly ever see each other. (despite)
  ....
6 I got very wet in the rain. I was only out for five minutes. (even though)
  ....

113.4 แต่งประโยคโดยใช้คำในวงเล็บและให้ **though** อยู่ท้ายประโยค

1 The house isn't very nice. (like / garden) *I like the garden though.*
2 It's warm today. (very windy) ....
3 We didn't like the food. (ate) ....
4 Liz is very nice. (don't like / husband) I ....

→ แบบฝึกหัดเสริม 32 (หน้า 321)

Unit 114

In case

A

พิจารณาสถานการณ์ตัวอย่างต่อไปนี้

Your car should have a spare wheel because it is possible you will have a puncture.

Your car should have a spare wheel **in case** you have a puncture.

In case you have a puncture = because it is possible you will have a puncture. (= เพราะว่าเป็นไปได้ว่ารถของคุณอาจมีโอกาสยางแตก)

ตัวอย่างเพิ่มเติมสำหรับ **in case**

- I'll leave my mobile phone switched on **in case Jane calls**. ...**เผื่อ Jane โทรศัพท์มา** (= เพราะว่าเธออาจจะโทรศัพท์มาก็ได้)
- I'll draw a map for you **in case you have problems finding our house**. ...**เผื่อคุณหาบ้านของเราไม่เจอ** (= เพราะว่าเป็นไปได้ที่คุณจะหาบ้านของเราไม่เจอ)
- I'll remind them about the meeting **in case they've forgotten**. ...**เผื่อพวกเขาลืม** (= เพราะว่าเป็นไปได้ว่าพวกเขาลืม)

เราใช้ **just in case** ในกรณีที่มีความเป็นไปได้น้อย เช่น

- I don't think it will rain, but I'll take an umbrella **just in case**. ...แต่ฉันเอาร่มไปด้วย**เผื่อไว้** (ถ้าเกิดฝนตก)

อย่าใช้ **will** หลัง **in case** ให้ใช้ present tense สำหรับความหมายของ future (ดู Unit 25) เช่น

- I'll leave my phone switched on **in case** Jane **calls**. (*ไม่ใช่* in case Jane will call)

B

in case มีความหมายไม่เหมือนกับ **if** เราใช้ **in case** เพื่อบอกว่า *ทำไม*ใครจึงทำ (หรือไม่ทำ) อะไรบางอย่าง*ขณะนี้* เพราะอาจจะมีอะไรบางอย่างเกิดขึ้น*ภายหลัง* ส่วน **if** นั้นบอกเงื่อนไข

เปรียบเทียบการใช้ in case และ if ในประโยคต่อไปนี้

in case	**if**
We'll buy some more food **in case** Tom comes. เราจะซื้ออาหารเพิ่ม**เผื่อ** Tom มา (= Tom อาจจะมา เราจะซื้ออาหารมาเพิ่มตอนนี้ ไม่ว่าเขาจะมาหรือไม่ *ถ้า*เขามา เราจะได้มีอาหาร*พร้อม*)	We'll buy some more food **if** Tom comes. เราจะซื้ออาหารเพิ่ม**ถ้า** Tom มา (= Tom อาจจะมา ถ้าเขามา เราจึงจะซื้ออาหารมาเพิ่ม ถ้าเขาไม่มา เราก็ไม่ซื้ออาหารเพิ่ม)
I'll give you my phone number **in case** you need to contact me.	You can call me on this number **if** you need to contact me.
You should insure your bike **in case** it is stolen.	You should inform the police **if** your bike is stolen.

C

คุณอาจใช้ **in case** + past เพื่อบอกว่า ทำไมใครจึงทำอะไรในอดีต เช่น

- I left my phone switched on **in case Jane called**. (= because it was possible that Jane would call)
- I drew a map for Sarah **in case she had problems finding the house**.
- We rang the doorbell again **in case they hadn't heard it the first time**.

D

in case of มีความหมายไม่เหมือนกับ **in case** ความหมายของ **in case of** ... = if there is ... (โดยเฉพาะอย่างยิ่งเมื่อใช้ในป้ายประกาศ ฯลฯ) เช่น

- **In case of fire**, please leave the building as quickly as possible. **ในกรณีไฟไหม้**... (= if there is a fire)
- **In case of emergency**, call this number. **ในกรณีฉุกเฉิน**... (= if there is an emergency)

If ➜ Units 25, 38–40

Exercises

114.1 **Sophie** กำลังจะไปเดินเที่ยวในชนบท คุณคิดว่าเธอควรจะเตรียมสิ่งเหล่านี้ไปด้วย

~~some chocolate~~	a map	an anorak	a camera	some water

คุณคิดว่าเธอควรเตรียมสิ่งเหล่านี้ไปด้วยเหตุผลต่าง ๆ เหล่านี้

it's possible she'll get lost	~~she might get hungry~~
perhaps she'll be thirsty	maybe it will rain
she might want to take some pictures	

เขียนประโยคบอก **Sophie** โดยใช้ **in case**

1 *Take some chocolate in case you get hungry.*
2 Take ……
3 ……
4 ……
5 ……

114.2 คุณจะพูดอย่างไรในสถานการณ์ต่อไปนี้ แต่งประโยคโดยใช้ **in case**

1 It's possible that Jane will need to contact you, so you agree to give her your phone number.
คุณพูดว่า I'll give you my phone number *in case you need to contact me.*
2 A friend of yours is going away for a long time. Maybe you won't see her again before she goes, so you decide to say goodbye now.
คุณพูดว่า I'll say goodbye now …… .
3 You are shopping in a supermarket with a friend. You think you have everything you need, but maybe you forgot something. Your friend has the list. You ask her to check it.
คุณพูดว่า Can you …… ?
4 You advise a friend about using a computer. You think he should back up (= *copy*) his files because maybe there will be a problem with his computer (and he could lose all his data).
คุณพูดว่า You should back up …… .

114.3 เติมประโยคให้สมบูรณ์โดยใช้ **in case**

1 There was a possibility that Jane would call. So I left my phone switched on.
I left *my phone switched on in case Jane called.*
2 I thought that I might forget the name of the book. So I wrote it down.
I wrote down the name of the book …… .
3 I thought my parents might be worried about me. So I phoned them.
I phoned my parents …… .
4 I sent an email to Lisa, but she didn't reply. So I sent another email because maybe she didn't get the first one.
I sent her another email …… .
5 I met some people when I was on holiday in France. They said they might come to London one day. I live in London, so I gave them my phone number.
I gave them my phone number …… .

114.4 เติม **in case** หรือ **if**

1 I'll draw a map for you *in case* you have problems finding our house.
2 You should tell the police *if* you have any information about the crime.
3 I hope you'll come to Australia sometime. …… you come, you must visit us.
4 This book belongs to Susan. Can you give it to her …… you see her?
5 Write your name and phone number on your bag …… you lose it.
6 Go to the lost property office …… you lose your bag.
7 The burglar alarm will ring …… somebody tries to break into the house.
8 You should lock your bike to something …… somebody tries to steal it.
9 I was advised to get insurance …… I needed medical treatment while I was abroad.

→ แบบฝึกหัดเสริม **32** (หน้า 321)

Unit 115

Unless As long as Provided/providing

A Unless

พิจารณาสถานการณ์ตัวอย่างต่อไปนี้

The club is for members only.

You can't go in **unless you are a member**.

หมายความว่า

You can't go in *except if* you are a member.
You can go in *only if* you are a member.

unless = except if (= เว้นเสียแต่ว่า, นอกเสียจากว่า, ถ้าหาก...ไม่)

ตัวอย่างเพิ่มเติมสำหรับ **unless**

- I'll see you tomorrow **unless I have to work late**. (= except if I have to work late) ...**นอกเสียจากว่า**ฉันจะต้องทำงานจนดึก
- There are no buses to the beach. **Unless you have a car**, it's difficult to get there. (= except if you have a car) ...**นอกเสียจากว่า**คุณจะมีรถ
- 'Shall I tell Liz what happened?' '**Not unless** she asks you.' (= only if she asks you) ...'**เฉพาะถ้า**เธอถามคุณ**เท่านั้น**'
- Sally hates to complain. She wouldn't complain about something **unless it was really bad**. (= except if it was really bad) ...**นอกเสียจากว่า**มันจะแย่จริงๆ
- We can take a taxi to the restaurant – **unless you'd prefer to walk**. (= except if you'd prefer to walk) ...**นอกเสียจากว่า**คุณอยากจะเดินมากกว่า

อาจใช้ **if ... not** แทน **unless** ก็ได้ เช่น

- **Unless we leave now**, we'll be late. *หรือ* **If we don't leave now**, we'll ...

B As long as / provided / providing

as long as *หรือ* **so long as**
provided (that) *หรือ* **providing (that)** } สำนวนเหล่านี้แปลว่า 'ตราบเท่าที่' หรือ 'if' (= ถ้า) หรือ 'on condition that' (= โดยมีเงื่อนไขว่า)

ดังตัวอย่าง

- You can borrow my car { **as long as** / **so long as** } you promise not to drive too fast. ...**ถ้า / ตราบเท่าที่**คุณสัญญาจะไม่ขับเร็ว
(= คุณยืมรถของฉันได้ แต่คุณต้องสัญญาว่าจะไม่ขับเร็ว – นี่เป็นเงื่อนไข)
- Travelling by car is convenient { **provided (that)** / **providing (that)** } you have somewhere to park.
(= ถ้าหากว่าคุณมีที่จอด)
- { **Providing (that)** / **Provided (that)** } the room is clean, I don't mind which hotel we stay at.
(= ห้องต้องสะอาด – นอกจากนั้นฉันก็ไม่ว่าอะไร)

C Unless / as long as ฯลฯ สำหรับอนาคต

เมื่อคุณพูดถึงเรื่องในอนาคต *อย่า*ใช้ **will** หลัง **unless / as long as / so long as / provided / providing** ให้ใช้ present tense (ดู Unit 25) เช่น

- I'm not going out **unless** it **stops** raining. (*ไม่ใช่* unless it will stop)
- **Providing** the weather **is** good, we're going to have a picnic tomorrow.
(*ไม่ใช่* providing the weather will be good)

If ➜ Units 25, 38–40

Exercises

115.1 เขียนประโยคให้มีความหมายเหมือนกับประโยคเดิม โดยใช้ **unless**

1 You must try a bit harder or you won't pass the exam.
You won't pass the exam unless you try a bit harder.

2 Listen carefully or you won't know what to do.
You won't know what to do ....

3 She must apologise to me or I'll never speak to her again.
....

4 You have to speak very slowly or he won't be able to understand you.
....

5 Business must improve soon or the company will have to close.
....

115.2 เขียนประโยคโดยใช้ **unless**

1 The club isn't open to everyone. You're allowed in only if you're a member.
You aren't allowed in the club unless you're a member.

2 I don't want to go to the party alone. I'm going only if you go too.
I'm not going ....

3 Don't worry about the dog. It will attack you only if you move suddenly.
The dog ....

4 Ben isn't very talkative. He'll speak to you only if you ask him something.
Ben ....

5 Today is a public holiday. The doctor will see you only if it's an emergency.
The doctor ....

115.3 เลือกคำหรือสำนวนที่ถูกต้องสำหรับแต่ละประโยค

1 You can borrow my car unless / as long as you promise not to drive too fast.
(as long as *ถูกต้อง*)
2 I'm playing tennis tomorrow unless / providing it rains.
3 I'm playing tennis tomorrow unless / providing it doesn't rain.
4 I don't mind if you come home late unless / as long as you come in quietly.
5 I'm going now unless / provided you want me to stay.
6 I don't watch TV unless / as long as I've got nothing else to do.
7 Children are allowed to use the swimming pool unless / provided they are with an adult.
8 Unless / Provided they are with an adult, children are not allowed to use the swimming pool.
9 We can sit here in the corner unless / as long as you'd rather sit over there by the window.
10 A: Our holiday cost a lot of money.
B: Did it? Well, that doesn't matter unless / as long as you enjoyed yourselves.

115.4 เติมประโยคต่อไปนี้ให้สมบูรณ์ตามความคิดของคุณเอง

1 We'll be late unless *we get a taxi.*
2 I like hot weather as long as ....
3 It takes about 20 minutes to drive to the airport provided ....
4 I don't mind walking home as long as ....
5 I like to walk to work in the morning unless ....
6 We can meet tomorrow unless ....
7 I can lend you the money providing ....
8 You won't achieve anything unless ....

→ แบบฝึกหัดเสริม 32 (หน้า 321)

Unit 116

As (As I walked along the street … / As I was hungry …)

A

As = at the same time as (ในขณะที่ / เมื่อ)

ใช้ **as** เมื่อมีเหตุการณ์สองอย่างเกิดขึ้นในเวลาเดียวกัน เช่น

- We all waved goodbye to Liz **as** she drove away.
  (We **waved** and she **drove** away at the same time)
- **As** I walked along the street, I looked in the shop windows.
- Can you turn off the light **as** you go out, please?

หรือคุณอาจจะบอกว่าเกิดอะไรขึ้นในขณะที่**คุณกำลังทำ**อย่างอื่นอยู่ เช่น

- Kate slipped **as she was getting off** the bus.
- We met Paul **as we were leaving** the hotel.

สำหรับการใช้ past continuous (**was getting** / **were going** ฯลฯ) ดู Unit 6

ใช้ **just as** ในความหมาย 'exactly at that moment' (= ทันทีที่) เช่น

- **Just as** I sat down, the doorbell rang. **ทันทีที่**ฉันนั่งลง กริ่งประตูก็ดังขึ้น
- I had to leave **just as** the conversation was getting interesting.

เราก็ใช้ **as** เมื่อมีเหตุการณ์สองอย่างเกิดขึ้นพร้อมกันเป็นเวลานานด้วย เช่น

- **As** the day went on, the weather got worse.
- I began to enjoy the job more **as** I got used to it.

the day went on

the weather got worse

เปรียบเทียบ **as** และ **when** ในประโยคต่อไปนี้

เราใช้ **as** ถ้าเหตุการณ์สองอย่างเกิดขึ้นในเวลาเดียวกันเท่านั้น	ใช้ **when** (*ไม่ใช่* as) ถ้าเหตุการณ์หนึ่งเกิดขึ้นหลังอีกเหตุการณ์หนึ่ง
As I drove home, I listened to music. (= เกิดขึ้นในเวลาเดียวกัน)	**When I got home**, I had something to eat. (*ไม่ใช่* As I got home)

B

As = because (เพราะว่า / ด้วยเหตุผลว่า)

as บางครั้งมีความหมายในเชิงบอกเหตุผลเหมือนกับ 'because' เช่น

- **As I was hungry**, I decided to find somewhere to eat. (= because I was hungry)
- **As we have plenty of time** before our flight, let's go and have a coffee.
- We watched TV all evening **as we didn't have anything better to do**.
- **As I don't watch television any more**, I gave my TV to a friend of mine.

เราสามารถใช้ **since** ในประโยคลักษณะนี้ได้ด้วย เช่น

- **Since** we have plenty of time, let's go and have a coffee.

เปรียบเทียบ **as** (= because) และ **when** ในประโยคต่อไปนี้

I couldn't contact David **as he was on holiday**. (= เพราะเขาหยุดพักผ่อน)	David's passport was stolen **when he was on holiday**. (= ในช่วงที่เขาไม่อยู่)
As they lived near us, we used to see them quite often. (= เพราะพวกเขาอาศัยอยู่ใกล้เรา)	**When they lived near us**, we used to see them quite often. (= ในช่วงเวลาที่เขาเคยอยู่ใกล้เรา)

As … as ➜ **Unit 107** **Like** และ **as** ➜ **Unit 117** **As if** ➜ **Unit 118**

Exercises

116.1 (ดูข้อ A หน้าซ้ายมือ) เชื่อมประโยคในกรอบด้านซ้ายกับกรอบด้านขวาด้วย **as**

1 ~~We all waved goodbye to Liz~~	we were driving along the road
2 I listened	I was taking a hot dish out of the oven
3 I burnt myself	~~she drove away~~
4 The crowd cheered	she told me her story
5 A dog ran out in front of the car	the two teams came onto the field

1 *We all waved goodbye to Liz as she drove away.*
2 ……
3 ……
4 ……
5 ……

116.2 (ดูข้อ B หน้าซ้ายมือ) เชื่อมประโยคในกรอบด้านซ้ายกับกรอบด้านขวาโดยขึ้นต้นประโยคด้วย **as**

1 ~~I was hungry~~	I need some advice
2 today is a public holiday	I was very quiet
3 I didn't want to disturb anybody	~~I decided to find somewhere to eat~~
4 I don't know what to do	we didn't know what time it was
5 none of us had a watch	many of the shops are shut

1 *As I was hungry, I decided to find somewhere to eat.*
2 ……
3 ……
4 ……
5 ……

116.3 **as** ในประโยคต่อไปนี้หมายความว่าอย่างไร

	because	*at the same time as*
1 **As** they live near us, we see them quite often.	✓	
2 Kate slipped **as** she was getting off the bus.		✓
3 **As** I was tired, I went to bed early.		
4 Unfortunately, **as** I was parking the car, I hit the car behind me.		
5 **As** we climbed the hill, we got more and more tired.		
6 We decided to go out to eat **as** we had no food at home.		
7 **As** we don't use the car very often, we've decided to sell it.		

116.4 บางประโยคต่อไปนี้ต้องใช้ **when** (ไม่ใช่ **as**) แก้ประโยคให้ถูกต้องเมื่อจำเป็น

1 Julia got married as she was 22. …… *when she was 22*
2 As the day went on, the weather got worse. …… *OK*
3 He dropped the glass as he was taking it out of the cupboard. ……
4 I lost my phone as I was in London. ……
5 As I left school, I didn't know what to do. ……
6 The train slowed down as it approached the station. ……
7 I used to live near the sea as I was a child. ……

116.5 เติมประโยคให้สมบูรณ์ด้วยความคิดของคุณเอง

1 I saw you as ……
2 It started to rain just as ……
3 As I didn't have enough money for a taxi, ……
4 Just as I took the picture, ……

➜ แบบฝึกหัดเสริม 32 (หน้า 321)

Unit 117

Like และ as

A

like = 'similar to'('คล้ายกับ') หรือ 'the same as' ('เหมือนกับ') โปรดระวังว่าจะใช้ **as** ในความหมายดังต่อไปนี้ไม่ได้

- What a beautiful house! It's **like a palace**. (*ไม่ใช่* as a palace)
- 'What does Sandra do?' 'She's a teacher, **like me**.' (*ไม่ใช่* as me)
- Be careful! The floor has been polished. It's **like walking on ice**. (*ไม่ใช่* as walking)
- It's raining again. I hate weather **like this**. (*ไม่ใช่* as this)

ในประโยคข้างต้นนั้น **like** เป็น preposition (คำบุพบท) ดังนั้น จึงต้องตามด้วย noun (คำนาม) เช่น like **a palace** หรือ pronoun (สรรพนาม) เช่น like **me** / like **this** หรือ **-ing** เช่น like **walking**

คุณอาจจะใช้ like ในลักษณะ '… **like** (somebody/something) **doing** something' ก็ได้ เช่น

- 'What's that noise?' 'It sounds **like a baby crying**.' …'เสียงเหมือนกับเด็กร้องไห้'

บางครั้ง **like** มีความหมายว่า for example หรือ 'เป็นต้นว่า' เช่น

- I enjoy water sports, **like surfing, scuba diving and water skiing**.

such as ก็มีความหมายว่า for example ด้วย เช่น

- I enjoy water sports, **such as surfing, scuba diving and water skiing**.

B

as = in the same way as (เหมือนกับ) หรือ in the same condition as (ในสภาพเดียวกันกับ) เราใช้ **as** ข้างหน้าโครงสร้าง subject + verb เช่น

- I didn't move anything. I left everything **as it was**. …ฉันทิ้งทุกอย่างไว้**เหมือนกับที่มันเคยเป็น**
- You should have done it **as I showed you**. คุณควรจะทำ**เหมือนที่ฉันแสดงให้คุณดู**

เราใช้ **like** ในประโยคลักษณะนี้ด้วย เช่น

- I left everything **like it was**.

เปรียบเทียบ **as** และ **like** ในประโยคต่อไปนี้

- You should have done it **as I showed you**. *หรือ* … **like I showed you**.
- You should have done it **like this**. (*ไม่ใช่* as this)

โปรดสังเกตเราใช้สำนวน **as usual** / **as always** ด้วย เช่น

- You're late **as usual**. คุณมาสาย**เช่นเคย**
- **As always**, Nick was the first to complain.

C

บางครั้ง **as** (+ subject + verb) ก็มีอีกความหมายหนึ่ง ยกตัวอย่างเช่น เมื่ออยู่หลัง **do** เช่น

- You can do **as you like**. (= do what you like) …ทำ**ตามที่คุณชอบ**
- They did **as they promised**. (= They did what they promised.) พวกเขาทำ**ตามที่สัญญา**

เรามีสำนวน **as you know** / **as I said** / **as she expected** / **as I thought** ฯลฯ ด้วย ดังตัวอย่าง

- **As you know**, it's Emma's birthday next week. (= you know this already) **ตามที่คุณทราบ**…
- Andy failed his driving test, **as he expected**. (= he expected this before) …**ตามที่เขาคาดไว้**

like มักไม่ค่อยใช้ในประโยคลักษณะนี้ นอกเสียจากว่าจะใช้กับ **say** (**like I said**) เช่น

- **As I said** yesterday, I'm sure we can solve the problem. *หรือ* **Like I said** yesterday …

D

as เป็น preposition (คำบุพบท) ด้วยเหมือนกัน แต่มีความหมายต่างจาก **like**
เปรียบเทียบประโยคต่อไปนี้

As a taxi driver, I spend most of my working life in a car. **ในฐานะคนขับรถแท็กซี่**… (I am a taxi driver, that is my job)	Everyone wants me to drive them to places. I'm **like a taxi driver**. …**เหมือนกับคนขับรถแท็กซี่** (I'm not a taxi driver, but I'm like one)

as (preposition) = in the position of (เป็น / ในตำแหน่งของ) หรือ in the form of (ในลักษณะของ / ในแบบของ) ฯลฯ เช่น

- Many years ago I worked **as a photographer**. (*ไม่ใช่* like a photographer)
- Many words, for example 'work' and 'rain', can be used **as verbs or nouns**.
- London is fine **as a place to visit**, but I wouldn't like to live there.
- The news of the tragedy came **as a great shock**.

As … as ➜ **Unit 107** **As** (= at the same time as / because) ➜ **Unit 116** **As if** ➜ **Unit 118**

Exercises

117.1 บางประโยคต่อไปนี้คุณต้องใช้ **like** (ไม่ใช่ **as**) แก้ให้ถูกต้องเมื่อจำเป็น

1 It's raining again. I hate weather as this. .... *weather like this*
2 Andy failed his driving test, as he expected. .... *OK*
3 Do you think Lisa looks as her mother? ....
4 Tim gets on my nerves. I can't stand people as him. ....
5 Why didn't you do it as I told you to do it? ....
6 Brian is a student, as most of his friends. ....
7 You never listen. Talking to you is as talking to the wall. ....
8 As I said before, I'm thinking of changing my job. ....
9 Tom's idea seems a good one. Let's do as he suggests. ....
10 I'll phone you tomorrow as usual, OK? ....
11 Suddenly there was a terrible noise. It was as a bomb exploding. ....
12 She's a very good swimmer. She swims as a fish. ....

117.2 เติมประโยคให้สมบูรณ์โดยใช้ **like** หรือ **as** + คำหรือข้อความในกรอบ

a beginner	**blocks of ice**	~~**a palace**~~	**a birthday present**
a child	**a theatre**	**winter**	**a tour guide**

1 This house is beautiful. It's *like a palace.*
2 My feet are really cold. They're ....
3 I've been playing tennis for years, but I still play ....
4 Marion once had a part-time job ....
5 I wonder what that building is. It looks ....
6 My brother gave me this watch .... a long time ago.
7 It's very cold for the middle of summer. It's ....
8 He's 22 years old, but he sometimes behaves ....

117.3 เติม **like** หรือ **as** บางประโยคสามารถใช้ได้ทั้งสองคำ

1 We heard a noise *like* a baby crying.
2 Your English is very fluent. I wish I could speak .... you.
3 Don't take my advice if you don't want to. You can do .... you like.
4 You waste too much time doing things .... sitting in cafés all day.
5 I wish I had a car .... yours.
6 You don't need to change clothes. You can go out .... you are.
7 My neighbour's house is full of interesting things. It's .... a museum.
8 We saw Kevin last night. He was very cheerful, ... always.
9 Sally has been working .... a waitress for the last two months.
10 In several countries in Asia, ... Japan, Indonesia and Thailand, traffic drives on the left.
11 You're different from the other people I know. I don't know anyone else .... you.
12 We don't need all the bedrooms in the house, so we use one of them .... a study.
13 The news that Sarah and Gary were getting married came .... a complete surprise to me.
14 .... her father, Catherine has a very good voice.
15 At the moment I've got a temporary job in a bookshop. It's not great, but it's OK .... a temporary job.
16 .... you can imagine, we were very tired after such a long journey.
17 This tea is awful. It tastes .... water.
18 I think I prefer this room .... it was, before we decorated it.

Unit 118

Like / as if / as though

A

คุณอาจใช้ **like** เพื่อบอกว่าบางคนหรือบางสิ่งมีลักษณะ (**look**) / เสียง (**sound**) / ความรู้สึก (**feel**) เช่นใด เช่น

- That house **looks like** it's going to fall down. ...มองดูคล้ายกับว่า...
- Helen **sounded like** she had a cold, didn't she? ...พูดเสียงคล้ายกับว่า...
- I've just got back from holiday, but I feel very tired. I don't **feel like** I've had a holiday. ...ไม่รู้สึกคล้ายกับว่า...

คุณอาจใช้ **as if** หรือ **as though** แทน ในตัวอย่างเหล่านี้ได้ด้วย เช่น

- That house **looks as if** it's going to fall down.
- Helen **sounded as if** she had a cold, didn't she?
- I don't **feel as though** I've had a holiday.

เปรียบเทียบรูปประโยคต่อไปนี้

- You **look tired**. (**look** + adjective) คุณดูเหนื่อย
  You **look like you haven't slept**. (**look like** + subject + verb) มองดูคล้ายกับว่าคุณยังไม่ได้นอน

as if และ **as though** จะเป็นทางการมากกว่า **like**

B

คุณอาจพูดว่า **It looks like** ... / **It sounds like** ... เช่น

- Sarah is very late, isn't she? **It looks like** she isn't coming. ...ดูคล้ายกับว่า...
- We took an umbrella because **it looked like** it was going to rain. ...ดูท่าคล้ายกับว่า...
- The noise is very loud next door. **It sounds like** they're having a party. ...ฟังดูคล้ายกับว่า...

คุณใช้ **as if** หรือ **as though** ได้ด้วย เช่น

- It **looks as if** she isn't coming. *หรือ*
  It **looks as though** she isn't coming.
- It **looked as if** it was going to rain.
- It **sounds as though** they're having a party.

C

คุณอาจใช้ **like / as if / as though** กับคำกริยาอื่นๆ ก็ได้ เพื่อบอกว่าใครทำอะไรอย่างไร เช่น

- He ran **like he was running for his life**. เขาวิ่ง**ราวกับว่ากำลังวิ่งหนีอันตราย**
- After the interruption, the speaker went on talking **as if nothing had happened**. ...ผู้พูดพูดต่อไปเรื่อยๆ **ราวกับว่าไม่มีอะไรเกิดขึ้น**
- When I told them my plan, they looked at me **as though I was mad**. ...พวกเขามองดูฉัน**ราวกับว่าฉันบ้า**

D

หลัง **as if** (หรือ **as though**) บางครั้งก็ใช้คำกริยารูป past ทั้งๆ ที่กำลังพูดถึงเรื่องในปัจจุบัน ดังตัวอย่าง

- I don't like Tim. He talks as if he **knew** everything.

ความหมายของเวลาในประโยคนี้ไม่ใช่ past การใช้รูป past tense ใน 'as if he **knew**' (ราวกับว่าเขารู้) บอกให้เราทราบว่า นั่นไม่ใช่ความจริง ความเป็นจริงก็คือ Tim ไม่ได้รู้ไปเสียทุกเรื่อง เราใช้รูป past ในลักษณะเดียวกับการใช้ในประโยคที่มี if และ wish (ดู Unit 39)
like จะไม่ค่อยใช้ในลักษณะนี้

ตัวอย่างเพิ่มเติม

- She's always asking me to do things for her – **as if I didn't** have enough to do already. (*ที่จริง* ฉันมีงานทำมากพอ)
- Gary's only 40. Why do you talk about him **as if he was** an old man? (*ที่จริง* เขาไม่ใช่ชายแก่)

การใช้รูปของคำกริยาเป็น past เพื่อสื่อความหมายว่าสิ่งที่พูดนั้นไม่ใช่ความจริง เราอาจใช้ were แทน was ก็ได้ เช่น

- Why do you talk about him **as if he were** (*หรือ* **was**) an old man?
- They treat me **as if I were** (*หรือ* **was**) their own son. (จริงๆแล้ว ฉันไม่ใช่ลูกของพวกเขา)

If I was/were → Unit 39C **Look/sound** ฯลฯ + adjective **→ Unit 99C** **Like** และ **as → Unit 117**

Exercises

118.1 คุณจะพูดอย่างไรในสถานการณ์ต่าง ๆ ต่อไปนี้ แต่งประโยคโดยใช้คำในวงเล็บ

1 You meet Bill. He has a black eye and some plasters on his face. (look / like / be / a fight)
คุณพูดกับเขาว่า *You look like you've been in a fight.*

2 Claire comes into the room. She looks absolutely terrified. (look / like / see / a ghost)
คุณพูดกับเธอว่า What's the matter? You ……

3 Joe is on holiday. He's talking to you on the phone and sounds happy. (sound / as if / have / a good time)
คุณพูดกับเขาว่า You ……

4 You have just run one kilometre. You are absolutely exhausted. (feel / like / run / a marathon)
คุณพูดกับเพื่อนว่า I ……

118.2 เขียนประโยคโดยขึ้นต้นด้วย **It looks like … / It sounds like …**

you should see a doctor	there's been an accident	they're having an argument
it's going to rain	~~she isn't coming~~	we'll have to walk

1 Sarah said she would be here an hour ago.
คุณพูดว่า *It looks like she isn't coming.*

2 The sky is full of black clouds.
คุณพูดว่า It ……

3 You hear two people shouting at each other next door.
คุณพูดว่า ……

4 You see an ambulance, some policemen and two damaged cars at the side of the road.
คุณพูดว่า ……

5 You and a friend have just missed the last bus home.
คุณพูดว่า ……

6 Dave isn't feeling well. He tells you all about it.
คุณพูดว่า ……

118.3 เขียนประโยคโดยขึ้นต้นด้วย **as if** เลือกคำจากในกรอบด้านล่าง และใช้รูปกริยาให้ถูกต้อง

she / enjoy / it	I / go / be sick	he / not / eat / for a week
~~he / need / a good rest~~	she / hurt / her leg	he / mean / what he / say
I / not / exist	she / not / want / come	

1 Mark looks very tired. He looks *as if he needs a good rest.*
2 I don't think Paul was joking. He looked …… .
3 What's the matter with Amanda? She's walking …… .
4 Peter was extremely hungry and ate his dinner very quickly.
He ate …… .
5 Tanya had a bored expression on her face during the movie.
She didn't look …… .
6 I've just eaten too many chocolates. Now I don't feel well.
I feel …… .
7 I phoned Liz and invited her to the party, but she wasn't very enthusiastic about it.
She sounded …… .
8 I went into the office, but nobody spoke to me or looked at me.
Everybody ignored me …… .

118.4 ประโยคต่อไปนี้มีลักษณะคล้ายกับในข้อ D หน้าซ้ายมือ เติมประโยคให้สมบูรณ์โดยใช้ **as if**

1 Andy is a terrible driver. He drives *as if he were* the only driver on the road.
2 I'm 20 years old, so please don't talk to me …… I …… a child.
3 Steve has never met Nicola, but he talks about her …… his best friend.
4 It was a long time ago that we first met, but I remember it …… yesterday.

Unit 119

For, during และ while

A For และ during

เราใช้ **for** + ระยะเวลา เพื่อบอกว่าเหตุการณ์ดำเนินอยู่เป็นเวลานานเท่าใด เช่น

for **two hours** เป็นเวลา **2 ชั่วโมง** for **a week** เป็นเวลา **1 สัปดาห์** for **ages** เป็นเวลา**นานแสนนาน**

- We watched TV **for two hours** last night.
- Jess is going away **for a week** in September.
- Where have you been? I've been waiting **for ages**.
- Are you going away **for the weekend**?

I fell asleep **during the movie.**

ใช้ **during** + noun เพื่อบอกว่าเหตุการณ์เกิดขึ้นระหว่างช่วงเวลาใด (*ไม่ใช่*นานเท่าใด) เช่น

during **the movie**	during **our holiday**	during **the night**
ระหว่างดู**ภาพยนตร์**	ในช่วง**วันหยุดของเรา**	ในช่วง**กลางคืน**

- I fell asleep **during the movie**.
- We met some really nice people **during our holiday**.
- The ground is wet. It must have rained **during the night**.

เมื่อใช้ 'time words' (คำบอกเวลา) เช่น **the morning / the afternoon / the summer** โดยปกติเราใช้ **in** หรือ **during** เช่น

- It must have rained **in the night**. *หรือ* ... **during the night**.
- I'll phone you sometime **during the afternoon**. *หรือ* ... **in the afternoon**.

คุณจะใช้ **during** เพื่อบอกว่าเหตุการณ์ดำเนินไปนานเท่าใดไม่ได้ เช่น

- It rained **for** three days without stopping. (*ไม่ใช่* during three days)

เปรียบเทียบการใช้ **during** และ **for** ในประโยคต่อไปนี้

- I fell asleep **during the movie**. I was asleep **for half an hour**.

B During และ while

เปรียบเทียบ

ใช้ **during** + noun	ใช้ **while** + subject + verb
I fell asleep **during the movie**. (*noun*)	I fell asleep **while I was watching TV**. (*subject + verb*)
We met a lot of interesting people **during our holiday**.	We met a lot of interesting people **while we were on holiday**.
Robert suddenly began to feel ill **during the exam**.	Robert suddenly began to feel ill **while he was doing the exam**.

ตัวอย่างเพิ่มเติมสำหรับ **while**

- We saw Clare **while we were waiting** for the bus.
- **While you were** out, there was a phone call for you.
- Alex read a book **while I watched** TV.

Alex read a book **while I watched** TV.

เมื่อคุณพูดถึงเรื่องราวเกี่ยวกับอนาคต ให้ใช้ present (*ไม่ใช่* will) หลัง **while** เช่น

- I'm going to Singapore next week. I hope to see some friends of mine **while I'm** there. (*ไม่ใช่* while I will be there)
- What are you going to do **while** you**'re** waiting? (*ไม่ใช่* while you'll be waiting)

ดู Unit 25 ประกอบ

For และ **since** ➔ **Unit 12A** **While** + **-ing** ➔ **Unit 68B**

Exercises

119.1 เติม for หรือ during

1 It rained ...*for*... three days without stopping.
2 I fell asleep ...*during*... the movie.
3 I went to the theatre last night. I met Sue .... the interval.
4 Martin hasn't lived in Britain all his life. He lived in Brazil .... four years.
5 Production at the factory was seriously affected .... the strike.
6 I felt really ill last week. I could hardly eat anything .... three days.
7 I waited for you .... half an hour and decided that you weren't coming.
8 Sarah was very angry with me. She didn't speak to me .... a week.
9 We usually go out at weekends, but we don't go out .... the week very often.
10 Jack started a new job a few weeks ago. Before that he was out of work .... six months.
11 I need a break. I think I'll go away .... a few days.
12 The president gave a long speech. She spoke .... two hours.
13 We were hungry when we arrived. We hadn't had anything to eat .... the journey.
14 We were hungry when we arrived. We hadn't had anything to eat .... eight hours.

119.2 เติม during หรือ while

1 We met a lot of interesting people ...*while*... we were on holiday.
2 We met a lot of interesting people ...*during*... our holiday.
3 I met Mike .... I was shopping.
4 .... I was on holiday, I didn't read any newspapers or watch TV.
5 .... our stay in Paris, we went to a lot of museums and galleries.
6 My phone rang .... we were having dinner.
7 There was a lot of noise .... the night. What was it?
8 I'd been away for many years. .... that time, many things had changed.
9 What did they say about me .... I was out of the room?
10 I went out for dinner last night. Unfortunately I began to feel ill .... the meal and had to go home.
11 Please don't interrupt me .... I'm speaking.
12 There were many interruptions .... the president's speech.
13 Can you hold my bag .... I try on this jacket?
14 We were hungry when we arrived. We hadn't had anything to eat .... we were travelling.

119.3 เติมประโยคให้สมบูรณ์ตามความคิดของคุณเอง

1 I fell asleep while ...*I was watching TV.*...
2 I fell asleep during ...*the movie.*...
3 Nobody came to see me while ....
4 Can you wait for me while ....
5 Most of the students looked bored during ....
6 I was asked a lot of questions during ....
7 Don't open the car door while ....
8 The lights suddenly went out while ....
9 It started to rain during ....
10 It started to rain while ....
11 What are you going to do while ....

→ แบบฝึกหัดเสริม 33 (หน้า 321)

By และ until By the time ...

A

By ... = not later than (ไม่ช้ากว่า / ไม่เกิน)

- I sent the documents to them today, so they should receive them **by Monday**. (= on or before Monday, not later than Monday)
- We'd better hurry. We have to be home **by 5 o'clock**. (= at or before 5 o'clock, not later than 5 o'clock)
- Where's Sarah? She should be here **by now**. (= now or before now – so she should have already arrived)

This milk has to be used **by 14 August**.

B

เราใช้ **until** (*หรือ* **till**) เพื่อบอกว่า เหตุการณ์เกิดขึ้นต่อเนื่อง*จนถึงเวลาใด* เช่น

- 'Shall we go now?' 'No, let's **wait until** it stops raining.' *หรือ* '... **till** it stops raining.'
- I couldn't get up this morning. { I **stayed in bed until** half past ten. / I **didn't** get up **until** half past ten. }

เปรียบเทียบการใช้ **until** และ **by** ในประโยคต่อไปนี้

until – เหตุการณ์บางอย่าง*ดำเนินต่อเนื่อง***จนถึง**เวลาหนึ่งในอนาคต	**by** – เหตุการณ์บางอย่าง*เกิดขึ้น***ไม่เกิน**เวลาหนึ่งในอนาคต
Joe **will be away until** Monday. (so he'll be back *on* Monday) Joe **จะไม่อยู่จนถึง**วันจันทร์	Joe **will be back by** Monday. (= he'll be back not later than Monday) Joe **จะกลับไม่เกิน**วันจันทร์
I'll be working until 11.30. (so I'll stop working *at* 11.30) **ฉันจะทำงานจนถึง** 11.30 น.	**I'll have finished my work by** 11.30. (= I'll finish my work not later than 11.30.) **ฉันจะทำงานเสร็จไม่เกิน** 11.30 น.

C

คุณอาจใช้สำนวน '**by the time** something happens' พิจารณาตัวอย่างประโยคต่อไปนี้

- It's too late to go to the bank now. **By the time we get there**, it will be closed. (= the bank will close between now and the time we get there) ...**กว่าเราจะไปถึง** ธนาคารก็จะปิดแล้ว
- *(ในไปรษณียบัตร)* Our holiday ends tomorrow. So **by the time you receive this postcard**, I'll be back home. (= I will arrive home between tomorrow and the time you receive this postcard) ...**กว่าคุณจะได้รับไปรษณียบัตรใบนี้** ฉันคงไปถึงบ้านแล้ว
- Hurry up! **By the time we get to the cinema**, the film will already have started.

คุณอาจใช้สำนวน '**by the time** something happened' (ในอดีต) เช่น

- Karen's car broke down on the way to the party last night. **By the time she arrived**, most of the other guests had left. ...**พอเธอไปถึงงาน** แขกส่วนใหญ่ก็กลับไปแล้ว
- I had a lot of work to do yesterday evening. I was very tired **by the time I finished**. ...ฉันเหนื่อยมาก **เมื่อทำงานเสร็จ**
- We went to the cinema last night. It took us a long time to find somewhere to park the car. **By the time we got to the cinema**, the film had already started. ...**พอเราไปถึงโรงภาพยนตร์** หนังก็เริ่มฉายแล้ว

by then *หรือ* **by that time** มีความหมายคล้ายกัน เช่น

- Karen finally got to the party at midnight, but **by then**, most of the other guests had left. *หรือ* ... but **by that time**, most of the other guests had left.

Will be doing และ **will have done** ➜ **Unit 24** **By** (ความหมายอื่นๆ) ➜ **Units 42B, 60B, 128**

Exercises

120.1 เติมประโยคให้สมบูรณ์ด้วย **by**

1 We have to be home not later than 5 o'clock.
We have to be home *by 5 o'clock.*
2 I have to be at the airport not later than 8.30.
I have to be at the airport ……
3 Let me know not later than Saturday whether you can come to the party.
…… whether you can come to the party.
4 Please make sure that you're here not later than 2 o'clock.
Please make sure that ……
5 If we leave now, we should arrive not later than lunchtime.
If we leave now, ……

120.2 เติม **by** หรือ **until**

1 Steve has gone away. He'll be away *until* Monday.
2 Sorry, but I must go. I have to be home …… 5 o'clock.
3 I've been offered a job. I haven't decided yet whether to accept it or not. I have to decide …… Friday.
4 I think I'll wait …… Thursday before making a decision.
5 It's too late to go shopping. The shops are open only …… 5.30 today. They'll be closed …… now.
6 I need to pay the phone bill. It has to be paid …… tomorrow.
7 Don't pay the bill today. Wait …… tomorrow.
8 A: Have you finished redecorating your house?
B: Not yet. We hope to finish …… the end of the week.
9 A: I'm going out now. I'll be back at about 10.30. Will you still be here?
B: I don't think so. I'll probably have gone out …… then.
10 I'm moving into my new flat next week. I'm staying with a friend …… then.
11 I've got a lot of work to do. …… the time I finish, it will be time to go to bed.
12 If you want to take part in the competition, you have to apply …… 3 April.

120.3 เติมประโยคให้สมบูรณ์ตามความคิดของคุณ โดยใช้ **by** หรือ **until**

1 David is away at the moment. He'll be away *until Monday.*
2 David is away at the moment. He'll be back *by Monday.*
3 I'm just going out. I won't be very long. Wait here …… .
4 I'm going out to buy a few things. It's 4.30 now. I won't be long. I'll be back …… .
5 If you want to apply for the job, your application must be received …… .
6 Last night I watched TV …… .

120.4 อ่านสถานการณ์ต่อไปนี้และเติมประโยคให้สมบูรณ์ โดยใช้ **By the time …**

1 I was invited to a party, but I got there much later than I intended.
By the time I got to the party, most of the other guests had left.
2 I intended to catch a train, but it took me longer than expected to get to the station.
……, my train had already left.
3 I wanted to go shopping after finishing my work. But I finished much later than expected.
……, it was too late to go shopping.
4 I saw two men who looked as if they were trying to steal a car. I called the police, but it was some time before they arrived.
……, the two men had disappeared.
5 We climbed a mountain and it took us a very long time to get to the top. There wasn't much time to enjoy the view.
……, we had to come down again.

➜ แบบฝึกหัดเสริม 33 (หน้า 321)

Unit 121

At/on/in (เวลา)

A

เปรียบเทียบการใช้ **at, on** และ **in** ในการบอกเวลา

- They arrived **at 5 o'clock**.
- They arrived **on Friday**.
- They arrived **in October**. / They arrived **in 1998**.

เราใช้

at กับเวลาต่างๆ เช่น
at five o'clock **at 11.45** **at midnight** **at lunchtime** **at sunset** ฯลฯ

on กับวันและวันที่ เช่น
on Friday / on Fridays **on 16 May 2009** **on Christmas Day** **on my birthday**

in กับช่วงเวลาที่นาน (เดือน / ปี / ฤดู) เช่น

in October	**in 1998**	**in the eighteenth century**	**in the past**
in (**the**) **winter**	**in the 1990s**	**in the Middle Ages**	**in** (**the**) **future**

B

เราใช้ **at** ในสำนวนต่างๆ ต่อไปนี้

at night	I don't like working **at night**.
at the weekend / at weekends	Will you be here **at the weekend**?
at Christmas	Do you give each other presents **at Christmas**?
at the moment / at present	The manager isn't here **at the moment / at present**.
at the same time	Kate and I arrived **at the same time**.

C

เราพูดว่า

in the morning(**s**)	*แต่*	**on Friday morning**(**s**)
in the afternoon(**s**)		**on Sunday afternoon**(**s**)
in the evening(**s**)		**on Monday evening**(**s**) ฯลฯ

- I'll see you **in the morning**.
- Do you work **in the evenings**?
- I'll see you **on Friday morning**.
- Do you work **on Saturday evenings**?

D

อย่าใช้ **at/on/in** นำหน้า **last/next/this/every** เช่น

- I'll see you **next Friday**. (*ไม่ใช่* on next Friday)
- They got married **last March**.

ในภาษาพูด เรามักละ **on** ที่วางอยู่หน้าวัน (**Sunday/Monday** ฯลฯ) ดังนั้นคุณจะพูดว่า

- I'll see you **on Friday**. *หรือ* I'll see you **Friday**.
- I don't work **on Monday mornings**. *หรือ* I don't work **Monday mornings**.

E

In a few minutes / in six months ฯลฯ แสดงถึงระยะเวลาในอนาคต เช่น

- The train will be leaving **in a few minutes**. (= a few minutes from now) (= อีก 2–3 นาทีข้างหน้า)
- Andy has gone away. He'll be back **in a week**. (= a week from now)
- They'll be here **in a moment**. (= a moment from now)

คุณสามารถใช้ in six months' **time**, in a week's **time** ฯลฯ ได้ด้วย เช่น

- They're getting married in **six months' time**. *หรือ* ... **in six months**.

เราใช้ **in** ... เพื่อบอกว่าเราใช้เวลานานเท่าใดในการทำอะไรบางอย่างด้วย เช่น

- I learnt to drive **in four weeks**. (= it took me four weeks to learn) (= ฉันใช้เวลาหัดขับรถ 4 เดือน)

On/in time, at/in the end ➔ Unit 122 In/at/on (สถานที่) ➔ Units 123–125
In/at/on (ความหมายอื่นๆ) ➔ Unit 127 ภาษาอังกฤษแบบอเมริกัน ➔ ภาคผนวก 7

Exercises

121.1 เติม **at**, **on** หรือ **in**

1 Mozart was born in Salzburg *in* 1756.
2 I've been invited to a wedding .... 14 February.
3 Electricity prices are going up .... October.
4 .... weekends, we often go for long walks in the country.
5 I haven't seen Kate for a few days. I last saw her .... Tuesday.
6 Jonathan is 63. He'll be retiring from his job .... two years' time.
7 I'm busy right now, but I'll be with you .... a moment.
8 My brother is an engineer, but he doesn't have a job .... the moment.
9 There are usually a lot of parties .... New Year's Eve.
10 I don't like driving .... night.
11 My car is being repaired at the garage. It will be ready .... two hours.
12 My phone and the doorbell rang .... the same time.
13 Mary and David always go out for dinner .... their wedding anniversary.
14 It was a short book and easy to read. I read it .... a day.
15 .... Saturday night I went to bed .... midnight.
16 We travelled overnight and arrived .... 5 o'clock .... the morning.
17 The course begins .... 7 January and ends sometime .... April.
18 I might not be at home .... Tuesday morning, but I'll be there .... the afternoon.

121.2 เติมประโยคให้สมบูรณ์ แต่ละครั้งใช้ **at**, **on** หรือ **in** + คำหรือกลุ่มคำที่กำหนดให้ในกรอบ

the evening	**about 20 minutes**	~~**1492**~~	**the same time**
the moment	**21 July 1969**	**the 1920s**	**night**
Saturdays	**the Middle Ages**	**11 seconds**	

1 Columbus made his first voyage from Europe to America *in 1492.*
2 If the sky is clear, you can see the stars ....
3 After working hard during the day, I like to relax ....
4 Neil Armstrong was the first man to walk on the moon ....
5 It's difficult to listen if everyone is speaking ....
6 Jazz became popular in the United States ....
7 I'm just going out to the shop. I'll be back ....
8 'Can I speak to Dan?' 'I'm afraid he's busy ....'
9 Many of Europe's great cathedrals were built ....
10 Ben is a very fast runner. He can run 100 metres ....
11 Liz works from Monday to Friday. Sometimes she also works ....

121.3 ข้อใดต่อไปนี้ถูกต้อง ข้อ **a** หรือ ข้อ **b** หรือถูกทั้งคู่

	a	b	
1	I'll see you on Friday.	I'll see you Friday.	*both*
2	I'll see you on next Friday.	I'll see you next Friday.	*b*
3	Paul got married in April.	Paul got married April.	....
4	They never go out on Sunday evenings.	They never go out Sunday evenings.	....
5	We often have a short holiday on Christmas.	We often have a short holiday at Christmas.	....
6	What are you doing the weekend?	What are you doing at the weekend?	....
7	Will you be here on Tuesday?	Will you be here Tuesday?	....
8	We were ill at the same time.	We were ill in the same time.	....
9	Sue got married at 18 May 2008.	Sue got married on 18 May 2008.	....
10	He left school last June.	He left school in last June.	....

→ แบบฝึกหัดเสริม 33 (หน้า 321)

Unit 122

On time และ in time At the end และ in the end

A On time และ in time

on time = punctual, not late **ตรงเวลา**
ถ้าบางสิ่งบางอย่างเกิดขึ้น **on time** แปลว่าสิ่งนั้นเกิดขึ้น ณ เวลาที่วางแผนไว้ เช่น

- The 11.45 train left **on time**. (= it left at 11.45)
- 'I'll meet you at 7.30.' 'OK, but please be **on time**.' (= don't be late, be there at 7.30)
- The conference was well organised. Everything began and finished **on time**.

คำตรงกันข้ามของ **on time** คือ **late** = สาย

- Be **on time**. Don't be **late**.

in time (for something / to do something) = soon enough **ทันเวลา** เช่น

- Will you be home **in time for dinner**? (= soon enough for dinner)
- I've sent Tracey a birthday present. I hope it arrives **in time** (for her birthday). (= on or before her birthday)
- I'm in a hurry. I want to get home **in time to see** the game on TV. (= soon enough to see the game)

สำนวนตรงกันข้ามของ **in time** คือ **too late** = ช้าเกินไป / สายเกินไป เช่น

- I got home **too late** to see the game on TV.

สำนวน **just in time** (= almost too late) **ทันเวลาพอดี / เกือบจะสาย** เช่น

- We got to the station **just in time** for our train.
- A child ran into the road in front of the car – I managed to stop **just in time**.

B At the end และ in the end

at the end (of something) = at the time when something ends **(ในตอน) ท้าย** / **(ในตอน) ปลาย** ดังตัวอย่าง

at the end of the month	**at the end of January**	**at the end of the game**
at the end of the film	**at the end of the course**	**at the end of the concert**

- I'm going away **at the end of January / at the end of the month**.
- **At the end of the concert**, everyone applauded.
- The players shook hands **at the end of the game**.

คุณจะพูดว่า '**in** the end of …' ไม่ได้ ดังนั้น อย่าพูดว่า 'in the end of January' หรือ 'in the end of the concert'

สำนวนตรงกันข้ามของ **at the end (of …)** คือ **at the beginning (of …)** = (ใน) ตอนต้น เช่น

- I'm going away **at the beginning of January**. (*ไม่ใช่* in the beginning)

in the end = finally **ในที่สุด / สุดท้าย**

เราใช้ **in the end** เพื่อบอกให้ทราบว่า ในที่สุดสถานการณ์มีผลเป็นเช่นใด เช่น

- We had a lot of problems with our car. We sold it **in the end**. (= finally we sold it)
- He got more and more angry. **In the end** he just walked out of the room.
- Alan couldn't decide where to go for his holidays. He didn't go anywhere **in the end**. (*ไม่ใช่* at the end)

สำนวนตรงกันข้ามของ **in the end** โดยปกติ คือ **at first** = (ใน) **ตอนต้น / ครั้งแรก / ทีแรก** เช่น

- **At first** we didn't get on very well, but **in the end** we became good friends.

At/on/in (เวลา) ➜ **Unit 121**

Exercises

122.1 เติมประโยคให้สมบูรณ์ด้วย **on time** หรือ **in time**

1 The bus was late this morning, but it's usually *on time.*
2 The film was supposed to start at 8.30, but it didn't begin ....
3 I like to get up .... to have a big breakfast before going to work.
4 We want to start the meeting ...., so please don't be late.
5 I've just washed this shirt. I want to wear it this evening, so I hope it will be dry ....
6 The train service isn't very good. The trains are rarely ....
7 I nearly missed my flight this morning. I got to the airport just ....
8 I almost forgot that it was Joe's birthday. Fortunately I remembered ....
9 Why are you never ....? You always keep everybody waiting.

122.2 อ่านสถานการณ์แล้วเขียนประโยคโดยใช้คำในวงเล็บและ **just in time**

1 A child ran into the road in front of your car. You saw the child at the last moment.
(manage / stop) *I managed to stop just in time.*
2 You were walking home. Just after you got home, it started to rain very heavily.
(get / home) I ....
3 Tim was going to sit on the chair you had just painted. You said, 'Don't sit on that chair!', so he didn't. (stop / him) I ....
4 You and a friend went to the cinema. You were late, and you thought you would miss the beginning of the film. But the film began just as you sat down in the cinema.
(get / cinema / beginning / film)
We ....

122.3 เติมประโยคให้สมบูรณ์โดยใช้ **at the end** + คำที่กำหนดให้

the course ~~**the game**~~ **the interview** **the month** **the race**

1 The players shook hands *at the end of the game.*
2 I usually get paid ....
3 The students had a party ....
4 Two of the runners collapsed ....
5 To my surprise, I was offered the job ....

122.4 เขียนประโยคโดยใช้ **In the end** และคำในวงเล็บ

1 We had a lot of problems with our car. (sell) *In the end we sold it.*
2 Anna got more and more fed up with her job.
(resign) ....
3 I tried to learn German, but I found it too difficult.
(give up) ....
4 We couldn't decide whether to go to the party or not.
(not / go) ....

122.5 เติม **at** หรือ **in**

1 I'm going away *at* at the end of the month.
2 It took me a long time to find a job. .... the end I got a job in a hotel.
3 Are you going away .... the beginning of August or .... the end?
4 I couldn't decide what to buy Laura for her birthday. I didn't buy her anything .... the end.
5 We waited ages for a taxi. We gave up .... the end and walked home.
6 I'll be moving to a new address .... the end of September.
7 We had a few problems at first, but .... the end everything was OK.
8 I'm going away .... the end of this week.
9 A: I didn't know what to do.
B: Yes, you were in a difficult position. What did you do .... the end?

In/at/on (สถานที่) 1

A

in (= ใน) พิจารณาตัวอย่างต่อไปนี้

in a room
in a building
in a box

in a garden
in a town/country
in the city centre

in a pool
in the sea
in a river

- There's no-one **in the room** / **in the building** / **in the garden**.
- What have you got **in your hand** / **in your mouth**?
- When we were **in Italy**, we spent a few days **in Venice**.
- I have a friend who lives **in a small village in the mountains**.
- There were some people swimming **in the pool** / **in the sea** / **in the river**.

B

at (= ที่) พิจารณาตัวอย่างต่อไปนี้

at the bus stop

at the door

at the roundabout

at reception

- Who is that man standing **at the bus stop** / **at the door** / **at the window**?
- Turn left **at the traffic lights** / **at the church** / **at the roundabout** / **at the junction**.
- We have to get off the bus **at the next stop**.
- When you leave the hotel, please leave your key **at reception**. (= at the reception desk)

C

on (= บน) พิจารณาตัวอย่างต่อไปนี้

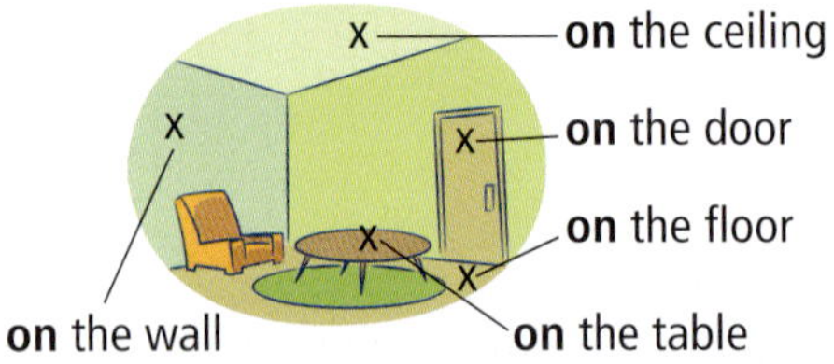

on her nose

on a page

on an island

- I sat **on the floor** / **on the ground** / **on the grass** / **on the beach** / **on a chair**.
- There's a dirty mark **on the wall** / **on the ceiling** / **on your nose** / **on your shirt**.
- Have you seen the notice **on the notice board** / **on the door**?
- You'll find details of TV programmes **on page seven** (of the newspaper).
- The hotel is **on a small island** in the middle of a lake.

D

เปรียบเทียบการใช้ **in** และ **at** ต่อไปนี้

- There were a lot of people **in the shop**. It was very crowded.
  Go along this road, then turn left **at the shop**.
- I'll meet you **in the hotel lobby**.
  I'll meet you **at the entrance to the hotel**.

เปรียบเทียบการใช้ **in** และ **on** ต่อไปนี้

- There is some water **in the bottle**.
  There is a label **on the bottle**.

เปรียบเทียบการใช้ **at** และ **on** ต่อไปนี้

- There is somebody **at the door**. Shall I go and see who it is?
  There is a notice **on the door**. It says 'Do not disturb'.

In/at/on (สถานที่) 2–3 ➜ **Units 124–125**

Exercises

123.1 ตอบคำถามเกี่ยวกับภาพต่อไปนี้ ใช้ **in**, **at** หรือ **on** กับคำที่กำหนดให้ใต้ภาพ

1 Where's the label? *On the bottle.*
2 Where's the fly? ……
3 Where is the car waiting? ……
4 a Where's the notice? ……
  b Where's the key? ……
5 Where are the shelves? ……
6 Where's the Eiffel Tower? ……
7 a Where's the man standing? ……
  b Where's the bird? ……
8 Where are the children playing? ……

123.2 เติมประโยคให้สมบูรณ์โดยใช้ **in**, **at** หรือ **on** + คำที่กำหนดให้

the window	**your coffee**	**the mountains**	**that tree**
my guitar	~~**the river**~~	**the island**	**the next petrol station**

1 Look at those people swimming *in the river.*
2 One of the strings …… is broken.
3 There's something wrong with the car. We'd better stop …… .
4 Would you like sugar …… ?
5 The leaves …… are a beautiful colour.
6 Last year we had a wonderful skiing holiday …… .
7 There's nobody living …… . It's uninhabited.
8 He spends most of the day sitting …… and looking outside.

123.3 เติมประโยคให้สมบูรณ์ด้วย **in**, **at** หรือ **on**

1 There was a long queue of people *at* the bus stop.
2 Nicola was wearing a silver ring …… her little finger.
3 There was an accident …… the crossroads this morning.
4 I wasn't sure whether I had come to the right office. There was no name …… the door.
5 There are some beautiful trees …… the park.
6 You'll find the sports results …… the back page of the newspaper.
7 I wouldn't like an office job. I couldn't spend the whole day sitting …… a computer.
8 My brother lives …… a small village …… the southwest of England.
9 The man the police are looking for has a scar …… his right cheek.
10 The headquarters of the company are …… Milan.
11 I like that picture hanging …… the wall …… the kitchen.
12 If you come here by bus, get off …… the stop after the traffic lights.

→ แบบฝึกหัดเสริม 34 (หน้า 322)

Unit 124 In/at/on (สถานที่) 2

A

เราพูดว่า somebody/something is

in a line / in a row / in a queue	**in bed**
in the sky / in the world	**in the country / in the countryside**
in an office / in a department	**in a picture / in a photo / in a photograph**
in a book / in a paper (= newspaper) **/ in a magazine / in a letter**	

- When I go to the cinema, I like to sit **in the front row**.
- James isn't up yet. He's still **in bed**.
- It was a lovely day. There wasn't a cloud **in the sky**.
- I've just started working **in the sales department**.
- Who is the woman **in that photo**?
- Have you seen this picture **in today's paper**?

in a row

B

on the left / on the right	**on the left-hand side / on the right-hand side**
on the ground floor / on the first floor / on the second floor ฯลฯ	
on a map / on a menu / on a list	
on a farm	

- In Britain we drive **on the left.** *หรือ* ... **on the left-hand side.**
- Our flat is **on the second floor** of the building.
- Here's a shopping list. Don't buy anything that's not **on the list**.
- Have you ever worked **on a farm**?

เราใช้ on เพื่อบอกสถานที่ **on a river / on a road / on the coast** เช่น

- Budapest is **on the** (River) **Danube**.
- The town where you live – is it **on the coast** or inland?

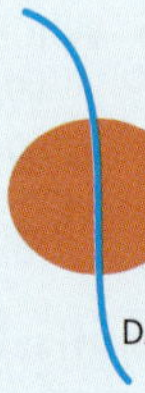

เราใช้สำนวน **on the way** เช่น

- We stopped to buy some things in a shop **on the way** home.
  เราหยุดเพื่อซื้อของจากร้านค้าแห่งหนึ่ง**ระหว่างทาง**กลับบ้าน

C

เราใช้ **at the top** (of) / **at the bottom** (of) / **at the end** (of) เช่น

- Write your name **at the top of the page**.
- Jane's house is **at the other end of the street**.

at the top (of the page)

at the bottom (of the page)

D

เราใช้ **in the front / in the back** of a car เช่น

- I was sitting **in the back** (of the car) when we crashed.

เราใช้ **at the front / at the back** of a building / theatre / group of people ฯลฯ เช่น

- The garden is **at the back of the house**.
- Let's sit **at the front** (of the cinema).
- We were **at the back**, so we couldn't see very well.

เราใช้ **on the front / on the back** of a letter / piece of paper ฯลฯ เช่น

- I wrote the date **on the back of the photo**.

at the back

at the front

E

เราใช้ **in the corner** of a room เช่น

- The TV is **in the corner** of the room.

เราใช้ **at the corner** *หรือ* **on the corner** of a street เช่น

- There is a small shop **at/on the corner** of the street.

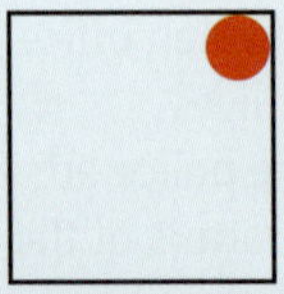

in the corner

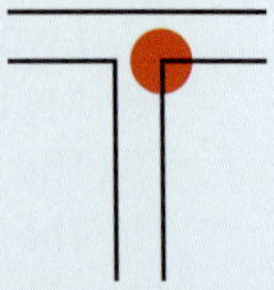

at/on the corner

In the world → Unit 108D **In/at/on** (สถานที่) **→ Units 123, 125** ภาษาอังกฤษแบบอเมริกัน **→ ภาคผนวก 7**

Exercises

124.1 ตอบคำถามเกี่ยวกับภาพต่อไปนี้ ใช้ **in**, **at** หรือ **on** กับคำที่กำหนดให้ใต้ภาพ

1 Where does Sue work? *In the sales department.*
2 Sue lives in this building. Where's her flat exactly? ....
3 Where is the woman standing? ....
4 Where is the man standing? ....
5 Where's the cat? ....
6 Where's the dog? ....
7 Liz is in this group of people. Where is she? ....
8 Where's the post office? ....
9 Gary is at the cinema. Where is he sitting? ....
10 Where does Kate work? ....

124.2 เติมประโยคให้สมบูรณ์ โดยใช้ **in**, **at** หรือ **on** + กลุ่มคำที่กำหนดให้ต่อไปนี้

the west coast	**the world**	**the back of the class**	~~**the sky**~~
the front row	**the right**	**the back of this card**	**the way to work**

1 It was a lovely day. There wasn't a cloud *in the sky.*
2 In most countries people drive ....
3 What is the tallest building .... ?
4 I usually buy a newspaper .... in the morning.
5 San Francisco is .... of the United States.
6 We went to the theatre last night. We had seats ....
7 I couldn't hear the teacher. She spoke quietly and I was sitting ....
8 I don't have your address. Could you write it .... ?

124.3 เติมประโยคให้สมบูรณ์ด้วย **in**, **at** หรือ **on**

1 Write your name *at* the top of the page.
2 Is your sister .... this photograph? I don't recognise her.
3 I didn't feel very well when I woke up, so I stayed .... bed.
4 We normally use the front entrance to the building, but there's another one .... the back.
5 Is there anything interesting .... the paper today?
6 There was a list of names, but my name wasn't .... the list.
7 .... the end of the street, there is a path leading to the river.
8 I love to look up at the stars .... the sky at night.
9 When I'm a passenger in a car, I prefer to sit .... the front.
10 I live in a very small village. You probably won't find it .... your map.
11 Joe works .... the furniture department of a large store.
12 Paris is .... the River Seine.
13 I don't like cities. I'd much prefer to live .... the country.
14 My office is .... the top floor. It's .... the left as you come out of the lift.

→ แบบฝึกหัดเสริม 34 (หน้า 322)

Unit
125

In/at/on (สถานที่) 3

A

In hospital / at work ฯลฯ

เราพูดว่า 'somebody is **in hospital / in prison / in jail**' ในสำนวนเหล่านี้ไม่ต้องมี 'the' ข้างหน้า noun ดังตัวอย่าง

- Anna's mother is **in hospital**. แม่ของ Anna อยู่**ในโรงพยาบาล**

เราพูดว่า 'somebody is **at work / at school / at university / at college** ในสำนวนเหล่านี้ไม่ต้องมี 'the' ข้างหน้า noun ดังตัวอย่าง

- I'll be **at work** until 5.30. ฉันจะอยู่**ที่ที่ทำงาน**...
- Julia is studying chemistry **at university**. Julia เรียนเคมีอยู่**ที่มหาวิทยาลัย**

เราพูดว่า somebody **is at home** หรือ **is home** (มีหรือไม่มี at ก็ได้) แต่เราพูดว่า **do something at home** (ต้องมี at) ดังตัวอย่าง

- I'll **be at home** all evening. *หรือ* I'll **be home** all evening.
- Shall we go to a restaurant or **eat at home**?

B

At a party / at a concert ฯลฯ

เราพูดว่า 'somebody is **at** an event (**at a party / at a conference** ฯลฯ)' ในสำนวนเหล่านี้ต้องมี article ข้างหน้า noun ดังตัวอย่าง

- Were there many people **at the party / at the meeting / at the wedding**?
- I saw Steve **at a conference / at a concert** on Saturday.

C

การใช้ **in** และ **at** กับอาคารสถานที่

คุณอาจใช้ **in** หรือ **at** กับอาคารสถานที่ก็ได้ เป็นต้นว่า คุณรับประทานอาหาร **in a restaurant** หรือ **at a restaurant** และคุณซื้อของ **in a supermarket** หรือ **at a supermarket** ก็ได้ โดยปกติเราจะใช้ **at** เมื่อพูดว่า เหตุการณ์เกิดขึ้นที่ใด (เป็นต้นว่า a concert, a film, a party, a meeting) เช่น

- We went to a concert **at the National Concert Hall**.
- The meeting took place **at the company's head office** in Frankfurt.
- There was a robbery **at the supermarket**.

เราพูดว่า **at the station / at the airport** เช่น

- There's no need to meet me **at the station**. I can get a taxi.

เราพูดว่า **at** somebody's house เช่น

- I was **at Helen's house** last night. *หรือ* I was **at Helen's** last night.

รวมทั้ง **at the doctor's ที่ร้านหมอ / at the hairdresser's ที่ร้านทำผม** ฯลฯ

เราใช้ **in** เมื่อพูดถึงตัวอาคารสถานที่ เปรียบเทียบประโยคต่อไปนี้

- We had dinner **at the hotel**.
  All the rooms **in the hotel** have air conditioning. (*ไม่ใช่* at the hotel) ...**ที่โรงแรม** ห้อง**ในโรงแรม**...
- I was **at Helen's (house)** last night.
  It's always cold **in Helen's house**. The heating doesn't work well. (*ไม่ใช่* at Helen's house)
  ...**ที่บ้านของ Helen** เมื่อคืนนี้ อากาศหนาวมาก**ในบ้านของ Helen**...

D

การใช้ **in** และ **at** กับเมือง ฯลฯ

โดยทั่วไป เราใช้ **in** กับเมืองใหญ่ เมืองและหมู่บ้าน เช่น

- The Louvre is a famous art museum **in Paris**. (*ไม่ใช่* at Paris)
- Sam's parents live **in a village** in the south of France. (*ไม่ใช่* at a village)

เราใช้ **at** เมื่อหมายถึงสถานีหรือจุดที่หยุดพักระหว่างการเดินทาง เช่น

- Does this train stop **at Oxford**? (= at Oxford station)

E

On a bus / in a car ฯลฯ

เรามักจะพูดว่า **on a bus / on a train / on a plane / on a ship** *แต่* **in a car / in a taxi** เช่น

- **The bus** was very full. There were too many people **on it**.
- Laura arrived **in a taxi**.

เราพูดว่า **on a bike** (= bicycle) / **on a motorbike / on a horse** เช่น

- Jane passed me **on her bike**.

At school / in hospital ฯลฯ ➜ **Unit 74** **In/at/on** (สถานที่) ➜ **Units 123–24**
To/at/in/into ➜ **Unit 126** **By car / by bike** ฯลฯ ➜ **Unit 128B**

Exercises

125.1 เติมประโยคเกี่ยวกับภาพต่อไปนี้ ใช้ **in**, **at** หรือ **on** กับคำที่กำหนดให้ใต้ภาพ

1

(the airport)

2

(a train)

3

(a conference)

4

(hospital)

5

(the hairdresser's)

6

(his bike)

7

(New York)

8

(the Savoy Theatre)

1 You can hire a car *at the airport.*
2 Dave is ....
3 Karen is ....
4 Martin is ....
5 Judy is ....
6 I saw Gary ....
7 We spent a few days ....
8 We went to a show ....

125.2 เติมประโยคให้สมบูรณ์โดยใช้ **in**, **at** หรือ **on** + คำที่กำหนดให้ต่อไปนี้

the plane	**hospital**	**a taxi**	~~**the station**~~	**the cinema**
Tokyo	**school**	**prison**	**the airport**	**the sports centre**

1 My train arrives at 11.30. Can you meet me *at the station?*
2 We walked to the restaurant, but we went home ....
3 I'd like to see a film. What's on .... this week?
4 Some people are .... for crimes that they did not commit.
5 'What does your sister do? Does she have a job?' 'No, she's still ....'
6 I play basketball .... on Friday evenings.
7 A friend of mine was injured in an accident a few days ago. She's still ....
8 Our flight was delayed. We had to wait .... for four hours.
9 I enjoyed the flight, but the food .... wasn't very nice.
10 Vicky has gone to Japan. She's living ....

125.3 เติมประโยคให้สมบูรณ์ด้วย **in**, **at** หรือ **on**

1 We went to a concert *at* the National Concert Hall.
2 It was a very slow train. It stopped .... every station.
3 My parents live .... a small village about 50 miles from London.
4 I haven't seen Kate for some time. I last saw her .... David's wedding.
5 We stayed .... a very comfortable hotel when we were .... Amsterdam.
6 There were about fifty rooms .... the hotel.
7 I don't know where my umbrella is. Perhaps I left it .... the bus.
8 'Where were you on Monday evening?' 'I was .... a friend's house.'
9 There must be somebody .... the house. The lights are on.
10 The exhibition .... the Museum of Modern Art finishes on Saturday.
11 Shall we travel .... your car or mine?
12 I didn't expect you to be .... home. I thought you'd be .... work.
13 'Did you like the movie?' 'Yes, but it was too hot .... the cinema.'
14 Paul lives .... Birmingham. He's a student .... Birmingham University.

→ แบบฝึกหัดเสริม 34 (หน้า 322)

To/at/in/into

A

เราพูดว่า '**go/come/travel** (ฯลฯ) **to** a place หรือ event' ดังตัวอย่าง

go to China	**go to** bed	**come to** my house
go back to Italy	**go to** the bank	**be taken to** hospital
return to London	**go to** a concert	**be sent to** prison
welcome somebody **to** a place		**drive to** the airport

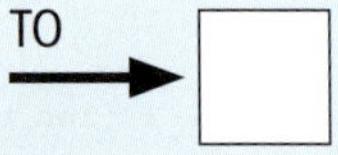

- When are your friends **going back to** Italy? (*ไม่ใช่* going back in Italy)
- Three people were injured in the accident and **taken to** hospital. ...**ถูกนำส่ง**โรงพยาบาล (ไม่ต้องใช้ a / the ข้างหน้า hospital)
- **Welcome to** our country! (*ไม่ใช่* Welcome in)

ในทำนองเดียวกัน เราพูดว่า 'a **journey to** / a **trip to** / a **visit to** / on **my way to** ...' ฯลฯ เช่น

- Did you enjoy **your trip to** Paris / **your visit to** the zoo?

เปรียบเทียบการใช้ **to** (ในความหมายที่มีการเคลื่อนที่ / เดินทาง) และ **in/at** (ในความหมายของสถานที่) ต่อไปนี้

- They are **going to** France. *แต่* They **live in** France.
- Can you **come to** the party? *แต่* I'll **see you at** the party.

เราพูดว่า '**been to** a place หรือ an event' = (เคย) ไป เช่น

- I've **been to Italy** four times, but I've never **been to Rome**. **ฉันเคยไปอิตาลี 4 ครั้ง แต่ไม่เคยไปโรม**
- Amanda has never **been to a football match** in her life. ...**ไม่เคยไปดูการแข่งขันฟุตบอล**เลยในชีวิต

B

Get และ **arrive**

เราพูดว่า '**get to** a place' = ไปถึง... เช่น

- What time did they **get to London / to work / to the hotel**?

เราพูดว่า '**arrive in** ... หรือ **arrive at** ...' (*ไม่ใช่* arrive to)

เราพูดว่า **arrive in** a town, city or country เช่น

- They **arrived in London / in Spain** a week ago.

สำหรับสถานที่อื่นๆ (อาคาร ฯลฯ) หรือเหตุการณ์ เราพูดว่า **arrive at** เช่น

- When did they **arrive at the hotel / at the airport / at the party**?

C

Home

เราไม่ใช้ 'to home' แต่ใช้ **go home / come home / get home / arrive home / on the way home** ฯลฯ (ไม่ต้องใช้ preposition ข้างหน้า home) เช่น

- I'm tired. Let's **go home** now. (*ไม่ใช่* go to home)
- I met Lisa **on my way home**. (*ไม่ใช่* my way to home)

D

Into

go into, get into ... ฯลฯ = เข้าไป / เข้ามา (a room / a building / a car ฯลฯ) เช่น

- I opened the door, **went into** the room and sat down.
- A bird **flew into** the kitchen through the window.
- Every month, my salary **is paid** directly **into** my bank account.

กับคำกริยาบางคำ (โดยเฉพาะ **go/get/put**) เรามักใช้ **in** (แทน **into**) เช่น

- She **got in** the car and drove away. (*หรือ* She **got into** the car ...)
- I read the letter and **put it** back **in** the envelope.

คำตรงกันข้ามของ **into** คือ **out of** = **ออกจาก** เช่น

- She **got out of** the car and **went into** a shop. เธอลงจาก (ออกจาก) รถยนต์ และ**เข้าไปในร้าน**

โดยปกติเราพูดว่า '**get on/off** a bus / a train / a plane' = **ขึ้น / ลง (ออกจาก)** รถประจำทาง / รถไฟ / เครื่องบิน (*ไม่ใช่* into/out of) เช่น

- She **got on the bus** and I never saw her again.

Been to ➜ **Units 7–8** **In/at/on** (สถานที่) ➜ **Units 123–125** **At home** ➜ **Unit 125A**
Into และ **in** ➜ **Unit 138A**

Exercises

126.1 เติม **to/at/in/into** ให้ถูกต้องตามความหมาย ถ้าข้อใดไม่ต้องมี **preposition** ให้ใส่เครื่องหมาย – ในช่องว่าง

1 Three people were taken *to* hospital after the accident.
2 I met Kate on my way *–* home. *(ไม่ต้องใช้ preposition)*
3 We left our luggage .... the station and went to find something to eat.
4 Shall we take a taxi .... the station or shall we walk?
5 I have to go .... the bank today. What time does it open?
6 The Amazon flows .... the Atlantic Ocean.
7 'Do you have your camera with you?' 'No, I left it .... the car.'
8 Have you ever been .... China?
9 I had lost my key, but I managed to climb .... the house through a window.
10 We got stuck in a traffic jam on our way .... the airport.
11 We had lunch .... the airport while we were waiting for our plane.
12 Welcome .... the hotel. We hope you enjoy your stay here.
13 We drove along the main road for about a kilometre and then turned .... a narrow side street.
14 Did you enjoy your visit .... the museum?
15 I'm tired. As soon as I get .... home, I'm going .... bed.
16 Marcel is French. He has just returned .... France after two years .... Brazil.
17 Carl was born .... Chicago, but his family moved .... New York when he was three. He still lives .... New York.

126.2 คุณเคยไปสถานที่ต่าง ๆ ต่อไปนี้หรือไม่ ถ้าเคยไป ไปมาแล้วกี่ครั้ง เลือกสถานที่ 3 แห่ง และเขียนประโยคโดยใช้ **been to**

Ayutthaya	**Australia**	**Hong Kong**	**Malaysia**	**Chiang Mai**
Songkhla	**Singapore**	**China**	**Rayong**	**the United States**

1 *(ตัวอย่างคำตอบ)* *I've never been to Australia. / I've been to Malaysia once.*
2 ....
3 ....
4 ....

126.3 เติม **to/at/in** ให้ถูกต้องตามความหมาย ถ้าข้อใดไม่ต้องมี **preposition** ให้ใส่เครื่องหมาย – ในช่องว่าง

1 What time does this train get *to* London?
2 We arrived .... Barcelona a few days ago.
3 What time did you get .... home last night?
4 What time do you usually arrive .... work in the morning?
5 When we got .... the cinema, there was a long queue outside.
6 I arrived .... home feeling very tired.

126.4 เขียนประโยคโดยใช้ **got + into / out of / on / off**

1 You were walking home. A friend passed you in her car. She saw you, stopped and offered you a lift. She opened the door. What did you do? *I got into the car.*
2 You were waiting for the bus. At last your bus came. The doors opened. What did you do then? I .... the bus.
3 You drove home in your car. You stopped outside your house and parked the car. What did you do then? ....
4 You were travelling by train to Chiang Mai. When the train got to Chiang Mai, what did you do? ....
5 You needed a taxi. After a few minutes a taxi stopped for you. You opened the door. What did you do then? ....
6 You were travelling by air. At the end of your flight, your plane landed at the airport and stopped. The doors were opened, you took your bag and stood up. What did you do then? ....

→ แบบฝึกหัดเสริม 34 (หน้า 322)

Unit 127

In/on/at (วิธีใช้แบบอื่น)

A

สำนวนที่ใช้ **in**

in the rain / in the sun / in the shade / in the dark / in bad weather ฯลฯ เช่น

- We sat **in the shade**. It was too hot to sit **in the sun**. ...**ในร่ม** ...**กลางแดด**
- Don't go out **in the rain**. Wait until it stops. อย่าออกไป**ตากฝน**...

the shade

(write) **in ink / in pen / in pencil** เช่น

- When you do the exam, you're not allowed to write **in pencil**. ...เขียน**ด้วยดินสอ**

รวมทั้ง (write) **in words / in figures / in capital letters** ฯลฯ เช่น

- Please write your name **in capital letters**. ...เขียน**ด้วยตัวอักษรตัวพิมพ์ใหญ่**
- Write the story **in your own words**. (= don't copy somebody else)

(be/fall) **in love (with** somebody) เช่น

- They're very happy together. They're **in love**. ...พวกเขา**รักกัน**

in (my) **opinion** เช่น

- **In my opinion**, the movie wasn't very good. **ในความเห็นของฉัน**...

B

สำนวนที่ใช้ **on**

on TV / on television / on the radio เช่น

- I didn't watch the news **on television**, but I heard it **on the radio**. ...**ในโทรทัศน์** ...**จากวิทยุ**

on the phone เช่น

- I've never met her, but I've spoken to her **on the phone** a few times. ...**ทางโทรศัพท์**...

(be/go) **on strike** เช่น

- There are no trains today. The drivers are **on strike**. ...พนักงานรถไฟ**ประท้วง**

(be/go) **on a diet** เช่น

- I've put on a lot of weight. I'll have to go **on a diet**. ...**ควบคุมอาหาร**

(be) **on fire** เช่น

- Look! That car is **on fire**. ...รถยนต์**ไฟไหม้**

on the whole = in general = **โดยทั่วไป** เช่น

- Sometimes I have problems at work, but **on the whole** I enjoy my job. ...**โดยทั่วไป**...

on purpose = intentionally = **โดยเจตนา** เช่น

- I'm sorry. I didn't mean to annoy you. I didn't do it **on purpose**. ...ฉันไม่ได้**เจตนา**

C

สำนวน **on holiday / on a trip** ฯลฯ

เราพูดว่า (be/go) **on holiday / on business / on a trip / on a tour / on a cruise** ฯลฯ เช่น

- I'm going **on holiday** next week. ...**ไปเที่ยว / ไปพักผ่อน**...
- Emma's away **on business** at the moment. ...**ไปเรื่องธุรกิจ**...
- One day I'd like to go **on a world tour**. ...**เที่ยวรอบโลก** (ท่องโลก)

คุณจะพูดว่า 'go to a place **for a** holiday / **for my** holiday(s)' ก็ได้ เช่น

- Steve has gone to France **for a holiday**.

D

At the age of ... ฯลฯ

เราใช้สำนวน **at the age of 16 / at 120 miles an hour / at 100 degrees** ฯลฯ ดังตัวอย่าง

- Tracy left school **at 16**. *หรือ* ... **at the age** of 16. ...**อายุ 16 ปี**
- The train was travelling **at 120 miles an hour**.
- Water boils **at 100 degrees Celsius**.

In/at/on (เวลา) ➜ **Unit 121** **In/at/on** (สถานที่) ➜ **Units 123–125**

Exercises

127.1 เติมประโยคให้สมบูรณ์โดยใช้ **in** + คำที่กำหนดให้ต่อไปนี้

capital letters	**cold weather**	**love**	**my opinion**
pencil	~~**the rain**~~	**the shade**	

1 Don't go out *in the rain* . Wait until it stops.
2 Matt likes to keep warm, so he doesn't go out much ....
3 If you write .... and make a mistake, you can rub it out and correct it.
4 They fell .... almost immediately and were married in a few weeks.
5 Please write your address clearly, preferably ....
6 It's too hot in the sun. I'm going to sit ....
7 Amanda thought the restaurant was OK, but .... it wasn't very good.

127.2 เติมประโยคให้สมบูรณ์โดยใช้ **on** + คำที่กำหนดให้ต่อไปนี้

business	**a diet**	~~**fire**~~	**holiday**	**the phone**
purpose	**strike**	**TV**	**a tour**	**the whole**

1 Look! That car is *on fire* ! Somebody call the fire brigade.
2 Workers at the factory have gone .... for better pay and conditions.
3 Soon after we arrived, we were taken .... of the city.
4 I feel lazy this evening. Is there anything worth watching .... ?
5 I'm sorry. It was an accident. I didn't do it ....
6 Richard has put on a lot of weight recently. I think he should go ....
7 Jane's job involves a lot of travelling. She often has to go away ....
8 A: I'm going .... next week.
B: Where are you going? Somewhere nice?
9 A: Is Sarah here?
B: Yes, but she's .... at the moment. She won't be long.
10 A: How was your exam?
B: Well, there were some difficult questions, but .... it was OK.

127.3 เติมประโยคให้สมบูรณ์ด้วย **in**, **on** หรือ **at**

1 Water boils *at* 100 degrees Celsius.
2 When I was 14, I went .... a trip to France organised by my school.
3 There was panic when people realised that the building was .... fire.
4 Julia's grandmother died recently .... the age of 79.
5 Can you turn the light on, please? I don't want to sit .... the dark.
6 We didn't go .... holiday last year. We stayed at home.
7 I hate driving .... fog. You can't see anything.
8 I won't be here next week. I'll be .... holiday.
9 Technology has developed .... great speed.
10 Alan got married .... 17, which is rather young to get married.
11 I heard an interesting programme .... the radio this morning.
12 .... my opinion, violent films should not be shown .... television.
13 I wouldn't like to go .... a cruise. I think I'd get bored.
14 I shouldn't eat too much. I'm supposed to be .... a diet.
15 I wouldn't like his job. He spends most of his time talking .... the phone.
16 The earth travels round the sun .... 107,000 kilometres an hour.
17 'Did you enjoy your holiday?' 'Not every minute, but .... the whole, yes.'
18 A lot of houses were damaged .... the storm last week.

→ แบบฝึกหัดเสริม 34 (หน้า 322)

Unit 128

By

A

เราใช้ **by** ในหลายๆ สำนวน เพื่อบอกว่าเราทำอะไร อย่างไร ตัวอย่างเช่น

send something **by post** — contact somebody **by phone / by email**
do something **by hand** — pay **by credit card / by cheque**

- Can I pay **by credit card**? ฉันจ่าย**เป็นบัตรเครดิต**ได้ไหม
- You can contact me **by phone** or **by email**. คุณสามารถติดต่อฉันได้**ทางโทรศัพท์**หรือ**ทางอีเมล์**

แต่เราจะพูดว่า **pay cash** หรือ **pay in cash** (*มักไม่ใช่* by cash)

เราพูดว่า 'something happens **by mistake / by accident / by chance**' ได้ด้วย เช่น

- We hadn't arranged to meet. We met **by chance**. ...เราพบกัน**โดยบังเอิญ**

แต่เราพูดว่า 'do something **on purpose**' (= คุณตั้งใจจะทำมัน) เช่น

- I didn't do it **on purpose**. It was an accident. ฉันไม่ได้**ตั้งใจทำ**...

โปรดสังเกตว่าเราพูดว่า **by chance**, **by credit card** ฯลฯ (*ไม่ใช่* by the chance / by a credit card) ในสำนวนเหล่านี้ เราใช้ **by** + noun โดยไม่ต้องมี **the** หรือ **a**

B

ในทำนองเดียวกัน เราใช้ **by** ... (= **โดย**) เพื่อบอกว่าเราเดินทางโดยพาหนะอะไร หรือโดยทางไหน (เป็นต้นว่า ทางบก หรือทางเรือ) เช่น

by car / by train / by plane / by boat / by ship / by bus / by bike ฯลฯ
by road / by rail / by air / by sea

- Jess usually goes to work **by bus**. ...เดินทางมาทำงาน**โดยรถประจำทาง**

แต่เราพูดว่า **on foot** เช่น

- Did you come here **by car** or **on foot**? คุณมาที่นี่**โดยรถยนต์**หรือ**เดินมา**

เราไม่ใช้ **by** ตามด้วย <u>**my**</u> **car** / <u>**the**</u> **train** / <u>**a**</u> **taxi** ฯลฯ เราพูดว่า

by car *แต่* **in my** car (*ไม่ใช่* by my car)
by train *แต่* **on the** train (*ไม่ใช่* by the train)

เราใช้ **in** กับรถยนต์และรถรับจ้าง (taxi) เช่น

- They didn't come **in their car**. They came **in a taxi**. พวกเขาไม่ได้มา(**ด้วย**)**รถตัวเอง** พวกเขามา(**ด้วย**)**รถรับจ้าง**

เราใช้ **on** กับรถจักรยานและยานพาหนะสาธารณะ (buses, trains ฯลฯ) เช่น

- We travelled **on the 6.45 train**. เรามา**รถไฟเที่ยว** 6.45 **น.**

C

เราพูดว่า 'something is done **by** somebody/something' *(passive)* เช่น

- Have you ever been bitten **by a dog**?
- The programme was watched **by millions of people**.

เปรียบเทียบการใช้ **by** และ **with** ต่อไปนี้

- The door must have been opened **with a key**. (*ไม่ใช่* by a key) ประตูต้อง(ถูก)เปิด**ด้วยกุญแจ** (= somebody used a key to open it)
- The door must have been opened **by somebody** with a key. ประตูต้อง(ถูก)เปิด**โดยใครบางคน**ด้วยกุญแจ

เราพูดว่า 'a play **by Shakespeare**' / 'a painting **by Rembrandt**' / 'a novel **by Tolstoy**' ฯลฯ เช่น

- Have you read anything **by** Ernest Hemingway?

D

by มีความหมายว่า 'next to / beside' 'ถัดไป' หรือ 'ข้างๆ' ด้วย เช่น

- Come and sit **by me**. (= next to me)
- 'Where's the light switch?' **'By the door.'**

E

โปรดสังเกตวิธีใช้ **by** ในประโยคต่อไปนี้

- Clare's salary has just gone up **from** £2,500 a month **to** £2,750. So it has increased **by £250 / by ten per cent**.
  ...เงินเดือน (ของ Clare) เพิ่มขึ้นถึง 250 ปอนด์ / ถึงร้อยละ 10
- Carl and Mike had a race over 200 metres. Carl won **by** about **three metres**. ... Carl ชนะโดยทิ้งช่วงห่าง (จาก Mike) **เป็นระยะทาง**ประมาณ 3 **เมตร**

new salary — £2,750
increased **by** £250
old salary — £2,500

Passive + **by** ➜ **Unit 42B** — **By** + -ing ➜ **Unit 60B** — **By myself** ➜ **Unit 83D** — **By** (เวลา) ➜ **Unit 120**

Exercises

128.1 เติมประโยคให้สมบูรณ์โดยใช้ **by** + คำใดคำหนึ่งต่อไปนี้

canal	~~chance~~	credit card	hand	mistake

1 We hadn't arranged to meet. We met *by chance.*
2 I didn't intend to take your umbrella. I took it ....
3 Don't put the sweater in the washing machine. It has to be washed ....
4 I don't need cash. I can pay the bill ....
5 The town is not on the coast but is connected to the sea ....

128.2 เติม **by**, **in** หรือ **on**

1 Jess usually goes to work *by* bus.
2 I saw Jane this morning. She was .... the bus.
3 How did you get here? Did you come .... train?
4 I decided not to go .... car. I went .... my bike instead.
5 I didn't feel like walking home, so I came home .... a taxi.
6 Sorry we're late. We missed the bus, so we had to come .... foot.
7 How long does it take to cross the Atlantic .... ship?

128.3 ประโยคเหล่านี้มีส่วนผิดอยู่ แก้ไขให้ถูกต้อง

1 Did you come here by Kate's car or yours? *in Kate's car*
2 I don't like travelling on bus. ....
3 These photographs were taken by a very good camera. ....
4 I know this music is from Beethoven, but I can't remember what it's called. ....
5 I couldn't pay by cash – I didn't have any money on me. ....
6 We lost the game because of a mistake of one of our players. ....

128.4 เขียนประโยค 3 ประโยคโดยใช้รูปแบบเดียวกับตัวอย่าง โดยเขียนเกี่ยวกับ เพลง ภาพวาด ภาพยนตร์ หนังสือ ฯลฯ

1 *War and Peace is a book by Tolstoy.*
2 *Romeo and Juliet is a play by Shakespeare.*
3 ....
4 ....
5 ....

128.5 เติม **by**, **in**, **on** หรือ **with**

1 Have you ever been bitten *by* a dog?
2 The plane was badly damaged .... lightning.
3 We managed to put the fire out .... a fire extinguisher.
4 Who is that man standing .... the window?
5 These photographs were taken .... a friend of mine.
6 I don't mind going .... car, but I don't want to go .... your car.
7 There was a small table .... the bed .... a lamp and a clock .... it.

128.6 เติมประโยคให้สมบูรณ์โดยใช้ **by**

1 Clare's salary was £2,500 a month. Now it is £2,750.
Her salary *has increased by £250.*
2 My daily newspaper used to cost 8 baht. From today it costs 10.
The price has gone up ....
3 There was an election. Helen won. She got 25 votes and James got 23.
Helen won ....
4 I went to Kate's house to see her, but she had gone out five minutes before I arrived.
I missed ....

→ แบบฝึกหัดเสริม 34 (หน้า 322)

Unit 129

Noun + preposition (reason for, cause of ฯลฯ)

A

การใช้ noun + **for** ...

a **demand** / a **need FOR** ... เช่น

- The company closed down because there wasn't enough **demand for** its product. ...ไม่มี**ความต้องการ**ผลิตภัณฑ์ของบริษัทเพียงพอ
- There's no excuse for behaviour like that. There's no **need for** it. ...ไม่มี**ความจำเป็นสำหรับ**ความประพฤติเช่นนั้น

a **reason FOR** ... เช่น

- The train was late, but nobody knew the **reason for** the delay. (*ไม่ใช่* reason of) ...ไม่มีผู้ใดทราบ**เหตุผลของ**การเสียเวลา

B

การใช้ noun + **of** ...

an **advantage** / a **disadvantage OF** ... เช่น

- The **advantage of living alone** is that you can do what you like. **ข้อดีของการอยู่คนเดียว**...

แต่เรามักจะใช้

there is an advantage **in** (*หรือ* **to**) doing something เช่น

- **There are** many advantages **in** living alone. *หรือ* ... many advantages **to** living alone.

a **cause OF** ... เช่น

- The **cause of** the explosion is unknown. **สาเหตุของ**การระเบิด...

a **picture** / a **photo** / a **photograph** / a **map** / a **plan** / a **drawing** (ฯลฯ) **OF** ... เช่น

- Rachel showed me some **pictures of** her family. ...**ภาพถ่ายของ**ครอบครัวของเธอ
- I had a **map of** the town, so I was able to find my way around. ...**แผนที่ของ**เมือง...

C

การใช้ noun + **in** ...

an **increase** / a **decrease** / a **rise** / a **fall IN** (prices ฯลฯ) เช่น

- There has been an **increase in** the number of road accidents recently. ...**เพิ่มขึ้น**...
- Last year was a bad one for the company. There was a big **fall in** sales. ...การจำหน่ายสินค้า**ลดลง**อย่างมาก

D

การใช้ noun + **to** ...

damage TO ... เช่น

- The accident was my fault, so I had to pay for the **damage to** the other car. ...**ความเสียหายที่เกิด**กับรถคันอื่น

an **invitation TO** ... (a party / a wedding ฯลฯ) เช่น

- Did you get an **invitation to** the party? ...**คำเชิญไป**งานปาร์ตี้หรือเปล่า

a **solution TO** (a problem) / a **key TO** (a door) / an **answer TO** (a question) / a **reply TO** (a letter) / a **reaction TO** ... เช่น

- I hope we find a **solution to** the problem. (*ไม่ใช่* a solution of the problem) ...**ทางออกของ**ปัญหา
- I was surprised at her **reaction to** my suggestion. ...**ปฏิกิริยาของเธอที่มีต่อ**ข้อเสนอแนะของฉัน

an **attitude TO** ... *หรือ* an **attitude TOWARDS** ... เช่น

- His **attitude to** his job is very negative. *หรือ* His **attitude towards** his job ... **ทัศนคติ**ของเขา**ที่มีต่อ**งาน...

E

การใช้ noun + **with** ... / **between** ...

a **relationship** / a **connection** / **contact WITH** ... เช่น

- Do you have a good **relationship with** your parents? ...**ความสัมพันธ์**อันดี**กับ**พ่อแม่ของคุณ...
- The police want to question a man in **connection with** the robbery. ...ที่**พัวพันกับ**การโจรกรรม

แต่

a **relationship** / a **connection** / **contact** / a **difference BETWEEN** two things or people เช่น

- The police believe that there is no **connection between** the two crimes. ...ไม่มี**ความเกี่ยวข้องระหว่าง**อาชญากรรม 2 ราย
- There are some **differences between** British and American English. มี**ความแตกต่าง**บางประการ**ระหว่าง**ภาษาอังกฤษแบบอังกฤษและแบบอเมริกัน

Exercises

129.1 เติมประโยคที่สองให้สมบูรณ์และมีความหมายเหมือนกับประโยคแรก

1. What caused the explosion? What was the cause *of the explosion?*
2. We're trying to solve the problem.
   We're trying to find a solution ....
3. Sue gets on well with her brother.
   Sue has a good relationship ....
4. The cost of living has gone up a lot.
   There has been a big increase ....
5. I don't know how to answer your question.
   I can't think of an answer ....
6. I don't think that a new road is necessary.
   I don't think there is any need ....
7. I think that working at home has many advantages.
   I think that there are many advantages ....
8. The number of people without jobs fell last month.
   Last month there was a fall ....
9. Nobody wants to buy shoes like these any more.
   There is no demand ....
10. In what way is your job different from mine?
    What is the difference .... ?

129.2 เติมประโยคให้สมบูรณ์โดยใช้คำนามในกรอบ + **a preposition** ที่ต้องใช้ด้วยกัน

cause	connection	contact	damage	invitation
key	~~map~~	photographs	reason	reply

1. On the wall there were some pictures and a *map of* the world.
2. Thank you for the .... your party next week.
3. Since she left home two years ago, Sophie has had little .... her family.
4. I can't open this door. Do you have a .... the other door?
5. The .... the fire at the hotel last week is still unknown.
6. Did you get a .... the email you sent to the company?
7. The two companies are completely independent. There is no .... them.
8. Jane showed me some old .... the city as it looked 100 years ago.
9. Carol has decided to give up her job. I don't know her .... doing this.
10. It wasn't a bad accident. The .... the car wasn't serious.

129.3 เติมประโยคให้สมบูรณ์ด้วย **preposition** ที่ถูกต้อง

1. There are some differences *between* British and American English.
2. Money isn't the solution .... every problem.
3. There has been an increase .... the amount of traffic using this road.
4. The advantage .... having a car is that you don't have to rely on public transport.
5. There are many advantages .... being able to speak a foreign language.
6. Everything can be explained. There's a reason .... everything.
7. When Paul left home, his attitude .... his parents seemed to change.
8. Ben and I used to be good friends, but I don't have much contact .... him now.
9. There has been a sharp rise .... property prices in the past few years.
10. What was Sarah's reaction .... the news?
11. If I give you the camera, can you take a picture .... me?
12. The company has rejected the workers' demands .... a rise .... pay.
13. What was the answer .... question 3 in the test?
14. The fact that Jane was offered a job has no connection .... the fact that she is a friend of the managing director.

→ แบบฝึกหัดเสริม 35 (หน้า 322)

Unit 130

Adjective + preposition 1

A สำนวน It was nice of you to ...

เราพูดว่า **nice / kind / good / generous / polite / stupid / silly** ฯลฯ **OF** somebody (to do something) เช่น

- Thank you. It was very **kind of you** to help me. ...เป็น**ความกรุณา**อย่างมาก**ของคุณ**...
- It is **stupid of me** to go out without a coat in such cold weather. ...เป็น**ความโง่ / เซ่อ ของฉันเอง**...

แต่

(be) **nice / kind / good / generous / polite / rude / friendly / cruel** ฯลฯ **TO** somebody เช่น

- They have always been very **nice to** me. (*ไม่ใช่* with me) พวกเขา**ดีต่อ**ฉันเสมอมา
- Why were you so **unfriendly to** Lucy? ทำไมคุณจึง**ไม่เป็นมิตรกับ** Lucy ถึงขนาดนั้น

B การใช้ adjective + **about / with**

angry / annoyed / furious / upset { **ABOUT** something / **WITH** somebody **FOR** doing something }

- There's no point in getting **angry about** things that don't matter. ...**โมโห / โกรธ กับ**เรื่องไม่เป็นเรื่อง
- Are you **annoyed with** me **for** being late? คุณ**โกรธ / เคือง** ฉันไหม**ที่**มาสาย
- Lisa is **upset about** not being invited to the party. Lisa **ไม่พอใจที่**ไม่ได้รับเชิญไปงานปาร์ตี้

excited / worried / nervous / happy ฯลฯ **ABOUT** a situation เช่น

- Are you **nervous about** the exam? คุณ**ประหม่ากับ**การสอบไหม

pleased / satisfied / happy / delighted / disappointed WITH something you receive, or the result of something เช่น

- They were **delighted with** the present I gave them. พวกเขา**ดีใจกับ**ของขวัญที่ฉันให้
- Were you **happy with** your exam results? คุณ**มีความสุขกับ**ผลสอบไหม

C การใช้ adjective + **at / by / with / of**

surprised / shocked / amazed / astonished / upset AT *หรือ* **BY** something เช่น

- Everybody was **surprised at** (*หรือ* **by**) the news. ทุกคน**ประหลาดใจกับ**ข่าว
- I hope you weren't **shocked by** (*หรือ* **at**) what I said. ...**ตกใจกับ**สิ่งที่ฉันพูด

impressed WITH *หรือ* **BY** somebody/something เช่น

- I'm very **impressed with** (*หรือ* **by**) her English. It's very good. ฉัน**ประทับใจกับ**ภาษาอังกฤษของเธอ...

fed up / bored WITH something เช่น

- I don't enjoy my job any more. I'm **fed up with** it. / I'm **bored with** it. ...**ฉันเบื่อ**งาน

tired / sick OF something เช่น

- Come on, let's go! I'm **tired of** waiting. / I'm **sick of** waiting. ...**ฉันเบื่อที่**จะรอ

D สำนวน **sorry about / for**

sorry ABOUT a situation or something that happened เช่น

- I'm **sorry about** the mess. I'll clear it up later. ฉัน**ขอโทษ**ที่รกไปหน่อย...
- **Sorry about** last night. (= **เสียใจกับ**สิ่งที่เกิดขึ้นเมื่อคืน)

sorry FOR *หรือ* **ABOUT** something you did เช่น

- Alex is very **sorry for** what he said. (*หรือ* **sorry about** what he said) Alex **เสียใจกับสิ่งที่เขาพูด**
- I'm **sorry for** shouting at you yesterday. (*หรือ* **sorry about** shouting) ฉัน**เสียใจที่**ตะโกนใส่คุณเมื่อวานนี้

คุณอาจพูดว่า 'I'm sorry I (did something)' ได้ด้วย เช่น

- I'm **sorry I shouted** at you yesterday.

feel / be sorry FOR somebody who is in a bad situation เช่น

- I **feel sorry for** Matt. He's had a lot of bad luck. (*ไม่ใช่* I feel sorry about Matt) ฉัน**รู้สึกเสียใจแทน** Matt ...

Preposition + -ing ➜ Unit 60 Adjective + to ... ➜ Unit 65 Sorry to ... / sorry for ... ➜ Unit 66C
Adjective + preposition 2 ➜ Unit 131

Exercises

130.1 เขียนประโยคโดยใช้ **nice of … , kind of …** ฯลฯ

1	I went out in the cold without a coat.	(silly) *That was silly of you.*
2	Tom offered to drive me to the airport.	(nice) That was …………… him.
3	I needed money and Sue gave me some.	(generous) That …………… .
4	They didn't invite us to their party.	(not very nice) That wasn't …………… .
5	Can I help you with your luggage?	(very kind) …………… .
6	Kevin never says 'thank you'.	(not very polite) …………… .
7	They've had an argument and now they refuse to speak to each other.	(a bit childish) …………… .

130.2 เติมประโยคให้สมบูรณ์โดยใช้ **adjectives** ที่กำหนดให้ + **preposition** ที่ต้องใช้ด้วยกัน

amazed **angry** **bored** **careless** **excited** **impressed** **kind** ~~**nervous**~~

1 Are you *nervous about* the exam?
2 Thank you for all you've done. You've been very …………… me.
3 What have I done wrong? Why are you …………… me?
4 You must be very …………… your trip next week. It sounds really great.
5 I wasn't …………… the service in the restaurant. We had to wait ages before our food arrived.
6 Ben isn't very happy at college. He says he's …………… the course he's doing.
7 I'd never seen so many people before. I was …………… the crowds.
8 It was …………… you to leave the door unlocked when you went out.

130.3 เติม **preposition** ในช่องว่างให้ถูกต้อง

1 They were delighted *with* the present I gave them.
2 It was nice …………… you to come and see me when I was ill.
3 Why are you so rude …………… people? Why can't you be more polite?
4 We always have the same food every day. I'm fed up …………… it.
5 We enjoyed our holiday, but we were a bit disappointed …………… the hotel.
6 I can't understand people who are cruel …………… animals.
7 I was surprised …………… the way he behaved. It was completely out of character.
8 I've been trying to learn Spanish, but I'm not very satisfied …………… my progress.
9 Tanya doesn't look very well. I'm worried …………… her.
10 They told me they were sorry …………… the situation, but there was nothing they could do.
11 I wouldn't like to be in her position. I feel sorry …………… her.
12 Are you still upset …………… what I said to you yesterday?
13 Some people say Kate is unfriendly, but she's always been very nice …………… me.
14 I'm tired …………… doing the same thing every day. I need a change.
15 The man we interviewed for the job was intelligent, and we were impressed …………… the way he answered our questions.
16 I'm sorry …………… the smell of paint in this room. I've just finished redecorating it.
17 I was shocked …………… what I saw. I'd never seen anything like it before.
18 Our neighbours were very angry …………… the noise we made.
19 Our neighbours were furious …………… us …………… making so much noise.
20 I'm sorry …………… what I did. I hope you're not angry …………… me.

→ แบบฝึกหัดเสริม 35 (หน้า 322)

Unit 131

Adjective + preposition 2

A

การใช้ adjective + **of** (1)

afraid / frightened / terrified / scared OF … เช่น

- 'Are you **afraid of** spiders?' 'คุณ**กลัว**แมงมุมไหม'
  'Yes, I'm **terrified of** them.' 'ใช่ ฉัน**กลัว**พวกมัน'

fond / proud / ashamed / jealous / envious OF … เช่น

- Why are you always so **jealous of** other people? …**อิจฉา**คนอื่น

suspicious / critical / tolerant OF … เช่น

- He didn't trust me. He was **suspicious of** my motives. …**สงสัยใน**เจตนาของฉัน

B

การใช้ adjective + **of** (2)

aware / conscious OF … เช่น

- 'Did you know he was married?' 'No, I wasn't **aware of** that.' …'ฉันไม่**ทราบ**เรื่องนั้น'

capable / incapable OF … เช่น

- I'm sure you are **capable of** passing the examination. …**สามารถที่จะ**สอบผ่านได้

full / short OF … เช่น

- Amy is a very active person. She's always **full of** energy. …**เธอเป็นคนมีพลัง(งาน)มาก**
- I'm **short of** money. Can you lend me some? …**ขาด**เงิน…

typical OF … เช่น

- He's late again. It's **typical of** him to keep everybody waiting. …เป็น**ลักษณะของ**เขา…

certain / sure OF *หรือ* **ABOUT** … เช่น

- I think she's arriving this evening, but I'm not **sure of** that. *หรือ* … not **sure about** that.
  …ฉันไม่**แน่ใจใน**เรื่องนั้น

C

การใช้ adjective + **at / to / from / in / on / with / for**

good / bad / brilliant / better / hopeless ฯลฯ **AT** … เช่น

- I'm not very **good at** repairing things. (*ไม่ใช่* good in repairing things) ฉันไม่**เก่งในเรื่อง**การซ่อมแซมสิ่งของ

married / engaged TO … เช่น

- Louise is **married to** an American. (*ไม่ใช่* married with) …**แต่งงานกับ**คนอเมริกัน

แต่ Louise is married **with three children**. (= เธอแต่งงานแล้ว **และมีลูก 3 คน**)

similar TO … เช่น

- Your writing is **similar to** mine. ลายมือของคุณ**คล้ายกับ**ของฉัน

different FROM *หรือ* **different TO** … เช่น

- The film was **different from** what I'd expected. *หรือ* … **different to** what I'd expected.
  …**แตกต่างไปจาก**ที่ฉันคาดไว้

interested IN … เช่น

- Are you **interested in** art? คุณ**สนใจใน**ศิลปะไหม

keen ON … เช่น

- We stayed at home because Chris wasn't very **keen on** going out. …ไม่**กระตือรือร้นที่**จะออกไปข้างนอก

dependent ON … (*แต่* **independent OF** …) เช่น

- I don't want to be **dependent on** anybody. …**พึ่ง**คนอื่น

crowded WITH (people ฯลฯ) เช่น

- The streets were **crowded with** tourists. ในเมือง**เต็ม / แน่นไปด้วย**นักท่องเที่ยว (ในความหมายนี้จะใช้ … **full of** tourists ก็ได้)

famous FOR … เช่น

- The Italian city of Florence is **famous for** its art treasures. …**มีชื่อเสียงเกี่ยวกับ**สมบัติอันล้ำค่าทางศิลปะ

responsible FOR … เช่น

- Who was **responsible for** all that noise last night? …**รับผิดชอบเรื่อง**เสียงอึกทึกเมื่อคืนนี้

Preposition + **-ing** ➜ **Unit 60** **Afraid of/to** … ➜ **Unit 66A** Adjective + preposition 1 ➜ **Unit 130**
ภาษาอังกฤษแบบอเมริกัน ➜ **ภาคผนวก 7**

Exercises

131.1 เติมประโยคให้สมบูรณ์โดยใช้ **adjectives** ที่กำหนดให้ + **preposition** ที่ต้องใช้ด้วยกัน

afraid capable different interested proud responsible similar ~~sure~~

1 I think she's arriving this evening, but I'm not *sure of* that.
2 Your camera is ………… mine, but it isn't exactly the same.
3 Don't worry. I'll look after you. There's nothing to be ………… .
4 I never watch the news on TV. I'm not ………… the news.
5 The editor is the person who is ………… what appears in a newspaper.
6 Sarah is a keen gardener. She's very ………… her garden and loves showing it to visitors.
7 I was surprised when I met Lisa for the first time. She was ………… what I expected.
8 He could become world champion one day. He's ………… it.

131.2 เติมคำในประโยคที่สองให้สมบูรณ์และมีความหมายเหมือนกับประโยคแรก

1 There were lots of tourists in the streets. The streets were crowded *with tourists.*
2 There was a lot of furniture in the room. The room was full ………… .
3 I don't like sport very much. I'm not very keen ………… .
4 We don't have enough time. We're short ………… .
5 I'm not a very good tennis player. I'm not very good ………… .
6 Catherine's husband is Russian. Catherine is married ………… .
7 I don't trust Robert. I'm suspicious ………… .
8 My problem is not the same as yours. My problem is different ………… .

131.3 เติม **preposition** ในช่องว่างให้ถูกต้อง

1 Amy is always full *of* energy.
2 My home town is not a very interesting place. It's not famous ………… anything.
3 Kate is very fond ………… her younger brother.
4 I don't like going up ladders. I'm scared ………… heights.
5 You look bored. You don't seem interested ………… what I'm saying.
6 'Our flight departs at 10.35.' 'Are you sure ………… that?'
7 I'm not ashamed ………… what I did. In fact I'm quite proud ………… it.
8 I wanted to go out for a meal, but nobody else was keen ………… the idea.
9 These days everybody is aware ………… the dangers of smoking.
10 The station platform was crowded ………… people waiting for the train.
11 Sue is much more successful than I am. Sometimes I feel a bit jealous ………… her.
12 Do you know anyone who might be interested ………… buying an old car?
13 We've got plenty to eat. The fridge is full ………… food.
14 She's very honest. I don't think she is capable ………… telling a lie.
15 Helen works hard and she's extremely good ………… her job.
16 It's typical ………… him to change his mind at the last minute.
17 Mark has no money of his own. He's totally dependent ………… his parents.
18 We're short ………… staff in our office at the moment. We need more people to do the work.

131.4 เขียนประโยคเกี่ยวกับตัวคุณเองว่า คุณเก่งในเรื่อง / สิ่งเหล่านี้หรือไม่ โดยเลือกใช้คำที่กำหนดให้

good pretty good not very good hopeless

1 (repairing things) *I'm not very good at repairing things.*
2 (telling jokes) …………
3 (maths) …………
4 (remembering names) …………
5 (sport) …………

➜ แบบฝึกหัดเสริม 35 (หน้า 322)

Unit 132

Verb + preposition 1 **to** และ **at**

A

การใช้ verb + **to**

talk / speak TO somebody (**with** ก็ใช้ได้ แต่นิยมใช้น้อยกว่า 'to') เช่น

- Who was that man you were **talking to**? ...คุณ**กำลังคุยอยู่ด้วย**

listen TO ... เช่น

- We spent the evening **listening to** music. (*ไม่ใช่* listening music) ...**ฟัง**ดนตรี

apologise TO somebody (for ...) เช่น

- They **apologised to me** for what happened. (*ไม่ใช่* They apologised me) พวกเขา**ขอโทษฉัน**...

explain something **TO** somebody เช่น

- Can you **explain** this word **to me**? (*ไม่ใช่* explain me this word) คุณช่วย**อธิบาย**คำนี้**ให้ฉันฟัง**หน่อยได้ไหม

explain / describe (**to** somebody) what/how/why ... เช่น

- I **explained to them** why I was worried. (*ไม่ใช่* I explained them)
- Let me **describe to you** what I saw. (*ไม่ใช่* Let me describe you)

B

เราไม่ใช้ **to** กับคำกริยาเหล่านี้ ดังตัวอย่าง

phone / call / email / text somebody เช่น

- I **called the airline** to cancel my flight. (*ไม่ใช่* called to the airline) ฉัน**โทรไปที่สายการบิน**...

แต่ **write** (a letter) **to** somebody

answer somebody/something เช่น

- He refused to **answer my question**. (*ไม่ใช่* answer to my question) ...**ตอบคำถามของฉัน**

แต่ **reply to** an email / a letter ฯลฯ

ask somebody เช่น

- Can I **ask you** a question? (*ไม่ใช่* ask to you) ฉัน**ถาม**คำถาม**คุณ**ได้ไหม

thank somebody (for something) เช่น

- He **thanked me** for helping him. (*ไม่ใช่* He thanked to me) เขา**ขอบคุณฉัน**...

C

การใช้ verb + **at**

look / stare / glance AT ... , **have a look / take a look AT** ... เช่น

- Why are you **looking at** me like that? ทำไมคุณจึง**มองฉัน**อย่างนั้น

laugh AT ... เช่น

- I look stupid with this haircut. Everybody will **laugh at** me. ...ทุกคนจะ**ขำ / หัวเราะเยาะฉัน**

aim / point (something) **AT** ... , **shoot / fire** (a gun) **AT** ... เช่น

- Don't **point** that knife **at** me. It's dangerous. อย่า**ชี้**ปลายมีด**มาทางฉัน**...
- We saw someone with a gun **shooting at** birds, but he didn't hit any. ...กำลัง**เล็งยิง**นก...

D

คำกริยาบางคำอาจมี **at** หรือ **to** ตามหลังซึ่งให้ความหมายต่างกัน ดังตัวอย่าง

shout AT somebody (เมื่อคุณโกรธ) เช่น

- He got very angry and started **shouting at** me. ...**ตะโกน / ตะเบ็ง / ตะคอกใส่ฉัน**

shout TO somebody (เพื่อให้คนได้ยินคุณ) เช่น

- He **shouted to** me from the other side of the street. ...**ตะโกนเรียกฉัน**...

throw something **AT** somebody/something (ขว้าง / ปาของใส่) เช่น

- Somebody **threw** an egg **at** the minister. ...**ปาไข่ใส่รัฐมนตรี**

throw something **TO** somebody (โยน / ขว้างออกไปให้) เช่น

- Lisa shouted 'Catch!' and **threw** the keys **to** me from the window. ...**โยน**กุญแจ**ให้ฉัน**...

Verb + preposition 2–5 ➜ **Units 133–136** **Ask for** ➜ **Unit 133B**
Apologise for / thank somebody for ➜ **Unit 135B** คำกริยาอื่นๆ + **to** ➜ **Unit 136D**

Exercises

132.1 ข้อใดต่อไปนี้ถูกต้อง

1 a Can you explain this word to me? .... ☑
  b Can you explain me this word? .... ☐
2 a I got angry with Mark. Afterwards, I apologised to him. .... ☐
  b I got angry with Mark. Afterwards I apologised him. .... ☐
3 a Amy won't be able to help you. There's no point in asking to her. .... ☐
  b Amy won't be able to help you. There's no point in asking her. .... ☐
4 a I need somebody to explain me what I have to do. .... ☐
  b I need somebody to explain to me what I have to do. .... ☐
5 a They didn't understand the system, so I explained it to them. .... ☐
  b They didn't understand the system, so I explained it them. .... ☐
6 a I like to sit on the beach and listen to the sound of the sea. .... ☐
  b I like to sit on the beach and listen the sound of the sea. .... ☐
7 a I asked them to describe me exactly what happened. .... ☐
  b I asked them to describe to me exactly what happened. .... ☐
8 a We'd better phone the restaurant to reserve a table. .... ☐
  b We'd better phone to the restaurant to reserve a table. .... ☐
9 a It was a difficult question. I couldn't answer to it. .... ☐
  b It was a difficult question. I couldn't answer it. .... ☐
10 a I explained everybody the reasons for my decision. .... ☐
  b I explained to everybody the reasons for my decision. .... ☐
11 a I thanked everybody for all the help they had given me. .... ☐
  b I thanked to everybody for all the help they had given me. .... ☐
12 a My friend texted to me to let me know she was going to be late. .... ☐
  b My friend texted me to let me know she was going to be late. .... ☐

132.2 เติมประโยคให้สมบูรณ์ เลือกใช้คำกริยาที่กำหนดให้ในรูปที่ถูกต้อง + **preposition** ที่ต้องใช้ด้วยกัน

~~explain~~	~~laugh~~	listen	look	point	reply	speak	throw	throw

1 I look stupid with this haircut. Everybody will *laugh at* me.
2 I don't understand this. Can you *explain* it *to* me?
3 Sue and Kevin had an argument and now they're refusing to .... each other.
4 Be careful with those scissors! Don't .... them .... me!
5 I'm not sure where we are. I'll have to .... the map.
6 Please .... me! I've got something important to tell you.
7 Don't .... stones .... the birds! It's cruel.
8 If you don't want that sandwich, ... it .... the birds. They'll eat it.
9 I tried to contact Tina, but she didn't .... my emails.

132.3 เติม **to** หรือ **at**

1 They apologised *to* me for what happened.
2 I glanced .... my watch to see what time it was.
3 Please don't shout .... me! Try to calm down.
4 I saw Sue as I was cycling along the road. I shouted .... her, but she didn't hear me.
5 Don't listen .... what he says. He doesn't know what he's talking about.
6 What's so funny? What are you laughing .... ?
7 Could I have a look .... your magazine, please?
8 I'm lonely. I need somebody to talk ....
9 She was so angry she threw a book .... the wall.
10 The woman sitting opposite me on the train kept staring .... me.
11 Can I speak .... you a moment? There's something I want to ask you.

→ แบบฝึกหัดเสริม 36 (หน้า 323)

Unit 133

Verb + preposition 2 about/for/of/after

A การใช้ verb + **about**

talk / read / know ABOUT … , **tell** somebody **ABOUT** … เช่น
- We **talked about** a lot of things at the meeting. เรา**คุยกัน**หลายเรื่องในที่ประชุม

have a discussion ABOUT something *แต่* **discuss** something (ไม่มี preposition) เช่น
- We had **a discussion about** what we should do. เรา**มีการปรึกษากันว่า**เราควรทำอะไรบ้าง
- We **discussed** a lot of things at the meeting. (*ไม่ใช่* discussed about) เรา**ปรึกษากัน**หลายเรื่องในที่ประชุม

เราใช้สำนวน **do** something **ABOUT** something = ทำบางสิ่งบางอย่างเพื่อปรับปรุงสถานการณ์ที่เลวร้ายให้ดีขึ้น เช่น
- If you're worried about the problem, you should **do** something **about** it. …คุณควรจะ**ทำ**อะไรสักอย่างหนึ่ง**เกี่ยวกับ**เรื่องนี้

B การใช้ verb + **for**

ask (somebody) **FOR** … เช่น
- I sent an email to the company **asking** them **for** more information about the job. …**ขอ**ข้อมูล**เกี่ยวกับ**งานเพิ่มเติม

แต่ 'I **asked** him **the way** to …' 'ฉัน**ถามทาง**ไป…' 'She **asked** me **my name**' (ไม่มี preposition) 'เธอ**ถามชื่อฉัน**'

apply (**TO** a person, a company ฯลฯ) **FOR** a job ฯลฯ เช่น
- I think you'd be good at this job. Why don't you **apply for** it? …ทำไมคุณไม่**สมัคร**เข้าทำงานล่ะ

wait FOR … เช่น
- Don't **wait for** me. I'll join you later. ไม่ต้อง**รอ**ฉัน…
- I'm not going out yet. I'm **waiting for** the rain to stop. …ฉันกำลัง**รอให้**ฝนหยุดตก

search (a person / a place / a bag ฯลฯ) **FOR** … เช่น
- I've **searched** the house **for** my keys, but I still can't find them. ฉัน**รื้อหา** / **ค้นหา**กุญแจ…

leave (a place) **FOR** another place เช่น
- I haven't seen her since she **left** (home) **for** the office this morning. (*ไม่ใช่* left to the office) …**ออก**(จากบ้าน)**ไป**ทำงาน…

C การใช้ **care about, care for** และ **take care of**

care ABOUT somebody/something = *think that somebody/something is important* เช่น
- He's very selfish. He doesn't **care about** other people. … เขาไม่**ใส่ใจ** / **สนใจ** / **นึกถึง**คนอื่น

เราพูดว่า '**care what/where/how** …' ฯลฯ (*ไม่ต้องมี* about) เช่น
- You can do what you like. I don't **care what** you do. … ฉันไม่**สนใจ** / **แยแสในสิ่งที่**คุณทำ

care FOR somebody/something เช่น

(1) = ชอบอะไรบางอย่าง (โดยปกติจะใช้ในประโยคปฏิเสธ) เช่น
- I don't **care for** very hot weather. (= I don't like …)

(2) = ดูแล ปรนนิบัติใครคนหนึ่ง เช่น
- Alan is 85 and lives alone. He needs somebody to **care for** him.

take care OF … = *look after, keep safe, take responsibility for* เช่น
- Don't worry about me. I can **take care of** myself. …ฉัน**ดูแล**ตัวเองได้
- I'll **take care of** the travel arrangements. You don't need to do anything.

D การใช้ **look for** และ **look after**

look FOR … = *search for, try to find* เช่น
- I've lost my keys. Can you help me to **look for** them? …คุณช่วยฉัน**หา**กุญแจหน่อยได้ไหม

look AFTER … = *take care of, keep safe or in good condition* เช่น
- Alan is 85 and lives alone. He needs somebody to **look after** him. (*ไม่ใช่* look for) …**ดูแล** / **ปรนนิบัติ**เขา
- You can borrow this book, but you must promise to **look after** it. …แต่คุณต้องสัญญาว่าจะ**ดูแล** / **รักษา**มัน

Verbs + **about/of** (**think/hear** ฯลฯ) ➜ **Unit 134** คำกริยาอื่นๆ + **for** ➜ **Unit 135B**

Exercises

133.1 เติม **preposition** ให้ถูกต้องตามความหมาย ถ้าไม่จำเป็นต้องเติม ให้ใส่เครื่องหมาย – ในช่องว่าง

1 I'm not going out yet. I'm waiting *for* the rain to stop.
2 Don't ask me .... money. I don't have any.
3 I've applied .... a job at the factory. I don't know if I'll get it.
4 I've applied .... three colleges. I hope one of them accepts me.
5 I've searched everywhere .... Joe, but I haven't been able to find him.
6 I don't want to talk .... what happened last night. Let's forget it.
7 I don't want to discuss .... what happened last night. Let's forget it.
8 We had an interesting discussion .... the problem, but we didn't reach a decision.
9 We discussed .... the problem, but we didn't reach a decision.
10 I sent her an email. Now I'm waiting .... her to reply.
11 Ken and Sonia are travelling in Italy. They're in Rome right now, and tomorrow they leave .... Venice.
12 The roof of the house is in very bad condition. I think we ought to do something .... it.
13 We waited .... Steve for half an hour, but he never came.
14 Tomorrow morning I have to catch a plane. I'm leaving my house .... the airport at 7.30.

133.2 เติม **preposition** หลังคำกริยา **care** ให้ถูกต้องตามความหมาย ถ้าไม่จำเป็นต้องเติม ให้ใส่เครื่องหมาย – ในช่องว่าง

1 He's very selfish. He doesn't care *about* other people.
2 Who's going to take care .... you when you are old?
3 She doesn't care .... the exam. She doesn't care whether she passes or fails.
4 'Do you like this coat?' 'Not really. I don't care .... the colour.'
5 Don't worry about the shopping. I'll take care .... that.
6 He gave up his job to care .... his elderly father.
7 I want to have a good holiday. I don't care .... the cost.
8 I want to have a good holiday. I don't care .... how much it costs.

133.3 เติมประโยคให้สมบูรณ์โดยใช้ **look for** หรือ **look after** และใช้รูปของคำกริยา **look (looks/looked/looking)** ให้ถูกต้องด้วย

1 I *looked for* my keys, but I couldn't find them anywhere.
2 Kate is .... a job. I hope she finds one soon.
3 Who .... you when you were ill?
4 I'm .... Liz. I need to ask her something. Have you seen her?
5 The car park was full, so we had to .... somewhere else to park.
6 A babysitter is somebody who .... other people's children.

133.4 เติมประโยคให้สมบูรณ์โดยใช้คำกริยาคำใดคำหนึ่งต่อไปนี้ (ในรูปที่ถูกต้อง) + **preposition**

apply ask do leave look ~~search~~ talk wait

1 Police are *searching for* the man who escaped from prison.
2 Sarah wasn't ready. We had to .... her.
3 I think Ben likes his job, but he doesn't .... it much.
4 When I'd finished my meal, I .... the waiter .... the bill.
5 Cathy is unemployed. She has .... several jobs, but she hasn't had any luck.
6 If something is wrong, why don't you .... something .... it?
7 Helen's car is very old, but it's in excellent condition. She .... it very well.
8 Diane is from Boston, but now she lives in Paris. She .... Boston .... Paris when she was 19.

→ แบบฝึกหัดเสริม 36 (หน้า 323)

Unit 134

Verb + preposition 3 about และ of

A

hear ABOUT … = *be told about something* เช่น

- Did you **hear about** the fire at the hotel yesterday? คุณ**ได้ยิน** / **ได้ข่าว**เรื่องไฟไหม้ที่โรงแรมเมื่อวานไหม

hear OF … = *know that somebody/something exists* เช่น

- 'Who is Tom Hart?' 'I have no idea. I've never **heard of** him.' (*ไม่ใช่* heard from him) …'ไม่เคย**ได้ยิน**ชื่อ / ไม่เคย**รู้จัก**เขา'

hear FROM … = *be in contact with somebody* เช่น

- 'Have you **heard from** Jane recently?' 'Yes, she called me a few days ago.' 'คุณ**ได้ข่าวจาก** Jane เมื่อเร็วๆ นี้บ้างไหม'…

B

think ABOUT … และ **think OF** …

เมื่อคุณ **think ABOUT** something คุณพิจารณา/ไตร่ตรอง เช่น

- I've **thought about** what you said and I've decided to take your advice. ฉัน**คิดถึงเรื่อง**ที่คุณพูดแล้ว และฉันตัดสินใจจะทำตามที่คุณแนะนำ
- 'Will you lend me the money?' 'I'll **think about** it.' …'ฉันจะลอง**คิดดู**'

เมื่อคุณ **think OF** something ความคิดแล่นเข้ามาในสมองคุณ เช่น

- It was my idea. I **thought of** it first. (*ไม่ใช่* thought about it) …ฉันเป็นคน**คิด**ก่อน
- I felt embarrassed. I couldn't **think of** anything to say. (*ไม่ใช่* think about anything) …ฉัน**นึก**คำพูดอะไรไม่ออกเลย

เราใช้ **think of** เมื่อถามหรือให้ความคิดเห็นด้วย เช่น

- 'What did you **think of** the movie?' คุณมี**ความเห็น**อย่างไรกับภาพยนตร์เรื่องนี้
  'I didn't **think** much **of** it.' ฉันไม่มี**ความเห็น**มากนักหรอก (= ฉันไม่ได้ชอบมันมากนัก)

ความแตกต่างของ think **of** และ think **about** บางครั้งมีเพียงเล็กน้อย คุณจึงสามารถใช้ได้ทั้ง **of** และ **about** เช่น

- When I'm alone, I often **think of** (*หรือ* **about**) you. …ฉันมักจะ**คิดถึง**คุณ

สำหรับการกระทำที่อาจจะเกิดขึ้นในอนาคต คุณอาจพูดว่า **think of** *หรือ* **think about** doing something ก็ได้ เช่น

- My sister is **thinking of** (*หรือ* **about**) going to Canada. …กำลัง**คิด** / **พิจารณา**เกี่ยวกับ…

C

dream ABOUT … (เมื่อคุณหลับอยู่) เช่น

- I **dreamt about** you last night. ฉัน**ฝันถึง**คุณเมื่อคืนนี้

dream OF *หรือ* **ABOUT** being something / doing something = *imagine* เช่น

- Do you **dream of** (*หรือ* **about**) being rich and famous? คุณเคย**ฝันว่า**รวยและมีชื่อเสียงบ้างไหม

I **wouldn't dream OF** doing something = *I would never do it* เช่น

- 'Don't tell anyone what I said.' 'No, I **wouldn't dream of** it.' …'ไม่ ฉัน**ไม่มีวันทำ**อย่างนั้นหรอก'

D

complain (**TO** somebody) **ABOUT** … = *say that you are not satisfied* เช่น

- We **complained to** the manager of the restaurant **about** the food. เรา**ร้องเรียนต่อ**ผู้จัดการภัตตาคาร**เรื่อง**อาหาร

complain OF a pain, an illness ฯลฯ = *say that you have a pain* ฯลฯ เช่น

- We called the doctor because George was **complaining of** a pain in his stomach. … George กำลัง**โอดโอยว่า**เขาปวดท้อง

E

remind somebody **ABOUT** … = *tell somebody not to forget* เช่น

- I'm glad you **reminded** me **about** the meeting. I'd completely forgotten about it. ฉันดีใจที่คุณ**เตือน**ฉัน**เรื่อง**การประชุม…

remind somebody **OF** … = *cause somebody to remember* เช่น

- This house **reminds** me **of** the one I lived in when I was a child. บ้านนี้**เตือน**ใจ**ให้**ฉัน**นึกถึง**…
- Look at this photograph of Richard. Who does he **remind** you **of**? …เขาทำให้คุณ**นึกถึง**ใคร

F

warn somebody **ABOUT** a person or thing which is bad, dangerous, unusual ฯลฯ เช่น

- I knew he was a strange person. I had been **warned about** him. (*ไม่ใช่* warned of him) …ฉันได้รับ**คำเตือน**ให้ระวังเขาแล้ว
- Vicky **warned me** about the traffic. She said it would be bad. Vicky **เตือน**ฉัน**เรื่อง**การจราจร…

warn somebody **ABOUT** *หรือ* **OF** a danger, something bad which might happen later เช่น

- Scientists have **warned** us **about** (*หรือ* **of**) the effects of climate change. นักวิทยาศาสตร์ได้**เตือน**เรา**เกี่ยวกับ**ผลกระทบจากอากาศเปลี่ยนแปลง

Remind/warn somebody **to** … ➜ **Unit 55B**

Exercises

134.1 เติมประโยคให้สมบูรณ์โดยใช้ **hear** หรือ **heard** + **preposition (about/of/from)**

1 I've never ..*heard of*.. Tom Hart. Who is he?
2 'Did you .... the accident last night?' 'Yes, Vicky told me.'
3 Jane used to call me quite often, but I haven't .... her for a long time now.
4 A: Have you .... a writer called William Hudson?
B: No, I don't think so. What sort of writer is he?
5 Thanks for your email. It was good to .... you.
6 'Do you want to .... our holiday?' 'Not now. Tell me later.'
7 I live in a small town in the north of England. You've probably never .... it.

134.2 เติมประโยคให้สมบูรณ์โดยใช้ **think about** หรือ **think of** บางข้อก็ใช้ได้ทั้ง **about** และ **of** ใช้รูปของคำกริยา **think (think/thinking/thought)** ให้ถูกต้องด้วย

1 You look serious. What are you ..*thinking about?*..
2 I need time to make decisions. I like to .... things carefully.
3 That's a good idea. Why didn't I .... that?
4 A: I've finished reading the book you lent me.
B: What did you .... it? Did you think it was good?
5 We're .... going out to eat this evening. Would you like to come?
6 I don't really want to go out with Tom tonight. I'll have to .... an excuse.
7 When I was offered the job, I didn't accept immediately. I went away and .... it for a while. In the end I decided to take the job.
8 I don't .... much .... this coffee. It's like water.
9 Katherine is homesick. She's always .... her family back home.
10 A: Do you think I should apply to do the course?
B: I can't .... any reason why not.

134.3 เติม **preposition** ในช่องว่างให้ถูกต้อง

1 Did you hear ..*about*.. the fire at the hotel yesterday?
2 'I had a strange dream last night.' 'Did you? What did you dream ....?'
3 Our neighbours complained .... us .... the noise we made last night.
4 Kevin was complaining .... pains in his chest, so he went to the doctor.
5 I love this music. It reminds me .... a warm day in spring.
6 He loves his job. He thinks .... his work all the time, he dreams .... it, he talks .... it and I'm fed up with hearing .... it.
7 'We've got no money. What can we do?' 'Don't worry. I'll think .... something.'
8 Jackie warned me .... the water. She said it wasn't safe to drink.
9 We warned our children .... the dangers of playing in the street.

134.4 เติมประโยคให้สมบูรณ์ โดยใช้คำกริยาที่กำหนดให้ (ในรูปที่ถูกต้อง) + **preposition** ที่ต้องใช้ด้วยกัน

complain dream hear remind remind ~~think~~ think warn

1 It was my idea. I ..*thought of*.. it first.
2 Ben is never satisfied. He's always .... something.
3 I can't make a decision yet. I need time to .... your proposal.
4 Before you go into the house, I must .... you .... the dog. He's bitten people before, so be careful.
5 She's not a well-known singer. Not many people have .... her.
6 A: You wouldn't go away without telling me, would you?
B: Of course not. I wouldn't .... it.
7 I would have forgotten my appointment if Jane hadn't .... me .... it.
8 Do you see that man over there? Does he .... you .... anybody you know?

→ แบบฝึกหัดเสริม 36 (หน้า 323)

Unit 135

Verb + preposition 4 **of/for/from/on**

A การใช้ verb + **of**

accuse / suspect somebody **OF** ... เช่น

- Sue **accused** me **of** being selfish. Sue **(กล่าว)หาว่า**ฉันเห็นแก่ตัว
- Some students were **suspected of** cheating in the exam. นักเรียนบางคน**ถูกสงสัยว่า**โกงในการสอบ

approve / disapprove OF ... เช่น

- His parents don't **approve of** what he does, but they can't stop him. พ่อแม่ของเขาไม่**เห็นด้วยกับ**สิ่งที่เขาทำ...

die OF *หรือ* **FROM** an illness ฯลฯ เช่น

- 'What did he **die of**?' 'A heart attack.' 'เขา**ตายด้วย**โรคอะไร'...

consist OF ... เช่น

- We had an enormous meal. It **consisted of** seven courses. ...**ประกอบด้วย**อาหารเจ็ดชุด

B การใช้ verb + **for**

pay (somebody) **FOR** ... เช่น

- I didn't have enough money to **pay for** the meal. (*ไม่ใช่* pay the meal) ฉันไม่มีเงินพอที่จะ**จ่าย**ค่าอาหาร

แต่ก็มีสำนวน **pay** a bill / a fine / a fee / tax / rent / a sum of money ฯลฯ (โดยไม่มี preposition) เช่น

- I didn't have enough money to **pay the rent**. ...**จ่ายค่าเช่า**

thank / forgive somebody **FOR** ... เช่น

- I'll never **forgive** them **for** what they did. ฉันจะไม่**ยกโทษให้**พวกเขา**ในสิ่งที่**พวกเขาทำ

apologise (**TO** somebody) **FOR** ... เช่น

- When I realised I was wrong, I **apologised** (**to** them) **for** my mistake. ...ฉัน**ขอโทษ** (**ต่อ**พวกเขา) **สำหรับ**ความผิดที่ฉันทำ

blame somebody/something **FOR** ... , somebody is **to blame FOR** ... เช่น

- Everybody **blamed** me **for** the accident. ทุกคน**ตำหนิ**ฉัน**เรื่อง**อุบัติเหตุ
- Everybody said that I was **to blame for** the accident.

blame (a problem ฯลฯ) **ON** ... เช่น

- The accident wasn't my fault. Don't **blame** it **on** me. ... อย่ามา**ตำหนิ**ฉัน

C การใช้ verb + **from**

suffer FROM an illness ฯลฯ เช่น

- There's been an increase in the number of people **suffering from** heart disease. มีจำนวนคนที่**เป็นโรค**หัวใจเพิ่มขึ้น

protect somebody/something **FROM** ... เช่น

- Sunblock **protects** the skin **from** the sun. ครีมกันแดดสามารถ**ป้องกัน**ผิวหนัง**จาก**แสงอาทิตย์

D การใช้ verb + **on**

depend / rely ON ... เช่น

- 'What time will you be home?' 'I don't know. It **depends on** the traffic.' ...**ขึ้นอยู่กับ**การจราจร
- You can **rely on** Anna. She always keeps her promises. คุณ**ไว้ใจ** Anna ได้...

คุณอาจจะใช้ **depend** + **when/where/how** ฯลฯ โดยมี หรือ ไม่มี **on** ก็ได้ เช่น

- 'Are you going to buy it?' 'It **depends how much** it is.' (*หรือ* It depends **on** how much)

live ON money/food เช่น

- Michael's salary is very low. It isn't enough to **live on**. ...(เงินเดือน) ไม่เพียงพอกับการ**ดำเนินชีวิต**

congratulate / compliment somebody **ON** ... เช่น

- **I congratulated** her **on** doing so well in her exams. ฉัน**แสดงความยินดี**กับเธอ**สำหรับ**ความสำเร็จในการสอบ
- The meal was really good. I **complimented** Mark **on** his cooking skills. ...ฉัน**กล่าวชม** Mark **สำหรับ**ฝีมือการทำอาหารของเขา

Verb + preposition + -ing ➜ Unit 62 คำกริยาอื่นๆ + for ➜ Unit 133 คำกริยาอื่นๆ + on ➜ Unit 136E

Exercises

135.1 เติม **preposition** ในช่องว่างให้ถูกต้อง ถ้าไม่จำเป็นต้องเติม ให้ใส่เครื่องหมาย – ในช่องว่าง

1 Some students were suspected ...*of*... cheating in the exam.
2 Are you going to apologise .... what you did?
3 The apartment consists .... three rooms, a kitchen and bathroom.
4 I was accused .... lying, but I was telling the truth.
5 We finished our meal, paid .... the bill and left the restaurant.
6 The accident was my fault, so I had to pay .... the repairs.
7 Some people are dying .... hunger, while others eat too much.
8 I called Helen to thank her .... the present she sent me.
9 The government is popular. Most people approve .... what they're doing.
10 Do you blame the government .... the economic situation?
11 When something goes wrong, you always blame it .... other people.

135.2 เติมประโยคที่สองให้สมบูรณ์และมีความหมายเหมือนกับประโยคแรก

1 Sue said that I was selfish.
Sue accused me ...*of being selfish.*...
2 The misunderstanding was my fault, so I apologised.
I apologised ....
3 Jane won the tournament, so I congratulated her.
I congratulated ....
4 He has enemies, and he has a bodyguard to protect him.
He has a bodyguard to protect ....
5 There are eleven players in a football team.
A football team consists ....
6 Sandra eats only bread and eggs.
Sandra lives ....
7 You can't say that your problems are my fault.
You can't blame ....

135.3 เติมประโยคให้สมบูรณ์โดยใช้คำกริยาที่กำหนดให้ (ในรูปที่ถูกต้อง) + **preposition** ที่ต้องใช้ด้วยกัน

accuse **apologise** ~~**approve**~~ **congratulate** **depend** **live** **pay** **suffer**

1 His parents don't ...*approve of*... what he does, but they can't stop him.
2 When you went to the theatre with Paul, who .... the tickets?
3 It's not pleasant when you are .... something you didn't do.
4 We hope to go to the beach tomorrow, but it .... the weather.
5 Things are cheap there. You can .... very little money.
6 You were rude to Lisa. I think you should .... her.
7 Alex .... back pain. He spends too much time working at his desk.
8 When I saw David, I .... him .... passing his driving test.

135.4 เติม **preposition** ในช่องว่างให้ถูกต้อง ถ้าไม่จำเป็นต้องเติม ให้ใส่เครื่องหมาย – ในช่องว่าง

1 I'll never forgive them ...*for*... what they did.
2 They wore warm clothes to protect themselves .... the cold.
3 You know you can always rely .... me if you need any help.
4 Sophie doesn't have enough money to pay .... her college fees.
5 She's often unwell. She suffers .... very bad headaches.
6 I don't know whether I'll go out tonight. It depends .... how I feel.
7 She hasn't got a job. She depends .... her parents for money.
8 My usual breakfast consists .... fruit, cereal and coffee.
9 I complimented her .... her English. She spoke really well.

→ แบบฝึกหัดเสริม 36 (หน้า 323)

Unit 136

Verb + preposition 5 in/into/with/to/on

A

การใช้ verb + **in**

believe IN ... เช่น

- Do you **believe in** God? (= คุณเชื่อหรือไม่ว่าพระเจ้ามีจริง)
- I **believe in** saying what I think. (= ฉันเชื่อว่าเป็นสิ่งที่ถูกต้องที่จะพูดสิ่งที่ฉันคิด)

แต่ **believe** something (= เชื่อว่าสิ่งนั้นเป็นความจริง) **believe** somebody (= เชื่อว่าพวกเขาพูดความจริง)

- The story can't be true. I don't **believe it**. (*ไม่ใช่* believe in it)

specialise IN ... เช่น

- Helen is a lawyer. She **specialises in** company law. ...**เชี่ยวชาญในเรื่อง**...

succeed IN ... เช่น

- I hope you **succeed in** finding the job you want. ...**ประสบความสำเร็จในการ**...

B

การใช้ verb + **into**

break INTO ... เช่น

- Our house was **broken into** a few days ago, but nothing was stolen. ...**ถูกขโมยขึ้น**...

crash / drive / bump / run INTO ... เช่น

- He lost control of the car and **crashed into** a wall. ...และ**พุ่งเข้าชน**กำแพง

divide / cut / split something **INTO** two or more parts เช่น

- The book is **divided into** three parts. หนังสือ**แบ่งออกเป็น** 3 ตอน

translate a book ฯลฯ **FROM** one language **INTO** another เช่น

- She's a famous writer. Her books have been **translated into** many languages. ...**แปลเป็น**หลายภาษา

C

การใช้ verb + **with**

collide WITH ... เช่น

- There was an accident this morning. A bus **collided with** a car. ...รถประจำทาง**ชนกับ**รถยนต์

fill something **WITH** ... (*แต่* **full of** ... – ดู Unit 131B)

- Take this saucepan and **fill** it **with** water. ...**เติม**น้ำให้**เต็ม**

provide / supply somebody **WITH** ... เช่น

- The school **provides** all its students **with** books. โรงเรียน**จัดหา**หนังสือ**ให้**นักเรียนทั้งหมด

D

การใช้ verb + **to**

happen TO ... เช่น

- What **happened to** that gold watch you used to have? **เกิดอะไรขึ้นกับ**นาฬิกาเรือนทองที่คุณเคยมี (= where is it now?)

invite somebody **TO a** party / a wedding ฯลฯ เช่น

- They only **invited** a few people **to** their wedding. พวกเขา**เชิญ**คนเพียงไม่กี่คน**ไป**งานแต่งงานของพวกเขา

prefer one thing/person **TO** another เช่น

- I **prefer** tea **to** coffee. ฉัน**ชอบ**ชา**มากกว่า**กาแฟ

E

การใช้ verb + **on**

concentrate ON ... เช่น

- I tried to **concentrate on** my work, but I kept thinking about other things. ฉันพยายาม**ใส่ใจ** / **ให้ความสนใจ** / **ตั้งใจ**ทำงาน...

insist ON ... เช่น

- I wanted to go alone, but some friends of mine **insisted on** coming with me. ...พวกเขา**ยืนกรานที่**จะมากับฉัน

spend (money) **ON** ... เช่น

- How much do you **spend on** food each week? คุณ**จ่ายเงินเป็น**ค่าอาหารเท่าใดในหนึ่งสัปดาห์

Verb + preposition + **-ing** ➜ **Unit 62** คำกริยาอื่นๆ + **to** ➜ **Unit 132** คำกริยาอื่นๆ + **on** ➜ **Unit 135D**

Exercises

136.1 เติมประโยคให้สมบูรณ์โดยใช้คำกริยาที่กำหนดให้ (ในรูปที่ถูกต้อง) + **preposition** ที่ต้องใช้ด้วยกัน

believe **concentrate** **divide** **drive** **fill** **happen** ~~**insist**~~ **invite** **succeed**

1 I wanted to go alone, but my friends *insisted on* coming with me.
2 I haven't seen Mike for ages. I wonder what has .... him.
3 We've been .... the party, but unfortunately we can't go.
4 It's a very large house. It's .... four apartments.
5 I don't .... ghosts. I think people imagine that they see them.
6 Steve gave me an empty bucket and told me to .... it .... water.
7 I was driving along when the car in front stopped suddenly. I couldn't stop in time and .... the back of it.
8 Don't try and do two things together. .... one thing at a time.
9 It wasn't easy, but in the end we .... finding a solution to the problem.

136.2 เติมคำในประโยคที่สองให้สมบูรณ์และมีความหมายเหมือนกับประโยคแรก

1 There was a collision between a bus and a car.
A bus collided *with a car.*
2 I don't mind big cities, but I prefer small towns.
I prefer ....
3 I got all the information I needed from Jane.
Jane provided me ....
4 This morning I bought a pair of shoes which cost £70.
This morning I spent ....
5 There are ten districts in the city.
The city is divided ....

136.3 เติม **preposition** ในช่องว่างให้ถูกต้อง ถ้าประโยคใดไม่ต้องเติมให้เว้นว่างไว้

1 The school provides all its students *with* books.
2 A strange thing happened .... me a few days ago.
3 Mark decided to give up sport to concentrate .... his studies.
4 Money should be used well. I don't believe .... wasting it.
5 My present job isn't wonderful, but I prefer it .... what I did before.
6 I hope you succeed .... getting what you want.
7 As I was coming out of the room, I collided .... somebody who was coming in.
8 There was an awful noise as the car crashed .... a tree.
9 Patrick is a photographer. He specialises .... sports photography.
10 Do you spend a lot of money .... clothes?
11 I was amazed when Joe walked into the room. I couldn't believe .... it.
12 Somebody broke .... my car and stole the radio.
13 I was quite cold, but Tom insisted .... having the window open.
14 The teacher decided to split the class .... four groups.
15 I filled the tank, but unfortunately I filled it .... the wrong kind of petrol.
16 Some words are difficult to translate .... one language .... another.

136.4 เติมประโยคให้สมบูรณ์ตามความคิดของคุณเอง และใช้ **preposition** ด้วย

1 I wanted to go out alone, but my friend insisted *on coming with me.*
2 I spend a lot of money ....
3 I saw the accident. The car crashed ....
4 Chris prefers basketball ....
5 The restaurant we went to specialises ....
6 Shakespeare's plays have been translated ....

→ แบบฝึกหัดเสริม 36 (หน้า 323)

Unit 137

Phrasal verbs 1 หลักการใช้ทั่วไป

A

เรามักจะใช้คำกริยาบางคำคู่กับคำต่อไปนี้

in	on	up	away	by	about	over	round *หรือ* around
out	off	down	back	through	along	forward	

ดังนั้น คุณอาจพูดว่า **look out** / **get on** / **take off** / **run away** ฯลฯ คำกริยาเหล่านี้เรียกว่า phrasal verbs (กริยาวลี)

โดยปกติเรามักใช้ **on/off/out** ฯลฯ กับคำกริยาซึ่งให้ความหมายของการกระทำที่มีการเคลื่อนไหว (verbs of movement) ดังตัวอย่าง

- **get on** — The bus was full. We couldn't **get on**. ...**ขึ้นรถ**ประจำทางไม่ได้
- **drive off** — A woman got into the car and **drove off**. ...ขึ้นรถยนต์และ**ขับออกไป**
- **come back** — Sarah is leaving tomorrow and **coming back** on Saturday. ...**กลับมา**วันเสาร์
- **turn round** — When I touched him on the shoulder, he **turned round**. ...เขา**หมุนตัวหันมา**

แต่บ่อยครั้งที่คำที่สองที่อยู่หลังคำกริยา (**on/off/out** ฯลฯ) จะให้ความหมายพิเศษ ทำให้ความหมายของ phrasal verb นั้นๆ เปลี่ยนแปลงไป เช่น

- **break down** — Sorry I'm late. The car **broke down**. (= the engine stopped working)
- **look out** — **Look out**! There's a car coming. (= be careful)
- **take off** — It was my first flight. I was nervous as the plane **took off**. (= went into the air)
- **get on** — How was the exam? How did you **get on**? (= How did you do?)
- **get by** — My French isn't very good, but it's enough to **get by**. (= manage)

สำหรับตัวอย่างเพิ่มเติมเกี่ยวกับ phrasal verb ดู Units 138–145

B

บางครั้ง phrasal verb ยังมี preposition อีก 1 คำ เติมข้างหลัง ดังตัวอย่าง

phrasal verb	*preposition*	
run away	**from**	Why did you **run away from** me? ทำไมคุณ (วิ่ง) **หนี**ฉัน
keep up	**with**	You're walking too fast. I can't **keep up with** you. ...ฉัน**ตาม**คุณไม่**ทัน**
look up	**at**	We **looked up at** the plane as it flew above us. เรามอง**ขึ้นไปที่**เครื่องบิน...
look forward	**to**	Are you **looking forward to** your trip? คุณกำลังใจจดใจจ่อ / **ตั้งตารอให้ถึง**การเดินทางนั้นของคุณไหม

C

บางครั้ง phrasal verb มี object (กรรม) มารองรับ โดยปกติ object นั้น จะมีตำแหน่งในประโยคได้ 2 แห่ง ดังนั้น คุณจะเห็นรูปของประโยคในลักษณะใดลักษณะหนึ่งต่อไปนี้

I **turned on** the light. *หรือ* I **turned** the light **on**.
(object) (object)

ถ้า object เป็น pronoun (สรรพนาม) (**it/them/me/him** ฯลฯ) จะปรากฏได้เพียงตำแหน่งเดียวคือ อยู่ติดกับคำกริยา เช่น

I **turned** it **on**. (*ไม่ใช่* I turned on it)

ตัวอย่างเพิ่มเติม

- Can you { **fill in** this form? / **fill** this form **in**? } = กรุณา**กรอก**แบบฟอร์มนี้

แต่ They gave me a form and told me to **fill it in**. (*ไม่ใช่* fill in it)

- Don't { **throw away** this box. / **throw** this box **away**. } = อย่า**โยน**กล่องใบนี้**ทิ้ง**

แต่ I want to keep this box, so don't **throw it away**. (*ไม่ใช่* throw away it)

- I'm going to { **take off** my shoes. / **take** my shoes **off**. } = ฉันจะ**ถอด**รองเท้า

แต่ These shoes are uncomfortable. I'm going to **take them off**. (*ไม่ใช่* take off them)

- Don't { **wake up** the baby. / **wake** the baby **up**. } = อย่า**ปลุก**เด็ก

แต่ The baby is asleep. Don't **wake her up**. (*ไม่ใช่* wake up her)

Phrasal verbs 2–9 ➜ **Units 138–145** ภาษาอังกฤษแบบอเมริกัน ➜ **ภาคผนวก 7**

Exercises

137.1 เติมประโยคให้สมบูรณ์ โดยใช้คำใดคำหนึ่งจากกรอบ A (ในรูปที่ถูกต้อง) และอีกคำหนึ่งจากกรอบ B คุณอาจใช้คำบางคำมากกว่า 1 ครั้งได้

A **fly get go look sit speak**

B **away by down on out round up**

1 The bus was full. We couldn't *get on.*
2 I've been standing for the last two hours. I'm going to ………… for a bit.
3 A cat tried to catch the bird, but it ………… just in time.
4 We were trapped in the building. We couldn't ………… .
5 I can't hear you very well. Can you ………… a little?
6 'Do you speak German?' 'Not very well, but I can ………… .'
7 Everything has got so expensive. Prices have ………… a lot.
8 I thought there was somebody behind me, but when I ………… , there was nobody there.

137.2 เติมประโยคให้สมบูรณ์ โดยใช้คำใดคำหนึ่งจากกรอบ A และอีกคำหนึ่งจากกรอบ B คุณอาจใช้คำบางคำมากกว่า 1 ครั้งได้

A **away back forward in up**

B **at through to with**

1 You're walking too fast. I can't keep *up with* you.
2 My holidays are nearly over. Next week I'll be ………… work.
3 We went ………… the top floor of the building to admire the view.
4 The meeting tomorrow is going to be difficult. I'm not looking ………… it.
5 There was a bank robbery last week. The robbers got ………… £50,000.
6 I love to look ………… the stars in the sky at night.
7 I was sitting in the kitchen when a bird flew ………… the open window.

137.3 เติมประโยคให้สมบูรณ์ โดยใช้ **phrasal verbs** ที่กำหนดให้ + **it/them/me**

~~fill in~~ get out give back switch on take off wake up

1 They gave me a form and told me to *fill it in.*
2 I'm going to bed now. Can you ………… at 6.30?
3 I've got something in my eye and I can't ………… .
4 I don't like it when people borrow things and don't ………… .
5 I want to use the hair dryer. How do I ………… ?
6 My shoes are dirty. I'd better ………… before going into the house.

137.4 เติมประโยคให้สมบูรณ์ตามความคิดของคุณเอง ใช้ **(this box** ฯลฯ) หรือ **pronoun (it/them** ฯลฯ) + คำในวงเล็บที่กำหนดให้ **(away/up** ฯลฯ)

1 Don't throw *away this box* . I want to keep it. (away)
2 I don't want this newspaper. You can throw *it away.* (away)
3 I borrowed these books from the library. I have to take ………… tomorrow. (back)
4 We can turn ………… . Nobody is watching it. (off)
5 A: How did the vase get broken?
B: I'm afraid I knocked ………… while I was cleaning. (over)
6 Shh! My mother is asleep. I don't want to wake ………… . (up)
7 It's cold today. You should put ………… if you're going out. (on)
8 It was only a small fire. I was able to put ………… easily. (out)
9 A: Is this hotel more expensive than when we stayed here last year?
B: Yes, they've put ………… . (up)
10 It's a bit dark in this room. Shall I turn ………… ? (on)

→ แบบฝึกหัดเสริม 37–41 (หน้า 323–25)

Unit 138

Phrasal verbs 2 in/out

A

เปรียบเทียบการใช้ **in** และ **out** ต่อไปนี้

in = into a room, a building, a car ฯลฯ เช่น

- How did the thieves **get in**?
- Here's a key, so you can **let yourself in**.
- Lisa walked up to the edge of the pool and **dived in**. (= into the water)
- I've got a new flat. I'm **moving in** on Friday.
- As soon as I got to the airport, I **checked in**.

ในทำนองเดียวกัน คุณอาจพูดว่า **go in**, **come in**, **walk in**, **break in** ฯลฯ

เปรียบเทียบการใช้ **in** และ **into** ต่อไปนี้

- I'm moving **in** next week.
- I'm moving **into my new flat** on Friday.

out = out of a room, building, a car ฯลฯ

- He just stood up and **walked out**.
- I had no key, so I was **locked out**.
- She swam up and down the pool and then **climbed out**.
- Andy opened the window and **looked out**.
- *(ที่โรงแรม)* What time do we have to **check out**?

ในทำนองเดียวกัน คุณอาจพูดว่า **go out**, **get out**, **move out**, **let** somebody **out** ฯลฯ

เปรียบเทียบการใช้ **out** และ **out of** ต่อไปนี้

- He walked **out**.
- He walked **out of the room**.

B

การใช้คำกริยาอื่นๆ + **in**

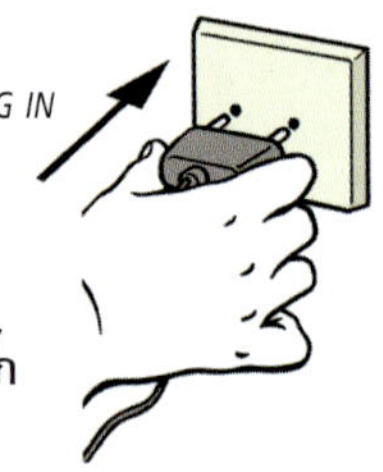

drop in = *visit somebody for a short time without arranging to do this* เช่น

- I **dropped in** to see Chris on my way home. ฉัน**แวะหา**...

join in = *take part in an activity that is already going on* เช่น

- They were playing cards, so I **joined in**. ...ฉันจึง**เข้าไปร่วม**เล่นด้วย

plug in an electrical machine = *connect it to the electricity supply* เช่น

- The fridge isn't working because you haven't **plugged** it **in**. ...คุณไม่**เสียบปลั๊ก**

fill in a form, a questionnaire ฯลฯ = *write the necessary information on a form* เช่น

- Please **fill in** the application form and send it to us by 28 February. กรุณา**กรอก**...

คุณอาจพูดว่า **fill out** a form ได้ด้วย

take somebody **in** = *deceive somebody* เช่น

- The man said he was a policeman and I believed him. I was completely **taken in**. ...ฉันถูกเขา**หลอก**เสียสนิท

C

การใช้คำกริยาอื่นๆ + **out**

eat out = *eat at a restaurant, not at home* เช่น

- There wasn't anything to eat at home, so we decided to **eat out**. ...**รับประทานอาหารนอกบ้าน**

drop out of college, university, a course, a race = *stop before you have completely finished a course/race* ฯลฯ เช่น

- Gary went to university but **dropped out** after a year. ...แต่**หยุด**(เรียน)หลังจากหนึ่งปี

get out of something that you arranged to do = *avoid doing it* เช่น

- I promised I'd go to the wedding. I don't want to go, but I can't **get out** of it now. ...แต่ฉันคง**เลี่ยง**...

cut something **out** (จากหนังสือพิมพ์ ฯลฯ) เช่น

- There was a beautiful picture in the magazine, so I **cut** it **out** and kept it. ...**ตัดมันออกมา**เก็บไว้

leave something **out** = *omit it, not include it* เช่น

- In the sentence 'She said that she was ill', you can **leave out** the word 'that'. ...คุณอาจ**ละ**คำว่า...

cross something **out** / **rub** something **out** เช่น

- Some of the names on the list had been **crossed out**. ~~*Sarah*~~ *cross out* = *ตัดออก*

Phrasal verbs 1 (หลักการใช้ทั่วไป) ➜ **Unit 137** คำกริยาอื่นๆ อีก + **out** ➜ **Unit 139**

Exercises

138.1 เติมประโยคให้สมบูรณ์โดยใช้คำกริยาในรูปที่ถูกต้อง

1 Here's a key so that you can ......*let*...... yourself in.
2 Liz doesn't like cooking, so she .... out a lot.
3 Amy isn't living in this apartment any more. She .... out a few weeks ago.
4 If you're in our part of town, you should .... in and say hello.
5 When I .... in at the airport, I was told my flight would be delayed.
6 There was an article in the paper that I wanted to keep, so I .... it out.
7 I wanted to iron some clothes, but there was nowhere to .... the iron in.
8 I hate .... in questionnaires.
9 Steve was upset because he'd been .... out of the team.
10 Be careful! The water's not very deep here, so don't .... in.
11 If you write in pencil and you make a mistake, you can .... it out.
12 Paul started doing a Spanish course, but he .... out after a few weeks.

138.2 เติมประโยคให้สมบูรณ์โดยใช้ **in, into, out** หรือ **out of**

1 I've got a new flat. I'm moving ......*in*...... on Friday.
2 We checked .... the hotel as soon as we arrived.
3 As soon as we arrived at the hotel, we checked ....
4 The car stopped and the driver got ....
5 Thieves broke .... the house while we were away.
6 Why did Sarah drop .... college? Did she fail her exams?

138.3 เติมประโยคให้สมบูรณ์โดยใช้คำกริยา + **in** หรือ **out (of)**

1 Lisa walked to the edge of the pool, ...*dived in*...... and swam to the other end.
2 Not all the runners finished the race. Three of them ....
3 I went to see Joe and Sophie in their new house. They .... last week.
4 I've told you everything you need to know. I don't think I've .... anything.
5 Some people in the crowd started singing. Then a few more people .... and soon everybody was singing.
6 We go to restaurants a lot. We like ....
7 Don't be .... by him. If I were you, I wouldn't believe anything he says.
8 I .... to see Laura a few days ago. She was fine.
9 A: Can we meet tomorrow morning at 10?
B: Probably. I'm supposed to go to another meeting, but I think I can .... it.

138.4 เติมประโยคให้สมบูรณ์โดยใช้คำในวงเล็บในรูปที่ถูกต้อง

1 A: The fridge isn't working.
B: That's because you haven't ......*plugged it in.*...... (plug)

2 A: What do I have to do with these forms?
B: .... and send them to this address. (fill)

3 A: I've made a mistake on this form.
B: That's all right. Just .... and correct it. (cross)

4 A: Did you believe the story they told you?
B: Yes, I'm afraid they completely .... (take)

5 A: Have you been to that new club in Bridge Street?
B: We wanted to go there a few nights ago, but they wouldn't .... because we weren't members. (let)

→ แบบฝึกหัดเสริม **37–41** (หน้า 323–25)

Phrasal verbs 3 out

A

out = not burning, not shining เช่น

go out	Suddenly all the lights in the building **went out**.
put out a fire / a cigarette / a light	We managed to **put** the fire **out**.
turn out a light	I **turned** the lights **out** before leaving.
blow out a candle	We don't need the candle. You can **blow** it **out**.

B

สำนวน **work out**

work out = *do physical exercises* เช่น

- Rachel **works out** at the gym three times a week. Rachel **ออกกำลังกาย**ที่ยิมอาทิตย์ละสามครั้ง

work out = *develop, progress* เช่น

- Good luck for the future. I hope everything **works out** well for you. ...ทุกอย่างจะ**ไปได้ดี**สำหรับคุณ
- A: Why did James leave the company?
  B: Things didn't **work out**. (= things didn't work out well) หลายอย่างไม่ได้**เป็นไปด้วยดี**

work out (สำหรับการคิดคำนวนตัวเลข) เช่น

- The total bill for three people is £84.60. That **works out** at £28.20 each. ...**คิดคำนวนออกมา**เป็น...

work something **out** = *calculate, think about a problem and find the answer* เช่น

- 345 × 76? I need to do this on paper. I can't **work** it **out** in my head. ...ฉัน**คิดคำนวน**ในใจไม่ได้

C

การใช้คำกริยาอื่นๆ + **out**

carry out an order, an experiment, a survey, an investigation, a plan ฯลฯ เช่น

- Soldiers are expected to **carry out** orders. ...จะต้อง**ทำตาม**คำสั่ง
- An investigation into the accident will be **carried out** as soon as possible. ...**ดำเนินการ**...

fall out (**with** somebody) = *stop being friends* เช่น

- They used to be very good friends. I'm surprised to hear that they have **fallen out**. ...**เลิกคบกัน**แล้ว
- David **fell out with** his father and left home. David **ไม่ถูกกันกับ**พ่อและย้ายออกจากบ้านไป

find out that/what/when ... ฯลฯ **find out about** something = *get information* เช่น

- The police never **found out** who committed the murder. ตำรวจไม่สามารถ**หา**...
- I just **found out** that it's Helen's birthday today. ฉันเพิ่ง**รู้**ว่าวันนี้เป็นวันเกิด Helen
- I checked a few websites to **find out about** hotels in the town. ...เพื่อ**ค้นหาข้อมูล**เกี่ยวกับ...

give/hand things **out** = *give to each person* เช่น

- At the end of the lecture, the speaker **gave out** information sheets to the audience. ...**แจก**เอกสาร...

point something **out** (**to** somebody) = *draw attention to something* เช่น

- As we drove through the city, our guide **pointed out** all the sights. ...มัคคุเทศก์ของเราได้**ชี้ให้ดู**...
- I didn't realise I'd made a mistake until somebody **pointed** it **out to** me. ...**ชี้**ข้อผิดพลาด**ให้ฉันเห็น**

run out (**of** something) เช่น

- We **ran out of** petrol on the motorway. (= we used all our petrol) น้ำมันเรา**หมด**...

sort something **out** = *find a solution to, put in order* เช่น

- There are a few problems we need to **sort out**. ...เราจำเป็นต้อง**หาทางแก้ไข**
- All these papers are mixed up. I'll have to **sort** them **out**. ...ฉันต้อง**แยกมันออก**(ตามประเภท)

turn out to be ... , **turn out** good/nice ฯลฯ **turn out** that ... เช่น

- Nobody believed Paul at first, but he **turned out** to be right. ...แต่**สุดท้ายก็กลายเป็นว่า**เขาถูก
- The weather wasn't so good in the morning, but it **turned out** nice later. ...แต่ก็**กลายเป็น**ดี...
- I thought they knew each other, but it **turned out** that they'd never met. ...แต่ก็**กลายเป็น**ว่า...

try out a machine, a system, a new idea ฯลฯ = *test it to see if it is OK* เช่น

- The company is **trying out** a new computer system at the moment. บริษัทกำลัง**ทดสอบ**...

Phrasal verbs 1 (หลักการใช้ทั่วไป) ➜ **Unit 137** คำกริยาอื่นๆ อีก + **out** ➜ **Unit 138**

Exercises

139.1 จับคู่คำกริยากับคำใดคำหนึ่งต่อไปนี้ให้เหมาะสม

a candle **a cigarette** ~~**a light**~~ **a mess** **a mistake** **a new product** **an order**

1 turn out *a light*
2 point out ...
3 blow out ...
4 carry out ...
5 put out ...
6 try out ...
7 sort out ...

139.2 เติมประโยคให้สมบูรณ์โดยใช้คำกริยา + **out**

1 The company is *trying out* a new computer system at the moment.
2 Steve is very fit. He does a lot of sport and ... regularly.
3 The road will be closed for two days next week while building work is ... .
4 We didn't manage to discuss everything at the meeting. We ... of time.
5 You have to ... the problem yourself. I can't do it for you.
6 I don't know what happened exactly. I need to ... .
7 The new drug will be ... on a small group of patients.
8 I thought the two books were the same until a friend of mine ... the difference.
9 They got married a few years ago, but it didn't ... and they separated.
10 There was a power cut and all the lights ... .
11 We thought she was American at first, but she ... to be Swedish.
12 Sometimes it ... cheaper to eat in a restaurant than to cook at home.
13 I haven't applied for the job yet. I want to ... more about the company first.
14 It took the fire brigade two hours to ... the fire.

139.3 เติมประโยคในแต่ละภาพให้สมบูรณ์โดยใช้คำกริยา + **out**

1

They've *run out of petrol.*

2

The man with the beard is ... leaflets.

3
earlier

now

The weather has ... .

4

Sally and Kim are ... at the gym.

5

They've ... .

6

Lisa is trying to ... how ... .

139.4 เติมประโยคแต่ละข้อให้สมบูรณ์โดยใช้คำกริยา + **out**

1 A: Was the fire serious?
B: No, we were able to *put it out.*
2 A: This recipe looks interesting.
B: Yes, let's ... .
3 A: How much money do I owe you exactly?
B: Just a moment. I'll have to ... .
4 A: What happened about your problem with your bank?
B: It's OK now. I went to see them and we ... .

→ แบบฝึกหัดเสริม **37–41** (หน้า 323–25)

Unit 140

Phrasal verbs 4 on/off (1)

A การใช้ on และ off กับไฟฟ้า เครื่องจักร ฯลฯ

เราพูดว่า the light **is on** / **put** the light **on** / **leave** the light **on** ฯลฯ
turn the light **on/off** *หรือ* **switch** the light **on/off** เช่น

- Shall **I leave** the lights **on** or **turn** them **off**? จะให้ฉัน**เปิด**ไฟ**ทิ้งไว้**ไหม หรือจะให้**ปิด**
- '**Is** the heating **on**?' 'No, I **switched** it **off**.' 'เครื่องทำความร้อน**เปิดอยู่**หรือ' 'เปล่า ฉัน**ปิดมันแล้ว**'
- We need some boiling water, so I'll **put** the kettle **on**. ...ฉันจะเอากาน้ำ**ตั้งไฟ**

เราใช้ **put on** some music / a CD ฯลฯ ด้วย เช่น

- I haven't listened to this CD yet. Shall I **put** it **on**? ...จะให้ฉัน**เล่น**มันไหม

B การใช้ on และ off กับเหตุการณ์ต่าง ๆ

go on = *happen* เช่น

- What's all that noise? What's **going on**? (= what's happening) ...**เกิดอะไรขึ้น**หรือ

call something **off** = *cancel it* เช่น

- The open-air concert had to be **called off** because of the weather. ...ถูก**ยกเลิก**...

put something **off**, **put off** doing something = *delay it* เช่น

- The wedding has been **put off** until January. งานแต่งงานถูก**เลื่อนไป**เดือนมกราคม
- We can't **put off** making a decision. We have to decide now. เราจะ**เลื่อน**การตัดสินใจ**ออกไป**ไม่ได้...

C การใช้ on และ off กับเสื้อผ้า ฯลฯ

put on clothes, glasses, make-up, a seat belt ฯลฯ เช่น

- My hands were cold, so I **put** my gloves **on**. ...ดังนั้น ฉันจึง**ใส่**ถุงมือ

เราใช้ **put on** weight = *get heavier* ด้วย เช่น

- I've **put on** two kilograms in the last month. ฉัน**น้ำหนักขึ้น**มาสองกิโลเมื่อเดือนที่แล้ว

try on clothes (to see if they fit) เช่น

- I **tried on** a jacket in the shop, but it didn't fit me very well. ฉัน**ลอง**เสื้อแจ็กเก็ตในร้าน...

take off clothes, glasses ฯลฯ เช่น

- It was warm, so I **took off** my jacket. ... ดังนั้น ฉันจึง**ถอด**เสื้อแจ็กเก็ต**ออก**

D การใช้ off = away from a person or place

be off (to a place) เช่น

- Tomorrow **I'm off** to Paris / **I'm off** on holiday. (= I'm going to Paris / I'm going on holiday)
  พรุ่งนี้ฉันจะ**ไป**ปารีส / ฉันจะ**หยุด**พักผ่อน

walk off / **run off** / **drive off** / **ride off** / **go off** (มีความหมายเหมือน **walk away** / **run away** ฯลฯ) เช่น

- Diane got on her bike and **rode off**. Diane ขึ้นจักรยานของเธอแล้ว**ขี่ออกไป**
- Mark left home at the age of 18 and **went off** to Canada. ...แล้ว**ไป**แคนาดา

set off = *start a journey* เช่น

- We **set off** very early to avoid the traffic. (= We left early) เรา**ออก**เร็วเพื่อเลี่ยงรถติด

take off = *leave the ground (สำหรับเครื่องบิน)* เช่น

- After a long delay the plane finally **took off**. หลังจากที่ล่าช้ามานาน เครื่องบินก็**ออก**

see somebody **off** = *go with them to the airport/station to say goodbye* เช่น

- Helen was going away. We went to the station with her to **see her off**. ...เพื่อ**ส่งเธอ**

Phrasal verbs 1 (หลักการใช้ทั่วไป) ➜ **Unit 137** คำกริยาอื่น ๆ อีก + **on/off** ➜ **Unit 141**

Exercises

140.1 เติมประโยคให้สมบูรณ์โดยใช้ **put on** + คำใดคำหนึ่งต่อไปนี้

a CD	the heating	the kettle	~~the light~~	the oven

1 It was getting dark, so I *put the light on.*
2 It was getting cold, so I ....
3 I wanted to bake a cake, so I ....
4 I wanted to make some tea, so I ....
5 I wanted to listen to some music, so I ....

140.2 เติมประโยคให้สมบูรณ์โดยใช้คำกริยา + **on** หรือ **off** ในแต่ละข้อ

1 It was warm, so I *took off* my jacket.
2 What are all these people doing? What's .... ?
3 The weather was too bad for the plane to .... , so the flight was delayed.
4 I didn't want to be disturbed, so I .... my phone.
5 Rachel got into her car and .... at high speed.
6 Tim has .... weight since I last saw him. He used to be quite thin.
7 A: What time are you leaving tomorrow?
B: I'm not sure yet, but I'd like to .... as early as possible.
8 Don't .... until tomorrow what you can do today.
9 There was going to be a strike by bus drivers, but now they have been offered more money and the strike has been ....
10 Are you cold? Shall I get you a sweater to .... ?
11 When I go away, I prefer to be alone at the station or airport. I don't like it when people come to .... me ....

140.3 ดูภาพและเติมประโยคให้สมบูรณ์

1

Her hands were cold, so she *put her gloves on.*

2

The plane .... at 10.55.

3

Maria .... , but it was too big for her.

4

The match .... because of the weather.

5

Mark's parents went to the airport to ....

6

He took his sunglasses out of his pocket and ....

➜ แบบฝึกหัดเสริม 37–41 (หน้า 323–25)

Unit 141

Phrasal verbs 5 on/off (2)

A

การใช้ verb + **on** = continue doing something

drive on / **walk on** / **play on** = *continue driving/walking/playing* ฯลฯ เช่น
- Shall we stop at this petrol station or shall we **drive on** to the next one? ...**ขับต่อไป**...

go on = *continue* เช่น
- The party **went on** until 4 o'clock in the morning. งานเลี้ยง**ดำเนินไป**...

go on / **carry on** doing something = *continue doing something* เช่น
- We can't **go on** spending money like this. We'll have nothing left soon. ...**ไปเรื่อย ๆ**...
- I don't want to **carry on** working here. I'm going to look for another job. ...ทำงานที่นี่**ต่อ**...

เราใช้ **go on with** / **carry on with** something ด้วย เช่น
- Don't let me disturb you. Please **carry on with** what you're doing. ...**ทำสิ่งที่คุณทำอยู่ต่อ**

keep on doing something = *do it continuously or repeatedly* เช่น
- He **keeps on** criticising me. I'm fed up with it! เขาวิพากษ์วิจารณ์ฉัน**ไม่เลิก**เลย ฉันเบื่อเต็มที**แล้ว**

B

การใช้ **get on**

get on = *progress* เช่น
- How are you **getting on** in your new job? งานใหม่ของคุณ**เป็นอย่างไรบ้าง**

get on (**with** somebody) = *have a good relationship* เช่น
- Joanne and Karen don't **get on**. They're always arguing. ...**เข้ากัน**ไม่ได้...
- Richard **gets on** well **with** his neighbours. They're all very friendly. ...**เข้ากัน**ได้กับ...

get on with something = *continue doing something you have to do, usually after an interruption* เช่น
- I must **get on with** my work. I have a lot to do. ...**ทำงานของฉันต่อ**...

C

การใช้ verb + **off**

doze off / **drop off** / **nod off** = *fall asleep* เช่น
- The lecture wasn't very interesting. In fact I **dozed off** in the middle of it. ...**หลับ**...

finish something **off** = *do the last part of something* เช่น
- A: Have you finished painting the kitchen? คุณทาสีห้องครัวเสร็จหรือยัง
  B: Nearly. I'll **finish** it **off** tomorrow. เกือบเสร็จแล้ว ฉันจะ**ทำ**ต่อ**ให้เสร็จ**พรุ่งนี้

go off = *explode* เช่น
- A bomb **went off** in the city centre, but fortunately nobody was hurt. **เกิดระเบิด**...

และ an alarm can **go off** = *ring* เช่น
- Did you hear the alarm **go off**? คุณได้ยิน**เสียง**กริ่งเตือนไหม

put somebody **off** (doing something) = *cause somebody not to want something or to do something* เช่น
- We wanted to go to the exhibition, but we were **put off** by the long queue. ...คิวยาว**ทำให้**เรา**ไม่อยาก**ไป
- What **put** you **off** applying for the job? Was the salary too low? อะไร**ทำให้**คุณ**ไม่อยาก**สมัครงานนี้...

rip somebody **off** = *cheat somebody (ไม่เป็นทางการ)* เช่น
- Did you really pay £2,000 for that painting? I think you were **ripped off**. ...**ถูกหลอก** (= จ่ายมากไป)

show off = *try to impress people with your ability, your knowledge* ฯลฯ เช่น
- Look at that boy on the bike riding with no hands. He's just **showing off**. ...**อยากอวด**

tell somebody **off** = *speak angrily to somebody because they did something wrong* เช่น
- Clare's mother **told** her **off** for wearing dirty shoes in the house. แม่ของ Clare **ดุ**เธอ...

Go on / carry on / keep on ➔ Unit 53B Phrasal verbs 1 (หลักการใช้ทั่วไป) **➔ Unit 137**
คำกริยาอื่นๆ อีก + **on/off ➔ Unit 140** ภาษาอังกฤษแบบอเมริกัน **➔ ภาคผนวก 7**

Exercises

141.1 เปลี่ยนคำที่ขีดเส้นใต้ให้มีความหมายเหมือนเดิมโดยใช้คำกริยา + **on** หรือ **off**

1 Did you hear the bomb explode?
Did you hear the bomb *go off?*

2 The meeting continued longer than I expected.
The meeting .... longer than I expected.

3 We didn't stop to rest. We continued walking.
We didn't stop to rest. We ....

4 I fell asleep while I was watching TV.
I .... while I was watching TV.

5 Gary doesn't want to retire. He wants to continue working.
Gary doesn't want to retire. He wants to .... working.

6 The fire alarm rang in the middle of the night.
The fire alarm .... in the middle of the night.

7 Martin phones me continuously. It's very annoying.
Martin .... It's very annoying.

141.2 เติมประโยคให้สมบูรณ์โดยใช้คำกริยา + **on** หรือ **off**

1 We can't *go on* spending money like this. We'll have nothing left soon.
2 I was standing by the car when suddenly the alarm ....
3 I'm not ready to go home yet. I have a few things to ....
4 'Shall I stop the car here?' 'No, ...'
5 Bill paid too much for the car he bought. I think he was ....
6 'Is Emma enjoying her course at university?' 'Yes, she's .... very well.'
7 I was very tired at work today. I nearly .... at my desk a couple of times.
8 Ben was .... by his boss for being late for work repeatedly.
9 I really like working with my colleagues. We all .... really well together.
10 There was a very loud noise. It sounded like a bomb ....
11 I .... making the same mistake. It's very frustrating.
12 I've just had a coffee break, and now I must .... with my work.
13 Peter is always trying to impress people. He's always ....
14 We decided not to go to the concert. We were .... by the cost of tickets.

141.3 เติมประโยคให้สมบูรณ์โดยใช้คำกริยาคำใดคำหนึ่งต่อไปนี้ (ในรูปที่ถูกต้อง) + **on** หรือ **off** บางประโยคอาจต้องใช้คำอื่นเพิ่มเติม

carry	finish	~~get~~	get	get	go	rip	tell

1 A: How *are you getting on* in your new job?
B: Fine, thanks. It's going very well.

2 A: Have you written the letter you had to write?
B: I've started it. I'll .... in the morning.

3 A: We took a taxi to the airport. It cost 500 baht.
B: 500 baht! Normally it costs about 250 baht. You ....

4 A: Why were you late for work this morning?
B: I overslept. My alarm clock didn't ....

5 A: How .... in your interview? Do you think you'll get the job?
B: I hope so. The interview was OK.

6 A: Did you stop playing tennis when it started to rain?
B: No, we .... The rain wasn't very heavy.

7 A: Some children at the next table in the restaurant were behaving very badly.
B: Why didn't their parents .... ?

8 A: Why does Paul want to leave his job?
B: He .... his boss.

→ แบบฝึกหัดเสริม 37–41 (หน้า 323–25)

Unit 142

Phrasal verbs 6 **up/down**

A

เปรียบเทียบการใช้ **up** และ **down** ต่อไปนี้

put something **up** (บนกำแพง ฯลฯ)
- I **put** a picture **up** on the wall.

pick something **up**
- There was a letter on the floor. I **picked** it **up** and looked at it.

stand up
- Alan **stood up** and walked out.

turn something **up**
- I can't hear the TV. Can you **turn** it **up** a bit?

take something **down** (จากกำแพง ฯลฯ)
- I didn't like the picture, so I **took** it **down**.

put something **down**
- I stopped writing and **put down** my pen.

sit down / bend down / lie down
- I **bent down** to tie my shoelace.

turn something **down**
- The oven is too hot. **Turn** it **down** to 150 degrees.

B

การใช้ **knock down, cut down** ฯลฯ

knock down a building, **blow** something **down**, **cut** something **down** ฯลฯ เช่น
- Some old houses were **knocked down** to make way for the new shopping centre. ...ถูก**ทุบทิ้ง**...
- Why did you **cut down** the tree in your garden? ...**ตัดต้นไม้**...

be **knocked down** (โดยรถยนต์ ฯลฯ) เช่น
- A man was **knocked down** by a car and taken to hospital. ...ถูกรถ**ชน**...

burn down = *be destroyed by fire* เช่น
- They were able to put out the fire before the house **burnt down**. ...ถูก**ไฟไหม้จนหมด**

C

การใช้ **down** = getting less

slow down = *go more slowly* เช่น
- You're driving too fast. **Slow down**. ...**ช้าลงหน่อย**

calm (somebody) **down** = *become calmer, make somebody calmer* เช่น
- **Calm down**. There's no point in getting angry. **ใจเย็น ๆ**...

cut down (**on** something) = *eat, drink or do something less often* เช่น
- I'm trying to **cut down on** coffee. I drink too much of it. ...**ลด**กาแฟ**ลง**...

D

การใช้คำกริยาอื่น ๆ + **down**

break down = *stop working (for machines, cars, relationships ฯลฯ)* เช่น
- The car **broke down** and I had to phone for help. รถ**เสีย**...
- Their marriage **broke down** after only a few months. การแต่งงาน**จบลง**...

close down / shut down = *stop doing business* เช่น
- There used to be a shop at the end of the street; it **closed down** a few years ago. ...**ปิดตัวลง**...

let somebody **down** = *disappoint them because you didn't do what they hoped* เช่น
- You can always rely on Paul. He'll never **let** you **down**. ...ไม่มีวัน**ทำให้คุณผิดหวัง**

turn somebody/something **down** = *refuse an application, an offer ฯลฯ* เช่น
- I applied for several jobs, but I was **turned down** for all of them. ...ฉันถูก**ปฏิเสธ**...
- Rachel was offered the job, but she decided to **turn** it **down**. ...เธอตัดสินใจ**ไม่รับ**งานนั้น

write something **down** = *write something on paper because you may need the information later* เช่น
- I can't remember Tim's address. I **wrote** it **down**, but I can't find it. ...**เขียนลงไว้**...

Phrasal verbs 1 (หลักการใช้ทั่วไป) ➜ **Unit 137**   คำกริยาอื่น ๆ อีก + **up** ➜ **Units 143–144**

Exercises

142.1 เติมประโยคให้สมบูรณ์ในแต่ละภาพโดยใช้คำกริยา + **up** หรือ **down** ในหลายประโยคคุณต้องใช้คำอื่นเพิ่มเติมด้วย

1 There used to be a tree next to the house, but we *cut it down.*
2 There used to be some shelves on the wall, but I ....
3 The ceiling was so low, he couldn't .... straight.
4 She couldn't hear the radio very well, so she ....
5 While they were waiting for the bus, they .... on the ground.
6 A few trees .... in the storm last week.
7 We've got some new curtains, but we haven't .... yet.
8 Lisa dropped her keys, so she .... and ....

142.2 เติมประโยคให้สมบูรณ์โดยใช้คำกริยาคำใดคำหนึ่งต่อไปนี้ (ในรูปที่ถูกต้อง) + **down**

calm **let** ~~**take**~~ **turn** **turn** **write**

1 I don't like this picture on the wall. I'm going to *take it down.*
2 The music is too loud. Can you .... ?
3 David was very angry. I tried to ....
4 Sarah gave me her phone number. I .... on a piece of paper.
5 I promised I would help Anna. I don't want to ....
6 I was offered the job, but I decided I didn't want it. So I ....

142.3 เติมประโยคให้สมบูรณ์โดยใช้คำกริยา (ในรูปที่ถูกต้อง) + **down**

1 I stopped writing and *put down* my pen.
2 I was really angry. It took me a long time to ....
3 The train .... as it approached the station.
4 Sarah applied to study medicine at university, but she ....
5 Our car is very reliable. It has never ....
6 I need to spend less money. I'm going to .... on things I don't really need.
7 I didn't play very well. I felt that I had .... the other players in the team.
8 The shop .... because it was losing money.
9 This is a very ugly building. Many people would like it to ....
10 I can't understand why you .... the chance of working abroad for a year. It would have been a great experience for you.
11 A: Did you see the accident? What happened exactly?
B: A man .... by a car as he was crossing the road.
12 Peter got married when he was 20, but unfortunately the marriage .... a few years later.

→ แบบฝึกหัดเสริม 37–41 (หน้า 323–25)

Unit 143 Phrasal verbs 7 up (1)

A

go up / **come up** / **walk up** (**to** ...) = *approach* เช่น
- A man **came up to** me in the street and asked me for money. ...**เข้ามาหา**...

catch up (**with** somebody), **catch** somebody **up** = *move faster than somebody in front of you so that you reach them* เช่น
- I'm not ready to go yet. You go on and I'll **catch up with** you / I'll **catch** you **up**. ...**ตามไปให้ทัน**

keep up (**with** somebody) = *continue at the same speed or level* เช่น
- You're walking too fast. I can't **keep up** (**with** you). ...**ตาม**(คุณ)ไม่**ทัน**
- You're doing well. **Keep** it **up**! ...**ทำให้ดีต่อไป**

B

set up an organisation, a company, a business, a system, a website ฯลฯ = *start it* เช่น
- The government has **set up** a committee to investigate the problem. ...**ตั้ง**คณะกรรมการ**ขึ้นมา**...

take up a hobby, a sport, an activity ฯลฯ = *start doing it* เช่น
- Laura **took up** photography a few years ago. She takes really good pictures. Laura **เริ่ม**...

fix up a meeting ฯลฯ = *arrange it* เช่น
- We've **fixed up** a meeting for next Monday. เรา**นัด**ประชุมกันวันจันทร์หน้า

C

grow up = *become an adult* เช่น
- Ann was born in Hong Kong but **grew up** in Australia. ...แต่มา(เติบ)**โต**ใน Australia

bring up a child = *raise, look after a child* เช่น
- Her parents died when she was a child and she was **brought up** by her grandparents. ...**ถูกเลี้ยงดู**...

D

clean up / **clear up** / **tidy up** something = *make it clean, tidy* ฯลฯ เช่น
- Look at this mess! Who's going to **tidy up**? (*หรือ* **tidy** it **up**) ...**ทำความสะอาด**

wash up = *wash the plates, dishes ฯลฯ after a meal* เช่น
- I hate **washing up**. (*หรือ* I hate **doing the washing-up**.) ...**ล้างจาน**

E

end up somewhere, **end up** doing something ฯลฯ เช่น
- There was a fight in the street and three men **ended up** in hospital. (= that's what happened to these men in the end) ...ชายสามคนไป**ลงเอย**ที่โรงพยาบาล
- I couldn't find a hotel and **ended up** sleeping on a bench at the station. (= that's what happened to me in the end) ฉันหาโรงแรมไม่ได้ เลย**ลงเอย**ด้วยการนอนบนม้านั่งที่สถานี

give up = *stop trying*, **give** something **up** = *stop doing it* เช่น
- Don't **give up**. Keep trying! อย่า**ยอมแพ้** จงพยายามต่อไป
- Sue got bored with her job and decided to **give** it **up**. (= stop doing it) ...**เลิก**ทำงาน

make up something, be **made up of** something เช่น
- Children under 16 **make up** half the population of the city. (= half the population are children under 16) เด็กอายุต่ำกว่า 16 **เป็น**ครึ่งหนึ่งของประชากรในเมือง
- Air is **made up** mainly **of** nitrogen and oxygen. (= Air consists of ...) อากาศ**ประกอบด้วย**...

take up space or time = *use space or time* เช่น
- Most of the space in the room was **taken up** by a large table. ...**เต็มไปด้วย**...

turn up / **show up** = *arrive, appear* เช่น
- We arranged to meet David last night, but he didn't **turn up**. ...ไม่มา

use something **up** = *use all of it so that nothing is left* เช่น
- I'm going to make some soup. We have a lot of vegetables and I want to **use them up**. ...**ใช้ให้หมด**

Phrasal verbs 1 (หลักการใช้ทั่วไป) ➔ **Unit 137**   คำกริยาอื่นๆ อีก + **up** ➔ **Units 142, 144**

Exercises

143.1 ดูภาพและเติมประโยคให้สมบูรณ์โดยใช้คำสามคำกับคำกริยาในข้อ A หน้าซ้ายมือ

1

A man *came up to* me in the street and asked me the way to the station.

2

Sue .... the front door of the house and rang the doorbell.

3

Tom was a long way behind the other runners, but he managed to .... them.

4

Tanya was running too fast for Paul. He couldn't .... her.

143.2 เติมประโยคให้สมบูรณ์โดยใช้คำกริยาคำใดคำหนึ่งต่อไปนี้ (ในรูปที่ถูกต้อง) + **up**

~~end~~ end give give grow make take take turn use wash

1 I couldn't find a hotel and *ended up* sleeping on a bench at the station.
2 I'm feeling very tired now. I've .... all my energy.
3 After dinner I .... and put the dishes away.
4 People often ask children what they want to be when they ....
5 We invited Tom to the party, but he didn't ....
6 Two years ago James .... his studies to be a professional footballer.
7 A: Do you do any sports?
B: Not at the moment, but I'm thinking of .... tennis.
8 You don't have enough determination. You .... too easily.
9 Karen travelled a lot for a few years and .... in Canada, where she still lives.
10 I do a lot of gardening. It .... most of my free time.
11 There are two universities in the city, and students .... 20 per cent of the population.

143.3 เติมประโยคให้สมบูรณ์โดยใช้คำกริยาคำใดคำหนึ่งต่อไปนี้ + **up** (กับคำอื่นที่เหมาะสม)

bring ~~catch~~ fix ~~give~~ go keep keep make set tidy

1 Sue got bored with her job and decided to *give it up.*
2 I'm not ready yet. You go on and I'll *catch up with* you.
3 The room is in a mess. I'd better ....
4 We expect to go away on holiday sometime in July, but we haven't .... yet.
5 Stephen is having problems at school. He can't .... the rest of the class.
6 Although I .... in the country, I have always preferred cities.
7 Our team started the game well, but we couldn't .... and in the end we lost.
8 I saw Mike at the party, so I .... him and said hello.
9 When I was on holiday, I joined a tour group. The group .... two Americans, three Germans, five Italians and myself.
10 Helen has her own website. A friend of hers helped her to ....

→ แบบฝึกหัดเสริม 37–41 (หน้า 323–25)

Unit 144

Phrasal verbs 8 up (2)

A

bring up a topic ฯลฯ = *introduce it in a conversation* เช่น

- I don't want to hear any more about this matter. Please don't **bring** it **up** again. ...อย่า**เอาขึ้นมา**พูดอีก

come up = *be introduced in a conversation* เช่น

- Some interesting points **came up** in our discussion yesterday. มีการ**หยิบยก**ประเด็นที่น่าสนใจ**ขึ้นมา**...

come up with an idea, a suggestion ฯลฯ = *produce an idea* เช่น

- Sarah is very creative. She's always **coming up with** new ideas. ...**มีความคิดใหม่ๆ เกิดขึ้น**

make something **up** = *invent something that is not true* เช่น

- What Kevin told you about himself wasn't true. He **made** it all **up**. เขากุเรื่อง**ขึ้นมา**

B

cheer up = *be happier*, **cheer** somebody **up** = *make somebody feel happier* เช่น

- You look so sad! **Cheer up!** คุณดูเศร้าจริง **สู้ ๆ หน่อย**
- Helen is depressed at the moment. What can we do to **cheer her up**? ...**ทำให้เธอรู้สึกดีขึ้น**

save up for something / to do something = *save money to buy something* เช่น

- Dan is **saving up** for a trip round the world. Dan กำลัง**เก็บเงิน**เพื่อไปเที่ยวรอบโลก

clear up = *become bright (กับสภาพอากาศ)* เช่น

- It was raining when I got up, but it **cleared up** later. ...แต่ต่อมาอากาศก็**ปลอดโปร่งขึ้น**

C

blow up = *explode*, **blow** something **up** = *destroy it with a bomb* ฯลฯ เช่น

- The engine caught fire and **blew up**. เครื่องยนต์ติดไฟและ**ระเบิด**
- The bridge was **blown up** during the war. สะพานถูก**ระเบิด**ระหว่างสงคราม

tear something **up** = *tear it into pieces* เช่น

- I didn't read the letter. I just **tore** it **up** and threw it away. ...**ฉีก**จดหมาย**ออกเป็นชิ้น ๆ** ...

beat somebody **up** = *hit someone repeatedly so that they are badly hurt* เช่น

- A friend of mine was attacked and **beaten up** a few days ago. He was badly hurt and had to go to hospital. เพื่อนของฉันถูกทำร้ายและโดน**ซ้อม**เมื่อสองสามวันก่อน...

D

break up / split up (with somebody) = *separate* = *แยกทางกัน* เช่น

- I'm surprised to hear that Sue and Paul have **split up**. They seemed very happy together.

do up a coat, a shoelace, buttons ฯลฯ = *fasten, tie* ฯลฯ เช่น

- It's quite cold. **Do up** your coat before you go out. ...**ติดกระดุม/รัด**เสื้อโค้ทก่อนออกจากบ้านด้วย

do up a building, a room ฯลฯ = *repair and improve it* เช่น

- The kitchen looks great now that it has been **done up**. ...ถูก**ซ่อมแซมปรับปรุง**

look something **up** in a dictionary, encyclopaedia ฯลฯ เช่น

- If you don't know the meaning of a word, you can **look** it **up** in a dictionary. ...**หาดู**ในพจนานุกรม

put up with something = *tolerate it* เช่น

- We live on a busy road, so we have to **put up with** a lot of noise from the traffic. ...**อดทน**...

hold up a person, a plan ฯลฯ = *delay* เช่น

- Don't wait for me. I don't want to **hold** you **up**. ...**ทำให้**คุณ**ช้า**
- Plans to build a new factory have been **held up** because of the company's financial problems. แผนการสร้างโรงงานใหม่ถูก**ชะลอไว้** เนื่องจากปัญหาทางการเงินของบริษัท

mix up people/things, **get** people/things **mixed up** = *you think one is the other* = *สับสน* เช่น

- The two brothers look very similar. Many people **mix** them **up**. (*หรือ* ... **get** them **mixed up**)

Phrasal verbs 1 (หลักการใช้ทั่วไป) ➜ **Unit 137** คำกริยาอื่นๆ อีก + up ➜ **Units 142–143**
ภาษาอังกฤษแบบอเมริกัน ➜ **ภาคผนวก 7**

Exercises

144.1 จับคู่ข้อความในกรอบทางซ้ายกับข้อความในกรอบทางขวา

1 I'm going to tear up	a a new camera	1	*f*
2 Jane came up with	b a lot of bad weather	2	....
3 Paul is always making up	c your jacket	3	....
4 I think you should do up	d an interesting suggestion	4	....
5 I don't think you should bring up	e excuses	5	....
6 I'm saving up for	f ~~the letter~~	6	....
7 We had to put up with	g that subject	7	....

144.2 ดูภาพและเติมประโยคให้สมบูรณ์ คุณต้องใช้คำ **2–3** คำในแต่ละประโยค

1

The weather was horrible this morning, but it's *cleared up* now.

2

Amy was late because she was .... in the traffic.

3

They bought an old house and .... It's really nice now.

4

Joe was really depressed. We took him out for a meal to ....

144.3 เติมประโยคให้สมบูรณ์โดยใช้คำกริยา (ในรูปที่ถูกต้อง) + **up** บางข้อคุณต้องเพิ่มคำอื่นอีก

1 Some interesting matters *came up* in our discussion yesterday.
2 The ship .... and sank. The cause of the explosion was never discovered.
3 Two men have been arrested after a man was .... outside a restaurant last night. The injured man was taken to hospital.
4 'Is Robert still going out with Tina?' 'No, they've ....'
5 My hands were so cold, I found it hard to .... my shoelaces.
6 I wish it would stop raining! I hope it .... soon.
7 I wanted to phone Chris, but I dialled Laura's number by mistake. I got their phone numbers ....

144.4 เติมประโยคให้สมบูรณ์โดยใช้คำกริยา + **up** ในแต่ละข้อคุณต้องเพิ่มคำอื่นอีก

1 Don't wait for me. I don't want to *hold you up.*
2 I don't know what this word means. I'll have to ....
3 There's nothing we can do about the problem. We'll just have to .... it.
4 'Was that story true?' 'No, I ....'
5 I think we should follow Tom's suggestion. Nobody has .... a better plan.
6 I hate this photo. I'm going to ....
7 I'm trying to spend less money at the moment. I'm .... a trip to Australia.

→ แบบฝึกหัดเสริม **37–41** (หน้า 323–25)

Unit 145

Phrasal verbs 9 away/back

A

เปรียบเทียบการใช้ **away** และ **back** ต่อไปนี้

away = away from home

- We're **going away** on holiday today.

away = away from a place, a person ฯลฯ

- The woman got into her car, started the engine and **drove away**.
- I tried to take a picture of the bird, but it **flew away**.
- I dropped the ticket and it **blew away** in the wind.
- The police searched the house and **took away** a computer.

ในทำนองเดียวกัน คุณอาจพูดว่า

walk away, **run away**, **look away** ฯลฯ

back = back home

- We'll **be back** in three weeks.

back = back to a place, a person ฯลฯ

- A: I'm going out now.
  B: What time will you **be back**?
- After eating at a restaurant, we **walked back** to our hotel.
- I've still got Jane's keys. I forgot to **give** them **back** to her.
- When you've finished with that book, can you **put** it **back** on the shelf?

ในทำนองเดียวกัน คุณอาจพูดว่า

go back, **come back**, **get back**, **take** something **back** ฯลฯ

B

การใช้คำกริยาอื่นๆ + **away**

get away = *escape, leave with difficulty* เช่น

- We tried to catch the thief, but she managed to **get away**. ...**หนีไปได้**

get away with something = *do something wrong without being caught* เช่น

- I parked in a no-parking zone, but I **got away with** it. I didn't have to pay a fine. ...**รอดตัว**...

keep away (**from** ...) = *don't go near* เช่น

- **Keep away from** the edge of the pool. You might fall in. **อย่าเข้าใกล้**...

give something **away** = *give it to somebody else because you don't want it any more* เช่น

- 'Did you sell your old computer?' 'No, I **gave** it **away**.' ...'ไม่ ฉันให้(คนอื่น)**ไปแล้ว**'

put something **away** = *put it in the place where it is kept, usually out of sight* เช่น

- When the children had finished playing with their toys, they **put** them **away**. ...**เก็บ**

throw something **away** = *put it in the rubbish* เช่น

- I kept the letter, but I **threw away** the envelope. ...แต่ฉัน**โยน**ซอง(จดหมาย)**ทิ้ง**

C

การใช้คำกริยาอื่นๆ + **back**

wave back / **smile back** / **shout back** / **write back** / **hit** somebody **back** เช่น

- I waved to her and she **waved back**. ...**โบกมือตอบ**

call/phone/ring (somebody) **back** = *return a phone call* เช่น

- I can't talk to you now. I'll **call** you **back** in ten minutes. ...ฉันจะ**โทรกลับ**ในสิบนาที

get back to somebody = *reply to them by phone* ฯลฯ เช่น

- I sent him an email, but he never **got back to** me. ...แต่เขาไม่เคย**ตอบกลับ**ฉันเลย

look back (**on** something) = *think about what happened in the past* เช่น

- My first job was in a travel agency. I didn't like it very much at the time but, **looking back on** it, I learnt a lot and it was a very useful experience. ...**มองย้อนกลับไป**...

pay back money, **pay** somebody **back** เช่น

- If you borrow money, you have to **pay** it **back**. ถ้าคุณยืมเงิน คุณต้อง**จ่ายคืน**
- Thanks for lending me the money. I'll **pay** you **back** next week. ...ฉันจะ**จ่ายคืน**คุณสัปดาห์หน้า

Phrasal verbs 1 (หลักการใช้ทั่วไป) ➜ **Unit 137**

Exercises

145.1 ดูภาพและเติมประโยคให้สมบูรณ์

1

She waved to him and he *waved back.*

2

It was windy. I dropped a twenty-pound note and it ....

3

Sue opened the letter, read it and .... in the envelope.

4

He tried to talk to her, but she just ....

5

Ellie threw the ball to Ben and he ....

6

His shoes were worn out, so he ....

145.2 เติมประโยคให้สมบูรณ์โดยใช้คำกริยา + **away** หรือ **back**

1 I was away all day yesterday. I *got back* very late.
2 I haven't seen our neighbours for a while. I think they must ....
3 'I'm going out now.' 'OK. What time will you .... ?'
4 A man was trying to break into a car. When he saw me, he ....
5 I smiled at him, but he didn't ....
6 If you cheat in the exam, you might .... with it. But you might get caught.
7 Be careful! That's an electric fence. .... from it.

145.3 เติมประโยคให้สมบูรณ์โดยใช้คำกริยาในรูปที่ถูกต้อง

1 The woman got into her car, started the engine and *drove* away.
2 Here's the money you need. .... me back when you can.
3 Don't .... that box away. It could be useful.
4 Jane doesn't do anything at work. I don't know how she .... away with it.
5 I'm going out now. I'll .... back in about an hour.
6 You should think more about the future; don't .... back all the time.
7 Gary is very generous. He won some money in the lottery and .... it all away.
8 I'll .... back to you as soon as I have the information you need.

145.4 เติมประโยคให้สมบูรณ์โดยใช้คำกริยาในวงเล็บ + **away** หรือ **back**

1 A: Do you still have my keys?
B: No. Don't you remember? I *gave them back* to you yesterday. (give)
2 A: Do you want this magazine?
B: No, I've finished with it. You can .... (throw)
3 A: How are your new jeans? Do they fit you OK?
B: No, I'm going to .... to the shop. (take)
4 A: Here's the money you asked me to lend you.
B: Thanks. I'll .... as soon as I can. (pay)
5 A: What happened to all the books you used to have?
B: I didn't want them any more, so I .... (give)
6 A: Did you phone Sarah?
B: She wasn't there. I left a message asking her to .... (call)

→ แบบฝึกหัดเสริม 37–41 (หน้า 323–25)

ภาคผนวก 1
Regular และ irregular verbs

1.1 Regular verbs

ถ้าคำกริยามีการผันรูปปกติ จะมีรูป past simple (อดีตกาลธรรมดา) หรือกริยาช่องที่ 2 และ past participle หรือกริยาช่องที่ 3 ที่เปลี่ยนไปจาก infinitive (กริยาที่ยังไม่ผันรูป) หรือกริยาช่องที่ 1 โดยการเติม **-ed** ท้ายคำ ดังตัวอย่าง

infinitive	**clean**	**finish**	**use**	**paint**	**stop**	**carry**
past simple / *past participle*	**cleaned**	**finished**	**used**	**painted**	**stopped**	**carried**

สำหรับกฎการสะกดคำ ดูภาคผนวก 6

สำหรับ past simple (I **cleaned** / they **finished** / she **carried** ฯลฯ) ดู Unit 5

เราใช้ past participle ใน perfect tense (กาลสมบูรณ์) และรูป passive (กรรมวาจก)

Perfect tenses (**have/has/had** cleaned) เช่น

- I **have cleaned** the windows. (*present perfect* – ดู Units 7–8)
- They were still working. They **hadn't finished**. (*past perfect* – ดู Unit 15)

Passive (**is** cleaned / **was** cleaned ฯลฯ) เช่น

- He **was carried** out of the room. (*past simple passive*)
- This gate **has** just **been painted**. (*present perfect passive*)

} ดู Units 42–44

1.2 Irregular verbs

คำกริยาในรูป past simple และ past participle ที่*ไม่*ได้ลงท้ายคำด้วย **-ed** (เช่น **I saw / I have seen**) เราเรียกคำกริยานั้นว่า irregular verb

irregular verb บางคำ มีรูปทั้ง 3 รูป (infinitive, past simple และ past participle) เป็นรูปเดียวกัน เช่น คำกริยา **hit** ดังตัวอย่าง

- Don't **hit** me. (*infinitive*)
- Somebody **hit** me as I came into the room. (*past simple*)
- I've never **hit** anybody in my life. (*past participle – present perfect*)
- George was **hit** on the head by a stone. (*past participle – passive*)

irregular verb บางคำ มีรูป past simple เหมือนกับ past participle (แต่ต่างจาก infinitive) เช่น คำกริยา **tell** → **told** ดังตัวอย่าง

- Can you **tell** me what to do? (*infinitive*)
- She **told** me to come back the next day. (*past simple*)
- Have you **told** anybody about your new job? (*past participle – present perfect*)
- I was **told** to come back the next day. (*past participle – passive*)

irregular verb คำอื่นๆ มีรูปทั้ง 3 รูปแตกต่างกันหมด เช่น คำกริยา **wake** → **woke/woken** ดังตัวอย่าง

- I'll **wake** you up. (*infinitive*)
- I **woke** up in the middle of the night. (*past simple*)
- The baby has **woken** up. (*past participle – present perfect*)
- I was **woken** up by a loud noise. (*past participle – passive*)

1.3 คำกริยาต่อไปนี้ใช้รูปได้ 2 แบบ คือ แบบ regular (กริยารูปปกติ) หรือ irregular (กริยารูปไม่ปกติ) ก็ได้ เช่น

burn	→ burned	*หรือ* burnt		**smell**	→ smelled	*หรือ* smelt
dream	→ dreamed	*หรือ* dreamt [dremt]*		**spell**	→ spelled	*หรือ* spelt
lean	→ leaned	*หรือ* leant [lent]*		**spill**	→ spilled	*หรือ* spilt
learn	→ learned	*หรือ* learnt		**spoil**	→ spoiled	*หรือ* spoilt

* *การออกเสียงของคำ*

ดังนั้น เราอาจพูดว่า

- I **leant** out of the window. *หรือ* I **leaned** out of the window.
- The dinner has been **spoiled**. *หรือ* The dinner has been **spoilt**.

ใน British English (ภาษาอังกฤษแบบอังกฤษ) นิยมใช้ irregular (คำกริยารูปไม่ปกติ) มากกว่า (เช่น **burnt/learnt** ฯลฯ) สำหรับ American English (ภาษาอังกฤษแบบอเมริกัน) ดูภาคผนวก 7

1.4 รายการคำกริยารูปไม่ปกติ

infinitive	*past simple*	*past participle*
be	was/were	been
beat	beat	beaten
become	became	become
begin	began	begun
bend	bent	bent
bet	bet	bet
bite	bit	bitten
blow	blew	blown
break	broke	broken
bring	brought	brought
broadcast	broadcast	broadcast
build	built	built
burst	burst	burst
buy	bought	bought
catch	caught	caught
choose	chose	chosen
come	came	come
cost	cost	cost
creep	crept	crept
cut	cut	cut
deal	dealt	dealt
dig	dug	dug
do	did	done
draw	drew	drawn
drink	drank	drunk
drive	drove	driven
eat	ate	eaten
fall	fell	fallen
feed	fed	fed
feel	felt	felt
fight	fought	fought
find	found	found
flee	fled	fled
fly	flew	flown
forbid	forbade	forbidden
forget	forgot	forgotten
forgive	forgave	forgiven
freeze	froze	frozen
get	got	got/gotten
give	gave	given
go	went	gone
grow	grew	grown
hang	hung	hung
have	had	had
hear	heard	heard
hide	hid	hidden
hit	hit	hit
hold	held	held
hurt	hurt	hurt
keep	kept	kept
kneel	knelt	knelt
know	knew	known
lay	laid	laid
lead	led	led
leave	left	left
lend	lent	lent
let	let	let
lie	lay	lain

infinitive	*past simple*	*past participle*
light	lit	lit
lose	lost	lost
make	made	made
mean	meant	meant
meet	met	met
pay	paid	paid
put	put	put
read	read [red]*	read [red]*
ride	rode	ridden
ring	rang	rung
rise	rose	risen
run	ran	run
say	said	said
see	saw	seen
seek	sought	sought
sell	sold	sold
send	sent	sent
set	set	set
sew	sewed	sewn/sewed
shake	shook	shaken
shine	shone	shone
shoot	shot	shot
show	showed	shown/showed
shrink	shrank	shrunk
shut	shut	shut
sing	sang	sung
sink	sank	sunk
sit	sat	sat
sleep	slept	slept
slide	slid	slid
speak	spoke	spoken
spend	spent	spent
spit	spat	spat
split	split	split
spread	spread	spread
spring	sprang	sprung
stand	stood	stood
steal	stole	stolen
stick	stuck	stuck
sting	stung	stung
stink	stank	stunk
strike	struck	struck
swear	swore	sworn
sweep	swept	swept
swim	swam	swum
swing	swung	swung
take	took	taken
teach	taught	taught
tear	tore	torn
tell	told	told
think	thought	thought
throw	threw	thrown
understand	understood	understood
wake	woke	woken
wear	wore	worn
weep	wept	wept
win	won	won
write	wrote	written

* *การออกเสียงของคำ*

ภาคผนวก 2
Present และ past tenses

	ธรรมดา	ต่อเนื่อง
ปัจจุบันกาล	**I do** *ปัจจุบันกาลธรรมดา* (→ Units 2–4) ▢ Ann often **plays** tennis. ▢ I **work** in a bank, but I **don't enjoy** it much. ▢ **Do** you **like** parties? ▢ It **doesn't rain** so much in summer.	**I am doing** *ปัจจุบันกาลต่อเนื่อง* (→ Units 1, 3–4) ▢ 'Where's Ann?' 'She**'s playing** tennis.' ▢ Please don't disturb me now. **I'm working**. ▢ Hello. **Are** you **enjoying** the party? ▢ It **isn't raining** at the moment.
ปัจจุบันกาลสมบูรณ์	**I have done** *ปัจจุบันกาลสมบูรณ์ธรรมดา* (→ Units 7–8, 10–14) ▢ Ann **has played** tennis many times. ▢ I**'ve lost** my key. **Have** you **seen** it anywhere? ▢ How long **have** you and Sam **known** each other? ▢ A: Is it still raining? B: No, it **has stopped**. ▢ The house is dirty. I **haven't cleaned** it for weeks.	**I have been doing** *ปัจจุบันกาลสมบูรณ์ต่อเนื่อง* (→ Units 9–11) ▢ Ann is tired. She **has been playing** tennis. ▢ You're out of breath. **Have** you **been running**? ▢ How long **have** you **been learning** English? ▢ It's still raining. It **has been raining** all day. ▢ I **haven't been feeling** well recently. Perhaps I should go to the doctor.
อดีตกาล	**I did** *อดีตกาลธรรมดา* (→ Units 5–6, 13–14) ▢ Ann **played** tennis yesterday afternoon. ▢ I **lost** my key a few days ago. ▢ There was a film on TV last night, but we **didn't watch** it. ▢ What **did** you **do** when you finished work yesterday?	**I was doing** *อดีตกาลต่อเนื่อง* (→ Unit 6) ▢ I saw Ann at the sports centre yesterday. She **was playing** tennis. ▢ I dropped my key when I **was trying** to open the door. ▢ The television was on, but we **weren't watching** it. ▢ What **were** you **doing** at this time yesterday?
อดีตกาลสมบูรณ์	**I had done** *อดีตกาลสมบูรณ์* (→ Unit 15) ▢ It wasn't her first game of tennis. She **had played** many times before. ▢ They couldn't get into the house because they **had lost** the key. ▢ The house was dirty because I **hadn't cleaned** it for weeks.	**I had been doing** *อดีตกาลสมบูรณ์ต่อเนื่อง* (→ Unit 16) ▢ Ann was tired yesterday evening because she **had been playing** tennis in the afternoon. ▢ James decided to go to the doctor because he **hadn't been feeling** well.

สำหรับ passive ดู Units 42–44

ภาคผนวก 3
The future

3.1 รูปอนาคตกาล

I'**m leaving** tomorrow.	*present continuous*	(→ Unit 19A)
My train **leaves** at 9.30.	*present simple*	(→ Unit 19B)
I'**m going to leave** tomorrow.	(be) **going to**	(→ Units 20, 23)
I'**ll leave** tomorrow.	**will**	(→ Units 21–23)
I'**ll be leaving** tomorrow.	*future continuous*	(→ Unit 24)
I'**ll have left** by this time tomorrow.	*future perfect*	(→ Unit 24)
I hope to see you before I **leave** tomorrow.	*present simple*	(→ Unit 25)

3.2 การกระทำในอนาคต

เราใช้ present continuous (**I'm doing**) สำหรับการเตรียมการหรือการจัดการ

- I'**m leaving** tomorrow. I've got my plane ticket. (วางแผนและเตรียมการเรียบร้อยแล้ว)
- 'When **are** they **getting** married?' 'On 24 July.'

เราใช้ present simple (I **leave** / it **leaves** ฯลฯ) สำหรับตารางเวลา โปรแกรม ฯลฯ เช่น

- My train **leaves** at 11.30. (ตามตารางเดินรถ)
- What time **does** the film **begin**?

เราใช้ (**be**) **going to** ... เพื่อบอกว่า คนๆ หนึ่งตัดสินใจเรียบร้อยแล้วว่าจะทำบางสิ่งบางอย่าง

- I've decided not to stay here any longer. I'**m going to leave** tomorrow. (*หรือ* I'**m leaving** tomorrow.)
- 'Your shoes are dirty.' 'Yes, I know. I'**m going to clean** them.'

เราใช้ **will** ('**ll**) เมื่อตัดสินใจหรือตกลงใจว่าจะทำบางสิ่งบางอย่างในขณะที่พูดโดยไม่ได้วางแผนมาก่อน

- A: I don't want you to stay here any longer.
  B: OK. I'**ll leave** tomorrow. (B ตัดสินใจที่จะไปในขณะที่พูด)
- That bag looks heavy. I'**ll help** you with it.
- I **won't tell** anybody what happened. I promise. (**won't** = **will not**)

3.3 เหตุการณ์และสถานการณ์ที่เกิดขึ้นในอนาคต

เรามักจะใช้ **will** เมื่อกล่าวถึงสิ่งที่จะเกิดขึ้น ('something **will happen**') หรือสถานการณ์ในอนาคต ('something **will be**') เช่น

- I don't think John is happy at work. I think he'**ll leave** soon.
- This time next year I'**ll be** in Japan. Where **will** you **be**?

เราใช้ (**be**) **going to** เมื่อสถานการณ์*ในขณะนี้*แสดงให้เห็นว่ากำลังจะ**มีอะไรเกิดขึ้น**ในอนาคต

- Look at those black clouds. It'**s going to rain**. (คุณมองเห็นเมฆได้*ในขณะนี้*)

3.4 อนาคตกาลต่อเนื่องและอนาคตกาลสมบูรณ์

will be (do)**ing** = จะอยู่ในช่วงที่ (กำลังทำอะไรอยู่ในอนาคต) เช่น

- This time next week I'll be on holiday. I'**ll be lying** on a beach or **swimming** in the sea.

เราใช้ **will be -ing** สำหรับการกระทำในอนาคตได้ด้วย (ดู Unit 24C) เช่น

- What time **will** you **be leaving** tomorrow?

เราใช้ **will have** (**done**) เพื่อบอกว่า บางสิ่งบางอย่างจะเสร็จเรียบร้อยก่อนเวลาในอนาคต เช่น

- I won't be here this time tomorrow. I'**ll have** already **left**.

3.5 เราใช้ present (*ไม่ใช่* will) หลัง **when/if/while/before** ฯลฯ (ดู Unit 25) เช่น

- I hope to see you **before** I **leave** tomorrow. (*ไม่ใช่* before I will leave)
- **When** you **are** in London again, come and see us. (*ไม่ใช่* When you will be)
- **If** we **don't hurry**, we'll be late.

ภาคผนวก 4
Modal verbs (can/could/will/would ฯลฯ)

ภาคผนวกนี้เป็นข้อสรุปของ modal verb (กริยามาลา ซึ่งเป็นกริยาช่วยประเภทหนึ่ง) สำหรับรายละเอียดเพิ่มเติม ดู Units 21–41

4.1 เปรียบเทียบ **can/could** ฯลฯ ในความหมายเกี่ยวกับการกระทำ ดังตัวอย่าง

can	I **can go** out tonight. (= there is nothing to stop me) I **can't go** out tonight.
could	I **could go** out tonight, but I'm not very keen. I **couldn't go** out last night. (= I wasn't able)
can *หรือ* **may**	**Can** / **May** I **go** out tonight? (= do you allow me?)
will/won't	I think **I'll go** out tonight. I promise I **won't go** out.
would	I **would go** out tonight, but I have too much to do. I promised I **wouldn't go** out.
shall	**Shall I go** out tonight? (do you think it is a good idea?)
should *หรือ* **ought to**	I { **should** / **ought to** } **go** out tonight. (= it would be a good thing to do)
must	I **must go** out tonight. (= it is necessary) I **mustn't go** out tonight. (= it is necessary that I do *not* go out)
needn't	I **needn't go** out tonight. (= it is not necessary)

เปรียบเทียบ **could have** … / **would have** … ฯลฯ ต่อไปนี้

could	I **could have gone** out last night, but I decided to stay at home.
would	I **would have gone** out last night, but I had too much to do.
should *หรือ* **ought to**	I { **should** / **ought to** } **have gone** out last night. I'm sorry I didn't.
needn't	I **needn't have gone** out last night. (= I went out, but it was not necessary)

4.2 เราใช้ **will/would/may** ฯลฯ เพื่อบอกว่าบางสิ่งบางอย่างเป็นไปได้, เป็นไปไม่ได้, น่าจะเป็น, มีความแน่นอน, แน่ใจ ฯลฯ เปรียบเทียบประโยคต่างๆ ต่อไปนี้

will	'What time **will** she **be** here?' 'She**'ll be** here soon.'
would	She **would be** here now, but she's been delayed.
should *หรือ* **ought to**	She { **should** / **ought to** } **be** here soon. (= I expect she will be here soon)
may *หรือ* **might** *หรือ* **could**	She { **may** / **might** / **could** } **be** here now. I'm not sure. (= it's possible that she is here)
must	She **must be** here. I saw her come in.
can't	She **can't** possibly **be** here. I know for certain that she's away on holiday.

เปรียบเทียบ **would have** … / **should have** … ฯลฯ ต่อไปนี้

will	She **will have arrived** by now. (= before now)
would	She **would have arrived** earlier, but she was delayed.
should *หรือ* **ought to**	I wonder where she is. She { **should** / **ought to** } **have arrived** by now.
may *หรือ* **might** *หรือ* **could**	She { **may** / **might** / **could** } **have arrived**. I'm not sure. (= it's possible that she has arrived)
must	She **must have arrived** by now. (= I'm sure – there is no other possibility)
can't	She **can't** possibly **have arrived** yet. It's much too early. (= it's impossible)

ภาคผนวก 5
Short forms (I'm / you've / didn't ฯลฯ)

5.1 ในภาษาพูดของภาษาอังกฤษ เรามักจะพูดว่า **I'm / you've / didn't** ฯลฯ ซึ่งเป็นคำในรูปย่อมากกว่าการพูดคำเต็ม **I am / you have / did not** ฯลฯ คำในรูปย่อนี้ใช้ในภาษาเขียนแบบไม่เป็นทางการได้ด้วย (เป็นต้นว่า ในจดหมายถึงเพื่อน)

เมื่อเขียนคำในรูปย่อ เราใช้เครื่องหมาย apostrophe (') แทนตัวอักษรที่ขาดหายไป เช่น

I'm = I am　　you've = you have　　didn't = did not

5.2 รายการรูปย่อของกริยาช่วย

'm = am	I**'m**						
's = is *หรือ* has		he**'s**	she**'s**	it**'s**			
're = are					you**'re**	we**'re**	they**'re**
've = have	I**'ve**				you**'ve**	we**'ve**	they**'ve**
'll = will	I**'ll**	he**'ll**	she**'ll**		you**'ll**	we**'ll**	they**'ll**
'd = would *หรือ* had	I**'d**	he**'d**	she**'d**		you**'d**	we**'d**	they**'d**

's อาจจะเป็นรูปย่อของ **is** หรือ **has** ก็ได้ เช่น

- She**'s** ill.　(= She **is** ill)
- She**'s** gone away.　(= She **has** gone)

แต่ **let's** = let **us** เช่น

- Let**'s** go now.　(= Let **us** go)

'd อาจจะเป็นรูปย่อของ **would** หรือ **had** ก็ได้ เช่น

- I**'d** see a doctor if I were you.　(= I **would** see)
- I**'d** never seen her before.　(= I **had** never seen)

เราใช้รูปย่อบางรูป (โดยเฉพาะอย่างยิ่ง **'s**) หลังคำที่ใช้เป็นคำถาม (**who/what** ฯลฯ) และหลัง **that/there/here** เช่น

who**'s**　what**'s**　where**'s**　how**'s**　that**'s**　there**'s**　here**'s**　who**'ll**　there**'ll**　who**'d**

- **Who's** that woman over there?　(= who **is**)
- **What's** happened?　(= what **has**)
- Do you think **there'll** be many people at the party?　(= there **will**)

เราสามารถใช้รูปย่อ (โดยเฉพาะอย่างยิ่ง **'s**) หลังคำนามได้ด้วย เช่น

- **Katherine's** going out tonight.　(= Katherine **is**)
- **My best friend's** just got married.　(= My best friend **has**)

เราไม่สามารถใช้ **'m / 's / 're / 've / 'll / 'd** เมื่ออยู่ท้ายประโยค (เพราะคำกริยาที่อยู่ในตำแหน่งนี้จะต้องลงเสียงเน้นหนัก) เช่น

- 'Are you tired?'　'Yes, I **am**.'　(*ไม่ใช่* Yes, I'm)
- Do you know where she **is**?　(*ไม่ใช่* Do you know where she's?)

5.3 รูปย่อของคำปฏิเสธ

isn't	(= is not)	**don't**	(= do not)	**haven't**	(= have not)
aren't	(= are not)	**doesn't**	(= does not)	**hasn't**	(= has not)
wasn't	(= was not)	**didn't**	(= did not)	**hadn't**	(= had not)
weren't	(= were not)				
can't	(= cannot)	**couldn't**	(= could not)	**mustn't**	(= must not)
won't	(= will not)	**wouldn't**	(= would not)	**needn't**	(= need not)
shan't	(= shall not)	**shouldn't**	(= should not)	**daren't**	(= dare not)

รูปย่อของคำปฏิเสธสำหรับ **is** และ **are** อาจจะเป็นได้ 2 รูป คือ

he **isn't** / she **isn't** / it **isn't**　*หรือ*　he**'s not** / she**'s not** / it**'s not**
you **aren't** / we **aren't** / they **aren't**　*หรือ*　you**'re not** / we**'re not** / they**'re not**

ภาคผนวก 6
การสะกดคำ

6.1 noun, verb และ adjective อาจลงท้ายคำดังต่อไปนี้

noun + **-s**/**-es** *(plural)*	book**s**	idea**s**	match**es**
verb + **-s**/**-es** (หลัง **he**/**she**/**it**)	work**s**	enjoy**s**	wash**es**
verb + **-ing**	work**ing**	enjoy**ing**	wash**ing**
verb + **-ed**	work**ed**	enjoy**ed**	wash**ed**
adjective + **-er** *(comparative)*	cheap**er**	quick**er**	bright**er**
adjective + **-est** *(superlative)*	cheap**est**	quick**est**	bright**est**
adjective + **-ly** *(adverb)*	cheap**ly**	quick**ly**	bright**ly**

การลงท้ายคำดังตัวอย่างข้างบน บางครั้งก็มีการเปลี่ยนแปลงในการสะกดคำด้วย การเปลี่ยนแปลงมีหลายประการดังต่อไปนี้

6.2 noun และ verb + **-s**/**-es**

เติม **-es** ในกรณีที่คำนามหรือคำกริยาลงท้ายด้วย **-s**/**-ss**/**-sh**/**-ch**/**-x** เช่น

bu**s**/buses　　mi**ss**/misses　　wa**sh**/washes
mat**ch**/matches　　sear**ch**/searches　　bo**x**/boxes

โปรดสังเกตการสะกดคำต่อไปนี้ด้วย

potato/potatoes　　tomato/tomatoes
do/does　　go/goes

6.3 คำที่ลงท้ายด้วย **-y** (baby, carry, easy ฯลฯ) มีข้อสังเกตในการสะกดคำดังนี้

ถ้าคำลงท้ายด้วยพยัญชนะ* + **y** (เช่น **-by**/**-ry**/**-sy**/**-vy** ฯลฯ) มีหลักดังนี้

เปลี่ยน **y** เป็น **ie** ก่อนการเติมท้ายคำด้วย **-s** เช่น

ba**by**/bab**ies**　　sto**ry**/stor**ies**　　count**ry**/countr**ies**　　secreta**ry**/secretar**ies**
hur**ry**/hurr**ies**　　stu**dy**/stud**ies**　　app**ly**/appl**ies**　　**try**/tr**ies**

เปลี่ยน **y** เป็น **i** ก่อนการเติมท้ายคำด้วย **-ed** เช่น

hur**ry**/hurr**ied**　　stu**dy**/stud**ied**　　app**ly**/appl**ied**　　**try**/tr**ied**

เปลี่ยน **y** เป็น **i** ก่อนการเติมท้ายคำด้วย **-er** และ **-est** เช่น

ea**sy**/eas**ier**/eas**iest**　　hea**vy**/heav**ier**/heav**iest**　　luc**ky**/luck**ier**/luck**iest**

เปลี่ยน **y** เป็น **i** ก่อนการเติมท้ายคำด้วย **-ly** เช่น

ea**sy**/eas**ily**　　hea**vy**/heav**ily**　　tempora**ry**/temporar**ily**

y *ไม่*มีการเปลี่ยนรูปก่อนการเติม **-ing** เช่น

hurry**ing**　　study**ing**　　apply**ing**　　try**ing**

y *ไม่*มีการเปลี่ยนรูปถ้าคำลงท้ายด้วยสระ* + **y** (**-ay**/**-ey**/**-oy**/**-uy**) เช่น

pl**ay**/pl**ays**/pl**ayed**　　monk**ey**/monk**eys**　　enj**oy**/enj**oys**/enj**oyed**　　b**uy**/b**uys**

มีข้อยกเว้น คือ **day**/**daily**

โปรดสังเกตการสะกดคำต่อไปนี้ด้วย **pay**/**paid**　**lay**/**laid**　**say**/**said**

6.4 คำกริยาที่ลงท้ายด้วย **-ie** (die, lie, tie)

ถ้าคำกริยาลงท้ายด้วย **-ie** ให้เปลี่ยน **ie** เป็น **y** ก่อนการเติม **-ing** เช่น

d**ie**/d**y**ing　　l**ie**/l**y**ing　　t**ie**/t**y**ing

---

* a e i o u คืออักษรที่เป็น*สระ*
อักษรอื่นๆ (b c d f g ฯลฯ) คืออักษรที่เป็น*พยัญชนะ*

6.5 คำที่ลงท้ายด้วย -e (hope, dance, wide ฯลฯ)

Verbs
ถ้าคำกริยาลงท้ายด้วย **-e** ให้ตัดตัวอักษร **e** ออกก่อนที่จะเติม **-ing** เช่น
hope/hop**ing** smile/smil**ing** dance/danc**ing** confuse/confus**ing**

มีข้อยกเว้น คือ **be/being**
*และ*คำกริยาที่ลงท้ายด้วย **-ee** เช่น see/see**ing** agree/agree**ing**

ถ้าคำกริยาลงท้ายด้วย **-e** ให้เติม **-d** ตัวเดียวสำหรับรูป past (ในกรณีของ regular verb) เช่น
hope/hope**d** smile/smile**d** dance/dance**d** confuse/confuse**d**

Adjective และ adverb
ถ้า adjective ลงท้ายคำด้วย **-e** ให้เติม **-r** และ **-st** สำหรับรูป comparative (ขั้นกว่า) และ superlative (ขั้นสูงสุด) เช่น
wide/wide**r**/wide**st** late/late**r**/late**st** larg**e**/larg**er**/larg**est**
ถ้า adjective ลงท้ายคำด้วย **-e** สามารถเติม **-ly** ข้างท้ายคำ adjective นั้นเพื่อผันคำให้เป็น adverb เช่น
polite/polite**ly** extreme/extreme**ly** absolute/absolute**ly**

ถ้า adjective ลงท้ายคำด้วย **-le** (simple, terrible ฯลฯ) รูปท้ายคำของ adverb คือ **-ply**, **-bly** ฯลฯ เช่น
sim**ple**/sim**ply** terri**ble**/terri**bly** reasona**ble**/reasona**bly**

6.6 การเพิ่มพยัญชนะตัวสะกดท้ายคำ (stop/stopping/stopped, wet/wetter/wettest ฯลฯ)

คำบางคำลงท้ายคำด้วย*สระ + พยัญชนะ* ดังตัวอย่าง
stop **plan** **rub** **big** **wet** **thin** **prefer** **regret**

ก่อนการเติม **-ing**/**-ed**/**-er**/**-est** ให้เติมพยัญชนะตัวสะกดท้ายคำอีก 1 ตัว ดังนั้น พยัญชนะตัวสะกด **p** จึงกลายเป็น **pp**, **n** กลายเป็น **nn** ฯลฯ ดังตัวอย่าง

stop	p → **pp**	sto**pp**ing	sto**pp**ed
plan	n → **nn**	pla**nn**ing	pla**nn**ed
rub	b → **bb**	ru**bb**ing	ru**bb**ed
big	g → **gg**	bi**gg**er	bi**gg**est
wet	t → **tt**	we**tt**er	we**tt**est
thin	n → **nn**	thi**nn**er	thi**nn**est

ถ้าคำเดิมเป็นคำที่มีมากกว่า 1 พยางค์ (**prefer**, **begin** ฯลฯ) *และลงเสียงเน้นหนักที่พยางค์ท้ายคำ* เมื่อจะผันคำนั้นให้เติมพยัญชนะตัวสะกดท้ายคำอีก 1 ตัว เช่น
preFER / prefe**rr**ing / prefe**rr**ed perMIT / permi**tt**ing / permi**tt**ed
reGRET / regre**tt**ing / regre**tt**ed beGIN / begi**nn**ing

ถ้าพยางค์ท้ายไม่ใช่พยางค์ที่ลงเสียงเน้นหนักของคำนั้น *ไม่*ต้องเติมพยัญชนะตัวสะกดท้ายคำ เช่น
VISit / visi**t**ing / visi**t**ed deVELop / develo**p**ing / develo**p**ed
HAPpen / happe**n**ing / happe**n**ed reMEMber / remembe**r**ing / remembe**r**ed

ใน British English (*ภาษาอังกฤษแบบอังกฤษ*) คำกริยาที่มี **-l** เป็นตัวสะกดท้ายคำ ให้เติม **l** อีกหนึ่งตัวเป็น **ll** ก่อนเติม **-ing** และ **-ed** ไม่ว่าพยางค์ท้ายคำเดิมจะลงเสียงเน้นหนักหรือไม่ก็ตาม เช่น
travel / trave**ll**ing / trave**ll**ed cancel / cance**ll**ing / cance**ll**ed
สำหรับการสะกดคำแบบอเมริกัน ดูภาคผนวก 7

ข้อควรจำ
*อย่า*เพิ่มพยัญชนะตัวสะกดท้ายคำ ถ้าคำเดิมลงท้ายคำด้วยพยัญชนะ*สอง* ตัวอยู่แล้ว (**-rt**, **-lp**, **-ng** ฯลฯ) เช่น
sta**rt** / starting / started he**lp** / helping / helped lo**ng** / longer / longest

*อย่า*เพิ่มพยัญชนะตัวสะกดท้ายคำ ถ้าคำเดิมมีตัวอักษรที่เป็นสระ*สอง*ตัว อยู่ข้างหน้าพยัญชนะตัวสะกดท้ายคำ (**-oil**, **-eed** ฯลฯ) เช่น
b**oil** / boiling / boiled n**eed** / needing / needed expl**ain** / explaining / explained
ch**eap** / cheaper / cheapest l**oud** / louder / loudest qui**et** / quieter / quietest

*อย่า*เพิ่ม **y** หรือ **w** ท้ายคำ (เพราะ **y** และ **w** ในตำแหน่งท้ายคำนั้นไม่ใช่พยัญชนะ) เช่น
sta**y** / staying / stayed gro**w** / growing ne**w** / newer / newest

ภาคผนวก 7
ภาษาอังกฤษแบบอเมริกัน

ใน British English (ภาษาอังกฤษแบบอังกฤษ) และ American English (ภาษาอังกฤษแบบอเมริกัน) มีความแตกต่างทางด้านไวยากรณ์บางประการ ดังต่อไปนี้

Unit	BRITISH (แบบอังกฤษ)	AMERICAN (แบบอเมริกัน)
7A–B, 7D และ 13A	ใช้ present perfect หรือ past simple ก็ได้ สำหรับการกระทำในอดีตซึ่งส่งผลถึงปัจจุบัน แต่ present perfect เป็นที่นิยมใช้มากกว่า เช่น ○ **I've lost** my key. **Have** you **seen** it? (*หรือ* I **lost** my key. **Did** you **see** it?) ○ Sally isn't here. She**'s gone** out. ใช้ present perfect หรือ past simple ก็ได้กับ **just, already** และ **yet** แต่ present perfect เป็นที่นิยมใช้กับคำเหล่านี้มากกว่า เช่น ○ I'm not hungry. **I've just had** lunch. (*หรือ* I **just had** lunch.) ○ A: What time is Mark leaving? B: He**'s already left**. ○ **Have** you **finished** your work **yet**?	ใช้ present perfect หรือ past simple ก็ได้ สำหรับการกระทำในอดีตซึ่งส่งผลถึงปัจจุบัน แต่ past simple เป็นที่นิยมใช้มากกว่า เช่น ○ I **lost** my key. **Did** you **see** it? (*หรือ* **I've** lost my key. **Have** you **seen** it?) ○ Sally isn't here. She **went** out. ใช้ present perfect หรือ past simple ก็ได้กับ **just, already** และ **yet** แต่ past simple เป็นที่นิยมใช้กับคำเหล่านี้มากกว่า เช่น ○ I'm not hungry. I **just had** lunch. (*หรือ* **I've just had** lunch.) ○ A: What time is Mark leaving? B: He **already left**. ○ **Did** you **finish** your work **yet**?
17C	ในภาษาอังกฤษแบบอังกฤษมักจะพูดว่า **have** a bath **have** a shower **have** a break **have** a holiday	ในภาษาอังกฤษแบบอเมริกันมักจะพูดว่า **take** a bath **take** a shower **take** a break **take** a vacation
21D และ 22D	ใช้ **will** หรือ **shall** ก็ได้กับ **I/we** เช่น ○ I **will/shall** be late this evening. ใช้คำถาม **Shall I** … ? และ **shall we** … ? เพื่อขอคำแนะนำ ฯลฯ เช่น ○ Which way **shall we** go?	ไม่นิยมใช้ **shall** เช่น ○ I **will** be late this evening. มักนิยมใช้คำถาม **should I** … ? และ **should we** … ? เพื่อขอคำแนะนำ ฯลฯ เช่น ○ Which way **should we** go?
28	ในภาษาอังกฤษแบบอังกฤษ ใช้ **can't** เพื่อบอกว่าบางอย่างไม่น่าเป็นไปได้ ○ Sarah hasn't contacted me. She **can't** have got my message.	ในภาษาอังกฤษแบบอเมริกัน ใช้ **must not** ในสถานการณ์เดียวกันนี้ คือ ○ Sarah hasn't contacted me. She **must not** have gotten my message.
32	คุณจะใช้ needn't หรือ don't need to ก็ได้ เช่น ○ We needn't hurry. *หรือ* We don't need to hurry.	ไม่นิยมใช้ needn't รูปที่นิยมใช้ คือ don't need to เช่น ○ We don't need to hurry.
34A–B	หลัง **insist, demand** ฯลฯ คุณอาจใช้ **should** ได้ เช่น ○ I insisted that he **should apologise**. ○ Many people are demanding that something **should be** done about the problem.	ใช้คำกริยาที่ยังไม่ผันรูปตามหลัง **demand, insist** ฯลฯ ไม่นิยมใช้ **should** เช่น ○ I insisted that he **apologize**.* ○ Many people are demanding that something **be done** about the problem.
51B	ในภาษาอังกฤษแบบอังกฤษมักจะใช้ **Have you? / Isn't she?** ฯลฯ เช่น ○ A: Lisa isn't very well today. B: **Isn't she?** What's wrong with her?	ในภาษาอังกฤษแบบอเมริกันมักจะใช้ **You have? / She isn't?** ฯลฯ เช่น ○ A: Lisa isn't very well today. B: **She isn't?** What's wrong with her?
70B	**accommodation** มักใช้เป็นคำนามนับไม่ได้ ○ There isn't enough **accommodation**.	**accommodation** อาจใช้เป็นคำนามนับได้ ○ There aren't enough **accommodations**.

* คำกริยาหลายคำที่ลงท้ายด้วย **-ise** ในภาษาอังกฤษแบบอังกฤษ (apolog**ise**/organ**ise**/special**ise** ฯลฯ) จะสะกดด้วย **-ize** (apolog**ize**/organ**ize**/special**ize** ฯลฯ) ในภาษาอังกฤษแบบอเมริกัน

<table>
<tr><td>Unit</td><td>BRITISH (แบบอังกฤษ)</td><td>AMERICAN (แบบอเมริกัน)</td></tr>
<tr><td>74B</td><td>to/in hospital (ไม่มี the) เช่น
▢ Three people were injured and taken to hospital.</td><td>to/in the hospital เช่น
▢ Three people were injured and taken to the hospital.</td></tr>
<tr><td>79C</td><td>คำนามเช่น government/team/family ฯลฯ สามารถใช้กับคำกริยารูปเอกพจน์หรือพหูพจน์ก็ได้ เช่น
▢ The team is/are playing well.</td><td>คำนามเหล่านี้ โดยปกติใช้กับคำกริยารูปเอกพจน์ใน ภาษาอังกฤษแบบอเมริกัน เช่น
▢ The team is playing well.</td></tr>
<tr><td>121B</td><td>at the weekend / at weekends เช่น
▢ Will you be here at the weekend?</td><td>on the weekend / on weekends เช่น
▢ Will you be here on the weekend?</td></tr>
<tr><td>124D</td><td>at the front / at the back (of a group ฯลฯ) เช่น
▢ Let's sit at the front (of the cinema).</td><td>in the front / in the back (of a group ฯลฯ) เช่น
▢ Let's sit in the front (of the movie theater).</td></tr>
<tr><td>131C</td><td>different from หรือ different to เช่น
▢ It was different from/to what I'd expected.</td><td>different from หรือ different than เช่น
▢ It was different from/than what I'd expected.</td></tr>
<tr><td>137A</td><td>คนอังกฤษใช้ทั้ง round และ around เช่น
▢ He turned round. หรือ
He turned around.</td><td>คนอเมริกันใช้ around (มักไม่ใช้ 'round') เช่น
▢ He turned around.</td></tr>
<tr><td>137C</td><td>คนอังกฤษใช้ทั้ง fill in และ fill out เช่น
▢ Can you fill in this form? หรือ
Can you fill out this form?</td><td>คนอเมริกันใช้ fill out เช่น
▢ Can you fill out this form?</td></tr>
<tr><td>141B</td><td>get on = progress เช่น
▢ How are you getting on in your new job?
get on (with somebody) เช่น
▢ Richard gets on well with his new neighbours.</td><td>คนอเมริกันไม่ใช้ get on ในประโยคแบบนี้

คนอเมริกันใช้ get along (with somebody) เช่น
▢ Richard gets along well with his new neighbors.</td></tr>
<tr><td>144D</td><td>do up a house ฯลฯ เช่น
▢ That old house looks great now that it has been done up.</td><td>fix up a house ฯลฯ เช่น
▢ That old house looks great now that it has been fixed up.</td></tr>
</table>

<table>
<tr><td>ภาคผนวก</td><td>BRITISH (แบบอังกฤษ)</td><td>AMERICAN (แบบอเมริกัน)</td></tr>
<tr><td>1.3</td><td>คำกริยาในกลุ่มนี้ (burn, spell ฯลฯ) โดยทั่วไปสามารถใช้ได้ทั้งรูป regular และ irregular (burned หรือ burnt, spelled หรือ spelt ฯลฯ)

รูป past participle ของคำกริยา get คือ got เช่น
▢ Your English has got much better. (= ภาษาอังกฤษของคุณดีขึ้นมาก)
have got หมายความว่า 'มี' ได้ด้วยเช่น
▢ I've got two brothers. (= ฉันมีพี่ชาย/น้องชาย 2 คน)</td><td>คำกริยาในกลุ่มนี้ โดยทั่วไปใช้รูป regular (burned, spelled ฯลฯ)

รูป past participle ของคำกริยา get คือ gotten เช่น
▢ Your English has gotten much better.

have got = มี (เช่นเดียวกับในแบบอังกฤษ) เช่น
▢ I've got two brothers.</td></tr>
<tr><td>6.6</td><td>การสะกดคำแบบอังกฤษ
travel → travelling / travelled
cancel → cancelling / cancelled</td><td>การสะกดคำแบบอเมริกัน
travel → traveling / traveled
cancel → canceling / canceled</td></tr>
</table>

แบบฝึกหัดเสริม

แบบฝึกหัดเสริมแบ่งเป็นหลายตอนตามเนื้อหาไวยากรณ์ ดังนี้

Present และ past

Units 1–6 และ ภาคผนวก 2

1 เติมคำกริยาในรูปที่ถูกต้อง เลือกใช้รูป **present simple (I do), present continuous (I am doing), past simple (I did)** หรือ **past continuous (I was doing)**

1 We can go out now. *It isn't raining* (it / not / rain) any more.
2 Katherine *was waiting* (wait) for me when *I arrived* (I / arrive).
3 .... (I / get) hungry. Let's go and have something to eat.
4 What .... (you / do) in your spare time? Do you have any hobbies?
5 The weather was horrible when .... (we / arrive). It was cold and .... (it / rain) hard.
6 Louise usually .... (phone) me on Fridays, but .... (she / not / phone) last Friday.
7 A: When I last saw you, ... (you / think) of moving to a new flat.
B: That's right, but in the end .... (I / decide) to stay where I was.
8 Why .... (you / look) at me like that? What's the matter?
9 It's usually dry here at this time of the year. .... (it / not / rain) much.
10 Sorry I'm late. My phone .... (ring) three times while .... (I / get) ready to go out.
11 Lisa was busy when .... (we / go) to see her yesterday. She had an exam today and .... (she / prepare) for it. .... (we / not / want) to disturb her, so .... (we / not / stay) very long.
12 When I first .... (tell) Tom what happened, ... (he / not / believe) me. .... (he / think) that .... (I / joke).

Present และ past

Units 1–14 และ ภาคผนวก 2

2 ตัวเลือกใดถูกต้อง

1 Everything is going well. We ~~didn't have~~ / haven't had any problems so far.
(haven't had *ถูกต้อง*)
2 Lisa didn't go / hasn't gone to work yesterday. She wasn't feeling well.
3 Look! That man over there wears / is wearing the same sweater as you.
4 I went / have been to New Zealand last year.
5 I didn't hear / haven't heard from Jess recently. I hope she's OK.
6 I wonder why James is / is being so nice to me today. He isn't usually like that.
7 Jane had a book open in front of her, but she didn't read / wasn't reading it.
8 I wasn't very busy. I didn't have / wasn't having much to do.
9 It begins / It's beginning to get dark. Shall I turn on the light?
10 After finishing school, Tim got / has got a job in a factory.
11 When Sue heard the news, she wasn't / hasn't been very pleased.
12 This is a nice restaurant, isn't it? Is this the first time you are / you've been here?
13 I need a new job. I'm doing / I've been doing the same job for too long.
14 'Anna has gone out.' 'Oh, has she? What time did she go / has she gone?'
15 'You look tired.' 'Yes, I've played / I've been playing basketball.'
16 Where are you coming / do you come from? Are you American?
17 I'd like to see Tina again. It's a long time since I saw her / that I didn't see her.
18 Robert and Maria have been married since 20 years / for 20 years.

3 เติมประโยคคำถามของ A ให้สมบูรณ์ โดยใช้คำกริยาที่เหมาะสม (ในรูปที่ถูกต้อง) และให้สอดคล้องกับคำตอบของ B

1 A: I'm looking for Paul. *Have you seen* him?
B: Yes, he was here a moment ago.

2 A: Why *did you go* to bed so early last night?
B: I was feeling very tired.

3 A: Where .... ?
B: Just to the shop at the end of the street. I'll be back in a few minutes.

4 A: .... TV every evening?
B: No, only if there's something special on.

5 A: Your house is very beautiful. How long .... here?
B: Nearly ten years.

6 A: How was your holiday? .... a nice time?
B: Yes, thanks. It was great.

7 A: .... Sarah recently?
B: Yes, we had lunch together a few days ago.

8 A: Can you describe the woman you saw? What .... ?
B: A red sweater and black jeans.

9 A: I'm sorry to keep you waiting. .... long?
B: No, only about ten minutes.

10 A: How long .... you to get to work in the morning?
B: Usually about 45 minutes. It depends on the traffic.

11 A: .... a horse before?
B: No, this is the first time. I'm a little nervous.

12 A: .... to the United States?
B: No, never, but I went to Canada a few years ago.

4 เติมประโยคของ B ให้สมบูรณ์ตามความคิดของคุณ โดยให้สอดคล้องกับคำถามของ A

1 A: What's the new restaurant like? Is it good?
B: I've no idea. *I've never been* .... there.

2 A: How well do you know Ben?
B: Very well. We .... since we were children.

3 A: Did you enjoy your holiday?
B: Yes, it was really good. It's the best holiday ....

4 A: Is David still here?
B: No, I'm afraid he isn't. .... about ten minutes ago.

5 A: I like your suit. I haven't seen it before.
B: It's new. It's the first time ....

6 A: How did you cut your knee?
B: I slipped and fell when .... tennis.

7 A: Do you ever go swimming?
B: Not these days. I haven't .... a long time.

8 A: How often do you go to the cinema?
B: Very rarely. It's nearly a year .... to the cinema.

9 A: I've bought some new shoes. Do you like them?
B: Yes, they're very nice. Where .... them?

Present และ past

Units 1–17, 110 และ ภาคผนวก 2

5 ดูภาพและเติมคำกริยาในรูปที่ถูกต้อง เลือกใช้รูป past simple (**I did**), past continuous (**I was doing**), past perfect (**I had done**) หรือ past perfect continuous (**I had been doing**)

1

Yesterday afternoon Sarah *went* (go) to the station to meet Paul. When she .... (get) there, Paul .... (already / wait) for her. His train .... (arrive) early.

2

When I got home, Ben .... (lie) on the sofa. The TV was on, but he .... (not / watch) it. He .... (fall) asleep and .... (snore) loudly. I .... (turn) the TV off and just then he .... (wake) up.

3

Last night I .... (just / go) to bed and .... (read) a book when suddenly I .... (hear) a noise. I .... (get) up to see what it was, but I .... (not / see) anything, so I .... (go) back to bed.

4

Lisa had to go to New York last week, but she almost .... (miss) the plane. She .... (stand) in the queue at the check-in desk when she suddenly .... (realise) that she .... (leave) her passport at home. Fortunately she lives near the airport, so she .... (have) time to take a taxi home to get it. She .... (get) back to the airport just in time for her flight.

5

I .... (meet) Peter and Lucy yesterday as I .... (walk) through the park. They .... (be) to the sports centre where they .... (play) tennis. They .... (go) to a café and .... (invite) me to join them, but I .... (arrange) to meet another friend and .... (not / have) time.

6 เขียนประโยคจากคำที่กำหนดให้ในวงเล็บ ใช้คำกริยาในรูปที่ถูกต้องโดยเลือกใช้รูป **present perfect (I have done), present perfect continuous (I have been doing), past perfect (I had done)** หรือ **past perfect continuous (I had been doing)**

1 Amanda is sitting on the ground. She's out of breath.
(she / run) *She has been running.*

2 Where's my bag? I left it under this chair.
(somebody / take / it) ....

3 We were all surprised when Jess and Nick got married last year.
(they / only / know / each other / a few weeks)
....

4 It's still raining. I wish it would stop.
(it / rain / all day) ....

5 Suddenly I woke up. I was confused and didn't know where I was.
(I / dream) ....

6 I wasn't hungry at lunchtime, so I didn't have anything to eat.
(I / have / a big breakfast) ....

7 Every year Robert and Tina spend a few days at the same hotel by the sea.
(they / go / there for years) ....

8 I've got a headache.
(I / have / it / since I got up) ....

9 Next month Gary is going to run in a marathon.
(he / train / very hard for it) ....

7 **เติมประโยคให้สมบูรณ์ด้วยคำในวงเล็บ และใช้คำกริยาในรูปที่ถูกต้อง**

Sarah และ Joe เป็นเพื่อนเก่ากัน พวกเขาพบกันโดยบังเอิญที่สถานีรถไฟ

SARAH: Hello, Joe. (1) .... (I / not / see) you for ages. How are you?
JOE: I'm fine. How about you? (2) .... (you / look) good.
SARAH: Thanks. You too. So, (3) .... (you / go) somewhere or (4) .... (you / meet) somebody?
JOE: (5) .... (I / go) to London for a business meeting.
SARAH: Oh. (6) .... (you / often / go) away on business?
JOE: Quite often, yes. And you? Where (7) .... (you / go)?
SARAH: Nowhere. (8) .... (I / meet) a friend. Unfortunately her train (9) .... (be) delayed – (10) .... (I / wait) here for nearly an hour.
JOE: How are your children?
SARAH: They're all fine, thanks. The youngest (11) .... (just / start) school.
JOE: How (12) .... (she / get) on? (13) .... (she / like) it?
SARAH: Yes, (14) .... (she / think) it's great.
JOE: (15) .... (you / work) at the moment? The last time I (16) .... (speak) to you, (17) .... (you / work) in a travel agency.
SARAH: That's right. Unfortunately the company (18) .... (go) out of business a couple of months after (19) .... (I / start) work there, so (20) .... (I / lose) my job.
JOE: And (21) .... (you / not / have) a job since then?
SARAH: Not a permanent job. (22) .... (I / have) a few temporary jobs. By the way, (23) .... (you / see) Matt recently?
JOE: Matt? He's in Canada.
SARAH: Really? How long (24) .... (he / be) in Canada?
JOE: About a year now. (25) .... (I / see) him a few days before (26) .... (he / go). (27) .... (he / be) unemployed for months, so (28) .... (he / decide) to try his luck somewhere else. (29) .... (he / really / look forward) to going.
SARAH: So, what (30) .... (he / do) there?
JOE: I have no idea. (31) .... (I / not / hear) from him since (32) .... (he / leave). Anyway, I have to go and catch my train. It was really nice to see you again.
SARAH: You too. Bye. Have a good trip.
JOE: Thanks. Bye.

8 เติมประโยคให้สมบูรณ์ด้วยคำในวงเล็บ และใช้คำกริยาในรูปที่ถูกต้องตามความหมายในประโยค

1 Who .... (invent) the bicycle?
2 'Do you still have a headache?' 'No, ... (it / go). I'm OK now.'
3 I was the last to leave the office last night. Everybody else .... (go) home when I .... (leave).
4 What .... (you / do) last weekend? .... (you / go) away?
5 I like your car. How long .... (you / have) it?
6 It's a shame the trip was cancelled. I .... (look) forward to it.
7 Jane is an experienced teacher and loves her job. .... (she / teach) for 15 years.
8 .... (I / buy) a new jacket last week, but .... (I / not / wear) it yet.
9 A few days ago .... (I / see) a man at a party whose face .... (be) very familiar. At first I couldn't think where .... (I / see) him before. Then suddenly .... (I / remember) who .... (it / be).
10 .... (you / hear) of Agatha Christie? .... (she / be) a writer who .... (die) in 1976. .... (she / write) more than 70 detective novels. .... (you / read) any of them?
11 A: What .... (this word / mean)?
B: I've no idea. .... (I / never / see) it before. Look it up in the dictionary.
12 A: .... (you / get) to the theatre in time for the play last night?
B: No, we were late. By the time we got there, ... (it / already / start).
13 I went to Sarah's room and .... (knock) on the door, but there .... (be) no answer. Either .... (she / go) out or .... (she / not / want) to see anyone.
14 Patrick asked me how to use the photocopier. .... (he / never / use) it before, so .... (he / not / know) what to do.
15 Lisa .... (go) for a swim after work yesterday. .... (she / need) some exercise because .... (she / sit) in an office all day in front of a computer.

Past continuous และ used to

Units 6, 18

9 เติมประโยคให้สมบูรณ์โดยใช้ **past continuous (was/were -ing)** หรือ **used to** ... ใช้คำกริยาที่กำหนดให้ในวงเล็บ

1 I haven't been to the cinema for ages now. We *used to go* a lot. (go)
2 Ann didn't see me wave to her. She *was looking* in the other direction. (look)
3 I .... a lot, but I don't use my car very much these days. (drive)
4 I asked the taxi driver to slow down. She .... too fast. (drive)
5 Rosemary and Jonathan met for the first time when they .... in the same bank. (work)
6 When I was a child, I .... a lot of bad dreams. (have)
7 I wonder what Joe is doing these days. He .... in Spain when I last heard from him. (live)
8 'Where were you yesterday afternoon?' 'I .... volleyball.' (play)
9 'Do you do any sports?' 'Not these days, but I .... volleyball.' (play)
10 George looked very nice at the party. He .... a very smart suit. (wear)

The future

Units 19–25 และ ภาคผนวก 3

10 **คุณจะพูดกับเพื่อนของคุณอย่างไรในสถานการณ์ต่าง ๆ ต่อไปนี้ ใช้คำที่กำหนดให้ในวงเล็บและใช้ present continuous (I am doing), going to หรือ will (I'll)**

1 คุณเตรียมการที่จะเดินทางไปเที่ยวพักผ่อนเรียบร้อยแล้ว จุดหมายปลายทางของคุณคือประเทศจาไมก้า
FRIEND: Have you decided where to go for your holiday yet?
YOU: *I'm going to Jamaica.* (I / go)

2 คุณมีนัดทำฟันกับทันตแพทย์ในเช้าวันศุกร์
FRIEND: Shall we meet on Friday morning?
YOU: I can't on Friday. .... (I / go)

3 คุณและเพื่อนๆ วางแผนไปเที่ยวประเทศสเปน คุณตัดสินใจจะเช่ารถเที่ยว แต่ยังไม่ได้จอง
FRIEND: How do you plan to travel round Spain? By train?
YOU: No, ... (we / hire)

4 เพื่อนของคุณมีลูกเล็กๆ 2 คน เธอต้องการออกไปข้างนอกเย็นวันพรุ่งนี้ คุณอาสาที่จะดูแลลูกๆ ของเธอให้
FRIEND: I want to go out tomorrow evening, but I don't have a babysitter.
YOU: That's no problem. .... (I / look after)

5 คุณมีนัดทานอาหารกลางวันกับ Sue วันพรุ่งนี้
FRIEND: Are you free at lunchtime tomorrow?
YOU: No, ... (have lunch)

6 คุณอยู่ในร้านอาหาร คุณและเพื่อนกำลังดูรายการอาหาร คุณถามเพื่อนว่าเขาตัดสินใจหรือยังว่าจะสั่งอะไร
YOU: What ....? (you / have)
FRIEND: I don't know. I can't make up my mind.

7 คุณและเพื่อนกำลังอ่านหนังสือ แสงสว่างเริ่มน้อยลงและเพื่อนของคุณเริ่มอ่านหนังสือไม่เห็น คุณตัดสินใจที่จะเปิดไฟ
FRIEND: It's getting a bit dark, isn't it? It's difficult to read.
YOU: Yes. .... (I / turn on)

8 คุณและเพื่อนกำลังอ่านหนังสือ แสงสว่างเริ่มน้อยลงคุณตัดสินใจที่จะเปิดไฟ คุณลุกขึ้นและเดินไปที่สวิทซ์ไฟ
FRIEND: What are you doing?
YOU: .... (I / turn on)

11 **เติมประโยคให้สมบูรณ์ด้วยคำที่กำหนดให้ในวงเล็บ เลือกใช้รูป present tense (simple หรือ continuous), will (I'll) หรือ shall**

บทสนทนาที่ 1 *(ในตอนเช้า)*

JENNY: (1) *Are you doing* (you / do) anything tomorrow evening, Helen?
HELEN: No, why?
JENNY: Well, would you like to go to the cinema? *Strangers on a Plane* is on. I want to see it, but I don't want to go alone.
HELEN: OK, (2) .... (I / come) with you. What time (3) .... (we / meet)?
JENNY: Well, the film (4) .... (start) at 8.45, so (5) .... (I / meet) you at about 8.30 outside the cinema, OK?
HELEN: Fine. (6) .... (I / see) Tina later this evening. (7) .... (I / ask) her if she wants to come too?
JENNY: Yes, do that. (8) .... (I / see) you tomorrow then. Bye.

บทสนทนาที่ 2 *(เวลาต่อมาในวันเดียวกัน)*

HELEN: Jenny and I (9) .... (go) to the cinema tomorrow night to see *Strangers on a Plane*. Why don't you come too?
TINA: I'd love to come. What time (10) .... (the film / start)?
HELEN: 8.45.
TINA: (11) .... (you / meet) outside the cinema?
HELEN: Yes, at 8.30. Is that OK for you?
TINA: Yes, (12) .... (I / be) there at 8.30.

12 **เติมคำกริยาในรูปที่เหมาะสม บางข้ออาจมีคำตอบที่ถูกต้องมากกว่า 1 คำตอบ**

1 *A ตัดสินใจที่จะเรียนภาษาต่างประเทศ*

A: I've decided to try and learn a foreign language.
B: Have you? Which language (1) *are you going to learn* (you / learn)?
A: Spanish.
B: (2) .... (you / do) a course?
A: Yes, (3) .... (it / start) next week.
B: That's great. I'm sure (4) .... (you / enjoy) it.
A: I hope so. But I think (5) .... (it / be) difficult.

2 *A พูดคุยเกี่ยวกับกำหนดการท่องเที่ยวของ B*

A: I hear (1) .... (you / go) on holiday soon.
B: That's right. (2) .... (we / go) to Finland.
A: I hope (3) .... (you / have) a nice time.
B: Thanks. (4) .... (I / send) you a postcard and (5) .... (I / get) in touch with you when (6) .... (I / get) back.

3 *A เชิญ B ไปงานปาร์ตี้*

A: (1) .... (I / have) a party next Saturday. Can you come?
B: On Saturday? I'm not sure. Some friends of mine (2) .... (come) to stay with me next week, but I think (3) .... (they / leave) by Saturday. But if (4) .... (they / be) still here, (5) .... (I / not / be) able to come to the party.
A: OK. Well, tell me as soon as (6) .... (you / know).
B: Right. (7) .... (I / call) you during the week.

4 *A และ B เป็นสายลับ พวกเขากำลังพูดโทรศัพท์เพื่อนัดหมายที่จะพบกัน*

A: Well, what time (1) .... (we / meet)?
B: Come to the café by the station at 4 o'clock. (2) .... (I / wait) for you when (3) .... (you / arrive). (4) .... (I / sit) by the window and (5) .... (I / wear) a bright green sweater.
A: OK. (6) .... (Agent 307 / come) too?
B: No, she can't be there.
A: Oh. (7) .... (I / bring) the documents?
B: Yes. (8) .... (I / explain) everything when (9) .... (I / see) you. And don't be late.
A: OK. (10) .... (I / try) to be on time.

13 เติมประโยคให้สมบูรณ์โดยใช้คำกริยาในรูปที่ถูกต้อง เลือกใช้รูปที่กำหนดให้ต่อไปนี้

present continuous (**I am doing**)	**will ('ll) / won't**
present simple (**I do**)	**will be doing**
going to (I'm going to do)	**shall**

1 I feel a bit hungry. I think .... (I / have) something to eat.
2 Why are you putting on your coat? .... (you / go) somewhere?
3 What time .... (I / phone) you tonight? About 7.30?
4 Look! That plane is flying towards the airport. .... (it / land).
5 We must do something soon, before .... (it / be) too late.
6 I'm sorry you've decided to leave the company. .... (I / miss) you when .... (you / go).
7 .... (I / give) you my phone number? If .... (I / give) you my number, ... (you / call) me?
8 Are you still watching that programme? What time .... (it / end)?
9 .... (I / go) to a wedding next weekend. A friend of mine .... (get) married.
10 I'm not ready yet. .... (I / tell) you when .... (I / be) ready. I promise .... (I / not / be) very long.
11 A: Where are you going?
B: To the hairdresser's. .... (I / have) my hair cut.
12 She was very rude to me. I refuse to speak to her again until .... (she / apologise).
13 I wonder where .... (we / live) ten years from now?
14 What do you plan to do when .... (you / finish) your course at college?

Past, present และ future

Units 1–25

14 เติมประโยคของ B ให้สมบูรณ์ตามความคิดของคุณ

1 A: How did the accident happen?
B: I *was going* too fast and couldn't stop in time.
2 A: Is that a new camera?
B: No, I .... it a long time.
3 A: Is that a new computer?
B: Yes, I .... it a few weeks ago.
4 A: I can't talk to you right now. You can see I'm very busy.
B: OK. I .... back in about half an hour.
5 A: This is a nice restaurant. Do you come here often?
B: No, it's the first time I .... here.
6 A: Do you do any sport?
B: No, I .... football, but I gave it up.
7 A: I'm sorry I'm late.
B: That's OK. I .... long.
8 A: When you went to the US last year, was it your first visit?
B: No, I .... there twice before.
9 A: Do you have any plans for the weekend?
B: Yes, I .... to a party on Saturday night.
10 A: Do you know what Steve's doing these days?
B: No, I .... him for ages.
11 A: Will you still be here by the time I get back?
B: No, I .... by then.

15 **Robert** ท่องเที่ยวอยู่ในอเมริกาเหนือ เขาส่งอีเมล์หาเพื่อนที่ **Winnipeg** (แคนาดา) เติมคำกริยาในรูปที่ถูกต้องโดยใช้คำในวงเล็บ

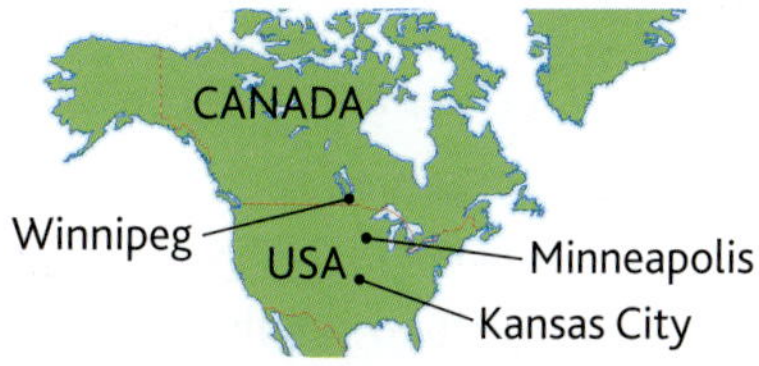

Delete Junk Reply Reply All Forward Print To Do

Subject:
To:

Hi
(1) *I've just arrived* (I / just / arrive) in Minneapolis. (2) …………… (I / travel) for more than a month now, and (3) …………… (I / begin) to think about coming home. Everything (4) …………… (I / see) so far (5) …………… (be) really interesting, and (6) …………… (I / meet) some really kind people.

(7) …………… (I / leave) Kansas City a week ago. (8) …………… (I / stay) there with Emily, the aunt of a friend from college. She was really helpful and hospitable and although (9) …………… (I / plan) to stay only a couple of days, (10) …………… (I / end up) staying more than a week.

(11) …………… (I / enjoy) the journey from Kansas City to here. (12) …………… (I / take) the Greyhound bus and (13) …………… (meet) some really interesting people – everybody was really friendly.

So now I'm here, and (14) …………… (I / stay) here for a few days before (15) …………… (I / continue) up to Canada. I'm not sure exactly when (16) …………… (I / get) to Winnipeg – it depends what happens while (17) …………… (I / be) here. But (18) …………… (I / let) you know as soon as (19) …………… (I / know) myself.

(20) …………… (I / stay) with a family here – they're friends of some people I know at home. Tomorrow (21) …………… (we / visit) some people they know who (22) …………… (build) a house in the mountains. It isn't finished yet, but (23) …………… (it / be) interesting to see what it's like.

Anyway, that's all for now. (24) …………… (I / be) in touch again soon.

Robert

Modal verbs (can/must/would ฯลฯ)

Units 26–36 และ ภาคผนวก 4

16 ตัวเลือกใดต่อไปนี้ถูกต้อง บางครั้งอาจมีข้อถูกมากกว่า 1 ข้อ

1 'What time will you be home tonight?' 'I'm not sure. I …………… late.'
(**A**) may be (**B**) might be **C** can be *(ทั้ง A และ B ถูกต้อง)*

2 I can't find the theatre tickets. They …………… out of my pocket.
A must have fallen **B** should have fallen **C** had to fall

3 Somebody ran in front of the car as I was driving. Fortunately I …………… just in time.
A could stop **B** could have stopped **C** managed to stop

4 We've got plenty of time. We …………… yet.
A mustn't leave **B** needn't leave **C** don't need to leave

5 I .... out but I didn't feel like it, so I stayed at home.
A could go **B** could have gone **C** must have gone

6 I'm sorry I .... come to your party last week.
A couldn't come **B** couldn't have come **C** wasn't able to come

7 'What do you think of my theory?' 'I'm not sure. You .... right.'
A could be **B** must be **C** might be

8 I couldn't wait for you any longer. I .... , and so I went.
A must go **B** must have gone **C** had to go

9 'Do you know where Sarah is?' 'No. I suppose she .... shopping.'
A should have gone **B** may have gone **C** could have gone

10 At first they didn't believe me when I told them what had happened, but in the end I .... them that I was telling the truth.
A was able to convince **B** managed to convince **C** could convince

11 I promised I'd call Gary this evening. I ....
A mustn't forget **B** needn't forget **C** don't have to forget

12 Why did you leave without me? You .... for me.
A must have waited **B** had to wait **C** should have waited

13 Lisa called me and suggested .... lunch together.
A we have **B** we should have **C** to have

14 You look nice in that jacket, but you hardly ever wear it. .... it more often.
A You'd better wear **B** You should wear **C** You ought to wear

15 Shall I buy a car? What's your advice? What .... ?
A will you do **B** would you do **C** shall you do

17 เติมประโยคให้สมบูรณ์โดยใช้คำในวงเล็บ

1 Don't phone them now.
They *might be having* lunch. (might / have)

2 I've eaten too much. Now I feel sick.
I .... so much. (shouldn't / eat)

3 I wonder why Tom didn't phone me.
He .... (must / forget)

4 Why did you go home so early?
You .... home so early. (needn't / go)

5 You've signed the contract.
It .... now. (can't / change)

6 'What's Linda doing?' 'I'm not sure.'
She .... TV. (may / watch)

7 Laura was standing outside the cinema.
She .... for somebody. (must / wait)

8 He was in prison at the time that the crime was committed.
He .... it. (couldn't / do)

9 Why weren't you here earlier?
You .... here earlier. (ought / be)

10 Why didn't you ask me to help you?
I .... you. (would / help)

11 I'm surprised you weren't told that the road was dangerous.
You .... about it. (should / warn)

12 Gary was in a strange mood yesterday.
He .... very well. (might not / feel)

18 เติมคำพูดของ B ให้สมบูรณ์โดยใช้ **can/could/might/must/should/would** + คำกริยาที่กำหนดให้ในวงเล็บ ในบางประโยค คุณต้องใช้ **have: must have … / should have …** ฯลฯ ในบางประโยค คุณต้องใช้รูปปฏิเสธ **(can't/couldn't** ฯลฯ)

1 A: I'm hungry.
B: But you've just had lunch. You *can't be* hungry already. (be)

2 A: I haven't seen our neighbours for ages.
B: No. They *must have gone* away. (go)

3 A: What's the weather like? Is it raining?
B: Not at the moment, but it .... later. (rain)

4 A: Where's Julia?
B: I'm not sure. She .... out. (go)

5 A: I didn't see you at Michael's party last week.
B: No, I had to work that night, so I .... (go)

6 A: I think I saw you at Michael's party last week.
B: No, you .... me. I didn't go to Michael's party. (see)

7 A: What time will we get to Sue's house?
B: Well, it takes about one and a half hours, so if we leave at 3 o'clock, we .... there by 4.30. (get)

8 A: When was the last time you saw Bill?
B: Years ago. I .... him if I saw him now. (recognise)

9 A: Did you hear the explosion?
B: What explosion?
A: There was a loud explosion about an hour ago. You .... it. (hear)

10 A: We weren't sure which way to go. In the end we turned right.
B: You went the wrong way. You .... left. (turn)

---

if (conditional)

Units 25, 38–40

19 เติมคำกริยาในรูปที่ถูกต้อง

1 If *you found* a wallet in the street, what would you do with it? (you / find)

2 I must hurry. My friend will be annoyed if *I'm not* on time. (I / not / be)

3 I didn't realise that Gary was in hospital. If *I'd known* he was in hospital, I would have gone to visit him. (I / know)

4 If the phone ...., can you answer it? (ring)

5 I can't decide what to do. What would you do if .... in my position? (you / be)

6 A: What shall we do tomorrow?
B: Well, if .... a nice day, we can go to the beach. (it / be)

7 A: Let's go to the beach.
B: No, it's too cold. If .... warmer, I wouldn't mind going. (it / be)

8 A: Did you go to the beach yesterday?
B: No, it was too cold. If .... warmer, we might have gone. (it / be)

9 If .... enough money to go anywhere in the world, where would you go? (you / have)

10 I'm glad we had a map. I'm sure we would have got lost if .... one. (we / not / have)

11 The accident was your fault. If .... more carefully, it wouldn't have happened. (you / drive)

12 A: Why do you read newspapers?
B: Well, if .... newspapers, I wouldn't know what was happening in the world. (I / not / read)

20 เติมประโยคให้สมบูรณ์

1 Lisa is tired all the time. She shouldn't go to bed so late.
If Lisa *didn't go* to bed so late, she *wouldn't be* tired all the time.

2 It's getting late. I don't think Sarah will come to see us now.
I'd be surprised if Sarah .... to see us now.

3 I'm sorry I disturbed you. I didn't know you were busy.
If .... you were busy, I .... you.

4 I don't want them to be upset, so I've decided not to tell them what happened.
.... upset if I .... them what happened.

5 The dog attacked you, but only because you frightened it.
If you .... the dog, it .... you.

6 Unfortunately I didn't have an umbrella and so I got very wet in the rain.
I .... so wet if .... an umbrella.

7 Martin failed his driving test. He was very nervous and that's why he failed.
If he .... so nervous, he .... the test.

21 เติมประโยคให้สมบูรณ์ตามความคิดของคุณ

1 I'd go out tonight if ....
2 I'd have gone out last night if ....
3 If you hadn't reminded me, ...
4 If I had my camera, ...
5 If you give me the camera, ...
6 Who would you phone if .... ?
7 We wouldn't have been late if ....
8 If I'd been able to get a ticket, ...
9 If I'd done better at the interview, ...
10 You wouldn't be hungry now if ....
11 Cities would be nicer places if ....
12 If there was no TV, ...

Passive

Units 42–45

22 เติมคำกริยาในรูป **passive** ให้ถูกต้อง

1 There's somebody behind us. I think *we're being followed* (we / follow).
2 A mystery is something that *can't be explained* (can't / explain).
3 We didn't play football yesterday. The game .... (cancel).
4 The TV .... (repair). It's working again now.
5 In the middle of the village there is a church which .... (restore) at the moment. The work is almost finished.
6 The tower is the oldest part of the church. .... (it / believe) to be over 600 years old.
7 If I didn't do my job properly, ... (I / would / sack).
8 A: I left a newspaper on the desk last night and it isn't there now.
B: .... (it / might / throw) away.
9 I learnt to swim when I was very young. .... (I / teach) by my mother.
10 After .... (arrest), I was taken to the police station.
11 '.................... (you / ever / arrest)?' 'No, never.'
12 Two people .... (report) to .... (injure) in an explosion at a factory in Birmingham early this morning.

23 เติมคำกริยาในรูป **active** หรือ **passive** ให้ถูกต้อง

1 This house is quite old. It ...was built... (build) over 100 years ago.
2 My grandfather was a builder. He ...built... (build) this house many years ago.
3 'Is your car still for sale?' 'No, I .... (sell) it.'
4 A: Is the house at the end of the street still for sale?
B: No, it .... (sell).
5 Sometimes mistakes .... (make). It's inevitable.
6 I wouldn't leave your car unlocked. It .... (might / steal).
7 My bag has disappeared. It .... (must / steal).
8 I can't find my hat. Somebody .... (must / take) it by mistake.
9 It's a serious problem. I don't know how it .... (can / solve).
10 We didn't leave early enough. We .... (should / leave) earlier.
11 Nearly every time I travel by plane, my flight .... (delay).
12 A new bridge .... (build) across the river. Work started last year and the bridge .... (expect) to open next year.

24 อ่านรายงานข่าวในหนังสือพิมพ์ต่อไปนี้ และเติมคำกริยาในรูปที่เหมาะสม

1

Castle Fire

Winton Castle (1) ...was damaged... (damage) in a fire last night. The fire, which (2) .... (discover) at about 9 o'clock, spread very quickly. Nobody (3) .... (injure), but two people had to (4) .... (rescue) from an upstairs room. A number of paintings (5) .... (believe / destroy). It (6) .... (not / know) how the fire started.

2

SHOP ROBBERY

In Paxham yesterday a shop assistant (1) .... (force) to hand over £500 after (2) .... (threaten) by a man with a knife. The man escaped in a car which (3) .... (steal) earlier in the day. The car (4) .... (later / find) in a car park where it (5) .... (abandon) by the thief. A man (6) .... (arrest) in connection with the robbery and (7) .... (still / question) by the police.

3

ROAD DELAYS

Repair work started yesterday on the Paxham–Longworth road. The road (1) .... (resurface) and there will be long delays. Drivers (2) .... (ask) to use an alternative route if possible. The work (3) .... (expect) to last two weeks. Next Sunday the road (4) .... (close), and traffic (5) .... (divert).

4

Accident

A woman (1) .... (take) to hospital after her car collided with a lorry near Norstock yesterday. She (2) .... (allow) home later after treatment. The road (3) .... (block) for an hour after the accident, and traffic had to (4) .... (divert). A police inspector said afterwards: 'The woman was lucky. She could (5) .... (kill).'

Reported speech

Units 47–48, 50

25 เติมประโยคให้สมบูรณ์โดยใช้รูป **reported speech**

1

A woman phoned at lunchtime yesterday and asked ...*if she could speak to Paul*... . I told .... and .... I asked .... , but she said .... later. But she never did.

2

I went to London recently, but my visit didn't begin well. I had reserved a hotel room, but when I got to the hotel they told .... When I asked .... , they said .... , but .... There was nothing I could do. I just had to look for somewhere else to stay.

3

After getting off the plane, we had to queue for an hour to get through immigration. Finally it was our turn. The immigration official asked us .... , and we told .... Then he wanted to know .... and .... He seemed satisfied with our answers, checked our passports and wished us a pleasant stay.

4

A: What time is Sue arriving this afternoon?

B: About three. She said .... us ....

A: Aren't you going to meet her?

B: No, she said .... She said ....

5

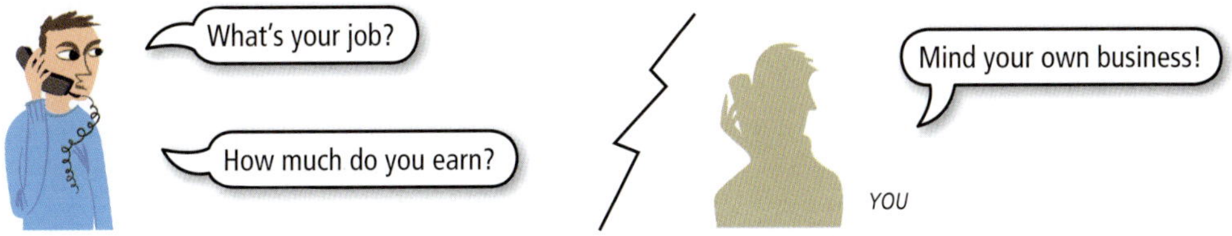

A few days ago a man phoned from a marketing company and started asking me questions. He wanted to know .... and asked .... I don't like people phoning and asking questions like that, so I told .... and I put the phone down.

6

Louise and Sarah are in a restaurant waiting for Paul.

LOUISE: I wonder where Paul is. He said ....
SARAH: Maybe he's got lost.
LOUISE: I don't think so. He said ....
And I told ....

7

Five minutes later

JOE: Is there anything to eat?
JANE: You just said ....
JOE: Well, I am now. I'd love a banana.
JANE: A banana? But you said ....
You told ....

-ing และ to ...

Units 53–66

26 เติมคำกริยาในรูปที่ถูกต้อง

1 How old were you when you learnt *to drive*? (drive)
2 I don't mind *walking* home, but I'd rather *get* a taxi. (walk, get)
3 I can't make a decision. I keep .... my mind. (change)
4 He had made his decision and refused .... his mind. (change)
5 Why did you change your decision? What made you .... your mind? (change)
6 It was a really good holiday. I really enjoyed .... by the sea again. (be)
7 Did I really tell you I was unhappy? I don't remember .... that. (say)
8 'Remember .... Tom tomorrow.' 'OK. I won't forget.' (call)

9 The water here is not very good. I'd avoid .... it if I were you. (drink)
10 I pretended .... interested in the conversation, but really it was very boring. (be)
11 I got up and looked out of the window .... what the weather was like. (see)
12 I have a friend who claims .... able to speak five languages. (be)
13 I like .... carefully about things before .... a decision. (think, make)
14 I had a flat in the centre of town but I didn't like .... there, so I decided .... (live, move)
15 Steve used .... a footballer. He had to stop .... because of an injury. (be, play)
16 After .... by the police, the man admitted .... the car, but denied .... at 100 miles an hour. (stop, steal, drive)
17 A: How do you make this machine .... ? (work)
B: I'm not sure. Try .... that button and see what happens. (press)

27 เติมประโยคให้สมบูรณ์โดยใช้คำในวงเล็บ

1 I can't find the tickets. (I / seem / lose / them)
I seem to have lost them.

2 I don't have far to go. (it / not / worth / take / a taxi)
It's not worth taking a taxi.

3 I'm feeling a bit tired. (I / not / fancy / go / out)
....

4 Tim isn't very reliable. (he / tend / forget / things)
....

5 I've got a lot of luggage. (you / mind / help / me?)
....

6 There's nobody at home. (everybody / seem / go out)
....

7 We don't like our apartment. (we / think / move)
....

8 The vase was very valuable. (I / afraid / touch / it)
....

9 Ben never carries a lot of money with him. (he / afraid / robbed)
....

10 I wouldn't go to see the film. (it / not / worth / see)
....

11 I'm very tired after that long walk. (I / not / used / walk / so far)
....

12 Sue is on holiday. I received a postcard from her yesterday. (she / seem / enjoy / herself)
....

13 Dan had lots of photographs he'd taken while on holiday. (he / insist / show / them to me)
....

14 I don't want to do the shopping. (I'd rather / somebody else / do / it)
....

28 เติมประโยคที่สองให้สมบูรณ์โดยให้มีความหมายสอดคล้องกับประโยคแรก

1 I was surprised I passed the exam.
I didn't expect *to pass the exam.*
2 Did you manage to solve the problem?
Did you succeed *in solving the problem?*
3 I don't read newspapers any more.
I've given up ....
4 I'd prefer not to go out tonight.
I'd rather ....
5 He finds it difficult to sleep at night.
He has trouble ....
6 Shall I phone you this evening?
Do you want .... ?
7 Nobody saw me come in.
I came in without ....
8 They said I was a cheat.
I was accused ....
9 It will be good to see them again.
I'm looking forward ....
10 What do you think I should do?
What do you advise me .... ?
11 It's a pity I couldn't go out with you last night.
I'd like ....
12 I wish I'd taken your advice.
I regret ....

---

a/an และ the

Units 69–76

29 เติม **a/an** หรือ **the** เมื่อจำเป็น เว้นช่องว่างไว้ถ้าประโยคสมบูรณ์แล้ว

1 I don't usually like staying at *–* hotels, but last summer we spent two weeks at *a* very nice hotel by *the* sea.

2 If you go to live in .... foreign country, you should try and learn .... language.

3 Helen is .... economist. She lives in .... United States and works for .... investment company.

4 I love .... sport, especially .... tennis . I play two or three times .... week if I can, but I'm not .... very good player.

5 I won't be home for .... dinner this evening. I'm meeting some friends after .... work and we're going to .... cinema.

6 When .... unemployment is high, it's difficult for .... people to find .... work. It's .... big problem.

7 There was .... accident as I was going .... home last night. Two people were taken to .... hospital. I think .... most accidents are caused by .... people driving too fast.

8 A: What's .... name of .... hotel where you're staying?
B: .... Ambassador. It's in .... Queen Street in .... city centre. It's near .... station.

9 I have two brothers. .... older one is training to be .... pilot with .... British Airways. .... younger one is still at .... school. When he leaves .... school, he wants to go to .... university to study .... law.

Pronouns และ determiners

Units 82–91

30 ตัวเลือกข้อใดต่อไปนี้ถูกต้อง บางครั้งอาจมีข้อถูกมากกว่า 1 ข้อ

1 I don't remember .... about the accident.
Ⓐ anything **B** something **C** nothing (A *ถูกต้อง*)

2 Chris and I have known .... for quite a long time.
A us **B** each other **C** ourselves

3 'How often do the buses run?' '.................... twenty minutes.'
A All **B** Each **C** Every

4 I shouted for help, but .... came.
A nobody **B** no-one **C** anybody

5 Last night we went out with some friends of ....
A us **B** our **C** ours

6 It didn't take us a long time to get here. .... traffic.
A It wasn't much **B** There wasn't much **C** It wasn't a lot

7 Can I have .... milk in my coffee, please?
A a little **B** any **C** some

8 Sometimes I find it difficult to ....
A concentrate **B** concentrate me **C** concentrate myself

9 There's .... on at the cinema that I want to see, so there's no point in going.
A something **B** anything **C** nothing

10 I drink .... water every day.
A much **B** a lot of **C** lots of

11 .... in the centre are open on Sunday.
A Most of shops **B** Most of the shops **C** The most of the shops

12 There were about twenty people in the photo. I didn't recognise .... of them.
A any **B** none **C** either

13 I've been waiting .... for Sarah to phone.
A all morning **B** the whole morning **C** all the morning

14 I can't afford to buy anything in this shop. .... so expensive.
A All is **B** Everything is **C** All are

Adjectives และ adverbs

Units 98–108

31 บางประโยคต่อไปนี้ผิด แก้ประโยคให้ถูกต้องเมื่อจำเป็น เขียนคำว่า **'OK'** ถ้าประโยคถูกต้องอยู่แล้ว

1 The building was total destroyed in the fire. *totally destroyed*
2 I didn't like the book. It was such a stupid story. *OK*
3 The city is very polluted. It's the more polluted place I've ever been to. ....
4 I was disappointing that I didn't get the job. I was well qualified and the interview went well. ....
5 It's warm today, but there's quite a strong wind. ....
6 Joe works hardly, but he doesn't get paid very much. ....
7 The company's offices are in a modern large building. ....
8 Dan is a very fast runner. I wish I could run as fast as him. ....
9 I missed the three last days of the course because I was ill. ....
10 You don't look happy. What's the matter? ....

11 The weather has been unusual cold for the time of the year. ....
12 The water in the pool was too dirty to swim in it. ....
13 I got impatient because we had to wait so long time. ....
14 Is this box big enough or do you need a bigger one? ....
15 This morning I got up more early than usual. ....

Conjunctions

Units 25, 38, 112–118

32 เลือกคำที่ถูกต้อง

1 I'll try to be on time, but don't worry if / ~~when~~ I'm late. (if *ถูกต้อง*)
2 Don't throw that bag away. If / When you don't want it, I'll have it.
3 Please report to reception if / when you arrive at the hotel.
4 We've arranged to go to the beach tomorrow, but we won't go if / when it's raining.
5 Tanya is in her final year at school. She still doesn't know what she's going to do if / when she leaves.
6 What would you do if / when you lost your keys?
7 I hope I'll be able to come to the party, but I'll let you know if / unless I can't.
8 I don't want to be disturbed, so don't phone me if / unless it's something important.
9 Please sign the contract if / unless you're happy with the conditions.
10 I like travelling by ship as long as / unless the sea is not rough.
11 You might not remember the name of the hotel, so write it down if / in case you forget it.
12 It's not cold now, but take your coat with you if / in case it gets cold later.
13 Take your coat with you and then you can put it on if / in case it gets cold later.
14 They always have the TV on, even if / if nobody is watching it.
15 Even / Although I left home early, I got to work late.
16 Despite / Although we've known each other a long time, we're not particularly close friends.
17 'When did you leave school?' 'As / When I was 17.'
18 I think Ann will be very pleased as / when she hears the news.

Prepositions (เวลา)

Units 12, 119–122

33 เติม **preposition** คำใดคำหนึ่งต่อไปนี้ในประโยค **at on in during for since by until**

1 Jack has gone away. He'll be back *in* a week.
2 We're having a party .... Saturday. Can you come?
3 I've got an interview next week. It's .... 9.30 .... Tuesday morning.
4 Sue isn't usually here .... weekends. She goes away.
5 The train service is very good. The trains are nearly always .... time.
6 It was a confusing situation. Many things were happening .... the same time.
7 I couldn't decide whether or not to buy the sweater. .... the end I decided not to.
8 The road is busy all the time, even .... night.
9 I met a lot of nice people .... my stay in New York.
10 I saw Helen .... Friday, but I haven't seen her .... then.
11 Robert has been doing the same job .... five years.
12 Lisa's birthday is .... the end of March. I'm not sure exactly which day it is.
13 We have some friends staying with us .... the moment. They're staying .... Friday.
14 If you're interested in applying for the job, your application must be received .... Friday.
15 I'm just going out. I won't be long – I'll be back .... ten minutes.

Prepositions (สถานที่และวิธีใช้แบบอื่น)

Units 123–128

34 เติม **preposition** ที่ขาดหายไปในประโยคต่อไปนี้

1 I'd love to be able to visit every country .... the world.
2 Jessica White is my favourite author. Have you read anything .... her?
3 'Is there a bank near here?' 'Yes, there's one .... the end of this road.'
4 Tim is away at the moment. He's .... holiday.
5 We live .... the country, a long way from the nearest town.
6 I've got a stain .... my jacket. I'll have to have it cleaned.
7 We went .... a party .... Lisa's house on Saturday.
8 Boston is .... the east coast of the United States.
9 Look at the leaves .... that tree. They're a beautiful colour.
10 'Have you ever been .... Tokyo?' 'No, I've never been .... Japan.'
11 Mozart died .... Vienna in 1791 .... the age of 35.
12 'Are you .... this photo?' 'Yes, that's me, ... the left.'
13 We went .... the theatre last night. We had seats .... the front row.
14 'Where's the light switch?' 'It's .... the wall .... the door.'
15 It was late when we arrived .... the hotel.
16 I couldn't decide what to eat. There was nothing .... the menu that I liked.
17 We live .... a tower block. Our apartment is .... the fifteenth floor.
18 A: What did you think of the film?
B: Some parts were a bit stupid, but .... the whole I enjoyed it.
19 'When you paid the restaurant bill, did you pay cash?' 'No, I paid .... credit card.'
20 'How did you get here? Did you come .... the bus?' 'No, ... car.'
21 A: I wonder what's .... TV this evening. Do you have a newspaper?
B: Yes, the TV programmes are .... the back page.
22 Helen works for a telecommunications company. She works .... the customer services department.
23 Anna spent two years working .... Chicago before returning .... Italy.
24 'Did you enjoy your trip .... the beach?' 'Yes, it was great.'
25 Next summer we're going .... a trip to Canada.

Noun/adjective + prepositions

Units 129–131

35 เติม **preposition** ที่ขาดหายไปในประโยคต่อไปนี้

1 The plan has been changed, but nobody seems to know the reason .... this.
2 Don't ask me to decide. I'm not very good .... making decisions.
3 Some people say that Sue is unfriendly, but she's always very nice .... me.
4 What do you think is the best solution .... the problem?
5 There has been a big increase .... the price of oil recently.
6 He lives a rather lonely life. He doesn't have much contact .... other people.
7 Paul is a keen photographer. He likes taking pictures .... people.
8 Michael got married .... a woman he met when he was studying at college.
9 He's very brave. He's not afraid .... anything.
10 I'm surprised .... the amount of traffic today. I didn't think it would be so busy.
11 Thank you for lending me the guidebook. It was full .... useful information.
12 I'm afraid I've had to change my plans, so I can't meet you tomorrow. I'm sorry .... that.

Verb + preposition

Units 132–136

36 เติมประโยคให้สมบูรณ์โดยใช้ **preposition** ถ้าไม่จำเป็นต้องเติม **preposition** ให้เว้นช่องว่างไว้

1 She works quite hard. You can't accuse her .... being lazy.
2 Who's going to look .... your children while you're at work?
3 The problem is becoming serious. We have to discuss .... it.
4 The problem is becoming serious. We have to do something .... it.
5 I prefer this chair .... the other one. It's more comfortable.
6 I need to phone .... the office to tell them I won't be at work today.
7 The river divides the city .... two parts.
8 'What do you think .... your new boss?' 'She's all right, I suppose.'
9 Can somebody please explain .... me what I have to do?
10 I said hello to her, but she didn't answer .... me.
11 'Do you like staying at hotels?' 'It depends .... the hotel.'
12 'Have you ever been to Borla?' 'No, I've never heard .... it. Where is it?'
13 You remind me .... somebody I knew a long time ago. You look just like her.
14 This is wonderful news! I can't believe .... it.
15 George is not an idealist – he believes .... being practical.
16 What's funny? What are you laughing .... ?
17 What did you do with all the money you had? What did you spend it .... ?
18 If Alex asks .... you .... money, don't give him any.
19 I apologised .... Sarah .... keeping her waiting so long.
20 Lisa was very helpful. I thanked .... her .... everything she'd done.

Phrasal verbs

Units 137–145

37 จับคู่คำพูดของ **A** และคำตอบของ **B** ที่สอดคล้องกัน

A

1 ~~I've made a mistake on this form.~~
2 I'm too warm with my coat on.
3 This jacket looks nice.
4 My phone number is 576920.
5 This room is in a mess.
6 What's 45 euros in dollars?
7 How did you find the mistake?
8 I'm not sure whether to accept their offer or not.
9 I need a place to stay when I'm in London.
10 It's a subject he doesn't like to talk about.
11 I don't know what this word means.

B

a Don't worry. I'll clear it up.
b No problem. I can fix it up.
c Kate pointed it out.
d ~~That's OK. Cross it out and correct it.~~
e Yes, why don't you try it on?
f OK, I won't bring it up.
g Just a minute. I'll write it down.
h Why don't you take it off then?
i You can look it up.
j I think you should turn it down.
k Give me a moment. I'll work it out.

1 d
2 ....
3 ....
4 ....
5 ....
6 ....
7 ....
8 ....
9 ....
10 ....
11 ....

38 เลือกคำตอบที่ถูกต้องเพียงหนึ่งข้อ

1 Nobody believed Paul at first but he ......B...... to be right. (B *ถูกต้อง*)
A came out **B** turned out **C** worked out **D** carried out

2 Here's some good news. It will ....
A turn you up **B** put you up **C** blow you up **D** cheer you up

3 I was annoyed with the way the children were behaving, so I ....
A told them up **B** told them off **C** told them out **D** told them over

4 The club committee is .... of the president, the secretary and seven other members.
A set up **B** made up **C** set out **D** made out

5 You were going to apply for the job, and then you decided not to. So what .... ?
A put you off **B** put you out **C** turned you off **D** turned you away

6 I had no idea that he was lying to me. I was completely ....
A taken in **B** taken down **C** taken off **D** taken over

7 Helen started a course at college, but she .... after six months.
A went out **B** fell out **C** turned out **D** dropped out

8 You can't predict everything. Often things don't .... as you expect.
A make out **B** break out **C** work out **D** get out

9 Why are all these people here? What's .... ?
A going off **B** getting off **C** going on **D** getting on

10 It's a very busy airport. There are planes .... or landing every few minutes.
A going up **B** taking off **C** getting up **D** driving off

11 The traffic was moving slowly because a bus had .... and was blocking the road.
A broken down **B** fallen down **C** fallen over **D** broken up

12 How are you .... in your new job? Are you enjoying it?
A keeping on **B** going on **C** carrying on **D** getting on

39 เติมประโยคให้สมบูรณ์ โดยใช้คำสองคำในแต่ละข้อ

1 Keep ......away from...... the edge of the pool. You might fall in.
2 I didn't notice that the two pictures were different until Tanya pointed it .... me.
3 I asked Dan if he had any suggestions about what we should do, but he didn't come .... anything.
4 I'm glad Sarah is coming to the party. I'm really looking .... seeing her again.
5 Things are changing all the time. It's difficult to keep .... all these changes.
6 I don't want to run .... food for the party. Are you sure we have enough?
7 Don't let me interrupt you. Carry .... your work.
8 Steve was very happy in his job until he fell .... his boss. After that, it was impossible for them to work together, and Steve decided to leave.
9 I've had enough of being treated like this. I'm not going to put .... it any more.
10 I didn't enjoy the trip very much at the time, but when I look .... it now, I realise it was a good experience and I'm glad I went on it.
11 The wedding was supposed to be a secret, so how did you find .... it? Did Jess tell you?
12 There is a very nice atmosphere in the office where I work. Everybody gets .... everybody else.

40 เติมประโยคให้สมบูรณ์โดยใช้ **phrasal verb** ที่มีความหมายเหมือนกับคำในวงเล็บ

1 The football match had to be *called off* because of the weather. (cancelled)
2 The story Kate told wasn't true. She *made it up* . (invented it)
3 A bomb .... near the station, but no-one was injured. (exploded)
4 Paul finally .... nearly an hour late. (arrived)
5 Here's an application form. Can you .... and sign it, please? (complete it)
6 A number of buildings are going to be .... to make way for the new road. (demolished)
7 I'm having a few problems with my computer which need to be .... as soon as possible. (put right)
8 Be positive! You must never .... ! (stop trying)
9 I was very tired and .... in front of the television. (fell asleep)
10 After eight years together, they've decided to .... (separate)
11 The noise is terrible. I can't .... any longer. (tolerate it)
12 We don't have a lot of money, but we have enough to .... (manage)
13 I'm sorry I'm late. The meeting .... longer than I expected. (continued)
14 We need to make a decision today at the latest. We can't .... any longer. (delay it)

41 เติมประโยคให้สมบูรณ์ โดยใช้คำเพียงหนึ่งคำในแต่ละข้อ

1 You're driving too fast. Please *slow* down.
2 It was only a small fire and I managed to .... it out with a bucket of water.
3 The house is empty at the moment, but I think the new tenants are .... in next week.
4 I've .... on weight. My clothes don't fit any more.
5 Their house is really nice now. They've .... it up really well.
6 I was talking to the woman sitting next to me on the plane, and it .... out that she works for the same company as my brother.
7 'Do you know what happened?' 'Not yet, but I'm going to .... out.'
8 There's no need to get angry. .... down!
9 If you're going on a long walk, plan your route carefully before you .... off.
10 Sarah has just phoned to say that she'll be late. She's been .... up.
11 You've written my name wrong. It's Martin, not Marin – you .... out the T.
12 Three days at £45 a day – that .... out at £135.
13 We had a really interesting discussion, but Jane didn't .... in. She just listened.
14 Jonathan is pretty fit. He .... out in the gym every day.
15 Come and see us more often. You can .... in any time you like.
16 We are still discussing the contract. There are still a couple of things to .... out.
17 My alarm clock .... off in the middle of the night and .... me up.

คู่มือการเรียน

คู่มือการเรียนนี้มีจุดประสงค์เพื่อช่วยให้คุณตัดสินใจว่าควรจะศึกษาหน่วยใดบ้าง ประโยคต่างๆ ที่ปรากฏในคู่มือการเรียนนี้จัดรวมเป็นกลุ่มไว้ด้วยกันเป็นเรื่องๆ (เช่น present *และ* past, article *และ* noun *ฯลฯ*) ในลักษณะเดียวกับใน*สารบัญ* (หน้า iii–vi)

คุณสามารถเติมประโยคให้สมบูรณ์โดยใช้ตัวเลือก 1 ตัวหรือมากกว่านั้น (A, B, C ฯลฯ) แต่ละประโยคจะมีตัวเลือกตั้งแต่ 2–5 ตัว **ในบางประโยคมีตัวเลือกที่ถูกต้องมากกว่า 1 ตัว**

ถ้าคุณไม่ทราบหรือไม่แน่ใจว่า ตัวเลือกใดบ้างถูกต้อง คุณควรจะศึกษาหน่วยที่แนะไว้ให้ทางขวามือ คุณจะพบประโยคที่ถูกต้องในหน่วยที่ระบุไว้นั้น (ถ้าระบุไว้ 2 หรือ 3 หน่วย ประโยคที่ถูกต้องจะปรากฏอยู่ในหน่วยแรก)

คำเฉลยของคู่มือการเรียนนี้อยู่ในหน้า 372

ถ้าคุณไม่แน่ใจว่าคำตอบใดถูกต้อง

ศึกษา UNIT

Present และ past

1.1 At first I didn't like my job, but .... to enjoy it now. — **1, 3**
A I'm beginning **B** I begin

1.2 I don't understand this sentence. What .... ? — **2, 49**
A does mean this word **B** does this word mean **C** means this word

1.3 Robert .... away two or three times a year. — **2, 3, 110**
A is going usually **B** is usually going **C** usually goes **D** goes usually

1.4 How .... now? Better than before? — **4**
A you are feeling **B** do you feel **C** are you feeling

1.5 It was a boring weekend. .... anything. — **5**
A I didn't **B** I don't do **C** I didn't do

1.6 Matt .... while we were having dinner. — **6, 14**
A phoned **B** was phoning **C** has phoned

Present perfect และ past

2.1 James is on holiday. He .... to Italy. — **7**
A is gone **B** has gone **C** has been

2.2 Everything is going well. We .... any problems so far. — **8**
A didn't have **B** don't have **C** haven't had

2.3 Sarah has lost her passport again. It's the second time this .... — **8**
A has happened **B** happens **C** happened **D** is happening

2.4 You're out of breath. .... ? — **9**
A Are you running **B** Have you run **C** Have you been running

2.5 Where's the book I gave you? What .... with it? — **10**
A have you done **B** have you been doing **C** are you doing

2.6 '.................... each other for a long time?' 'Yes, since we were at school.' — **11, 10**
A Do you know **B** Have you known **C** Have you been knowing

2.7 Sally has been working here .... — **12**
A for six months **B** since six months **C** six months ago

ถ้าคุณไม่แน่ใจว่าคำตอบใดถูกต้อง	ศึกษา UNIT
2.8 It's two years .... Joe. **A** that I don't see **B** that I haven't seen **C** since I didn't see **D** since I last saw	12
2.9 It .... raining for a while, but now it's raining again. **A** stopped **B** has stopped **C** was stopped	13
2.10 My mother .... in Italy. **A** grew up **B** has grown up **C** had grown up	13
2.11 .... a lot of sweets when you were a child? **A** Have you eaten **B** Had you eaten **C** Did you eat	14
2.12 Jack .... in New York for ten years. Now he lives in Los Angeles. **A** lived **B** has lived **C** has been living	14, 11
2.13 The man sitting next to me on the plane was very nervous. He .... before. **A** hasn't flown **B** didn't fly **C** hadn't flown **D** wasn't flying	15
2.14 Katherine was sitting in an armchair resting. She was tired because .... very hard. **A** she was working **B** she's been working **C** she'd been working	16
2.15 .... a car when you were living in Paris? **A** Had you **B** Were you having **C** Have you had **D** Did you have	17, 14
2.16 I .... tennis a lot, but I don't play very much now. **A** was playing **B** was used to play **C** used to play	18
Future	
3.1 I'm tired. .... to bed now. Goodnight. **A** I go **B** I'm going	19
3.2 .... tomorrow, so we can go out somewhere. **A** I'm not working **B** I don't work **C** I won't work	19, 21
3.3 That bag looks heavy. .... you with it. **A** I'm helping **B** I help **C** I'll help	21
3.4 I think the weather .... be nice later. **A** will **B** shall **C** is going to	23, 22
3.5 'Anna is in hospital.' 'Yes, I know. .... her this evening.' **A** I visit **B** I'm going to visit **C** I'll visit	23, 20
3.6 We're late. The film .... by the time we get to the cinema. **A** will already start **B** will be already started **C** will already have started	24
3.7 Don't worry .... late tonight. **A** if I'm **B** when I'm **C** when I'll be **D** if I'll be	25

ถ้าคุณไม่แน่ใจว่าคำตอบใดถูกต้อง | **ศึกษา UNIT**

Modals

4.1 The fire spread through the building very quickly, but fortunately everybody .... — 26
A was able to escape **B** managed to escape **C** could escape

4.2 I'm so tired I .... for a week. — 27
A can sleep **B** could sleep **B** could have slept

4.3 The story .... be true, but I don't think it is. — 27, 29
A might **B** can **C** could **D** may

4.4 Why did you stay at a hotel when you were in Paris? You .... with Sarah. — 27
A can stay **B** could stay **C** could have stayed

4.5 'I've lost one of my gloves.' 'You .... it somewhere.' — 28
A must drop **B** must have dropped **C** must be dropping
D must have been dropping

4.6 'Why wasn't Amy at the meeting yesterday?' 'She .... about it.' — 29
A might not know **B** may not know **C** might not have known
D may not have known

4.7 What was the problem? Why .... leave early? — 31
A had you to **B** did you have to **C** must you **D** you had to

4.8 We've got plenty of time. We .... hurry. — 32
A don't need to **B** mustn't **C** needn't

4.9 You missed a great party last night. You .... Why didn't you? — 33
A must have come **B** should have come **C** ought to have come
D had to come

4.10 Jane won the lottery. I .... a car with the money she'd won. — 34
A suggested that she buy **B** suggested that she should buy
C suggested her to buy **D** suggested that she bought

4.11 You're always at home. You .... out more often. — 35
A should go **B** had better go **C** had better to go

4.12 It's late. It's time .... home. — 35
A we go **B** we must go **C** we should go **D** we went **E** to go

4.13 .... a little longer, but I really have to go now. — 36
A I'd stay **B** I'll stay **C** I can stay **D** I'd have stayed

If และ wish

5.1 I'm not going to bed yet. I'm not tired. If I .... to bed now, I wouldn't sleep. — 38
A go **B** went **C** had gone **D** would go

5.2 If I were rich, ... a lot. — 39
A I'll travel **B** I can travel **C** I would travel **D** I travelled

5.3 I wish I .... have to work tomorrow, but unfortunately I do. — 39, 41
A don't **B** didn't **C** wouldn't **D** won't

ถ้าคุณไม่แน่ใจว่าคำตอบใดถูกต้อง — **ศึกษา UNIT**

5.4 The view was wonderful. If .... a camera with me, I would have taken some pictures. 40
A I had **B** I would have **C** I would have had **D** I'd had

5.5 The weather is horrible. I wish it .... raining. 41
A would stop **B** stopped **C** stops **D** will stop

Passive

6.1 We .... by a loud noise during the night. 42
A woke up **B** are woken up **C** were woken up **D** were waking up

6.2 A new supermarket is going to .... next year. 43
A build **B** be built **C** be building **D** building

6.3 There's somebody walking behind us. I think ....
A we are following **B** we are being following **C** we are followed 43
D we are being followed

6.4 'Where .... ?' 'In Chicago.' 44
A were you born **B** are you born **C** have you been born
D did you born

6.5 There was a fight at the party, but nobody 44
A was hurt **B** got hurt **C** hurt

6.6 Jane .... to phone me last night, but she didn't. 45
A supposed **B** is supposed **C** was supposed

6.7 Where .... ? Which hairdresser did you go to? 46
A did you cut your hair **B** have you cut your hair
C did you have cut your hair **D** did you have your hair cut

Reported speech

7.1 Paul left the room suddenly. He said he .... to go. 48, 47
A had **B** has **C** have

7.2 Hi, Joe. I didn't expect to see you. Sonia said you .... in hospital. 48, 47
A are **B** were **C** was **D** should be

7.3 Ann .... and left. 48
A said goodbye to me **B** said me goodbye **C** told me goodbye

Questions และ auxiliary verbs

8.1 'What time .... ?' 'At 8.30.' 49
A starts the film **B** does start the film **C** does the film start

8.2 'Do you know where .... ?' 'No, he didn't say.' 50
A Tom has gone **B** has Tom gone **C** has gone Tom

8.3 The police officer stopped us and asked us where 50
A were we going **B** are we going **C** we are going **D** we were going

ถ้าคุณไม่แน่ใจว่าคำตอบใดถูกต้อง		ศึกษา UNIT
8.4	'Do you think it will rain?' '...' **A** I hope not. **B** I don't hope. **C** I don't hope so.	51
8.5	'You don't know where Karen is, ...?' 'Sorry, I have no idea.' **A** don't you **B** do you **C** is she **D** are you	52

-ing และ to ...

9.1	You can't stop me .... what I want. **A** doing **B** do **C** to do **D** that I do	53
9.2	I must go now. I promised .... late. **A** not being **B** not to be **C** to not be **D** I wouldn't be	54, 36
9.3	Do you want .... with you or do you want to go alone? **A** me coming **B** me to come **C** that I come **D** that I will come	55
9.4	I know I locked the door. I clearly remember .... it. **A** locking **B** to lock **C** to have locked	56
9.5	She tried to be serious, but she couldn't help .... **A** laughing **B** to laugh **C** that she laughed **D** laugh	57
9.6	Paul lives in Berlin now. He likes .... there. **A** living **B** to live	58
9.7	It's not my favourite job, but I like .... the kitchen as often as possible. **A** cleaning **B** clean **C** to clean **D** that I clean	58
9.8	I'm tired. I'd rather .... out this evening, if you don't mind. **A** not going **B** not to go **C** don't go **D** not go	59
9.9	I'd rather .... anyone what I said. **A** you don't tell **B** not you tell **C** you didn't tell **D** you wouldn't tell	59
9.10	Are you looking forward .... on holiday? **A** going **B** to go **C** to going **D** that you go	60, 62
9.11	When Lisa came to Britain, she had to get used .... on the left. **A** driving **B** to driving **C** to drive	61
9.12	I'm thinking .... a house. Do you think that's a good idea? **A** to buy **B** of to buy **C** of buying **D** about buying	62, 66
9.13	I had no .... a place to stay. In fact it was surprisingly easy. **A** difficulty to find **B** difficulty finding **C** trouble to find **D** trouble finding	63
9.14	I phoned the restaurant .... a table. **A** for reserve **B** to reserve **C** for reserving **D** for to reserve	64
9.15	James doesn't speak very clearly. .... **A** It is difficult to understand him. **B** He is difficult to understand. **C** He is difficult to understand him.	65

ถ้าคุณไม่แน่ใจว่าคำตอบใดถูกต้อง		ศึกษา UNIT
9.16	The path was icy, so we walked very carefully. We were afraid .... **A** of falling **B** from falling **C** to fall **D** to falling	66
9.17	I didn't hear you .... in. You must have been very quiet. **A** come **B** to come **C** came	67
9.18	.... a hotel, we looked for somewhere to have dinner. **A** Finding **B** After finding **C** Having found **D** We found	68
Articles และ nouns		
10.1	It wasn't your fault. It was .... **A** accident **B** an accident **C** some accident	69
10.2	Where are you going to put all your .... ? **A** furniture **B** furnitures	70
10.3	'Where are you going?' 'I'm going to buy ....' **A** a bread **B** some bread **C** a loaf of bread	70
10.4	Sandra is .... She works at a large hospital. **A** nurse **B** a nurse **C** the nurse	71, 72
10.5	Helen works six days .... week. **A** in **B** for **C** a **D** the	72
10.6	There are millions of stars in .... **A** space **B** a space **C** the space	73
10.7	Every day .... begins at 9 and finishes at 3. **A** school **B** a school **C** the school	74
10.8	.... a problem in most big cities. **A** Crime is **B** The crime is **C** The crimes are	75
10.9	When .... invented? **A** was telephone **B** were telephones **C** were the telephones **D** was the telephone	76
10.10	Have you been to .... ? **A** Canada or United States **B** the Canada or the United States **C** Canada or the United States **D** the Canada or United States	77
10.11	On our first day in Moscow, we visited .... **A** Kremlin **B** a Kremlin **C** the Kremlin	78
10.12	What time .... on TV? **A** is the news **B** are the news **C** is news **D** is the new	79, 70
10.13	It took us quite a long time to get here. It was .... journey. **A** three hour **B** a three-hours **C** a three-hour	80
10.14	This isn't my book. It's .... **A** my sister **B** my sister's **C** from my sister **D** of my sister **E** of my sister's	81

ถ้าคุณไม่แน่ใจว่าคำตอบใดถูกต้อง | ศึกษา UNIT

Pronouns และ determiners

11.1 What time shall we .... tomorrow? — 82
A meet **B** meet us **C** meet ourselves

11.2 I'm going to a wedding on Saturday. .... is getting married. — 83
A A friend of me **B** A friend of mine **C** One my friends

11.3 They live on a busy road. .... a lot of noise from the traffic. — 84
A It must be **B** It must have **C** There must have **D** There must be

11.4 He's lazy. He never does .... work. — 85
A some **B** any **C** no

11.5 'What would you like to eat?' 'I don't mind. .... – whatever you have.' — 85
A Something **B** Anything **C** Nothing

11.6 We couldn't buy anything because .... of the shops were open. — 86
A all **B** no-one **C** none **D** nothing

11.7 We went shopping and spent .... money. — 87
A a lot of **B** much **C** lots of **D** many

11.8 .... don't visit this part of the town. — 88
A The most tourists **B** Most of tourists **C** Most tourists

11.9 I asked two people the way to the station, but .... of them could help me. — 89
A none **B** either **C** both **D** neither

11.10 .... had a great time at the party. — 90
A Everybody **B** All **C** All of us **D** Everybody of us

11.11 The bus service is excellent. There's a bus .... ten minutes. — 90, 91
A each **B** every **C** all

Relative clauses

12.1 I don't like stories .... have unhappy endings. — 92
A that **B** they **C** which **D** who

12.2 I didn't believe them at first, but in fact everything .... was true. — 93
A they said **B** that they said **C** what they said

12.3 What's the name of the man .... ? — 94
A you borrowed his car **B** which car you borrowed
C whose car you borrowed **D** his car you borrowed

12.4 Anna told me about her new job, ... a lot. — 95
A that she's enjoying **B** which she's enjoying **C** she's enjoying
D she's enjoying it

12.5 Sarah couldn't meet us, ... was a shame. — 96
A that **B** it **C** what **D** which

12.6 George showed me some pictures .... by his father. — 97, 92
A painting **B** painted **C** that were painted **D** they were painted

ถ้าคุณไม่แน่ใจว่าคำตอบใดถูกต้อง

ศึกษา UNIT

Adjectives และ adverbs

13.1 Jane doesn't enjoy her job any more. She's .... because every day she does exactly the same thing. — 98
A boring B bored

13.2 Lisa was carrying a .... bag. — 99
A black small plastic B small and black plastic C small black plastic D plastic small black

13.3 Maria's English is excellent. She speaks .... — 100
A perfectly English B English perfectly C perfect English D English perfect

13.4 He .... to find a job, but he had no luck. — 101
A tried hard B tried hardly C hardly tried

13.5 I haven't seen her for .... , I've forgotten what she looks like. — 102
A so long B so long time C a such long time D such a long time

13.6 We don't have .... on holiday right now. — 103
A money enough to go B enough money to go C money enough for going D enough money for go

13.7 Sarah is doing OK at the moment. She has .... — 104
A a quite good job B quite a good job C a pretty good job

13.8 The exam was quite easy – .... I expected. — 105
A more easy that B more easy than C easier than D easier as

13.9 The more electricity you use, ... — 106
A your bill will be higher B will be higher your bill C the higher your bill will be D higher your bill will be

13.10 Patrick is a fast runner. I can't run as fast as .... — 107
A he B him C he can

13.11 The movie was really boring. It's .... I've ever seen. — 108
A most boring movie B the more boring movie C the movie more boring D the most boring movie

13.12 Ben likes walking. .... — 109
A Every morning he walks to work. B He walks to work every morning. C He walks every morning to work. D He every morning walks to work.

13.13 Joe never phones me. .... — 110
A Always I have to phone him. B I always have to phone him. C I have always to phone him. D I have to phone always him.

13.14 Lucy .... She left last month. — 111
A still doesn't work here B doesn't still work here C no more works here D doesn't work here any more

13.15 .... she can't drive, she bought a car. — 112, 113
A Even B Even when C Even if D Even though

ถ้าคุณไม่แน่ใจว่าคำตอบใดถูกต้อง | ศึกษา UNIT

Conjunctions และ prepositions

14.1 I couldn't sleep .... very tired. — 113
A although I was **B** despite I was **C** despite of being **D** in spite of being

14.2 You should insure your bike .... stolen. — 114
A in case it will be **B** if it will be **C** in case it is **D** if it is

14.3 The club is for members only. You .... you're a member. — 115
A can't go in if **B** can go in only if **C** can't go in unless
D can go in unless

14.4 We watched TV all evening .... we didn't have anything better to do. — 116
A when **B** as **C** while **D** since

14.5 'What's that noise?' 'It sounds .... a baby crying.' — 117, 118
A as **B** like **C** as if **D** as though

14.6 They are very kind to me. They treat me .... their own son. — 118
A as I am **B** as if I would be **C** as if I am **D** as if I were

14.7 I'll be in Singapore next week. I hope to see some friends of mine .... there. — 119
A while I'll be **B** while I'm **C** during my visit **D** during I'm

14.8 Joe is away at the moment. I don't know exactly when he's coming back, but I'm sure he'll be back .... Monday. — 120
A by **B** until

Prepositions

15.1 Bye! I'll see you .... — 121
A at Friday morning **B** on Friday morning **C** in Friday morning
D Friday morning

15.2 I'm going away .... the end of January. — 122
A at **B** on **C** in

15.3 When we were in Italy, we spent a few days .... Venice. — 123, 125
A at **B** to **C** in

15.4 Our apartment is .... the second floor of the building. — 124
A at **B** on **C** in **D** to

15.5 I saw Steve .... a conference on Saturday. — 125
A at **B** on **C** in **D** to

15.6 When did they .... the hotel? — 126
A arrive to **B** arrive at **C** arrive in **D** get to **E** get in

15.7 I'm going .... holiday next week. I'll be away for two weeks. — 127
A at **B** on **C** in **D** for

15.8 We travelled .... 6.45 train, which arrived at 8.30. — 128
A in the **B** on the **C** by the **D** by

15.9 'Have you read anything .... Ernest Hemingway?' 'No, what sort of books did he write?' — 128
A of **B** from **C** by

ถ้าคุณไม่แน่ใจว่าคำตอบใดถูกต้อง — ศึกษา UNIT

15.10 The accident was my fault, so I had to pay for the damage .... the other car. — 129
A of **B** for **C** to **D** on **E** at

15.11 I like them very much. They have always been very nice .... me. — 130
A of **B** for **C** to **D** with

15.12 I'm not very good .... repairing things. — 131
A at **B** for **C** in **D** about

15.13 I don't understand this sentence. Can you .... ? — 132
A explain to me this word **B** explain me this word
C explain this word to me

15.14 If you're worried about the problem, you should do something .... it. — 133
A for **B** about **C** against **D** with

15.15 'Who is Tom Hart?' 'I have no idea. I've never heard .... him.' — 134
A about **B** from **C** after **D** of

15.16 'What time will you be home?' 'I don't know. It depends .... the traffic.' — 135
A of **B** for **C** from **D** on

15.17 I prefer tea .... coffee. — 136, 59
A to **B** than **C** against **D** from

Phrasal verbs

16.1 These shoes are uncomfortable. I'm going to .... — 137
A take off **B** take them off **C** take off them

16.2 They were playing cards, so I .... — 138
A joined in **B** came in **C** got in **D** broke in

16.3 Nobody believed Paul at first, but he .... to be right. — 139
A worked out **B** came out **C** found out **D** turned out

16.4 We can't .... making a decision. We have to decide now. — 140
A put away **B** put over **C** put off **D** put out

16.5 'Have you finished painting the kitchen?' 'Nearly. I'll .... tomorrow.' — 141
A finish it out **B** finish it over **C** finish it off

16.6 You can always rely on Paul. He'll never .... — 142
A put you up **B** let you down **C** take you over **D** see you off

16.7 Children under 16 .... half the population of the city. — 143
A make up **B** put up **C** take up **D** bring up

16.8 I'm surprised to hear that Sue and Paul have .... They seemed very happy together. — 144
A broken up **B** ended up **C** finished up **D** split up

16.9 I parked in a no-parking zone, but I .... it. — 145
A came up with **B** got away with **C** made off with **D** got on with

เฉลยคำตอบแบบฝึกหัด

ในบางแบบฝึกหัด คุณต้องเขียนประโยคตามความคิดของคุณเอง มีตัวอย่างคำตอบแนะไว้ในเฉลยคำตอบนี้ ถ้าเป็นไปได้ ควรจะตรวจคำตอบของคุณกับผู้ที่พูดภาษาอังกฤษได้ดี

UNIT 1

1.1

2 e
3 g
4 a
5 d
6 h
7 b
8 c

1.2

1 What's / What is he studying
Is he enjoying
2 's / is your new job going
it's getting / it is getting
he isn't enjoying / he's not enjoying
he's beginning / he is beginning

1.3

3 I'm not listening / I am not listening
4 She's having / She is having
5 I'm not eating / I am not eating
6 He's learning / He is learning
7 They aren't speaking / They're not speaking / They are not speaking
8 I'm getting / I am getting
9 isn't working / 's not working / is not working
10 I'm looking / I am looking

1.4

2 is changing
3 's getting / is getting
4 is rising
5 is starting

UNIT 2

2.1

2 drink
3 opens
4 causes
5 live
6 take
7 connects

2.2

2 do the banks close
3 don't use
4 does Ricardo come
5 do you do
6 takes … does it take
7 does this word mean
8 doesn't do

2.3

3 rises
4 make
5 don't eat
6 believes
7 translates
8 don't tell
9 flows

2.4

2 Does your sister play tennis?
3 Which newspaper do you read?
4 What does your brother do?
5 How often do you go to the cinema?
6 Where do your grandparents live?

2.5

2 I promise
3 I insist
4 I apologise
5 I recommend

UNIT 3

3.1

3 is trying
4 are they talking
5 *OK*
6 It's getting / It is getting
7 *OK*
8 I'm coming / I am coming
9 are you getting
10 He always gets
11 *OK*

3.2

3 Everybody's waiting / Everybody is waiting
4 Are you listening
5 Do you listen
6 flows
7 's flowing / is flowing
8 We usually grow … we aren't growing / we're not growing / we are not growing
9 it's improving / it is improving
10 She's staying / She is staying … She always stays
11 I'm starting / I am starting
12 I'm learning / I am learning … 's teaching / is teaching
13 I finish … I'm working / I am working
14 live … do your parents live
15 's looking / is looking … She's staying / She is staying
16 does your brother do … he isn't working / he's not working / he is not working
17 I usually enjoy … I'm not enjoying / I am not enjoying

3.3

2 It's always breaking down.
3 I'm always making the same mistake. / … that mistake.
4 You're always forgetting your glasses.

UNIT 4

4.1

2 I'm using / I am using
3 I need
4 does he want
5 is he looking
6 believes
7 I don't remember / I do not remember
หรือ I can't remember
8 I'm thinking / I am thinking
9 I think … You don't use
10 consists

4.2

2 What are you doing?
I'm thinking.
3 Who does this umbrella belong to?
4 The dinner smells good.
5 Is anybody sitting there?
6 These gloves don't fit me.

4.3

2 Do you believe
3 *OK* (I feel *ก็ถูกต้อง*)
4 It tastes
5 I think

4.4

2 's being / is being
3 's / is
4 are you being
5 Is he

UNIT 5

5.1

2 She had
3 She walked to work
4 It took her (about) half an hour
5 She started work
6 She didn't have (any) lunch. / … eat (any) lunch.
7 She finished work
8 She was tired when she got home.
9 She cooked
10 She didn't go
11 She went to bed
12 She slept

5.2
2 taught
3 sold
4 fell … hurt
5 threw … caught
6 spent … bought … cost

5.3
2 did you travel / did you go
3 did it take (you)
4 did you stay
5 Was the weather
6 Did you go to / Did you see / Did you visit

5.4
3 didn't disturb
4 left
5 didn't sleep
6 flew
7 didn't cost
8 didn't have
9 were

UNIT 6

6.1
ตัวอย่างคำตอบ
3 I was working.
4 I was in bed asleep.
5 I was getting ready to go out.
6 I was watching TV at home.

6.2
ตัวอย่างคำตอบ
2 was having a shower
3 were driving home
4 was reading the paper
5 was watching it

6.3
1 didn't see … was looking
2 met … were going … was going … had … were waiting / waited
3 was cycling … stepped … was going … managed … didn't hit

6.4
2 were you doing
3 Did you go
4 were you driving … happened
5 took … wasn't looking
6 didn't know
7 saw … was trying
8 was walking … heard … was following … started
9 wanted
10 dropped … was doing … didn't break

UNIT 7

7.1
2 Lisa has broken her leg.
3 The bus fare has gone up.
4 Her English has improved.
5 Dan has grown a beard.
6 The letter has arrived.
7 The temperature has fallen.

7.2
2 been
3 gone
4 gone
5 been

7.3
2 Yes, I've just seen her. / Yes, I have just seen her. *หรือ* Yes, I just saw her.
3 He's already left. / He has already left. *หรือ* He already left.
4 I haven't read it yet. *หรือ* I didn't read it yet.
5 No, she's already seen the film. / No, she has already seen … *หรือ* No, she already saw …
6 Yes, they've just arrived. / Yes, they have just arrived. *หรือ* Yes, they just arrived.
7 We haven't told him yet. *หรือ* We didn't tell him yet.

7.4
2 he's just gone out / he has just gone out *หรือ* he just went out
3 I haven't finished yet *หรือ* I didn't finish yet
4 I've already done it / I have already done it *หรือ* I already did it
5 Have you found a place to live yet? *หรือ* Did you find a place … ?
6 I haven't decided yet *หรือ* I didn't decide yet
7 she's just come back / she has just come back *หรือ* she just came back

UNIT 8

8.1
2 Have you ever been to California?
3 Have you ever run (in) a marathon?
4 Have you ever spoken to a famous person?
5 What's the most beautiful place you've ever visited? / … you have ever visited?

8.2
3 haven't eaten
4 I haven't played (it)
5 I've had / I have had
6 I haven't read
7 I've never been / I haven't been
8 it's happened / it has happened *หรือ* that's happened / that has happened
9 I've never tried / I haven't tried *หรือ* I've never eaten / I haven't eaten
10 's been / has been
11 I've never seen / I haven't seen

8.3
ตัวอย่างคำตอบ
2 I haven't travelled by bus this week.
3 I haven't been to the cinema recently.
4 I haven't read a book for ages.
5 I haven't lost anything today.

8.4
2 Have you played tennis before? No, this is the first time I've played tennis.
3 Have you ridden a horse before? / Have you been on a horse before? No, this is the first time I've ridden a horse. / … I've been on a horse.
4 Have you been to Japan before? No, this is the first time I've been to Japan.

UNIT 9

9.1
2 She's been watching television. / She has been watching television.
3 They've been playing tennis. / They have been playing tennis.
4 He's been running. / He has been running.

9.2
2 Have you been waiting long?
3 What have you been doing?
4 How long have you been working there?
5 How long have you been selling mobile phones?

9.3
2 've been waiting / have been waiting
3 've been learning Spanish / have been learning Spanish
4 She's been working there / She has been working there
5 They've been going there / They have been going there

9.4
2 I've been looking / I have been looking
3 are you looking
4 She's been teaching / She has been teaching
5 I've been thinking / I have been thinking
6 he's working / he is working
7 She's been working / She has been working

UNIT 10

10.1

2 She's been travelling / She has been travelling
She's visited / She has visited
3 He's won / He has won …
He's / He has been playing tennis
4 They've / They have been making (films …)
They've / They have made (five films …)

10.2

2 Have you been waiting long?
3 Have you caught any fish?
4 How many people have you invited?
5 How long have you been teaching?
6 How many books have you written?
How long have you been writing books?
7 How long have you been saving?
How much money have you saved?

10.3

2 Somebody's broken / Somebody has broken
3 Have you been working
4 Have you ever worked
5 has she gone
6 He's appeared / He has appeared
7 I haven't been waiting
8 it's stopped / it has stopped
9 I've lost / I have lost … Have you seen
10 I've been reading / I have been reading … I haven't finished
11 I've read / I have read
12 I've had / I have had

UNIT 11

11.1

3 have been married
4 *OK*
5 It's been raining / It has been raining
6 have you been living *หรือ* have you lived
7 has been working
8 *OK*
9 I haven't drunk
10 have you had

11.2

2 How long have you been teaching English? *หรือ*
How long have you taught …
3 How long have you known Katherine?
4 How long has your brother been in Australia?
5 How long have you had that jacket?
6 How long has Joe been working at the airport? *หรือ*
How long has Joe worked …
7 How long have you been having guitar lessons?
8 Have you always lived in Chicago?

11.3

3 's been / has been
4 've been waiting / have been waiting
5 've known / have known
6 haven't played
7 's been watching / has been watching
8 haven't watched
9 've had / have had
10 hasn't been
11 've been feeling / have been feeling *หรือ* 've felt / have felt
12 's lived / has lived *หรือ*
's been living / has been living
13 haven't been
14 've always wanted / have always wanted

UNIT 12

12.1

2 since
3 for
4 for
5 since
6 for
7 since
8 since
9 for

12.2

2 How long has Kate been learning Japanese?
When did Kate start learning Japanese?
3 How long have you known Simon?
When did you first meet Simon? / When did you and Simon first meet?
4 How long have Rebecca and David been married?
When did Rebecca and David get married? / When did Rebecca and David marry?

12.3

3 He has been ill since Sunday.
4 He has been ill for a few days.
5 She got married a year ago.
6 I've had a headache since I woke up.
7 She went to Italy three weeks ago.
8 I've been working in a hotel for six months. *หรือ* I've worked in a hotel for six months.

12.4

2 No, I haven't seen Laura/her for about a month.
3 No, I haven't been to the cinema for a long time.
4 No, I haven't eaten in a restaurant for ages. / No, I haven't been to a restaurant for ages.
6 No, it's about a month since I (last) saw Laura/her. / No, it's been about a month since …
7 No, it's a long time since I (last) went to the cinema. / No, it's been a long time since …
8 No, it's ages since I (last) ate in a restaurant. / No, it's been ages since … *หรือ*
… since I went to a restaurant.

UNIT 13

13.1

2 has gone
3 forgot
4 went
5 had
6 has broken

13.2

3 did William Shakespeare write
4 *OK*
5 *OK*
6 Who invented
7 were you born
8 *OK*
9 Albert Einstein was … who developed

13.3

3 I've forgotten / I have forgotten
4 arrested
5 it's improved / it has improved
6 I've finished / I have finished
(I'**m** finished *ก็ถูกต้อง*)
7 I applied
8 It was
9 There's been / There has been
10 He broke *หรือ* He's broken / He has broken … did that happen … he fell

UNIT 14

14.1

3 *OK*
4 I bought
5 Where were you
6 Lucy left school
7 *OK*
8 *OK*
9 *OK*
10 When was this book published?

14.2

2 The weather has been cold recently.
3 It was cold last week.
4 I didn't read a newspaper yesterday.
5 I haven't read a newspaper today.
6 Emily has earned a lot of money this year.
7 She didn't earn so much last year.
8 Have you had a holiday recently?

14.3

3 Have you seen … I saw
4 I didn't sleep
5 There were
6 worked … he gave
7 She's lived / She has lived
8 Did you go … it was … was
9 died … I never met
10 I've never met / I have never met
11 I haven't seen
12 have you lived *หรือ* have you been living … did you live … did you live

14.4

ตัวอย่างคำตอบ

2 I haven't bought anything today.
3 I didn't watch TV yesterday.
4 I went out with some friends yesterday evening.
5 I haven't been to the cinema recently.
6 I've read a lot of books recently.

UNIT 15

15.1

2 It had changed a lot.
3 She'd arranged to do something else. / She had arranged …
4 The film had already started.
5 I hadn't seen him for five years.
6 She'd just had breakfast. / She had just had …

15.2

2 I'd never heard it before. / I had never heard …
3 He'd never played (tennis) before. / He had never played …
4 We'd never been there before. / We had never been …

15.3

1 we called
2 there was …
She'd gone / She had gone
3 He'd just come back from / He had just come back from …
He looked
4 got a phone call
He was
He'd sent her / He had sent her …
she'd never replied to them / she had never replied to them

15.4

2 went
3 had gone
4 broke
5 saw … had broken … stopped

UNIT 16

16.1

2 They'd been playing football. / They had been playing …
3 I'd been looking forward to it. / I had been looking forward …
4 She'd been dreaming. / She had been dreaming.
5 He'd been watching a film. / He had been watching …

16.2

2 I'd been waiting for 20 minutes when I realised that I was in the wrong restaurant. *หรือ* … that I had come to the wrong restaurant.
3 At the time the factory closed down, Sarah had been working there for five years.
4 The orchestra had been playing for about ten minutes when a man in the audience started shouting.
5 *ตัวอย่างคำตอบ*
I'd been walking along the road for about ten minutes when a car suddenly stopped just behind me.

16.3

3 he was walking
4 She'd been running / She had been running
5 They were eating
6 They'd been eating / They had been eating
7 He was looking
8 was waiting … she'd been waiting / she had been waiting
9 I'd had / I had had
10 We'd been travelling / We had been travelling

UNIT 17

17.1

3 I don't have a ladder. / I haven't got a ladder.
4 We didn't have enough time.
5 He didn't have a map.
6 She doesn't have any money. / She hasn't got any money.
7 I don't have enough energy. / I haven't got enough energy.
8 They didn't have a camera.

17.2

2 B
3 A *หรือ* C
4 A *หรือ* C
5 A
6 C

17.3

3 he didn't have
4 I have *หรือ* I've got
5 *OK*
6 I didn't have
7 *OK* (*หรือ* He hasn't got)
8 Did you have
9 *OK*

17.4

2 has a break
3 had a party
4 have a look
5 's having / is having a nice time
6 had a chat
7 Did you have trouble
8 had a baby
9 was having a shower
10 Did you have a good flight?

UNIT 18

18.1

2 used to have/ride
3 used to live
4 used to eat/like/love
5 used to be
6 used to take
7 used to be
8 did you use to go

18.2

2–10

- She used to have lots of friends, but she doesn't know many people these days.
- She used to be very lazy, but she works very hard these days.
- She didn't use to like cheese, but she eats lots of cheese now.
- She used to be a hotel receptionist, but she works in a bookshop now.
- She used to play the piano, but she hasn't played the piano for years. / … played it for years.
- She never used to read / She didn't use to read newspapers, but she reads a newspaper every day now.
- She didn't use to drink tea, but she likes it now.
- She used to have a dog, but it died two years ago.
- She used to go to a lot of parties, but she hasn't been to a party for ages.

18.3
ตัวอย่างคำตอบ
3 I used to be a vegetarian, but now I eat meat sometimes.
4 I used to watch TV a lot, but I don't watch it much now.
5 I used to hate getting up early, but now it's no problem.
7 I didn't use to drink coffee, but I drink it every day now.
8 I didn't use to like hot weather, but now I love it.

UNIT 19

19.1
2 How long are you going for?
3 When are you leaving?
4 Are you going alone?
5 Are you travelling by car?
6 Where are you staying?

19.2
2 I'm working late. / I'm working till 9 o'clock.
3 I'm going to the theatre.
4 I'm meeting Julia.

19.3
ตัวอย่างคำตอบ
2 I'm working tomorrow morning.
3 I'm not doing anything tomorrow evening.
4 I'm playing football next Sunday.
5 I'm going to a party this evening.

19.4
3 We're having / We are having
4 finishes
5 I'm not going / I am not going … I'm staying / I am staying
6 Are you doing
7 We're going / We are going … It starts
8 I'm leaving / I am leaving
9 we're meeting / we are meeting
10 does this train get
11 I'm going / I am going … Are you coming
12 does it end
13 I'm not using / I am not using
14 's coming / is coming … She's travelling / She is travelling … arrives

UNIT 20

20.1
2 What are you going to wear?
3 Where are you going to put it?
4 Who are you going to invite?

20.2
2 I'm going to take it back to the shop.
3 I'm not going to accept it.
4 I'm going to phone her tonight.
5 I'm going to complain.

20.3
2 He's going to be late.
3 The boat is going to sink.
4 They're going to run out of petrol.

20.4
2 was going to buy
3 were going to play
4 was going to phone
5 was going to give up
6 were you going to say

UNIT 21

21.1
2 I'll turn / I'll switch / I'll put
3 I'll send
4 I'll do
5 I'll show
6 I'll have
7 I'll stay / I'll wait
8 I'll pay / I'll give
9 I'll try

21.2
2 I'll go to bed.
3 I think I'll walk.
4 I'll eat anything.
5 I don't think I'll go swimming.

21.3
3 I'll meet
4 I'll lend
5 I'm having
6 I won't forget
7 does your train leave
8 won't tell
9 Are you doing
10 Will you come

21.4
2 Shall I buy it?
3 What shall I give/buy/get Helen (for her birthday)?
4 Where shall we go (on holiday)?
5 Shall we go by car or (shall we) walk? / … or (shall we go) on foot?
6 What time shall I come?

UNIT 22

22.1
2 I'm going
3 will get
4 is coming
5 we're going
6 It won't hurt

22.2
2 won't
3 'll / will
4 won't
5 'll / will
6 won't

22.3
2 It will look
3 you'll like / you will like
4 You'll get / You will get
5 people will live
6 we'll meet / we will meet
7 she'll come / she will come
8 it will be

22.4
2 Do you think it will rain?
3 When do you think it will end?
4 How much do you think it will cost?
5 Do you think they'll get married? / … they will get married?
6 What time do you think you'll be back? / … you will be back?
7 What do you think will happen?

22.5
ตัวอย่างคำตอบ
2 I'll be in bed.
3 I'll be at work.
4 I'll probably be at home.
5 I don't know where I'll be this time next year.

UNIT 23

23.1
2 I'll lend
3 I'll get
4 I'm going to wash
5 are you going to paint
6 I'm going to buy
7 I'll show
8 I'll have
9 I'll call
10 He's going to have … he's going to do

23.2
2 I'm going to take … I'll join
3 you'll find ('you're going to find' *ก็ใช้ได้*)
4 I'm not going to apply *หรือ* I'm not applying
5 We're going to be late.
6 it's going to fall down
7 I'll take … I'll pick … Kate is going to take *หรือ* Kate is taking

UNIT 24

24.1

2 b *ถูกต้อง*
3 a *และ* c *ถูกต้อง*
4 b *และ* d *ถูกต้อง*
5 c *และ* d *ถูกต้อง*
6 c *ถูกต้อง*

24.2

2 We'll have finished
3 we'll be playing
4 I'll be working
5 the meeting will have ended
6 he'll have spent
7 you'll still be doing
8 she'll have travelled
9 I'll be staying
10 Will you be seeing

UNIT 25

25.1

2 she goes
3 you know
4 Will you be … I get
5 there are … I'll call / I will call
6 it's / it is
7 you see … you won't recognise / you will not recognise
8 I'll be / I will be … he gets
9 you need … I'm / I am
10 I'll wait / I will wait … you're / you are

25.2

2 I'll give you my address when I find somewhere to live. *หรือ* … when I've found somewhere to live.
3 I'll come straight back home after I do the shopping. *หรือ* … after I've done the shopping.
4 Let's go home before it gets dark.
5 I won't speak to her until she apologises. *หรือ* … until she has apologised.

25.3

2 you go / you leave
3 you decide *หรือ* you've decided / you have decided
4 you're in Hong Kong / you go to Hong Kong
5 build the new road *หรือ* 've built the new road / have built the new road

25.4

2 if
3 When
4 If
5 If
6 when
7 if
8 if

UNIT 26

26.1

3 can
4 be able to
5 been able to
6 can *หรือ* will be able to
7 be able to

26.2

ตัวอย่างคำตอบ
2 I used to be able to run fast.
3 I'd like to be able to play the piano.
4 I've never been able to get up early.

26.3

2 could run
3 can wait
4 couldn't eat
5 can't hear
6 couldn't sleep

26.4

2 was able to finish it
3 were able to find it
4 was able to get away

26.5

4 couldn't
5 managed to
6 could
7 managed to
8 could
9 managed to
10 couldn't

UNIT 27

27.1

2 We could have fish.
3 You could phone (her) now.
4 You could give her a book.
5 We could hang it in the kitchen.

27.2

3 I could kill him!
4 *OK* (could have *ก็ใช้ได้*)
5 I could stay here all day
6 it could be in the car (may/might *ก็ใช้ได้*)
7 *OK*
8 *OK* (could borrow *ก็ใช้ได้*)
9 You could fall. (may/might *ก็ใช้ได้*)

27.3

2 could have come/gone
3 could apply
4 could have been
5 could have got/taken
6 could come

27.4

3 couldn't wear
4 couldn't have found
5 couldn't get
6 couldn't have been
7 couldn't have come/gone

UNIT 28

28.1

2 must
3 can't
4 must
5 must
6 can't
7 must
8 must
9 can't

28.2

3 go
4 have taken / have stolen / have moved
5 be
6 have been
7 be looking
8 have been
9 have heard
10 be following

28.3

3 It must have been very expensive.
4 They must have gone away.
5 I must have left it in the restaurant last night.
6 It can't have been easy for her.
7 He must have been waiting for somebody.
8 She can't have understood what I said. *หรือ* She couldn't have understood what I said.
9 I must have forgotten to lock it.
10 My neighbours must have been having a party.
11 The driver can't have seen the red light. *หรือ* The driver couldn't have seen …

UNIT 29

29.1

2 She might be busy.
3 She might be working.
4 She might want to be alone.
5 She might have been ill yesterday.
6 She might have gone home early.
7 She might have had to go home early.
8 She might have been working yesterday.
9 She might not want to see me.
10 She might not be working today.
11 She might not have been feeling well yesterday.

คุณอาจใช้ **may** *แทน* **might** *ในทุกประโยคเหล่านี้*

29.2
2 be
3 have been
4 be waiting
5 have arrived / have come / be here

29.3
2 a She might be watching TV.
b She might have gone out.
3 a It might be in the car.
b You might have left it in the restaurant.
4 a He might have gone to bed early.
b He might not have heard the doorbell.
c He might have been in the shower.

คุณอาจใช้ **may** *แทน* **might** *ในทุกประโยคเหล่านี้*

29.4
3 might not have received it / might not have got it
4 couldn't have been an accident
5 couldn't have tried
6 might not have been American

UNIT 30

30.1
2 I might buy a Honda.
3 He might come on Saturday.
4 I might hang it in the dining room.
5 She might go to university.

คุณอาจใช้ **may** *แทน* **might** *ในทุกประโยคเหล่านี้*

30.2
2 might wake
3 might bite
4 might need
5 might slip
6 might break

คุณอาจใช้ **may** *แทน* **might** *ในทุกประโยคเหล่านี้*

30.3
2 might be able to meet
3 might have to work
4 might have to leave
5 might have to sell
6 might be able to fix

คุณอาจใช้ **may** *แทน* **might** *ในทุกประโยคเหล่านี้*

30.4
2 I might not go out this evening.
3 We might not be able to get tickets for the game.
4 Sam might not be able to go out with us tonight.

คุณอาจใช้ **may** *แทน* **might** *ในทุกประโยคเหล่านี้*

30.5
2 I might as well go
3 We might as well paint the bathroom.
4 We might as well watch it. / … watch the film.

คุณอาจใช้ **may** *แทน* **might** *ในทุกประโยคเหล่านี้*

UNIT 31

31.1
3 We had to close
4 She has to leave *หรือ* She'll have to leave / She will have to leave
5 do you have to be
6 I have to go *หรือ* I'll have to go / I will have to go
7 Does he have to travel
8 do you have to go *หรือ* will you have to go
9 did you have to wait
10 had to do

31.2
3 have to make
4 don't have to do
5 had to ask
6 don't have to pay *หรือ* won't have to pay / will not have to pay
7 didn't have to go
8 has to make
9 will have to drive *หรือ* is going to have to drive

31.3
3 *OK* (have to *ก็ถูกต้อง*)
4 He **has to** work.
5 I **had to** work late yesterday evening.
6 *OK* (have to *ก็ถูกต้อง*)
7 She **has had to** wear glasses since she was very young.
สำหรับ present perfect (**has had**) *กับ* **for** *และ* **since** *ดู Units* **11–12**

31.4
3 don't have to
4 mustn't
5 don't have to
6 mustn't
7 doesn't have to
8 mustn't
9 mustn't
10 don't have to

UNIT 32

32.1
2 don't need to
3 must
4 mustn't
5 don't need to
6 needn't
7 must … mustn't
8 needn't … must

32.2
2 needn't come
3 needn't walk
4 needn't ask
5 needn't explain

32.3
2 You needn't have walked home. You could have taken a taxi.
3 You needn't have stayed at a hotel. You could have stayed with us.
4 She needn't have phoned me in the middle of the night. She could have waited until the morning.
5 You needn't have shouted at me. You could have been more patient.
6 You needn't have left without saying anything. You could have said goodbye to me.

32.4
3 You needn't worry / You don't need to worry / You don't have to worry
4 You needn't wait / You don't need to wait / You don't have to wait
5 *OK* (You needn't keep *ก็ถูกต้อง*)
6 I didn't need to go / I didn't have to go
7 *OK*

UNIT 33

33.1
2 You should look for another job.
3 He shouldn't go to bed so late.
4 You should take a photo.
5 She shouldn't use her car so much.
6 He should put some pictures on the walls.

33.2
2 I don't think you should go out. / I think you should stay at home.
3 I think you should apply for it. / … for the job.
4 I don't think the government should increase taxes.

33.3
3 should come
4 should do
5 should have done
6 should have won
7 should win
8 should be
9 should have turned

33.4
3 We should have reserved a table.
4 The shop should be open (now). / The shop should have opened by now. *หรือ* It should …
5 She shouldn't be doing 50. / She shouldn't be driving so fast. / She should be driving more slowly.
6 I should have written down her address. / I should have written her address down. *หรือ* I should have written it down.
7 The driver in front shouldn't have stopped without warning. / … shouldn't have stopped so suddenly.
8 I should have been looking where I was going. / I shouldn't have been looking behind me.

UNIT 34

34.1
2 I should stay / I stay / I stayed a little longer
3 they should visit / they visit / they visited the museum after lunch
4 we should pay / we pay / we paid the rent by Friday
5 I should go / I go / I went away for a few days

34.2
1 b *OK*
c *OK*
d *ผิด*
2 a *OK*
b *ผิด*
c *OK*

34.3
2 should say
3 should worry
4 should leave
5 should ask
6 should listen

34.4
2 If it should rain
3 If there should be any problems
4 If anyone should ask
5 Should there be any problems
6 Should anyone ask (where I'm going)

34.5
2 I should keep
3 I should phone
4 I should get

UNIT 35

35.1
2 You'd better put a plaster on it.
3 We'd better reserve a table.
4 You'd better not go to work (this morning).
5 I'd better pay my phone bill (soon). / I'd better pay it (soon).
6 I'd better not disturb him.

35.2
3 'd better
4 should
5 should
6 'd better
7 should
8 should

35.3
1 b 'd/had
c close/shut
d hadn't
2 a did
b was done
c thought

35.4
2 It's time I had a holiday.
3 It's time the train left.
4 It's time I/we had a party.
5 It's time some changes were made. / It's time the company made some changes.
6 It's time he tried something else.

UNIT 36

36.1
ตัวอย่างคำตอบ
2 I wouldn't like to be a teacher.
3 I'd love to learn to fly a plane.
4 It would be nice to have a big garden.
5 I'd like to go to Mexico.

36.2
2 'd enjoy / would enjoy
3 'd have enjoyed / would have enjoyed
4 would you do
5 'd have stopped / would have stopped
6 would have been
7 'd be / would be
8 'd have passed / would have passed
9 would have

36.3
2 e
3 b
4 f
5 a
6 d

36.4
2 He promised he'd call. / … he would call.
3 You promised you wouldn't tell her.
4 They promised they'd wait (for us). / … they would wait.

36.5
2 wouldn't tell
3 wouldn't speak
4 wouldn't let

36.6
2 would shake
3 would always help
4 would share
5 would always forget

UNIT 37

37.1
2 Can/Could I leave a message (for her)? *หรือ* Can/Could you give her a message?
3 Can/Could you tell me how to get to the station? *หรือ* … the way to the station? *หรือ* … where the station is?
4 Can/Could I try on these trousers? *หรือ* Can/Could I try these (trousers) on?
5 Can I give/offer you a lift?

37.2
3 Do you think you could check these forms (for me)? / … check them (for me)?
4 Do you mind if I leave work early?
5 Do you think you could turn the music down? / … turn it down?
6 Is it OK if I close the window?
7 Do you think I could have a look at your paper? / … at your newspaper?

37.3
2 Can/Could/Would you show me? *หรือ* Do you think you could show me? *หรือ* … do it for me?
3 Would you like to sit down? *หรือ* Would you like a seat? *หรือ* Can I offer you a seat?
4 Can/Could/Would you slow down? *หรือ* Do you think you could … ?
5 Can/Could/May I/we have the bill, please? *หรือ* Do you think I/we could have … ?
6 Would you like to borrow it?

UNIT 38

38.1
2 b
3 a
4 b
5 b
6 a
7 b

38.2

2 bought
3 asked
4 would lose
5 'd be / would be
6 were … stopped
7 gave … 'd have / would have

38.3

2 If he did his driving test now, he'd fail (it) / … he would fail (it).
3 If we stayed at a hotel, it would cost too much.
4 If she left her job, she wouldn't get another one.
5 If we invited Ben (to the party), we'd have to invite his friends too. / … we would have to …
6 If I told him what happened, he wouldn't believe me.

38.4

ตัวอย่างคำตอบ

2 I'd be very angry if somebody broke into my house.
3 If you bought a car, it would cost you a lot to maintain it.
4 I'd be surprised if the economic situation improved.
5 Would you mind if I didn't go out with you tonight?

UNIT 39

39.1

3 I'd help / I would help
4 we lived
5 we'd live / we would live
6 It would taste
7 were/was
8 I wouldn't wait … I'd go / I would go
9 you didn't go
10 there weren't … there wouldn't be

39.2

2 I'd buy it / I would buy it if it weren't/wasn't so expensive.
3 We'd go out / We would go out more often if we could afford it.
4 If I didn't have to work late, I could meet you tomorrow. *หรือ* … I'd meet / I would meet … *หรือ* … I'd be able to meet …
5 We could have lunch outside if it weren't raining / wasn't raining.
6 If I wanted his advice, I'd ask for it / I would ask for it.

39.3

2 I wish I had a computer.
3 I wish Helen were/was here.
4 I wish it weren't/wasn't (so) cold.
5 I wish I didn't live in a big city.
6 I wish I could go to the party.
7 I wish I didn't have to get up early tomorrow.
8 I wish I knew something about cars.
9 I wish I were feeling / was feeling better.

39.4

ตัวอย่างคำตอบ

1 I wish I was at home.
2 I wish I had a big garden.
3 I wish I could tell jokes.
4 I wish I was taller.

UNIT 40

40.1

2 If he'd missed / he had missed (the train), he'd have missed / he would have missed (his flight too).
3 I'd have forgotten / I would have forgotten (if) you hadn't reminded
4 I'd had / I had had (your address), I'd have sent / I would have sent (you an email)
5 we'd have enjoyed / we would have enjoyed (it more if the weather) had been (better)
6 It would have been (quicker if) I'd walked / I had walked
7 I were / I was
8 I'd been / I had been

40.2

2 If the road hadn't been icy, the accident wouldn't have happened.
3 If I'd known / If I had known that Joe had to get up early, I'd have woken / I would have woken him up.
4 If I hadn't lost my phone (*หรือ* If I'd had my phone), I'd have called you / I would have called you / I would have been able to call you / I could have called you
5 If Karen hadn't been wearing a seat belt, she'd have been injured / she would have been injured (in the crash). *หรือ* … she might/could have been injured
6 If you'd had / If you had had breakfast, you wouldn't be hungry now.
7 If I'd had / If I had had enough money, I'd have got / I would have got a taxi.

40.3

2 I wish I'd applied / I wish I had applied for it. *หรือ* … for the job.
3 I wish I'd learned / I wish I had learned to play a musical instrument (when I was younger). *หรือ* I wish I could play … / I wish I was able to play
4 I wish I hadn't painted it red. *หรือ* … the gate red.
5 I wish I'd brought / I wish I had brought my camera. *หรือ* I wish I had my camera (with me)
6 I wish they'd phoned / I wish they had phoned me first (to say they were coming). *หรือ* I wish I'd known / I wish I had known they were coming.

UNIT 41

41.1

2 hope
3 wish
4 wished
5 hope
6 wish … hope

41.2

2 I wish Jane/she would come. *หรือ* … would hurry up.
3 I wish somebody would give me a job.
4 I wish the/that baby would stop crying.
5 I wish you would buy some new clothes. *หรือ* I wish you would get some new clothes.
6 I wish you wouldn't drive so fast.
7 I wish you wouldn't leave the door open (all the time).
8 I wish people wouldn't drop litter in the street.

41.3

2 *OK*
3 I wish I had more free time.
4 I wish our flat was/were a bit bigger.
5 *OK*
6 *OK*
7 I wish everything wasn't/weren't so expensive.

41.4

3 I knew
4 I'd taken / I had taken
5 I could come
6 I wasn't / I weren't
7 they'd hurry up / they would hurry up
8 we didn't have
9 we could have stayed
10 it wasn't / it weren't
11 he'd decide / he would decide
12 we hadn't gone

UNIT 42

42.1
2 is made
3 was damaged
4 were invited
5 are shown
6 are held
7 was written … was translated
8 were overtaken
9 is surrounded

42.2
2 When was television invented?
3 How are mountains formed?
4 When were antibiotics discovered?
5 What is silver used for?

42.3
3 covers
4 is covered
5 are locked
6 was sent … arrived
7 sank … was rescued
8 died … were brought up
9 grew up
10 was stolen
11 disappeared
12 did Sue resign
13 was Ben fired
14 is owned
15 called … was injured … wasn't needed
16 were these pictures taken … Did you take
17 'm not bothered / am not bothered

42.4
2 All flights were cancelled because of fog.
3 This road isn't used much.
4 I was accused of stealing money.
5 How are languages learned/learnt?
6 We were warned not to go out alone.

UNIT 43

43.1
2 it can't be broken
3 it can be eaten
4 it can't be used
5 it can't be seen
6 it can be carried

43.2
3 be made
4 be spent
5 have been repaired
6 be carried
7 be woken up
8 have been arrested
9 have been caused

43.3
2 The computer is being used at the moment.
3 I didn't realise that our conversation was being recorded.
4 … we found that the game had been cancelled.
5 A new ring road is being built round the city.
6 A new hospital has been built near the airport.

43.4
3 It's been stolen! / It has been stolen!
4 Somebody has taken it. หรือ … taken my umbrella.
5 He's been promoted. / He has been promoted.
6 It's being redecorated. / It is being redecorated.
7 It's working again. / It is working again.
It's been repaired. / It has been repaired.
8 The furniture had been moved.
9 He hasn't been seen since then.
10 I haven't seen her for ages.
11 Have you ever been mugged?

UNIT 44

44.1
2 I was asked some difficult questions at the interview.
3 Amy was given a present by her colleagues when she retired.
4 I wasn't told about the meeting.
5 How much will you be paid for your work?
6 I think Tom should have been offered the job.
7 Have you been shown what to do?

44.2
2 being invited
3 being given
4 being knocked down
5 being treated
6 being stuck

44.3
2–6
- Ludwig van Beethoven was born in 1770.
- Galileo was born in 1564.
- Mahatma Gandhi was born in 1869.
- Michael Jackson was born in 1958.
Martin Luther King was born in 1929.
- Elvis Presley was born in 1935.
- William Shakespeare was born in 1564.
- Leonardo da Vinci was born in 1452.

7 I was born in …

44.4
2 got stung
3 get used
4 got stolen
5 get paid
6 got stopped
7 get damaged
8 get asked

UNIT 45

45.1
2 The weather is expected to be good tomorrow.
3 The thieves are believed to have got in through a window in the roof.
4 Many people are reported to be homeless after the floods.
5 The prisoner is thought to have escaped by climbing over a wall.
6 The man is alleged to have been driving at 110 miles an hour.
7 The building is reported to have been badly damaged by the fire.
8 a The company is said to be losing a lot of money.
b The company is believed to have lost a lot of money last year.
c The company is expected to make a loss this year.

45.2
2 He is supposed to know a lot of famous people.
3 He is supposed to be very rich.
4 He is supposed to have twelve children.
5 He is supposed to have been an actor when he was younger.

45.3
2 You're / You are supposed to be my friend.
3 I'm / I am supposed to be on a diet.
4 It was supposed to be a joke.
5 Or maybe it's / it is supposed to be a flower.
6 You're / You are supposed to be working.

45.4
2 're / are supposed to start
3 was supposed to phone
4 aren't / 're not / are not supposed to block
5 was supposed to depart

UNIT 46

46.1
1 b
2 a
3 a
4 b

46.2

2 Sarah has her car serviced once a year.
3 It cost twelve pounds to have my suit cleaned.
4 The last time I had my eyes tested was two years ago.
5 We've had some new cupboards fitted in the kitchen.
6 We need to get this document translated as soon as possible.

46.3

2 I had it cut.
3 We had them cleaned.
4 He had it built.
5 I had them delivered.

46.4

2 have another key made
3 you had your hair cut
4 Do you have a newspaper delivered
5 we're having / we are having a garage built
6 Have you had the washing machine fixed / Did you have the washing machine fixed
7 have your ears pierced
9 She had her credit cards stolen.
10 We all had our bags searched.

UNIT 47

47.1

2 He said (that) his father wasn't very well.
3 He said (that) Rachel and Mark were getting married next month.
4 He said (that) his sister had had a baby.
5 He said (that) he didn't know what Joe was doing.
6 He said (that) he'd seen / he had seen Helen at a party in June and she'd seemed / she had seemed fine. *หรือ* He said (that) he saw Helen … and she seemed …
7 He said (that) he hadn't seen Amy recently.
8 He said (that) he wasn't enjoying his job very much.
9 He said (that) I could come and stay at his place if I was ever in London.
10 He said (that) his car had been stolen a few days ago. *หรือ* … his car was stolen a few days ago.
11 He said (that) he wanted to go on holiday, but (he) couldn't afford it.
12 He said (that) he'd tell / he would tell Chris he'd seen / he had seen me. *หรือ* … he saw me.

47.2

ตัวอย่างคำตอบ

2 she wasn't coming / she was going somewhere else / she couldn't come
3 they didn't like each other / they didn't get on with each other / they couldn't stand each other
4 he didn't know anyone
5 she would be away / she was going away
6 you were staying at home
7 he couldn't speak / he didn't speak any other languages
8 he'd seen you / he saw you last weekend

UNIT 48

48.1

2 But you said you didn't like fish.
3 But you said you couldn't drive.
4 But you said she had a very well-paid job.
5 But you said you didn't have any brothers or sisters.
6 But you said you'd / you had never been to the United States.
7 But you said you were working tomorrow evening.
8 But you said she was a friend of yours.

48.2

2 Tell
3 Say
4 said
5 told
6 said
7 tell … said
8 tell … say
9 told
10 said

48.3

2 her to slow down
3 her not to worry
4 asked Tom to give me a hand *หรือ* … to help me
5 asked me to open my bag
6 asked him to get (me) a paper
7 told him to mind his own business
8 asked her to marry him
9 told her not to wait (for me) if I was late

UNIT 49

49.1

2 Were you born there?
3 Are you married?
4 How long have you been married?
5 Have you got (any) children? *หรือ* Do you have (any) children?
6 How old are they?
7 What do you do?
8 What does your wife do?

49.2

3 Who paid it? / Who paid the bill?
4 What happened?
5 What did she/Diane say?
6 Who does it / this book belong to?
7 Who lives in that house? / Who lives there?
8 What did you fall over?
9 What fell off the shelf?
10 What does it / this word mean?
11 Who did you borrow it from? / … borrow the money from?
12 What are you worried about?

49.3

2 How is cheese made?
3 When was the computer invented?
4 Why isn't Sue working today?
5 What time are your friends coming?
6 Why was the trip cancelled?
7 Where was your mother born?
8 Why didn't you come to the party?
9 How did the accident happen?
10 Why doesn't this machine work?

49.4

2 Don't you like him?
3 Isn't it good?
4 Haven't you got any? *หรือ* Don't you have any?

UNIT 50

50.1

2 c
3 a
4 b
5 b
6 c
7 b
8 a

50.2

2 How far is it to the airport?
3 I wonder how old Tom is.
4 When is Lisa going on holiday?
5 Could you tell me where the post office is?
6 I don't know whether anyone was injured in the accident.
7 Do you know what time you will arrive tomorrow?

50.3

2 He asked me where I'd been. / … where I had been.
3 He asked me how long I'd been back. / … how long I had been back.
4 He asked me what I was doing now.
5 He asked me why I'd come back. / … why I had come back. *หรือ* … why I came back.
6 He asked me where I was living.
7 He asked me if/whether I was glad to be back.
8 He asked me if/whether I had any plans to go away again.
9 He asked me if/whether I could help him find a job.

UNIT 51

51.1

2 doesn't
3 was
4 will
5 am … isn't *หรือ* 'm not … is *หรือ* can … can't *หรือ* can't … can *หรือ* am … can't *หรือ* can't … is
6 should
7 won't
8 do
9 didn't
10 would … could … can't

51.2

3 Do you? I don't.
4 Didn't you? I did.
5 Haven't you? I have.
6 Did you? I didn't.

51.3

ตัวอย่างคำตอบ

3 So did I. *หรือ* Did you? What did you watch?
4 Neither will I. *หรือ* Won't you? Where will you be?
5 So do I. *หรือ* Do you? What sort of books do you like?
6 So would I. *หรือ* Would you? Where would you like to live?
7 Neither can I. *หรือ* Can't you? Why not?

51.4

2 I hope so.
3 I expect so.
4 I don't think so.
5 I'm afraid not.
6 I'm afraid so.
7 I suppose so.
8 I hope not.
9 I think so.

UNIT 52

52.1

3 don't you
4 were you
5 does she
6 isn't he
7 hasn't she
8 can't you
9 will they
10 aren't there
11 shall we
12 is it
13 aren't I
14 would you
15 hasn't she
16 should I
17 had he
18 will you

52.2

2 It's (very) expensive, isn't it?
3 The course was great, wasn't it?
4 You've had your hair cut, haven't you? *หรือ* You had your hair cut, didn't you?
5 She has a good voice, hasn't she? *หรือ* She's got / She has got a good voice, hasn't she? *หรือ* She has a good voice, doesn't she?
6 It doesn't look very good, does it?
7 This bridge isn't very safe, is it? *หรือ* … doesn't look very safe, does it?

52.3

2 Joe, you couldn't give me a hand (with this table), could you?
3 Kate, you don't know where Sarah is, do you? *หรือ* … you haven't seen Sarah, have you?
4 Helen, you haven't got a bicycle pump, have you? *หรือ* … you don't have a bicycle pump, do you?
5 Ann, you couldn't take me to the station, could you? *หรือ* … you couldn't give me a lift to the station, could you?
6 Robert, you haven't seen my keys, have you?

UNIT 53

53.1

2 playing tennis
3 driving too fast
4 going swimming
5 breaking the DVD player
6 waiting a few minutes

53.2

2 making
3 listening
4 applying
5 reading
6 living
7 using
8 forgetting
9 paying
10 being
11 trying
12 losing

53.3

2 travelling
3 painting the kitchen
4 turning the music down
5 not interrupting

53.4

ตัวอย่างคำตอบ

2 going out
3 sitting on the floor
4 having a picnic
5 laughing
6 breaking down

UNIT 54

54.1

2 to help him
3 to carry her bag (for her)
4 to meet at 8 o'clock
5 to tell him her name / to give him her name
6 not to tell anyone

54.2

2 to get
3 to live
4 (how) to use
5 to tell
6 say *หรือ* to say

54.3

2 to look
3 walking
4 waiting
5 to finish
6 barking
7 to call
8 having
9 missing
10 to be

54.4

2 Tom appears to be worried about something.
3 You seem to know a lot of people.
4 My English seems to be getting better.
5 That car appears to have broken down.
6 David tends to forget things.
7 They claim to have solved the problem.

54.5

2 what to do
3 how to ride
4 whether to go
5 where to put
6 how to use

UNIT 55

55.1

2 or do you want me to lend you some
3 or would you like me to shut it
4 or would you like me to show you
5 or do you want me to repeat it
6 or do you want me to wait

55.2

2 to stay with them
3 her to call Joe.
4 him to be careful
5 her to give him a hand

55.3

2 I didn't expect it to rain.
3 Let him do what he wants.
4 Tim's glasses make him look older.
5 I want you to know the truth.
6 Sarah persuaded me to apply for the job.
7 My lawyer advised me not to say anything to the police.
8 I was warned not to believe everything he says.
9 Having a car enables you to get around more easily.

55.4

2 to go
3 to do
4 cry
5 to study
6 booking *หรือ* you to book
7 borrow
8 to work
9 think

UNIT 56

56.1

2 driving
3 to go
4 raining
5 to win
6 asking
7 asking
8 to answer
9 causing
10 to do
11 being
12 to climb
13 to tell
14 talking … to see

56.2

2 He remembers going to Paris with his parents when he was eight.
3 He doesn't remember crying on his first day at school.
4 He can remember falling into the river.
5 He can't remember saying he wanted to be a doctor. *หรือ*
He can't remember wanting to be a doctor.
6 He doesn't remember being bitten by a dog.

56.3

1 b lending
c to phone / to call
d to say
e leaving/putting
2 a saying
b to say
c wearing / having / taking / putting on
3 a to become
b working
c reading / looking at
4 a losing *หรือ* to lose
b to get / to feel
c crying *หรือ* to cry

UNIT 57

57.1

2 Try turning it the other way.
3 Have you tried restarting it?
4 You could try phoning his office.
5 Have you tried taking an aspirin?

57.2

2 It needs painting.
3 It needs cutting.
4 They need tightening.
5 It needs emptying.

57.3

1 b knocking
c to put
d asking
e to reach
f to concentrate
2 a to go
b looking
c cleaning
d cutting
e You don't need to iron …
It doesn't need ironing
3 a overhearing
b get *หรือ* to get
c smiling
d make *หรือ* to make

UNIT 58

58.1

ตัวอย่างคำตอบ
2 I don't mind playing cards.
3 I don't like being alone. *หรือ* … to be alone.
4 I enjoy going to museums.
5 I love cooking. *หรือ* I love to cook.

58.2

2 She likes teaching biology.
3 He likes taking pictures.
หรือ He likes to take pictures.
4 I didn't like working there.
5 She likes studying medicine.
6 He doesn't like being famous.
7 She doesn't like taking risks.
หรือ She doesn't like to take risks.
8 I like to know things in advance.

58.3

2 to sit
3 waiting
4 going *หรือ* to go
5 to get
6 being
7 to come / to go
8 living
9 to talk
10 to have / to know / to get / to hear / to be told

58.4

2 I would like / I'd like to have seen the programme.
3 I would hate / I'd hate to have lost my watch.
4 I would love / I'd love to have met your parents.
5 I wouldn't like to have been alone.
6 I would prefer / I'd prefer to have travelled by train.

UNIT 59

59.1

ตัวอย่างคำตอบ
2 I prefer basketball to football.
3 I prefer going to the cinema to watching DVDs at home.
4 I prefer being very busy to having nothing to do.
6 I prefer to go to the cinema rather than watch DVDs at home.
7 I prefer to be very busy rather than have nothing to do.

59.2

3 prefer
4 eat/stay
5 I'd rather (wait) / I'd prefer to (wait)
6 to go
7 I'd rather (think) /
I'd prefer to (think)
8 I'd prefer to stand.
9 go
11 I'd prefer to go for a swim rather than play tennis.
12 I'd rather eat at home than go to a restaurant.
13 I'd prefer to think about it for a while rather than decide now.
14 I'd rather listen to some music than watch TV.

59.3

2 (would you rather) I told her
3 would you rather I did it
4 would you rather I phoned her

59.4

2 stayed/remained/waited
3 stay
4 didn't
5 were
6 didn't

UNIT 60

60.1

2 applying for the job
3 remembering names
4 winning the lottery
5 being late
6 eating at home, we went to a restaurant
7 having to queue *หรือ* queuing
8 playing very well

60.2

2 by standing on a chair
3 by turning a key
4 by borrowing too much money
5 by driving too fast
6 by putting some pictures on the walls

60.3

2 paying/settling
3 going
4 using
5 going
6 being/travelling/sitting
7 asking/telling/consulting
8 doing/having
9 turning/going
10 taking

60.4

2 I'm looking forward to seeing her. / … seeing Kate.
3 I'm not looking forward to going to the dentist (tomorrow).
4 She's looking forward to leaving school (next summer).
5 I'm looking forward to playing tennis (tomorrow).

UNIT 61

61.1

1 When Jack started working in this job, he wasn't **used to driving** two hours to work every morning, but after some time he **got used to** it. Now it's no problem for him. He**'s used to driving** two hours every morning. / He **is used to driving** …
2 She **wasn't used to working** nights and it took her a few months to **get used to** it. Now, after a year, it's OK for her. She**'s used to working** nights. / She **is used to working** …

61.2

2 No, I'm used to sleeping on the floor.
3 I'm used to working long hours.
4 Yes, I'm not used to going to bed so late.

61.3

2 They soon got used to her. / … to the/their new teacher.
3 She had to get used to living in a much smaller house.
4 (*ตัวอย่างคำตอบ*) They'll have to get used to the weather. / … to the food. / … to speaking a foreign language.

61.4

2 drink
3 eating
4 having
5 have
6 go
7 be
8 being
9 live … living

UNIT 62

62.1

2 doing
3 coming/going
4 spending/having
5 buying/having
6 seeing
7 watching
8 solving
9 buying/having

62.2

2 of causing
3 from walking (*หรือ* stop people walking)
4 for interrupting
5 of using
6 of doing
7 from escaping (*หรือ* prevent the prisoner escaping)
8 on telling
9 to eating
10 for being
11 for inviting
12 of (not) wearing

62.3

2 on taking Ann to the station
3 on getting married
4 Sue for coming to see her
5 (to me) for not phoning earlier
6 me of being selfish

UNIT 63

63.1

2 There's no point in working if you don't need money.
3 There's no point in trying to study if you feel tired.
4 There's no point in hurrying if you've got plenty of time.

63.2

2 asking David
3 in going out
4 phoning her/Lisa
5 complaining (about what happened)
6 keeping

63.3

2 remembering people's names
3 getting a job
4 getting a ticket for the game
5 understanding him

63.4

2 reading
3 packing / getting ready
4 watching
5 going/climbing/walking
6 getting/being

63.5

2 went swimming
3 go skiing
4 goes riding
5 gone shopping

UNIT 64

64.1

2 I opened the box to see what was in it.
3 I'm saving money to go to Canada.
4 I need a knife to chop these onions.
5 I'm wearing two sweaters to keep warm.
6 I phoned the police to report the accident.

64.2

2 to read
3 to walk / to go on foot
4 to drink
5 to put / to carry
6 to discuss / to consider / to talk about
7 to go / to travel
8 to talk / to speak
9 to wear / to put on
10 to celebrate
11 to help / to assist

64.3

2 for
3 to
4 to
5 for
6 to
7 for
8 for … to

64.4

2 so that I wouldn't be cold.
3 so that he could contact me. / … would be able to contact me.
4 so that nobody else would hear our conversation. / so that nobody else could hear … / … would be able to hear …
5 so that we can start the meeting on time. / so that we'll be able to start …
6 so that we wouldn't forget anything.
7 so that the car behind me could overtake. / … would be able to overtake.

UNIT 65

65.1

2 This machine is easy to use.
3 The window was very difficult to open.
4 Some words are impossible to translate.
5 A car is expensive to maintain.
6 That chair isn't safe to stand on.

65.2

2 It's an easy mistake to make.
3 It's a nice place to live. *หรือ* … a nice place to live in.
4 It was a good game to watch.

65.3

2 It's careless of you to make the same mistake again and again.
3 It was nice of them to invite me (to stay with them). / It was nice of Dan and Jenny to …
4 It's inconsiderate of them to make so much noise. / It's inconsiderate of the neighbours to …

65.4

2 I'm / I am glad to hear *หรือ* I was glad to hear
3 We were surprised to see
4 Pleased to meet

65.5

2 Paul was the last (person) to arrive.
3 Emily was the only student to pass (the exam). / … the only one to pass (the exam).
4 I was the second customer/person to complain (about the service).
5 Neil Armstrong was the first person/man to walk on the moon.

65.6

2 're/are bound to be
3 's/is sure to forget
4 's/is not likely to rain *หรือ* isn't likely to rain
5 's/is likely to be

UNIT 66

66.1

3 I'm afraid of losing it.
4 I was afraid to tell her.
5 We were afraid of missing our train.
6 We were afraid to look.
7 I was afraid of dropping it.
8 a I was afraid to eat it.
b I was afraid of getting sick.

66.2

2 in starting
3 to read
4 in getting
5 to know
6 in looking

66.3

2 sorry to hear
3 sorry for saying / sorry about saying / sorry I said
4 sorry to disturb
5 sorry for losing / sorry about losing / sorry I lost

66.4

1 b to leave
c from leaving
2 a to solve
b in solving
3 a of/about going
b to go
c to go
d to going
4 a to buy
b on buying
c to buy
d of buying

UNIT 67

67.1

2 arrive
3 take it / do it
4 it ring
5 him play *หรือ* him playing
6 you lock it / you do it
7 her fall

67.2

2 We saw David and Helen playing tennis.
3 We saw Clare eating in a restaurant. / … having a meal in a restaurant.
4 We heard Bill playing his guitar.
5 We could smell the dinner burning.
6 We saw Linda jogging/running.

67.3

3 tell
4 crying
5 riding
6 say
7 run … climb
8 explode
9 crawling
10 slam
11 sleeping

UNIT 68

68.1

2 Amy was sitting in an armchair reading a book.
3 Sue opened the door carefully trying not to make a noise.
4 Sarah went out saying she would be back in an hour.
5 Lisa was in London for two years working in a bookshop.
6 Anna walked around the town looking at the sights and taking pictures.

68.2

2 I fell asleep watching TV.
3 A friend of mine slipped and fell getting off a bus.
4 I got very wet walking home in the rain.
5 Laura had an accident driving to work yesterday.
6 Two people were overcome by smoke trying to put out the fire.

68.3

2 Having bought our tickets, we went into the theatre.
3 Having had lunch, they continued their journey.
4 Having done the shopping, I went for a cup of coffee.

68.4

2 Thinking they might be hungry, …
3 Being a vegetarian, …
4 Not knowing his email address, …
5 Having travelled a lot, …
6 Not being able to speak the local language, …
7 Having spent nearly all our money, …

UNIT 69

69.1

3 We went to **a** very nice restaurant …
4 *OK*
5 I use **a** toothbrush …
6 … if there's **a** bank near here?
7 … for **an** insurance company
8 *OK*
9 *OK*
10 … we stayed in **a** big hotel.
11 … I hope we come to **a** petrol station soon.
12 … I have **a** problem.
13 … It's **a** very interesting idea.
14 John has **an** interview for **a** job tomorrow.
15 … It's **a** good game.
16 *OK*
17 Jane was wearing **a** beautiful necklace.

69.2
3 a key
4 a coat
5 sugar
6 a biscuit
7 electricity
8 an interview
9 blood
10 a question
11 a moment
12 a decision

69.3
2 days
3 meat
4 a queue
5 jokes
6 friends
7 people
8 air
9 patience
10 an umbrella
11 languages
12 space

UNIT 70

70.1
2 a a paper
  b paper
3 a Light
  b a light
4 a time
  b a wonderful time
5 a nice room
6 advice
7 nice weather
8 bad luck
9 job
10 journey
11 total chaos
12 some bread
13 doesn't
14 Your hair is … it
15 The damage

70.2
2 information
3 chairs
4 furniture
5 hair
6 progress
7 job
8 work
9 permission
10 advice
11 experience
12 experiences

70.3
2 I'd like some information about places to see in the town.
3 Can you give me (some) advice about which courses to do? / … courses I can do?
4 What time is the news (on)?
5 It's a beautiful view, isn't it?
6 What horrible/awful weather!

UNIT 71

71.1
3 It's a vegetable.
4 It's a game. / It's a board game.
5 They're birds.
6 It's a (tall/high) building.
7 They're planets.
8 It's a flower.
9 They're rivers.
10 They're musical instruments.
12 He was a writer / a poet / a playwright / a dramatist.
13 He was a scientist / a physicist.
14 They were US presidents / American presidents / presidents of the USA.
15 She was an actor / an actress / a film actress / a film star / a movie star.
16 They were singers / musicians.
17 They were painters / artists.

71.2
2 He's a waiter.
3 She's a journalist.
4 He's a surgeon.
5 He's a chef.
6 He's a plumber.
7 She's a tour guide.
8 She's an interpreter.

71.3
4 a
5 an
6 – (You're always asking questions!)
7 a
8 Some
9 – (Do you like staying in hotels?)
10 – (I've got sore feet.)
11 a
12 some
13 a … a
14 – (Those are nice shoes.)
15 some
16 You need **a** visa to visit **some** countries
17 Jane is **a** teacher. Her parents were teachers too.
18 He's **a** liar. He's always telling lies.

UNIT 72

72.1
1 … and **a** magazine. **The** newspaper is in my bag, but I can't remember where I put **the** magazine.
2 I saw **an** accident this morning. **A** car crashed into **a** tree. **The** driver of **the** car wasn't hurt, but **the** car was badly damaged.
3 … **a** blue one and **a** grey one. **The** blue one belongs to my neighbours; I don't know who **the** owner of **the** grey one is.
4 My friends live in **an** old house in **a** small village. There is **a** beautiful garden behind **the** house. I would like to have **a** garden like that.

72.2
1 a a
  b the
  c the
2 a a
  b a
  c the
3 a a
  b the
  c the
4 a an … The
  b the
  c the
5 a the
  b a
  c a

72.3
2 **the** dentist
3 **the** door
4 **a** mistake
5 **the** bus station
6 **a** problem
7 **the** post office
8 **the** floor
9 **the** book
10 **a** job in **a** bank
11 **a** small apartment in **the** city centre
12 **a** supermarket at **the** end of **the** street

72.4
ตัวอย่างคำตอบ
2 About once a year.
3 Once or twice a year.
4 50 kilometres an hour.
5 About seven hours a night.
6 Two or three times a week.
7 About two hours a day.
8 About 1,200 baht a day.

UNIT 73

73.1

2 **a** nice holiday … **the** best holiday
3 **the** nearest shop … **the** end of this street
4 **a** lovely day … **a** cloud in **the** sky
5 to **the** Internet … **the** same problem
6 **the** most expensive hotel … **a** cheaper hotel
7 to travel **in space** … go to **the** moon
8 **a** star … **a** planet … **the** largest planet in **the** solar system

73.2

2 watching TV
3 **the** radio
4 **The** television
5 had dinner
6 **the** same time
7 **the** capital
8 for breakfast
9 **the** ground … **the** sky

73.3

2 **the** same thing
3 **Room 25** is on **the** second floor.
4 **The** moon goes round **the** earth every 27 days. *หรือ*
… goes round **Earth** …
5 **a** very hot day … **the** hottest day of **the** year
6 We **had lunch** in **a** nice restaurant by **the** sea.
7 at **the** cinema
8 eat **a** good breakfast
9 on **the** wrong platform
10 **The** next train … **from Platform 3**
11 You'll find **the** information you need at **the** top **of page 15**.

73.4

2 the sea	5 breakfast
3 question 8	6 the gate
4 the cinema	7 Gate 21

UNIT 74

74.1

2 to school
3 at home
4 to work
5 in hospital
6 at university
7 in bed
8 to prison

74.2

2 school
3 the school
4 School
5 … get to and from school
… The school isn't very far.
6 school

74.3

1 c *OK*
d the university
2 a *OK*
b the hospital … the hospital
c *OK*
3 a *OK*
b *OK*
c the church
4 a *OK*
b the prison
c *OK*

74.4

2 in bed	6 go to bed
3 after work	7 The bed
4 in the sea	8 at sea
5 like home	9 work

UNIT 75

75.1

ตัวอย่างคำตอบ
2–5
- I like cats.
- I don't like zoos.
- I don't mind snow.
- I'm not interested in boxing.

75.2

3 spiders
4 meat
5 the questions
6 the people
7 History
8 lies
9 The hotels
10 The water
11 the grass
12 patience

75.3

2 Apples
3 the apples
4 Women … men
5 tea
6 The vegetables
7 Life
8 holidays (= 'holidays by the sea' in general)
9 education
10 the people
11 people … aggression
12 All the books
13 the rooms
14 war
15 The First World War
16 films
17 the history of modern art
18 the marriage
19 Most people … marriage … family life … society

UNIT 76

76.1

1 b the cheetah
c the kangaroo (and the rabbit)
2 a the swan
b the penguin
c the owl
3 a the wheel
b the laser
c the telescope
4 a the rupee
b the (Canadian) dollar
c the baht

76.2

2 a
3 the
4 a
5 the
6 the
7 a
8 The

76.3

2 the injured
3 the unemployed
4 the sick
5 the rich … the poor

76.4

2 a German Germans
3 a Frenchman/Frenchwoman the French
4 a Russian Russians
5 a Chinese the Chinese
6 a Brazilian Brazilians
7 an Englishman/Englishwoman the English
8 a Thai Thais

UNIT 77

77.1

2 the
3 the … the
4 – (President Kennedy was assassinated in 1963.)
5 the
6 – (I'm looking for Professor Brown.)

77.2

3 *OK*
4 **the** United States
5 **The** south of England … **the** north
6 *OK*
7 **the** Channel
8 **the** Middle East
9 *OK*
10 **the** Swiss Alps
11 **The** UK
12 **The** Seychelles … **the** Indian Ocean
13 *OK*
14 **The** Chao Phraya River … **the** Gulf of Thailand

77.3

2 (in) South America
3 **the** Nile
4 Sweden
5 **the** United States
6 **the** Rockies
7 **the** Mediterranean
8 Australia
9 **the** Pacific
10 **the** Indian Ocean
11 **the** Thames
12 **the** Danube
13 Thailand
14 **the** Panama Canal
15 **the** Amazon

UNIT 78

78.1

2 Turner's in Carter Road
3 **the** Crown (Hotel) in Park Road
4 St Peter's in Market Street
5 **the** City Museum in George Street
6 Blackstone's (Books) in Forest Avenue
7 Mario's (Pizza) in George Street
8 Victoria Park at the end of Market Street

78.2

2 **The** Eiffel Tower
3 Buckingham Palace
4 **The** White House
5 **The** Kremlin
6 Broadway
7 **The** Acropolis
8 Gatwick Airport

78.3

2 Central Park
3 St James's Park
4 The Imperial Hotel … Baker Street
5 Dublin Airport
6 Liverpool University
7 Harrison's
8 the Park Plaza
9 The Statue of Liberty … New York Harbour
10 the Science Museum
11 IBM … British Telecom
12 The Classic
13 the Great Wall
14 The Times
15 Cambridge University Press
16 the College of Art

UNIT 79

79.1

3 shorts
4 a means
5 means
6 some scissors *หรือ* a pair of scissors
7 a series
8 series
9 species

79.2

2 politics
3 economics
4 athletics
5 physics
6 gymnastics
7 electronics

79.3

2 don't
3 want
4 was
5 aren't
6 are
7 wasn't
8 does *หรือ* do
9 they are
10 Do
11 is *หรือ* are
12 enjoy

79.4

3 … wearing black jeans.
4 *OK*
5 … very nice **people**.
6 Ten pounds **isn't** …
7 … buy **some** new **pyjamas**. *หรือ* … buy **a** new **pair of pyjamas**.
8 *OK* (The committee hasn't *ก็ถูกต้อง*)
9 There was **a police officer** / **a policeman / a policewoman** …
10 What **are** the police …
11 **These** scissors **aren't** …
12 *OK*

UNIT 80

80.1

3 a job interview
4 (your) holiday pictures
5 milk chocolate
6 a factory inspector
7 a race horse
8 a horse race
9 running shoes
10 a university student
11 (your) exam results
12 the living room carpet
13 an oil company scandal
14 car factory workers
15 a road improvement scheme
16 a New York department store
17 a five-day course
18 a two-part question
19 a thirty-year-old man

80.2

2 seat belt
3 credit card
4 weather forecast
5 newspaper editor
6 shop window
7 room number
8 birthday party
9 truck driver

80.3

2 twenty-pound
3 ten-pound
4 15-minute
5 60 minutes
6 two-hour
7 twelve-storey
8 five days
9 Five-star
10 six years old
11 500-year-old
12 twelve-hour … 24-hour

UNIT 81

81.1

3 your friend's umbrella
4 *OK*
5 Charles's daughter
6 Helen and Dan's son
7 *OK*
8 last Monday's newspaper
9 *OK*
10 *OK*
11 Your children's friends
12 Our neighbours' garden
13 *OK*
14 David's hair
15 Katherine's party
16 *OK*
17 Mike's parents' car
18 *OK*
19 *OK* (the government's economic policy *ก็ถูกต้อง*)

81.2

2 a boy's name
3 children's clothes
4 a girls' school
5 a bird's nest
6 a women's magazine

81.3

2 Last week's storm caused a lot of damage.
3 The town's only cinema has closed down.
4 Britain's weather is very changeable.
5 The region's main industry is tourism.

81.4

2 twenty minutes' walk
3 two weeks' holiday / fourteen days' holiday / a fortnight's holiday
4 an/one hour's sleep

UNIT 82

82.1

2 hurt himself
3 blame herself
4 Put yourself
5 enjoyed themselves
6 burn yourself
7 express myself

82.2
2 me
3 myself
4 us
5 yourself
6 you
7 ourselves
8 them
9 themselves

82.3
2 feel
3 dried myself
4 concentrate
5 defend yourself
6 meeting
7 relax

82.4
2 themselves
3 each other
4 each other
5 themselves
6 each other
7 ourselves
8 each other
9 introduced **ourselves** to **each other**

82.5
2 He cuts it himself.
3 No, I'll tell her myself.
4 Linda told me herself. / Linda herself told me. / Linda did herself.
5 Why can't you phone him yourself? / … do it yourself?

UNIT 83

83.1
2 We met a relative of yours.
3 Jason borrowed a book of mine.
4 Lisa invited some friends of hers to her flat.
5 We had dinner with a neighbour of ours.
6 I went on holiday with two friends of mine.
7 Is that man a friend of yours?
8 I met a friend of Jane's at the party.
9 It's always been an ambition of mine (to travel round the world).

83.2
2 his own opinions
3 her own business
4 our own words
5 its own private beach

83.3
2 your own fault
3 her own ideas
4 your own problems
5 his own decisions

83.4
2 makes her own (clothes)
3 bake/make our own (bread)
4 clean your own (shoes)
5 write their own (songs)

83.5
2 my own
3 myself
4 himself
5 themselves
6 herself
7 their own
8 yourself
9 our own
10 her own

UNIT 84

84.1
3 There's / There is
4 there wasn't
5 Is it … it's / it is
6 Is there
7 there was
8 It isn't / It's not
9 there isn't
10 It was
11 There wasn't
12 Is there … there's / there is
13 there was … It was
14 It was
15 It's / It is … There's / There is

84.2
2 There's / There is a lot of salt in the soup. *หรือ* … too much salt …
3 There was nothing in the box. *หรือ* There wasn't anything in the box.
4 There's / There is a lot of violence in the film.
5 There were a lot of people in the shopping mall.
6 There is a lot to do in this town. / There is a lot happening in this town.

84.3
2 There may be
3 there will be / there'll be *หรือ* there are going to be
4 There's going to be / There is going to be
5 There used to be
6 there should be
7 there wouldn't be

84.4
2 *OK*
3 **there** will be an opportunity
4 *OK*
5 **There** must have been a reason.
6 *OK*
7 **There's** sure to be a car park somewhere.
8 *OK*
9 **There** has been no change.
10 **There** used to be a church here
11 **there** would be somebody … but **there** wasn't anybody.
12 *OK*

UNIT 85

85.1
2 some
3 any
4 any … some
5 some
6 some … any
7 any
8 any
9 some
10 any
11 some

85.2
2 somebody/someone
3 anybody/anyone
4 anything
5 something
6 somebody/someone … anybody/anyone
7 something … anybody/anyone
8 Anybody/Anyone
9 anybody/anyone
10 anywhere
11 somewhere
12 anywhere
13 anybody/anyone
14 something
15 Anybody/Anyone
16 anything
17 something
18 anybody/anyone anything

85.3
2 Any day
3 Anything
4 anywhere
5 Any job *หรือ* Anything
6 Anytime
7 Anybody/Anyone
8 Any newspaper *หรือ* Any one

UNIT 86

86.1

3 no
4 any
5 None
6 none
7 any
8 No
9 no
10 any
11 none
12 no

86.2

2 Nobody/No-one.
3 None.
4 Nowhere.
5 None.
6 Nothing.
8 I wasn't talking to anybody/anyone.
9 I don't want any sugar.
10 I'm not going anywhere.
11 I didn't get any emails.
12 I didn't pay anything.

86.3

2 nobody/no-one
3 Nowhere
4 anything
5 **Nothing**. I couldn't find **anything** …
6 Nothing
7 anywhere
8 **Nobody/No-one** said **anything**.

86.4

2 nobody
3 anyone
4 Anybody
5 Nothing
6 Anything
7 anything
8 any
9 No-one … anyone

UNIT 87

87.1

3 a lot of salt
4 *OK*
5 It cost a lot
6 *OK*
7 many people *หรือ* a lot of people
8 Mike travels a lot.
9 *OK*
10 a lot of money

87.2

2 He has (got) plenty of money.
3 There's plenty of room.
4 … she still has plenty to learn.
5 There is plenty to see.
6 There are plenty of hotels.

87.3

2 little
3 many
4 much
5 few
6 little
7 many

87.4

3 a few dollars
4 *OK*
5 a little time
6 *OK*
7 only a few words
8 a few months

87.5

2 a little
3 a few
4 few
5 little
6 a little
7 little
8 a few

UNIT 88

88.1

3 –
4 of
5 –
6 –
7 of
8 of
9 – (of *ก็ถูกต้อง*)
10 –

88.2

3 of my spare time
4 accidents
5 of the buildings
6 of her friends
7 of the population
8 birds
9 of the players
10 of her opinions
11 European countries
12 (of) my dinner

88.3

ตัวอย่างคำตอบ

2 the time
3 my friends
4 (of) the questions
5 the pictures / the photos / the photographs
6 (of) the money

88.4

2 All of them
3 none of us
4 some of it
5 none of them
6 None of it
7 Some of them
8 all of it

UNIT 89

89.1

2 Neither
3 both
4 Either
5 Neither

89.2

2 either
3 both
4 Neither of
5 **neither** driver … **both / both the / both of the** cars
6 both / both of

89.3

2 either of them
3 both of them
4 Neither of us
5 neither of them

89.4

3 Both Joe and Sam are on holiday.
4 Neither Joe nor Sam has (got) a car.
5 Brian neither watches TV nor reads newspapers.
6 The movie was both boring and long.
7 That man's name is either Richard or Robert.
8 I have neither the time nor the money to go on holiday.
9 We can leave either today or tomorrow.

89.5

2 either
3 any
4 none
5 any
6 either
7 neither

UNIT 90

90.1

3 Everybody/Everyone
4 Everything
5 all
6 everybody/everyone
7 everything
8 All
9 everybody/everyone
10 All
11 everything/all
12 Everybody/Everyone
13 All
14 everything

90.2

2 The whole team played well.
3 He ate the whole box (of chocolates).
4 They searched the whole house.
5 The whole family play/plays tennis.
6 Ann/She worked the whole day.
7 It rained the whole week.
8 Ann worked all day.
9 It rained all week.

90.3

2 every four hours
3 every four years
4 every five minutes
5 every six months

90.4

2 every day
3 all day
4 The whole building
5 every time
6 all the time
7 all my luggage

UNIT 91

91.1
3 Each
4 Every
5 Each
6 every
7 each
8 every

91.2
3 Every
4 Each
5 every
6 every
7 each
8 every
9 each
10 Every
11 each
12 each

91.3
2 Sunee and I had one 100 baht each. / Sunee and I each had one 100 baht.
3 Those postcards cost 20 baht each. / Those postcards are 20 baht each.
4 We paid 5,000 baht each. / We each paid 5,000 baht.

91.4
2 everyone
3 every one
4 Everyone
5 every one

UNIT 92

92.1
2 A burglar is someone who breaks into a house to steal things.
3 A customer is someone who buys something from a shop.
4 A shoplifter is someone who steals from a shop.
5 A coward is someone who is not brave.
6 An atheist is someone who doesn't believe in God.
7 A pessimist is someone who expects the worst to happen.
8 A tenant is someone who pays rent to live in a house or apartment.

92.2
2 The waitress who/that served us was impolite and impatient.
3 The building that/which was destroyed in the fire has now been rebuilt.
4 The people who/that were arrested have now been released.
5 The bus that/which goes to the airport runs every half hour.

92.3
2 who/that runs away from home
3 that/which were hanging on the wall
4 that/which cannot be explained
5 who/that stole my wallet
6 that/which gives you the meaning of words
7 who/that invented the telephone
8 that/which can support life

92.4
3 the nearest shop **that/which** sells
4 the driver **who/that** caused
5 *OK* (the person **who** took *ก็ถูกต้อง*)
6 a world **that/which** is changing
7 *OK* (some things about me **which** were *ก็ถูกต้อง*)
8 the horse **that/which** won

UNIT 93

93.1
3 *OK* (the people **who/that** we met *ก็ถูกต้อง*)
4 The people **who** work in the office
5 *OK* (the people **who/that** I work with *ก็ถูกต้อง*)
6 *OK* (the money **that/which** I gave you *ก็ถูกต้อง*)
7 the money **that/which** was on the table
8 *OK* (the worst film **that/which** you've ever seen *ก็ถูกต้อง*)
9 the best thing **that/which** has ever happened to you

93.2
2 you're wearing *หรือ* that/which you're wearing
3 you're going to see *หรือ* that/which you're going to see
4 I/we wanted to visit *หรือ* that/which I/we wanted to visit
5 I/we invited to the party *หรือ* who/whom/that we invited ...
6 you had to do *หรือ* that/which you had to do
7 I/we rented *หรือ* that/which I/we rented

93.3
2 the wedding we were invited to
3 the hotel you told me about
4 the job I applied for
5 the concert you went to
6 somebody you can rely on
7 the man you were with

93.4
3 – (that *ก็ถูกต้อง*)
4 what
5 that
6 what
7 – (that *ก็ถูกต้อง*)
8 what
9 – (that *ก็ถูกต้อง*)

UNIT 94

94.1
2 whose wife is an English teacher
3 who owns a restaurant
4 whose ambition is to climb Everest
5 who have just got married
6 whose parents used to work in a circus

94.2
2 where I can get some water
3 (The) factory where I work
4 the hotel where Sue is staying
5 (the) park where I/we play football

94.3
2 where
3 who
4 whose
5 whom
6 where
7 whose
8 whom

94.4
ตัวอย่างคำตอบ
2 The reason I left my job was that the salary was too low.
3 I'll never forget the time I got stuck in a lift.
4 Do you remember the day we first met?
5 The reason they don't have a car is that they don't need one.
6 2003 was the year Amanda got married.

UNIT 95

95.1
3 We often go to visit our friends in Cambridge, which is not far from London.
4 I went to see the doctor, who told me I needed to change my diet.
5 Steven, who/whom I've known for a very long time, is one of my closest friends.
6 Lisa, whose job involves a lot of travelling, is away from home a lot.
7 The new stadium, which can hold 90,000 people, will be finished next month.
8 Alaska, where my brother lives, is the largest state in the USA.
9 Our teacher, whose name I have forgotten, was very kind.

95.2

3 The strike at the factory, which began ten days ago, is now over.

4 I've found the book I was looking for this morning. *หรือ* … the book that/which I was looking for.

5 My car, which I've had for 15 years, has never broken down.

6 Few of the people who/that applied for the job had the necessary qualifications.

7 Amy showed me a picture of her son, who is a police officer.

95.3

2 My office**,** **which** is on the second floor**,** is very small.

3 *OK* (The office **that/which** I'm using … *ก็ถูกต้อง*)

4 Mark's father**,** **who** used to be in the army**,** now works for a TV company.

5 *OK* (The doctor **who** examined me … *ก็ถูกต้อง*)

6 The sun**,** **which** is one of millions of stars in the universe**,** provides us with heat and light.

UNIT 96

96.1

2 of which he's very proud
3 with whom we went on holiday
4 to which only members of the family were invited

96.2

2 most of which was useless
3 none of whom was suitable
4 one of which she hardly ever uses
5 half of which he gave to his parents
6 both of whom are lawyers
7 neither of which she replied to
8 only a few of whom I knew
9 (the) sides of which were lined with trees
10 the aim of which is to save money

96.3

2 Jane doesn't have a phone, which makes it difficult to contact her.

3 Alex has passed his exams, which is good news.

4 Our flight was delayed, which meant we had to wait three hours at the airport.

5 Kate offered to let me stay at her house, which was very kind of her.

6 The street I live in is very noisy at night, which makes it difficult to sleep sometimes.

7 Our car has broken down, which means we can't go away tomorrow.

UNIT 97

97.1

2 the man sitting next to me on the plane
3 The taxi taking us to the airport
4 a path leading to the river
5 A factory employing 500 people
6 a brochure containing the information I needed

97.2

2 The gate damaged in the storm
3 Most of the suggestions made at the meeting
4 The paintings stolen from the museum
5 the man arrested by the police

97.3

3 living
4 offering
5 called
6 blown
7 sitting … reading
8 working … studying

97.4

3 There's somebody coming.
4 There were a lot of people travelling.
5 There was nobody else staying there.
6 There was nothing written on it.
7 There's a course beginning next Monday.

UNIT 98

98.1

2 a exhausting
b exhausted
3 a depressing
b depressed
c depressed
4 a exciting
b exciting
c excited

98.2

2 interested
3 exciting
4 embarrassing
5 embarrassed
6 amazed
7 amazing
8 amused
9 terrifying … shocked
10 bored … boring
11 boring … interesting

98.3

2 bored
3 confusing
4 disgusting
5 interested
6 annoyed
7 boring
8 exhausted
9 excited
10 amusing
11 interesting

UNIT 99

99.1

2 an unusual gold ring
3 a beautiful old house
4 black leather gloves
5 an old American film
6 a long thin face
7 big black clouds
8 a lovely sunny day
9 an ugly yellow dress
10 a long wide avenue
11 a lovely little restaurant
12 a little old red car
13 a nice new green sweater
14 a small black metal box
15 a big fat black cat
16 beautiful long black hair
17 an interesting old French painting
18 an enormous red and yellow umbrella

99.2

2 tastes/tasted awful
3 feel fine
4 smell nice
5 look wet
6 sounds/sounded interesting

99.3

2 happy
3 happily
4 violent
5 terrible
6 properly
7 good
8 slow

99.4

3 the last two days
4 the first two weeks of May
5 the next few days
6 the first three questions (in the exam)
7 the next two years
8 the last three days of our holiday

UNIT 100

100.1

2 badly
3 easily
4 patiently
5 unexpectedly
6 regularly
7 perfectly … slowly … clearly

100.2

3 selfishly
4 terribly
5 sudden
6 colourfully
7 colourful
8 badly
9 badly
10 safe

100.3
2 careful
3 continuously
4 happily
5 fluent
6 specially
7 complete
8 perfectly
9 nervous
10 financially *หรือ* completely

100.4
2 seriously ill
3 absolutely enormous
4 slightly damaged
5 unusually quiet
6 completely changed
7 unnecessarily long
8 badly planned

UNIT 101

101.1
2 good
3 well
4 good
5 well
6 well … good
7 well
8 good
9 well

101.2
2 well known
3 well kept
4 well written
5 well informed
6 well dressed
7 well paid

101.3
2 *OK*
3 *OK*
4 hard
5 *OK*
6 slowly

101.4
2 hardly hear
3 hardly slept
4 hardly speak
5 hardly said
6 hardly changed
7 hardly recognised

101.5
2 hardly any
3 hardly anything
4 hardly anybody/anyone
5 hardly ever
6 Hardly anybody/anyone
7 hardly anywhere
8 hardly *หรือ* hardly ever
9 hardly any
10 hardly anything … hardly anywhere

UNIT 102

102.1
4 so
5 so
6 such a
7 so
8 such
9 such a
10 such a
11 so
12 so … such
13 so
14 such a
15 such a

102.2
3 I was so tired (that) I couldn't keep my eyes open.
4 We had such a good time on holiday (that) we didn't want to come home.
5 She speaks English so well (that) you would think it was her native language. *หรือ* She speaks such good English (that) …
6 I've got such a lot to do (that) I don't know where to begin. *หรือ* I've got so much to do (that) …
7 The music was so loud (that) you could hear it from miles away.
8 I had such a big breakfast (that) I didn't eat anything else for the rest of the day.
9 It was such horrible weather (that) we spent the whole day indoors.
10 I was so surprised (that) I didn't know what to say.

102.3
ตัวอย่างคำตอบ
2 a She's so friendly.
  b She's such a nice person.
3 a It's so lively.
  b It's such an exciting place.
4 a It's so exhausting.
  b It's such a difficult job.
5 a I haven't seen you for so long.
  b I haven't seen you for such a long time.

UNIT 103

103.1
3 enough money
4 enough milk
5 cool enough
6 enough room
7 well enough
8 enough time
9 big enough
10 enough cups

103.2
2 too busy to talk
3 too late to go
4 cool enough to sit
5 too shy to be
6 enough patience to be
7 too far away to hear
8 enough English to read

103.3
2 This coffee is too hot to drink.
3 The piano was too heavy to move.
4 These apples aren't / are not ripe enough to eat.
5 The situation is too complicated to explain.
6 The wall was too high to climb over.
7 This sofa isn't / is not big enough for three people (to sit on).
8 Some things are too small to see without a microscope.

UNIT 104

104.1
2 quite hungry
3 Quite good
4 quite often
5 quite noisy
6 quite surprised
7 quite late
8 quite old

104.2
2 quite a good voice
3 quite a long way
4 a pretty cold wind
5 quite a lot of traffic
6 a pretty busy day

104.3
ตัวอย่างคำตอบ
2 rather long
3 rather disappointed
4 rather strange
5 rather impatient

104.4
3 more than a little …
4 completely
5 more than a little …
6 more than a little …
7 completely

104.5
2 quite safe
3 quite impossible
4 quite right
5 quite different
6 quite unnecessary
7 quite sure

UNIT 105

105.1

2 stronger
3 smaller
4 more expensive
5 warmer / hotter
6 more interesting / more exciting
7 nearer / closer
8 more difficult / more complicated
9 better
10 worse
11 longer
12 more quietly
13 more often
14 further/farther
15 happier / more cheerful

105.2

3 more serious than
4 thinner
5 bigger
6 more interested
7 more important than
8 simpler / more simple
9 more crowded than
10 more peaceful than
11 more easily
12 higher than

105.3

2 It takes longer by train than by car.
3 I ran further / farther than Dan.
4 Joe did worse than Chris in the test.
5 My friends arrived earlier than I expected.
6 The buses run more often than the trains. *หรือ* The buses run more frequently than … *หรือ* The buses are more frequent than …
7 We were busier than usual in the office today.

UNIT 106

106.1

2 much bigger
3 much more interesting than
4 a bit cooler
5 far more complicated than
6 a bit more slowly
7 a lot easier
8 slightly older

106.2

2 any sooner / any earlier
3 no higher than / no more expensive than / no worse than
4 any further / farther
5 no worse than

106.3

2 bigger and bigger
3 heavier and heavier
4 more and more nervous
5 worse and worse
6 more and more expensive
7 better and better
8 more and more talkative

106.4

2 the more I liked him *หรือ* the more I got to like him
3 the more profit you (will) make *หรือ* the higher your profit (will be) *หรือ* the bigger your profit (will be)
4 the harder it is to concentrate
5 the more impatient she became

106.5

2 more
3 longer
4 any
5 the
6 older
7 elder *หรือ* older
8 slightly
9 no
10 less … better

UNIT 107

107.1

2 My salary isn't as high as yours.
3 You don't know as much about cars as me. *หรือ* … as I do.
4 We aren't as busy today as we were yesterday. *หรือ* … as yesterday.
5 I don't feel as bad as I did earlier. *หรือ* … as I felt earlier.
6 Our neighbours haven't lived here as long as us. *หรือ* … as we have.
7 I wasn't as nervous (before the interview) as I usually am. *หรือ* … as usual.

107.2

3 The station wasn't as far as I thought.
4 The meal cost less than I expected.
5 I don't go out as much as I used to. *หรือ* … as often as I used to.
6 Karen used to have longer hair.
7 You don't know them as well as me. *หรือ* … as I do.
8 There aren't as many people at this meeting as at the last one.

107.3

2 as well as
3 as long as
4 as soon as
5 as often as
6 as quietly as
7 just as comfortable as
8 just as hard as
9 just as bad as

107.4

2 Your hair is the same colour as mine.
3 I arrived (at) the same time as you.
4 My birthday is (on) the same day as Tom's. *หรือ* My birthday is the same as Tom's.

107.5

2 than him / than he does
3 as me / as I do
4 than us / than we were
5 than her / than she is
6 as them / as they have been

UNIT 108

108.1

2 It's the cheapest restaurant in the town.
3 It was the happiest day of my life.
4 She's the most intelligent student in the class.
5 It's the most valuable painting in the gallery.
6 It's the busiest time of the year.
8 He's one of the richest men in the country.
9 It's one of the biggest castles in Europe.
10 She's one of the best players in the team. (on the team *ก็ใช้ได้*)
11 It was one of the worst experiences of my life.
12 It's one of the most famous universities in the world.

108.2

3 larger
4 the smallest
5 better
6 the worst
7 the most popular
8 … the highest mountain in the world … It is higher than …
9 the tallest
10 more comfortable
11 the quickest
12 quicker
13 the most expensive
14 The oldest *หรือ* The eldest

108.3

2 That's the funniest joke I've ever heard.
3 This is the best coffee I've ever tasted.
4 She's the most generous person I've ever met.
5 That's the furthest/farthest I've ever run.
6 It's the worst mistake I've ever made. *หรือ* It was the worst …
7 Who's the most famous person you've ever met?

UNIT 109

109.1

3 Joe doesn't like football very much.
4 *OK*
5 I ate my breakfast quickly and …
6 … a lot of people to the party?
7 *OK*
8 Did you go to bed late last night?
9 *OK*
10 I met a friend of mine on my way home.

109.2

2 We won the game easily.
3 I closed the door quietly.
4 Tanya speaks German quite well.
5 Sam watches TV all the time.
6 Please don't ask that question again.
7 Does Kevin play football every weekend?
8 I borrowed some money from a friend of mine.

109.3

2 I go to the supermarket every Friday.
3 Why did you come home so late?
4 Sarah takes her children to school every day.
5 I haven't been to the cinema recently.
6 Please write your name at the top of the page.
7 I remembered her name after a few minutes.
8 We walked around the town all morning.
9 I didn't see you at the party on Saturday night.
10 We found some interesting books in the library.
11 Laura left her umbrella in a restaurant last night.
12 They are building a new hotel opposite the park.

UNIT 110

110.1

3 I usually have …
4 *OK*
5 Steve hardly ever gets angry.
6 … and I also went to the bank.
7 Jane always has to hurry …
8 I've never worked / I have never worked …
9 *OK* (I never have enough time.) I'm always busy. / I am always busy.

110.2

2 Katherine is always very generous.
3 I don't usually have to work on Saturdays.
4 Do you always watch TV in the evenings?
5 … he is also learning Japanese.
6 a We were all on holiday in Spain.
b We were all staying at the same hotel.
c We all enjoyed ourselves.
7 a The new hotel is probably very expensive.
b It probably costs a lot to stay there.
8 a I can probably help you.
b I probably can't help you.

110.3

2 I usually take
3 I am usually / I'm usually
4 were both born
5 She can also sing
6 usually sleeps
7 I have never spoken / I've never spoken
8 You always have to wait
9 I can only read *หรือ* I can read only
10 We were all … we all fell
11 I always am
12 I will probably be leaving / I'll probably be leaving
13 I probably won't be
14 She is hardly ever / She's hardly ever
15 We are still living / We're still living
16 we would never have met / we'd never have met
17 always says … she never does

UNIT 111

111.1

3 He doesn't write poems any more.
4 He still wants to be a teacher.
5 He isn't / He's not interested in politics any more.
6 He's still single.
7 He doesn't go fishing any more.
8 He doesn't have a beard any more. *หรือ* He hasn't got …

10–12

- He no longer writes poems.
- He is / He's no longer interested in politics.
- He no longer goes fishing.
- He no longer has a beard. *หรือ* He's no longer got a beard.

111.2

2 He hasn't gone yet.
3 They haven't finished (repairing the road) yet.
4 They haven't woken up yet.
5 Has she found a place to live yet?
6 I haven't decided (what to do) yet.
7 It hasn't taken off yet.

111.3

5 I don't want to go out yet.
6 she doesn't work there any more
7 I still have a lot of friends there. *หรือ* I've still got …
8 We've already met.
9 Do you still live in the same place
10 have you already eaten
11 He's not here yet.
12 he still isn't here (he isn't here yet *ก็ใช้ได้*)
13 are you already a member
14 I can still remember it very clearly
15 These trousers don't fit me any more.
16 'Have you finished with the paper yet?' 'No, I'm still reading it.'

UNIT 112

112.1

2 even Lisa
3 not even Amy
4 even Lisa
5 even Kate
6 not even Lisa

112.2

2 We even painted the floor.
3 She's even met the prime minister.
4 You could even hear it / You could even hear the noise from the next street. *หรือ* You could hear it / You could hear the noise even from the next street.
6 I can't even remember her name.
7 There isn't even a cinema.
8 He didn't even tell his wife (where he was going).
9 I don't even know the people next door.

112.3

2 even older
3 even better
4 even more difficult
5 even worse
6 even less

112.4

2 if
3 even if
4 even
5 even though
6 Even
7 even though
8 even if
9 Even though

UNIT 113

113.1

2 Although I had never seen her before
3 although it was quite cold
4 although we don't like them very much
5 Although I didn't speak the language well
6 Although the heating was on
7 although I'd met her twice before
8 although we've known each other a long time

113.2

2 a In spite of (*หรือ* Despite)
  b Although
3 a because
  b although
4 a because of
  b in spite of (*หรือ* despite)
5 a although
  b because of

ตัวอย่างคำตอบ

6 a he hadn't studied very hard
  b he had studied very hard
7 a I was hungry
  b being hungry / my hunger / the fact (that) I was hungry

113.3

2 In spite of having very little money, they are happy. *หรือ*
In spite of the fact (that) they have very little money …
3 Although my foot was injured, I managed to walk home. *หรือ*
I managed to walk home although my …
4 I enjoyed the film in spite of the silly story. / … in spite of the story being silly. / … in spite of the fact (that) the story was silly. *หรือ*
In spite of … , I enjoyed the film.
5 Despite living in the same street, we hardly ever see each other. *หรือ*
Despite the fact (that) we live in … *หรือ* We hardly ever see each other despite …
6 Even though I was only out for five minutes, I got very wet in the rain. *หรือ* I got very wet in the rain even though I was …

113.4

2 It's very windy though.
3 We ate it though.
4 I don't like her husband though.

UNIT 114

114.1

2–5

- Take a map in case you get lost.
- Take an anorak in case it rains.
- Take a camera in case you want to take some pictures.
- Take some water in case you're thirsty. / … in case you are thirsty. *หรือ* … you get thirsty.

114.2

2 I'll say goodbye now in case I don't see you again (before you go).
3 Can you check the list in case we forgot something?
หรือ … forgot anything?
4 You should back up your files in case there's a problem with your computer. / … there is a problem with your computer.

114.3

2 in case I forgot it.
3 in case they were worried (about me).
4 in case she didn't get the first one. / in case she hadn't got … / in case she hadn't gotten …
5 in case they came to London (one day).

114.4

3 If
4 if
5 in case
6 if
7 if
8 in case
9 in case

UNIT 115

115.1

2 You won't know what to do unless you listen carefully.
3 I'll never speak to her again unless she apologises to me. *หรือ*
Unless she apologises to me, I'll …
4 He won't be able to understand you unless you speak very slowly. *หรือ*
Unless you speak very slowly, he …
5 The company will have to close unless business improves soon. *หรือ* Unless business improves soon, the company …

115.2

2 I'm not going (to the party) unless you go too. /
… unless you're going too.
3 The dog won't attack you unless you move suddenly.
4 Ben won't speak to you unless you ask him something.
5 The doctor won't see you unless it's an emergency.

115.3

2 unless
3 providing
4 as long as
5 unless
6 unless
7 provided
8 Unless
9 unless
10 as long as

115.4

ตัวอย่างคำตอบ

2 it's not too hot
3 there isn't too much traffic
4 it isn't raining
5 I'm in a hurry
6 you have something else to do
7 you pay it back next week
8 you take risks

UNIT 116

116.1

2 I listened as she told me her story.
3 I burnt myself as I was taking a hot dish out of the oven.
4 The crowd cheered as the two teams came onto the field.
5 A dog ran out in front of the car as we were driving along the road.

116.2

2 As today is a public holiday, many of the shops are shut.
3 As I didn't want to disturb anybody, I was very quiet.
4 As I don't know what to do, I need some advice.
5 As none of us had a watch, we didn't know what time it was.

116.3

3 because
4 at the same time as
5 at the same time as
6 because
7 because

116.4

3 *OK*
4 when I was in London
5 When I left school
6 *OK*
7 when I was a child

116.5

ตัวอย่างคำตอบ

1 I saw you as you were getting into your car.
2 It started to rain just as we started playing tennis.
3 As I didn't have enough money for a taxi, I had to walk home.
4 Just as I took the picture, somebody walked in front of the camera.

UNIT 117

117.1

3 like her mother
4 people like him
5 *OK*
6 like most of his friends *หรือ* as most of his friends are
7 like talking to the wall
8 *OK*
9 *OK*
10 *OK*
11 like a bomb exploding
12 like a fish

117.2

2 like blocks of ice
3 like a beginner
4 as a tour guide
5 like a theatre
6 as a birthday present
7 like winter
8 like a child

117.3

2 like
3 as
4 like
5 like
6 as *หรือ* like
7 like
8 as
9 as
10 like *หรือ* such as
11 like
12 as
13 as
14 Like
15 as
16 As
17 like
18 as *หรือ* like

UNIT 118

118.1

2 You look like you've seen a ghost. / ... like you saw a ghost.
3 You sound as if you're having a good time.
4 I feel like I've (just) run a marathon. / ... like I (just) ran a marathon.

118.2

2 It looks like it's going to rain.
3 It sounds like they're having an argument.
4 It looks like there's been an accident.
5 It looks like we'll have to walk.
6 It sounds like you should see a doctor.

118.3

2 as if he meant what he said
3 as if she's hurt her leg / as if she hurt her leg
4 as if he hadn't eaten for a week
5 as if she was enjoying it
6 as if I'm going to be sick
7 as if she didn't want to come
8 as if I didn't exist

118.4

2 as if I was/were
3 as if she was/were
4 as if it was/were

UNIT 119

119.1

3 during
4 for
5 during
6 for
7 for
8 for
9 during
10 for
11 for
12 for
13 during
14 for

119.2

3 while
4 While
5 During
6 while
7 during
8 During
9 while
10 during
11 while
12 during
13 while
14 while

119.3

ตัวอย่างคำตอบ

3 Nobody came to see me while I was in hospital.
4 Can you wait for me while I make a quick phone call?
5 Most of the students looked bored during the lesson.
6 I was asked a lot of questions during the interview.
7 Don't open the car door while the car is moving.
8 The lights suddenly went out while we were watching TV.
9 It started to rain during the game.
10 It started to rain while we were walking home.
11 What are you going to do while you're on holiday?

UNIT 120

120.1

2 I have to be at the airport by 8.30.
3 Let me know by Saturday whether you can come to the party.
4 Please make sure that you're here by 2 o'clock.
5 If we leave now, we should arrive by lunchtime.

120.2

2 by
3 by
4 until
5 until (5.30) ... by (now)
6 by
7 until
8 by
9 by
10 until
11 By
12 by

120.3

ตัวอย่างคำตอบ

3 until I come back
4 by 5 o'clock
5 by next Friday
6 until midnight

120.4

2 By the time I got to the station / By the time I'd got to the station
3 By the time I finished (my work) / By the time I'd finished (my work)
4 By the time the police arrived / By the time the police had arrived
5 By the time we got to the top (of the mountain) / By the time we'd got to the top (of the mountain)

UNIT 121

121.1

2 on
3 in
4 At *หรือ* On
5 on *หรือ* I last saw her Tuesday. *(ไม่มี preposition)*
6 in
7 in
8 at
9 on *หรือ* There are usually a lot of parties New Year's Eve. *(ไม่มี preposition)*
10 at
11 in
12 at
13 on
14 in
15 **On** Saturday night *หรือ* Saturday night *(ไม่มี preposition)* ... **at** midnight
16 **at** 5 o'clock **in** the morning
17 **on** 7 January ... **in** April
18 at home **on** Tuesday morning *หรือ* at home Tuesday morning *(ไม่มี preposition)* ... **in** the afternoon

121.2

2 at night
3 in the evening
4 on 21 July 1969
5 at the same time
6 in the 1920s
7 in about 20 minutes
8 at the moment
9 in the Middle Ages
10 in 11 seconds
11 **on** Saturdays *หรือ* ... works Saturdays *(ไม่มี preposition)*

121.3
3 a
4 *both*
5 b
6 b
7 *both*
8 a
9 b
10 a

UNIT 122

122.1
2 on time
3 in time
4 on time
5 in time
6 on time
7 in time
8 in time
9 on time

122.2
2 I got home just in time.
3 I stopped him just in time.
4 We got to the cinema just in time for the beginning of the film. / … just in time to see the beginning of the film.

122.3
2 at the end of the month
3 at the end of the course
4 at the end of the race
5 at the end of the interview

122.4
2 In the end she resigned (from her job).
3 In the end I gave up (trying to learn German).
4 In the end we decided not to go (to the party). *หรือ*
In the end we didn't go (to the party).

122.5

2 In	6 at
3 at … at	7 in
4 in	8 at
5 in	9 in

UNIT 123

123.1
2 On his arm. *หรือ*
On the man's arm.
3 At the traffic lights.
4 a On the door.
b In the door.
5 On the wall.
6 In Paris.
7 a At the gate.
b On the gate.
8 On the beach.

123.2
2 on my guitar
3 at the next petrol station
4 in your coffee
5 on that tree
6 in the mountains
7 on the island
8 at the window

123.3
2 on
3 at
4 on
5 in
6 on
7 at
8 **in** a small village **in** the southwest
9 on
10 in
11 **on** the wall **in** the kitchen
12 at

UNIT 124

124.1
2 On the second floor.
3 At/On the corner.
4 In the corner.
5 At the top of the stairs.
6 In the back of the car.
7 At the front.
8 On the left.
9 In the back row.
10 On a farm.

124.2
2 on the right
3 in the world
4 on the way to work
5 on the west coast
6 in the front row
7 at the back of the class
6 on the back of this card

124.3

2 in	9 in
3 in	10 on
4 at	11 in
5 in	12 on
6 on	13 in
7 At	14 on … on
8 in	

UNIT 125

125.1
2 on a train
3 at a conference
4 in hospital / in the hospital
5 at the hairdresser's
6 on his bike
7 in New York
8 at the Savoy Theatre

125.2
2 in a taxi
3 at the cinema
4 in prison
5 at school
6 at the sports centre
7 in hospital
8 at the airport
9 on the plane
10 in Tokyo

125.3
2 at
3 in
4 at
5 **at/in** a very comfortable hotel … **in** Amsterdam
6 in
7 on
8 at
9 in
10 at
11 in
12 **at** home *หรือ* **be home** *(ไม่มี preposition)* … **at** work
13 in
14 **in** Birmingham … **at** Birmingham University

UNIT 126

126.1
3 at
4 to
5 to
6 into
7 in
8 to
9 into
10 to
11 at
12 to
13 into
14 to
15 get home *(ไม่มี preposition)* … going **to** bed
16 returned **to** France … two years **in** Brazil
17 born **in** Chicago … moved **to** New York … lives **in** New York

126.2
ตัวอย่างคำตอบ
2–4
- I've been to China once.
- I've never been to the United States.
- I've been to Chiang Mai a few times.

126.3
2 in
3 – (*ไม่มี* preposition)
4 at
5 to
6 – (*ไม่มี* preposition)

126.4

2 I got on
3 I got out of the car. / … my car.
4 I got off the train.
5 I got into the taxi. *หรือ* I got in the taxi.
6 I got off the plane.

UNIT 127

127.1

2 in cold weather
3 in pencil
4 in love
5 in capital letters
6 in the shade
7 in my opinion

127.2

2 on strike
3 on a tour
4 on TV
5 on purpose
6 on a diet
7 on business
8 on holiday
9 on the phone
10 on the whole

127.3

2 on
3 on
4 at
5 in
6 on
7 in
8 on
9 at
10 at
11 on
12 **In** my opinion … **on** television
13 on
14 on
15 on
16 at
17 on
18 in

UNIT 128

128.1

2 by mistake
3 by hand
4 by credit card
5 by canal

128.2

2 on
3 by
4 **by** car … **on** my bike
5 in
6 on
7 by

128.3

2 travelling **by** bus *หรือ* travelling **on** the bus *หรือ* travelling **on buses**
3 taken **with** a very good camera
4 this music is **by** Beethoven
5 **pay cash** *หรือ* pay **in** cash
6 a mistake **by** one of our players

128.4

ตัวอย่างคำตอบ

3–5

- *Ulysses* is a novel by James Joyce.
- "Yesterday" is a song by Paul McCartney.
- *Guernica* is a painting by Pablo Picasso.

128.5

2 by
3 with
4 by
5 by
6 **by** car … **in** your car
7 **by** the bed **with** a lamp and a clock **on** it

128.6

2 The price has gone up by 2 baht.
3 Helen won by two votes.
4 I missed her/Kate by five minutes.

UNIT 129

129.1

2 to the problem
3 with her brother
4 in the cost of living
5 to your question
6 for a new road
7 in *หรือ* to working at home
8 in the number of people without jobs
9 for shoes like these any more
10 between your job and mine

129.2

2 invitation to
3 contact with
4 key to (key for *ก็ใช้ได้*)
5 cause of
6 reply to
7 connection between
8 photographs of
9 reason for
10 damage to

129.3

2 to
3 in
4 of
5 in *หรือ* to
6 for
7 to *หรือ* towards
8 with
9 in
10 to
11 of
12 **for** a rise **in** pay
13 to
14 with

UNIT 130

130.1

2 That was nice of him.
3 That was generous of her.
4 That wasn't very nice of them.
5 That's very kind of you.
6 That isn't very polite of him.
7 That's a bit childish of them.

130.2

2 kind to
3 angry with
4 excited about
5 impressed by / impressed with
6 bored with (bored by *ก็ใช้ได้*)
7 amazed at / amazed by
8 careless of

130.3

2 of
3 to
4 with
5 with (by *หรือ* in *ก็ใช้ได้*)
6 to
7 at/by
8 with
9 about
10 about
11 for
12 about/by/at
13 to
14 of
15 by/with
16 about
17 at/by
18 about
19 **with** us **for** making
20 sorry **for/about** … angry **with**

UNIT 131

131.1

2 similar to
3 afraid of
4 interested in
5 responsible for
6 proud of
7 different from / different to (different than *ก็ใช้ได้*)
8 capable of

131.2
2 of furniture
3 on sport
4 of time
5 at tennis
6 to a Russian / to a Russian man / to a Russian guy
7 of him / of Robert
8 from yours / to yours *หรือ* from your problem / to your problem

131.3
2 for
3 of
4 of
5 in
6 of *หรือ* about
7 of … of
8 on
9 of
10 with
11 of
12 in
13 of
14 of
15 at
16 of
17 on
18 of

131.4
ตัวอย่างคำตอบ
2 I'm hopeless at telling jokes.
3 I'm not very good at maths.
4 I'm pretty good at remembering names.
5 I'm good at sport.

UNIT 132

132.1
2 a
3 b
4 b
5 a
6 a
7 b
8 a
9 b
10 b
11 a
12 b

132.2
3 speak to
4 point (them) at
5 look at
6 listen to
7 throw (stones) at
8 throw (it) to
9 reply to

132.3
2 at
3 at
4 to
5 to
6 at
7 at
8 to
9 at
10 at
11 to

UNIT 133

133.1
2 for
3 for
4 to
5 for
6 about
7 – *(ไม่มี preposition)*
8 about
9 – *(ไม่มี preposition)*
10 for
11 for
12 about
13 for
14 for

133.2
2 of
3 about
4 for
5 of
6 for
7 about
8 – *(ไม่มี preposition)*

133.3
2 looking for
3 looked after
4 looking for
5 look for
6 looks after

133.4
2 wait for
3 talk about
4 asked (the waiter) for
5 applied for
6 do (something) about
7 looks after *หรือ* has looked after
8 left (Boston) for

UNIT 134

134.1
2 hear about
3 heard from
4 heard of
5 hear from
6 hear about
7 heard of

134.2
2 think about
3 think of
4 think of
5 thinking of/about
6 think of
7 thought about
8 think (much) of
9 thinking about/of
10 think of

134.3
2 about
3 **to** us **about**
4 of
5 of
6 about … about … about … about
7 of
8 about
9 about/of

134.4
2 complaining about
3 think about
4 warn (you) about
5 heard of
6 dream of
7 reminded (me) about
8 remind (you) of

UNIT 135

135.1
2 for
3 of
4 of
5 – *(ไม่มี preposition)*
6 for
7 of
8 for
9 of
10 for
11 on

135.2
2 for the misunderstanding
3 her/Jane on winning the tournament
4 him from his enemies
5 of eleven players
6 on bread and eggs
7 me for your problems / your problems on me

135.3
2 paid for
3 accused of
4 depends on
5 live on
6 apologise to
7 suffers from
8 congratulated (him) on

135.4
2 from
3 on
4 – *(ไม่มี preposition)*
5 from
6 depends how *(ไม่มี preposition)* *หรือ* depends **on** how
7 on
8 of
9 on

UNIT 136

136.1
2 happened to
3 invited to
4 divided into
5 believe in
6 fill (it) with
7 drove into
8 Concentrate on
9 succeeded in

136.2
2 I prefer small towns to big cities
3 Jane provided me with all the information I needed
4 This morning I spent £70 on a pair of shoes
5 The city is divided into ten districts

136.3
2 to
3 on
4 in
5 to
6 in
7 with
8 into
9 in
10 on
11 – *(ไม่มี preposition)*
12 into
13 on
14 into
15 with
16 **from** (one language) **into** another

136.4
ตัวอย่างคำตอบ
2 on petrol
3 into a wall
4 to volleyball
5 in seafood
6 into many languages

UNIT 137

137.1
2 sit down
3 flew away
4 get out
5 speak up
6 get by
7 gone up
8 looked round

137.2
2 back at
3 up to
4 forward to
5 away with
6 up at
7 in through

137.3
2 wake me up
3 get it out
4 give them back
5 switch it on
6 take them off

137.4
3 I have to take **them back**
4 We can turn **the television off** *หรือ* We can turn **off the television**
5 I knocked **it over**
6 I don't want to wake **her up**
7 *(ตัวอย่างคำตอบ)* You should put **your coat on** *หรือ* You should put **on your coat**
8 I was able to put **it out**
9 *(ตัวอย่างคำตอบ)* they've put **the price(s) up** *หรือ* they've put **up the price**(s)
10 Shall I turn **the light**(s) **on**? *หรือ* Shall I turn **on the light**(s)?

UNIT 138

138.1
2 eats
3 moved
4 drop
5 checked
6 cut
7 plug
8 filling / to fill
9 left
10 dive
11 rub/cross
12 dropped

138.2
2 into
3 in
4 out
5 into
6 out of

138.3
2 dropped out
3 moved in
4 left out
5 joined in
6 eating out *หรือ* to eat out
7 taken in
8 dropped in
9 get out of

138.4
2 Fill them in *หรือ* Fill them out
3 cross it out
4 took me in
5 let us in

UNIT 139

139.1
2 a mistake
3 a candle
4 an order
5 a cigarette / a candle
6 a new product
7 a mess

139.2
2 works out
3 carried out
4 ran out
5 sort out / work out
6 find out
7 tried out
8 pointed out
9 work out
10 went out
11 turned out
12 works out / turns out
13 find out
14 put out

139.3
2 giving out / handing out
3 turned out nice/fine/sunny
4 working out
5 fallen out
6 work out how to use the camera / her new camera

139.4
2 try it out
3 work it out
4 sorted it out / worked it out

UNIT 140

140.1
2 put the heating on
3 put the oven on
4 put the kettle on
5 put a CD on

140.2
2 going on
3 take off
4 switched off / turned off
5 drove off / went off
6 put on
7 set off / be off
8 put off
9 called off
10 put on
11 see (me) off

140.3
2 took off
3 tried on a/the hat *หรือ* tried a/the hat on
4 was called off
5 see him off
6 put them on

UNIT 141

141.1
2 went on / carried on
3 walked on / carried on *หรือ* carried on walking
4 dozed off / dropped off / nodded off
5 go on / carry on / keep on
6 went off
7 keeps on phoning me

141.2
2 went off
3 finish off
4 drive on / carry on
5 ripped off
6 getting on
7 dozed off / dropped off / nodded off
8 told off
9 get on
10 going off
11 keep on
12 get on
13 showing off
14 put off

141.3
2 finish it off
3 were ripped off
4 go off
5 did you get on
6 carried on (playing) / went on (playing)
7 tell them off
8 doesn't get on (well) with

UNIT 142

142.1
2 took them down
3 stand up
4 turned it up
5 put their bags down
6 were blown down / fell down
7 put them up
8 bent down (and) picked them up

142.2
2 turn it down
3 calm him down
4 wrote it down
5 let her down
6 turned it down

142.3
2 calm down
3 slowed down
4 was turned down
5 broken down
6 cut down
7 let down
8 (has) closed down
9 be knocked down (*หรือ* be pulled down *หรือ* be torn down)
10 turned down
11 was knocked down
12 broke down

UNIT 143

143.1
2 went up to / walked up to
3 catch up with
4 keep up with

143.2
2 used up
3 washed up
4 grow up
5 turn up / show up
6 gave up
7 taking up
8 give up
9 ended up
10 takes up
11 make up

143.3
3 tidy it up / tidy up
4 fixed it up
5 keep up with
6 was brought up
7 keep it up
8 went up to
9 was made up of
10 set it up / fix it up

UNIT 144

144.1
2 d
3 e
4 c
5 g
6 a
7 b

144.2
2 held up
3 did it up
4 cheer him up

144.3
2 blew up
3 beaten up
4 broken up / split up
5 do up
6 clears up / will clear up
7 mixed up

144.4
2 look it up
3 put up with
4 made it up
5 come up with
6 tear it up
7 saving up for

UNIT 145

145.1
2 blew away
3 put it back
4 walked away
5 threw it back (to her)
6 threw them away

145.2
2 be away / have gone away
3 be back
4 ran away
5 smile back
6 get away
7 Keep away / Keep back

145.3
2 Pay
3 throw
4 gets
5 be
6 look
7 gave
8 get

145.4
2 throw it away
3 take them back
4 pay you back / pay it back
5 gave them away
6 call back / call me back

เฉลยคำตอบแบบฝึกหัดเสริม (ดูหน้า 302)

1

3 I'm getting / I am getting
4 do you do
5 we arrived … it was raining
6 phones … she didn't phone
7 you were thinking … I decided
8 are you looking
9 It doesn't rain
10 rang … I was getting
11 we went … she was preparing … We didn't want … we didn't stay
12 told … he didn't believe … He thought … I was joking

2

2 didn't go
3 is wearing
4 went
5 haven't heard
6 is being
7 wasn't reading
8 didn't have
9 It's beginning
10 got
11 wasn't
12 you've been
13 I've been doing
14 did she go
15 I've been playing
16 do you come
17 since I saw her
18 for 20 years

3

3 are you going
4 Do you watch
5 have you lived / have you been living / have you been
6 Did you have
7 Have you seen
8 was she wearing
9 Have you been waiting / Have you been here
10 does it take
11 Have you ridden / Have you ridden on / Have you been on
12 Have you (ever) been

4

2 've known each other / have known each other *หรือ* 've been friends / have been friends
3 I've ever had / I've ever been on / I've had for ages (ฯลฯ)
4 He went / He went home / He went out / He left
5 I've worn it
6 I was playing
7 been swimming for
8 since I've been / since I (last) went
9 did you buy / did you get

5

1 got … was already waiting … had arrived
2 was lying … wasn't watching … 'd fallen / had fallen … was snoring … turned … woke
3 'd just gone / had just gone … was reading … heard … got … didn't see … went
4 missed … was standing … realised … 'd left / had left … had … got
5 met … was walking … 'd been / had been … 'd been playing / had been playing … were going … invited … 'd arranged / had arranged … didn't have

6

2 Somebody has taken it.
3 They'd only known / They had only known each other (for) a few weeks.
4 It's been raining / It has been raining all day. *หรือ* It's rained / It has rained all day.
5 I'd been dreaming. / I had been dreaming.
6 I'd had / I had had a big breakfast.
7 They've been going / They have been going there for years.
8 I've had it / I have had it since I got up.
9 He's been training / He has been training very hard for it.

7

1 I haven't seen
2 You look / You're looking
3 are you going
4 are you meeting
5 I'm going
6 Do you often go
7 are you going
8 I'm meeting
9 has been
10 I've been waiting
11 has just started / just started
12 is she getting
13 Does she like
14 she thinks
15 Are you working
16 spoke
17 you were working
18 went
19 I started / I'd started
20 I lost
21 you haven't had
22 I've had
23 have you seen
24 has he been
25 I saw
26 he went
27 He'd been
28 he decided / he'd decided
29 He was really looking forward
30 is he doing
31 I haven't heard
32 he left

8

1 invented
2 it's gone / it has gone
3 had gone … left
4 did you do … Did you go
5 have you had
6 was looking *หรือ* 'd been looking / had been looking
7 She's been teaching / She has been teaching
8 I bought … I haven't worn *หรือ* I didn't wear
9 I saw … was … I'd seen / I had seen … I remembered … it was
10 Have you heard … She was … died … She wrote … Have you read
11 does this word mean … I've never seen
12 Did you get … it had already started
13 knocked … was … she'd gone / she had gone … she didn't want
14 He'd never used / He had never used … he didn't know
15 went … She needed *หรือ* She'd needed / She had needed … she'd been sitting / she had been sitting

9

3 used to drive
4 was driving
5 were working
6 used to have
7 was living
8 was playing
9 used to play
10 was wearing

10

2 I'm going to the dentist.
3 No, we're going to hire a car.
4 I'll look after the children.
5 I'm having lunch with Sue.
6 What are you going to have? / What are you having?
7 I'll turn on the light.
8 I'm going to turn on the light.

11

2 I'll come
3 shall we meet
4 starts
5 I'll meet
6 I'm seeing
7 Shall I ask
8 I'll see
9 are going
10 does the film start
11 Are you meeting
12 I'll be

12

1 (2) Are you going to do / Are you doing
(3) it starts
(4) you'll enjoy / you're going to enjoy
(5) it will be / it's going to be
2 (1) you're going
(2) We're going
(3) you have
(4) I'll send
(5) I'll get
(6) I get
3 (1) I'm having / I'm going to have
(2) are coming
(3) they'll have left
(4) they're
(5) I won't be / I will not be
(6) you know
(7) I'll call
4 (1) shall we meet
(2) I'll be waiting
(3) you arrive
(4) I'll be sitting
(5) I'll be wearing
(6) Is Agent 307 coming / Is Agent 307 going to come / Will Agent 307 be coming
(7) Shall I bring
(8) I'll explain / I'm going to explain
(9) I see
(10) I'll try

13

1 I'll have
2 Are you going
3 shall I phone
4 It's going to land
5 it's / it is
6 I'll miss / I'm going to miss … you go / you've gone
7 Shall I give … I give … will you call
8 does it end
9 I'm going … is getting
10 I'll tell … I'm … I won't be
11 I'm going to have / I'm having
12 she apologises
13 we'll be living / we'll live
14 you finish / you've finished

14

2 I've had / I have had
3 I bought หรือ I got
4 I'll come / I will come หรือ I'll be / I will be
5 I've been / I have been หรือ I've eaten / I have eaten
6 I used to play
7 I haven't been waiting หรือ I haven't been here
8 I'd been / I had been หรือ I was
9 I'm going / I am going
10 I haven't seen หรือ I haven't heard from
11 I'll have gone / I will have gone หรือ I'll have left / I will have left

15

2 I've been travelling
3 I'm beginning
4 I've seen
5 has been
6 I've met
7 I left
8 I stayed หรือ I was staying
9 I'd planned หรือ I was planning
10 I ended up
11 I enjoyed
12 I took
13 met
14 I'm staying หรือ I'm going to stay หรือ I'll be staying หรือ I'll stay
15 I continue
16 I'll get
17 I'm
18 I'll let
19 I know
20 I'm staying
21 we're going to visit หรือ we're visiting
22 are building หรือ have been building
23 it will be
24 I'll be

16

2 A
3 C
4 B หรือ C
5 B
6 A หรือ C
7 A หรือ C
8 C
9 B หรือ C
10 A หรือ B
11 A
12 C
13 A หรือ B
14 B หรือ C

17

2 shouldn't have eaten
3 must have forgotten
4 needn't have gone
5 can't be changed
6 may be watching
7 must have been waiting
8 couldn't have done
9 ought to have been
10 would have helped
11 should have been warned
12 might not have been feeling / might not have felt

18

3 could rain / might rain
4 might have gone / could have gone
5 couldn't go
6 couldn't have seen / can't have seen
7 should get
8 wouldn't recognise / might not recognise
9 must have heard
10 should have turned

19

4 rings
5 you were
6 it's / it is
7 it was / it were
8 it had been
9 you had
10 we hadn't had
11 you'd driven / you had driven หรือ you'd been driving / you had been driving
12 I didn't read

20

2 came
3 I'd known / I had known … wouldn't have disturbed …
4 They'd be / They would be … told
5 hadn't frightened … wouldn't have attacked
6 wouldn't have got / wouldn't have gotten … I'd had / I had had
7 hadn't been / hadn't got / hadn't gotten … wouldn't have failed หรือ would have passed / 'd have passed

21

ตัวอย่างคำตอบ

1 I wasn't feeling so tired
2 I hadn't had so much to do
3 I would have forgotten Jane's birthday
4 I'd take a picture of you
5 I'll take a picture of you
6 you were in trouble
7 you hadn't taken so long to get ready
8 I would have gone to the concert
9 I might have got the job
10 you'd eaten lunch
11 there was less traffic
12 people would go out more

22

3 was cancelled
4 has been repaired
5 is being restored
6 It's believed / It is believed
7 I'd be sacked / I would be sacked
8 It might have been thrown
9 I was taught
10 being arrested / having been arrested หรือ I was arrested
11 Have you ever been arrested
12 are reported ... have been injured

23

3 've sold / have sold หรือ sold
4 's been sold / has been sold หรือ was sold
5 are made
6 might be stolen
7 must have been stolen
8 must have taken
9 can be solved
10 should have left
11 is delayed
12 is being built ... is expected

24

Castle Fire
2 was discovered
3 was injured
4 be rescued
5 are believed to have been destroyed
6 is not known

Shop robbery
1 was forced
2 being threatened
3 had been stolen
4 was later found
5 had been abandoned
6 has been arrested / was arrested
7 is still being questioned

Road delays
1 is being resurfaced
2 are asked / are being asked / have been asked
3 is expected
4 will be closed / is going to be closed
5 will be diverted / is going to be diverted

Accident
1 was taken
2 was allowed
3 was blocked
4 be diverted
5 have been killed

25

1 I told **her** (**that**) **Paul had gone out** and **I didn't know when he'd be back**.
I asked (**her**) **if/whether she wanted to leave a message**, but she said (**that**) **she'd try again** later.

2 I had reserved a hotel room, but when I got to the hotel they told **me** (**that**) **they had no record of a reservation in my name**.
When I asked (**them**) **if/whether they had any rooms free anyway**, they said (**that**) **they were sorry**, but **the hotel was full**.

3 The immigration official asked us **why we were visiting the country**, and we told **him** (**that**) **we were on holiday**.
Then he wanted to know **how long we intended to stay** and **where we would be staying during our visit**.

4 She said (**that**) **she'd phone** (**us**) **from the airport when she arrived**. หรือ She said (**that**) **she'll phone** (**us**) **from the airport when she arrives**.
No, she said **not to come to the airport**.
She said (**that**) **she'd take the bus**. หรือ She said (**that**) **she'll take the bus**.

5 He wanted to know **what my job was** and asked (**me**) **how much I earned**. หรือ
He wanted to know **what my job is** and asked (**me**) **how much I earn**.
... so I told **him to mind his own business** and I put the phone down.

6 He said (**that**) **he'd be at the restaurant at 7.30**.
He said (**that**) **he knew where the restaurant was**. And I told **him to phone me if there was any problem**.

7 You just said (**that**) **you weren't hungry**.
But you said (**that**) **you didn't like bananas**. You told **me not to buy any**.

26

3 changing
4 to change
5 change
6 being
7 saying
8 to call
9 drinking
10 to be
11 to see
12 to be
13 to think ... making
14 living ... to move
15 to be ... playing
16 being stopped ... stealing ... driving
17 work ... pressing

27

3 I don't fancy going out.
4 He tends to forget things.
5 Would you mind helping me? / Do you mind helping me?
6 Everybody seems to have gone out.
7 We're / We are thinking of moving.
8 I was afraid to touch it.
9 He's / He is afraid of being robbed.
10 It's / It is not worth seeing.
11 I'm not used to walking so far.
12 She seems to be enjoying herself.
13 He insisted on showing them to me.
14 I'd rather somebody else did it.

28

3 I've given up reading newspapers.
4 I'd rather not go out tonight / ... stay at home tonight.
5 He has trouble sleeping at night.
6 Do you want me to phone you this evening?
7 I came in without anybody/anyone seeing me / ... without being seen.
8 I was accused of being a cheat / ... of cheating.
9 I'm looking forward to seeing them again.
10 What do you advise me to do?
11 I'd like to have gone out with you last night.
12 I regret not taking your advice / ... that I didn't take your advice.

29

2 a foreign country ... the language
3 an economist ... in the United States ... for an investment company
4 I love sport, especially tennis ... two or three times a week ... not a very good player
5 for dinner ... after work ... to the cinema
6 When unemployment is ... for people to find work ... a big problem
7 an accident ... going home ... taken to hospital / taken to the hospital ... I think most accidents ... by people driving
8 the name of the hotel ... The Ambassador ... in Queen Street in the city centre ... near the station
9 The older one ... a pilot with British Airways ... The younger one ... at school ... he leaves school ... go to university ... study law

30

2 B
3 C
4 A *หรือ* B
5 C
6 B
7 A *หรือ* C
8 A
9 C
10 B *หรือ* C
11 B
12 A
13 A *หรือ* B
14 B

31

3 It's the most polluted place …
4 I was disappointed that …
5 *OK*
6 Joe works hard, but …
7 … in a large modern building.
8 *OK* (as fast as he can *ก็ถูกต้อง*)
9 I missed the last three days …
10 *OK*
11 The weather has been unusually cold …
12 The water in the pool was too dirty to swim in.
13 … to wait such a long time. *หรือ* … to wait so long.
14 *OK*
15 … I got up earlier than usual.

32

2 If
3 when
4 if
5 when
6 if
7 if
8 unless
9 if
10 as long as
11 in case
12 in case
13 if
14 even if
15 Although
16 Although
17 When
18 when

33

2 on
3 **at** 9.30 **on** Tuesday morning
4 at / on
5 on
6 at
7 In
8 at
9 during
10 **on** Friday … **since** then
11 for
12 at
13 **at** the moment … **until** Friday
14 by
15 in

34

1 in
2 by
3 at
4 on
5 in
6 on
7 **to** a party **at** Lisa's house
8 on
9 on
10 to … to
11 **in** Vienna … **at** the age of 35
12 **in** this photo … **on** the left
13 **to** the theatre … **in** the front row
14 **on** the wall … **by** the door / **next to** the door / **beside** the door
15 at
16 on
17 **in** a tower block … **on** the fifteenth floor
18 on
19 by
20 **on** the bus … **by** car
21 on … on
22 in
23 **in** Chicago … **to** Italy
24 to
25 on

35

1 for
2 at
3 to
4 to
5 in
6 with
7 of
8 to
9 of
10 at/by
11 of
12 about

36

1 of
2 after
3 – (ไม่มี preposition)
4 about
5 to
6 – (ไม่มี preposition)
7 into
8 of (about *ก็ใช้ได้*)
9 to
10 – (ไม่มี preposition)
11 on
12 of
13 of
14 – (ไม่มี preposition)
15 in
16 at (about *ก็ใช้ได้*)
17 on
18 If Alex asks you **for** money
19 I apologised **to** Sarah **for** keeping …
20 I thanked her **for** everything

37

2 h
3 e
4 g
5 a
6 k
7 c
8 j
9 b
10 f
11 i

38

2 D
3 B
4 B
5 A
6 A
7 D
8 C
9 C
10 B
11 A
12 D

39

2 out to
3 up with
4 forward to
5 up with
6 out of
7 on with
8 out with
9 up with
10 back on
11 out about
12 on with

40

3 went off
4 turned up / showed up
5 fill it in / fill it out
6 knocked down / pulled down / torn down
7 sorted out
8 give up
9 dozed off / dropped off / nodded off
10 split up / break up
11 put up with it
12 get by / live on
13 went on
14 put it off

41

2 put
3 moving
4 put
5 done
6 turned / turns
7 find
8 Calm
9 set
10 held
11 left / 've left / have left *หรือ* missed / 've missed / have missed
12 works
13 join
14 works
15 drop / call
16 sort / work
17 **went** off … **woke** me up

เฉลยคำตอบคู่มือการเรียน

Present และ past
1.1 A
1.2 B
1.3 C
1.4 B, C
1.5 C
1.6 A

Present perfect และ past
2.1 B
2.2 C
2.3 A
2.4 C
2.5 A
2.6 B
2.7 A
2.8 D
2.9 A
2.10 A
2.11 C
2.12 A
2.13 C
2.14 C
2.15 D
2.16 C

Future
3.1 B
3.2 A
3.3 C
3.4 A, C
3.5 B
3.6 C
3.7 A

Modals
4.1 A, B
4.2 B
4.3 A, C, D
4.4 C
4.5 B
4.6 C, D
4.7 B
4.8 A, C
4.9 B, C
4.10 A, B, D
4.11 A
4.12 D, E
4.13 A

If และ wish
5.1 B
5.2 C
5.3 B
5.4 D
5.5 A

Passive
6.1 C
6.2 B
6.3 D
6.4 A
6.5 A, B
6.6 C
6.7 D

Reported speech
7.1 A
7.2 B
7.3 A

Questions และ auxiliary verbs
8.1 C
8.2 A
8.3 D
8.4 A
8.5 B

-ing และ to ...
9.1 A
9.2 B, D
9.3 B
9.4 A
9.5 A
9.6 A
9.7 C
9.8 D
9.9 C
9.10 C
9.11 B
9.12 C, D
9.13 B, D
9.14 B
9.15 A, B
9.16 A
9.17 A
9.18 B, C

Articles และ nouns
10.1 B
10.2 A
10.3 B, C
10.4 B
10.5 C
10.6 A
10.7 A
10.8 A
10.9 D
10.10 C
10.11 C
10.12 A
10.13 C
10.14 B

Pronouns และ determiners
11.1 A
11.2 B
11.3 D
11.4 B
11.5 B
11.6 C
11.7 A, C
11.8 C
11.9 D
11.10 A, C
11.11 B

Relative clauses
12.1 A, C
12.2 A, B
12.3 C
12.4 B
12.5 D
12.6 B, C

Adjectives และ adverbs
13.1 B
13.2 C
13.3 B, C
13.4 A
13.5 A, D
13.6 B
13.7 B, C
13.8 C
13.9 C
13.10 B, C
13.11 D
13.12 A, B
13.13 B
13.14 D
13.15 D

Conjunctions และ prepositions
14.1 A, D
14.2 C
14.3 B, C
14.4 B, D
14.5 B
14.6 C, D
14.7 B, C
14.8 A

Prepositions
15.1 B, D
15.2 A
15.3 C
15.4 B
15.5 A
15.6 B, D
15.7 B
15.8 B
15.9 C
15.10 C
15.11 C
15.12 A
15.13 C
15.14 B
15.15 D
15.16 D
15.17 A

Phrasal verbs
16.1 B
16.2 A
16.3 D
16.4 C
16.5 C
16.6 B
16.7 A
16.8 A, D
16.9 B

ดรรชนี

ตัวเลขที่ปรากฏในดรรชนีแสดงเลข unit ไม่ใช่เลขหน้า